U0525031

国家社科基金重大项目"边疆民族地区濒危少数民族档案文献遗产保护及数据库建设"(项目编号:17ZDA294)最终成果

少数民族
档案文献遗产保护

周耀林 等◎著

中国社会科学出版社

图书在版编目（CIP）数据

少数民族档案文献遗产保护 / 周耀林等著. -- 北京：中国社会科学出版社，2025.5. -- ISBN 978-7-5227-5077-4

Ⅰ.G273.3

中国国家版本馆 CIP 数据核字第 2025L694T9 号

出 版 人	赵剑英	
责任编辑	刘　艳	
责任校对	陈　晨	
责任印制	郝美娜	

出　　版	中国社会科学出版社	
社　　址	北京鼓楼西大街甲 158 号	
邮　　编	100720	
网　　址	http://www.csspw.cn	
发 行 部	010-84083685	
门 市 部	010-84029450	
经　　销	新华书店及其他书店	
印刷装订	北京君升印刷有限公司	
版　　次	2025 年 5 月第 1 版	
印　　次	2025 年 5 月第 1 次印刷	
开　　本	710×1000　1/16	
印　　张	34	
插　　页	2	
字　　数	523 千字	
定　　价	198.00 元	

凡购买中国社会科学出版社图书，如有质量问题请与本社营销中心联系调换
电话：010-84083683
版权所有　侵权必究

序

我和周耀林教授相识是在 1987 年秋天。那时，我刚从中国人民大学档案学院研究生毕业，他来中国人民大学档案学院进修。后来他又考入该院研究生，师从李鸿健教授、郭莉珠教授，专攻档案保护专业。毕业后，他回原单位工作，继续担任档案保护技术课程主讲教师。

我一直在国家档案局、中央档案馆各部门工作，当过档案媒体编辑、干过学会秘书长，后来又做过国家档案局、中央档案馆技术部主任，最后任国家档案局副局长、中央档案馆副馆长，直到退休。我在职业生涯的几十年时间里，一直与档案文献遗产保护有关，因而，与耀林教授的交流、联系一直未曾中断。

耀林教授从事档案文献遗产保护的教学与研究近 40 年，取得了许多重要科研成果，发表了许多重要著述，是我国档案文献遗产保护领域的重要活跃人士。最近，耀林教授主持完成了国家社会科学基金重大项目《边疆民族地区濒危少数民族档案文献遗产保护及数据库建设》的研究，完成了《少数民族档案文献遗产保护》重要著作。我有幸参加了这个课题的验收，花了很长时间研读了课题报告，深深折服于耀林教授治学、科研的严谨与深邃。因此，耀林教授嘱我作序，我愿意把这部著作推荐给大家。

这部《少数民族档案文献遗产保护》是专门研究少数民族档案文献保护的系统化成果，以少数民族档案文献遗产为对象，以保护为视角，以普适性的档案文献遗产保护理论与方法为指导，形成了独特的研究逻辑、研究方法和研究结论，呈现出多方面的特点：

一是高度的政治站位。该著作以习近平总书记关于档案工作、文化遗产保护的重要指示精神为指导，从少数民族档案文献遗产保护的现状调查出发，分析和凝练了少数民族档案文献遗产保护的需求，进而展开系统性的研究并形成了专门化的成果，不仅有助于落实习近平总书记关于档案工作、文化遗产保护重要指示精神，以及国家关于少数民族档案文献保护政策，实现各民族文化的共同发展与中华文化的保护传承，而且有益于推动《"十四五"全国档案事业发展规划》提出的"加强部门协同、区域协同、行业协同"以及"社会力量参与档案事务"在少数民族档案文献保护领域的实践。

二是系统的研究内容。该著作从少数民族档案文献遗产保护的现状调查出发，分析现实需求，在区域大保护思想的引领下，以原生性保护为基点，以再生性保护为拓展，兼顾了少数民族档案文献遗产保护的传统技术方法与现代技术方法，提出了高度指向性和普遍实用性的少数民族档案文献遗产保护路径及其保障措施，有助于提升少数民族档案文献遗产保护实践水平，推动少数民族档案文献遗产及其文化的创造性转化、创新性发展。

三是守正的科学创新。该著作以普适性的档案文献遗产保护基本理论和方法为指导，提出了少数民族档案文献遗产区域大保护理论框架，针对少数民族档案文献遗产分布广泛、载体多样、环境复杂所带来的保护困难，提出了少数民族档案文献遗产集中保护、精准保护、动态保护、活化保护等前沿性的保护理论与方法，以及以保护元数据贯穿少数民族档案文献遗产数据库建设、目录体系建设的方案，实现了少数民族档案文献遗产实体保护和无损数字化保护的"双态结合"，以及"原生性保护——无损数字化保护——数据库建设与开发"的一体化策略，是保护理论与方法的重要创新。

四是广泛的实践价值。基于研究成果，该著作提出的"统一思想认识、建立行业协同机制""做好顶层规划、执行统一管理体系""推行试点工作、建设示范区域保护中心""创新技术研发、加强技术推广应用"，以及"弘扬工匠精神、培养保护专业人才"都具有非常重要的实践价值，无论是从国家档案局"区域性国家重点档案保护中心"建设、保护政策制定、保护专业人才培养等宏观层面，还是针对少数民族档案文献管理机构从事保护工作的微观层面，都显得非常重要和及时。

序

这部著作是耀林教授长期从事档案文献遗产保护研究的重要成果，也是针对少数民族档案文献遗产保护这一被学界忽视的主题展开的系统化研究成果，选题独特，主题鲜明，逻辑清晰，方法科学，内容系统，体现了政治性、思想性、科学性、原创性、前沿性，是中国特色的档案文献遗产保护自主知识体系的重要组成部分，具有重要影响的原创性学术价值和广泛实用的实践性应用场景，对推动少数民族档案文献遗产保护的理论创新、实践应用具有直接指导价值，对于推动档案保护学科体系建设有重要意义。

在少数民族档案文献遗产保护领域，本书可说是"鸿篇巨著"，涉及范围极广、研究课题极多，难免挂一漏万，因而也不可避免地存在瑕疵和不足。好在耀林教授还在研究与深耕，这些瑕疵和不足一定会被解决和弥补。

耀林教授新作即将付梓，既是他长期坚守档案文献遗产保护研究领域的成果，也是他和团队辛勤付出的回报。希望耀林教授率领他的团队继续深耕档案文献遗产保护研究领域，取得更多的成果，作出更大的贡献。

付华

2024 年 9 月 28 日于北京

目　　录

前　言 ·· 1

第一章　少数民族档案文献遗产保护现状调查与需求分析 ··············· 1
第一节　调查概述 ·· 2
　　一　调查目标 ·· 2
　　二　调查设计 ·· 2
第二节　调查结果分析 ·· 7
　　一　少数民族档案文献遗产分布概况 ······························ 7
　　二　典型性少数民族档案文献遗产分布现状 ··················· 13
　　三　少数民族档案文献遗产保护现状 ···························· 18
第三节　保护需求分析 ·· 39
　　一　集中保护需求 ··· 39
　　二　原生性保护需求 ·· 44
　　三　再生性保护需求 ·· 47
　　四　数字化保护需求 ·· 50

第二章　少数民族档案文献遗产区域大保护的总体设计 ··············· 53
第一节　少数民族档案文献遗产区域大保护的提出背景 ········· 54
　　一　实践背景：政策指引 ·· 54
　　二　理论背景：趋势导向 ·· 55
第二节　少数民族档案文献遗产区域大保护的提出原则 ········· 62
　　一　问题导向原则 ··· 62
　　二　科学保护原则 ··· 63

三　便于操作原则 ………………………………………… 65
第三节　少数民族档案文献遗产区域大保护的内涵解析 ……… 65
　　一　少数民族档案文献遗产区域大保护的解析维度 ……… 65
　　二　少数民族档案文献遗产区域大保护的内涵阐释 ……… 77
第四节　少数民族档案文献遗产区域大保护的目标分析 ……… 79
　　一　全面协调可持续发展 ………………………………… 80
　　二　预防、治理与修复的一体化 ………………………… 82
　　三　保护、管理与开发的一体化 ………………………… 83
第五节　少数民族档案文献遗产区域大保护的重点任务 ……… 85
　　一　区域大保护重点任务之一：集中保护 ……………… 86
　　二　区域大保护重点任务之二：精准保护 ……………… 90
　　三　区域大保护重点任务之三：动态保护 ……………… 93
　　四　区域大保护重点任务之四：数字化保护 …………… 97
　　五　区域大保护重点任务之五：活化保护 ……………… 100

第三章　区域协同导向的少数民族档案文献遗产集中保护 …… 108
第一节　区域协同导向的少数民族档案文献遗产集中
　　　　保护的对象 ……………………………………………… 108
　　一　机构散存的少数民族档案文献遗产 ………………… 109
　　二　民间散存的少数民族档案文献遗产 ………………… 111
　　三　流失海外的少数民族档案文献遗产 ………………… 112
第二节　国内外档案文献遗产集中保护实践及启示 …………… 113
　　一　国外档案文献遗产集中保护实践 …………………… 114
　　二　国内档案文献遗产集中保护实践 …………………… 118
　　三　国内外相关实践的启示 ……………………………… 120
第三节　少数民族档案文献遗产区域保护中心的
　　　　组建与运行 ……………………………………………… 121
　　一　少数民族档案文献遗产区域保护中心的组建 ……… 121
　　二　少数民族档案文献遗产区域保护中心的运行 ……… 126

第四节　少数民族档案文献遗产区域保护中心集中
　　　　保护实现策略 ………………………………………… 137
　　一　机构散存的少数民族档案文献遗产的集中保护策略 …… 137
　　二　民间散存的少数民族档案文献遗产的集中保护策略 …… 146
　　三　流失海外的少数民族档案文献遗产的集中保护策略 …… 157

第四章　基于评估的少数民族档案文献遗产精准保护 ………… 164
　第一节　基于评估的少数民族档案文献遗产精准保护
　　　　实施框架 ……………………………………………… 165
　第二节　少数民族档案文献遗产特征信息分层识别 ………… 166
　　一　少数民族档案文献遗产保护特征信息采集的
　　　　层面与内容 …………………………………………… 167
　　二　少数民族档案文献遗产保护特征信息采集主体 ……… 180
　　三　少数民族档案文献遗产特征信息采集方法 …………… 182
　第三节　少数民族档案文献遗产保护需求评估 ……………… 185
　　一　保护需求评估体系 ………………………………………… 185
　　二　评估主体与方式 …………………………………………… 210
　　三　评估流程与方法 …………………………………………… 212
　第四节　少数民族档案文献遗产保护需求的靶向供给 ……… 216
　　一　特征采集信息与保护需求评估结果建档 ……………… 216
　　二　靶向供给工作机制 ………………………………………… 218
　　三　靶向供给实施方法 ………………………………………… 222

第五章　基于监测的少数民族档案文献遗产动态保护 ………… 231
　第一节　基于监测的少数民族档案文献遗产动态保护
　　　　必要性分析 …………………………………………… 231
　　一　国内外遗产监测发展概述 ……………………………… 231
　　二　少数民族档案文献遗产监测的优势 …………………… 235
　第二节　基于监测的少数民族档案文献遗产动态保护
　　　　VEPC 模型 …………………………………………… 237

一　Value：可信价值因子识别 ……………………… 241
　　二　Environment：可控的环境感知 …………………… 242
　　三　Preservation：可持续的保护措施 ………………… 243
　　四　Capacity：可适应的能力建设 …………………… 244
第三节　基于监测的少数民族档案文献遗产动态保护
　　　　实施 ……………………………………………………… 245
　　一　动态保护中少数民族档案文献遗产监测指标体系 …… 245
　　二　基于监测的少数民族档案文献遗产动态保护流程 …… 262
第四节　基于监测的少数民族档案文献遗产动态保护
　　　　能力建设 ………………………………………………… 269
　　一　动态保护核心技术支撑 ……………………………… 270
　　二　动态保护专项人员培训 ……………………………… 272
　　三　动态保护多元主体协同 ……………………………… 275

第六章　面向长期保存的少数民族档案文献遗产数字化
保护 ……………………………………………………… 279
第一节　少数民族档案文献遗产数字化保护的模式与
　　　　技术选择 ………………………………………………… 280
　　一　数字化保护的模式选择 ……………………………… 280
　　二　无损数字化保护的技术选择 ………………………… 284
第二节　少数民族档案文献遗产数字化保护业务流程 ……… 287
　　一　开展数字化保护规划 ………………………………… 288
　　二　选取数字化保护对象 ………………………………… 289
　　三　采用数字化标准规范 ………………………………… 291
　　四　设置数字化加工参数 ………………………………… 293
　　五　进行无损数字化加工处理 …………………………… 296
　　六　强化数字化成果管理 ………………………………… 301
第三节　少数民族档案文献遗产数字资源长期保存 ………… 302
　　一　长期保存的数字孪生技术方法 ……………………… 302
　　二　长期保存的数字载体管理方法 ……………………… 306

第四节　少数民族档案文献遗产保护数据库设计与实施 ………… 311
　　一　少数民族档案文献遗产保护数据库设计 ……………… 311
　　二　少数民族档案文献遗产保护数据库实施 ……………… 314
第五节　少数民族档案文献遗产目录管理体系设计与建设 ………… 317
　　一　少数民族档案文献遗产目录管理体系设计
　　　　与建设目标和原则 ………………………………………… 317
　　二　少数民族档案文献遗产目录管理体系设计 …………… 320
　　三　少数民族档案文献遗产目录管理体系建设内容 ……… 325

第七章　基于价值共创的少数民族档案文献遗产活化保护 ………… 332
第一节　价值共创理论与少数民族档案文献遗产活化保护 ………… 333
　　一　价值共创理论概述 ……………………………………… 333
　　二　文化遗产领域价值共创典型案例分析 ………………… 337
　　三　价值共创理论对少数民族档案文献遗产活化
　　　　保护的启迪 ………………………………………………… 345
第二节　基于价值共创的少数民族档案文献遗产活化
　　　　保护的要素构成 ……………………………………………… 348
　　一　主体要素 ………………………………………………… 349
　　二　客体要素 ………………………………………………… 350
　　三　方法要素 ………………………………………………… 354
　　四　环境要素 ………………………………………………… 355
第三节　基于价值共创的少数民族档案文献遗产活化保护的
　　　　实现路径 ……………………………………………………… 356
　　一　基于主体要素的少数民族档案文献遗产活化保护的
　　　　价值共创路径 ……………………………………………… 356
　　二　基于客体要素的少数民族档案文献遗产活化保护的
　　　　价值共创路径 ……………………………………………… 363
　　三　基于方法要素的少数民族档案文献遗产活化保护的
　　　　价值共创路径 ……………………………………………… 365

  四 基于环境要素的少数民族档案文献遗产活化保护的

    价值共创路径 …………………………………………… 372

 第四节 数字人文场域内少数民族档案文献遗产活化保护的

     价值共创 ………………………………………………… 383

  一 数字人文与少数民族档案文献遗产活化保护的

    逻辑关联 ………………………………………………… 384

  二 数字人文场域内档案文献遗产活化保护的价值共创要素 …… 388

  三 面向数字人文的少数民族档案文献遗产活化保护的

    价值共创路径 …………………………………………… 395

第八章 少数民族档案文献遗产区域大保护实现的保障 …… 404

 第一节 少数民族档案文献遗产区域大保护的政策保障 ……… 405

  一 少数民族档案文献遗产区域大保护政策的现状 ………… 406

  二 少数民族档案文献遗产区域大保护政策的需求 ………… 415

  三 少数民族档案文献遗产区域大保护政策的优化 ………… 418

 第二节 少数民族档案文献遗产区域大保护的经费保障 ……… 421

  一 少数民族档案文献遗产区域大保护经费的现状 ………… 421

  二 少数民族档案文献遗产区域大保护经费的需求 ………… 425

  三 少数民族档案文献遗产区域大保护经费的筹措 ………… 427

 第三节 少数民族档案文献遗产区域大保护的机制保障 ……… 432

  一 少数民族档案文献遗产区域大保护机制的现状 ………… 432

  二 少数民族档案文献遗产区域大保护机制的需求 ………… 434

  三 少数民族档案文献遗产区域大保护机制的革新 ………… 436

 第四节 少数民族档案文献遗产区域大保护的标准保障 ……… 440

  一 少数民族档案文献遗产区域大保护标准的现状 ………… 440

  二 少数民族档案文献遗产区域大保护标准的需求 ………… 444

  三 少数民族档案文献遗产区域大保护标准的完善 ………… 445

 第五节 少数民族档案文献遗产区域大保护的技术保障 ……… 449

  一 少数民族档案文献遗产区域大保护技术的现状 ………… 449

  二 少数民族档案文献遗产区域大保护技术的需求 ………… 451

  三 少数民族档案文献遗产区域大保护技术的推进 ………… 452

第六节　少数民族档案文献遗产区域大保护的人才保障 …………… 459
　　　一　少数民族档案文献遗产区域大保护人才的现状 …………… 459
　　　二　少数民族档案文献遗产区域大保护人才的需求 …………… 461
　　　三　少数民族档案文献遗产区域大保护人才的培养 …………… 462

第九章　研究总结与政策建议 ………………………………………… 471
　　第一节　研究总结 ………………………………………………… 471
　　　一　分析现状是少数民族档案文献遗产保护的原点 …………… 473
　　　二　厘清需求是少数民族档案文献遗产保护的起点 …………… 473
　　　三　顶层设计是少数民族档案文献遗产保护的基点 …………… 474
　　　四　集中保护是少数民族档案文献遗产保护的捷径 …………… 475
　　　五　原生性保护是少数民族档案文献遗产保护的核心 ………… 475
　　　六　再生性保护是少数民族档案文献遗产保护的补充 ………… 477
　　　七　"双态"结合是少数民族档案文献遗产保护的常态 ……… 479
　　　八　保护数据库建设是少数民族档案文献遗产保护的重点 …… 479
　　　九　活化保护是少数民族档案文献遗产保护的目标 …………… 479
　　　十　保障体系建设是少数民族档案文献遗产区域大保护
　　　　　实现的关键 ………………………………………………… 480
　　第二节　政策建议 ………………………………………………… 482
　　　一　统一思想认识，建立行业协同机制 ……………………… 482
　　　二　做好顶层规划，形成统一管理体系 ……………………… 483
　　　三　推行试点先行，示范建设区域保护中心 ………………… 483
　　　四　创新技术研发，加强技术推广应用 ……………………… 484
　　　五　弘扬"工匠精神"，培养保护专业人才 ………………… 485

附　录 …………………………………………………………………… 487
　　附录1　少数民族档案文献遗产保护状况调查问卷 …………… 487
　　附录2　少数民族档案文献遗产保护状况访谈大纲 …………… 498

参考文献 ………………………………………………………………… 501

后　记 …………………………………………………………………… 511

前　言

习近平指出，"中华文明博大精深、源远流长，是由各民族优秀文化百川汇流而成"①。中华民族大家庭中，各少数民族在中华大地上不断繁衍生息，以聪明和智慧创造了辉煌而独特的文化，形成了卷帙浩繁的少数民族档案文献，成为其社会实践活动的真实见证和历史文明发展的重要积淀。这些少数民族档案文献是中华文明不可或缺的重要组成部分，也是中华民族极其珍贵的历史文化遗产。

"少数民族档案文献遗产"一词源自"少数民族档案"这一概念。1960 年 8 月，国家档案局在呼和浩特召开全国少数民族地区档案工作会议，首次提出"少数民族档案"这一概念②，但至今尚未明确这一概念的内涵。爬梳文献，国际上也没有关于少数民族（人种、土著）档案文献遗产的明确界定。但这种情形并未影响到国际国内对少数民族档案文献遗产保护工作的重视。

国际上，早在"世界记忆工程"发起之初，《世界记忆名录》（Memory of the World Register）在确定入选标准时，会议代表曾建议组织者不要忽视少数民族及其文化，亦不可忽略档案文献遗产流失或散布情况下的集体记忆重建③。实际上，《世界记忆名录》的选择具有精英主义倾向，将某些社会群体（少数民族、妇女等）的历史排除在外④。《世界记忆名

---

① 习近平：《加强文化遗产保护传承　弘扬中华优秀传统文化》，《共产党员》（河北）2024 年第 9 期。
② 国家档案局综合处：《党和国家领导人论档案》，档案出版社 1988 年版，第 42 页。
③ Abid A., "Memory of the World - Preseving the Documentary Heritage", *IFLA Journal*, Vol. 21, No. 3, 1995, p. 169.
④ Zaslavskaya O., "From Dispersed to Distributed Archives: The Past and the Present of Samizdat Material", *Poetics Today*, Vol. 29, No. 4, 2008, p. 669.

录》遴选对全球具有重要意义的文献遗产,而遴选过程始终反映的是社会主导群体的方向和意识。因此,少数民族的声音被压制,少数民族文献遗产处于边缘化状态,而大量有重要意义的少数民族或土著文献遗产的价值被低估或不被承认①。有学者统计了入选《世界记忆名录》项目中关于土著社区的项目,发现"与少数民族和土著社区有关的项目往往是关于土著人的材料,而不是土著人创造的材料,因此,这些材料可以被称为有关土著人民的档案,而非土著档案"②。作为"世界记忆工程"最可见的部分,《世界记忆名录》目前已遴选出10件(组)具有世界意义的中国档案文献遗产,但其中却非常少见关于少数民族的档案文献遗产。Wallot指出,除了通过国家级记忆名录之外,还必须有其他方式保护少数民族遗产,否则"少数民族群体可能会受到影响"③。

少数民族和土著群体档案文献被忽视的问题以及长期忽视所导致的保护欠缺问题,引起了国际社会的关注。美国对苗族档案文献遗产的保护就是典型的例子。美国苗族档案馆现有专藏超过223676件,包括文件、书籍、照片、录音录像、小册页、报纸期刊、地图以及乐器和苗族刺绣等文化物品④。苗族博物馆致力于记录苗族的文化、艺术、历史和个人故事,部分州开展了专门的苗族口述历史采集项目以保护苗族的传统文化。除此之外,美国还通过制作纪录片、电影、小说等对苗族档案文献遗产的内容进行传播。例如,拍摄于20世纪70年代的苗族专题纪录片《消失的世界》通过对照片、录像等苗族档案文献资源的开发与整理,真实地记录了人类学家Lemoine在访问苗族村庄时所记录的苗族在老挝内战中遭受的巨大损失,展示了苗族在美国难民营试图保留的传统生活方式;2018年出版的小说《苗族之旅》是作者Thao的奶奶,以睡

---

① Lloyd A., "Guarding Against Collective Amnesia? Making Significance Problematic: An Exploration of Issues", *Library Trends*, Vol. 56, No. 1, 2007, p. 53; Harvey R., "UNESCO's Memory of the World Programme and Australia's Lost and Missing Documentary Heritage", *The Australian Library Journal*, Vol. 52, No. 2, 2003, p. 135.

② Hanhikoski R., The Zones of Silence in Documentary Heritage Management: on Diversity on the UNESCO Memory of World International Register, Jyväskylä: University of Jyväskylä, 2016, p. 20.

③ *Final Report of the Third Meeting of the International Advisory Committee of the "Memory of the World" Programme*, Tashkent, September 29-October 1, 1997. Paris: UNESCO.

④ HMONO Archives, "Collection", [2020-06-30], https://updates.hmonoarchives.com/.

前故事、口述历史的形式，讲述的从老挝到美国的经历，细致刻画了苗族家庭为了美好生活而做出的种种牺牲；《营地：难民音乐会》获得美国奈特基金会资助后用于开发音乐剧，通过分享众多苗族家庭的难民故事，生动描绘了老挝难民从失去家园到学习如何适应的经历。此外，苗族文化中心与苗族档案馆合作创建的苗族刺绣网站，生动地展示了苗族档案馆中不同类型的传统和现代苗族刺绣艺术作品中常见图案的含义。不难看到，档案馆、图书馆、博物馆、研究机构、基金会等机构和个人都在采取一定的方式，最大限度地保护美国苗族档案文献遗产乃至美国苗族历史。

英国阿卡迪亚基金会通过"濒危档案计划"（Endangered Archives Programme，EAP）项目抢救少数民族（社区）档案文献遗产。例如，"拯救利比里亚历史"项目对人口数量不超过总人口5%的利比里亚人实施档案收集工程，创建了一个包含1442个采样项的数据库，该数据库对于重新诠释和重述利比里亚的历史有着不可替代的重要作用[1]；"保存东帝汶濒危档案文献"项目对印度尼西亚占领东帝汶期间（1975—1999年）受害者和证人的书面和口头证词以及犯罪者对其中一些罪行的正式声明等材料进行识别与复制，保存与东帝汶近代史有关的宝贵资料共计3335个文件和228个音频文件[2]；"吉卜赛人/罗姆人的历史文化遗产保护"项目对有关吉卜赛人/罗姆人在20世纪40年代和50年代的各种材料，包括业余家谱、个人回忆录、有关吉卜赛主题的艺术文献、音乐表演的海报、吉卜赛社区活动的传单和政治传单、吉卜赛音乐旧唱片等各种纸质材料、模拟记录材料进行数字化，并将数字化的档案文献转移至保加利亚人种学会和保加利亚科学院博物馆的"学习罗姆语档案馆"（Studii Romani Archives）[3]；"喀拉拉邦北部的棕榈叶手稿记录和数字化"

---

[1] British Library, "Rescuing Liberian History: A Pilot Study to Preserve and Enable Access to Liberia's Presidential and National Archives（EAP026）", [2020-09-26], https://eap.bl.uk/project/EAP026.

[2] British Library, "Preserving East Timor's Endangered Archives（EAP032）", [2020-09-26], https://eap.bl.uk/project/EAP032.

[3] British Library, "Preservation of Gypsy/Roma Historical and Cultural Heritage in Bulgaria（EAP067）", [2020-09-26], https://eap.bl.uk/project/EAP067.

项目对处于脆弱和破损状态中的棕榈叶手稿进行收集与数字化工作，数字化对象主要来自喀拉拉邦最北端的提亚（Tiyya）、细辛（Asari）、马尼亚尼（Maniyani）和撒利亚（Salia）等环境较差的少数民族社区。这些地区的手稿绝大部分会按照习俗进行水葬或火葬，导致手稿几乎灭绝，仅有极少量的手稿被遗弃在古老的祖屋的阁楼上。通过抢救性保护，该项目成功完成275份手稿约50000页档案文献的数字化①。

不难看出，国际社会对少数民族和土著群体档案文献遗产保护、抢救工作给予了一定的关注与支持。然而，当前仍有很多国家面临人道主义、政治和经济危机，政府首要任务是解决危机，没有多余的精力和经费来解决档案文献遗产保护问题②，少数民族档案文献遗产面临从破损到消失的窘境。

在我国，少数民族档案文献遗产得到了重视。例如，前四批入选《中国档案文献遗产名录》的142件（组）档案文献中，少数民族档案文献共42件（组）。从时间上来看，第一批次入选的17件少数民族档案文献遗产涵盖唐朝、西夏、元朝及此后至今的各个时期，时间跨度较大③；从地域来看，北京、内蒙古、四川、西藏、黑龙江、云南、贵州、辽宁、新疆、湖南、宁夏和青海12个省、自治区、直辖市均有分布；从民族来看，上述档案文献遗产不仅涵盖藏族、满族、蒙古族等12个当代少数民族，其中西夏佛文经《吉祥遍至口和本续》还涉及已经消失的古代少数民族；在载体形式方面，纸质、简牍、缣帛和金石均有涉及，分别占入选《中国档案文献遗产名录》少数民族档案文献遗产的84%、9%、5%和2%，且有20件（组）少数民族档案文献遗产是由两种及以上的文字书写而成的；在收藏机构方面，以各级各类档案馆为主，也有部分博物馆、图书馆、研究所等文化机构参与，如中国国家图书馆、中

---

① British Library，"Preserving Memory：Documentation and Digitisation of Palm Leaf Manuscripts from Northern Kerala，India（EAP208）"，［2020-09-26］，https://eap.bl.uk/project/EAP208.

② Zinyengere I.，"African Audio-Visual Archives：Bleak or Bright Future. A Case Study of the Situation at the National Archives of Zimbabwe"，*International Preservation News*，Vol. 46，No. 1，2008，p. 37.

③ 周耀林、陈洁：《我国珍贵少数民族档案文献遗产保护需求研究：基于对〈中国档案文献遗产名录〉的统计分析》，《兰台世界》2019年第4期。

国现代文学馆。

在机构层面上，少数民族档案文献遗产收藏机构在保护方面都取得了成效。以云南省为例，云南省档案馆牵头完成了国家重点档案217万条目录基础体系建设任务以及5项国家重点档案开发任务①，重点整理了该省特有的15个少数民族档案并形成了《云南特有少数民族图文档案》②。云南省古籍保护中心已抢救保护各民族文字古籍达3万余册（件）、口述文献遗产达1万余种，其中61部少数民族文字古籍先后入选《国家珍贵古籍名录》③。"云南省公共和私人藏族彝族档案的保存和数字化"项目已完全实现对楚雄、大理、昆明、玉溪和红河等地濒临灭绝的彝族档案的彻底调查和初步研究，制作了多样化的彝族档案文献遗产并出版④，包括10项档案文献遗产的专门保护⑤。"中国云南洞经档案的抢救和保存"项目通过对大理、楚雄、昆明和曲靖四地的洞经档案的全面调查，记录了大约4000份数字文件、200个乐谱、40个小时录音、10个小时录像和40个小时口头历史访谈记录⑥。相关的例子还有很多，例如，"中国最后一批象形文字手稿的保存：贵州荔波水族档案馆"项目完成了约600卷水书手稿的数字化工作⑦；截至2021年6月，青海省民族宗教事务委员会古籍办已搜集、整理、出版汉藏文种少数民族古籍70余部⑧，西藏自治区古籍修复中心修复了拉萨市墨竹工卡县芒

---

① 杨文军：《国家档案局对我省2018年度国家重点档案保护与开发任务进行现场绩效评价和资金管理使用检查》，《云南档案》2019年第11期。
② 云南省民族宗教事务委员会：《云南特有少数民族图文档案出版发行》，[2020-09-26]，http://mzzj.yn.gov.cn/gzdt/wsdt/202002/t20200226_68062.html。
③ 昆明市民族宗教事务委员会：《云南省少数民族古籍保护工作取得明显成效》，[2022-03-01]，http://mzw.km.gov.cn/c/2018-07-16/2692127.shtml。
④ British Library, "Preservation and Digitisation of Yi Archives in Public and Private Collections in Yunnan, China（EAP081）"，[2020-09-26]，https://eap.bl.uk/project/EAP081。
⑤ British Library, "Projects of Endangered Archives Programme"，[2020-09-26]，https://eap.bl.uk/search/sit e? f%5B0%5D=ss_simplified_type%3AProject。
⑥ British Library, "Salvage and Preservation of Dongjing Archives in Yunnan, China: Transcript, Score, Ritual and Performance（EA P012）"；[2020-09-26]，https://eap.bl.uk/project/EAP012。
⑦ British Library, "Preservation of the Last Hieroglyphic Manuscripts in China: Shui Archives in Libo, Guizhou（EAP143）"，[2020-09-26]，https://eap.bl.uk/project/EAP143。
⑧ 中国民族宗教网：《青海省少数民族古籍工作"十四五"（2021—2025年）规划》，[2022-03-01]，http://www.mzb.com.cn/html/report/210631555-1.htm。

热寺破损古籍248叶、拍摄建档496幅图片①,宁夏回族自治区"十二五"期间抢救国家重点档案187704卷②。

尽管我国少数民族档案文献遗产保护工作成效显著,但当前少数民族档案文献遗产损毁形势依然严峻。例如,少数民族档案文献遗产散落民间,集中统一保管无法实现,难以提供合适的保管和保护条件,亟待集中于保管条件较好的机构③;少数民族档案文献遗产损毁严重,科学技术成果无法应用,难以提供科学的技术和管理措施④,修复技术与数字化保护应用亟待提升⑤;少数民族档案文献遗产受到的重视程度不够,损毁原因没有调查清楚⑥,难以提供技术应用和保护管理的科学决策支持。因此,加强少数民族档案文献遗产保护迫在眉睫。

在不断推进少数民族档案文献遗产保护实践中,学界围绕相关的概念展开了探讨。例如,张鑫昌等从广义和狭义两个层面界定"少数民族档案",认为狭义层面的少数民族档案是以少数民族文字符号等方式记录和反映本民族自身历史和现状的原始记录,而广义层面的少数民族档案则是各个时代的一切社会组织及其成员关于各少数民族的具有一定保存价值的各种文字符号的原始记录⑦。杨中一从少数民族档案内容角度,

---

① 西藏自治区文化厅:《西藏着力推进文化遗产保护传承工作》,[2021-07-15], https://www.ihchina.cn/news_1_details/18118.html。

② 宁夏回族自治区:《关于印发〈"十三五"时期宁夏回族自治区国家重点档案保护与开发工作实施方案〉的通知》。

③ 章达:《少数民族历史文献开发利用的思考》,《图书馆工作与研究》1998年第1期;包和平:《少数民族古籍的科学管理和开发利用》,《中国图书馆学报》2001年第1期;李鸿雁、彭凤兰:《湘西民族古籍的类型、内容、存世状况与保护探析》,《图书情报工作》2008年第10期;杨毅:《论白文档案文献的开发利用》,《档案学研究》2000年第1期。

④ 陈子丹、王雪飞、田白雪:《少数民族档案损毁原因及实例分析》,《档案学通讯》2016年第1期;包和平、何丽:《民族古籍保护及其策略研究》,《中国图书馆学报》2005年第6期;郑荃:《西南少数民族纸质历史档案的抢救与保护》,《档案学通讯》2005年第5期。

⑤ 华林:《论少数民族文字历史档案的数字化技术保护》,《档案学研究》2006年第2期;吕榜珍、胡莹:《云南省少数民族档案的数字化管理策略》,《档案学通讯》2010年第2期;沈峥、甄昕宇:《云南少数民族古籍修复研究》,《云南民族大学学报》(哲学社会科学版)2011年第2期;沈峥:《浅析少数民族文字古籍与汉文古籍修复的异同》,《图书馆工作与研究》2011年第6期。

⑥ 何丽:《少数民族古籍保护现状及对策》,《图书情报工作》2004年第6期。

⑦ 张鑫昌、郑文、张昌山:《民族档案学刍议:特征与任务》,《思想战线》1988年第1期。

认为少数民族档案是各少数民族在各个历史时期，进行社会生活、劳动生产和对外交往中，采用自己本民族创造的文字或借用其他民族文字形成的各种记录材料，在各个历史朝代的统治机构、社会组织在处理少数民族事务活动中也形成了各种文字记录。张鑫昌等提出，少数民族档案是指"各个时期的一切社会组织及其成员关于各少数民族的具有一定保存价值的各种文字符号的原始记录"①。

学界也出现过"少数民族历史档案"的概念。例如，华林认为，少数民族历史档案是指1949年以前的少数民族以及各个历史时期的国家机构、社会组织和个人等，在社会历史发展进程中直接形成的，反映少数民族政治、历史、经济、军事、科技、文艺、教育、哲学、宗教和民俗等情况，具有保存价值的文字、图画和声像等不同形式的历史记录②。

学界对于"民族（少数民族）档案文献遗产"也有探讨。例如，仝艳锋将"民族档案文献遗产"界定为：少数民族本身及其有关机构和个人在社会活动中形成的、由不同形式的载体材料和记录内容构成的、以不同类型的记录符号表现出来的、记载着少数民族多样文化和历史的原始记录总和，即研究和记载与少数民族有关的政治、经济、地理、教育、文化、生活等方面的档案文献遗产③。

总体来看，自"少数民族档案"这一概念产生以来，学界探讨一直在持续，产生了与之相关的不同称谓。无论是少数民族档案，还是少数民族历史档案、少数民族档案文献，大致是从广义与狭义两个层面进行解读的。广义来看，它可以简单理解为与少数民族有关的档案或档案文献，无论其形成单位、载体形式和记录方式如何，凡是能够反映少数民族历史的档案文献都应属于其应有的范畴。狭义来看，它是由少数民族机构和个人形成的或以少数民族文字符号书写形成的。实际上，仅用民族范畴和记录属性这种外在形式来限定少数民族档案文献的内涵，不免有些狭隘。如何从档案文献内容层面、时间节点、载体类型等多维度进

---

① 张鑫昌、张昌山主编：《文献学与历史研究》，中国社会科学出版社2015年版，第11页。
② 华林：《少数民族历史档案管理学》，中国文史出版社2019年版，第21页。
③ 仝艳锋：《民族档案文献遗产保护研究：以云南为例》，山东大学出版社2013年版，第27页。

行界定，是值得深思的问题。

"档案文献"一词最早出现于1981年。伴随着时代的发展，学界对这一概念的理解呈现出一定的偏差，大致分为以下三种：其一，从档案视角，"档案文献"注重于档案的文献属性，例如，黄存勋等认为，"档案文献"可以理解为"把档案作为一种文献来看待、利用和研究时""具有较高价值的部分"[①]；其二，从文献的视角，"档案文献"是文献的组成部分，例如，曹喜琛认为，档案文献既具有文献的共性，又具有区别于一般文献的原始性和权威性特征[②]；其三，将"档案文献"看作"档案"与"文献"二者含义叠加后形成的具有普遍意义的范畴，例如，周耀林将"档案文献"一词笼统地界定为"用文字、图形、符号、声频、视频等手段记录人类知识的各种记录"[③]。

综上所述，基于学界已有的认识，笔者认为，少数民族档案文献遗产是指各少数民族在长期社会历史发展过程中直接形成的、具有一定历史、文化、艺术、科学、技术或社会价值的各种记录的总和。各个少数民族产生的档案也好，图书、古籍、文献也罢，尽管它们存在区别，但因为同宗同源的天然内在联系，且都是具有价值的记录，统称为少数民族档案文献遗产，这是广义的理解；狭义的角度则指档案，即具备"原始记录性"的记录[④]。

上述这个概念或许不够完善，但是，界定少数民族档案文献遗产是必须的，因为这是本书系统深入研究的基础和出发点。

无论国内还是国外，少数民族档案文献遗产一旦产生，就会面临着自然或者人为因素的影响，或本体（载体和记录）面临损毁，或内容价值面临威胁，或存在严重环境风险隐患，由此导致了破损、濒危状态的出现乃至损毁，即受到威胁、遭受损毁或可能灭绝，因此亟待抢救和保护。"有档案就有档案的保护技术"[⑤]，保护"起源于各种生物所共有的

[①] 黄存勋、刘文杰、雷荣广：《档案文献学》，四川大学出版社1988年版，第3页。
[②] 曹喜琛主编：《档案文献编纂学》，中国人民大学出版社1990年版，第5页。
[③] 周耀林：《档案文献遗产保护理论与实践》，武汉大学出版社2008年版，第4页。
[④] 冯惠玲、张辑哲主编：《档案学概论》（第二版），中国人民大学出版社2006年版，第5页。
[⑤] 郭莉珠、冯乐耘、李鸿健编著：《档案保护与复制技术学》（上册），档案出版社1987年版，第4页。

自我保护的本能"①。这些论述在一定程度上反映出档案文献遗产一经产生便得到重视、得以保护的社会原因。

"保护"是遗产价值体系与对象体系的核心和根源,也是遗产研究的特征之一②。国际对文化遗产保护的关注由来已久,对于"保护"一词形成了诸如 caring、protecting、preservation、conservation、safeguarding 等不同的英文表达。而伴随着时代的发展,文化遗产领域正与时俱进地由"过去的偏重保存(preservation)发展为同时关注使用的保护(conservation)"③,"conservation"成为备受西方国家推荐和热衷使用的词汇④。

在我国,档案文献遗产保护的科学认识与系统研究源于档案保护领域。1961年,首部档案保护专业教材《档案保管技术学》问世,标志着我国档案文献遗产保护学科的正式创立。此后,关于档案保护、文献保护、古籍保护等研究成果不断涌现,在文化遗产保护背景下形成了一道亮丽的风景线。

在档案保护方面,以冯乐耘等为代表的我国最早一代档案保护学者以"档案保护技术"谓之,认为"档案保护技术学是研究档案制成材料变化规律和保护档案的技术方法的学科"⑤。而后伴随着学科不断发展,关于档案保护的认识也逐步深化,如赵淑梅、侯希文将安全管理纳入档案保护范畴之内,提出"档案物理管理与保护"是指"利用各种物质性工具对档案原始记录进行有序管理,安全保护,达到最大限度地延长档案的寿命,更好地满足社会各种需要"⑥。张美芳、唐跃进则从更为广泛的全程保护视角出发形成了更为完整的认识,认为档案保护是"实施档案安全管理的综合过程",具备"动态保护与静态保护相结合"和"整

---

① [印]雅·帕·凯思帕利亚:《档案材料的保护和修复》,黄坤坊译,档案出版社1985年版,第4页。
② 蔡达峰:《"世界遗产学"研究的对象与目的》,载复旦大学文物与博物馆学系、复旦大学文化遗产研究中心《文化遗产研究集刊(第三辑)》,上海古籍出版社2003年版,第81页。
③ 徐嵩龄:《文化遗产的管理和经营制度应解决四个问题》,[2020-11-20],http://www.lsqn.cn/teach/LUNWEN/200703/105272_2.html。
④ Ségolèn Bergeon, Georges Brunel, Élisabeth Mognetti, *La Conservation*, *Restaurationen en France*, Paris: ICOM, 1999, p. 4.
⑤ 冯乐耘、李鸿健主编:《档案保护技术学》,中国人民大学出版社1991年版,第1页。
⑥ 赵淑梅、侯希文编著:《档案物理管理与保护》,辽宁大学出版社2012年版,第2页。

体性保护"的特点。①

在文献保护方面，刘家真认为，"文献保护活动是由文献、环境、设备、馆舍、人员等相互联系、相互作用的各个部分有机地结合而成"②，涵盖维护文献载体完整和真实、完整地保留文献内容两个方面③。林明等将文献保护划分为文献保护管理和文献保护技术两个相辅相成的保护方面，其中，前者包括文献保护政策制定与实施、人员配备与经费筹集、标准制度及相关规定的制定与实施、灾难管理等内容，后者则作为直接性文献保护手段包括载体防护技术、环境控制技术、防虫杀虫技术、纸质载体脱酸技术、文献修复和加固技术等④。张美芳、张松道认为，文献保护内容除涵盖技术性保护之外，还应包括社会因素、保护管理体制、保护组织体系、长期保护策略、保护政策法规、保护技术或保护效果的评价、保护技术设计方案等较为宏观的要素⑤。胡莹则以东巴古籍为例，认为应将静态的古籍文献和记录动态文化的档案材料视为一个整体，纳入东巴古籍文献遗产范畴进行统一保护⑥，同时关注文献遗产的实体及其信息内容。

在古籍保护方面，学界更多的是将古籍保护划分为原生性保护和再生性保护两个方面，前者是以不改变古籍原始特征和载体形态为前提所进行的原样修复及存藏环境维护，后者则是借助缩微、仿真复制和数字化等手段将古籍内容转移至其他载体的保护。近年来，"让书写在古籍里的文字活起来"引发学界热议，相关学者就古籍保护工作内容发表新的看法，如周余姣等提出应将"文化传承性"引入古籍保护工作领域形成传承性保护内容，打破以原生性保护和再生性保护所构成的二元分类架构，打造集"存形""移形"和"传神"为一体的"三足架构"⑦。

---

① 张美芳、唐跃进主编：《档案保护概论》，中国人民大学出版社2013年版，第3页。
② 刘家真主编：《文献保护学》，武汉大学出版社1990年版，第17页。
③ 刘家真主编：《文献遗产保护》，高等教育出版社2005年版，第30页。
④ 林明、周旖、张靖等编：《文献保护与修复》，中山大学出版社2012年版，第6页。
⑤ 张美芳、张松道主编：《文献遗产保护技术管理理论与实践》，吉林文史出版社2009年版，第8页。
⑥ 胡莹：《档案学视野下的东巴古籍文献遗产保护研究》，《档案学通讯》2015年第2期。
⑦ 周余姣、田晨、武文杰、曾晓、任雪：《古籍传承性保护的理论探索》，《图书馆杂志》2020年第12期。

在档案文献遗产保护方面，周耀林将"档案文献遗产保护"阐释为"运用各种方法延长档案文献遗产寿命的专业性活动"①，并将其划分为档案文献遗产制成材料、保护环境、保护技术和保护管理四大板块②。

上述研究尽管并不是针对少数民族档案文献遗产保护的专门成果，但为少数民族档案文献遗产保护的界定提供了借鉴。正如前文所言，各个少数民族产生的档案与图书、古籍、文献等因同宗同源而具备天然内在联系，其制作材料的同质性、保护环境要求的相同性及保护方法也具有通用性。为此，界定"少数民族档案文献遗产保护"这一概念，不仅需要考虑少数民族档案保护问题，还需要从广义视角，综合考虑处于不同状态的各个少数民族的图书保护、古籍保护、文物保护、文献遗产保护。

综上所述，少数民族档案文献遗产保护是指运用多种方法缓和少数民族档案文献遗产损毁态势，以最大限度延长其寿命、更好地传承其文化的各种专业性活动。这些专业性活动可以是技术性的，也可以是管理性的；可以是作用于遗产本体的，也可以是作用于遗产环境的；可以是治理性的，也可以是预防性的，不仅需要延长少数民族档案文献遗产物质载体的寿命，确保其信息内容完整、可长期利用，而且需要考虑如何更好地传承其所承载的文化。

这个界定非常宽泛，其实质就是采取各种方法促使少数民族档案文献遗产摆脱损毁状态，最大限度地实现其"延年益寿"的目标。从这个层面上来讲，少数民族档案文献遗产保护与一般意义上的档案文献遗产保护无异，即保护之核心均在于挽救这些少数民族档案文献遗产于濒临损毁并尽量维护其原状。而实际上，少数民族档案文献遗产产生于民族地区，受政治、经济、文化、环境等因素的影响，少数民族档案文献遗产载体及其保存环境与损毁的因素之不同，也就决定了少数民族档案文献遗产保护的内容与一般性的档案文献遗产保护既有相似之处，也具有较强的独特性。具体而言，其独特性主要体现在以下三个方面：

其一，从本体层面的破损要素来看，少数民族档案文献遗产保护的重点在于掌握这些档案文献遗产破损表现及破损规律，采取专门化的保

---

① 周耀林：《档案文献遗产保护理论与实践》，武汉大学出版社2008年版，第20页。
② 周耀林、戴旸、林明等编著：《档案文献遗产保护》，武汉大学出版社2012年版，第2页。

护措施。档案文献遗产的耐久性直接受制于其制成材料的质地,同时还与制作工艺、使用方式等多种因素密切相关。少数民族档案文献遗产载体类型多样、支撑材料复杂、制作工艺及具体流程各不相同,这些必然导致其损毁情况各异,需要结合具体情况分析其破损规律,以此为基础寻找适应性的专门保护方案。以云南地区少数民族档案文献遗产为例,其载体材料众多,包括纸质、石刻、贝叶、金属、陶土、竹木、纺织物等,性质特征千差万别[①],由此导致破损情况各不相同。例如,在载体材料方面,贝叶材料表现为开裂和磨损等、金属材料表现为各种类型的腐蚀和空洞等、石刻材料主要表现为粉化和裂缝等、陶土材料表现为酥粉等、竹木材料表现为变形和收缩等、纺织物主要表现为变色等,而纸质材料因为制成材料及制作工艺等不同也呈现出不同的破损表现,如污斑、机械性形变和霉菌等;在字迹材料方面,纸张、纺织物和岩石材料主要表现为字迹褪色、变色、洇化和模糊等,石刻、陶土、竹木材料主要表现为雕刻字迹刻痕变浅、字迹趋平化,金属材料字迹锈蚀,贝叶材料字迹脱落等[②]。正因如此,少数民族档案文献遗产本体的保护就是在分析其破损原因和破损性质的基础上,结合各种不同破损程度的表现形式,进一步判定其破损类别、破损部位、破损面积和破损数量,划定不同的损毁等级,采取专门化和针对性的修复、复制、迁移保护等方案。

其二,从内容层面的价值要素来看,少数民族档案文献遗产保护需要认清这些档案文献遗产的丰富而独特的价值内涵,采取有针对性的保护措施。作为档案文献遗产家族的重要组成部分,少数民族档案文献遗产见证了少数民族的发展历程,凝结着他们的珍贵历史记忆和文化情感。正如"促使档案文献遗产保护活动产生的最根本的原因,当属档案文献遗产的价值"[③] 那样,少数民族档案文献遗产保护究其根源,同样是为了捍卫少数民族档案文献遗产所蕴含的价值,无论是整体价值,还是部

---

① 仝艳锋:《民族档案文献遗产保护研究:以云南为例》,山东大学出版社2013年版,第47页。

② 仝艳锋:《民族档案文献遗产保护研究:以云南为例》,山东大学出版社2013年版,第81页。

③ 周耀林:《档案文献遗产保护的理论与实践》,武汉大学出版社2008年版,第26页。

分价值和个体价值①，最终化解为历史价值、文化价值、艺术价值、科学价值、技术价值、社会价值、记忆价值、情感价值等。这不仅使得保护这些少数民族档案文献遗产更为紧迫，同时也在某种程度上影响着保护方案的制定和保护活动的开展。少数民族档案文献遗产卷帙浩繁且散存情况较为突出，如何最大限度地将其中最亟须保护的损毁部分识别出来，除需考虑其本体层面的破损要素之外，内容层面的价值要素也是不可忽视的重要方面。例如，受各少数民族之间在社会发展历史进程中客观存在的不平衡性及本民族传统文化、宗教习俗和居住地域环境等因素的影响，各少数民族档案文献在产生、流转及版本特征形成方面较为复杂②。这就需要充分考虑民族因素，充分反映民族特点，科学划分少数民族档案文献遗产及其价值等级，采取最妥善、最科学、最高效的保护措施。

其三，从环境层面的风险要素来看，少数民族档案文献遗产保护应注重识别这些档案文献遗产面临的复杂多样的风险因子，采取有效的预防性保护措施。少数民族档案文献遗产保护除需关注其破损状况，进行修复和数字化保护之外，还需考虑其所处环境条件，如库房温湿度、气候环境、水文条件等，防患于未然。比较而言，民族地区由于独特的地理位置、气候条件与民族生活习俗，对形成与保管的少数民族档案文献遗产的影响更为显著，致使风险因子更为独特且复杂。除自然环境、生物因素之外，还有利用过程中的持续磨损、社会环境的历史变迁、内容传承的人员流失、专门法律政策与保护规划的缺失等，也是造成少数民族档案文献遗产损毁的重要因素。例如，西双版纳贝叶档案一般简单包裹后存放在缅寺大殿梁柱间，常年置于高温之下，还将其与赎佛活动奉赎的物品共同存放，这种保存状况增加了其损毁的可能性③。此外，许多少数民族档案文献遗产信息内容的传承依赖于口传心授，而在多种因

---

① 周耀林：《档案文献遗产保护的理论与实践》，武汉大学出版社2008年版，第27页。
② 杨长虹：《中国少数民族文字古籍定级标准之我见》，《图书馆理论与实践》2008年第5期。
③ 仝艳锋：《民族档案文献遗产保护研究：以云南为例》，山东大学出版社2013年版，第105页。

素综合影响下其传承人已经出现严重的断层，例如，东巴经所蕴含的东巴文化正因为人烟稀少而面临着全面衰落的危机。

可以说，对于少数民族档案文献遗产保护而言，从自然因素到人为因素、从显性威胁到隐性威胁、从实体层面到信息内容层面系统地梳理其面临的风险隐患并科学划分风险等级，进而采取有效的预防性保护策略，是保护活动实施的重点，也是确保保护成效的关键。

总体来看，少数民族档案文献遗产保护是我国文化遗产保护当中不可或缺的部分。尤其是，在强调铸牢中华民族共同体意识的今天，少数民族档案文献遗产保护的意义更加凸显，保护好、传承好、利用好优秀民族档案文献遗产，成为当前少数民族档案文献遗产保护的重要问题。因此，贯彻习近平总书记提出的"让收藏在博物馆里的文物、陈列在广阔大地上的遗产、书写在古籍里的文字都活起来"的文化遗产保护精神，以铸牢中华民族共同体意识为背景，站在国家整体文化发展战略的高度，从少数民族文化遗产保护着手，做好少数民族档案文献遗产保护的研究工作并将研究成果应用于实践，是本书的基本出发点。

基于这种认识，本书针对少数民族档案文献遗产保护进行了系统研究，从现状调查入手，理性地分析了保护需求，进而提出了保护策略。在普适性的档案文献遗产保护基本理论和方法指导下，以少数民族档案文献遗产原生性保护为基点，以少数民族档案文献遗产再生性保护为拓展，以少数民族档案文献遗产保护管理与开发利用一体化为目标，本书从少数民族档案文献遗产的集中保护、精准保护、动态保护、数字化保护、活化保护五个层面构建了少数民族档案文献遗产保护框架体系，并建立了其实现途径、提出了保障措施。

通过系统研究，本书的学术观点主要包括：

（1）建构了基于实践需求的少数民族档案文献遗产区域大保护理论框架

已有的为数不多的相关研究成果专注于机构层面，分散化、碎片化的跨区域、跨机构的保护工作缺乏针对民族地区整体现实需求的专门研究成果和理论指导。本书本着问题导向、科学保护、便于操作的基本原则，从保护主体、保护客体、保护环境、保护管理四个维度出发，构建了区域大保护理论框架,形成了集中保护、精准保护、动态保护、数字化保护、活化保护五大模块,加强了少数民族档案文献遗产区域大保护的顶层设计。

(2) 探讨了针对广泛分散的少数民族档案文献遗产集中保护的机制

少数民族档案文献遗产广泛分散保存,民间散存及海外流失现象较为严重,保护所需的人力、财力和物力支持不足。本书基于区域大保护理论框架,以民族地区区域协同为导向,以区域保护中心建设政策为背景,以国内外档案文献遗产集中保护经验为借鉴,探讨了少数民族档案文献遗产区域保护中心的运行机制,并从机构散存、民间散存、流失海外三个层面进行了运用。

(3) 提炼了基于科学评估的少数民族档案文献遗产精准保护的实施框架与措施

以往的相关成果大多聚焦于保护技术方法及其应用,技术方法应用之前的评估环节非常缺乏,导致技术方法应用存在无的放矢的现象,影响了保护技术应用的效果。本书借鉴国内外档案馆、图书馆、博物馆等文化事业机构关于档案文献遗产、藏品的评估方法,构建了基于科学评估的少数民族档案文献遗产精准保护的实施框架,形成了"少数民族档案文献遗产特征信息采集—保护需求精准评估—保护技术'靶向'供给"的少数民族档案文献遗产精准保护实施措施。

(4) 推动了基于科学监测的少数民族档案文献遗产动态保护流程与能力建设

少数民族档案文献遗产保护限于专业人才的缺乏,存在着"头痛医头,脚痛医脚"的现象,导致保护工作的间歇式、片段化,凸显了少数民族档案文献遗产保护能力的缺乏。本书从构建动态保护 VEPC 理论模型着手,分析了该模型的客体 V 区、环境 E 区、管理 P 区和主体 C 区四大模块及其核心内容,提炼了少数民族档案文献遗产监测指标体系,分析了基于该监测指标的动态保护流程与动态保护能力建设,由此推动了少数民族档案文献遗产的预防性保护、治理性保护以及修复性保护三个环节不断循环,从而保证少数民族档案文献遗产能够"起死回生"。

(5) 构建了基于长期保存的少数民族档案文献遗产本体保护、无损

数字化保护的"双态结合"策略

少数民族档案文献遗产的数字化是近年来各文化事业机构工作的热点。然而，数字化在实践中往往被看作管理和利用的前提和条件，缺乏保护方面的科学认识。本书在少数民族档案文献遗产集中保护、精准保护、动态保护等本体保护技术方法的基础上，探讨了少数民族档案文献遗产无损数字化保护，由此形成了少数民族档案文献遗产原生性保护与无损数字化保护相结合的、相辅相成的"双态结合"策略，既不影响少数民族档案文献遗产的永续利用，又有效地保护了少数民族档案文献遗产原件。

（6）提出了基于保护元数据的少数民族档案文献遗产原生性保护、再生性保护、保护数据库建设、保护管理与开发利用的一体化

少数民族档案文献遗产保护是一项专业性工作，往往缺乏与开发利用的有效衔接，造成了少数民族档案文献遗产原生性保护、数字化保护、数据库建设与保护管理、开发利用之间孤立建设和彼此分割的状态。本书本着保护为"体"、开发为"用"的基本目标，以"保护"属性的元数据融会贯通，建立了少数民族档案文献遗产的原生性保护、无损数字化保护、嵌入保护元数据的数据库建设流程，实现了少数民族档案文献遗产保护管理与开发利用一体化。

（7）建立了基于可持续发展的少数民族档案文献遗产区域大保护实现的保障

少数民族档案文献遗产保护存在着人、财、物的困难，导致了保护技术的研发与应用不及时、保护管理的效率不高以及可持续发展难以为继。本书基于可持续发展的理念，建立了实现少数民族档案文献遗产区域大保护的政策保障、经费保障、机制保障、标准保障、技术保障、人才保障，实现了宏观和微观、客观和主观、体制机制和制度标准、保护技术和保护管理各个层面的辩证统一。

实现上述学术观点的创新是本书写作的初衷。是否能够实现这个初衷，敬请读者给予评判和斧正。

第一章

少数民族档案文献遗产保护现状调查与需求分析

"档案的保护技术就像人类文明本身那样古老。在某种程度上可以说，它起源于各种生物所共有的自我保护的本能。"[①] 这个论断表明，档案文献遗产保护一直备受重视，古今中外莫不如是。我国55个少数民族在历史长河中积淀了卷帙浩繁的档案文献遗产，镌刻出一幅多姿多彩的民族画卷，再现了多民族在历史、文化、地域进程中的实践活动，具有十分重要的价值。然而，少数民族档案文献遗产一旦形成，就会面临自然因素和人为因素的影响而遭受损毁并逐渐走向濒危乃至消亡。在这个过程中，保护是一种必然的选择，尤其是在"世界记忆工程""中国档案文献遗产工程"等记忆工程框架中，少数民族档案文献遗产一方面以其珍贵价值、丰富形态与不可再生性资源受到全社会的广泛关注，另一方面也因社会转型、生态恶化、文化传承危机等因素影响，其老化、损毁、流失和消亡现象日益严重。面对这一困境，笔者对少数民族档案文献遗产保护进行了较为系统的调查，对保护现状层层解析，以明确保护工作不足，深度探寻其保护需求，为制定针对少数民族档案文献遗产保护的策略体系提供清晰明确的目标靶向。

---

① ［印］雅·帕·凯思帕利亚:《档案材料的保护和修复》，黄坤坊译，档案出版社1985年版，第4页。

第一节 调查概述

系统调查我国少数民族档案遗产现状，全面掌握其分布情况、保护状况、管理机制等内容尤为迫切且极为必要，为此需设计科学系统的调查方案。

一 调查目标

国务院、文化和旅游部、国家档案局、国家文物局等在相关保护工程的开展中曾涉及档案文献遗产的普查工作。例如，"中国档案文献遗产工程""国家重点档案保护与开发工程"是在档案文献遗产调查论证的基础上进行的有计划、分批次的抢救、保护与开发；"中华古籍保护计划"要求对全国范围内各文化系统的古籍收藏和保护状况进行系统调查；国务院也对包括档案文献遗产在内的可移动文物进行了全面调查，摸清了国有文化事业单位的家底。但从全国范围来看，针对少数民族档案文献遗产的专题调查尚未开展，对其资源分布、形态结构及其保护情况还缺乏了解。

因此，在制定少数民族档案文献遗产保护策略之前，开展针对性的调查与分析，有助于全面了解其类型、结构、质地、保存现状、受损情况、损毁程度、已实施的保护方案、尚待开展的保护计划等，探明少数民族档案文献遗产保护的现状与需求，并由此制定系统性、精准化的保护目标。

笔者调查需要解决的主要问题包括：少数民族档案文献遗产的地域、民族、载体等分布特征及典型性收藏情况；现有保护单位机构设置及保护现状；现有保护技术应用现状；档案数字化及其保护情况。

二 调查设计

（一）调查思路与方法

少数民族档案文献遗产广泛分布于档案馆、图书馆、博物馆、少数民族古籍整理出版规划办公室（以下简称"古籍办"）、社会科学研究院等文化事业单位和个人手中。根据项目研究规划，课题组重点围绕"四个区域"（西南、西北、东南、东北四个主要少数民族居住区）、"三个层面"（保护主体、客体和方法）进行系统性抽样调查，采取"经验梳理—抽样调查—结果分析"的基本思路，对我国少数民族档案文献遗产及其保护现状进行描述。在这一过程中，主要采用文献调查、实地调查、网络调查等研究方法。调查思路与方法见图1-1。

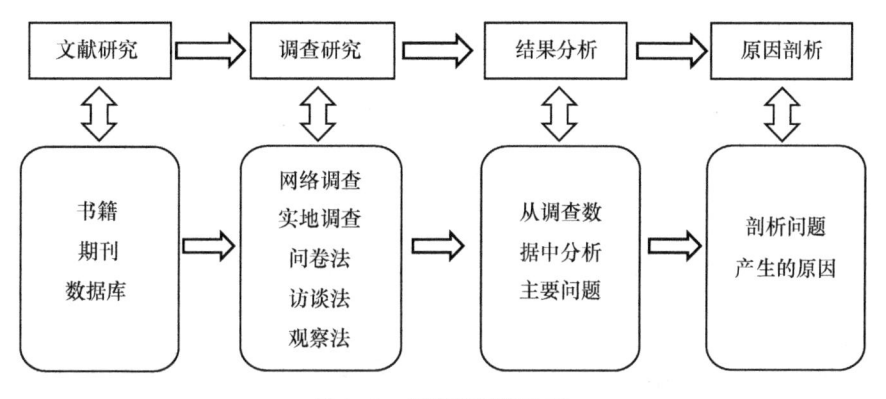

图1-1 调查思路与方法

文献调查法：系统梳理相关著述并研读数据库中的相关文献，围绕保护现状、体制机制、资源组织、保护标准、保护技术等主题，初步厘清我国少数民族档案文献遗产保护概貌，为深入实地调查提供参考。

实地调查法：以搜集准确、翔实的第一手资料为目的，深入民族地区实地走访。在问卷调查（见附录1）的基础上，以面对面访谈或小组座谈（见附录2）的形式就重点问题进行深入探讨与交流反馈。

网络调查法：利用互联网工具对相关网站、社交平台及媒体信息进行查询、收集、整理和分析，是对实地调查进行补充的重要方法，有助于进一步充实调查数据，弥补实地调查中可能遗漏或疏忽的问题。

（二）调查范围及对象

在当前管理体制下，我国少数民族档案文献遗产分散保存于各地各级文化事业单位和部门。由于地域、技术、管理等多种因素的共同作用，各保护单位在保护需求、保护状况、保护问题上均存在较大差异。因此，调查范围需兼顾到不同地域、不同类型的保护单位，见表1-1。

表1-1　　　　　　　　　调查对象基本情况

调查对象	行政管理区域	地域划分
云南省档案馆、云南省图书馆、云南省博物馆、云南民族大学博物馆、云南省古籍办	云南省	西南区域
贵州民族大学图书馆	贵州省	
广西壮族自治区档案馆、广西壮族自治区图书馆	广西壮族自治区	
西藏自治区档案馆	西藏自治区	
新疆维吾尔自治区图书馆、新疆维吾尔自治区古籍办	新疆维吾尔自治区	西北区域
甘肃省档案馆、西北民族大学西北民族博物馆	甘肃省	
内蒙古自治区档案馆、内蒙古自治区图书馆、内蒙古大学图书馆	内蒙古自治区	
福建省档案馆	福建省	东南区域
辽宁省档案馆、辽宁省图书馆	辽宁省	东北区域
吉林省档案馆、东北师范大学图书馆	吉林省	
黑龙江省档案馆、黑龙江省图书馆	黑龙江省	

表1-1中的调查对象以省级代表性单位为主，其中，档案馆9家、图书馆9家、博物馆3家、古籍办2家，分别占总调查对象的39%、39%、13%、9%。

云南省档案馆是云南全省综合性档案保管基地，收藏了自康熙四十四年以来云南地区所形成的少数民族档案文献遗产，例如富有地域特色的傣族贝叶经、彝族毕摩经、纳西族东巴经等，近年来还广泛征集并建立了18个特色民族档案全宗。

广西壮族自治区档案馆馆藏总量约为70万卷（册），其中少数民族档案文献遗产总量约为1300卷（册），分布于区党委、区人委、区民宗委的全宗档案中，记录和保存了解放后广西各民族独具特色的生活和风俗习惯。

西藏自治区档案馆馆藏90个全宗，含少数民族档案300多万卷（册）、资料25000多册，除藏文档案外，还有满、蒙、八思巴文等十余种文字档案，包括元代皇帝的敕封档案、萨迦地方政府档案，明代帕主、藏巴汗地方政府档案，清代和民国噶丹颇章地方政府档案。

甘肃省档案馆现有282个全宗36.5万卷档案，另有3.7万册资料，其中馆藏最早的档案是唐代敦煌写卷《金刚经》和《大宝积经》。甘肃省独有民族东乡族、保安族和裕固族因无本民族文字，留下的纸质档案甚少，现存有历史上中央王朝管理地方所形成的政令文书、裕固族祖先用回鹘文记载的文献资料、东乡族用阿拉伯文和波斯文拼写的伊斯兰教经文和碑文等。

内蒙古自治区档案馆馆藏档案资料84万（卷、件），其中少数民族档案达7万余卷，覆盖了清代、民国和革命时期的22个全宗国家重点档案以及新中国成立后的绥远省及内蒙古自治区档案，包括近30万件蒙古文历史档案。

福建省档案馆馆藏200多个全宗，含267941卷档案、27827册资料，富有地方特色的有侨批档案、闽台经济文化交流档案以及处理台湾籍民问题所形成的文书，少数民族档案主要分布在省民族与宗教事务厅全宗档案之中。

辽宁省档案馆馆藏总量约为160万卷，其中满族清代档案数量众多，约有20万份满文文件，包括玉牒、实录、圣训、满文老档、盛京内务府档、黑图档、东北各旗署档和八旗兵丁、地亩、户口册等，主要分布在《黑图档》《盛京内务府》《承袭谱》等全宗之中。

吉林省档案馆馆藏满文档案1.6万卷，上迄清嘉庆十四年，下至民国三年，是清代吉林将军衙门及巡抚衙门在封建统治活动中形成的档案。

黑龙江省档案馆馆藏376个全宗，含档案457137卷，照片、底图等32598张，馆藏资料46326册，涵盖清代、民国、革命时期以及新中国成立后300多年的历史，其中馆藏最早的是康熙二十三年的清代黑龙江将军衙门满文档案。

图书馆是古籍文献的重要保管单位，收藏了大量民族古籍和地方文献精品。内蒙古自治区图书馆设置民族文献部，所藏满文古籍囊括自清初顺治至清末宣统年间的刻本、写本、抄本共200余种3000余册，包括经、史、子、集各大部类①；蒙文部收藏了新中国成立后出版的最全蒙文图书，另有蒙文古籍《成吉思汗传记》《蒙古世系谱》《医学大全》《御制满洲蒙古汉字三合切音清文鉴》《一层楼》《泣红亭》以及蒙译汉文古典手抄本，馆藏全套蒙文经卷《甘珠尔》和《丹珠尔》。

博物馆也是少数民族档案文献遗产的重要保护单位，不少珍贵的国家文物亦属于档案文献遗产范畴，例如云南省博物馆藏有极富地域特色的原生载体档案文献，如刻木记事、结绳记事、鹅卵石记事、铁器地契、树叶信等；云南民族大学民族博物馆藏有各种民族经书，包括傣文、纳西文、傈僳文、哈尼文、彝文、苗文、回文等；贵州省博物馆收藏了2500余册珍贵的彝族档案文献②；西北民族大学西北民族博物馆馆藏4件国家一级文物中就包括了阿巴斯王朝银质印章、1258年手写体波斯文教法经及同治年、道光年的《天方性理》珍贵文献。

此外，民族古籍办作为专门负责少数民族古籍的管理单位，也是本次抽样调查的对象之一。云南省古籍办共收藏彝、傣、瑶、纳西、傈僳、壮等民族古籍3269册（卷），其中瑶族古籍数量居全国首位。新疆维吾尔自治区古籍办自成立以来，搜集抢救民族古籍超过1万部，其特藏书库被国务院列入全国古籍重点保护单位，收藏的28部古籍收录于《国家珍贵古籍名录》。由于省级古籍办承担着全省民族古籍工作的组织、协调、联络和指导之责，对其调查大致能了解全省民族古籍的整体保护状况。

总体来看，以23家单位为调查对象，兼顾了档案馆、图书馆、博物馆及古籍办等不同规模、技术和条件下的馆藏类型。从地域分布来看，调查对象覆盖我国东西南北7个省、4个自治区，能够反映出不同地域特征、气候条件、经济水平及文化背景下的少数民族档案文献遗产保护情况。

（三）调查内容及设计

本次调查基于"少数民族档案文献及其保护情况"这一主题，从以

---

① 何砾砻：《内蒙古自治区图书馆藏满文古籍》，《藏书报》2021年11月22日第11版。
② 周耀林、刘晗、陈晋雯、张伟：《民族记忆视域下少数民族档案文献遗产保护现状与推进策略：基于云贵地区的调查》，《档案学研究》2020年第5期。

下 6 个方面设计调查问卷，同时针对与保护相关的特殊载体、特色技术、专库特藏、分级管理等开放性问题进行深度访谈。

第一，馆藏基本情况。旨在从宏观上了解调查对象的整体保护情况，进而形成全景式认知，包括馆藏类型、数量、载体、内容、价值、民族、年代、珍档名录、损毁程度等。

第二，库房建设与装具设备。对各单位的库房条件、防护设施、保存装具、包装材料等进行调查，考察其保存条件是否适应少数民族档案文献遗产保护需求，以及面临的困难。

第三，保存状态及特藏库建设。调查馆藏少数民族档案文献的物理状态及受损程度、保存分级及特藏库建设等情况。

第四，保护技术方法。从预防性保护、治理性保护、修复性保护角度考察各单位保护技术方法及其应用情况，详细了解少数民族档案文献遗产的特殊保护技术方法。

第五，数据库建设。对少数民族档案文献遗产数据库的总体建设进度、类型、途径、标准、安全等进行详细调查，明确数字化保护进展及专门的保护数据库建设现状。

第六，保护组织与制度。调查是否有针对少数民族的专门组织与制度，包括专门部门、专业人才、教育培训、保护资金、保护制度、工作计划、区域合作等政策及实施情况。

第二节　调查结果分析

基于上述调查方案，课题组分别于 2019 年 3—5 月、2020 年 7—9 月、2021 年 9—11 月展开了比较系统的调查研究，获得了少数民族档案文献遗产总体分布现状、各单位组织与制度建设情况、保护环境建设情况、档案文献遗产原生性和再生性保护情况的信息，形成以下各项调查结果：

一　少数民族档案文献遗产分布概况

受历史、地理等多因素综合影响，我国少数民族呈现大杂居、小聚居、交错居住的特征，既广泛分布于各省、自治区，又聚居于各民族地区，多生活在山区、高原、牧区和森林等相对封闭的文化生态环境之中。各民族基于地域文化形成的档案文献遗产种类多样，呈现出包罗万象的文字内容与形式迥异的载体形态，见表1-2。

表1-2　　　　　　　　少数民族档案文献遗产分布概况

分布概况	覆盖范围	主要特质	表现形式
地域分布	云南、贵州、广西、西藏、新疆、青海、甘肃、宁夏、内蒙古、黑龙江、吉林、辽宁、四川、重庆、湖北、湖南、海南、福建、台湾等地	分布广泛，遍布各民族地区	西南有藏族、彝族、纳西族、水族等；西北有回族、维吾尔族、哈萨克族等；东北有满族、朝鲜族和蒙古族等；中部有壮族、苗族、土家族、布依族等；东南有畲族、高山族等
民族分布	黎族主要分布于海南，羌族主要分布于四川，撒拉族主要分布于青海，其余民族在各区域均有分布，其中西部民族40多个	文化多元	如白族本主文化、彝族毕摩文化、纳西族东巴文化、傣族贝叶文化、藏传佛教文化等
		多民族文化交流融合	不少档案文献由两种以上文字书写，如五当召历史档案采用了蒙、满、藏、汉四种文字
形成时间	先秦、秦汉、唐代、宋代、元代、明代、清代、民国、新中国	时间跨度大	从新石器时代的沧源岩画、古滇国青铜器至今，跨越了3000多年的历史
载体材料	金属、石刻、竹木、贝叶、陶土、织物、兽皮、纸张、磁带、胶卷、光盘、存储卡等	载体多样，自然材料丰富	石刻、贝叶、兽皮等
		就地取材，极富地域特色	西南民族大多居住于山区，常借助山体岩石记录信息，形成了丰富的石刻档案
		信息的不确定性	侗、苗等族用"法石"进行"裁岩议事"，石头上无文字，只有当地族群知道其意
记录形式	符号、实物、文字、图像、声像、口述、数字等	横向发展不平衡性	傈僳族、哈尼族等直至近现代仍保留着原始的记事方式；少数没有文字的民族只有口述记忆
		纵向发展历史进程性	在形成民族文字之前，侗族通过简单的标记符号刻画记事，文字出现后才逐步采用文字记录

· 8 ·

续表

分布概况	覆盖范围	主要特质	表现形式
主题内容	政治、经济、军事、历史、科技、医药、法律、文化、宗教、伦理、民俗等	内容覆盖广泛	傣族流传有不少医药经书和古验方等
		题材原生性	各种民俗、舞蹈、仪式等社会文化原生态记录
		宗教色彩浓厚	藏传寺庙古籍数量众多，远超敦煌文书
		民族融合特性	回族融合了伊斯兰文化、古代波斯文化及中国传统儒家文化，部分回族历史档案用汉文、阿拉伯文和波斯文书写

载体性质决定了档案文献遗产的整体特征和使用寿命，是保护研究的重要对象[①]。少数民族档案文献载体有纸质、石刻、金属、木质、缣帛、羊皮、贝叶、陶器和口碑等诸多类型[②]。新疆社会科学院收藏的纸质民族古籍又有手抄本、石印本、桑皮纸、铅印本和机械制文献纸张等多种形式[③]。在初步调查基础上，课题组结合实例进一步对这些载体分布情况进行了整理，旨在探明其与地域、民族之间的关联，以及载体材料与少数民族档案文献遗产之间的深层制约关系，见表1-3[④]。

从表1-3可知，少数民族档案文献载体类型多、分布广。石刻材料年代久远且遍及各民族地区，以记事碑刻、墓碑铭文和摩崖石刻等为主，如大理白族自治州档案馆征集的白族碑刻拓片共有26个案卷、1453张[⑤]，内容广泛涉及历史、文学、宗教等，具有较为重要的历史文献价值。但由于石刻大多裸存于荒山野外，主要依托自然地形或受祭奠祭祀

[①] 仝艳锋：《民族档案文献遗产保护研究：以云南为例》，山东大学出版社2013年版，第26页。

[②] 华林、肖敏、王旭东：《西部濒危少数民族历史档案保护研究》，《档案学研究》2013年第1期。

[③] 韩南南、张馨元、张伟：《新疆濒危少数民族古籍保护研究》，《山西档案》2016年第2期。

[④] 注：由于各种质地的载体分布广泛，难以统一，本书仅举例说明。表中，"—"表示未找到相关案例。

[⑤] 华林、宋梦青、杜其蓁：《基于生态文明治理的云南少数民族伦理档案文献遗产发掘研究》，《档案学研究》2020年第2期。

表1-3 少数民族档案文献遗产载体特征与分布

分布	石刻材料	金属材料	竹木材料	纸质材料	新型材料
云南	摩崖石刻、碑刻为主，彝、白族石刻较多	金、银、铜、铁、锡等金属材料，包括铜片、铜鼓、铁片、印章、银块等	较为原始的竹木实物文献	鹤庆县白族绵纸、丽江东巴造纸、中甸白水台藏族浇纸法、勐海傣族构皮造纸等	少数民族专题数据库，已录文约2万件档案文献，以及200人的口述档案
贵州	彝族以墓碑、源流碑、墓主碑为主，集中在毕节市及六盘水市水城县，源流碑以大方县为代表	锡、铜、银合金铸的钟铭和印章等，如彝文铜印，一颗彝文铜印可译为"夜郎旨首相印"	彝文木刻与竹简较多	有约万部彝文古籍，苗族方块文字经书100多本、荔波"方块布依文"古籍5000多册、水书2万多册以及各种徽文、文告、契约、土司委任状文书等	贵州民族大学《贵州世居民族文献数字图书馆》提供民族文化藏品、地方文献、古文献资源
广西	晋代以来大量石碑和摩崖石刻	多为钟鼎重器，也有铜质官印，如南明永历皇帝颁发的"迁隆州印"	木片、竹片上刻有当地乡规公约、组织公议、拦歌等	古籍和文书两大类，内容涉及广泛	南宁市建立少数民族古籍档案数据库，有书籍类、碑铭类、文书类、讲唱类等
西藏	以碑文和摩崖石刻为主	吐蕃时代的铜牒、文辞的铸钟	以藏文木刻雕版和木刻牌位为主	藏族古籍和文书为主，盖宗教、历史、文艺、法规、政务、经济、谱牒等	"中国藏文文献资源网"收录近4000种图书、45种国内期刊、6万余页论文
新疆	可追溯至石器时代，分布于40多个地区	印章如"司禾府印"等	以佉卢文木牍与吐蕃文木简为代表	粟特文买卖女婢文书、回鹘文《弥勒会见记》、"唐开元二十年石染典过所"等文书	伊犁哈萨克自治州古籍小录制作承磁带17盒，塔塔尔语光盘8盒
甘肃	记事碑、墓志铭和摩崖石刻	—	出土简牍达6.5万多枚，跨越秦汉至晋唐西夏5个朝代，有汉、佉卢、吐蕃、回纥、西夏5种文字	古籍约为70万册、藏文古籍409函约10万页，以及大量谱牒文书	"数字敦煌"建有"敦煌学研究文献数据库"、"敦煌遗书数据库"、"石窟档案数据库"等，藏经洞出土文献800多件全部数字化

第一章 少数民族档案文献遗产保护现状调查与需求分析

续表

分布	石刻材料	金属材料	竹木材料	纸质材料	新型材料
内蒙古	辽代石刻墓志、碑刻和经幢，以及少量哀册、铭文、刻崖题记等	满文书写的霍硕特旗扎萨克铜质印章	黑水城简牍文献，产生于唐、五代、辽末、西夏、金等朝代	家谱、经书、文书等；1984年额济纳旗黑城出土一大批少数民族文字的文书	内蒙古大学实现了《甘珠尔经》全文数字化，并提供蒙古文、蒙古文拉丁转写和繁体汉文检索
辽宁	墓志和哀册为主，以及经幢、石函、塔碑等	辽契丹文铜印	—	玉牒1060册，其中满文本528册，时间为1660年至1907年	大连民族学院建有"东北少数民族研究多媒体数据库"
吉林	墓志和玺印	契丹文铜镜上铸小字："时不再来，命数由天；及时解脱，天相吉人"	—	吉林省档案馆现藏满文书档案3万余件	吉林师范大学图书馆建有"满族文献数据库""满族电子图书特色数据库"等
黑龙江	主要有墓志和玺印。如在泰东县绰尔河畔塔子城内，有辽大安七年所刻的《辽大残碑》	—	—	努尔哈赤、皇太极统治东北时期形成了《满文老档》，以及东北驻防机构形成了丰富的文书档案	有国家级项目"鄂伦春族摩苏昆"，含影像资料、文字传承人资料70万字，以及传承人资料

· 11 ·

等文化习俗影响，遭受风雨腐蚀或人为破坏严重。石刻保护除通过技术修复、集中保存之外，也以缩微摄影、拓片等方式进行。

金属材料大至钟鼎重器，小到铜镜、印章等小件，制作工艺各不相同，价值也各具特色。例如，云南民间常用铁器作为交换凭证或记账工具，红河大新寨村一件重达4120克的铁器，虽无文字记录，但不影响被彝族村民用作"铁证"。小巧精致的铜质印章宣示权威，其印文也具有较高的价值。例如，内蒙古阿拉善左旗档案局现存的霍硕特旗札萨克印章有蒙、满两种印文，真实地记录了1637年册封贝勒的历史事件。

竹木材料年代极其久远，记载内容也较为丰富，广泛应用于民族活动之中。云南地区还保留着较为原始的竹木实物交流方式，如爱尼人和拉祜族人的记事竹刻和通行木刻牌、哈尼族证明离婚的木刻书、景颇族用于传情达意的树叶信等；新疆大部分出土的简牍是来自新疆罗布泊南岸的米兰古城遗迹；甘肃出土的简牍文献文字多样，以几千年前的秦汉简牍最多。

纸质材料是现代造纸科技的成果。古老的纸张多为皇室、贵族、宗教等使用，是封建宗法制度的体现，如甘肃谱牒文书《鲁氏世谱》收录了明清王朝敕谕蒙古族鲁土司家族的诏旨70余件[①]；内蒙古自治区20世纪80年代末于通辽市奈曼旗发现民间存有大量蒙古文版《大般若波罗蜜多经》。

新中国成立后，大部分旧政权档案文献归为官藏，但民间还留有不少古籍、经书、家谱等家族、宗教传承物，如撒尼彝文文献民间收藏数量超过其总量的二分之一。这些文献由于缺乏专业性保护，遭受自然灾害、社会动荡等意外损毁的可能性较大，其安全性不能得到有效保障。

新型材料主要指19世纪中叶以来的各种新型载体，包括磁带、胶卷、光盘、存储卡以及数字存储载体等。例如，云南省档案馆于2010年起采用口述录音形式全面采集其特色民族档案；广西壮族音乐家范西姆制作了200多盒民歌录音磁带；甘肃省档案馆制有录音、录像、影片、光盘7995盘（张），缩微胶片1193盘，部分敦煌遗书也制作了胶片复制件。在数字化发展背景下，一些民族特色资源数据库也相继建立，极

---

① 郑慧、朱兰兰：《中国少数民族档案文献珍品研究》，中国出版集团、世界图书出版公司2013年版，第127页。

大地拓展了少数民族档案文献遗产的表现形式。

此外，有些特殊载体存在范围相对较小，却有着悠久的历史和民族特色。例如，贝叶原产于古印度，是具有佛教意味的贝多罗树的叶子，经特殊工艺处理后可保存文字千年以上。由南传佛教传入国内的树种，多种于云南，后傣族人利用贝叶刻写文字、记载信息，记录了包罗万象的傣族世俗文化；另由古印度北传佛教传入中国的贝叶经则大多流向西藏，西藏保存有千余函（种）、近 6 万叶，其中包括梵文、藏文和巴利文等。由此，贝叶经历了由西方向我国传输的过程，形成这一特殊载体的档案文献遗产。

二 典型性少数民族档案文献遗产损毁现状

少数民族档案文献遗产分布广泛，呈现出分散保存的现状。民间大量散存因缺乏有效保护不断损毁消失，仅云南省少数民族古籍就以每年上千册（卷）的速度在流失①。有的虽经官方收藏，但仍因缺乏有效的保护技术和专业力量，或因资金短缺、人力匮乏未能及时修复而面临风险。这些问题导致少数民族档案文献遗产呈现出资源的丰富性与损毁性并存这一特殊现象，表 1-4 对典型性少数民族档案文献遗产及损毁情况进行了统计。

上述少数民族档案文献遗产损毁情况表现出一些共同特征：其一，携带着某一历史时期的文化知识，或某一民族文化基因，是一段历史或一个民族的见证，具有较高的历史文化价值；其二，年代较为久远且保存分散，总体数量正在逐渐减少，不少口述档案面临着失传风险。

这些遗产有些已被纳入"世界记忆工程"、国家重点档案保护和非物质文化遗产保护的框架之中。例如，贵州省水书文献、徽州千年宗姓档案分别于 2022 年、2024 年入选"世界记忆亚太地区名录"；纳西族东巴古籍、贵州省水书文献、清代玉牒、彝族文献档案、锦屏文书、盛京内务府册档已分批次列入"中国档案文献遗产名录"；伊玛堪说唱艺术于 2011 年入选世界级非物质文化遗产，梁祝传说、蔡伦造纸传说分别于

---

① 普学旺：《云南省少数民族古籍抢救保护工作情况汇报》，[2022-01-24]，http://www.ynlib.cn/Item/7.aspx。

表1-4 典型性少数民族档案文献遗产及损毁情况统计

类型	形成/保存最早年代	地区/民族	典型性分布	代表性官方收藏	价值、损毁情况
东巴经	始于唐代/明代	云南/纳西族	主要分布于金沙江上游纳西族西部方言区,现存于世的《东巴经》约4万册,1000多种,国内收藏2万余册	丽江市图书馆（7000多册）、玉龙县图书馆（约4000册）、东巴文化研究院（2000册）、市博物院（1050册）、市档案馆（85册）、省博物馆、图书馆、民族古籍办、社会科学院东巴文化研究所都有收藏	采用原始图画象形文字书写,难以读解
白族石刻	宋代	云南/白族	分布于云南大理地区。五华楼遗址发掘宋碑3块,元碑60余通	自1984年以来大理州文管所复制了大理国至民国时期的碑刻拓片1000多件,其中反映白族历史内容的占95%	上千块碑文中,碑文漫灭、碑石断裂,损毁率高达95%
瑶族档案	大致为南宋时期	云南/瑶族	分布于云南省文山州、红河哈尼族彝族自治州、西双版纳州等。德国巴伐利亚州立图书馆保存瑶文经书2776件	各民宗局多有收藏,包括河口瑶族自治县120余卷、绿春县10余卷、金平县约10卷、红河县约100本。云南省民宗教事务局、河口瑶族自治县民族事务局、红河哈尼族彝族自治州民族研究所也有收藏	文字独特：方块瑶文；载体独特：绵纸、作业本、笔记本、大白纸和土纸；内容独特：瑶传道教文化
佤族口述档案	20世纪50年代成的口述档案	云南/佤族	分布于云南省西南部的沧源、西盟、孟连、耿马、澜沧、双江、镇康、永德等县	云南省档案馆、大理州档案馆和普洱、临沧等县档案馆保存佤族口述档案；沧源县档案馆保存着3份最早的佤文体古歌《司岗里》等	2011年第三批国家级非物质文化遗产名录

· 14 ·

第一章 少数民族档案文献遗产保护现状调查与需求分析

续表

类型	形成/保存最早年代	地区/民族	典型性分布	代表性官方收藏	价值/损毁情况
贝叶经	唐朝/明清	云南/傣族	西双版纳傣族自治州存世较多，覆盖和影响云南所有傣壮地区，乃至整个东南亚	云南省档案馆存两部贝叶经17册，民族古籍办藏300余卷，图书馆藏81片，博物馆藏150余片，云南民族大学民族博物馆藏71片	
	7世纪/17世纪左右	西藏/藏族	西藏存量占目前世界总量的六成至八成，包括梵文、藏文和巴利文等古写本，不少属孤本、善本、珍本	散存于西藏7地（市）41县65个部门和寺庙，3个遗址，5家经书和文物收藏户及个别僧众家庭形成《西藏自治区珍藏贝叶经目录》《西藏自治区珍藏贝叶经影印大全》等成果	有"佛教熊猫"之称，一部分为古印度梵文文献，具有极高的文物价值和文献价值；世界现存贝叶经总量不过千部
彝文档案	大致为明清时期/明清	云南/彝族	广泛分布于滇南、武定、禄劝、宣威、罗平及彝语北部方言地区	官方主要收藏于楚雄彝族文化研究院和楚雄彝族自治州档案馆，其中属于珍品的彝族文献共44部	彝文六大方言间无法对话；民间收藏隐匿分散，保护条件差；文献随收藏者去世一俱俱之，逐年锐减，面临失传
		贵州/彝族	主要分布于六盘水、安顺和毕节等地区	16个收藏单位藏有彝文古籍9000余册，贵州省博物馆收藏2500多册，贵州省民族文化研究所100多册，贵州民族大学500多册	
水书	唐代/明代	贵州、广西/水族	主要分布在黔南、荔波、三都等县水族乡村，广西南丹县、融水自治县、环江毛南族自治县水族乡村也有分布	贵州省官方馆藏水书25000多册，三都县档案馆有9400册，荔波县档案馆收集有12600多册，贵州民族文化宫收藏有1000多册，贵州民族大学图书馆收藏556册	水族的"百科全书"，含有60%以上难以破解的口述信息

· 15 ·

续表

类型	形成/保存最早年代	地区/民族	典型性分布	代表性官方收藏	价值/损毁情况
锦屏文书	清代/清代	贵州/苗族、侗族、汉族	最早发现在锦屏县,实际遍及清水江流域的七个县,剑河、黎平、天柱、三穗、锦屏等地平均征集上万件的,最早形成于明代成化二年	全省档案馆馆藏20万余件,其中锦屏共6万余件,完成整理、入库数字化的有59106件。贵州省档案馆编研出版了清水江文书专辑几十册。黔东南苗族侗族自治州档案馆在五县建立了锦屏文书特藏室	记载清水江数百年林业史及木商文化,与敦煌文书、徽州文书比肩;存在自然消亡和秘密倒卖
侗族档案	唐朝中期/明代	广西/侗族	柳州三江侗族自治县地区	三江侗族自治县档案馆馆存133个全宗,20024卷,包括民国时期侗族档案全宗共31卷	侗族文化的集中反映,侗族文化之根
西藏官方档案	元代(1304—1367年)	西藏/藏族	包括圣旨、法旨和文书共22份	现藏于西藏自治区档案馆。圣旨采用内地手工纸制作,法旨和铁券文书采用藏纸为载体	年代久远;形制各异
唐卡文献	吐蕃/吐蕃	西藏/藏族	民间散存较多;寺庙作为藏传佛教文化的载体,保存大量年代久远的珍贵唐卡	官方主要为档案馆、博物馆、研究中心等单位保存,如布达拉宫藏缂丝《贡塘喇嘛相像》,热振寺藏布绘《阿底峡与仲敦巴》等	气候恶劣、年代久远、缺乏良好保管条件,故损毁严重
清代玉牒	清代顺治	北京,辽宁/满族	清朝时保存于北京市皇史宬和沈阳市敬典阁	辽宁省档案馆存有玉牒1060册,其中满、汉文本分别为528册、532册	中国最完整的皇族人口史料,尺寸最大的手抄本古籍
盛京内务府册档	清代/清代	辽宁/满族	盛京内务府与北京总管内务府、盛京五部、奉天府等衙署同及内部往来文书的行文稿或抄存档册	主要存于辽宁省档案馆,代表性的《黑图档》共1149册20万件左右	280年间盛京地区皇室及宫廷事务文件,入选《中国档案文献遗产名录》

续表

类型	形成/保存最早年代	地区/民族	典型性分布	代表性官方收藏	价值/损毁情况
伊玛堪	民族社会末期	黑龙江/赫哲族	赫哲族聚居区的说唱艺术。从1979年起开展对传承人进行联合采录，留下数百万字说唱资料	2015年，原黑龙江省文化厅组织编纂《伊玛堪集成》，共收录伊玛堪说唱48部，图片300余幅，总计230余万字，较为系统地呈现了赫哲族伊玛堪说唱的全貌	赫哲语已濒临消亡；被列入联合国教科文组织"急需保护的非物质文化遗产名录"

2006年、2011年入选国家级非物质文化遗产。世界范围内记忆框架的确立推动了各民族档案文献遗产的保护，但由于受客观条件制约，各民族地区在实施保护的过程中仍面临不少困难。

三 少数民族档案文献遗产保护现状

在对少数民族档案文献遗产整体调查的基础上，针对相关保护单位的基本情况进一步调查，深入了解其组织与制度、实体保护及库房设备、保护方法与技术、数字资源建设等情况，系统发现问题，可为制定保护方案提供科学参考和信息支撑。

（一）少数民族档案文献遗产保护组织与制度

少数民族档案文献遗产保护是涉及多个层面、多方协调的系统工程，它需要强有力的组织保障和制度规范作为坚实后盾，以及清晰明确的发展规划指引保护工作方向。为此，课题组面向23个单位，就其组织及制度规划等进行调查，以反映各单位对少数民族档案文献遗产的重视程度，分析其在保护管理过程中所呈现出来的共性问题与制度缺陷，见表1-5。

表1-5　　　　　少数民族档案文献遗产
保护的组织管理与制度建设

单位	管理组织		制度建设（专门制度或工作方案）
	专门部门	专业人才	
云南省档案馆	无	有	有针对全馆的档案安全保护、应急管理制度，无明确的分级管理制度
云南省图书馆	相关	有	有与少数民族档案文献遗产相关的安全保护、应急管理、灾害预防、抢救保护、分级制度
云南省博物馆	无	有	有针对全馆的安全保护、应急管理、分级管理制度，并制定了防灾备份方案
云南民族大学博物馆	无	有	有与少数民族档案文献遗产相关的安全保护制度，无分级管理制度
云南省古籍办	有	有	有专门的少数民族档案文献遗产安全保护制度
贵州民族大学图书馆	相关	有	有针对全馆的安全保护、应急管理、分级管理制度，并制定了防灾备份方案

续表

单位	管理组织 专门部门	管理组织 专业人才	制度建设（专门制度或工作方案）
广西壮族自治区档案馆	无	无	没有针对少数民族的专门制度；不定期参加培训，如中国第一历史档案馆、广西古籍保护中心的培训；制订了档案保护长期计划，如建立馆藏珍贵档案数据库；部分资金投入民族档案的开发性保护，如《神奇魅力广西——民族风情》展览
广西壮族自治区图书馆	相关	有	有古籍保护工作方案及专项资金支持
西藏自治区档案馆	相关	有	组织专家学者对馆藏民族档案进行集中抢救、整理与开发；有严格的档案保管制度；不定期参加培训，如中央档案馆、中国第一历史档案馆的培训
新疆维吾尔自治区图书馆	相关	有	有新疆维吾尔自治区古籍保护工作方案，每年投入经费60万元
新疆维吾尔自治区古籍办	有	有	制定了各个阶段的五年发展规划，并分年度组织实施，拨发专项资金
甘肃省档案馆	无	有	未针对少数民族档案文献的保护制定专门制度
西北民族大学西北民族博物馆	无	无	有《西北民族大学博物馆藏品管理暂行办法》《西北民族大学博物馆自筹经费管理暂行办法》
内蒙古自治区档案馆	有	有	依托国家"共享工程""八省区蒙古语文工作协作小组"等构建工作机制，规划协作
内蒙古自治区图书馆	有	有	无针对少数民族的专门制度
内蒙古大学图书馆	无	无	有蒙古学特藏安全管理制度
福建省档案馆	无	无	未针对少数民族档案文献保护制定专门制度；不定期开展内外部培训，如图书馆系统的保护修复培训
辽宁省档案馆	无	有	有针对全馆的《区域性国家重点档案保护中心安全保密管理制度》《区域性国家重点档案保护中心工作管理制度》《档案保护工作"十四五"规划》；不定期参加培训，如国家级或省级档案修复技术培训班
辽宁省图书馆	无	无	未针对少数民族档案文献保护制定专门制度
吉林省档案馆	无	无	针对馆藏重点档案制定专门的保护工作方案
东北师范大学图书馆	相关	有	有针对古籍的专门保护制度，拨发专项资金
黑龙江省档案馆	有	有	有针对馆藏重点档案的专项资金制度

续表

单位	管理组织 专门部门	管理组织 专业人才	制度建设（专门制度或工作方案）
黑龙江省图书馆	相关	有	组织古籍收藏单位参加"国家珍贵古籍名录"和"全国重点古籍保护单位"申报工作，推进全省公共图书馆古籍保护与修复、联合编目、地方文献征集、《图书馆志》撰写等工作

1. 常态的、专门的少数民族档案文献遗产保护组织尚未形成

大多数单位没有建立专门的少数民族档案文献遗产保护部门。明确成立有专门保护部门的有5家：云南省民族古籍办设有专门负责民族古籍保护的信息资源科、研究发展科等，新疆维吾尔自治区古籍办有6个业务小组，包括维吾尔—乌孜别克小组、哈萨克—塔塔尔小组、蒙古—达斡尔小组、锡伯—满族小组、回族小组和柯尔克孜族小组[①]，内蒙古自治区档案馆设有蒙文档案部，内蒙古自治区图书馆也有蒙文部负责民族古籍的整理与研究工作，黑龙江省档案馆设有满文和外文档案开发处。

设有与少数民族档案文献遗产保护相关部门的有7家：云南省图书馆和广西壮族自治区图书馆设立了古籍保护中心，贵州民族大学图书馆设有古籍特藏书库，西藏自治区档案馆设有历史档案处、技术保护处，新疆维吾尔自治区图书馆设有古籍部，东北师范大学图书馆设有特藏部和东北文献中心，黑龙江省图书馆设有特藏部。

此外，各单位保护人才极为缺乏，特别是具有特殊修复技能和具有民族文字处理能力的专业人才。例如，云南省图书馆古籍修复中心掌握了比较成熟的藏彝古籍、东巴经、绵纸经等修复技术，但由于缺乏懂民族文字的专业人才，影响了数字化工作进展。有些单位会临时根据当时工作重点和实际需求组建保护工作小组，例如，为保护西藏地区珍贵的梵文贝叶经，西藏自治区成立了保护工作领导小组，并从各单位抽调专人负责；有些重点项目能得到相应补助政策，如锦屏文书入选《中国档

---

① 新疆维吾尔自治区民委古籍办：《让丝绸古道重放异彩：新疆民族古籍工作谱新篇》，《中国民族》2004年第1期。

案文献遗产名录》后，国家每年下拨 100 万元专项基金，由当地各单位安排专业人员开展抢救。但一些缺少民族专项计划或项目支撑的常规化保护工作，往往存在无头或多头管理的情况，如档案馆的征集处、接收处、修复处、保管处、电子处等都涉及少数民族档案相关工作，却缺乏统一调配的协作机制，保护效率不高等问题普遍存在。

2. 稳定的、统一的少数民族档案文献遗产保护制度有待建设

大多数单位没有形成针对少数民族档案文献的专门保护制度。有些通用的安全保护、应急管理等制度多针对全馆，缺少少数民族专项保护计划，也缺乏分级保护具体政策，在人才、资金等方面还有较大缺口，加之资金使用管理上的一些规定，导致有些专项资金的使用效率较低乃至被收回。

有两家单位明确制定了针对少数民族档案文献保护的专项制度。一是新疆维吾尔自治区古籍办制定了《自治区少数民族古籍特藏书库安全规定》《自治区少数民族古籍特藏书库突发事件应急预案》《自治区少数民族古籍特藏书库管理制度》等；二是内蒙古大学图书馆制定了《蒙古学特藏及古籍特藏书库安全管理制度》，以及《关于蒙文蒙古族作家文学类图书集中分类办法》业务规范。

一些单位针对古籍保护或重点档案形成了专门工作方案及管理办法，例如，云南省古籍办制定了《古籍特藏库及信息资源管理办法》；广西壮族自治区图书馆制定《广西古籍普查工作方案》并拨发了专项资金；新疆维吾尔自治区图书馆以《新疆维吾尔自治区古籍保护工作方案》为行动指南，每年投入经费 60 万元；吉林省档案馆针对馆藏重点档案制订了专门保护计划，印发《关于进一步做好历史档案抢救工作的通知》，并拨发专项经费；东北师范大学图书馆针对古籍制定了《善本书库管理条例》《特藏部数码相机使用与管理办法》等；黑龙江省档案馆针对馆藏重点档案制定了《黑龙江省国家重点档案保护与开发专项资金管理细则》。

调查表明，大多数单位尚未将制度建设纳入少数民族档案文献保护实践中，这一现象需引起相关部门的重视。已被列入各项保护工程并获得专项资金支持的少数民族档案文献遗产毕竟是少数，大量仍亟待保护

表1-6　少数民族档案文献遗产保存状态及保护情况统计

	代表性馆藏	保存状态	特藏室建设	专库收藏	装具配备
云南省档案馆	傣族贝叶经、绵纸经、白族段氏家谱、纳西族东巴经、佤族土司档案等	存在一定程度的损坏	有档案特藏室，不分民族	有少数民族档案文献专门库房	密集架，采用无酸卷皮、无酸卷夹、无酸卷盒
云南省图书馆	南诏大理国写经及东巴文献、彝文文献、傣文贝叶经等	由于纸质特殊，大理国写经保存较好，基本没有破损、虫蛀现象	有古籍特藏室，不分民族	无少数民族档案文献专门库房	密集架，未添置装具
云南省博物馆	怒江傈僳族结绳记事、记事石头；红河哈尼族记事羊角、记日竹牌；澜沧县拉祜族记事木刻；元阳县哈尼族离婚书；傣族木架布制日历、傣族土司象牙印章等	总体保存良好	有恒温恒湿库房，不分民族，无特藏室	无少数民族档案文献专门库房	普通金属柜，普通卷皮
云南民族大学博物馆	馆藏贝叶经、东巴经、藏族人头骨内画印章、以及傣文、彝文经书、医书、日历等	60%保存良好，20%受损较轻，10%受损严重	无特藏室	有少数民族档案专门库房	普通木柜，普通夹
云南省民族古籍办	傣族、彝族的18部古籍入选《国家珍贵古籍名录》	80%以上保存完好，5%略有破损	有约60平方米古籍特藏库	有少数民族档案文献专门库房	普通木柜，无特殊装具

第一章 少数民族档案文献遗产保护现状调查与需求分析

续表

代表性馆藏		保存状态	特藏室建设	专库收藏	装具配备
贵州民族大学图书馆	民族古籍1000册左右，含布依文33册，彝文215册、水书556册	80%保存良好，20%受损较轻	有古籍特藏室，不分民族	无少数民族专门库房	普通木柜、无酸卷盒
广西壮族自治区档案馆	民族档案总量约为1300卷（件），代表有清代广西省档案汇集	99.76%保存良好，损毁数量为3卷	无少数民族专门特藏室	无少数民族档案文献专门库房	智能密集架、防磁柜、无酸卷皮
广西壮族自治区图书馆	壮族文献资料	受气候影响，纸张极易长霉，生虫	—	建有独立库房	—
西藏自治区档案馆	民族档案约300万卷（册），以藏文为主的旧政权档案为代表	处于抢救修复状态的近100万卷（册），其中不乏圣旨等珍贵历史档案	无少数民族档案文献专门特藏室	库房大，有专门库房，并按载体分类存储	现代化保护设施和智能密集架、防磁柜、无酸卷皮和卷盒等
新疆维吾尔自治区图书馆	《纳瓦依诗集》《医药指南》等	存在一定程度的损坏，部分破损严重	无少数民族档案文献专门特藏室	无少数民族档案文献专门库房	—
新疆维吾尔自治区古籍办	察合台文、蒙文、波斯文、锡伯文、阿拉伯文等十几种文字古籍	存在老化、脆化、破损等情况	有少数民族专门特藏室	有少数民族档案文献专门库房	特制专门存放的书柜与展柜
甘肃省档案馆	敦煌写经《金刚经》和《大宝积经》	存在一定程度的破损	有少数民族专门特藏室	建有独立库房	档案密集柜

· 23 ·

续表

代表性馆藏		保存状态	特藏室建设	专库收藏	装具配备
西北民族大学西北民族博物馆	阿巴斯王朝银质印章、手写体波斯文教法经及同治年、道光年的《天方性理》等	—	—	设有藏品库房	纸质藏品放置在无酸纸做的盒、匣、箱、袋内
内蒙古自治区档案馆	蒙文历史档案文献，如《大般若经》经卷	91.7%一定程度受损，发酥发脆，蒙尘纳垢，形成档案砖	有民族特藏，为国家重点档案精品	有少数民族档案文献专门库房	以珍稀和重要程度分级配置保险柜、密集架、档案铁柜、铁架、木架、玻璃卷皮柜等。档案馆配无酸卷皮和档案盒
内蒙古自治区图书馆	藏文经书古籍、八思巴文拓片等	—	—	设有专门资料室	均为樟木柜架
福建省档案馆	蒙古文《甘珠尔经》、藏文《大藏经》等	—	—	有少数民族档案文献专门库房	—
福建省档案馆	闽台关系档案、侨批档案等	存在不同程度的生虫长霉现象	有档案特藏，不分民族	建有独立的档案库区	档案密集架、防磁柜等
辽宁省档案馆	满文档案总量约为20万份，有清代《盛京内务府档》《黑图档》等	70%保存良好，但仍有2%受损严重，包括霉变、酥脆等情况	有专门的特藏室及电子档案部	有独立的档案库房。档案库区与其他功能区毗邻	密闭木箱、木柜、智能密集架、地图字画柜、防磁柜、光盘柜、无酸卷盒
辽宁省图书馆	民国时期东北地方文献，如《爱新觉罗宗谱》《满蒙问题》等	存在一定程度的损坏，部分破损严重	有民国地方文献特藏室	设有专门文献书库	—

第一章 少数民族档案文献遗产保护现状调查与需求分析

续表

代表性馆藏		保存状态	特藏室建设	专库收藏	装具配备
吉林省档案馆	满文档案，主要为清代吉林将军衙门及其吉林巡抚衙门档案	部分档案字迹模糊，纸张破损	有专门特藏室与档案库	建有独立库房	档案密集架
东北师范大学图书馆	《金刚般若波罗蜜经》残卷、清殿版《八旗通志》等	一半珍稀古籍文献存在损坏	有专门特藏室	建有独立库房	—
黑龙江省档案馆	鄂伦春户籍档案、黑龙江将军衙门档案《玛瑙礼报五大连池火山喷发》等	纸张载体有损坏，包括缺损、霉斑等	有特藏档案	建有独立库房	档案密集架，并改进档案装具
黑龙江省图书馆	民国地方文献，如《东胡民族考》《黑龙江库玛尔路鄂伦春通志备纂》《满汉礼俗》等	一定程度的老化，部分书籍破损严重，虫蛀等生物破坏情况少	按专题对民国地方文献进行特藏	设有独立文献库房	专用书柜

· 25 ·

资金的投入，总体保护条件欠佳。例如，广西壮族自治区档案馆、内蒙古自治区图书馆、内蒙古大学图书馆、福建省档案馆目前未获得少数民族档案文献保护的专项资金，也缺乏相应的制度建设，不利于形成稳定的保护环境。保护工作的持续推进需要顶层设计支撑，以建立专门保护制度为基础、专项资金投入为保障，促进少数民族档案文献遗产的保护与传承。

（二）少数民族档案文献遗产保护环境

对少数民族档案文献遗产保护组织与制度的调查，可以从宏观上了解这一保护工作的总体实施进展，但具体到微观层面还需深入到实体保存状态，以便准确掌握实体损毁程度及保护实施情况，进而精准定位保护需求。这些微观方面的调查包括各单位馆藏保存状态、受损程度、特藏室建设与专库收藏、装具配备情况等。调查结果见表1-6。

在对馆藏及整体保护环境调查的基础上，课题组对库房"十防"[①]建设及库房设备情况[②]进行了统计，见表1-7。

表1-7　　　　　　　各单位库房建设及设备配置情况

单位	"十防"建设	库房设备
云南省档案馆	ABCDEFGHIJKL	ABCDEFGHI
云南省图书馆	ABCDEFGHI	BCDEFGI
云南省博物馆	ABCDEFGHIJK	BCDEFGI
云南民族大学博物馆	AIJ	DEGI
云南省古籍办	ABCEIJ	ABCDEFI
贵州民族大学图书馆	ABEFIJ	BDEFGI
广西壮族自治区档案馆	ACEFJ	ADEFGHI

---

① 档案保管与保护领域有"六防""八防""十防"之说，课题组在实地调查中用"十防"作为各单位预防性保护（预防技术）的评价指标，但并未局限于十种，故用"十防"泛指对预防档案文献遗产本体遭受破坏的具体措施，包括防潮（水）、防高温、防光、防尘、防霉、防虫、防鼠、防有害气体、防盗、防火、防震、防磁、其他（下同）。本表选项分别用ABCDEFGHIJKLM字母代替。

② "库房设备"选项为：A. 空调；B. 去湿机；C. 加湿机；D. 防火报警器；E. 灭火器；F. 防盗报警器；G. 闭路电视监控设备；H. 消毒灭菌设备；I. 照明设备；J. 空气净化设备；K. 其他。

续表

单位	"十防"建设	库房设备
广西壮族自治区图书馆	ABCEFGJL	ABCDEHI
西藏自治区档案馆	ACDEFIJLM	ACDEFGIK
新疆维吾尔自治区图书馆	ABCEJ	ACDEI
新疆维吾尔自治区古籍办	ABCEJ	ACDEI
甘肃省档案馆	ABCDEFIJ	ABCDEFGI
西北民族大学西北民族博物馆	ABCDEFGIJK	ABCDEFGHI
内蒙古自治区档案馆	ABCDEFGIJK	ACDEFGIJ
内蒙古自治区图书馆	ABCDEJ	ABCDEI
内蒙古大学图书馆	ABCDEJ	ABCEI
福建省档案馆	ABCDEFGHIJK	ABCDEFGHI
辽宁省档案馆	ABCDEFGHIJK	ABCDEFGHIJ
辽宁省图书馆	ABCDEFGHIJ	ABCDEFGHI
吉林省档案馆	ABCDEIJ	ABCDEFGHI
东北师范大学图书馆	ABCDEFIJ	ABCDEFGI
黑龙江省档案馆	ABCDEGJ	ABCEI
黑龙江省图书馆	ABCJ	ABCDEGI

1. 少数民族档案文献遗产特藏室与专库建设

特藏室是对特藏品实施"特殊、专门的保管和保护的场所"。特藏室优于普通库房保管条件，在温湿度控制、光照控制、安防等方面具有更为严格的保管要求和防护水平，对藏品的利用也有更严格的限制，因而能创造更合适的微环境，最大限度延缓档案文献的寿命，实现持久有效的保管利用。

鉴于各单位重视程度和保护条件差异，通常难以为所有少数民族档案文献遗产建立特藏室，一般会根据藏品的密、珍、稀、古等条件判断是否特藏，难以按民族进行分类。例如，内蒙古自治区档案馆将馆藏国家重点档案中的少数民族精品档案收为特藏；辽宁省档案馆以政治性、历史性、全面性作为入选标准，特藏了部分清代皇室档案；黑龙江省档案馆特藏了鄂伦春户籍档案、黑龙江将军衙门档案等。此外，档案馆主要围绕形成年代开展鉴定工作，除少量"镇馆之宝""特色珍藏"之外，通常采取粗放式保护方式；图书馆一般以经、史、子、集对古籍进行分类管理，不会刻意区分民族档案文献；博物馆则按照文物年代和实物材质划分类型，对相同类型的民族文物进行统一保管。

由于绝大部分档案文献遗产保存在普通库房，因此需对全馆库房建设及装具配备情况进行调查。库房建设水平是硬件实力的整体体现，其选址布局、建筑质量、防护设计、装具配备等都会影响馆藏保存状态及保护效果。一方面，受整体建筑面积的限制，尽管不少单位正在筹建新馆、扩充馆藏面积，但现有条件下少数民族专门库房并不多，民族档案文献多分布于综合性库房之中，如辽宁省档案馆馆藏民族档案以满文和蒙文为主，均为清代纸质公文档案，分散在各个全宗内；另一方面，库房条件参差不齐，以装具配备为例，配置情况存在较大差异。档案馆常规配备密集架，有的采用无酸保管用具；图书馆重利用，通常采用普通金属柜或木架，对专用装具和无酸装具没有特别要求，有的古籍裸放于普通书架之上。实际上，装具直接影响档案文献实体保存的小环境，其技术质量、防护标准、摆放位置、排列方式等与库房温度、湿度、光照等大环境共同影响着防护的水平。

2. 少数民族档案文献库房"十防"环境

课题组实地调查中将"十防"作为各单位预防保护的评价指标。此外，设施设备的完备性和性能直接影响库房整体防护水平，是库房安全性能、保护性能及相关辅助性能的直接体现。

从实际调查结果来看，一般设备配备较为齐全、质量更为先进的，"十防"建设效果也更为理想。"十防"建设各项指标出现频次如下：防潮、防火（23次），防光、防虫（21次），防高温（20次），防尘、防盗（15次），防鼠（14次），防霉（8次），防有害气体（7次），防震（5次），防磁（4次），其他（1次）；库房设备指标频次如下：灭火器、照明设备（23次），防火报警器（21次），加湿机（20次），空调（19次），去湿机（17次），闭路电视监控设备（16次），防盗报警器（15次），消毒灭菌设备（8次），空气净化设备（2次）。从数据可见，防火、防潮是最为基本的防护措施；其次是防光、防虫、防高温；灭火、照明设备为库房必备，空调、去湿加湿机配置率较高，且有17家单位已经配备了自动恒温恒湿系统；配备有防磁设备的主要是档案馆，随着磁性载体档案文献的增多，也需要引起相关单位的注意。

（三）少数民族档案文献遗产原生性保护

原生性保护是针对少数民族档案文献"现存形态"，采取必要措施尽量延长原件寿命的保护方法，除改善文献存藏环境之外，还可通过预防技术、治理技术和修复技术①来实现。此外，实施修复还需要较多人、财、物投入，包括专业人员技术水平成熟与否、资金是否充足、工具或替代性材料是否完备等诸多因素，因此需结合各单位实际情况，对具体保护及个性化修复方案进行详细考察，以便进一步了解各单位的保护能力、水平及面临的困难。原生性保护基本情况见表1-8。

表1-8　　　　　　　各单位原生性保护基本情况

单位	原生性保护②		
	预防技术	治理技术	修复技术
云南省档案馆	ABCDEFG	ABCDEF	ABCDEFGHIJ
云南省图书馆	ABCDEFG	B	BDEF
云南省博物馆	ABCEFG	ABCDEF	BCDE
云南民族大学博物馆	FG	BD	/
云南省古籍办	ABEF	G	/
贵州民族大学图书馆	AEFG	BCE	BCDEF
广西壮族自治区档案馆	ABCDEF	ABEF	CEG
广西壮族自治区图书馆	ABCDEF	ABDEF	BCE
西藏自治区档案馆	ABDEF	ABEFG	BCDEFIJ
新疆维吾尔自治区图书馆	ABCDEF	ABEF	BDE
新疆维吾尔自治区古籍办	ABCDEF	ABEF	BE
甘肃省档案馆	ABCEF	ABEF	BCDE

---

① 周耀林：《档案文献遗产保护理论与实践》，武汉大学出版社2008年版，第163页。
② 注：根据相关研究成果，"预防技术"选项为：A. 防高温高湿；B. 防光；C. 防有害气体与灰尘；D. 防微生物；E. 防虫；F. 防灾；G. 其他。治理技术选项为：A. 灭菌；B. 杀虫；C. 去酸；D. 脱水；E. 清洁；F. 去污；G. 其他。修复技术选项为：A. 除锈；B. 修补；C. 加固；D. 揭"砖"；E. 修裱；F. 装帧；G. 字迹恢复；H. 模拟声像档案修复；I. 数字修复；J. 其他。表中，"/"表示未采用，"—"表示信息未获取。

续表

单位	原生性保护		
	预防技术	治理技术	修复技术
西北民族大学西北民族博物馆	ABDEFG	AB	—
内蒙古自治区档案馆	ABCEF	ABEF	BEG
内蒙古自治区图书馆	ABCEF	B	—
内蒙古大学图书馆	ABCEF	B	—
福建省档案馆	ABCDEF	/	ABCDEF
辽宁省档案馆	ABCDEF	ABCEF	ABCDEF
辽宁省图书馆	ABDEF	AB	BDE
吉林省档案馆	ABCDEF	AB	BDE
东北师范大学图书馆	ABCDEF	AB	—
黑龙江省档案馆	ABCDF	DEF	BCDE
黑龙江省图书馆	ABCEF	BE	DE

1. 实体档案损毁情况

在国家政策引导下，少数民族档案文献遗产保存环境和实体状态得到了整体性改善，取得了一定的保护效果。但由于历史遗留问题较多，有些征集进馆时破损情况就较为严重，还可能因抢救不当或不及时加快了损毁，亟须进一步加强保护。

以新疆社会科学院为例。该院对馆藏民族古籍的检测结果显示，严重老化破损率达30%以上，中度老化破损率达50%以上。其中，1500—1600年的古籍严重变色变质及破损达100%，1600—1700年的古籍严重变质破损达80%，1700—1800年的古籍变质破损程度接近60%；中度酸化比例为80%，严重酸化比例接近20%；1985年因修复方式不合理、使用材料不当，进一步加重了纸张酸化[①]。

由于目前少数民族档案文献遗产破损数量较多，加之修复人才稀缺，在尚不能全面修复的情况下，只有通过改善库房环境、采取预防性保护措施缓解恶化，并通过分阶段、分批次的方式进行抢救修复。但在实际

---

① 韩南南、张馨元、张伟：《新疆濒危少数民族古籍保护研究》，《山西档案》2016年第2期。

执行中，因未有明确定级及具体分级措施，一些损毁程度高、载体及信息即将消失的少数民族档案文献，由于缺乏优先保护的抢救方案，贻误了保护修复的时机。

从具体受损情况来看，受损类型包括纸张酸化、老化、霉蚀、虫蛀、粘连、残缺、撕裂、污染、絮化、字迹扩散、字迹褪色等，其中酸化、霉蚀及虫蛀现象较为常见。例如，云南省古籍办受损古籍主要有虫蛀、粘连、酸化、脆化、絮化等；福建省档案馆馆藏有不同程度的生虫长霉现象；辽宁省档案馆存在纸张酸化、老化、酥脆、霉蚀、虫蛀、粘连、残缺和撕裂等情况，部分档案霉烂、糟朽严重；东北师范大学图书馆近一半珍稀古籍存在酸化、线断、絮化、虫蛀等现象；内蒙古自治区档案馆有的档案发酥发脆，有的粘连严重形成档案砖。此外，字迹扩散、模糊褪色、图线洇散等损坏情况也普遍存在。

从受损原因来看，主要源于自然老化、保管条件不适宜、操作不规范、自然灾害等因素。由于早期库房条件差、保管不善，各种不利因素甚至灾后抢救不及时等造成了损毁程度加剧；同时，少数民族档案文献载体特殊、制造工艺复杂、修复人才紧缺、修复技艺失传，也是造成无法及时修复或不当操作而加重损毁的原因；另外，由于资金、技术、管理等方面的缺乏，馆藏条件有限未能施以特藏保护措施，也会加重其损毁程度。尽管调查时绝大部分单位表示，馆藏档案文献一般不会二次受损，但事实上受保护条件限制以及原件反复利用，仍然会存在不同程度的损耗。

2. 原生性保护技术的应用

通过对预防技术、治理技术及修复技术的详细调查，可以看出各单位保护技术的实际应用水平及层次。对调查结果统计发现：在预防技术中，出现频次最多的是防灾（23次），其次是防高温高湿（22次），防光、防虫（各21次），最后是防有害气体与灰尘（17次）、防微生物（14次）；治理技术出现频次依次为：杀虫（20次），灭菌（14次），清洁（13次），去污（11次），脱水（5次），去酸（4次）；修复技术出现频次依次为：修裱（17），修补（15次），揭"砖"（13次），加固（10次），装帧（6次），除锈、字迹恢复（3次），数字修复、其他（2次），模拟声像档案修复（1次）。

从这些数据可以看出，预防技术和治理技术并行不悖，反映了少数民族档案文献遗产保护逐渐从以大规模抢救为主的阶段过渡到了以预防和治理同时并重的阶段，既反映了近年来档案文献遗产保护观念的变化，也体现出档案文献保护技术应用水平的提升。

在预防技术中，防灾技术虽然较为普遍，但主要是基本的防火、防高温高湿、防光、防虫措施，对于台风、地震等重大自然灾害及可能引发的次生灾害还缺乏足够的重视，对突发性灾难的应急能力也亟待提升。这对于民族地区而言，是一个更大的潜在威胁。在治理和修复技术中，去酸、除锈技术使用普遍不足。实地调查中，云南省图书馆表示，经费不足是造成上述问题的主要原因。国家每年财政拨款 50 万元用于古籍保护，包括普查、修复、培训、基础业务、数字化等项目，没有用于脱酸的专用经费。

此外，载体的特殊性也给修复工作带来了挑战。例如，广西壮族自治区档案馆对馆藏蜡光纸档案、蓝图档案、严重碳化档案、糟朽档案等特殊修复工作还缺乏经验，揭"砖"技术对破损档案的修复应用仅停留在理论阶段；西藏自治区档案馆有 4 件破损严重的满蒙文诏书，由唐代特殊的手工蜡笺纸制作而成，其制作工艺繁杂却有较好的防水作用，但加工技法现已鲜为人知，只有故宫博物院一位老艺人做过此修复，但先生因年迈无法到西藏，档案馆也顾及档案安全未能将原件带出馆外，因而至今未能复原。特殊技艺和修复艺人的稀缺普遍存在于少数民族档案文献修复工作中，据云南省博物馆技术部人员介绍，修复馆藏所有受损文物可能需要几十年的时间。

(四) 少数民族档案文献遗产再生性保护

档案文献遗产的再生性保护是为弥补原生性保护不足，以档案文献信息为保护对象，对信息进行复制与迁移，使其得到更为充分的开发利用[①]。它包括对档案文献信息进行转换、迁移的一切技术手段，如翻拍、临摹、仿真、拓片、缩微、数字化等。课题组对再生性保护情况进行调查，重点关注是否使用了数字化技术。调查结果见表1-9。

---

① 武文杰、周余姣：《存藏　再生　传承：论东巴古籍文献的保护》，《山东图书馆学刊》2020 年第 3 期。

表1-9　代表性单位少数民族档案文献遗产再生性保护统计

单位	再生性保护① 非数字化	再生性保护① 数字化技术
云南省档案馆	ACD	√
云南省图书馆	C	√
云南省博物馆	CG	√
云南民族大学博物馆	/	√
云南省古籍办	ACE	√
贵州民族大学图书馆	CG	√
广西壮族自治区档案馆	A	√
广西壮族自治区图书馆	CD	√
西藏自治区档案馆	ADG	√
新疆维吾尔自治区图书馆	CD	√
新疆维吾尔自治区古籍办	CD	√
甘肃省档案馆	CD	√
西北民族大学西北民族博物馆	—	√
内蒙古自治区档案馆	D	√
内蒙古自治区图书馆	CDG	√
内蒙古大学图书馆	C	√
福建省档案馆	/	√
辽宁省档案馆	AD	√
辽宁省图书馆	CD	√
吉林省档案馆	CDG	√
东北师范大学图书馆	C	√
黑龙江省档案馆	CD	√
黑龙江省图书馆	CD	√

1. 再生性保护

从调查结果来看，大部分单位有两种及两种以上的再生性保护方法和技术，传统的仿真复制、缩微摄影、影印出版是较为常见的非数字化

---

① 注：根据相关研究成果，再生性保护选项为：A. 仿真复制；B. 复印；C. 影印；D. 缩微摄影；E. 拓印；F. 数字化；G. 其他。表中，"√"表示已采用，"/"表示未采用，"—"表示信息尚未获取。

再生性技术，同时每个单位都已开展了不同程度的数字化工作。调查结果反映的数字化以原件的数字化为主，如广西壮族自治区档案馆主要针对纸质档案、照片档案和音像档案原件进行了数字化，也有一些单位开展了缩微胶片的数字化工作，如辽宁省档案馆、辽宁省图书馆。

此外，有些馆结合自身实际情况实施了特别的保护方案。例如，吉林省档案馆对馆藏新中国成立初期部分字迹模糊且不能复制的文件采用手工抄写的办法进行补救，对民国、伪满时期的旧唱片、录音带等进行重新录制和倒带，对重要全宗档案进行缩微和复制后提供利用[①]。辽宁省图书馆采取业务外包形式在一年内对馆藏28000多册民国图书进行了全文扫描，建设"民国文献资源数据库"，可通过题名（篇名）、作者、关键词等检索方式提供电子文献在线阅读[②]。

在数字化再生性保护方面，由于建设标准缺乏、资金投入不足、基础设施落后、法规建设不完善、专业人才缺乏、资源整合困难、公共服务能力不足、内容识读障碍、用户需求不明、合作机制缺乏等方面的问题，民族地区档案文献数字化及数字资源建设的总体程度相比于发达地区还存在着较大的差距。同时，少数民族档案文献遗产的利用与服务缺乏相应动力，也影响了再生性保护的效果。

2. 数字化保护

随着数字技术发展成熟，数字化建设已成为社会发展的主要方向，数字资源建设则成为档案文献遗产再生性保护的重要内容。少数民族档案文献数据库和在线资源建设是数字资源建设与利用的基础设施，也是少数民族档案文献遗产数字化保护的重中之重。

调查组重点围绕数字化工作进展、数据库及在线资源建设情况展开调查，以窥数字化保护的实践及问题。从已知实践进展来看，所有单位都已开启数字化工作，数字化方式主要有信息录入和原件扫描处理；数字化扫描分辨率以200dpi和600dpi为主；数字化存储格式未统一，主要集中在PDF、TIFF、JPEG等。调查结果见表1-10。

[①] 薛云、杨川主编：《承载吉林印迹》，吉林美术出版社2009年版，第74—75页。
[②] 张玉文：《民国时期地方文献的保护与开发：以辽宁省图书馆为例》，《图书馆研究》2013年第3期。

第一章 少数民族档案文献遗产保护现状调查与需求分析

表1-10 不同单位数字资源建设现状

单位	数字化工作	数字资源建设		在线资源建设
		数据库建设		
云南省档案馆	数字化率60%—90%	资源2万件左右,涉及18个少数民族,包含少数民族照片档案、口述档案数据库等		云南档案网专题数据库中设置少数民族专题,含14个少数民族的在线资源。"云南档案"微信公众号
云南省图书馆	汉文古籍已基本完成数字化,800卷少数民族文字古籍还未数字化	资源合计2100条;古籍数据库按经、史、子、集分类,未区分民族文字;设计了了年代分布和地域分布可视化数据呈现		云南古籍数字图书馆,但未设置少数民族栏目。开通了"云南省图书馆"微信公众号、微博"云南省图书馆"
云南省博物馆	少数民族档案文献已全部数字化	少数民族档案文献已全部建成数据库		博物馆官网设置少数民族文物栏目,微博"云南省博物馆"
云南民族大学博物馆	数字化率30%以下	尚未建设		云南民族大学民族博物馆网站,但较少维护
云南省古籍办	数字化率50%	"云南少数民族古籍数据平台"框架建设已完成验收		尚未建设
贵州民族大学图书馆	数字化率30%—60%,含水书1万余页	贵州世居民族文献数字图书馆包含世居民族文化藏品、古文献、贵州地方文献、古文献资源导航、网络民族信息资讯、贵州世居民族研究文献等		贵州世居民族文献数字图书馆,水书立体抢救项目、民族文化展示厅、世居民族研究动态等特色民族资源。开设官方微博账号
广西壮族自治区档案馆	数字化率60%—90%	档案目录中心接收了146万条案卷目录数据,同时还累计完成803万条文件级目录录入		官方网站,开设"广西档案信息网",开通"广西档案资讯"微信公众号
广西壮族自治区图书馆	数字化率60%—90%	数据库建设基本完成,有文字、图片、多媒体等多种形式		官方网站与微博公众号

· 35 ·

续表

单位	数字化工作	数字资源建设	
		数据库建设	在线资源建设
西藏自治区档案馆	36.8万件历史档案，2.35万卷现行档案，1.2万张照片数字化	数据库建设继续发展，已完成桑珠颇章等四个全宗，1万件（卷、册）历史档案的数字化、全文录入等工作	官方微信公众号
新疆维吾尔自治区图书馆	数字化率30%—60%	建有新疆非物质文化遗产资源库，新疆印象资源库等	与新疆各州市县级图书馆建立网络资源共享站群，建立面向西北乃至全国的数字化文献信息服务体系；开通了微信公众号和微博
新疆维吾尔自治区古籍办	现存古籍进行扫描、整理40多万页	已建立古籍综合信息数据库，正在建设少数民族古籍文献数据库	尚未开展
甘肃省档案馆	数字化率60%—90%	数据库建设基本完成，提供文字、图片、多媒体等资源在线浏览	甘肃档案信息网，甘肃档案微信公众号
西北民族大学西北民族博物馆	数字化正在进行	建成了西北民族大学博物馆藏品数据库，对1400余件藏品进行了数据采集，录入和图片拍摄处理	西北少数民族文物展览专题，以图片的形式呈现，无互动渠道。未开设微博、微信公众号
内蒙古自治区档案馆	民族档案数字化率20%	数据库建设基本完成，完成馆藏蒙文历史档案万条文件级目录的著录，以及清代档案分类标引	内蒙古档案信息网，建有内蒙古档案信息微信公众号平台，并开设官方微博
内蒙古自治区图书馆	数字化率30%—60%	数据库建设基本完成，提供文字、图片、多媒体等资源在线浏览	官方网站，开设官方微博
内蒙古大学图书馆	民族古籍已数字化，民族经书数字化正在进行	蒙古文期刊全文数据库建设基本完成，实现了在线检索和查阅利用	中国蒙古学信息网中国蒙古文期刊网

续表

单位	数字化工作	数字资源建设	
		数据库建设	在线资源建设
福建省档案馆	数字化率100%	建立了区域性档案目录中心，提供查询目录信息872万条	"福建省档案信息网""福建档案"微信公众号
辽宁省档案馆	数字化率90%	数据库建设基本完成，已实现425440条文书档案案卷级目录网上检索，伪满洲国11种、1551本资料网上原文查询	官方网站，发布了"档案史料"App，开通微信公众号
辽宁省图书馆	数字化率90%以上	数据库建设基本完成，主要分为文献书目数据库和专题数据库，如"馆藏民国时期中文图书书目数据库"收录书目28000余条	官方网站，开通微信公众号
吉林省档案馆	数字化率90%	数据库建设基本完成，建有可检索的专题文件级数据库	"吉林省档案信息网"设16个栏目，开放档案目录6万余条
东北师范大学图书馆	数字化率90%	数据库建设基本完成，建有蒙古族文献资源数据库、满族特色文献资源数据库等	官方网站，开设了微信公众号
黑龙江省档案馆	数字化率约40%	数据库建设处于初步阶段	黑龙江档案信息网
黑龙江省图书馆	地方志缩微拍摄，尚未完成数字化转换	建有"馆藏抗日战争文献图片库""哈尔滨旧影""少数民族非物质文化遗产""神奇鄂伦春"非物质文化遗产数据库	"黑龙江省地方文献服务平台"，并链接了全国"民国时期文献联合目录，开通了微博、微信公众号

以上述数字化为基础，现有22家单位正式开展了不同程度的少数民族档案文献数据库建设，占比96%。其中，贵州民族大学图书馆、广西壮族自治区图书馆、甘肃省档案馆、内蒙古自治区档案馆、内蒙古自治区图书馆、内蒙古大学图书馆、辽宁省档案馆、辽宁省图书馆、吉林省档案馆、东北师范大学图书馆等数据库建设已取得了初步成效。古籍办数据库建设起步相对较晚但已开始得到重视，云南民族大学民族博物馆因客观条件限制尚未正式开展数据库建设。

从数据库建设难度来看，民族文字信息处理任务还十分艰巨，取得显著成果的极少，如辽宁省档案馆开发了《满文计算机翻译辅助系统》《满文文字处理辅助系统》，首创了信息完备的满文电子词典。但大多数民族文字的翻译还存在问题，原因之一是受限于翻译人员数量。例如，黑龙江省档案馆对馆藏满文档案只进行了目录翻译与前期整卷处理，约25%的全文摘要整理与关键词提取[1]。

从数据库建设类型来看，以目录型数据库为主，全文数据库相对较少，且主要实现的是标题检索，数据库字段也极少涉及遗产特征、来源、保护历史、保护管理等信息。目前调查对象中已建有全文数据库的占比22%，例如，内蒙古大学图书馆蒙文期刊全文数据库建设基本完成，可提供PDF格式的全文内容，并附有蒙文题名、汉译题名、汉译内容提要、英译题名和拉丁转写题名等。

从数据库资源数量来看，较为突出的有云南省档案馆、贵州民族大学图书馆、广西壮族自治区档案馆、福建省档案馆、辽宁省档案馆、辽宁省图书馆。例如，贵州世居民族文献数字图书馆已录入资源总量4万多条，其中世居民族文化藏品21条、贵州地方文献29337条、古文献资源283条、傩文化6019条、网络民族信息资源导航1290条、贵州世居民族研究文献4305条、贵州人物5035条、贵州历史文化数据库972条。

从数据库资源特色方面来看，较为突出的有云南省档案馆、贵州民族大学图书馆、新疆维吾尔自治区图书馆、辽宁省图书馆、东北师范大学图书馆，例如东北师范大学图书馆建有蒙古族特色文献资源数据库、

---

[1] 任越、倪丽娟：《大数据背景下档案信息资源开发与利用面临困境与解决对策：以黑龙江省地市级综合档案馆调研为例》，《中国档案研究》2018年第1期。

满族特色文献资源数据库、特藏文献数据库等特色全文数据库。

总体来看，当前少数民族档案文献数据库建设取得了一定进展，但由于调查是以省级单位为主，代表了全省最高建设成果，并不能反映地市县级单位的实际水平。调查了解到，这些地方的数字化进展还较为缓慢，更缺乏资源投入，相较于省级单位和发达地区而言还有着明显差距。同时需要看到，当前的数据库建设主要是基于少数民族档案文献遗产本体数字化后的内容管理，从保护视角来看，这些数据库尚未考虑到保护的需求。

第三节 保护需求分析

近三十年来，我国对少数民族档案文献遗产的抢救与保护不断取得重大进展，特别是各种记忆工程、保护工程实施之后，在政策制定、经费投入、保护效果等方面取得了不菲成绩。但从现有调查来看，少数民族由于地域、环境、载体和文化等差异存在特殊的保护需求，形成了与普适性档案文献保护理论、方法之间的结构性矛盾。因此，在普适性档案文献保护理论与方法的指引下，还需要具体分析这些特殊需求，为特色化保护目标和精准保护方案的确立奠定基础。

一 集中保护需求

（一）调研问题解析

少数民族档案文献遗产分散保存的客观现实，造成了加快损毁的可能性：一是民间散存及海外流失现象较为严重，民间保管条件差且不具备保护修复技术条件，遇自然灾害、社会动荡等突发事件极易损毁失传；二是官方保护单位尚缺乏专门保护组织与制度，存在保护条件参差不齐、管理分散、资源浪费等问题。

1. 缺乏监控的广泛民间散存

少数民族档案文献遗产民间散存现状主要有以下几类：

一是大量少数民族碑刻、摩崖和石刻造像等长期裸存于野外。例如，云南省少数民族石刻、碑刻分布于各民族地区，风化、破碎、断裂或脆化问题普遍存在①；新疆维吾尔自治区岩画沿阿尔泰山系、天山山系及昆仑山系的牧场广泛分布，或刻画于水草丰茂的古道两边的石岩或砾石上。

二是记载着民族历史、民俗文化的珍贵古书经民间世代流传零散保存于个人手中。例如，贵州省遗存有数万册水书，记载着水族的民俗、天文、地理、宗教、伦理等信息，经由家族代代相传，传男不传女，传承人去世后，水书常因找不到继承人，被当作祭祀品就地销毁，或成为废纸变卖；贵州省荔波县民间发现 5000 多册 1912 年以前的布依族手抄古书，大多存放在本族老人手中，只有他们才能读懂，随着老人的去世，其中包含的丰富口述信息因无法破译而消亡。

三是包罗万象的民族经卷散存于寺庙等宗教组织之中。云南地区广为人知的傣族贝叶经和绵纸经、纳西族东巴经以及彝族毕摩经书等大都为宗教组织收藏。傣文古籍中有大量佛教经籍，散存于民间约有 1900 册；东巴经书由纳西族东巴教祭司书写收藏，并用于东巴教占卜和祭祀活动中，散存于民间约有 2600 册，另有 10000 余册流失于海外；毕摩经书是彝族毕摩吸取民间智慧创作而成的，涉及彝族天文、历法、历史、宗教等方方面面，基本保存在各毕摩手中，散存数量为 1600 册左右②。

这些散存现象加重了少数民族档案文献遗产的危难处境，主要表现在：

一是自然环境因素导致损毁加重。例如，云南省楚雄彝族自治州武定县散存民间的彝文碑刻，50% 以上已严重残损，30% 一般残损，20% 轻微残损，残损率达 100%③。

二是民间保管条件的局限性使得保存环境不理想。许多珍贵文献直接放在灶台或屋檐下，或藏于山洞，易受风吹日晒雨淋火烧，档案文献遗产发霉、粘连、老化等现象十分普遍④。

---

① 华林、吴雨遥、邓甜：《云南濒危少数民族石刻伦理档案文献遗产保护研究》，《红河学院学报》2019 年第 2 期。
② 李国文：《云南少数民族古籍文献调查与研究》，民族出版社 2010 年版，第 202 页。
③ 华林、刘大巧、许宏晔：《西部散存民族档案文献遗产集中保护研究》，《档案学通讯》2014 年第 5 期。
④ 朱少禹、翟羽佳、杜昕：《论云南民间散存民族经卷档案文献遗产集中保护问题》，《黑龙江史志》2015 年第 12 期。

三是传承人的辞世断代加速了遗产的消亡。云南省楚雄彝族自治州有许多高龄彝族毕摩,由于生活艰难和毕摩职业式微,毕摩老人离世导致后继无人,其收藏的彝文古籍也损毁流失。

四是受经济利益驱使导致珍贵遗产流失海外。西双版纳地区就常有境外文化机构及个人,以亲自或委托当地人收购的方式,大肆贩卖傣文古籍到海外。

2. 各自为政的机构分散管理

少数民族档案文献遗产不仅广泛分散于民间,官方馆藏也呈现分散管理的倾向,主要体现在:

一是各级各类文化事业单位分属不同的管理系统,有着相对独立的管理体制和工作规范。例如,云南省少数民族石刻伦理档案文献就存在管理主体众多、保管条件简陋、保护力量分散和保护责任不明确等现象,多单位主体都参与了抢救或译著出版工作,部分地方政府也拨出专项经费救治,但各单位之间却缺乏联动机制,存在一定程度的资源重复建设。

二是同一系统内不同区域、不同级别的同类单位存在分散保存现象。云南省各地古籍办大多藏有彝文文献,但各单位保存数量较为有限。以楚雄彝族自治州为例,州古籍办存 30 册,武定县古籍办有 226 册,元谋县、禄丰县古籍办各有 100 余册,双柏县古籍办有 80 余册[①],既不成体系,也缺乏保护合作。

三是各单位内部也存在分散保存现状。例如,档案馆通常以来源原则建立全宗,不少民族档案分散于以形成者为单位的全宗之中。大多数单位内部尚未形成少数民族专门组织与制度,因管理分散而缺乏统一资源调度。

这种分散保存及管理现状,给少数民族档案文献遗产保护带来了挑战。

从整体性保护来看,由于各单位保管条件参差不齐,使得少数民族档案文献遗产保护发展不均衡。档案馆按照现行管理标准,一般具备"十防"保护条件,大多配备了恒温恒湿系统,以及防震、防磁、防霉

---

① 周铭、张伟、李婧楠:《西部省区民委古籍办系统散存民族古籍集中保护研究》,《楚雄师范学院学报》2018 年第 5 期。

等设施,采用密集架和无酸保管用具;图书馆等文化事业单位重利用,书籍多采用金属或木质展示柜、密集架,一般未使用专门装具;其他单位常设置资料室,大至2000多平方米,小至20多平方米,使用玻璃木柜做防尘设备[①]。

从管理机制层面来看,由于文化系统体制与工作标准各异,各单位协作效率不高;单位内部出于业绩等多方面考虑,常常各自为政。例如,档案馆、图书馆、博物馆等不同单位保护流程规范及保护方法各有差异,往往重复投入同一对象保护项目;库房条件有限,却又不愿移交到更好的单位或部门。如能统一协作、打破部门壁垒,则可大大提升效力。例如,《彝族毕摩经典译注》就是在楚雄彝族自治州人民政府挂帅、集全省之力抢救的彝文文献。

(二) 需求分析

要破解分散保存与管理困境,需要形成集中保护需求共识、建立多主体协作的集中保护机制、以普查促进整体保护的不断推进。

1. 更新遗产保护观念,实现少数民族档案文献遗产保护集中供给

从国家层面而言,最新修订的《档案法》中,尚没有民族档案文献遗产的专门保护条款,这不利于集中保护观念的形成,更不利于民族档案文献保护工作地位的提升和管理规范的健全实施;从单位层面而言,各单位尚未明确"损毁"概念,也缺乏鉴定破损的可行标准;从个体层面而言,法律法规保护缺位下,民间不乏不法组织或个人恶意炒作、贩卖少数民族档案文献遗产牟取暴利,导致少数民族档案文献的流失和破坏,造成不良的社会影响。

由于保护法规和宣传教育的缺失,民族地区基层一些干部和群众对相关概念模糊不清。随机抽样调查显示,知道民族档案的人寥寥无几;知道民族古籍的民族干部有70%,而民族群众只有10%[②]。由于重视程度不够,除民族古籍办或研究所等专业从事民族事业的单位之外,其他

---

① 朱少禹、翟羽佳、杜昕:《论云南民间散存民族经卷档案文献遗产集中保护问题》,《黑龙江史志》2015年第12期。
② 华林、刘大巧、许宏晔:《西部散存民族档案文献遗产集中保护研究》,《档案学通讯》2014年第5期。

综合性文化事业单位大多没有设置少数民族部门，而民间一些珍贵的档案文献遗产仍在不断流失。因此，亟须建立集约化的少数民族档案文献遗产保护中心，通过该中心实现保护技术、保护管理经验的集中供给。

2. 变革现行管理机制，建立少数民族档案文献遗产保护协作机制

少数民族档案文献遗产具有"文物、古籍等多元性"①，众多单位都参与到保护工作之中。这些单位分属宣传部、文化和旅游部、民委、国家档案局和国家文物局等系统，各系统内部根据自身性质和工作目标，形成了保护对象有别、保护重心不同、保护方式迥异的工作职能和岗位职责。由于管理体制分割、协调机制缺失，各单位对少数民族档案文献遗产保护缺乏协调一致的行动方案，导致保护资源无法优化配置。

根据现行管理体制，各单位具有相对独立的职权范围和保护优势。例如，档案馆是"集中管理档案的文化事业单位，负责接收、收集、整理、保管和提供利用分管范围内的档案"，在管理体制上相对严格，以长期保存、方便利用为工作目标；民族古籍办，主要是宏观指导少数民族古籍保护的组织、协调、联络等工作，民族古籍的征集抢救、整理出版是其工作的重心。因此，集中不同单位和部门之间的优势，需要在政府的统一指导之下，构建多元主体的跨部门协同机制，以统筹不同组织资源，形成最大效率的优势互补。

3. 加强民间普查征集，推动少数民族档案文献遗产集中保护

集中保护的前提是普查。民间普查征集的难点主要体现在：一是深入基层开展普查需要较大投入，各单位现有人力、物力条件只能开展有限区域、个别或部分民族的普查；二是物权归属难定，不少个人手中的珍稀遗产由家族世代传承，为继承人所有；三是非法贩卖收购增加了普查征集难度。

相对来说，近几年少数民族古籍的普查工作开展较好。民族古籍办作为国家专为整理少数民族古籍设立的单位，每年开展定期或不定期的民间普查征集活动，但受限于单位职能与经费投入，其普查工作也只能在有限范围内开展。因此，可在古籍办已有普查经验基础上，参照档案

---

① 华林：《西部散存民族档案文献遗产集中保护问题研究》，中国社会科学出版社2017年版，第7页。

馆、图书馆、博物馆等政策法规，吸纳相关人员参与，发挥各方专业管理优势，协同开展全面普查。

二 原生性保护需求

(一) 调研问题解析

少数民族档案文献遗产损毁性的影响因素可归结为两个方面：从内部条件来看，其本身特性如年代久远导致的材料自然老化、破损，或因材料独特、技艺失传等导致损毁；从外部环境来看，包括自然环境和人为因素，如自然灾害、社会动荡等导致的损毁。

1. 内部因素导致的少数民族档案文献遗产实体损毁

一是年代较远、自然老化严重造成损毁。少数民族档案文献遗产经历岁月淘洗而幸存至今，载体的自然老化或破损现象普遍，虽然某些具有特殊保护性能，但仍不可违背自然规律。新疆现存大约5万册的少数民族历史档案，大多经历了几百年甚至上千年的历史洗礼，纸张破损达1/3以上，发黄、脆化、酸化和虫蛀等现象十分普遍[①]。

二是载体多样性造成损毁情况差异较大，增加了保护难度。云南少数民族古籍中就有贝叶、东巴纸、竹木、纺织物和金属材料等，其中傣族绵纸易受虫噬侵扰；纳西族东巴纸抗腐能力强，纸张厚实、坚韧性好，少有虫蛀现象，但书叶边易损、腐烂粘连；彝文古籍遭受鼠咬严重。这些差异很难采用统一的修复技术。

三是特殊技艺失传导致濒危。例如，藏族佛教经书所使用的藏纸中加入了一种名为"狼毒花"的天然植物原料，使得纸张具有柔韧性强、抗虫噬等优点，但这一工艺已近失传，类似的古藏纸很难找到，只能采用其他替代性材料加以人工制浆补书法予以修复。

2. 外部因素造成的少数民族档案文献遗产实体损毁

一是气候恶劣、自然灾害等造成的损毁。例如，青藏高原气候变化剧烈，风沙灰尘较多，降水量少，相对湿度小，日照时间长，光辐射强，且自然灾害频发，对少数民族档案文献遗产的保护极为不利。

---

① 华林、肖敏、王旭东：《西部濒危少数民族历史档案保护研究》，《档案学研究》2013年第1期。

二是历史变迁、社会动荡造成的损毁。例如，咸丰、同治年间丽江的万卷楼在杜文秀起义中被毁，楼中所藏图籍、文书和木刻一并消亡，木氏土司最为珍贵的档案文献原件也未能幸免。除革命战争、政治运动等造成的影响，各民族的文化习俗、宗教信仰也会随着历史年轮的推动而变迁，如过去一些用于祭祀、占卜的历史见证物现也多被视为无用之物而被销毁或被遗忘。

三是非专门保存环境加重损毁。少数民族档案文献遗产中有大量经书，多保存于寺院、古刹等宗教组织，即使设有藏经阁等场所，也并不具备健全的设备设施，缺乏专业库房的温湿度控制装置以及防尘、防光、防虫等基本措施，有的甚至无法避免鼠啮等严重现象。

四是保护技术不完善造成进一步损毁。一方面，不同类型档案文献遗产还缺乏专门的修复技术。另一方面，在实施数字化等再生性保护的过程中，由于缺少相应的技术操作规范，有可能对档案文献原件造成二次损伤，例如，格式转换过程中带来的环境变化、对书叶及装帧结构的处理、光学仪器对纸张的作用[①]等都会影响原件寿命。

（二）需求分析

原生性保护需求是缓解少数民族档案文献遗产本体损毁状态的最直接需求。它不仅需要针对损毁程度采取精确的保护措施，还需要根据内外部条件变化及时调整保护策略，以有限的资源实现可持续发展的保护目标。

1. 加强少数民族档案文献遗产损毁等级评估，明确原生性保护的内在性需求

从实地调查可知，各单位没有实施较为明确的分级保护制度，少数民族档案文献遗产等级划分不明，就可能造成保护措施不当而延误最佳保护时机。保护级别的确定，需要参考原生性保护的三个层面：一是预防层面，即通过评估档案文献遗产的现存状态和保管环境判定其级别；二是治理层面，即根据实际损坏情况判定其级别；三是修复层面，即根据损毁程度评定其级别，并按轻重缓急实现有重点、有针对性的分级保护。

---

① 阎琳：《古籍与民国文献格式转换的原生性保护机制》，《大学图书馆学报》2019年第4期。

目前损毁等级评估存在的困难主要有：一是载体损坏评估细则不完备，虽然有一些通用标准，如《纸质档案抢救与修复规范 第1部分：破损等级的划分》《古籍特藏损坏定级标准》等，但由于各馆具体情况差异较大，实践中不能很好执行；二是信息价值评估不明确，《中国档案文献遗产名录》《古籍善本特藏入选标准》《文物藏品定级标准》等都是从稀有程度提出的入选标准，但对具体信息价值并无量化指标与划分依据；三是流失情况评估尚未引起重视，包括实体流失，也包括由于语言功能退化、传承人消亡以及外来文化介入导致的信息流失问题都需予以评估；四是保护能力评估也未开始，不同单位保护能力如库房条件、装具装备等存在较大差别，必然会影响到原生性保护效果，需要区别管理。

2. 分析少数民族档案文献遗产本体损毁状态，了解原生性保护的可变性需求

少数民族档案文献遗产并不是一个恒定的状态和数值，随着影响因素的变化，损毁与正常状态在一定条件下可以相互转化。例如，时间的推移使得载体老化损毁、信息流失，从原本的正常状态转化为损毁；或通过抢救与保护逐渐摆脱之前损毁的处境。这种动态演变大大增加了原生性保护需求的可变性，需要根据变化及时调配资源。

但从目前保护现状而言，各单位不仅缺乏对民间保护的跟踪调查，也缺乏对本单位内外部条件变化、保护技术方法执行的动态反馈，因而不能对实际保护需求作出准确的判定。此外，对于潜在风险尚未引起足够重视，对意外灾难的风险预警不够、应急能力不足。历史上曾发生过不少由于意外灾害引发的档案文献损毁，西藏地区就曾多次突发火灾、水灾。火灾造成纸张炭化、酥脆、机械强度低，一碰即碎；水灾则造成沾污、变形或粘连，形成"档案砖"[①]。对于可能存在的意外灾难，各保护单位不仅需要制定常态化的应急管理办法，也需要形成完善的灾前预防机制，对因灾害引起的档案文献遗产动态变化保持足够的警觉。

---

① 李婧：《西藏濒危历史档案的成因与保护探析》，《档案学通讯》2007年第6期。

三 再生性保护需求

（一）调研问题解析

档案文献遗产是载体和信息的结合体，而信息正是档案文献遗产价值的真正体现。信息的稀缺性，包括绝对稀缺和相对稀缺，都是造成档案文献遗产损毁的重要因素，也是其原生性保护难以解决的问题。

1. 少数民族档案文献遗产信息的绝对稀缺

少数民族档案文献遗产信息的绝对稀缺既来自载体损毁所带来的信息无法读取或永久失去，也有因存世较少，或关于某一历史对象的信息独特性，所导致这一范围或领域内信息的绝对稀缺。例如，中国第一历史档案馆保存的道光帝秘密立储朱谕是目前我国仅有的清代皇室秘密立储档案，现存五件朱谕中，一件存在少许残缺和褶皱，其他保存尚好，若依据实体情况很难将其归为损毁范畴，但由于此档案仅此一组，其承载的信息绝对稀缺，当属于损毁范畴；西双版纳自治州保存的傣族绵纸经和贝叶经虽有100多件，却是记录当地傣族历史的少量存世文献之一，一旦消失将直接导致傣族先民的相关文化信息永久缺失，因而也具有信息的唯一性和极其珍贵的价值。

信息的绝对稀缺使得这类少数民族档案文献遗产具有更高层面的保护意义，其特殊性和价值也应相应提升。但是，原生性保护并不能解决信息稀缺的问题，在更好地保护和延长原件寿命的同时，需要考虑如何利用再生性保护技术方法破解其寿命的有限性这一矛盾。只有通过信息的转移与开发利用，最大限度地挖掘其信息内容，实现信息的长久留存、可读、可用，才能真正存续其价值。

2. 少数民族档案文献遗产信息的相对稀缺

从公众利用层面而言，信息的稀缺还包括信息的相对稀缺，如因馆藏实体封存、分散管理，以及少数民族语言文字识读障碍等导致的信息无法利用。由于公众利用可能会加快档案文献遗产老化损毁的程度，或由于修复技术稀缺而无法对已损原件进行复原，有时需要将实体进行封存而延缓其衰老、消亡，但也导致其信息无法得到利用。另外，实体分散保存的现状，也导致档案文献遗产在某一范围、某一区域内的不完整，显得信息相对稀缺。

从档案文献遗产保护的历史发展与实践经验可以看出，随着时间的推移，档案文献遗产本体的损毁很难避免，只能尽量做到延缓衰老和消亡。在原生性保护止步于原件实体保护的情况下，再生性保护可通过将信息与载体分离，解决原件封存及分散保存所带来的信息无法利用问题。但应注意，信息转移过程中的操作不当可能给原件造成不同程度的损伤，再生性保护还面临着语言文字翻译、专业技术人才缺乏等窘境。

（二）需求分析

从历史发展和当前实践来看，再生性保护可以区分为两种基本形式：一种是传统的非数字化保护，包括影印出版、缩微摄影等；另一种是依托数字技术的保护。其中，数字化已经得到越来越广泛的应用，成为再生性保护工作的重点。

1. 强化再生性保护观念，推动原生性保护和再生性保护"双管齐下"

出版是再生性保护的重要形式之一，包括影印出版、整理出版和数字出版等。目前数字出版一方面可以利用数字化影印复制原件，另一方面也可以通过文字的数字化录入，进行点校整理和成果的数字化保存。此外，数字出版在传播渠道上，不仅可以通过光盘、U盘等形式读取，还可借助互联网实现全时态、互动的共享与传播。例如，"中华经典古籍库"不仅有网络版，还有镜像版、微信版，并提供文字与原书图像的对照，再现了书籍原有的版式信息[①]。

传统再生性保护的另一重要形式是缩微摄影，主要采用胶片对档案文献信息进行存储，需要配备专门的缩微阅读器，因此条件较差或专业性不强的保护单位难以开展此项工作。进入21世纪后，随着档案文献数字化的发展，档案文献缩微工作明显停顿、利用不多，缩微胶片渐成历史。数字化是解决这一问题的有效途径，通过缩微胶片的数字化，可使信息利用更为方便快捷。缩微胶片的数字化早在20世纪90年代末就已经开始，广东省中山市档案馆在当时启动"缩微文献数字化存

[①] 顾雷：《古籍出版与古籍保护关系刍议》，《大学图书馆学报》2020年第4期。

贮与检索系统"项目,推动了馆藏缩微文献数据库的建设,提高了缩微胶片的利用率。此外,由于缩微胶片的保存优势,各单位可根据实际情况,对珍贵的档案文献遗产进行缩微保存,利用率较高的则直接实现数字化。

2. 顺应数字化保护趋势,克服困难并助力数字化保护科学发展

少数民族档案文献遗产数字化保护作为再生性保护的发展趋势,其制约因素或先天不足主要表现为以下方面:

第一,数字化工作起步较晚、发展较慢。随着信息化社会的发展,档案数字化工作在全国范围内普遍发展,一些发达地区已经全部实现数字化。但受制于经济发展水平,少数民族地区起步较晚、发展也较慢。如"三少民族"(鄂伦春族、鄂温克族和达斡尔族)地区2017年才刚开始推行纸质档案数字化,远低于全国平均发展水平。

第二,数字化保护范围有限,目前主要对馆藏实施数字化,而忽略了大量民间散存少数民族档案文献的集中数字化存取。例如,"三少民族"还有大量存于民间的特色非物质文化遗产,但其数字化工作未得到足够的重视[①]。

第三,数字化项目重复建设,造成资源浪费。由于分散保存,又缺乏宏观层面的集中管理和统一调配,各单位多各自为政开展馆藏数字化工作,且在建设过程中往往不区分重点,导致资源的严重浪费。

第四,数字化专项资金的缺乏。例如,云南省图书馆每年获取国家财政拨款用于古籍保护,总额为50万元,而仅开展数字化工作就需要几十万元,没有专项资金投入,数字化建设举步维艰。

第五,数字化标准建设不足,在信息采集、图像质量、存储格式、编目整合、项目流程等方面缺乏严格的流程规范。我国虽然出台了《纸质档案数字化技术规范》,但在实际工作中,有的并未规范操作,或在此标准出台前完成的部分数字化存量,在分辨率、存储格式等方面并不匹配,且疏于后期维护工作。此外,专业人员缺乏、技术操作不熟练、对第三方外包监管不力等问题也普遍存在。

---

① 何晓晶、李兴平:《"三少民族"档案保护现状与对策》,《中国档案》2019年第3期。

四 数字化保护需求

（一）调研问题解析

少数民族档案文献遗产数字化保护的成效与专业数据库建设密切相关，目前数据库建设主要还存在以下问题：

1. 缺乏与少数民族档案文献遗产本体保护的有效对接

截至目前，少数民族档案文献遗产缺乏专门的保护数据库，已建成的少数民族档案文献遗产数据库主要以资源库形式存在，根据不同建设目标会提供相应的利用服务，如以民族文化遗产宣传为导向时，主要提供浏览功能；以查询利用为宗旨时，则会设置一定的元数据项。但目前大多数元数据的设计着重于资源描述，主要反映档案文献遗产的馆藏类型、外部特征、内容特征等，而忽略了载体状况、破损状况、包装状况、修复记录、装帧记录等保护方面的信息，缺乏数字化保护与实体保护的有效对接。

我国"黄河流域岩画文化遗产数据库"的设计着重强调岩画非图像数据的描述，确定了制作技术、可视情况、放置位置、用途、尺寸大小、存在地点、图像类型、元素详细报道8个描述字段[1]，涉及岩画的保护状况、保护条件等内容，融入了一定的保护属性，但主要还停留在研究层面，也不够全面。

2. 缺乏少数民族档案文献遗产保护管理流程的数据化

当前的数据库建设不仅没有嵌入数字化保护的属性，同样也忽略了保护管理流程的数据化。换言之，现有的少数民族档案文献保护管理仍然停留在手工管理阶段，已有数据库不能满足现代化、数字化、科学化的保护管理需求，对档案文献遗产的管理环节缺乏数据库支撑，也缺乏对实体保护需求、保护过程及保护效果的动态追踪。例如，开展普查、征集、评估、修复时，主要采取手工记录等方式，形成的纸质或单机版的调查统计数据、修复工作档案等未能转化为数据库可识别的信息，因而不能进行智能化的数据分析，无法辅助保护与修复科学决策。此外，

---

[1] 周耀林、孙晶琼、费丁俊：《嵌入保护属性的少数民族档案文献遗产数据库概念模型研究》，《档案学通讯》2019年第5期。

各数据库之间建设标准、信息结构差别也较大,给资源数据和管理数据的共享带来障碍。

(二)需求分析

从组织管理和决策支持角度而言,少数民族档案文献遗产保护数据库建设不应简单地强调信息资源的开发利用,还要强调档案文献遗产的实体保护效能,实现保护要素及管理流程的信息化。同时,基于大数据分析与科学决策,实现兼顾实体保护的数据开发利用,为少数民族档案文献遗产保护提供科学有效的技术支撑。目前保护数据库建设需求主要体现在以下两个方面:

1. 克服保护属性缺失,实施数字化保护与实体保护的一体化

保护属性的缺失难以反映档案文献实体保护情况以及对保护工作的跟踪管理。保护工作不仅需要对实体进行原生性保护与技术分析,也要注重对保护环境的整体控制与保护组织的制度管理。在数据库设计与实施过程中,如缺乏上述要素,则不能形成对损毁程度和真实价值的准确认知,也不利于将实体保护的现状有效呈现出来。

保护属性的缺失割裂了数字化保护与实体保护之间的联系,造成了与实体保护的分离现状[①]。保护数据库建设是基于保护与利用的双重需求,需要对保护动态进行追踪、跟进保护实施效果及问题反馈,以这些数据汇集更为广泛的资源,从而实现实体保护与数字化保护的同轨并行、紧密关联。

保护属性的缺乏影响了数字化保护管理与决策功能的一体化,需要加入保护元数据,才能实现保护管理、信息分析和科学决策的效能。

2. 弥补管理功能缺失,推动数字化保护与开发利用的一体化

管理功能的缺失不利于数字化保护与开发利用的一体化。少数民族档案文献遗产保护数据库建设,除常规功能模块如录入、存储、检索、交互等之外,还需要全流程管理、安全管理的功能模块设计。这一过程从档案文献遗产的普查登记就已开始,包括从普查征集、评估定级、个性化修复、动态检测、保护追踪、开发利用的全过程,需要借助数据库技术实现信息化管理。

---

① 周耀林、孙晶琼、费丁俊:《嵌入保护属性的少数民族档案文献遗产数据库概念模型研究》,《档案学通讯》2019年第5期。

管理功能的缺失不利于实现基于计算机系统的科学化管理、数据化决策。管理过程数据化的一个结果是将整个管理活动中产生的大数据都记录在数据库中，这对于人工管理而言难以处理，但对于大数据管理来说，原生数据越丰富就越具有信息价值，可以据此形成基于数据的智能化决策，便于了解少数民族档案文献遗产现状及其抢救与保护措施。

管理功能的缺失不利于实现保护管理与开发利用的有效衔接。在数字化开发过程中，还存在原件整理不到位、未进行拆卷扫描，或拆卷后对原件造成二次损伤，或没有采用合适的工具，扫描图像存在模糊、扭曲、污垢等现象，存储格式不统一，数据备份不足等诸多问题。保护管理活动的动态追踪可记录这些情况，从而不断修正开发与保护之间的平衡，深入推动数字化保护与开发利用的一体化发展。

第二章

少数民族档案文献遗产区域大保护的总体设计

顶层设计思想是当前我国档案保护、古籍保护、文物保护等领域的重要管理思想。在实践当中，国家档案局联合财政部开展的国家重点档案保护与开发工程、文化和旅游部联合多部门发起的中华古籍保护计划、文化和旅游部实施的文物保护工程等都是相关部门实施顶层设计的结果。在研究当中，顶层设计思想同样是档案保护[①]、古籍保护[②]等领域的学者共同关注的理论思想来源。从字面含义来看，"顶层设计"就是为了实现某项工作目标而进行全面的、系统的、自上向下的规划与设计。顶层设计思想强调从全局性和统筹性，是通过自上而下的顶层设计，协调复杂系统中各子系统之间的关系，培育良好的协同环境并构建协同治理的新体系。因此，顶层设计思想也将是少数民族档案文献遗产区域大保护方案总体设计的指导思想。基于这种认识，本书将从少数民族档案文献遗产区域大保护提出的背景、原则出发，阐释区域大保护的内涵、目标，并参考普适性的档案文献遗产保护技术方法，设计区域大保护的重点任务。

[①] 赵淑梅：《系统思维下档案保护理论与实践发展新视野》，《档案学研究》2015年第1期。

[②] 陈红彦、刘家真：《我国古籍保护事业可持续发展思考》，《中国图书馆学报》2012年第2期。

第一节　少数民族档案文献遗产区域大保护的提出背景

一　实践背景：政策指引

区域协调发展是我国处理区域发展和区域关系的一种重要的指导思想，含有"综合""统筹"和"一体化"的意思，其总体思路是：改变地区分割和地区分治的做法及倾向，按区域通办、区域结合的原则，将区域纳入统一的社会经济发展大系统，建立新型区域协调发展关系，目的在于改善区域功能和结构，实现区域生产要素的合理配置，协调区域利益结构和利益再分配，从而加快工业化、城市化和现代化进程，逐步消除区域差异，缩小区域差别[①]。自党的十六届三中全会以来，区域协调发展一直是我国的一项重要发展战略。习近平总书记在党的十九大报告中提出"实施区域协调发展战略"，突出了对特殊地区（革命老区、民族地区、边疆地区、贫困地区）的发展支持。当然，该战略也提出了以"共抓大保护、不搞大开发为导向推动长江经济带发展"这一重要任务。强调长江经济带建设必须走生态优先、绿色发展道路，始终把生态环境保护放在第一位，形成更加有效的上下游联动保护机制，以发展绿色低碳和高附加值经济为重点，保护好长江一江清水。这种以区域协调发展为目标的政策导向，尤其是对民族地区等特殊地区的重点关注，为本书少数民族档案文献遗产区域大保护理念的提出指明了方向。

在档案文献遗产保护领域，2015年，国家档案局和财政部联合印发《"十三五"时期国家重点档案保护与开发工作总体规划》提出设立"区域性国家重点档案保护中心"，开展国家重点档案抢救、保护和相关技术研究。2017年，国家档案局专门出台了《区域性国家重点档案保护中心建设与管理办法》，以有序推进和做好区域性国家重点档案保护中心的建设和运行管理。自2018年起，国家档案局依托辽宁、广东、北京、浙江、云南、新疆六省、自治区和直辖市档案馆设立了"区域性国家重

[①] 杨述河、刘彦随等：《土地资源开发与区域协调发展：基于陕西榆林市典型实证研究》，中国科学技术出版社2005年版，第233页。

点档案保护中心"，分别辐射东北、中南、华北、华东、西南、西北地区。经过几年的筹备和建设，6家保护中心已经基本完成基础设施建设和技术人员配备等工作，并逐步投入使用。2021年，国家档案局印发的《"十四五"国家重点档案保护与开发工程实施方案》提出要进一步完善和优化"区域性国家重点档案保护中心"布局，推动"区域性国家重点档案保护中心"实现可持续运营。国家档案局还强调要支持有条件的综合档案馆对能体现并维护国家主权安全、国土安全、文化安全、社会安全的少数民族档案文献、边疆历史档案文献进行系统开发利用，利用档案资源铸牢中华民族共同体意识，服务党和国家治边安边。由此可见，本书探索的少数民族档案文献遗产区域大保护方案，顺应了国家重点档案保护与开发的发展趋势和实践要求，对于完善和优化"区域性国家重点档案保护中心"建设与运营具有重要推动作用。

二 理论背景：趋势导向

档案保护理论形成于20世纪60年代初，在经过了新中国成立后的起步、"文化大革命"期间的停顿、改革开放后的重新起步、20世纪90年代中后期至今的蓬勃发展后，档案保护在"技术观""管理观""遗产观""平台观""记忆观""安全观"方面不断发展，为保护档案的专业活动融入了新鲜的血液和发展的动力[①]。综观档案文献遗产保护理论研究的趋势，正朝着分级保护、精准保护、活化保护、区域保护等方向发展。

第一，分级保护趋势。分级保护起源于管理学领域的ABC分类法，现已在文物保护、档案保护、古籍保护等领域都有着广泛而成熟的应用。早在1982年，《中华人民共和国文物保护法》（以下简称《文物保护法》）就以法律的形式提出"分级管理"原则，要求"全民所有的博物馆、图书馆和其他单位对收藏的文物，必须区分文物等级，设置藏品档案，建立严格的管理制度"，规定"历史上各时代重要实物、艺术品、文献、手稿、图书资料、代表性实物等可移动文物，分为珍贵文物和一

---

① 周耀林：《档案保护论纲》，《求索》2018年第5期。

般文物""珍贵文物分为一级文物、二级文物、三级文物"。1987年,原文化部颁布《文物藏品定级标准》,将文物简单划分为具有特别重要价值的一级文物、具有重要价值的二级文物和具有一定价值的三级文物,规定凡属一、二级藏品的文物均为珍贵文物。同年,《中华人民共和国档案法》(以下简称《档案法》)颁布,规定"档案工作实行统一领导、分级管理的原则"。1990年,《中华人民共和国档案法实施办法》进一步要求将"永久保管的档案"划分为一、二、三级加以管理。

2001年,原文化部颁布实施新的《文物藏品定级标准》,将文物藏品划分为"国家珍贵文物"和"一般文物"两大类,并进一步划分珍贵文物为一级文物、二级文物和三级文物三个级次,将"中国古旧图书中具有代表性的善本"定为一级文物,并以此类推确定了二、三级古籍定级标准。2003年,国家文物局制定《近现代一级文物藏品定级标准(试行)》,其中明确指出书刊等的定级标准,使各个文物保护单位有了明确的划分依据。2006年,原文化部发布《古籍特藏破损定级标准》(WH/T 22—2006),是迄今为止最为翔实、最具操作性的古籍定级标准,将古籍划分为善本和普本两部分,依据历史、学术和艺术价值的不同,进一步将具有珍贵价值的善本划分为一、二、三级,将具有一般价值的普本定为四级。2007年颁布的《文物保护法》规定:"历史上各时代重要实物、艺术品、文献、手稿、图书资料、代表性实物等可移动文物,分为珍贵文物和一般文物;珍贵文物分为一级文物、二级文物、三级文物。"2017年,《档案法实施办法》规定,"各级国家档案馆馆藏的永久保管档案分一、二、三级管理,分级的具体标准和管理办法由国家档案局制定""根据档案的不同等级,采取有效措施,加以保护和管理"。2018年,《纸质档案抢救与修复规范 第1部分:破损等级的划分》颁布,将档案依据破损状况划分为四个级别,分别为特残破损、严重破损、中度破损和轻度破损。2019年,国家档案局印发《档案馆安全风险评估指标体系》,构建了"三级指标"及其具体"评估内容",建议采取定性或定量方法进行逐项评估,分别得出"高危性安全风险隐患""危险性安全风险隐患"和"未发现安全风险隐患"三级结论。2024年3月1日起施行的《中华人民共和国档案法实施条例》(以下简称《档案法实施条例》）再次强调了"国家档案馆馆藏的永久保管档案分一、二、三级管理"。

可以看出，自分级保护思想提出至今的四十余年发展历程中，关于文物、档案、古籍保护等相关法律法规虽一再修订，但是对于分级保护的要求则一以贯之且分级标准逐步细化和深入。分级保护思想的形成为提升档案文献遗产保护的科学性和高效性作出了巨大的贡献，为"国家重点档案保护与抢救工程""中国档案文献遗产工程"和"中华古籍保护计划"等国家层面的档案文献遗产保护管理活动提供了重要的理论指导和方法遵循。对于少数民族档案文献遗产而言，其保护的精准程度直接取决于损毁定级的科学与否。从这个层面来看，分级保护思想之于本书而言，既奠定了少数民族档案文献遗产分级保护的认识基础，又提供了少数民族档案文献遗产损毁定级的方法指引。

第二，精准保护趋势。近年来，随着可持续发展理念在遗产领域的发酵，文献遗产保护的可持续发展也引起关注。在文献遗产领域，有学者倾向于从社会可持续发展的角度来理解文献遗产保护的可持续发展，强调高效、节能、低碳、环保等绿色发展理念[1]。除此之外，也有学者倾向于从文献遗产以及文献遗产保护自身出发来理解其内涵，强调文献遗产自身的可持续性以及文献遗产保护事业的可持续发展[2]。这就要求人、财、物等保护资源的持续投入，并实现有限保护资源的合理配置。

国外文化事业机构很早就认识到保护资源的有限性，一直在强调并探索如何更好地利用有限的资源，确保部分价值较高、破损较重或风险较大的档案文献遗产得到优先治理、修复与保护。为此，他们开发了各种调查、评估的方法与工具，将调查数据与评估结果作为保护决策以及保存政策制定的重要依据。国内由档案机构主导的档案文献遗产保护，自新中国成立，尤其是改革开放以来，随着旧馆改造与新馆建设的推进，保管保护设施设备与技术方法的更新换代，保管保护制度、标准、规范

---

[1] Lowe C. V., "Partnering Preservation with Sustainability", *The American Archivist*, Vol. 83, No. 1, 2020, p. 144.

[2] Kaminyoge G., Chami M. F., "Preservation of Archival Heritage in Zanzibar Island National Archives, Tanzania", *Journal of the South African Society of Archivists*, Vol. 51, 2018, p. 97.

的建立与完善，科学化、规模化、智能化水平得到提升，基本实现档案文献遗产从抢救性保护向常规化保护的过渡。但从保护方法来看，我国档案文献遗产保护工作形成的是一种比较粗放的被动式保护模式，倾向于档案文献遗产保存环境和条件的整体改善以及受损文献遗产的局部治理和修复。这种保护模式对于短期内迅速提升档案文献遗产保护的整体水平具有重要价值，但单纯注重硬件改善、技术革新和破损修复的保护模式，从长远来看，并不符合可持续发展的要求。

2015年，国家档案局与财政部联合发布的《"十三五"时期国家重点档案保护与开发工作总体规划》在宣告国家重点档案抢救工作基本完成的同时，也标志着我国档案文献遗产保护工作进入常规化、主动式的保护阶段。在常规化保护阶段，要实现档案文献遗产保护工作从被动式保护向主动式保护的过渡①，在很大程度上需要对馆藏档案文献遗产的价值构成与高低、破损状况与程度、潜在风险因子与影响程度等进行全面的调查与评估，在调查数据与评估结果的基础上，实现档案文献遗产的精准保护②，从根本上提升档案文献遗产保护的决策能力和管理水平。随着《纸质档案抢救与修复规范》《档案馆安全风险评估指标体系》等规范性指导文件的发布，如何将国家层面的档案文献遗产保护顶层设计转变为具有可操作性的实施方案，促进精准保护的实现，成为当前档案文献遗产保护研究的重要趋势。

第三，活化保护趋势。一直以来，无论是传统的档案保护，还是遗产观引入后的档案文献遗产保护，目标都是最大限度地延长档案文献的寿命，固守的都是以载体、环境和技术性保护为核心的内生型逻辑，对档案遗产承载的文化内核及由此产生的外向型保护需求的观照明显不足③。2014年，习近平总书记在联合国教科文组织（UNESCO）总部发表演讲，提出"让收藏在博物馆里的文物、陈列在广阔大地上的遗产、

---

① 刘家真、廖茹：《我国古籍、纸质文物与档案保护比较研究》，《中国图书馆学报》2012年第4期。
② 周耀林、姬荣伟：《文献遗产精准保护：研究缘起、基本思路与框架构建》，《图书馆论坛》2020年第6期。
③ 周耀林、柴昊、戴旸：《我国档案文献遗产保护研究框架述论》，《郑州大学学报》（哲学社会科学版）2020年第3期。

书写在古籍里的文字都活起来"①。此后，档案界开始关注档案文献遗产的活化趋势。

活化保护概念源自遗产领域。在我国，遗产活化这个概念源于台湾，是台湾同胞为了保存近代化发展的特殊历史背景下遗留下来的产业遗产，同时又不得不面对产业转型与民营化政策实施过程中一波波关厂、遣散人员及变卖机器设备所带来的危机。因此，要研究出既能保存历史遗留下来的产业遗产，又能妥善解决因为转产而带来的一系列民生问题的办法，于是出现了"活化保护"这一概念，即如何将遗产资源转化成旅游产品而又不影响遗产的保护传承②。文化遗产活化不仅仅是传统意义上的保护与继承，是要让文化遗产"开口说话"，是一种"活态"的开发形式③。而作为一种活态的开发形式，其责任非止于传统意义的保护与继承，而是以保护和继承合理的"文化基因"为基础，与时俱进地对其进行新的认知和"解码"，并对文化遗产现存的价值体系按照文化自觉的要求加以改造，从而实现对人类文明沿革中物质或精神的价值加以"诠释—融合—重构"之使命④。

档案文献遗产作为文化遗产的重要组成部分，凝结着民族精神的文化基因，唯有从损毁和"沉睡"状态中"活起来"，于现代社会中焕发新生，才能实现可持续性的保护与传承。如何激活档案文献遗产的存续力和生命力，使其在"延年益寿"的基础上更好地"记录过去""服务现在"和"贻鉴未来"也成为当前档案文献遗产保护与开发的重要趋势⑤。2021年，中办国办印发的《"十四五"全国档案事业发展规划》引导支持地方各级综合档案馆重点围绕"四史"教育、历史研究、工业遗产保护、历史文化遗产传承、"一带一路"与跨文化交流等进行专题

---

① 习近平：《习近平在联合国教科文组织总部的演讲》，《人民日报》2014年3月28日第3版。
② 喻学才：《遗产活化：保护与利用的双赢之路》，《建筑与文化》2010年第5期。
③ Robertshaw A., "Live Interpretation", in: Hems A., Blockley M., *Heritage Interpretation*, London: Routledege, 2013, p.42.
④ 林凇：《植入、融合与统一：文化遗产活化中的价值选择》，《华中科技大学学报》（社会科学版）2017年第2期。
⑤ 姬荣伟、周耀林：《数字人文赋能档案遗产"活化"保护：逻辑、特征与进路》，《档案学通讯》2021年第3期。

档案开发，通过开发带动保护，更好地发挥档案在服务国家治理、传承红色基因、建构民族记忆、文明交流互鉴等方面的独特作用。2021年，国家档案局印发的《"十四五"国家重点档案保护与开发工程实施方案》提出，支持副省级以上综合档案馆探索运用语音图像识别技术、虚拟增强现实技术等新技术手段丰富档案展陈形式，开展档案文化创意产品的开发设计，让档案"走出来""活起来""亮起来"。可见，如何进一步挖掘档案文献遗产的"当代价值"，充分发挥档案文献遗产的历史价值、美学价值、社会价值、精神价值等在满足当代人文化需求中的作用，让更多的不同年龄阶段、不同职业群体的人通过档案文献遗产来与历史文化的对话中增长知识、增添智慧、丰富心灵，是档案文献遗产活化保护的重要价值导向。而对于档案文献遗产而言，更需要激活其在国家政治与文化安全、民族文化传承、中华民族共同体意识与中华民族身份认同等方面的重要价值。

第四，区域保护趋势。20世纪70—80年代，遗产区域的思想在美国遗产界萌芽，是美国针对本国大尺度、跨区域、综合性文化遗产保护提出的新理念。美国国家公园管理局对遗产区域的定义是：为了当代和后代的利益，由居民、商业机构和政府部门共同参与保护、展示地方和国家的自然和文化遗产的区域。美国保护基金会将遗产区域保护定义为一种从要素到整体环境的保护方法。在遗产区域观念与方法的指导下，遗产保护对象由传统的单个孤立的遗产点或自然公园转变成了有人类居住的区域文化景观。遗产区域保护方法强调对地区历史文化价值的综合认识，并利用遗产复兴经济，同时解决本地区所面临的景观趋同、社区认同感消失、经济衰退等问题，是从整体历史文化环境入手，追求遗产保护、区域振兴、居民休闲、文化旅游和教育多赢的多目标保护规划方法。[①]

遗产区域保护思想在遗产界萌芽的同时，针对馆藏文化遗产保护的区域性保护中心建设也开始出现。20世纪70年代，为满足地区内文化遗产保护需求，美国东北文献保护中心（Northeast Document Conservation

---

① 王肖宇：《辽宁前清建筑遗产区域保护》，辽宁科学技术出版社2015年版，第23页。

Center)、太平洋地区保护中心（Pacific Regional Conservation Center）、巴波亚艺术保护中心（Balboa Art Conservation Center）、艺术和历史文物保护中心（Conservation Center for Art & Historic Artifacts）、落基山地区保护中心（Rocky Mountain Regional Conservation Center）、中西部艺术保护中心（Midwest Art Conservation Center）等机构相继建立。这些区域保护中心以机构收藏的文化遗产实体的修复为核心开展工作，不断发展成为地区性的文化遗产抢救与修复中心、保护培训中心以及保护咨询与服务中心①。我国在一定程度上参考了美国区域保护中心的建设模式，从2018年开始，依托辽宁、广东、北京、浙江、云南、新疆6家省级档案馆，设立了6家区域性国家重点档案保护中心。

从形式上看，遗产区域保护思想既有一定的地域概念，也有整体化保护的理念，强调各级政府部门、商业机构、研究机构、非营利组织以及个人等不同实体建立遗产保护的合作伙伴关系，以解决遗产区域内面临的复杂的保护问题②。而档案文献遗产区域保护强调的是针对一个地理区域内的特定档案文献遗产对象的保护，以区域保护中心这一特定机构的建设为对象，强调的是通过区域保护机构建设集中人力、物力和财力解决档案文献保护工作面临的困难，避免"分散抢救"造成的资源浪费。但从本质上看，两种区域保护思想都是要对区域内遗产对象实施保护与开发。少数民族档案文献遗产的保护与开发，不仅需要重视"民族地区"等特定区域概念，还需要关注这些区域内档案文献遗产保护与开发工作的总体规划与统筹发展，突出档案文献遗产保护与地区文化建设、文化旅游、文化教育等多方面的联系，而这也是当前档案文献遗产保护需要关注的重要趋势。

总之，回应政策要求与理论趋势，是少数民族档案文献遗产区域大保护提出的重要考虑因素。当前，我国在民族档案学以及民族档案保护领域尽管积累了一定的研究成果，但没有形成专门的符合总体保护要求的保护理论。陈子丹针对少数民族档案保护在保护主体、保护意识、保

---

① 周耀林、赵跃、段先娥：《我国区域档案保护中心建设探索：基于美国经验的考察》，《档案管理》2016年第3期。

② 王肖宇：《辽宁前清建筑遗产区域保护》，辽宁科学技术出版社2015年版，第33页。

管条件、保护经费、保护人才、保护技术方法与措施等方面存在的种种问题,提出了构建包括抢救性保护、再生性保护、开发性保护、研究性保护、机制性保护等多种保护方式为一体的少数民族档案整体性保护模式①。这种整体性保护模式可以被认为是本书提出的区域大保护方案的思想萌芽。

第二节　少数民族档案文献遗产区域大保护的提出原则

提出一个符合中国多民族聚居实际的档案文献遗产保护方案不仅要考虑宏观层面的保护发展趋势、微观层面档案文献遗产保护工作实际,还要遵循一定的原则。结合我国现阶段少数民族档案文献遗产保护与管理工作开展的现状与特点,借鉴欧美国家遗产保护理论建设的经验,本书主要遵循了以下三个基本原则而提出区域大保护这一保护方案:

一　问题导向原则

问题导向是科学研究与方案设计必须遵循的重要原则。在少数民族档案文献遗产区域大保护方案设计过程中坚持问题导向原则,也就是强调该方案的设计必须围绕少数民族档案文献遗产保护当中存在的突出问题展开深入研究。当然,坚持问题导向原则,除了通过系统的调查准确地发现少数民族档案文献遗产面临的主要问题,还需要全面正确地认识这些问题,深入科学地分析这些问题,并积极探寻解决问题的方法。

通过调查,课题组发现了其中存在的一些突出问题,如散存民间缺乏稳定可控的保护、多机构介入但缺乏有效的规划和统筹、内外部因素作用导致少数民族档案文献遗产本体损毁现象严重、再生性保护不足导致的少数民族档案文献遗产信息稀缺问题严重、数据库建设不足体现出的保护方法整体落后,由此还牵扯出潜藏在保护主体、保护客体、技

---

① 陈子丹:《民族档案学专题研究》,云南大学出版社2013年版,第263页。

方法、保护资源等背后的更多深层次问题。由于缺乏大规模的普查、检测、评估工作，人们对少数民族档案文献遗产的分布特征、载体特征、民族特征、语言特征、年代特征、内容特征、价值特征、损毁因子、破损程度、风险因子、风险大小等信息知之甚少，只有进一步深入分析少数民族档案文献遗产损毁的类型（记录载体损毁、记录方式损毁、记录信息损毁等）以及损毁的原因才有助于解决损毁问题，让少数民族档案文献遗产脱离损毁状态，实现保护的可持续发展。

因此，以问题为导向设计区域大保护方案，最终目标是致力于解决民族区域内少数民族档案文献遗产的损毁问题。例如，对于民间散存及机构分散保存问题需要吸收管理协同理论的思想，充分借鉴学界提出的针对少数民族档案文献的集中保护理论，探索在区域协同架构下的整体统筹规划、协同管理，促进区域保护的思路；对于已经处于机构管护状态下的馆藏少数民族档案文献遗产面临的保护可持续发展问题需要吸收传统普适性的保护理论，探索基于评估的少数民族档案文献遗产精准保护理论、基于监测的少数民族档案文献遗产动态保护理论，找到利用有限保护资源实现档案文献遗产保护可持续发展目标的路径；对于档案文献遗产的信息稀缺问题需要充分借鉴再生性保护的理论方法，探讨利用数字化保护以及活化开发实现少数民族档案文献遗产再生性保护的方法。

二 科学保护原则

"科学保护"是当代保护工作不可或缺的原则。在遗产保护领域，它强调"保护工作应尽量保存或修复对象的真实天性""保护技术必须通过科学的原则和方法——尤其是自然科学和材料科学来开发、核准、筛选、执行和检测"[1]。科学保护原则同样是档案文献遗产保护的基本原则之一。相较于其他类型遗产保护，档案文献遗产保护中的科学保护原则不仅强调了保护技术方法的介入，也强调了保护流程与保护管理的科学性[2]。在

---

[1] [西] 萨尔瓦多·穆尼奥斯·比尼亚斯：《当代保护理论》，张鹏、张怡欣、吴霄婧译，同济大学出版社2012年版，第66页。

[2] 周耀林：《可移动文化遗产保护策略》，北京图书馆出版社2006年版，第180页；林明、周旖、张靖等编：《文献保护与修复》，中山大学出版社2012年版，第26页。

少数民族档案文献遗产区域大保护方案设计过程中坚持科学保护原则，就是强调区域大保护方案对于少数民族档案文献遗产保护的科学性和适用性。而探讨这种科学性与适用性问题，不仅需要考虑普适性的档案文献遗产保护理论与方法在少数民族档案文献遗产保护中的适用性，还需要考虑少数民族档案文献遗产损毁类型、损毁原因以及保护方法和手段等方面的特殊性，探讨基于普适性理论与方法基础上的特殊性问题。

　　一般而言，通过预防、治理和修复足以解决馆藏档案文献遗产保护问题。Hartmut Weber 在 20 世纪 80 年代就提出了一般性保存（General Preservation）的概念，他认为有效的保存（Preservation）通常建立在四个基础活动之上，即鉴定（Appraisal）、预防（Prevention）、修复（Restoration）和转换（Conversion）[1]。通常，鉴定、预防就保证了最好的结果以及最佳的效益回报，这两项活动以相对较少的费用防止损害并延长档案文献的寿命。修复环节是在预防失败的前提下不得不采取的补救，且修复的投入往往是巨大的。转换环节主要是保存原件，避免使用过程中对珍贵原件造成的损害，并促进确保档案文献长期可获取性[2]。然而，《我国濒危历史档案的抢救与保护研究》课题组通过对有代表性的 12 家不同级别档案馆的历史档案进行的抽样调查发现，在历史档案抢救与保护中存在的主要问题是还没有开展全面、系统的普查工作及对整个历史档案的抢救与修复工作缺乏科学管理[3]。可见，档案文献遗产保护工作的重心将进一步前移到普查阶段。此外，英国大英图书馆的"濒危档案计划"（Endangered Archives Programme，EAP）则突出了数字化再生性保护在解决贫困地区档案文献遗产保护中的重要作用。

　　因此，在少数民族档案文献遗产区域大保护方案设计过程中坚持科学保护原则，必须以科学态度审视什么样的区域大保护方案才能解决损

---

[1] Weber H., "Integrated Preservation: Achieving Best Results with Scarce Resources", in *Proceedings of the 34 International Conference of the Round Table on Archives*, Citra-Budapest, 1999, pp. 103-108.

[2] Weber H., "Integrated Preservation: Achieving Best Results with Scarce Resources", in *Proceedings of the 34 International Conference of the Round Table on Archives*, Citra-Budapest, 1999, pp. 103-108.

[3] 郭莉珠、唐跃进、张美芳、马翀、王宜欣：《我国濒危历史档案的抢救与保护研究》，《档案学通讯》2009 年第 2 期。

毁问题，才能解决少数民族档案文献遗产损毁问题，才能解决损毁少数民族档案文献遗产保护问题。为了符合这种科学保护原则的要求，课题组在提出与设计区域大保护方案的过程中，需要充分论证区域大保护方案中各重点任务的构成及其要解决的问题，以及达到的目标。

三 便于操作原则

在少数民族档案文献遗产区域大保护方案设计过程中坚持便于操作原则，也就是强调"理想化"的方案设计既要源于实践，又要能够应用到保护实践工作当中，指导实践工作的开展。因为区域大保护方案的设计，最终是为了更大限度地解决民族地区档案文献遗产的损毁问题，提升区域档案文献遗产整体保护能力，实现保护可持续发展。

为了有助于方案在实践当中的操作，就需要处理好理论与实践的衔接问题，让区域大保护方案更容易转化为少数民族档案文献遗产保护可操作的模式、方法或策略。例如，区域大保护方案当中针对馆藏少数民族档案文献遗产而提出的精准保护任务，就要强调调查评估环节在精准保护当中的重要衔接作用，因而所有评估项目的设置、评估标准的制定以及评估指标与方法的设计均应便于操作，一方面要有理论依据，另一方面要有实践基础，既要切合我国档案文献遗产保护的政策环境和管理体制，又要符合特殊经济环境、社会环境等。同样，也需要考虑在少数民族档案文献遗产区域大保护的实施中政策、协同、公众参与、监测、评估等管理方法与技术实现的可能性，以便于实践当中区域大保护的推进。

第三节 少数民族档案文献遗产区域大保护的内涵解析

一 少数民族档案文献遗产区域大保护的解析维度

除了扫描档案文献遗产保护的政策方向与发展趋势，还需结合少数民族档案文献遗产保护现状，尤其是对"损毁原因"的分析，才能制定符合少数民族档案文献遗产保护需求的应对方案。对于损毁原因的拆解，学界已经形成了共识。以档案为例，其损毁原因归为自然原因和人为原因，其中自然原因又可分为内因和外因，内因是档案本身，即档案制成材料的内在因素，包括它的性能和耐久性；外因就是档案所处的环境和保管档案的条件，主要有环境因素、生物因素。人为原因主要包括由于战争及其他各种原因，对某些档案进行有计划、有意识的破坏；由于档案工作人员或其他接触档案人员的麻痹大意，或疏忽职守，或不遵守规章，以及缺乏档案保管保护常识等，导致管理和使用不善，造成了档案的丢失、损毁或档案管理系统紊乱；在档案流动和利用过程中难以避免地或加速档案的老化和磨损[①]。

有学者认为档案文献遗产的损毁并不是某单一因素造成的，而是众多影响因素共同作用的结果。本书认为，从保存的角度来看，档案文献遗产损毁不仅仅是载体自然老化、气候条件、自然灾害等自然原因造成的，更多的是由于善意忽视、政治不稳定、保存计划缺失、保存资源不足等人为或社会因素造成的。早在世界记忆工程发起后的1994年，在吉隆坡召开的世界记忆工程亚太区域会议就认识到由于忽视、不利的物质条件和气候条件、政治不稳定等原因，档案文献遗产损毁，而这正是管理人员面临的问题。越是经济不发达的国家面临的情况越严峻，因为如果不采取行动拯救损毁的档案文献，它们在几年内就将永远消失，而有的档案文献即使暂处于稳定状态，如果没有实施保护计划，也终将遭受损毁[②]。在政治不稳定或经济不发达的国家和地区，对于少数民族档案文献遗产，其管理者通常没有保存的方法。面对武装冲突、自然灾害，甚至政府都无法保障其档案文献遗产的生存。私人拥有的档案文献或者那些小型的、陷入困境的机构的档案文献以及少数民族文献遗产将会是什么状况？

21世纪初，大英图书馆建立"濒危档案计划"（Endangered Archives Programme，EAP），将世界范围内与"前现代"时期有关的处于破损危

[①] 四川省档案局：《档案保管与保护技术》，四川人民出版社2017年版，第36页。

[②] Abdelaziz A.,"'Memory of the World': Preserving Our Documentary Heritage", *Museum International*, Vol. 49, No. 1, 1997, pp. 40–45.

险中、被忽视或者载体退化等无法获取的档案文献纳入国际研究领域。它通过向个体研究人员提供相对较少的资金资助来发现和复制濒危或脆弱的材料，一方面促进历史研究，另一方面促进濒危档案文献遗产的保存与获取，并通过资金资助、技术和设备支持以及本地人员的培训来促进档案文献所在社区或机构的保存能力。截至目前，"濒危档案计划"已经资助92个国家和地区的338个项目，其中有很多项目是抢救少数民族档案文献遗产的项目，如濒危越南占族手稿、印度尼西亚比马手稿等。这些项目中，10项来自中国，主要是有关少数民族的档案文献遗产，如彝族手稿、纳西族手稿。当前，仍有很多国家面临人道主义、政治和经济危机，其政府首要任务是解决危机，根本没有多余的精力和经费来解决档案文献遗产保存问题。如果连最基本的保存意识、保存环境或保存资源都缺失，再珍贵的档案文献遗产也将面临消失的窘境。应对濒危造成的档案文献遗产损毁，也是大英图书馆"濒危档案计划"发起的初衷之一。

综合学界的研究成果[1]，本书认为，造成档案文献遗产濒危乃至损毁的主要原因可归纳为主体、客体、环境和管理四个方面，这也正是全面理解和解析区域大保护的四个维度。从主体、客体、环境和管理四个维度对少数民族档案文献遗产损毁问题及原因的解析，是提出并设计区域大保护方案的重要前提。

(一) 主体维度

档案文献遗产是人类活动的产物，是全人类以文献形式保存与收集的记忆，记载了人类社会的重大变革、人类的重大发现和重大成果，是历史赋予全世界、当代人和后代的文化资产[2]。由此，保护档案文献遗产成为人类社会永恒的主题。在实践当中，凡是负有保护责任、从事保护工作的国际组织，各国政府机构、社会组织、团体及个人都是档案文献遗产的保护主体。从主体维度审视少数民族档案文献遗产区域大保护，主要是基于保护主体在保护活动当中的关键作用，考察由于保护主体层

---

[1] 赵跃等：《档案文献遗产精准保护模式研究》，中国社会科学出版社2022年版，第148—155页。

[2] 彭远明：《中国档案文献遗产研究》，军事科学出版社2014年版，第2页。

面的各种问题所导致的档案文献遗产损毁,并致力于解决保护主体层面存在的问题。

理想状态下,各级各类保护主体持续履行保护义务,共同推进人类档案文献遗产的代代相传。但实际上,我国少数民族档案文献遗产常常由于保护主体的"不作为"或"无法作为"而陷入濒危乃至损毁状态。因为,从具体的保护工作执行主体来看,除了档案馆、图书馆、博物馆、民委(或民宗局)古籍办、纪念馆、史志办、民族研究所、海关和政协等官方机构之外,还有很多社会组织、团体和个人也是保护的直接主体。一些保护主体由于保护意识、保护资源、保护技术等方面的先天不足,根本无法保障档案文献遗产的长期、安全保存。因此,从这个角度来看,将档案文献遗产集中到官方机构进行统一管理和保护更佳,因为官方保护主体相对于民间保护主体而言,更具专业性和保障性。

然而,对于我国少数民族档案文献遗产保护的官方主体而言,也具有跨系统的多元特征。从行政保护主体来看,涉及文化系统、档案系统和民委系统等,文化和旅游部、国家档案局和国家民委分别是最高领导机构。这些保护主体尽管保护档案文献遗产的目标是一致的,但由于各自承担的社会职能分工不同,隶属于不同的社会职能部门,在履行职能、执行政策、采取行动方面均有所区别,这对少数民族档案文献遗产保护工作的统筹推进、资源配置等方面造成一定的影响,从长远来看,不利于少数民族档案文献遗产保护可持续发展,因此,不同系统的保护主体的协同问题是区域大保护需要考虑解决的问题之一。

此外,从个体机构的角度来看,能够用于保护少数民族档案文献遗产的资源同样非常有限,这种保护资源的有限性不仅体现在设施设备、经费支持方面,而且体现在保护人才方面。很多地方档案馆、图书馆等机构当中,具有专业资质的保护与修复人员极度稀缺。考虑到区域大保护所涉及的工作面广、内容较复杂,作为保护主体的档案馆、图书馆等个体机构,尤其是中小型机构,很难由一个部门(如保管处或技术处)独立完成,也很难仅仅由少数保护人员独立完成。因此,区域大保护除了考虑机构间的协同问题,还需要考虑一个机构内各部门间的协作问题。

(二)客体维度

保护是遗产机构肩负的一项面向未来的历史使命,其最终目标是将当代的馆藏遗产带到未来，让子孙后代能够获取这些历史遗产，实现遗产价值的延续。因此，从本质上看，遗产机构一直以来致力保护的都是遗产的价值，遗产价值才是遗产保护的客体。然而，遗产价值具有历时性特征，会随时间发生改变，并且会受到多种内外部因素的影响和制约。因此，按照档案学领域的"年龄鉴定论"，遗产内在价值随时间变化会呈现递增的趋势，而遗产的外显价值会随时间的变化呈现递减趋势，甚至会因为遭遇重大事故而导致价值消失，如图 2-1 所示。

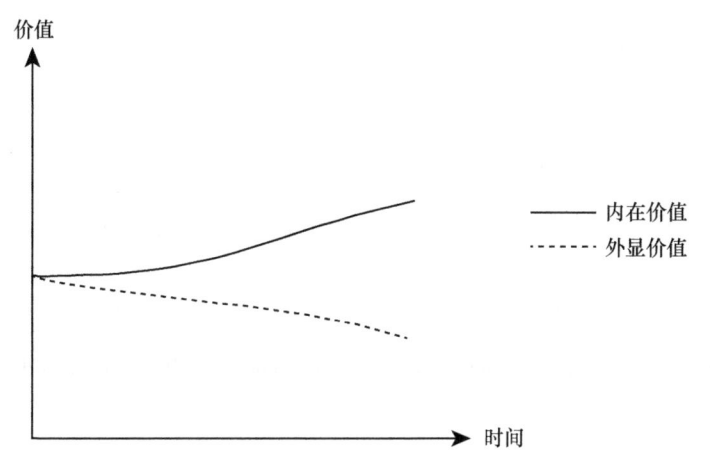

图 2-1　档案文献遗产价值变化曲线

可见，少数民族档案文献遗产保护要关注的不只是档案文献遗产本身，还有各种不利于档案文献遗产长久安全保存的损毁因子。因此，档案文献遗产保护客体在实践工作当中又具体体现为遗产价值及其损毁因子的统一体。

1. 客体价值维度

价值是各机构开展收集或馆藏选择工作需要考虑的重要因素。档案文献遗产保管机构之所以尽最大努力保护这些记忆遗产，首先就是因为它们都被认为是有价值的。任何机构在资源建设工作中都有一道门槛，或者说衡量的标尺，如档案馆的档案鉴定、图书馆的资源选择标准。在档案工作中体现得尤为明显，没有价值的信息或文件甚至都不能成为档案，更不用说要对其进行长期保存了。鉴于收集和保存活动总是在一定程度上由价值驱动的任务，在更广泛的框架或范式内进行，赋予某些材料而不是其他材料的价值①。

随着20世纪遗产概念的出现，人们逐渐认识到保护文化遗产实际上就是要保护其文化价值。后来，图书馆和博物馆的收集和选择政策中也考虑到美学、艺术和文化价值，例如，联合国教科文组织保护数字遗产的选择指南以及澳大利亚评估藏品意义的指导方针。因此，对文化遗产价值的理解与评估也就成为遗产保护的核心工作。近年来，在国际遗产保护浪潮的推动下，人们对遗产价值评估的概念与方法有了相对成熟的工作程序和实践经验，以价值为导向的遗产保护成为遗产保护领域的新思路和新趋势。

一直以来，在微观的机构层面上，价值鉴定是机构档案管理人员的核心职能。档案保管员必须从大量的文件中选择具有持久价值的文件长期保存，鉴定是决定为后代保存什么的基本活动。从更宏观的遗产保护层面来看，以价值为导向的遗产保护工作中，遗产价值的再评估已然成为保护规划与政策制定的工具。而在宏观层面的遗产价值评估中，"意义评估"（Significance Assessment）成为当前遗产价值评估的主流方法，在澳大利亚的文献遗产评估和联合国教科文组织的世界记忆名录中得到了广泛应用。世界记忆名录选择的是具有"世界意义"的档案文献遗产，而相应的区域名录（如亚太地区名录）和国家名录（如澳大利亚和中国的国家名录）选择的是具有区域意义和国家意义的档案文献遗产。

档案价值鉴定与档案文献遗产意义评估有所区别。①从理论来源来看，价值鉴定是来自档案学领域的鉴定理论，而意义评估是来自遗产领域对文化遗产和馆藏文物的评估。②价值鉴定的主要目的是判断档案是否有价值，而意义评估工作的目的是判断档案有哪些价值，评估其价值高低。③价值鉴定的结果是确定档案保管期限是10年、30年还是永久，或者销毁那些没有价值的档案。意义评估的结果是对不同价值的档案进行分级保护和差异化对待，例如，分为一级、二级、三级。④价值鉴定的视角主要是现在时+过去时，而意义评估主要是过去时，对历史档案

---

① Cyzk M., "Canon Formation, Library Collections, and the Dilemma of Collection Development", *College and Research Libraries*, Vol. 54, No. 1, 1993, pp. 58-65.

的评估,且年龄越大,往往可能价值就越高,就和文物一样。⑤档案价值鉴定的方式,主要是在馆(室)内档案人员鉴定,而意义评估工作往往要涉及专家的判断和集体的讨论。⑥档案价值鉴定最后的结论就是文件保管期限表,便于管理。意义评估的结论是摘要式的意义陈述,便于分级管理和展览开发。⑦价值鉴定工作的开展有利于节约档案馆的保管成本,没那么多空间、时间和经费去花费在没有价值的档案身上。意义评估的开展有利于利用非常有限的保护资源优先去保护最珍贵的档案文献遗产。

总之,不管是微观的鉴定工作还是宏观层面的意义评估,其目的都是要完成档案文献遗产的价值判断和认定,通过"选择决策"促进机构馆藏建设中保存计划的制订以及世界、区域、国家乃至地方珍贵档案文献遗产的遴选。档案文献保护需要引入"遗产"的视角,基于遗产的视角和价值的维度来审视档案文献保护,也需要引入意义评估模式,强调档案文献遗产的历史价值、艺术价值、科学或研究价值、社会和精神价值等,并强调通过参考古籍定级标准等价值的分级标准对档案文献遗产的价值进行分级,确保馆藏层级的保护工作有针对性地开展,希望构建以价值为导向的档案文献遗产保护与活化模式。

2. 客体破损维度

档案文献是信息内容及其载体的统一体。信息内容与载体之间的关系既可能是附带的,也可能是不可分割的。载体被认为与信息内容具有同等重要的地位,因为载体可具有重要的审美、文化或技术特性。尤其是对于许多珍贵的模拟信息的载体而言,一旦载体受损,其信息内容也将消失。因此,载体与信息内容在很大程度上都是潜在的记忆来源。尽管对于数字信息而言,不仅要强调信息载体,还要强调获取信息的设备,但这并不影响对信息载体重要性的判断。任何信息载体的寿命都是有限的,也是极其脆弱的。

档案文献遭受的威胁首先来自其固有的性质——载体的老化和过时。纸张和其他信息载体随着时间的推移而老化,尤其是纸张质量参差不齐且保存条件难受控制的西部地区档案文献遗产,其载体不稳定性与恶化情况更为突出。换言之,这些材料会受到外部各种自然和人为因素的不利影响，造成了载体材料的老化。同时，随着信息技术的革新，由于存储和读取程序的过时，旧的存储介质的信息将变得不可获取，导致了载体材料的过时。

在保护领域，人们通常使用"损毁"来描述遗产对象所遭受的不利影响。损毁，是一个形容词也是名词，表示的是一种状态或一种结果，也就是残破损坏乃至毁灭的状态或结果。档案文献遗产的损毁是指其在外形和内容上都遭到了损伤。

档案文献损毁程度不同，有的纸张只是轻度破损，有的重度破损甚至脆化；有的档案文献需要单面修复，有的需要双面修复；有的可用机械修复，有的则必须采用传统修复技术。还有的档案同时存在多种问题，需要将传统技术和现代化技术相结合，这些情况都给修复工作带来了困扰。这就需要确定一个档案文献损毁程度的定级标准，根据档案文献受损的不同原因和程度来对档案文献划分等级，以便技术人员在制定抢救方案时根据不同档案文献的受损级别（如一般破损、严重破损）和原因来制定相应的修复措施，确定修复的技术和工具，从而做到有条不紊，提高抢救的质量和效率[1]。一直以来，我国档案文献遗产的抢救与保护工作对调查评估工作并未引起充分重视。例如，在每年的关于档案工作的统计数据中，关于档案修复的信息基本只能了解到需要保护的档案总数和当年已经修复的数量。然而，这些档案中历史档案的损坏程度如何、其具体信息内容如何、稀缺珍贵与否、有多少已面临濒危、毁灭等问题都不能准确掌握。由于没有全面调查造成了对历史档案保护总体状况了解不够全面和系统，以致难以制定有针对性的保护方案和长期保护策略。而作为历史档案抢救和保护的主要实施者，一些档案馆目前尚未做过全馆馆藏情况的相关普查，因此，对本馆馆藏历史档案的各方面情况只是大致了解，并不能做到细致入微[2]。

国外实践当中有以各种目标为导向的调查或评估活动，其中馆藏评

---

[1] 朱玉媛、黄丽华、肖兰芳：《国家重点档案抢救工程的标准建设》，《档案学研究》2009年第4期。

[2] 郭莉珠、唐跃进、张美芳、马翀、王宜欣：《我国濒危历史档案的抢救与保护研究》，《档案学通讯》2009年第2期。

估、保存规划调查和保存评估调查三种调查活动均从整个机构的保存管理活动出发，目的是确定机构保存需求，为制定保存策略和规划提供数据和信息支撑。因此，这三个活动的调查范围较广，除了针对馆藏本身价值、状况的调查，还涉及存储的建筑环境、设施、设备等方面的调查。

正是由于上述三项活动调查工作量较大，因此在调查方法和调查深度方面相较于后两种调查活动明显不足。这三项活动一般采取的是粗略的视觉调查和判断，尽管也会采取抽样调查的方式，但在所抽取样本的逐个对象调查中，调查项以及调查结果的客观性相比后两项活动有一定差距。也就是说，这三项调查或评估活动通常不提供对特定对象的特定状况的评估。

馆藏状况调查和破损评估虽说是机构开展上述三项调查的重要组成部分，但其调查的目标更加具体化，因此所搜集的数据和信息也主要针对的是对象或馆藏本身的状况，且调查结果更强调科学性和客观性。

当然，馆藏状况调查与破损评估也有一定的区别，馆藏状况调查更加强调调查对象信息的全面性，不仅包括受损情况，还包括载体材料来源、特性、结构、制造方法等基本情况。

档案文献遗产破损评估实质上是一个关于馆藏档案文献遗产破损状况数据和信息搜集与综合评估的过程。这个过程搜集的信息包括档案文献遗产破损位置、破损原因、破损面积、破损定级、破损程度以及破损状况描述等。破损评估的目标是要确定对象破损的类型、破损的程度与等级，进一步明确恶化的性质和破损的原因，为修复和保护计划的制订提供决策依据。总之，破损评估关注的是载体受损的结果，通过档案文献载体受损情况的调查评估，区分载体破损等级，以促进档案文献修复的对症下药，并确定优先修复的顺序。从载体的维度来审视档案文献遗产保护，将通过对档案文献载体破损状况的调查与评估，揭示档案文献破损的表象，评估破损的程度和级别，最终结合价值分级和破损分级，来确定修复工作开展的优先次序。在实际工作中，档案文献遗产的破损评估工作与修复工作、保护工作是相互联系、密不可分的。破损评估结果往往是修复和保护工作介入的信息支撑，为其提供决策依据。

（三）环境维度

传统的文献保存环境主要考察的是文献保存的微环境或库房环境，

如温湿度、光照、空气污染、生物侵害等[1]。后来有学者将影响文献保存的环境拓展到宏观的大环境层面，认为文献保存环境不仅包括自然环境（温湿度、光照、灰尘、自然灾害等），还包括人为因素（战争、火灾、盗窃、蓄意破坏等）和建筑环境等[2]。实践当中，20世纪90年代，联合国教科文组织发起的世界记忆工程旨在确保保存被认为对地区或群体重要且面临消失风险的档案文献遗产，该计划将档案文献遗产丢失归因于自然和人为灾难的破坏，承认了档案文献遗产的脆弱性和全球事务的不稳定性[3]。随后发布的《世界记忆：失去的记忆——20世纪毁灭的图书馆与档案馆》报告指出造成图书馆、档案馆遭到毁灭或破坏的主要原因包括粗心大意、意外火灾、纵火、飓风、抢劫、炮击和空袭、外部和内部的洪水等[4]，同样描述了档案文献保存所面临的诸多外部环境。随着数字遗产的出现，联合国教科文组织于2015年发布的《关于保存和获取包括数字遗产在内的文献遗产的建议书》在强调自然或人为灾害的基础上，进一步提出数字遗产"因为技术的快速变革而逐渐变得不可获取"的技术环境。而当前在中东或非洲的很多地区，档案文献遗产保存面临的环境威胁更加复杂多元，除了我们通常所说的受到地理位置——保存档案文献的地点可能发生自然灾害（地震、洪水、飓风、火山爆发、极端温度）甚至战争，气候条件——包括但不限于恶劣的天气条件，如干旱、洪水、海啸、热浪等，还包括社会环境——仇外、种族灭绝暴行销毁目标群体存在的档案文献证据，政治环境——以实现特定的政治议程为目的、蓄意破坏或盗窃文件[5]。2017年，挪威的一家技术公司Piql和挪威国家矿业公司SNSK创建了一个商业性质的北极世界数据档案馆，主张将全世界的数字遗产和有价值的数据都存在北极的一个名叫斯匹次卑尔根（Spitsbergen）的小岛上。为何要建在这个小岛上呢？因

---

[1] 林明、周旖、张靖等编：《文献保护与修复》，中山大学出版社2012年版，第70页。
[2] 周耀林：《档案文献遗产保护理论与实践》，武汉大学出版社2008年版，第112、149页。
[3] Abid A., "Memory of the World-Preseving the Documentary Heritage", *IFLA Journal*, Vol. 21, No. 3, 1995, p. 169.
[4] Van der Hoeven H., Van Albada J., *Memory of the World: Lost Memory-Libraries and Archives Destroyed in the Twentieth Century*, Paris: UNESCO, 1996, p. 19.
[5] Motsi A., "Preservation of Endangered Archives: A Case of Timbuktu Manuscripts", *Journal of the South African Society of Archivists*, Vol. 50, 2017, pp. 1-27.

为这个小岛是经全球45个国家承认的非军事区，这意味着受战争的威胁较小。同时，北极世界数据档案馆建在一个废弃矿山中，在永久冻土层的保护下，档案文献库不会受到核和电磁脉冲的损害；馆内还配备了严密且封闭的安保系统，被认为是全世界最安全的地方。

"预防为主，防治结合"是我国档案保护的基本原则。档案文献遗产保护的载体维度是为了理解档案文献遗产"已经发生的损害"，其结果是为保护处理和修复，也就是为"治"做准备。而环境维度需要考虑的则是正在发生或者还未发生的潜在威胁因子，其结果就是要为"防"做准备。

20世纪90年代以来，风险评估等预防性保护策略成为档案文献保存与保护研究关注的焦点。风险评估被认为可以提高预防性保护的有效性，也被认为是21世纪促进决策的最重要的工具，因此它也是国外各种灾害规划中必不可少的内容。任何事物都可能因为潜在危险的存在而处于风险之中。档案文献遗产也不例外，保存在世界各地的图书馆、档案馆、博物馆以及其他机构、组织或个体手里的档案文献遗产都面临着环境条件和人为驱动的潜在危险所带来的风险。很明显，相比于其他非官方组织或个人，档案馆等官方机构保存条件较好，面临的风险也相对较小。

从风险的角度来审视档案文献遗产保存的环境，可以将风险的来源归为内部环境和外部环境。内部环境又包括库房与建筑环境（温湿度、光照、建筑抗震等级等）；外部环境可进一步分为政治环境、经济环境、文化环境、社会环境、地理环境等。这里的政治环境主要强调的是国家政局是否安定、民族是否团结统一；经济环境主要是考察国家和地方财政对少数民族文献遗产保护是否持续地投入，投入的力度如何；文化环境主要是考察国家和地方政府对少数民族文化抢救与保护的政策方针，以及各少数民族自身对其文化传承的态度、观念和意识等；社会环境主要考察少数民族地方是否和谐、各民族相处是否融洽；地理环境主要是考察档案文献保存地点的气候条件以及可能发生的自然灾害。档案文献遗产保存的风险往往是内外部环境的使然。因此，开展风险评估，识别出威胁档案文献遗产保存的风险要素，才能为档案文献遗产保存政策的制定提供决策支持。

(四）管理维度

一直以来，我国档案保护学科体系是以技术为基础构建起来的体系，材料模块、环境模块、技术模块占了很大比重，而管理模块相对较弱。20世纪90年代以来，随着遗产观的引入，传统档案保护向档案文献遗产保护转向，这一方面是由于对保护对象的认识发生了变化，另一方面更是保护方法论变化的结果。档案保护侧重对档案制成材料及其损毁规律的科学认识和保护与修复的适时介入，依赖于技术手段对环境、档案载体等因素的控制和事后修复，技术成为档案保护的阐释，理论研究也因此成为对技术的优化及其普遍适用性的探究[1]。而档案文献遗产保护更加强调保护技术与保护管理的融合，拓宽了研究视野，不仅仅局限在技术和工具的使用，还要从文化和管理的视角探讨档案文献遗产保护。如向内构建科学完整的档案文献遗产保护体系、引入先进的管理理论和方法、建立健全制度标准与规范，更好地推动档案文献遗产保护工作的进行；对外，将档案文献遗产保护纳入文化遗产保护，甚至是文化战略的框架下，引导外界对档案文献遗产保护的关注[2]。

当然，从管理维度审视档案文献遗产保护还涉及更多"保存"或"保管"的话题，例如，指定保管机构、设置保护部门、培养保护人才、制定保存政策、编制保存规划、开展馆藏评估、制定保存策略、获取保护资源、重视安全保管、做好库房管理、制定保管制度和标准、建立保护机制、应用保护技术、加大保护宣传等，旨在通过宏观的政策和规划，引领档案文献遗产保护的方向和路径，通过微观层面的各类管理策略的实施去指导和约束保管人员的行为，促使档案文献遗产得到妥善保管和长期安全保存。换言之，如若上述管理维度的内容被忽视或管理不善，极有可能造成档案文献遗产陷入损毁状态。

自改革开放以来，我国档案文献遗产保护工作发生了翻天覆地的变化。经过几十年保护基础设施的建设投入、保管装具设备的更新换代、

---

[1] 周耀林、柴昊、戴旸：《我国档案文献遗产保护研究框架述论》，《郑州大学学报》（哲学社会科学版）2020年第3期。

[2] 杨茜茜：《文化战略视角下的文献遗产保护与活化策略》，《图书馆论坛》2020年第8期；周耀林、柴昊、戴旸：《我国档案文献遗产保护研究框架述论》，《郑州大学学报》（哲学社会科学版）2020年第3期。

保护技术方法的改进优化、保管保护制度规范的建设完善、抢救性修复工作的持续推进，我国档案文献遗产保护正从单纯依靠资源投入的被动式保护模式过渡到依靠防治水平提升和管理效能提升的主动式保护模式。这种发展经验告诉我们，在面对少数民族档案文献遗产保护问题和困境的时候，不能忽视管理的介入。现代管理理论和方法的引入，可以提升少数民族档案文献遗产保护的能力。其中，探讨建立少数民族档案文献遗产的监测与评估体系，定期进行少数民族档案文献遗产状况的调查和评估，提前发现损毁迹象，动态监测损毁状态，并采取相应的保护措施，将是未来实现少数民族档案文献遗产保护可持续发展的关键管理策略。

二 少数民族档案文献遗产区域大保护的内涵阐释

区域大保护一词由"区域"和"大保护"两个概念组合而成。"区域"按照《当代汉语词典》的解释，是指地区范围。从学科对象的角度来看，区域是地理学、经济学等学科常用的概念。《中国大百科全书》（地理学卷）对区域概念进行了如下阐释：用某个指标或某几个特定指标的结合在地球表面中划分出具有一定范围的连续而不分离的空间单位。地理学上的区域归纳起来大致可分为：①内部具有均质性的区域，如雨量区、植被区等；②具有一定吸引辐射范围的区域，如经济区、贸易区等；③内部起着共同职能作用的功能区，如城市中的居住区、工业区等；④人为决定的管理区，如行政区、教区等。在经济学领域，区域是一个客观上存在的，又是抽象的人们观念上的空间概念。

本书所谓的区域大保护中的"区域"是地理学的区域概念，主要对应政治地理学中的边疆地区、民族地区等特定区域概念。相较于区域，"大保护"一词的使用在研究与实践当中并不多见。尽管在实践当中有长江大保护、黄河大保护等用法，但鲜有学者对"大保护"的内涵进行阐释。在档案学界，同样有学者使用大保护一词。例如，周耀林认为我国档案保护要走"大保护"的道路，即加强同国际、国内同行或相关行业（图书馆、博物馆等）之间的合作，让我国的保护技术研究先进成果走向世界，同时将国外的档案保护技术先进成果吸收进来，为我所用①。张美芳尽管没有使用大保护一词，但其提出的档案保护的整体化原则，也强调必须打破部门、领域或行业的限制，实现跨系统的技术资源成果的共享和联合，针对存在的共同问题，合作研究，共同攻关②。赵淑梅认为要将档案保护研究纳入文化遗产保护的广阔视野中，树立起图书、文物、档案等人类文化遗产保护共同协作，相互促进的"大保护"发展中，为档案保护在更加广阔的空间中寻找新的生长点，成为国家文化建设不可或缺的参与者③。

21世纪以来，大保护逐渐演进成为一种保护观，"大保护观"下的档案文献遗产一体化修复逐渐成为学界的共识。国际文化财产保护与修复研究中心（ICCROM）在项目组织结构中将档案馆、图书馆、博物馆合为一个一级类目，同时将三者的标准制定、工作执行、技术研发、学术交流等方面的工作都纳入统一的会议、研究、实践体系中参考和讨论。通过"大保护"观的统一性研究平台，在人才培养、学科设置、组织机构等方面整合文物保护、档案保护和图书保护资源。突破传统管理体制中各自为政、条块分割的局面，从综合性保护的角度出发，使不同种类的档案文献修复保护研究可以互相借鉴、互相促进，避免人才、资源、技术等方面的重复建设和资源浪费④。

上述有关"大保护"的认识，强调的是图书馆、博物馆和档案馆在保护工作当中突破领域和机构之间的鸿沟，将图书、古籍、纸质文物、档案等的保护统一起来。本书认为，结合这一特定区域概念及该区域内档案文献保护的需求与趋势，对大保护的认识不应局限于将古籍、纸质文物和档案的保护统一到档案文献遗产这一大的平台上来，而是要进一步基于顶层设计的思路和方法，对档案文献遗产保护工作进行规划与统

---

① 周耀林：《对1949—2000年我国档案保护技术研究论文的统计分析》，《档案学研究》2002年第4期。

② 张美芳：《我国档案保护技术学可持续发展的若干思考》，《档案学通讯》2008年第1期。

③ 赵淑梅：《系统思维下档案保护理论与实践发展新视野》，《档案学研究》2015年第1期。

④ 赵淑梅、郭硕楠：《中国纸质档案修复技术的回顾与展望：基于1965—2017年相关文献的统计分析》，《档案学通讯》2018年第4期。

筹，突出保护主体、保护客体以及保护环境、保护技术方法、保护政策、保护制度、保护标准等要素之间的协同。所谓顶层设计，通常是指运用系统论的方法，从全局的角度，对某项任务或者某个项目的各方面、各层次、各要素统筹规划，以集中有效、高效快捷地实现目标，具有顶层决定性、整体关联性、实践可操作性等特征。

基于此，笔者认为少数民族档案文献遗产区域大保护就是要以区域协同为先导，以保护技术方法的综合应用为基础，以强有力的规划统筹与资源配置为保障，实现区域内档案文献遗产保护、管理与开发工作的全面协调可持续发展。

第四节 少数民族档案文献遗产区域大保护的目标分析

通过调查，课题组发现当前少数民族档案保护存在的主要问题包括民间散存问题、机构散存问题、载体材料问题、内容信息问题、保护手段问题。这些问题在很大程度上也是导致少数民族档案文献遗产呈现损毁状态的重要因素。区域大保护的提出，正是以解决这些问题为导向，让少数民族档案文献遗产摆脱损毁状态，实现保护的可持续发展。基于此，少数民族档案文献遗产保护呈现出相应的原生性保护和再生性保护等保护需求。这些保护需求的存在，为区域大保护方案的设计提供了目标导向，换言之，区域大保护方案的设计需要回应上述保护需求，而要回应这些需求，区域大保护方案当中就需要寻求相关的理论方法，进行相应的任务设计。

档案保护、遗产保护等领域，在长期的发展演进当中，早已形成了解释档案文献遗产保护现象、规律，并且能够解决档案文献遗产保护实际问题的普适性理论。当面对少数民族档案文献遗产保护所呈现的具体实践，尤其是具有共性的实践特征和需求特征时，能否通过调查分析当前人们在处理具有区域、民族特点，以及处于经济欠发达地区的少数民族档案文献遗产保护问题时所采取的方法或得到的经验，找到适用于档案文献遗产保护的路径、方法与策略,是探讨少数民族档案文献遗产区域大保护目标的重要思路。基于档案文献遗产保护实践政策、研究趋势和保护需求的综合把握,笔者认为少数民族档案文献遗产区域大保护的总体目标包括以下三个方面:

一 全面协调可持续发展

目前,从调查来看,我国少数民族档案文献遗产保管机构主要是各级各类档案馆,他们主要负责对各自行政区内数量繁多、种类丰富的档案文献遗产进行保管与保护,同时,也有部分少数民族档案文献遗产分散在博物馆、图书馆、纪念馆等文化机构中,甚至还有部分少数民族档案文献遗产散存民间或流失海外。我国少数民族档案文献遗产的保护主体范围广且数量多,而需要保护的档案文献遗产数量同样较多且保存分散,因此为少数民族档案文献遗产保护过程中人、财、物等保护资源的保障带来了更加严峻的挑战。

首先,人才是档案文献遗产保护可持续发展的基础性资源,也是当前我国档案文献遗产保护可持续发展的制约因素之一[①]。少数民族档案文献遗产内容的民族性与地域性、载体形式的多样性、形成时间的久远性与分布范围的广泛性对档案文献遗产原生性保护与再生性保护技术方法要求较高。但长期以来,保护专业人员匮乏、负担过重,后备人员不足,基层保护技术人员专业技能欠缺等问题成为我国民族地区基层档案机构开展保护工作的桎梏[②]。目前,经过专业的、系统的保护或修复技能学习和培训的档案文献遗产保护专业人才极为匮乏。档案文献保护人员大多为非科班人员,通过简单的培训提升修复技术方法,缺少规范的制约和专业人员的指导。而科班出身的人员虽然所学知识专业性强,但仍存在知识和技术较为单一、不够全面的问题。

其次,经费投入是少数民族档案文献遗产保护可持续发展的坚实保

[①] 周耀林、李姗姗等:《可移动文化遗产保护体系研究》,武汉大学出版社2017年版,第255页。

[②] 仝艳锋:《民族档案文献遗产保护研究:以云南为例》,山东大学出版社2013年版,第137—138页。

障。档案文献遗产保护可持续发展需要有足够的资金支持，无论是馆库建设、设备购置与维护、档案修复、档案缩微与数字化等都会消耗一定的经费，但长期以来档案部门的经费投入明显较少。当前，档案保护经费来源以地方各级财政投入为主，中央财政适当补助，资金渠道单一且依赖度极高。经济发展较为落后的民族地区，地方财政对档案文献遗产保护的支持十分有限。因此，在数量庞大的少数民族档案文献遗产面前，现有的保护经费只是杯水车薪，各保管机构在少数民族档案文献遗产征集、保护、修复过程中经济负担较大。

此外，馆库设施设备是少数民族档案文献遗产保护可持续发展的重要支撑。改革开放以来，我国地方档案馆馆库建设和设备设施配备取得明显进展，为档案文献遗产保护积累了一定的物力资源。近年来，我国大力推进绿色档案馆建设，探索节能型档案馆建设与运维，在一定程度上有利于缓解物力资源不足的矛盾。但不可否认的是，当前我国各级档案馆的库房数量、库房面积、特藏库配置情况、建筑设备与保存保护设备配置情况、保护修复工作消耗品等资源的配置情况差异仍较大，很多档案馆，尤其是基层档案馆根本无力建设特藏库。简陋的保管环境加速了少数民族档案文献遗产的损毁，不利于少数民族档案文献遗产保护的可持续发展。

总之，我国档案机构有限的人、财、物资源状况与少数民族档案文献遗产保护可持续发展之间的矛盾仍然无法解决，同时，即使同属于档案机构，由于地区的差异性，档案文献遗产保护工作的发展水平仍具有较大的差异性，发展不协调现象非常明显。目前我国少数民族档案文献遗产家底不清、评估决策工作缺位等问题，导致现有保护工作未能达到理想的整体化、精细化、集约化效果。少数民族档案文献遗产区域大保护的首要目标就是要解决区域内档案文献遗产保护协调发展、可持续发展的问题。要统筹区域内经济较发达地区与经济欠发达地区的档案文献遗产保护，统筹区域内档案机构与其他馆藏少数民族档案文献遗产保管机构的发展，统筹区域内少数民族档案保护与古籍保护、纸质文物保护的发展，统筹区域内档案文献遗产保护与文化、旅游等相关领域的发展，统筹区域内档案文献遗产保护经费、人员、技术、设备等资源的配置。

二 预防、治理与修复的一体化

在遗产保护领域，国内外最为经典的保护方法论莫过于针对馆藏遗产保护的预防、治理和修复三阶段方法论。联合国教科文组织发布的《水下文化遗产行动手册》指出，保护包括旨在稳定文化场所和文物的所有措施和行动，以稳定其现有状态，同时确保其对后代的可访问性。保护行动可以按先后顺序分为预防性保护（Preventive Conservation）和治理性保护（Curative Conservation）。预防性保护（简称预防技术）包括所有间接措施和行动，旨在避免和最大限度地减少材料或人工制品的日后恶化或损失。治理性保护（简称治理技术）包括直接应用于一项或一组遗产的所有操作，旨在阻止破坏性过程，并在可能的情况下稳定其状态，以防进一步恶化。修复（Restoration）（也称修复技术）是保护过程的延续，其目的是尽可能地恢复遗产的原始外观，从而提供遗产可以展出的条件[1]。法国国家图书馆图书保护技术的环节被划分为预防性保护、治理性保护和修复三个阶段，简称为预防、治理和修复[2]。

预防性保护是施加于可移动文化遗产保管环境的整体性、综合性行为，以减缓藏品的恶化和损毁。治理性保护是通过外界的干预直接作用于可移动遗产（整体、部分、一组或单个遗产）的保护行为，以消除正在损毁遗产的外界因素，从而使遗产恢复到健康的状态。修复是对已经发生变形或变性的遗产进行处理，使之恢复到原有的形态或性质，并通过这种"还原"活动获得其原始的史学、美学、科学及社会学价值[3]。作为可移动文化遗产，档案文献遗产保护的总体目标是稳定遗产对象的现有状态，保持其长期可访问性和可获取性。其中，预防性保护是采取间接措施和行动，最大限度防止恶化和损毁的发生；治理性保护是采取

---

[1] UCH, "Manual for Activities Directed at UCH Conservation", [2020-07-29], http://www.unesco.org/new/en/culture/t.

[2] 周耀林：《法国国家图书馆的图书保护探析》，《中国图书馆学报》2003年第5期。

[3] 周耀林、李姗姗等：《可移动文化遗产保护体系研究》，武汉大学出版社2017年版，第76页。

直接措施和行动，阻止破坏性过程，尽可能稳定其状态，防止进一步恶化；修复是保护过程的延续，修复介入意味着保护已失效、损毁情况已发生，需要通过修复来尽最大努力还原其原始状态。档案文献遗产保护在时间维度的环节拆分见表2-1。

表2-1　　　　　　　　　保护方式的时间维度

保护阶段	预防	治理	修复
时间节点	损毁发生前	损毁发生中	损毁发生后
保护目标	防止损毁发生	阻止损毁继续发生	恢复损毁发生前的状态

面对少数民族档案文献遗产保护中呈现的零散、被动式保护，实现档案文献遗产预防、治理与修复的一体化发展，也是少数民族档案文献遗产区域大保护的重要目标之一。预防、治理与修复的一体化发展，是"预防为主，防治结合"这一档案保护工作基本原则以及"坚持保护为主、坚持抢救第一、坚持合理利用和坚持加强管理"这一古籍保护工作基本原则的要求。在少数民族档案文献遗产保护工作中，必须高度重视预防性保护的基础作用，同时也要加强治理和修复能力的建设。

三　保护、管理与开发的一体化

在遗产保护领域，《巴拉宪章》发布后，识别并保留文化意义逐渐发展为遗产保护管理和保护项目的主要目标[①]。从"遗产保护"向"遗产管理"转变的主要潜在力量之一，就是从单纯地关注遗产本身的物质结构转向关注遗产所传达的意义。近年来，随着全球遗产专业人员的增加，文化遗产意义评估问题受到越来越多的关注。许多国家都已认识到评估遗产价值的重要性，"基于遗产意义的管理"或者"基于价值的遗产管理"模式已经形成，并且在当前的遗产保护学术话语中占

---

① Zancheti S. M., Hidaka L. T. F., Ribeiro C., Aguiar B., "Judgement and Validation in the Burra Charter Process: Introducing Feedback in Assessing the Cultural Significance of Heritage Sites", *City & Time*, Vol. 4, No. 2, 2009, p. 47.

主导地位①。总体来看，遗产保护的终极目标是形成以价值为核心的遗产保护管理体系，实现保护、管理与开发的一体化。

20世纪90年代以来，档案保护领域也开始关注保护管理层面的问题，推进档案保护走向档案文献遗产保护。档案保护，侧重对档案的单纯保护与修复，依赖于技术手段对环境、档案载体等因素的控制和事后修复，技术成为档案保护的阐释，理论研究也因此成为对技术的优化及其普遍适用性的探究②。而档案文献遗产保护更加强调保护技术与保护管理的融合，拓宽了研究视野，不只局限在技术和工具的使用，还要从文化的视角探讨档案文献遗产保护。如向内构建科学完整的档案文献遗产保护体系、建立健全保护制度标准与规范，更好地推动档案文献遗产保护工作的进行；对外，将档案文献遗产保护纳入文化遗产保护，甚至是文化战略框架，引导外界对档案文献遗产保护的关注③。档案文献遗产保护的核心是保护档案文献遗产所包含的价值，保护的目的是传播其价值。因此，档案文献遗产保护是从粗放式的保护向精准化保护转变，最终形成以价值为核心的保护体系。

总之，解决损毁问题，也就是让处于损毁状态的档案文献遗产脱离损毁状态，并实现这些损毁档案文献遗产保护的可持续发展。这是探索实现区域大保护的目标所在。要实现这种目标，就需要充分依靠上述档案文献遗产保护领域的普适性理论成果，结合档案文献遗产保护的现实需求，实现保护理论方法的集成，推进普查、评估、预防、治理、修复、监测、管理、开发等工作的一体化，带动少数民族档案文献遗产科学保护水平的整体提升，推进少数民族档案文献遗产保护可持续发展。

---

① Odegaard N., "*Reviewed Work: Preseving What is Valued: Museums, Conservation and First Nations*", Journal of the American Institute for Conservation, Vol. 41, No. 3, 2002, p. 300; Fitri I., Ahmad Y., Ratna N., "Local Community Participation in Establishing the Criteria for Heritage Significance Assessment of the Cultural Heritage in Medan", *Kapata Arkeologi*, Vol. 15, No. 1, 2019, p. 8.

② 周耀林、柴昊、戴旸：《我国档案文献遗产保护研究框架述论》，《郑州大学学报》（哲学社会科学版）2020年第3期。

③ 杨茜茜：《文化战略视角下的文献遗产保护与活化策略》，《图书馆论坛》2020年第8期；周耀林、柴昊、戴旸：《我国档案文献遗产保护研究框架述论》，《郑州大学学报》（哲学社会科学版）2020年第3期。

第二章 少数民族档案文献遗产区域大保护的总体设计

第五节 少数民族档案文献遗产区域大保护的重点任务

为了解决少数民族档案文献遗产在保护主体、保护客体、保护环境和保护管理四个维度造成的损毁问题，回应档案文献遗产区域大保护的目标与需求，本书通过文献梳理，提取了解决损毁问题的方法要素。

主体维度对应的方法要素主要是普查与协同。普查是社会调查方法的一种，是为了掌握被研究对象的总体状况，对全体被研究对象逐个进行调查的一种方式。通过普查摸清家底，掌握区域内少数民族档案文献遗产的分布情况和保存情况，是开展集中保护的前提；协同理论在社会系统协同发展方面展现出了强大的解释力，为众多行业领域破解单一主体治理失灵问题提供了重要的指导，也为少数民族档案文献遗产保护的多主体参与提供了理论基石，为多主体协同提供了分析框架。

客体维度对应的方法包括预防、治理、修复和再生。预防是少数民族档案文献遗产损毁发生之前采取的措施，需要通过风险识别和风险评估等手段，识别出所有潜在的馆藏风险要素；治理是指对处于受损状态或存在不利于永久保存因素的少数民族档案文献遗产本身采取一定的干预措施，以提高其耐久性并延长其寿命。在少数民族档案文献遗产保护当中，需要通过治理来处理并终止少数民族档案文献遗产正在遭受的损毁因子，使其恢复到健康状态并防止损毁继续发生；修复是指对灾后或遭受破损的少数民族档案文献遗产进行修正、恢复，使其恢复到原来的"健康"状态而采取的一系列技术方法；再生是指当少数民族档案文献原件的整体或部分发生不可逆转的损毁与老化后，以新的方式赋予其新的生命力。

环境与管理维度对应的方法包括评估、监测以及保障。强调通过科学有效的调查和评估程序，精准识别并判断每一件（组、卷）档案文献遗产的价值与损毁因子，识别出档案文献遗产保护当中面临的共性与个性问题；通过定期监测和实时监测等方法手段分析掌握遗产的损毁变化规律，及时降低或消除各种风险因素，使遗产一直处于一种良好的状态；通过人、财、物等资源的投入以及政策标准、制度规范等方面的引导，保障少数民族档案文献遗产保护工作的顺利推进。

依据区域大保护总体设计思路，课题组基于上述解决档案文献遗产损毁问题的方法要素，确立了少数民族档案文献遗产区域大保护的五大重点任务，即集中保护、精准保护、动态保护、数字化保护、活化保护，如图2-2所示。

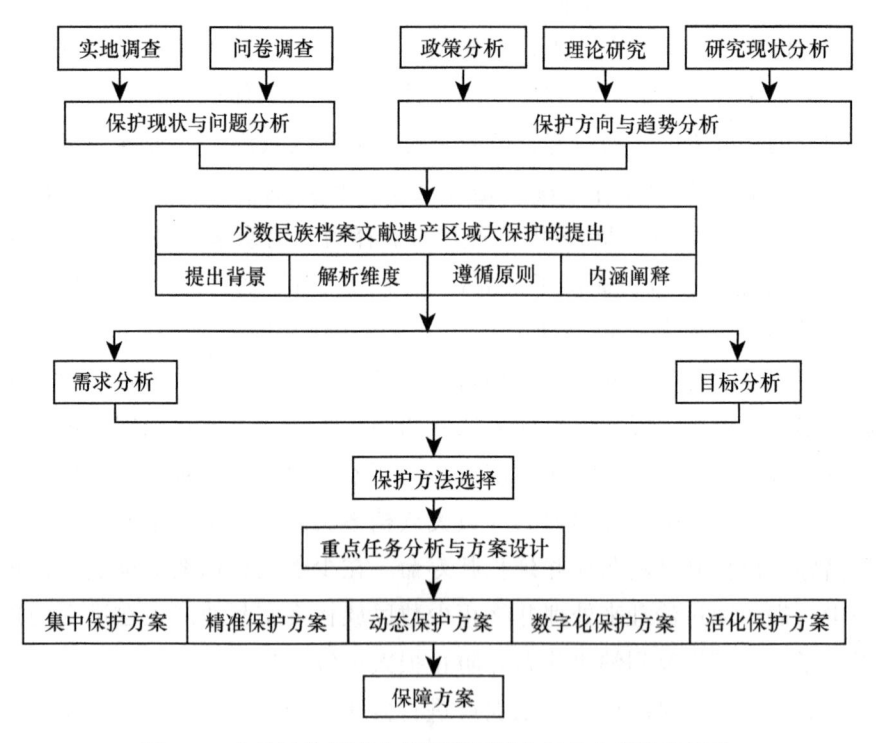

图2-2 少数民族档案文献遗产区域大保护方案设计思路

一 区域大保护重点任务之一：集中保护

少数民族档案文献遗产集中保护，是针对散存的、分散管理的少数民族档案文献遗产提出的一种直接、有效的保护办法，包含了管理机构、档案文献实体、档案文献信息三个层面的集中。首先，管理机构是少数民族档案文献遗产保护的主体，在特定的区域范围内，多机构参与保护

· 86 ·

的特点鲜明，管理体系的混乱、交叉严重阻碍了少数民族档案文献遗产的集中保护，因此，管理机构职能的集中统一是少数民族档案文献遗产集中保护的第一层内涵；其次，少数民族档案文献遗产的客体是由实物载体和内容信息组成的，其集中保护的内涵必然包括了档案文献实体的物理集中和档案文献信息的逻辑集中；最后，从管理机构、档案文献实体、档案文献信息三者的关系看，管理机构职能的集中统一位于主导地位，在很大程度上决定了档案文献实体和档案文献信息集中的推进程度。

（一）管理机构的区域协同

透过调查结果可以看到，由于少数民族档案文献遗产具有文物、古籍、史料等多元性，目前保护的主体包括档案馆、图书馆、博物馆、民委（或民宗局）古籍办、纪念馆、史志办、民族研究所、海关、政协、寺庙等机构和个人。进一步考察发现，这些机构分属文化和旅游部、国家档案局、国家民委等部门领导，其管理体制、所属地域、保护环境各不相同，甚至相差很大。由此可见，少数民族档案文献遗产处于高度分散的状态。

基于少数民族档案文献遗产高度分散的现状，其保护主体并未形成合力，而是缺乏一体化的顶层规划，存在各自为政、信息分割的情况[①]，不仅在少数民族档案文献遗产保护政策、制度、指南的制定上，不可避免地会出现交叉和重复，在对少数民族档案文献遗产的收集、整理、修复等具体操作上，更是分散开展。事实上，档案文献遗产保存于各地史志办、文旅局、档案馆、图书馆、非物质文化遗产保护中心等部门，各自存放，互不流通，没有形成集中统一的保护力量，从根本上影响了少数民族档案文献遗产的集中保护。

面对多元主体参与的现实，协同治理理论提供了重要的理论依凭。协同治理理论自20世纪70年代初创时便具有明显的交叉学科属性，在后来的发展中凭借着融合协同与治理理论内核的强大优势以及吸收多中心治理、网络治理等新理论思想的强大能力，成为公共事务治理实践领域的重要依据。少数民族档案文献遗产保护本就不是其保管单位的一家

---

① 李雯：《略论云南少数民族历史档案数字化建设活态研究》，《档案学研究》2018年第6期。

之事，而在这样的严峻形势下，也确已远超单一保管单位的能力范畴而呈现出愈加明显的公共事务属性。基于此，协同治理理论与少数民族档案文献遗产保护具有高度契合性，能发挥出强有力的理论指导作用。

根据协同治理理论的思想，笔者认为少数民族档案文献遗产集中保护的首要任务是管理机构的区域协同，即通过协同的方式促成各管理机构形成对区域范围内少数民族档案文献遗产的保护合力，最终从各自为政的分散保护过渡到区域协同的集中保护。管理机构的区域协同，有利于少数民族档案文献遗产保管机构提升管理效能，有助于构建统一高效的区域集中管理体系，为全面实现少数民族档案文献遗产保护提供有力的组织保障。

（二）档案文献实体的物理集中

档案文献遗产本身具有较强的原生性，且载体材料类型多样。档案文献遗产材料的形成通常与少数民族生活环境和习性有关，例如，生活在植被环境中的少数民族多采用树叶、贝叶、竹片等材料书写，而生活在山区的少数民族则大多采用石质材料记录。概括地说，少数民族所采用的档案材料主要包括结绳、绵纸、草纸、宣纸、麻纸、树叶、贝叶、石材、木板、竹片、绢帛、棉布、陶片、兽皮、兽骨、金器、青铜器皿等不同类型，无论少数民族档案文献遗产拥有多少种载体材料，不同类型的档案材质损毁情况、面临的安全威胁均不同，不能采取同样的保护方法。

从价值和载体维度来看，少数民族档案文献遗产是少数民族群体在处理各种民族事务中形成的，不仅实体类型多样，时间跨度还很大；从环境维度来看，面临人为和自然双重风险，既容易散落到个人手中，还可能流失海外，在恶劣的自然环境中消亡。例如，广西壮族最早的档案文献遗产距今有2000多年的历史，主要是由壮族族人在广西宁明、龙州、左江、崇左、扶绥、大新等地的断崖陡壁上刻画的壁画和铜鼓等组成的，这些壮族古老的岩石壁画分布在广西79个壮族聚居县，且大部分散布在山区[①]。对于不具备保管条件且面临人为或自然环境威胁的少数

---

① 饶文星：《我国少数民族档案保护的现状与对策：以广西壮族历史档案为例》，《档案管理》2012年第3期。

民族档案文献遗产而言，档案文献实体的物理集中是最佳的保护方案。

因此，档案文献实体的集中保护可以理解为以下三层含义：一是档案文献实体集中，将分散的濒危少数民族档案文献遗产集中起来，根据档案文献形成的民族和档案文献的载体形式分门别类，进行初步整理，再根据少数民族档案文献遗产的不同载体形式和分布年代，具体分析每种档案文献遗产载体形式的损毁现状和特点，有针对性地采取不同的保护方法。这是一种相对理想的集中保护方法，尤其适用于不具备保管条件且面临人为或自然环境威胁的少数民族档案文献遗产。二是档案文献实体名录集中，在档案文献实体物理集中较为困难的情况下，以区域为协同，编制损毁少数民族档案文献遗产名录，必要时通过仿真的形式，实现部分高价值的损毁少数民族档案文献遗产的集中，全面掌握区域内损毁少数民族档案文献遗产面貌。三是档案文献实体保管服务集中，在管理体系的区域协同下，开展面向区域的保管服务集中，为区域范围内的少数民族档案文献遗产提供预防、治理和修复等相关实体保护支持和咨询服务。

档案文献实体集中保护是少数民族档案文献遗产集中保护最常见、最基本的要求，不仅可以让少数民族档案文献遗产得到区域范围内最好的软硬件保护环境，还有利于构建完整的档案全宗。

(三) 档案文献信息的逻辑集中

内容信息是依附于实体之上，档案文献实体集中保护最终目的是读取其内容信息。尽管强调档案文献实体的物理集中，但现实是很多具备保管条件的机构，并不愿意档案文献实体脱离其馆藏控制范围。一方面，失去珍贵的少数民族档案文献遗产，将极大地影响馆藏资源结构；另一方面，转运途中存在多种安全隐患，档案文献实体集中之后的开发利用权益也存在争议。面对这种普遍存在的现实情况，通过数字化以及档案文献信息共建共享，实现档案文献信息的逻辑集中，是一种重要且必要的集中保护方式，不仅可以解决档案文献实体物理集中面临的种种阻碍，还能形成丰富的少数民族档案文献遗产信息资源库，为资源利用和开发打下坚实基础。

正因为少数民族档案文献遗产本体分散保存的现状，所以其内容信息也处于分散的状态。不同的少数民族档案文献遗产分散各地，同一少数民族的档案文献遗产依然散存在不同机构或民间，无法形成完整、系统的少数民族档案文献资源库，其利用价值也无法得到有效体现。少数民族档案文献遗产的内容信息，一方面具有与普通档案文献一样直观的记载内容，另一方面还蕴含着少数民族文化的背景信息、语言文字特点、叙事方式等关联信息。例如，2015年入选第四批《中国档案文献遗产名录》的《鄂尔多斯左翼后旗红翎台吉家谱图》，具有鲜明的民族特色，是内蒙古地区现存最珍贵的蒙古族成吉思汗后裔家谱档案，现存于鄂尔多斯市档案馆。该家谱档案长7.23米、宽3.45米，面积达24.94平方米，是用多块长方形麻纸粘贴连接而成的，名字书写是采用的黑色毛笔，再以塔式梯形和红线连接出他们之间的辈分关系，并加以批注①。该家谱档案的内容、材质、字体、布局不仅可以看出台吉家族的血缘关系，还可以考证出清朝时期蒙古族的历史脉络和民族文化特点。

档案文献信息的逻辑集中指的是各级各类保存机构，按照统一标准，利用信息化技术，将馆藏少数民族档案文献遗产目录及原文数字化后，通过专门的网络平台汇聚到同一数据库中，最终形成"物理分散、逻辑集中、资源互通"的状态。逻辑集中的少数民族档案文献遗产信息，由浅至深可分为目录数据库、全文数据库、知识数据库等。从这个方面来看，少数民族档案文献遗产内容信息的集中保护，具有重要的利用价值。一是形成纵向的时间发展脉络，内容信息的集中保护可以全面反映少数民族起源、流转、迁移、融合等整体发展情况，这是单一、零散的少数民族档案文献遗产内容信息无法比拟的利用价值；二是梳理横向的发展状况对比，内容信息的集中保护有利于研究不同少数民族的发展变迁现状，对比同一时期不同少数民族间的文化差异和民族特质。

二 区域大保护重点任务之二：精准保护

"精准"即"非常准确""精确"②。从管理学视角来看，精准管理

---

① 巴音、陈佳：《成吉思汗后裔家族宝贵训嘱的留存：〈鄂尔多斯左翼后旗红翎台吉家谱图〉解析》，《中国档案报》2019年10月25日第4版。

② 中国社会科学院语言研究所词典编辑室编：《现代汉语词典》（第5版），商务印书馆1988年版，第722页。

往往以量化管理为基础，依据变化的环境不断改变量化指标，使管理运营过程简化、精练、准确、细化，解决问题目标明确、对症下药、落到实处、落到根上，以提升管理质量①。精准作为一种管理理念，重视对目标和用户需求的准确识别，这一能力既需要较高的专业能力，也需要科学的管理方法。精准管理理念广泛应用于政府公共服务、扶贫工作、农业管理等领域，例如，采用大数据技术精准分析公共服务需求，提供有针对性的公共服务供给②。

在档案文献遗产保护领域，自新中国成立以来，尤其是"中国档案文献遗产工程""中华古籍保护计划"等档案文献遗产保护工程发起后，我国档案文献遗产保护和修复技术水平不断提高，档案文献遗产保护工作已经取得初步成效。然而，普适性档案文献遗产保护方法与技术无法也不可能适用于所有的档案文献遗产类型，尤其是载体、字迹、装帧较为特殊的少数民族档案文献遗产。数量较多的濒危档案文献遗产，不应采用"齐步走""一刀切"的保护技术和管理方法。摸清少数民族档案文献遗产管理机构基本信息、档案文献实体特征与风险信息，分析少数民族档案文献遗产致濒原因与个性化保护需求，对症下药，实施精准保护，是帮扶民族地区档案事业发展、缓解我国档案文献遗产保护成效区域发展不均衡的必要之举。

赵跃认为，档案文献遗产精准保护是指运用科学的调查与评估方法，遵循合理程序，对档案文献遗产价值及威胁其可持续性的因子进行精准识别，以实现保存资源精准配置以及受损档案文献遗产精准治理、修复与防控的新型保护方式③，强调通过评估来促进保护决策。

依据上述定义以及精准管理的价值取向，笔者认为少数民族档案文献遗产精准保护主要是为了解决少数民族档案文献遗产个性化保护需求与普适化保护方案之间的矛盾，使保护工作能准确作用于档案文献遗产的"病症"所在。为达到此目标，精准保护需要精准识别遭受损毁的少

---

① 李树荣主编：《工业企业精准管理》，企业管理出版社2015年版，第1页。
② 胡税根、齐胤植：《大数据驱动的公共服务需求精准管理：内涵特征、分析框架与实现路径》，《理论探讨》2022年第1期。
③ 赵跃等：《档案文献遗产精准保护模式研究》，中国社会科学出版社2022年版，第45页。

数民族档案文献遗产，精准分析个性化保护需求，精准评估损毁程度与致损因素，依据调查数据与量化分析，设计更为准确、细化的保护方案，做到"一卷一方案、一件一方案、一页一方案"地保护与修复，濒危少数民族档案文献遗产个性化保护需求得到"靶向"技术供给，脱离损毁状态，恢复到健康的保存状态。

简言之，精准保护通过对档案文献遗产本体、内容、管理、环境等现状数据的调查、监测、分析和科学评估，识别我国少数民族档案文献遗产的个性化保护需求，通过对保护需求、过程和结果的量化测评，实现对少数民族文献遗产个性化保护需求的"靶向"技术供给[1]。"精准保护"重在精准分析致濒因素，精准识别保护需求，精准制订保护计划，精准满足保护需求，引导保护资源、技术和力量的靶向配置，减少在档案保护过程中的物资错配、人力错配、技术错配和设备错配，避免民族地区档案文献遗产相关政策与制度的悬浮和偏差，构建科学长效的少数民族档案文献遗产"精准减濒"管理机制，有助于提高我国少数民族档案文献遗产保护的质量和效益。具体而言，精准保护有以下三个目标：

（一）实现少数民族档案文献遗产的量化管理

传统公共行政管理倡导行政层级之间的"命令—服从"式的定性管理方法，依赖管理人员主观的经验判断。与定性管理方法不同，量化管理遵循实证主义的方法，以量化管理方法推行绩效管理，有明确的绩效目标、绩效评估标准、成本核算方法，使管理过程能够通过科学的量化分析评估效果，是一种以结果为本的控制机制[2]。

少数民族档案文献遗产历史跨度长，文字、语言、载体多样，致使修复难度大，普适的保护方法和人为的工作经验难以保证修复效果的准确性和科学性。少数民族档案文献遗产精准保护需要科学识别每一卷、每一件甚至每一页的保护需求，保护方案的制定需要做到"一卷一方案""一件一方案"甚至"一页一方案"。量化管理方法强调对工作任务和工作过程的量化分析和考察。采用量化管理方法制定我国少数民族档

---

[1] 周耀林、姬荣伟：《文献遗产精准保护：研究缘起、基本思路与框架构建》，《图书馆论坛》2020年第6期。

[2] 何颖、李思然：《新公共管理理论方法论评析》，《中国行政管理》2014年第11期。

案文献遗产保护需求的评估标准和保护效果考评，有利于设计更加精细、准确、严格的少数民族档案文献遗产保护流程和技术方法，并借助绩效考核推进保护工作效率。

(二) 实现少数民族档案文献遗产的差异化管理

差异化管理是指基于个体的差异，选择合适的、匹配的方法进行管理，其重点不在于提供大量差异化供给，而在于通过差异化提高有效供给，以实现资源优化配置，提高组织效率①。

少数民族档案文献遗产是经过岁月洗礼留下的珍贵历史凭证。从时间维度上看，不同年代的档案文献遗产在载体、内容、形式上具有不同的特征，代表不同的时代记忆。从空间维度上看，不同地域、不同民族的档案文献遗产呈现出载体、内容、形式上的差异，具备不同的民俗和文化特征。为此，"精准保护"需要重视档案文献个体的所有的历史特征、所在的地域特征、所处的民族特征，制定差异化的保护方案。

(三) 实现少数民族档案文献遗产保护的可持续发展

可持续发展是一个时空概念，包括"时间序列"和"空间序列"，旨在实现历史发展过程中当代与后代之间的代际公平，以及地理空间发展过程中地区之间的均衡发展②。

相对于经济发达地区，我国民族地区少数民族档案文献遗产保护与修复工作相对落后，且力量薄弱。为了缓解少数民族档案文献遗产的损毁状态，促进不同地区、不同民族档案文献遗产的均衡保护、长期保存与共同发展，精准保护少数民族档案文献遗产的"濒危"对象（整体—部分—个体），并精准施策，以实现对民族地区珍贵档案文献资源的重点抢救与准确帮扶。

三 区域大保护重点任务之三：动态保护

动态思维模式创立于 20 世纪 50 年代。1958 年，美国 MIT 的福莱斯

---

① 许崴:《差异化战略正确实施和商品差异化有效供给》，《经济与管理研究》2011 年第 3 期。

② 王斯敏、杨谧:《可持续发展：世界对发展道路的审慎选择》，《光明日报》2015 年 8 月 19 日第 16 版。

特（J. W. Forrester）从工业领域就企业的动态行为创立了工业动力学①。几乎同时，数学家贝尔曼建立了动态规划的数学方法，在控制论的基础上针对动态系统提出了动态规划的方法，提出了事物与过程的现状不仅与过去的决策有关，也会影响到未来。

在遗产保护领域，保护理论也是逐渐演化形成并引入了动态的可持续发展思维，这一过程大致经历了三个阶段：18世纪到20世纪20年代是初步探索阶段，提倡保护性修缮，以及日常保养延缓劣化；20世纪30年代到60年代是发展阶段，最大的成就是对保护范围的认识和发展，开始从单体建筑扩大到文物环境和历史环境，主要还是以静态保护为主；20世纪70年代至今处于成熟阶段，以各类遗产保护思想作为基础，带有明显动态特点的保护规划思想开始陆续出现并在世界范围内得到普遍认可，既注重近期保护和建设，又制定了许多弹性指标来应对远期目标，能够在具体和实际操作的过程中根据新出现的情况来进行调整。

根据遗产保护中动态保护的定义，结合档案文献遗产自身的特点，例如，满足档案管理和资源利用的真实性、完整性、安全性等要求，与现代信息技术的结合创新要求，以及与相关遗产的整体联系性要求等，在前期研究的基础上，笔者将少数民族档案文献遗产动态保护定义为：是以立体式和动态化的方式对少数民族档案文献遗产内外环境变化、实际保护需求及保护技术方法的实施与反馈等加以审视②，从可持续性的发展角度同时考虑到历史价值、现代作用以及未来走向，通过日常保护、风险规避、活化利用等各种方法进行循环性过程把控，延长档案文献遗产的寿命，保持其原真性、完整性、安全性、系统性、可持续性、人文性的专业活动。

（一）更新延续档案文献遗产活力

动态保护的目的之一就是让少数民族档案文献遗产摆脱静态且处于逐渐消逝的衰退走向，转而维持甚至重新赋予其新的功能及状态，实现

---

① Forrester J. W., "Industrial Dynamics: A Major Breakthrough for Decision Makers", *Harvard Business Review*, Vol. 36, No. 4, 1958, p. 37.

② 周耀林、姬荣伟：《文献遗产精准保护：研究缘起、基本思路与框架构建》，《图书馆论坛》2020年第6期。

价值转接，更新延续其活力，让其能够因地制宜、因时制宜地"再生"和"活化"。在历史街区和建筑遗产的动态保护实践中，活化利用是一种激活遗产功能价值的重要动态保护手段，其源于国内外"再利用""适应性利用""遗产活化"等多种概念和理论。这些方式的本质在于，能够在保留历史意义、保证真实性和保障实体安全的前提下，随着时代和社会的需求再次或多次地赋予文化遗产以不同类型的价值功能，进行"激活"式的开发，从而使得遗产能够获得可持续的发展。就历史街区和建筑遗产而言，可以通过开设文化馆、展览馆、创意空间、特色餐饮或民俗等方式实现自我更新[1]。

与上述保护实践不同的是，少数民族档案文献遗产可能大部分已经失去原生功能，在保护方面其对自然外环境和存储内环境均有较高的要求，同时在利用方面其涉及的元素和主体更加复杂。因此，根据前期对少数民族档案文献遗产保护的需求调研，对档案文献遗产动态保护的活化利用除了对其原生价值进行修复利用，即载体修复之外，更多地可能关注到对更新价值的开发和赋予，在情感价值、文化价值、社会价值和经济价值等方面加以实施。例如，云南民族大学博物馆针对馆藏傣文、傈僳文、英文、彝文、苗族文字以及阿拉伯文等多种语言文字的档案文献遗产，进行专业翻译并展开特色专题展览等，既能保证语言学多样性的文化传承，又能使档案文献遗产内容得以进一步地利用。再如，对贵阳市档案馆馆藏《贵州百苗图》中记录的苗族、彝族等服饰和习俗介绍，进行数字化、可视化等技术处理，与当地的旅游、文化宣传进行结合，重新注入应用活力。与此同时，还有馆藏整体数字化，档案文献遗产专题数据库建设，地区档案馆、博物馆和政府等机构之间的信息资源共享等，都是不断对档案文献遗产输送活力的重要途径。

(二) 持续守护档案文献遗产价值

档案文献遗产动态保护的关键点在于，对其功能价值实现的持续护航，使得档案文献遗产不仅能够"延年益寿"，还能得到进一步的发展。从档案文献遗产动态保护的活化利用中可以看出，现阶段档案文献遗产

---

[1] 方勇锋、普祥中、管斌君：《共同体理念下的历史建筑活化利用策略探析：以栎斜杨氏宗祠为例》，《建筑与文化》2019年第1期。

保护已不再是作为单一的、以保存为主的"温室"式保护，而更多的是需要随着时代、环境和社会需求进行多样性价值功能再生，包括文化价值、情感价值、社会价值、经济价值等。实际上，这也说明，受到内外环境影响的档案文献遗产时刻处于不断变化的运动之中，其面临的人文因素、系统因素、管理因素、风险因素更加复杂多样，既往已有的技术、方法和手段也并非长期有效，因此动态保护的实施也更应该在最大程度上提升保护行为与保护需求的匹配度，才能持续守护档案文献遗产价值的再生和发挥，实现档案文献遗产的可持续性发展目标。结合这一思路，少数民族档案文献遗产价值持续性保护的主要内容应该包含保护需求的实时定位、保护效果的有效反馈和保护过程的良性循环。

其中，保护需求的实时定位强调运用科学有效的方法和程序，及时且准确地掌握少数民族档案文献遗产自身的状态、环境以及保护行为的走向，从中把控保护需求的变化，为后续决策和规划提供有力的数据支撑，例如，对少数民族档案文献遗产的区域统计、保护设施的配备、人员机构的组织、人文地理情况的调查等。保护效果的有效反馈则是需要对现有的保护技术方法，包括网站数据库建设、数字化可视化情况、文化宣传效果等进行评估和反思，在修正和完善的基础上不断地找到与保护需求最佳的契合点，过程性地动态调整保护决策及实施行为与保护需求、保护目标之间的匹配距离，短期内的不断迭代输出和反馈，进而实现长远的持续的保护目标。最后，保护过程的良性循环则是指档案文献遗产保护并非一劳永逸，而是始终处于"保护需求定位—保护决策制定—保护行为实施—保护效果反馈—保护需求定位"的良性循环之中，只有这样才能对处于变化运动状态下的少数民族档案文献遗产实现全过程守护，更加有利于其价值功能的可持续性作用和发展。

(三) 追踪预警档案文献遗产风险

档案文献遗产的动态保护，除了保护过程的循环控制之外，风险的追踪预警也是至关重要的环节，尤其是针对少数民族档案文献遗产，其在日常保护和活化利用过程中所面临的风险因素的复杂性、多样性和风险因素所导致的危险程度上来说，都应比一般的档案文献遗产要更加重视。就少数民族档案文献遗产的载体风险而言，如古籍经书纸张、颜料可能随时间逐渐受损，产生程度不一的损害，而掌握重要修复技艺的人才稀缺，保护技术面临失传的问题，因而导致修复和利用均受阻，档案文献遗产本体可能无法继续开展进一步的动态保护行动。

就少数民族档案文献遗产的内容风险而言，少数民族档案文献遗产涉及汉文、满文、傣文、傈僳文、英文、彝文、苗族文字以及阿拉伯文等多种语言文字，同时包括图纸、经书、家谱等各种类型的内容，不论是从统计调查、日常保护还是从开发利用的角度上来说，都存在一定的技术难点，从而造成较大规模的失传现象，珍贵的语言学和文献学记录的保存数量和价值发挥都受到了威胁。与此同时，少数民族档案文献遗产还面临着库房环境、软硬件设施环境变化带来的各类客观环境风险，日常保护过程中可能存在的操作失误、材质紧缺风险，活化利用过程中可能存在与公众交互带来的潜在人为破坏因素，以及在自然灾害不可控状况下所存在的突发状况应急处理风险等。上述风险会存在于动态保护的每一个流程和节点之中，保护者不仅要实时掌控动态保护行为本身，还要追踪行为所带来的各类副作用或伴生作用以及过程中存在的相关的人为、环境、技术等因素，即潜在的和显现的各类风险。只有进行分析预判，做到防患未然，将追踪预警融入动态保护行为之中，才能为少数民族档案文献遗产生命力的更新、价值功能实现和可持续性的健康发展提供全方位的坚实保障。

四 区域大保护重点任务之四：数字化保护

早期的少数民族档案文献遗产保护工作主要是对基于实体的原生性保护。在此过程中，由于原件不可避免地老化、破损，导致保护原件与开展利用、共享信息之间出现矛盾，于是逐步形成了再现、复原原件的技术方法，即再生性保护。一般而言，档案文献遗产的再生性保护就是运用影印、缩微、数字化、仿真复制等技术手段，将遭受损毁的档案文献遗产上的内容复制转移至其他载体，以实现其样式信息和内容信息的长期保存和有效利用。数字化保护是再生性保护的重要手段，是解决少数民族档案文献遗产保护过程中的存取问题、促进其资源共享的重要方式，其主要目标可以概括为以下四个方面。

(一) 生成数字副本，保护受损实物

通过对少数民族档案文献遗产进行数字化，可以生成数字副本，转移少数民族档案文献遗产的内容信息，防止因为物理载体损坏而造成信息丢失。所生成的数字化副本通常是可以复制的，因此数字副本派生出来的其他副本之间的主要特征基本相似，具有相同的技术参数、表征。少数民族档案文献遗产的历史较为悠久，由于质地、环境等客观原因，相当一部分被发掘时就出现载体脆弱、破损等不利情况，修复难度极大，加之现实保管条件有限等，亟须对它们进行抢救性保护。例如，彝族、纳西族、傣族、藏族古籍分别选用构皮纸、花纸、贝叶、狼毒花纸，而当前一些传统造纸技术流传有限，现代纸质修复方法难以实现有效保护[①]。数字化保护通过信息采集，促进对少数民族档案文献遗产本体开展抢救性保护。

另外，为了保护少数民族档案文献遗产原件，又方便利用和研究，需要用数字化保护方法及时采集相关信息，减少对少数民族档案文献遗产本体的利用，从而达到保护目的。数字化保护过程需要对少数民族档案文献遗产本体进行操作，与操作规范、过程步骤、设备使用、物理环境等有密切联系。因此，不能为开展数字化保护而将档案原件置于风险之中，应该认真评估少数民族档案文献遗产本体的物理性状和保管环境等因素，确定对实体进行抢救性保护的原则，防止在数字化保护过程中对实体产生损害，从而造成无法弥补的损失。

(二) 完成信息采集，确保长期保存

对保存完整的少数民族档案文献遗产进行数字化，可以全方位、多角度采集少数民族档案文献遗产的信息，形成全面、系统的数字信息。由此方便将信息进行分类整理、专题建库等工作，通过技术手段和现代管理实现长期保存。少数民族档案文献遗产数量巨大，实体保管需要大量的库房空间，存取问题也困扰着现实工作。以少数民族文字档案文献遗产为例，涉及满文档案文献遗产有约50万册（件）以上，内蒙古当地档案馆收藏的蒙、满、汉、藏等语言文字的少数民族文书档案共计有

---

① 周耀林、刘晗、陈晋雯、张伟：《民族记忆视域下少数民族档案文献遗产保护现状与推进策略：基于云贵地区的调查》，《档案学研究》2020年第5期。

213万多卷（件），西藏当地档案馆珍藏了300多万册（件）[①]。由于科学技术发展的限制，古代各种少数民族档案文献遗产的载体有的搬运不便，有的复制不便，获取较为不易。纸质载体的出现使得文献的获取和传播更加便捷，如云南地区出现了彝族竹纸、傣族构树皮纸、纳西族东巴纸等[②]。但在雕版、活字印刷术发明之前，原件形成、文本复制大都仅靠手工抄写。现代复印、缩微技术出现之后，纸质载体的复印、缩印大为方便，但大量的纸质文献和缩微品的存取依然效率较低，难以满足当今社会高效存取的利用需求。电子载体甚至数字载体的出现将模拟信息转化为电子信息、数字信息，实现信息的迁移，突破了物理载体的局限性。档案文献遗产数字化后可以扩大信息存储量，方便保管、携带、利用和备份。当然，为解决档案保护中的存取问题，需要充分利用数字化保护的技术优势，选择符合标准的文件格式、存储载体，编制数字化目录，设计检索工具，拟定档案利用规则等。

（三）方便提供使用，挖掘利用价值

少数民族档案文献遗产被数字化后，能够保存在不同存储载体中，根据利用对象的需求提供利用，包括拷贝数字件、打印数字件、在线浏览查阅等。通过数字化保护工作对少数民族档案文献遗产进行开发利用，既能保护少数民族档案文献遗产原件，又能建设数据库，实现目录信息检索，有利于进行查找利用。如果能进行摘要和全文检索，实现多条件智能化检索，将较大程度发挥数字化保护的技术优势，为研究者提供便利，极大拓展研究的广度与深度。这不仅有利于挖掘其中的政治、经济、文化、教育等价值，对于满足人民群众的精神文化需求、促进民族交流、加强民族团结、推动民族地区经济发展具有重要作用。

当然，要实现档案数字资源开发利用，需要在解决存取问题的基础上，对开发利用工作进行系统安排。例如，如果数字化成果主要是供内部使用，则数据库的功能设计、策略设置等与供上下级部门间使用的情况有所不同，前者更倾向于著录、采集、管理、检索、阅览、统计等功

---

① 华林、侯明昌：《论我国濒危少数民族档案遗产保护》，《档案管理》2010年第3期。
② 李忠峪：《云南少数民族纸质历史档案形成材料耐久性研究》，《档案学通讯》2019年第6期。

能,后者则需要视情况增加授权、验证等安全策略。而这些目标的实现则可能影响到数字文件格式、文件大小、传输方式等参数设置。因此,确定资源开发利用目标需要审视自身数字化保护项目的具体情况,根据人力、技术、设备、资金等情况适时开展。

(四)拓展分类整理,实现资源共享

通过对少数民族档案文献遗产进行数字化,建设专题数据库,提供查询检索工具,建设共享利用平台,有利于档案文献遗产数字信息的共享和传播,为开展科学研究、文化交流等提供便利。我国档案馆、图书馆、博物馆、民委(或民宗局)古籍办、纪念馆、史志办、民族研究所、海关和政协等机构各自保存着少数民族档案文献遗产,由于隶属于不同系统,其运行方式、工作侧重等有所区别。因此,少数民族档案文献遗产的资源共享显得十分重要。随着信息技术的发展,数字化加工、整合与再造促进以新的方式实现资源共享,将有利于减少实体的利用,降低馆际互借的时间成本,提高信息资源开发利用效率,提升服务的便利性[1]。

五 区域大保护重点任务之五:活化保护

"活化"一词源自化学、生物学等自然科学领域,本义为"使分子或原子的能量增强"[2],通常用来描述"粒子(原子或离子)从外界获得足够能量后,其电子由较低的基态能级跃迁到较高能级的过程"[3]或"某一物质从其无活性状态转变为具有活性状态的过程"[4]。尽管"活化"在不同领域的释义有所差异,但均强调目标对象因受外力作用而实现能量增强、活力迸发。正是基于这样的内涵,"活化"一词逐渐突破其本意范畴,被引入经济、社会、文化等多领域以解释其存在的种种失活现象。例

---

[1] 杨炳延:《高新技术影响下的图书馆信息资源建设与开发利用》,《中国图书馆学报》2002年第6期。

[2] 中国社会科学院语言研究所词典编辑室编:《现代汉语词典》(第5版),商务印书馆1988年版,第588页。

[3] 国家食品药品监督管理总局信息中心:《中国药学主题词表(上)》,中国医药科技出版社2013年版,第707页。

[4] 吕瑞花、覃兆刿:《基于"活化"理论的科技名人档案开发研究》,《档案学研究》2015年第4期。

如，企业为应对经营过程中出现的品牌衰退危机，提出品牌活化战略，即倡导以"寻根"的方式重新捕捉失去的品牌资产，从而实现财产再生①。

活化理念与文化遗产的结合始于历史建筑领域，最早可追溯至西方城市更新运动（Urban Regeneration）之中。二战以后，西方国家为疗愈战争创伤并扭转中心城区的老化衰败趋势，纷纷发起以形体主义规划思想为指导、以物质环境改造为重点的城市更新运动，但这样大规模的大拆大建行为非但没有达到预期，甚至还对珍贵的历史性建筑造成了无法挽回的损失。20世纪60年代以后，以简·雅克布为代表的西方学者开始对旧城改造实践进行反思，加之可持续发展理念及文物保护意识逐渐深入人心，这一运动于20世纪90年代开始转向"注重人居环境的社区综合复兴"②的新阶段，即以人本主义思想为指导、兼顾物质环境更新与社区历史建筑保护。正是由于这一时期的城市更新运动开始关注人与环境和谐发展，将传承城市文脉的历史建筑融入城市现代化发展进程之中，赋予了历史建筑遗产以新生的可能③，从而成为活化理念在文化遗产保护领域的最早体现。

活化理念正式引入我国文化遗产保护之中，实则始于20世纪90年代的台湾地区。1993年，为应对多年"经济挂帅"政策而引发的乡村人口流失、社区活力丧失等社会问题，当地文化建设委员会提出"文化地方自治化"构想，并于1994年至1995年期间，相继推出"社区总体营造"政策及具体操作规则④。尽管这一系列文化政策并非以文化遗产保护为初衷和重点，而是旨在借由文化建设强化基层社区共同体意识，但在此过程中，古迹、历史建筑、传统聚落等文化遗产却因与地区认同联结紧密而颇为受益，其保护理念开始由过去的以保存和维护为主的消极式保护转向以再利用和活化为主的积极式保护。与此同时，台湾地区大力倡导"文

---

① Keller K. L., "Managing Brands for the Long Run: Brand Reinforcement and Revitalization Strategies", *California Management Review*, Vol. 41, No. 3, 1999, p. 105.
② 董玛力、陈田、王丽艳：《西方城市更新发展历程和政策演变》，《人文地理》2009年第5期。
③ 陈洁：《西方城市更新中的文化策略：以伦敦和悉尼为例》，《国际城市规划》2020年第5期。
④ 魏成：《政策转向与社区赋权：台湾古迹保存的演变与经验》，《国际城市规划》2011年第3期。

化产业化"与"产业文化化"理念,将文化遗产保护推进至创意产业带动的新阶段,与地方经济发展及居民日常生活的融合度进一步加深①。1999年,台湾地区文化建设委员会推出"振兴地方文化产业,活化社区产业生命力计划"②,鼓励公众参与地方文化资产挖掘、整合及产业化建设,从而掀起了文化遗产活化热潮。

进入 21 世纪,活化理念在文化遗产保护中的应用更加广泛。2004年,时任香港特区政府民政事务局局长何志平首次提出"活化历史建筑"这一概念③。2007 年,香港特区第二任行政长官曾荫权在《二零零七至零八年施政报告》中明确提出历史建筑不应局限于保存,而应通过活化以发挥其经济效益和社会效益,并将"活化历史建筑"作为政府持有的历史建筑保护措施的重要组成部分④。2008 年,香港发展局正式推出"活化历史建筑伙伴计划"⑤,即采用政府与非政府组织合作的方式,将政府权属范围内的历史建筑在妥善保护的基础上予以适应性、创新性激活和善用,充分发挥其在社会发展、经济建设及文化传承中的重要作用⑥。该计划力求在历史建筑保护与城市更新发展之间寻求平衡,通过政府、市场、公众间"伙伴式"的合作方式,为老旧颓败的历史建筑寻找新的用途,赋予新的生命,实现经济效益与社会效益的双赢。截至目前,已有 22 幢政府拥有的法定历史建筑参与其中⑦,涵盖警署、学校、

---

① 张先清:《生态保育、社区参与与产业开发:台湾文化遗产保护的启示》,《东南学术》2015 年第 2 期。

② 刘桂茹、刘小新:《闽台文化产业互补性初探》,《福建论坛》(人文社会科学版)2006 年第 11 期。

③ 新华社:《香港蓝屋建筑群获联合国教科文组织卓越奖项》,[2022-04-15],http://hm.people.com.cn/n1/2017/1102/c42272-29622392.html。

④ 香港特别行政区行政长官:《二零零七至零八年施政报告(文物保育)》,[2022-04-15],http://gfggab43dc49f07634e6ehu5u9fofqvpkx6xbp.fhaz.libproxy.ruc.edu.cn/07-08/chi/docs/policy.pdf。

⑤ Hong Kong Development Bureau, "Administration's Paper on Heritage Conservation: an Update on Key Initiatives", [2022-04-15], http://www.legco.gov.hk/yr08-09/english/panels/dev/papers/dev1219cb1-396-3-e.pdf。

⑥ 容晓君、孙瑶、王安琪、陈汉云:《香港历史遗产活化更新的商业模式探讨》,《国际城市规划》2017 年第 3 期。

⑦ 人民日报:《活化,为香港古建寻"活路"(保护古建·留住记忆)》,[2022-04-15],http://www.wenming.cn/wmzh_pd/ws/wwkg/201206/t20120627_729229_1.shtml。

医院等旧址,通过诠释与重现,为文旅发展、艺术创新、中医传承均带来诸多裨益。

党的十八大以来,文化强国战略深度实施,我国文化遗产作为中华优秀传统文化的重要组成部分,其保护利用工作备受重视。自2013年习近平总书记首次提出"要系统梳理传统文化资源,让收藏在禁宫里的文物、陈列在广阔大地上的遗产、书写在古籍里的文字都活起来"①,并于次年在联合国教科文组织总部演讲时再次论及该观点后,如何激活文化遗产的时代之"芯"而使其焕发出新的活力,成为我国文化遗产保护领域的热门话题。2015年,《博物馆条例》出台,明确鼓励博物馆挖掘藏品内涵,并与文创、旅游等产业结合以增强其发展能力②;2016年,《关于进一步加强文物工作的指导意见》发布,"深入挖掘和系统阐释文物所蕴含的文化内涵和时代价值,切实做到在保护中发展、在发展中保护"成为做好文物工作的重要指导思想③;2017年,《关于实施中华优秀传统文化传承发展工程的意见》印发,"坚持创造性转化和创新性发展"成为实施中华优秀传统文化传承发展工程的基本原则之一,要求实现"中华民族最基本的文化基因与当代文化相适应、与现代社会相协调"④;2021年,《中华人民共和国国民经济和社会发展第十四个五年规划和2035年远景目标纲要》发布,对"强化重要文化和自然遗产、非物质文化遗产系统性保护"作出明确要求。

此后,"大力推进让文物活起来"被明确写入《"十四五"文物保护和科技创新规划》,要求深入挖掘文物蕴含的文化精髓和时代价值,推动文物活化利用,全面融入经济社会发展;"国家重点档案保护与开发工程"以专栏形式列入《"十四五"全国档案事业发展规划》,要求"通过开发带动保护,更好发挥档案在服务国家治理、传承红色基因、建构

---

① 共产党员网:《激活文化遗产的时代"芯"——十八大以来我国推进文化遗产保护传承述评》,[2022-04-15],https://news.12371.cn/2017/09/13/ARTI1505254291026891.shtml。
② 中国政府法制信息网:《博物馆条例》,[2020-12-20],http://www.gov.cn/zhengce/2020/12/27/content_5573725.htm。
③ 中华人民共和国中央人民政府:《国务院关于进一步加强文物工作的指导意见》,[2020-12-20],http://www.gov.cn/zhengce/content/2016-03/08/content_5050721.htm。
④ 新华社:《中共中央办公厅 国务院办公厅印发〈关于实施中华优秀传统文化传承发展工程的意见〉》,[2020-11-22],http://www.gov.cn/zhengce/2017-01/25/content_5163472.htm。

民族记忆、文明交流互鉴等方面的独特作用"[1];"加快古籍资源转化利用"作为专章列入《关于推进新时代古籍工作的意见》,明确了"注重国家重大战略实施中的古籍保护传承和转化利用""激发古籍保护利用工作活力"等要求[2]。可见,"让文化遗产活起来"已经成为关乎我国文化遗产事业可持续发展的时代命题,成为党和国家高度关注的文化政策,为保护好、传承好、发展好文化遗产提供了重要的思想指引和有效的行动指南,由此档案、文物等领域的活化保护实践相继开展。例如,借助"数字敦煌"工程及"云游敦煌"系列动画剧等,敦煌文化走出千年洞窟、走近寻常百姓,实现了数字时代的"永葆青春"[3]。

在文化遗产活化实践开展得如火如荼之际,来自文化遗产各分支领域的学者纷纷将活化理念应用于传统村落、历史建筑、农业遗产、传统技艺、文献遗产保护领域,借由"遗产活化""活化利用""活化传承""活化保护""旅游活化""创意活化"等不同的概念表达,或从学理层面出发探究文化遗产活化的内涵及其构成要素等基本理论问题;或从应用层面出发就特定类型的文化遗产剖析其活化策略或方案。尽管学界并未以下定义的方式就"活化"及其衍生概念加以阐释,但经深入研读仍能梳理出如下观点:将遗产资源转化为旅游产品而又不影响遗产的保护传承[4];提炼文化遗产核心价值并进行创意转化[5];将文化遗产由静止、无活性状态转变为具有活性的状态,实现"枯木逢春"[6];赋予文化遗产以新用途和新生命[7];在人、技术、时空的动态关联中实现文献遗产由

---

[1] 中华人民共和国国家档案局:《中办国办印发〈"十四五"全国档案事业发展规划〉》,[2022-04-10],https://www.saac.gov.cn/daj/yaow/202106/899650c1b1ec4c0e9ad3c2ca7310eca4.shtml。
[2] 新华社:《中共中央办公厅 国务院办公厅印发〈关于推进新时代古籍工作的意见〉》,[2022-04-25],http://www.gov.cn/zhengce/2022-04/11/content_5684555.htm。
[3] 中国经济网:《数字敦煌与莫高精神:用数字技术讲述"敦煌故事"》,[2022-04-10],http://www.ce.cn/culture/gd/201805/14/t20180514_29121074.shtml。
[4] 喻学才:《遗产活化论》,《旅游学刊》2010年第4期。
[5] 陈赟冰:《市场话语下的文化政策与文化遗产的创意活化》,《美术观察》2020年第6期。
[6] 王新荣:《古迹"活化",让静态文化遗产"枯木逢春"》,《中国艺术报》2012年6月29日第1版。
[7] 王元:《文化产业视角下民族文化遗产的活化保护与发展:基于海南黎族地区的探讨》,《中华文化论坛》2013年第6期。

"静态"向"活态"的转化[①];既强调文献遗产的保护,又注重对其蕴含的物质及精神价值的解码、诠释、继承与重构[②];以保护为基础实现档案遗产信息内容的价值激活、重构、释放[③]。

可以发现,"活化"实质上意味着一种价值状态的转化,即经由创意融入、技术加持、场景重现等多重方式,激活文化遗产的固有价值并通过深度解码、诠释与重构赋予其新的价值,从而实现由静止、沉默的无活性或低活性状态转化为动态、鲜活的高活性状态的过程。而"活化保护"则强调要从激活文化遗产的角度认识其保护问题,从而将文化遗产保护工作上升至更高的层次,实现了文化遗产保护与开发利用的有机统一。由此可以认为,少数民族档案文献遗产活化保护是以少数民族档案文献遗产为对象,以妥善保护为基础开展价值激活、解码、诠释与重构,赋予其切合时代语境的新生命的可持续的保护过程。这不仅可以有效纾解少数民族档案文献遗产保护与利用之间的固有矛盾,同时能够让"固化"的档案文献遗产在现代语境中获得新生,实现经济价值、文化价值、社会价值等各种价值的最大限度发挥,吸引社会力量的关注和积极参与,进而可以经由"活化"再生的循环发展模式反哺其抢救性修复等保护与传承过程。具体而言,少数民族档案文献遗产活化保护具有如下三方面的内涵:

(一) 延展了少数民族档案文献遗产保护的对象所指

少数民族档案文献遗产活化保护属于广义上的档案文献遗产保护范畴,是保护主体借助各类保护方法,促使少数民族档案文献遗产与其所处环境深度互融、相互影响,进而重新焕发生机与活力的过程。相较于以实现少数民族档案文献遗产物质实体与信息内容的"永存"而言,少数民族档案文献遗产活化保护进一步延展了其对象所指。

从保护对象上来看,传统意义上的少数民族档案文献遗产保护关注

---

① 陈闽芳、李健:《"互联网+"环境下文献遗产"活化保护"模式研究》,《浙江档案》2019年第3期。
② 林凇:《植入、融合与统一:文化遗产活化中的价值选择》,《华中科技大学学报》(社会科学版)2017年第2期。
③ 姬荣伟、周耀林:《数字人文赋能档案遗产"活化"保护:逻辑、特征与进路》,《档案学通讯》2021年第3期。

的是因物质实体老化严重或信息内容极为稀缺而处于损毁状态的部分，并由此形成了面向载体、字迹、装帧等实体要素的原生性保护方法以及面向信息内容进行数字转录与迁移的再生性保护方法。然而实际上，少数民族档案文献遗产的损毁状态不止于此。在独特地域、文化环境中孕育而形成的少数民族档案文献遗产，除直观地以物质实体和信息内容的形式呈现之外，其形成的历史背景、制作采用的装帧工艺、传承过程中各种见证、信息呈现的体例与规则、历次修复采用的技术手段等同样是建构其历史价值全貌的不可分割的组成部分。这些由少数民族档案文献遗产所承载并隐含于其物质实体及信息内容之中的非物质性质的文化内涵，若陷入被社会遗忘或无法释读的危机中，则同样是其损毁状态的重要表征。因而，相较于传统意义上的少数民族档案文献遗产保护而言，活化保护的提出则将保护对象由显性的少数民族档案文献遗产物质实体和信息内容层面进一步拓展至其共同承载的隐性的文化内涵层面，从而实现了在保护对象方面的拓新。

（二）拓宽了少数民族档案文献遗产保护的视域面向

少数民族档案文献遗产活化保护将关注重点由单一的物质实体和信息内容层面延展至无形的文化内涵层面，其本质体现的是保护行为由聚焦少数民族档案文献遗产外在具象的损毁状态向内在价值的损毁状态的深化和跃迁。正是这种认知的转变，使得少数民族档案文献遗产价值激活、挖掘、诠释与重构成为保护的重要内容，从而极大地拓宽了少数民族档案文献遗产保护的视域面向。

长期以来，少数民族档案文献遗产保护以实现其物质实体的"延年益寿"、信息内容的安全保管为核心目标，由此往往形成的是"束之高阁"式的保护：一方面，相关保管单位为最大限度地延缓少数民族档案文献遗产本体的老化变质速度，往往谨慎地将其封存于安全适宜的库房环境之中而秘不示人；另一方面，目前少数民族档案文献遗产数字化工作虽稳步推进，但实际上大量少数民族档案文献遗产也只是由模拟状态转化为数字态而在数字空间中继续封存而已，甚至部分少数民族档案文献遗产即使是转化为数字形式，仍然因释读无门而"名存实亡"。而少数民族档案文献遗产活化保护主张提升少数民族历史文化资源在国家文化建设中的活跃度，从而将少数民族档案文献遗产保护视域由局限于实体的"延年益寿"、信息的安全保管这样"束之高阁"式的保护，向融入现代社会、贴近公众生活、释放多元价值等更为广阔的范畴拓展。

（三）优化了少数民族档案文献遗产保护的运行机理

少数民族档案文献遗产活化保护在对象所指和视域面向方面呈现的新特征，客观上带来了少数民族档案文献遗产保护过程的革新，既强调少数民族档案文献遗产活化保护应以妥善的实体保护和安全的信息保管为基础开展价值激活，又注重将少数民族档案文献遗产活化成果应用于保护活动之中，从而形成了保护、管理与开发一体化发展、良性化循环。

由于经济发展、自然条件的限制，以及民族之间语言、文字、宗教、民俗的差异，少数民族档案文献保护形势较为严峻，其开发、利用与传播也存在着文化宣传与教育基础设施条件落后、公共文化服务体系不健全等问题，从而进一步加深了少数民族档案文献遗产保护与开发之间的矛盾。少数民族档案文献遗产活化保护不同于少数民族档案文献遗产开发利用，其遵循的是保护、管理与开发一体化发展的逻辑理路，也即活化行动的实施以不损害少数民族档案文献遗产保护为基础，其最终目的也是回归少数民族档案文献遗产保护质量的提升。换言之，一方面，活化保护活动通过充分释放少数民族档案文献遗产价值，吸引更多的政策、资金、人力、物力、技术投入到少数民族档案文献遗产保护工作之中，从而提高少数民族档案文献遗产保护机构的自我"造血"能力；另一方面，活化保护是对整个少数民族文化生态进行"帮扶"，包括改善档案文献遗产活化保护基础设施、构建少数民族档案公共文化服务体系、推动开展与档案文献遗产相关的文化创作与生产、提升档案文献保护意识与文化消费水平、借助少数民族档案文献遗产加快建设少数民族文化产业与文化市场、通过数字人文技术赋能民族档案文献的多样化展示与传播等，这就意味着少数民族档案文献遗产保护将因所处大环境的改善而获取诸多裨益。

第三章

区域协同导向的少数民族档案文献遗产集中保护

少数民族档案文献遗产由于其本身类型分布的多样性及历史、文化等多方面因素的影响而广泛分散保存，既存在较为严重的民间散存及海外流失现象，又存在跨机构分散保存、独立管理现象，且地域分布广泛，自然、人为流失速度快，同时存在数量庞大、载体类型多样、专门保护人才稀缺、资金紧张、管理滞后等多重困难，导致少数民族档案文献遗产的收集、抢救、保护与修复形势紧迫、难度很大。因此，如何以集约化管理思想为指导，以区域协同为目标，以区域大保护的总体设计为依据，以国内外区域保护中心经验总结为借鉴，探讨区域协同导向的少数民族档案文献遗产集中保护策略，宏观上建立针对少数民族档案文献遗产区域保护的专门机构，微观上提出针对机构散存、民间散存、流失海外的少数民族档案文献遗产集中保护措施，是解决少数民族档案文献遗产分散保存问题的重要方法。

第一节 区域协同导向的少数民族档案文献遗产集中保护的对象

区域协同导向的少数民族档案文献遗产集中保护，和以往分散在个人和机构的保护情形不同，是一种集约化的保护策略，也就是将与少数民族档案文献遗产保护相关的人力、物力、财力、管理、服务等生产要素、管理要素、服务要素进行统一配置，通过统一规划、管理、反馈、监督、约束等过程，实现生产要素、管理要素、服务要素的统筹兼顾、协调发展，从而实现少数民族档案文献遗产保护的高效率运转和高质量管理。建立区域协同导向的少数民族档案文献遗产集中保护中心，通过科学的管理体系可以实现广泛分散的少数民族档案文献遗产的实体管理、信息管理的相对集中，从而实现机构散存、民间散存、流失海外的少数民族档案文献遗产的科学保护。

一 机构散存的少数民族档案文献遗产

少数民族档案文献遗产保管机构中，各省（自治区、直辖市）的档案馆、图书馆、博物馆、民委（或民宗局）古籍办、纪念馆、史志办、民族研究所、海关和政协等不同系统不同类型机构，分别拥有比重较大的少数民族档案文献遗产，是区域协同导向集中保护的首要对象。跨系统的保存机构分属国家文化和旅游部、档案局、文物局、民委等管理部门，各自开展少数民族档案文献遗产的收集、征集、修复等工作，是少数民族档案文献遗产集中保护的最大阻碍。

以新疆维吾尔自治区为例，维吾尔族、哈萨克族、塔吉克族、乌孜别克族等少数民族形成的档案文献遗产，分散地保存在各系统不同的机构中[①]（见表3-1），影响了新疆少数民族档案文献遗产资源的整体性与系统性，在一定程度上破坏了民族文化之间的有机联系。

表3-1　　　　新疆维吾尔自治区机构散存的少数民族
档案文献遗产基本情况

所属系统	机构及保存的少数民族档案文献遗产	数量
古籍办系统	新疆维吾尔自治区民宗局古籍办保存的公元100—500年的少数民族档案文献遗产	4447册（件）

---

① 华林、姬兴江、王晋、谭文君：《文化遗产框架下的西部散存民族档案文献遗产保护研究》，《档案学通讯》2013年第3期；郭德兴：《浅议新疆少数民族古籍的保护和出版》，《中共伊犁州委党校学报》2008年第4期。

续表

所属系统	机构及保存的少数民族档案文献遗产		数量
古籍办系统	各州民宗局古籍办	巴州民宗委古籍办	74册
		克州民宗委古籍办	380册
		博州民宗委古籍办	140册
		伊犁州民宗委古籍办	700册
		昌吉州民宗委古籍办	400册
	各地民宗局古籍办	喀什地区民宗委古籍办	800册
		和田地区民宗委古籍办	474册
		阿勒泰地区民宗委古籍办	451册
		哈密地区民宗委古籍办	398册
		塔城地区民宗委古籍办	326册
		阿克苏地区民宗委古籍办	256册
		吐鲁番地区民宗委古籍办	200册
	各市民宗局古籍办	乌鲁木齐市民宗委古籍办	144册
		克拉玛依市民宗委古籍办	9册
档案馆系统	新疆维吾尔自治区档案馆	馆藏包含老满文、老蒙文的清代档案	20201卷（件）
		馆藏蒙文、维吾尔文、哈萨克文等少数民族档案	分散在280余个全宗中
图书馆系统	新疆社会科学院图书馆收藏的少数民族档案文献		100000册
	新疆维吾尔自治区图书馆收藏的民族历史古籍		80000册
	新疆大学图书馆收藏的民族古籍		170000册
其他系统	各地清真寺和相关机构收藏的鹘文、察合台文、维吾尔文等民族古籍		11319册

无论是同系统还是跨系统，机构散存的少数民族档案文献遗产具有鲜明的特点：首先，大部分机构散存的少数民族档案文献遗产经过整理且已归档，即使没有整理，也是散存于库房中，有目录或名册可供查询；其次，机构散存的少数民族档案文献遗产已有权属关系，但管理上分属各保存机构；最后，由于机构档案保存和修复条件的差异，机构散存的少数民族档案文献遗产损毁及抢救情况差异大。例如，西北五省的古籍

保存机构中，只有陕西省图书馆、甘肃省图书馆文溯阁《四库全书》藏书馆、宁夏回族自治区图书馆等少数保存机构能够达到善本古籍存藏标准①，绝大多数机构难以满足善本古籍保护的要求。由此可见，机构散存的少数民族档案文献遗产虽已有存放之处，但实际保存条件参差不齐，需要在一定区域范围内集中保护。

二 民间散存的少数民族档案文献遗产

除机构散存的少数民族档案文献遗产外，我们调查发现，相当一部分少数民族档案文献零星散落在民间，尚未被任何机构收藏，民间散存现象较为严重。从分布上看，民间散存的少数民族档案文献遗产具有不确定性和隐蔽性，收集线索难以查找，具体散存数量难以统计。由于少数民族档案文献遗产本身蕴含的经济和文化价值，其可能收藏于商人、古玩爱好者手中，甚至是文物拍卖市场。

还有一些少数民族档案文献遗产可能存放于本族的祠堂里，或存放在民族的领袖人物家中。例如，贵州省荔波县发现1912年以前的布依族手写古书共计5000多册，其中大部分在一位唯一熟知且能读懂布依族手写古书的在世族人手中②。又如，彝族现有毕摩17人，均有彝文古籍收藏，收藏总数高达300册，最少的有12本，多的有近百本③。这类档案文献遗产若不集中保护，进行抢救性挖掘，终将面临难以破译的困境。

此外，少数民族档案文献遗产在少数民族普通百姓家里也可能存有，一般视其为祖传的财产，父承子袭或叔承侄袭，在直系或旁系亲属中传承④。这类保存在家中的少数民族档案文献遗产，通过大规模普查或细致的走访才能发现。例如，在云南省红河哈尼族彝族自治州石屏县，很多彝族村民家中曾有数量不等的档案文献遗产⑤，具体散存情况见表3-2。

---

① 易雪梅、金颐：《西北地区古籍文献资源存藏现状概述》，《社科纵横》2008年第9期。
② 华林、肖敏、王旭东：《西部濒危少数民族历史档案保护研究》，《档案学研究》2013年第1期。
③ 王明贵：《彝文古籍状况述要》，《贵州文史丛刊》2002年第2期。
④ 李国文：《云南少数民族古籍文献调查与研究》，民族出版社2010年版，第18页。
⑤ 华林：《西南彝族历史档案》，云南大学出版社1999年版，第180页。

表 3-2　　　云南省红河哈尼族彝族自治州石屏县部分民间
　　　　　　散存的档案文献遗产统计

分布地区	村民	档案文献遗产名称	数量
哨冲区撒马扎乡撒玛扎村	许有义	彝文古籍《祭祖经全集》	32 卷
哨冲区他克亩乡他克亩村	罗双友	彝文古籍《祭祖经》一套	36 卷
哨冲区邑堵乡曲左村	李开学	彝文古籍《祭祖经》一套	8 卷
龙武区脚白亩乡吾邑乍村	邱保云	彝文古籍《祭祖经》一套	14 卷
龙武区方丈乡左合莫村	张文如	彝文历史、医药书	28 卷
龙武区他乌德乡白次刀村	龙德保	彝文历史、宗教书	14 卷

三　流失海外的少数民族档案文献遗产

早期由于战争、管理混乱、保护意识薄弱等因素，少数民族档案文献遗产有不少流失海外。早在 19 世纪中期，英国、法国、俄国、瑞典、德国、日本、美国等国家，以"考察队""探险队"的名义派出超过 260 人次的队员，到新疆、内蒙古等西北地区的古城址、古代宗教建筑、古墓葬群等进行了破坏性的盗掘，同时还收购文物倒卖到国外[①]，导致西北地区的珍贵档案文献遗产流散在世界各地。

再以纳西族东巴经档案文献遗产为例。纳西族居住地位于云南、四川、西藏交界处，鸦片战争之后，不少外籍传教士、士兵、旅行者、学者等先后来到纳西族居住地，通过采购、代购、托运等各种渠道运到国外，遍及国外相关机构及个人手中。地域上的分离，割裂了原本完整的东巴经档案文献遗产。流失海外的部分纳西族东巴档案文献遗产基本情况统计见表 3-3。

表 3-3　　流失海外的部分纳西族东巴档案文献遗产情况统计

流失年份	流失原因	流失数量	现存地
1867	法国传教士德斯古丁收藏	11 页	法国巴黎

---

① 张玉祥、陈晓艳、杨洁明：《西北边疆民族地区濒危汉文历史档案保护研究》，《档案学研究》2015 年第 4 期。

续表

流失年份	流失原因	流失数量	现存地
1904—1922	英国植物领域学者乔治·福莱斯以考察为名收集	135 册	英国曼彻斯特约翰·芮兰兹图书馆
1933	英国驻中国腾冲领事代购	180 册	英国大英博物馆及印度事务部
1921—1948	美国约瑟夫·洛克在滇西北购买	38000 余册	美国图书馆、博物馆、研究机构和个人
1944	美国昆亨·罗斯福在丽江收集	1861 册	美国国会图书馆、哈佛燕京学社

经济利益也导致大量的少数民族档案文献遗产流失海外，受收藏或商业价值的驱动，国内外的文物贩子和不法商人纷纷潜进民族地区，收购少数民族古籍、医书、金文、印章、祭祀用具、贝叶经、宗教法器等各种类型的少数民族档案文献遗产，然后贩卖出国谋取经济利益。例如，旅游带动下，纳西族地区"明码标价"贩卖东巴经典，"珍贵的东巴经孤本价格则高达数千元"[①]。又如，缅甸、老挝与我国西南边陲的西双版纳接壤，有些研究人员或亲自购买，或委托当地人收购贝叶经、绵纸经等，进行非法倒卖，傣族经典的医学著作《档哈雅龙》已流失海外[②]。流失海外的少数民族档案文献遗产线索难以获取，与民间散存相比普查和调研难度更大，资源价值利用更加困难。同时，流失海外的少数民族档案文献遗产保管情况参差不齐，有些保管妥善，有些保管条件存在安全隐患，濒临毁坏和消亡，是集中保护的重要对象之一。

第二节　国内外档案文献遗产集中保护实践及启示

综观国内外，部分国家和地区已经开展了一些区域协同导向的档案文献遗产集中保护实践项目，其中具有代表性的典型案例有：美国东北文献

[①] 郑荃：《西南少数民族纸质历史档案的抢救与保护》，《档案学通讯》2005 年第 5 期。
[②] 华林、肖敏、王旭东：《西部濒危少数民族历史档案保护研究》，《档案学研究》2013 年第 1 期。

保护中心、美国中西部艺术保护中心、法国藏品保护研究中心、东盟文化遗产数字档案馆、世界记忆工程中国国家委员会、广东省区域性国家重点档案保护中心、辽宁省区域性国家重点档案保护中心等。总结其集中保护范围的划分、机构协同关系、区域保护中心组建等经验，能够为区域协同导向的少数民族档案文献遗产集中保护提供借鉴和参考。

一　国外档案文献遗产集中保护实践

早在20世纪70年代，国外开始尝试档案文献遗产集中保护的区域协同规划，为了将分散的档案文献遗产进行集中保护，美国、法国、英国、东南亚国家纷纷以区域为范围、以机构为协同，规划建立区域档案文献遗产保护中心。例如，美国建立了东北文献保护中心（NEDCC）、中西部艺术保护中心（MACC）、太平洋地区保护中心（PRCC）、巴波亚艺术保护中心（BACC）、落基山脉地区保护中心（RMRCC），法国建立了藏品保护研究中心（CRCC）。

（一）美国东北文献保护中心

美国东北文献保护中心（Northeast Document Conservation Center, NEDCC）在美国众多区域保护中心里建成时间最早也最具代表性。20世纪70年代，美国东北部地区面临档案文献遗产纸质实体严重老化的严峻问题，但保存纸质档案文献遗产的各级各类图书馆、档案馆、博物馆，均没有抢救修复的设备和服务[1]。考虑到每个机构单独建设档案修复室，会产生庞大而重复的人、财、物等投资成本，新英格兰文献保护中心最终于1973年成立，为新英格兰地区的6个州的多个机构提供档案文献遗产保护服务。1980年，该保护中心完成改组，由8个州图书馆负责人组成的董事会来管理，并改名为东北文献保护中心，"各成员州向保护中心缴纳年收入5%的补助金，保护中心向成员州的非营利机构和团体提供服务时，按10%扣除费用"[2]。此外，该中心的网站上还开辟了项目众筹资助通道，发动社会组织和个人对档

---

[1] NEDCC, "History of the Northeast Document Conservation Center", [2020-8-15], https://www.nedcc.org/about/history/overview.

[2] Russell A., "Northeast Document Conservation Center: A Case Study in Cooperative Conservation", *The American Archivist*, Vol. 45, No. 1, 1982, p. 46.

案文献遗产抢救和保护工作捐款①，不仅拓展了中心的资金来源渠道，还提升了公众的档案文献遗产保护意识。很快，该中心的档案文献遗产保护业务扩展至整个东北部地区，培养了大批档案文献遗产保护的专业人才。

自1996年起，美国东北文献保护中心开始开展境外交流合作，先后与俄罗斯、古巴、斯洛伐克、南非等国家开展档案文献遗产保护技术交流、技术培训、技术咨询等合作项目，在国际档案文献遗产保护领域产生了重要影响。经过长期的实践，美国东北文献保护中心服务水平不断提高，拥有了具有竞争力的核心业务，在服务内容、服务方式、服务时间等方面积累了丰富经验，形成了较为完善的服务体系，见表3-4②。

表3-4　　　　　　美国东北文献遗产保护中心服务体系

服务内容	涵盖档案文献遗产本体保护、抢救修复、信息保护、灾害预案制定、保护咨询、受损评估、技术培训等
服务方式	有偿服务和无偿服务、线上服务和线下服务多种方式结合
服务时间	线上服务每天提供，24小时提供咨询服务和紧急求助
服务对象	东北部地区各级各类档案馆、图书馆、博物馆等文化机构、私人、企业等
核心业务	前端预防、中端技术保护到末端回访全流程跟踪服务

（二）美国中西部艺术保护中心

美国中西部艺术保护中心（Midwest Art Conservation Center, MACC）③位于明尼苏达州最大的城市明尼阿波利斯，最初的核心工作是实物艺术类档案文献遗产的修复与保护，随后新增了保护技术培训、保护咨询、保护服务等业务，服务面向中西部各州的各档案馆、图书馆、博物馆、艺术馆等机构，逐步建成美国中西部区域性的艺术保护中心。

---

① 赵淑梅、管清潆：《美国东北部文献保护中心网站服务研究及启示》，《浙江档案》2018年第6期。
② 秦垒、周耀林：《区域性档案保护中心建设研究：基于对美国东北部文献保护中心的经验借鉴》，《北京档案》2016年第7期。
③ 周耀林、赵跃、段先娥：《我国区域档案保护中心建设探索：基于美国经验的考察》，《档案管理》2016年第3期。

美国中西部艺术保护中心在发展过程中获得多种渠道的资金资助，早期获得美国国家档案与文件署（NARA）的拨款资助及俄亥俄州、明尼苏达州、印第安纳州、密歇根州、伊利诺州等州立机构的基金资助。除了机构资金资助，还有塞缪尔·H.克雷斯基金会的私人资助和网站资金募捐页面获得的个人捐赠等，私人资助和个人捐赠的资金主要用于中西部艺术保护中心提供免费服务。

"资金、选址、人员、仪器设备、配套设施、工具用品、服务需求、领导力等因素共同影响着保护中心的建设。"[1] 充足的资金资助为美国中西部艺术保护中心提供优越的场所、设备、工具等条件，配备了设备先进的独立的专业修复工作室和齐全的辅助用品，能够满足纸质档案、照片档案、胶片档案、缩微档案等不同艺术档案载体的修复及保护需求。中西部艺术保护中心不仅有专业的修复人员，还有具备保护修复专业知识的管理人员，为档案文献保护技术咨询和培训推广奠定基础。

（三）法国藏品保护研究中心

法国藏品保护研究中心（Centre de Recherche sur la Conservation des Collections, CRCC）的前身是成立于1963年的国家记录文献保护研究中心（Centre de Recherches sur la Conservation des Documents Graphiques, CRCDG），是隶属于法国国家科研中心、文化部、国家自然历史博物馆的混合团体[2]。自1999年起，法国国家记录文献保护研究中心规模不断扩大，改由法国文化部单独管理，并更名为法国藏品保护研究中心。该中心的关联机构包括法国国家档案馆、法国自然历史博物馆、法国国家图书馆、大学实验室等，其核心职能是实施、推动或协调全国范围的档案文献遗产保护研究工作，负责相关保护条例及标准的制定。

目前，法国藏品保护研究中心已成为档案馆、博物馆、图书馆等档案文献遗产管理机构连接的纽带，承载着各类载体档案文献遗产的保护和研究任务，并建立专门网站加强机构之间的联系和交流。该中心的业务主要集中在以下三个方面：一是档案文献遗产的生物危害的预防和治

---

[1] Ogden S., "A Regional Perspective on Preservation: The NEDCC Experience", *Libraries & Culture*, Vol. 27, No. 1, 1992, pp. 49-58.

[2] 周耀林：《可移动文化遗产保护策略》，北京图书馆出版社2006年版，第275页。

理，尝试运用电磁辐射、环氧乙烷、季铵盐、檬酸酯、沉香醇酯等杀灭微生物和害虫，同时保证档案文献遗产不受损害；二是纸质载体档案文献遗产的批量去酸研究，针对欧洲早期书写墨水的特殊性，联合美国盖蒂研究院探索纸质载体的档案文献遗产中铁离子变化机理，减缓档案文献遗产的老化；三是照片、数字化载体、保护材料与合成多聚物、博物馆藏品等保护研究[①]。

（四）东盟文化遗产数字档案馆

2018年，东盟秘书处主导筹建"东盟文化遗产数字档案馆"（Asean Cultural Heritage Digital Archive，ACHDA）[②]。印度尼西亚、泰国、马来西亚3个国家首批参与。这3个参与国家的6家档案馆、图书馆、博物馆、美术馆等提供了160余件档案文献遗产详细信息，便于"东盟文化遗产数字档案馆"完成这些档案文献遗产的三维立体数字化和双语信息介绍。公众访问该数字档案馆可以浏览东盟珍贵的档案文献遗产。例如，来自印度尼西亚图书馆的"14世纪的拉加利戈民族史诗手稿"，2011年被列入世界记忆名录，是印度尼西亚少数民族布吉族日常生活、历史文化的写照。来自马来西亚文化和艺术部的民族戏剧"玛咏剧"于2005年被列入世界非物质文化遗产名录，公众不仅可以浏览乐器、道具、服装、场景等细节图片，还能观看戏剧表演视频。

2020年，"东盟文化遗产数字档案馆"一期项目已完成，除首批参与的印度尼西亚、泰国、马来西亚3个东南亚国家外，还新增了柬埔寨。一期项目2月27日正式对外开放访问，公众可以通过访问"东盟文化遗产数字档案馆"网站，获取泰国103件、马来西亚73件、印度尼西亚71件、柬埔寨20件共计267件东南亚国家档案文献遗产的图文细节，每件档案文献遗产提供的著录信息包括收藏机构、所属国家、许可证、国际图像互操作性框架（IIIF）标识、分类、序号、尺寸大小、产生时间和地点、内容信息等[③]。

---

① 周耀林、黄丽华：《法国文化遗产保护背景下的档案文献保护研究进展："藏品保护研究中心"的产生与进展述略》，《档案学研究》2010年第1期。

② 徐伟：《东盟首个珍贵历史文化遗产数字档案馆上线》，《人民日报》2020年3月25日第17版。

③ ASEAN, "ASEAN Cultural Heritage Digital Archive", [2021-10-20], https://heritage.asean.org/.

"东盟文化遗产数字档案馆"于2020年开始第二阶段建设,逐步将柬埔寨、老挝、缅甸、越南等国家的档案文献遗产纳入其中,最终将覆盖东盟10个成员国,通过三维立体数字化技术手段,完成东盟区域范围内的档案文献遗产集中保护、集中利用和共享,强化东盟成员国的民族文化交流和公众的区域归属感。

二 国内档案文献遗产集中保护实践

在国家层面的带动下,广东省最早开始探索区域协同导向的档案文献遗产集中保护实践,并积累了丰富的建设经验。2017年10月,国家档案局出台了《区域性国家重点档案保护中心建设与管理办法》。自2018年至今,国家档案局依托辽宁、广东、北京、浙江、云南、新疆等省级综合档案馆分别设立了6家区域性国家重点档案保护中心,从而逐步落实《"十四五"全国档案事业发展规划》提出的将保护中心建设纳入"十四五"时期档案工作重要任务之一[①]。限于篇幅,笔者仅举例加以说明。

(一) 广东省区域性国家重点档案保护中心

2008年,广东省档案局为更好地实现档案抢救经费的优化适用,率先提出"建立区域性档案修裱中心"的年度重要任务,同年10月,广东省档案局与阳江市档案局签订了《"广东省区域性档案修裱中心"项目合作协议书》,广东省区域性档案修裱中心在阳江市档案局建成,随即投入国家重点档案的抢救工作[②]。为确保集中修裱工作的规范运作,广东省区域性档案修裱中心制定了《修裱室工作流程》《修裱室保密制度》《修裱室负责人员职责》等管理制度,并执行严谨的修裱流程,包括接受登记、研究档案破损情况、制定修裱方案等规范性的操作流程,从而确保修裱档案的质量。2018年,广东省档案馆获批国家档案局"区

---

① 中华人民共和国国家档案局:《中办国办印发〈"十四五"全国档案事业发展规划〉》,[2020-08-27],https://www.saac.gov.cn/daj/toutiao/202106/ecca2de5bce44a0eb55c890762868683.shtml。

② 胡可征:《创新模式注重实效:广东省探索建设"区域性档案修裱中心"》,《广东档案》2010年第4期。

域性国家重点档案保护中心"。

该中心自运行以来，修裱效率和效果远超独立设置的修裱室，2008—2010 年为广东省各级各类档案馆修裱国家重点档案 1000 多卷，折合 A4 幅面约 16.2 万页①。2021 年完成广东省兴宁市档案馆 2288 卷民国档案的抢救修裱工作，折合 A4 幅 12.18 万张②。该中心将有限的资源发挥出最大利用价值，充分证明了区域档案保护中心对档案文献遗产集中保护的现实意义。

广东省区域性国家重点档案保护中心依托省级档案馆而建，取得丰硕的保护成果，为我国其他地区组建区域保护中心提供直接参考，促使其他地区开始探索建立各种区域性档案保护中心，例如，河南省档案馆成立档案保护技术中心；湖北省按照国内一流标准建设了档案保护与修复实验室，承担立足本省、辐射中部地区的档案抢救与修复职能③。

(二) 辽宁省区域性国家重点档案保护中心

辽宁省区域性国家重点档案保护中心是于 2018 年获国家档案局批准依托辽宁省档案馆建设的，以辽宁省为中心，辐射东北地区的区域性国家重点档案保护中心。辽宁省档案馆成立于 1954 年，现有建筑面积 8 万平方米，馆藏辽宁乃至东北各历史时期档案资料 160 余万卷，拥有坚实的档案保护基础。辽宁省近十年来上报国家重点档案抢救保护项目 33 个，获得国家重点档案抢救保护费累计 2045 万元④。在抢救经费保障下，辽宁省档案馆购置了卷片缩微摄影机、冲洗机、拷贝机、阅读器等设备，已完成历史档案的缩微化，形成缩微档案 90 万卷，拍摄缩微卷片 2.6 万盘⑤。

辽宁省档案馆在获批建设国家档案局"区域性国家重点档案保护中心"后，坚持整体推进区域档案保护理念。首先，改善档案保护技术条件，添置档案修复、去酸、实验检测、消毒灭菌、电子档案数据备份、

---

① 苏云龙：《先行先试，建立区域性修裱中心》，《中国档案》2010 年第 7 期。
② 宋婷：《广东省区域性档案修裱中心（阳江）把好四关做好国家重点档案修裱工作》，《中国档案报》2021 年 4 月 26 日第 2 版。
③ 湖北档案信息网：《省档案保护技术中心开门迎客》，[2020-08-24]，http://www.hbda.gov.cn/info/948.jspx。
④ 许桂清：《风雨兼程四十载 我们整装再出发》，《兰台世界》2018 年第 7 期。
⑤ 辽宁省档案馆：《辽宁：强基固本 行稳致远》，《中国档案》2019 年第 3 期。

音像档案数字化等设备。其次,提供档案保护抢救技术服务,修复破损纸质档案30.4万页,缩微胶片数字化转换2195万画幅,光盘录像带数字化2250盘①,先后为吉林、新疆等12个省级档案馆提供档案修复、仿真复制和保护技术咨询服务。最后,培养档案保护技术人才,产出档案保护技术成果,与辽宁省档案学会联合举办"档案修复技术与应用"学术论坛②,完成满铁档案保护与开发专项出版成果,推进国家重点档案目录基础体系建设③,区域中心作用日益凸显,在辐射区域内逐步发挥领航效应。

三 国内外相关实践的启示

美国东北文献保护中心、美国中西部艺术保护中心、法国藏品保护研究中心、东盟历史文化遗产数字档案馆4个具有代表性的国外案例虽然启动时间、实施方式、覆盖范围各不相同,但均以机构联盟为核心,以邻近国家或地区为范围,通过各国或各地档案馆、图书馆、博物馆、艺术馆等机构的协同,借助数字化技术,实现区域内档案文献遗产的集中保护。

广东省区域性国家重点档案保护中心、辽宁省区域性国家重点档案保护中心启动时间各不相同,代表着21世纪以来我国区域档案保护中心探索的重大进展。国内相关实践案例所涉及机构虽然覆盖范围不同,但均承担着区域范围内档案文献遗产集中保护的重任,取得良好的建设成效,在区域协同的组织与管理方面的经验值得少数民族档案文献遗产集中保护借鉴。

通过国内外案例的分析,档案文献遗产集中保护具有如下启示:

第一,根据档案文献遗产类型属性、来源地区、损毁程度、地理位置等因素,合理地划分区域范围,是实现集中保护的前提。

---

① 辽宁省档案馆:《厚植档案馆业务根基 推动各项工作高质量发展》,《中国档案报》2021年2月2日第3版。
② 李颖:《辽宁省档案学会举办"档案修复技术与应用"学术论坛》,《兰台世界》2018年第9期。
③ 赵春丽:《迈进高质量发展新征程:"十三五"时期辽宁省档案事业发展回眸》,《中国档案》2021年第1期。

第二，协调档案文献保管主体机构之间和主管系统以外各机构的关系，使之凝聚成有效的组织机构，是实现集中保护的根本。

第三，政策支持是区域保护中心组建的首要条件，尤其是参照《区域性国家重点档案保护中心建设与管理办法》的要求进行建设。

第四，区域档案保护机构运行需要明确目标定位和辐射范围。"立足本地、辐射周边"是运行的根本之道，例如，广东省区域性国家重点档案保护中心立足广东、辐射华南，辽宁省区域性国家重点档案保护中心则立足辽宁、辐射华北。

第五，软硬件基础是区域档案保护机构运行的必要条件，包括建筑和设备的配备均符合甚至高于行业标准，并配备一支专业的档案保护技术人才队伍，建立专门的保护与管理制度。

第六，集中保护政策和资金，特殊载体档案文献遗产修复技术和各类数字化技术的应用，是实现集中保护的关键。

第三节 少数民族档案文献遗产区域保护中心的组建与运行

基于国内外档案文献遗产集中保护的经验借鉴，笔者认为有必要组建以区域保护中心为主体的区域协同导向的少数民族档案文献遗产集中保护机构，从宏观组织层面推进集中保护。笔者提出在《区域性国家重点档案保护中心建设与管理办法》的政策支持下，结合少数民族档案文献遗产的多元属性和保存现状，以省级档案馆为依托机构，分为统筹、单独两种建设类型。最后，从少数民族档案文献遗产区域保护中心的目标定位、机构协同、职能设置、建筑要求、设备配置等方面探讨其运行。

一 少数民族档案文献遗产区域保护中心的组建

区域协同导向的少数民族档案文献遗产集中保护首当其冲的是管理机构的区域协同，通过顶层设计协调区域范围内各管理机构之间的关系，通过协同的方式，促成各管理机构形成对区域范围内少数民族档案文献遗产保护的合力。少数民族档案文献遗产区域保护中心是保护主体机构协同建立的集中保护少数民族档案文献遗产的专业组织，其组建不仅有国内外相关的实践探索经验作借鉴，而且能够有效解决少数民族档案文献遗产保护主体机构各自为政、各成体系的管理零散局面。

（一）少数民族档案文献遗产区域保护中心的政策支持

2007年10月，原文化部政策法规司发布关于贯彻落实《国务院实施〈中华人民共和国民族区域自治法〉若干规定》的通知，第二条提出要加大力度，加强民族地区文化遗产的抢救和保护工作，"要通过对重点文物保护项目的集中投入、重点投入，使民族地区的世界文化遗产、大遗址以及各级文物保护单位的保护状况有较大改善……推动区域考古调查，加强边疆及民族地区考古工作，深入开展不同文化区域之间的比较研究与综合研究"①，明确了档案文献遗产区域性集中保护，强调了区域之间集中保护的差异性。

2015年12月，国家档案局联合财政部下发《"十三五"时期国家重点档案保护与开发工作总体规划》，将区域性档案保护中心建设纳入"十三五"时期国家重点档案保护与开发工作需要着力解决的重大问题，国家重点档案保护专项资金规模从9000万元提高至每年2亿元②。2016年4月，国家档案局在北京召开国家重点档案保护与开发工作培训会上着重强调了统筹协调、项目申报、资金规范等问题，体现了国家层面的高度重视。

2017年10月，国家档案局发布《区域性国家重点档案保护中心建设与管理办法》，分6章30条，详细规定了建设规模及项目构成、建筑面积及结构构成、选址及建筑有关要求、人员组成及要求、设施设备及要求等，为少数民族档案文献遗产区域保护中心的组建和运行提供了实施依据与参考标准。

---

① 中华人民共和国文化和旅游部：《文化部关于贯彻落实〈国务院实施《中华人民共和国民族区域自治法》若干规定〉的通知》，[2020-08-27]，https://zwgk.mct.gov.cn/zfxxgkml/zcfg/gfxwj/202012/t20201204_906116.html。

② 中华人民共和国国家档案局：《"十三五"时期国家重点档案保护与开发工作总体规划顺利启动》，[2020-08-25]，http://www.saac.gov.cn/daj/ywgzdt/201809/4ab78cff26d941a4af9965e54b686f3f.shtml。

在《区域性国家重点档案保护中心建设与管理办法》的指导下，各地档案馆开始向国家档案局申请建设区域性国家重点档案保护中心。国家档案局分别于2018年、2019年批准了6个省级区域性国家重点档案保护中心建设项目，分别是辽宁省档案馆、广东省档案馆、北京市档案馆、浙江省档案馆、云南省档案馆、新疆维吾尔自治区档案馆区域性国家重点档案保护中心[1]，见表3-5。

表3-5 我国"区域性国家重点档案保护中心"基本情况

批准时间	依托机构	所属地区
2018年	辽宁省档案馆	东北
2018年	广东省档案馆	华南
2019年	北京市档案馆	华北
2019年	浙江省档案馆	华东
2019年	云南省档案馆	西南
2019年	新疆维吾尔自治区档案馆	西北

（二）少数民族档案文献遗产区域保护中心的依托机构

现阶段，少数民族档案文献遗产区域保护中心并非一个完全独立的机构，而是依托现有的档案文献遗产保护机构而建。少数民族档案文献遗产保护主体机构包括省级、市级、县级档案馆、图书馆、博物馆、民委（或民宗局）古籍办、纪念馆、文化馆、群艺馆、史志办、民族研究所、宗教局、海关和政协等，如何遴选区域保护中心的依托机构，需要考虑少数民族档案文献遗产的多元属性和上述保存机构的实际情况。

从属性上看，少数民族档案文献遗产具有文化遗产、文献、档案、文物等多元属性[2]，将档案馆、博物馆、图书馆和民委（或民宗局）古籍办列为少数民族档案文献遗产集中保护主体，具有充分的理论依据[3]。

---

[1] 龙岗、肖祖厚、何畏：《树目标 强基础 抓落实，加快推进区域性国家重点档案保护中心建设》，《云南档案》2020年第3期。
[2] 华林、姬兴江、王晋：《西部民族历史文献多元性研究》，《思想战线》2013年第3期。
[3] 华林：《西部散存民族档案文献遗产集中保护问题研究》，中国社会科学出版社2017年版，第199页。

这四类保存或管理机构，是少数民族档案文献遗产区域保护中心相对合适的依托机构类型。

从保存机构实际情况分析，档案馆、博物馆、图书馆和民委（或民宗局）古籍办这四大集中保护主体所保存的少数民族档案文献遗产的主要类型、库房环境、保护设备、保护技术、保护制度等均不相同。通过对云南省档案馆、博物馆、图书馆和民委（或民宗局）古籍办的整体评估看，档案馆、图书馆在保存纸质档案文献遗产方面具有优势，民委（或民宗局）古籍办库房保存条件相对档案馆而言较差，博物馆在保存实物尤其是体积较大的档案文献遗产方面具有优势[①]。从机构的级别看，少数民族档案文献遗产的抢救修复是一项非常专业的技术性工作，对保存机构的软硬件配备均有较高要求，县级及以下保存机构的档案文献遗产抢救修复能力较弱，无法成为少数民族档案文献遗产区域保护中心的依托机构。省级保存机构无论是库房条件还是修复能力，均优于市级和县级保存机构。

综合上述分析，省级档案馆最适合成为少数民族档案文献遗产区域保护中心的依托机构。

（三）少数民族档案文献遗产区域保护中心的建设类型

从建设类型上看，少数民族档案文献遗产区域保护中心可依据《区域性国家重点档案保护中心建设与管理办法》申报，一旦获批，辐射区域由国家档案局制定。例如，浙江省档案馆申报国家重点档案区域性保护中心获批，辐射区域为华东地区。但是，依据该办法申报，获批省级区域档案保护中心有名额限制，目前已经获批辽宁、广东、北京、浙江、云南、新疆6个省级"区域性国家重点档案保护中心"，从地域上看，依次属于东北、华南、华北、华东、西南、西北，其辐射区域由国家档案局指定。

6个获批的"区域性国家重点档案保护中心"为少数民族档案文献遗产集中保护提供了依靠和参考。一方面，国家重点档案与少数民族档案文献遗产的涵盖对象存在交叉，正在建设的6个"区域性国家重点档

---

① 华林：《西部散存民族档案文献遗产集中保护问题研究》，中国社会科学出版社2017年版，第207页。

案保护中心"可以为本区域的少数民族档案文献遗产提供保护，也可以在一定程度上辐射周边；另一方面，在申报获批名额有限的情况下，也可以参照《区域性国家重点档案保护中心建设与管理办法》，以省级档案馆为依托机构，以省级博物馆、图书馆和民委（或民宗局）古籍办为协同机构，搭建区域协同导向的集中保护组织机构。

基于上述实际情况，考虑实践层面的可操作性，笔者提出组建两种类型的少数民族档案文献遗产区域保护中心，一类依据上述办法申报，将少数民族档案文献遗产纳入国家重点档案范围内集中保护；另一类针对少数民族档案文献遗产，参照该办法独立建设西南、西北、东南、东北4个少数民族档案文献遗产区域保护中心，可以完整辐射少数民族区域，见表3-6。

表3-6　　少数民族档案文献遗产区域保护中心建设的两种类型

类型	方法	名称	依托机构	辐射区域
统筹建设	依据《区域性国家重点档案保护中心建设与管理办法》申报	区域性国家重点档案保护中心（含少数民族档案文献遗产保护）	依托具有较强保护技术实力和区域辐射能力的省级档案馆	国家档案局指定
独立建设	参照《区域性国家重点档案保护中心建设与管理办法》单独建设	西南地区少数民族档案文献遗产区域保护中心	西南地区具有较强保护技术实力的省级档案馆	重庆市、四川省、贵州省、云南省、西藏自治区
		西北地区少数民族档案文献遗产区域保护中心	西北地区具有较强保护技术实力的省级档案馆	新疆维吾尔自治区、宁夏回族自治区、内蒙古自治区、甘肃省
独立建设	参照《区域性国家重点档案保护中心建设与管理办法》单独建设	东南地区少数民族档案文献遗产区域保护中心	东南地区具有较强保护技术实力的省级档案馆	江苏省、浙江省、上海市、安徽省、福建省、江西省、广东省、广西壮族自治区、海南省等
		东北地区少数民族档案文献遗产区域保护中心	东北地区具有较强保护技术实力的省级档案馆	黑龙江省、吉林省、辽宁省

二 少数民族档案文献遗产区域保护中心的运行

借鉴国内外区域协同导向的档案文献遗产集中保护规划的经验，结合对区域协同导向的少数民族档案文献遗产集中保护的组织机构的分析，区域档案文献保护中心是保护主体机构协同建立的少数民族档案文献遗产集中保护的专业组织，其建设既可以依据上述管理办法申报，也可以参照上述办法规划，规划建设西南、西北、东南、东北4个少数民族档案文献遗产区域保护中心，以省级档案馆为依托机构，以省级博物馆、图书馆和民委（或民宗局）古籍办为主要协同机构，并从目标定位、职能设置、建筑要求、设备配备等方面建立科学的运行机制。

（一）少数民族档案文献遗产区域保护中心的目标定位

清晰的目标定位能够为少数民族档案文献遗产区域保护中心的运行指明方向。《区域性国家重点档案保护中心建设与管理办法》界定了保护中心"是国家开展国家重点档案抢救保护、组织档案保护技术研究、聚集和培养优秀档案保护技术人才的重要基地"[1]。该管理办法将区域档案保护中心的职责定位为抢救保护、备份、技术研究、人才培养三个主要方面，保护中心不仅是档案抢救保护工作的平台，还是档案保护技术研究和档案保护人才培养的基地。

少数民族档案文献遗产区域保护中心是在民族地区协同相关保护机构建立的少数民族档案文献遗产集中保护的组织机构，其功能不仅是少数民族档案文献遗产的抢救和保护，应具备"档案的抢救保护技术能力、档案保护技术的科研能力、档案保护技术专业人才培养能力、档案保护技术咨询服务能力、档案保护知识传播能力"[2]，在抢救保护、技术研究、人才培养三个基本职责基础上，新增了技术、科研、人才培养、咨询服务、知识传播这五大能力要求，成为少数民族档案文献遗产区域

---

[1] 中华人民共和国国家档案局：《国家档案局关于印发〈区域性国家重点档案保护中心建设与管理办法〉的通知》，[2020-08-27]，https://www.saac.gov.cn/daj/gfxwj/201910/cc2atfe2e75c443f8e6d6c55d8f53d5b.shtml。

[2] 于洁、李跃、赵鲁东、杨建芃：《省级档案保护中心的建设与运行机制探索》，《北京档案》2019年第12期。

第三章 区域协同导向的少数民族档案文献遗产集中保护

保护中心的基本职责。

少数民族档案文献遗产区域保护中心的基本职责满足了现阶段对少数民族档案文献遗产集中保护的需求,从发展的眼光看,少数民族档案文献遗产区域保护中心的职责随着集中保护工作的推进,还可以适当拓展。例如,浙江省区域性重点档案保护中心制定了清晰的长远目标,定位服务华东、示范全国的区域性保护中心,争取在"十四五"末期将区域性保护中心打造成"8个基地、2个中心"[①],基本目标与远期目标相融合。

面对我国档案文献遗产保护工作中的问题,"区域档案保护中心的运行应定位于满足地区档案保护与修复需求、缓解档案保护人才匮乏的状况、弥补档案抢救修复条件的不足、推动档案保护科技成果的应用"[②]。基于上述分析,笔者结合少数民族档案文献遗产的特点和集中保护需求分析,将目标定位为档案文献遗产抢救与保护、整合与保管、研究与开发、数字资源建设、备份、技术研究、人才培养、价值鉴定、成果推广、咨询服务等方面,如图3-1所示。

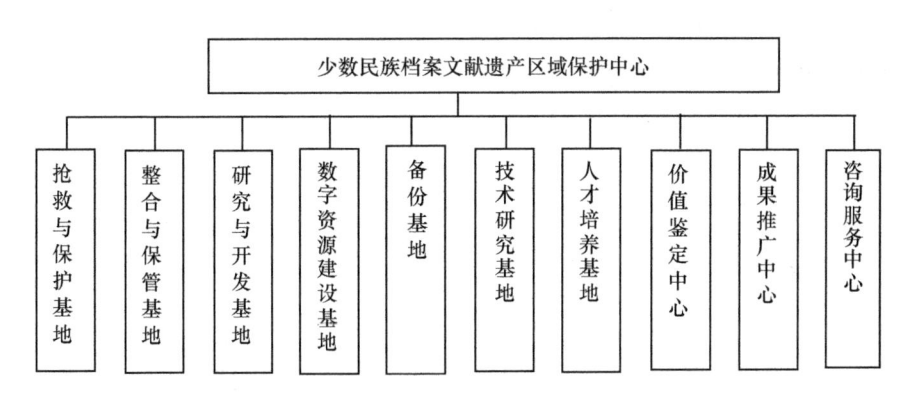

图3-1 少数民族档案文献遗产区域保护中心的目标定位

(二)少数民族档案文献遗产区域保护中心的机构协同

结合少数民族档案文献遗产属性、保存机构实际情况、政策支持等

[①] 王肖波:《区域性国家重点档案保护中心建设研究》,《浙江档案》2019年第4期。
[②] 周耀林、赵跃、段先娥:《我国区域档案保护中心建设探索:基于美国经验的考察》,《档案管理》2016年第3期。

因素综合考量，在各种保护主体机构中，区域中心、省域中心以及各种类型保管机构的协同显得非常重要。考虑到技术条件、专业能力的支持力度，民族地区省级档案馆最适合作为少数民族档案文献遗产区域保护中心的依托机构。

以此为出发点，笔者梳理了少数民族档案文献遗产各类保存机构之间的协同关系，其协同关系主要涉及指导、依托、合作、参与四类：第一，国家档案局、国家文物局、国家文化和旅游部、国家民委（或民宗局）为主要的指导机构，负责少数民族档案文献遗产区域保护中心的宏观引导和监管；第二，省级档案馆为依托机构，统筹民族地区各个省域少数民族档案文献遗产区域保护中心的运行，制定集中保护的标准和规范；第三，省级博物馆、图书馆和民委（或民宗局）古籍办是少数民族档案文献遗产区域保护中心的协同机构，与依托机构紧密相连，合作互补，共同筹集资金、技术、人才、设备等支撑资源；第四，纪念馆、文化馆、群艺馆、史志办、民族研究所、宗教局、海关和政协等作为其他参与机构，在遗产资源共享、保护人才培养、保护技术攻关、成果应用推广等方面深度介入，如图3-2所示。

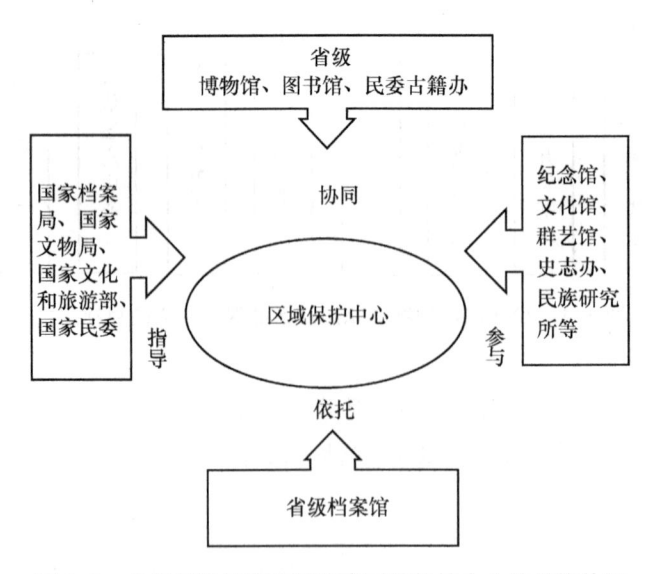

图3-2 少数民族档案文献遗产区域保护中心的机构协同

除了建立少数民族档案文献遗产区域保护中心的机构协同关系外，区域保护中心还需加强与其他机构的交流和合作。例如，为推动贝叶经的集中保护，2013年美国宾夕法尼亚大学、泰国清迈大学、老挝国家图书馆和德国柏林州立图书馆等机构合作开展"北部泰文手稿数字图书馆"项目，2018—2019年泰国佛教数字资源中心和破损贝叶基金会合作开展"破损贝叶数字化倡议"项目①，通过跨国、跨境、跨机构协同合作，在技术、人才、设备等方面实现互补，极大提高了集中保护的成效。这种做法能够为少数民族档案文献遗产区域保护中心机构协同运行提供更多的参考与保障。

（三）少数民族档案文献遗产区域保护中心的职能设置

"档案保护中心不仅要有充足的建设资金、专业保护的技术人才、庞大的保护需求，关键还需要一个核心领导者。"② 少数民族档案文献遗产区域保护中心定位为抢救与保护、整合与保管、研究与开发、数字资源建设、备份、技术研究、人才培养、价值鉴定、成果推广、咨询服务，其各项事务管理和日后运行、维护需要确定特定的机构实施。

少数民族档案文献遗产区域保护中心的事务管理中心需设置主任一名，其任职条件可以参考《区域性国家重点档案保护中心建设与管理办法》第二十二条对中心主任提出的要求包括：依托单位的在职人员、过硬的专业背景、较强的组织管理能力、良好的身体素质。③ 除设置一名中心事务管理负责人外，中心事务管理还需设置相应的科室，包括档案鉴定室、抢救修复室、保护研究室、技术培训室、资源存储室、托管服务室和综合办公室，从而完成少数民族档案文献遗产的受损等级和价值鉴定、抢救修复的实施、档案保护研究、档案保护技术的推广和培训、档案文献遗产资源的集中存储和委托保管服务。中心及各科室负责人、

---

① 张美芳：《中国、泰国、尼泊尔贝叶经保护模式的对比研究》，《档案学研究》2021年第5期。

② Russell A., "Northeast Document Conservation Center: A Case Study in Cooperative Conservation", *The American Archivist*, Vol. 45, No. 1, 1982, p. 45.

③ 中华人民共和国国家档案局：《国家档案局关于印发〈区域性国家重点档案保护中心建设与管理办法〉的通知》，[2020-08-27]，https://www.saac.gov.cn/daj/gfxwj/201910/cc2a6fe2e75c443f8e6d6c55d8f53d5b.shtml。

专业人员的选拔，可以以省级档案馆、博物馆、图书馆和民委（或民宗局）古籍办为主体产生，从主体机构、协同机构和参与机构中产生，也可以在全社会依据岗位责任进行招聘。

为了更好地履行区域保护中心抢救保护、技术研究、人才培养的基本职责，区域、省域保护中心可以参照《区域性国家重点档案保护中心建设与管理办法》设立技术专家委员会。该委员会"主要职责是审议保护中心的工作任务、研究方向、发展目标、预算支出、重大学术活动、年度工作计划和总结等重大事项，并为保护中心开展工作和长远发展提供咨询建议"[①]。例如，浙江省档案馆召集了华东地区六省一市的档案馆负责人和档案保护专家，建立《区域性国家重点档案保护（华东）中心建设联席会议制度》，同时成立了区域性国家重点档案保护（华东）中心技术专家委员会[②]。

区域保护中心技术专家委员会不仅包括档案保护技术领域的专家、文物修复领域的专家、档案管理理论领域的专家，还包括民族语言和民族问题领域的专家，便于指导少数民族档案文献遗产的识别和修复，信息技术领域的专家可以在数字修复、资源存储等方面提供指导，是少数民族档案文献遗产区域保护中心各项专业工作的指导机构，有利于保证区域保护中心各项工作的科学性和专业性。

基于上述考虑，中心事务管理与技术专家委员会共同组成少数民族档案文献遗产区域保护中心的职能体系，其职能部门设置如图3-3所示。

（四）少数民族档案文献遗产区域保护中心的建筑要求

少数民族档案文献遗产区域保护中心是依托档案馆、博物馆、图书馆和民委（或民宗局）古籍办协同建立的少数民族档案文献遗产集中保护的专业组织，可以依托现有的省级档案馆、博物馆等机构的建筑，也可以作为一个独立的机构进行建筑设计。一旦作为独立建筑进行设计，

---

① 中华人民共和国国家档案局：《国家档案局关于印发〈区域性国家重点档案保护中心建设与管理办法〉的通知》，[2020-08-27]，https://www.saac.gov.cn/daj/gfxwj/201910/cc2a6fe2e75c443f8e6d6c55d8f53d5b.shtml。

② 浙江省档案馆技术保护处：《区域性国家重点档案保护（华东）中心建设联席会议筹备会在杭州召开》，《浙江档案》2019年第4期。

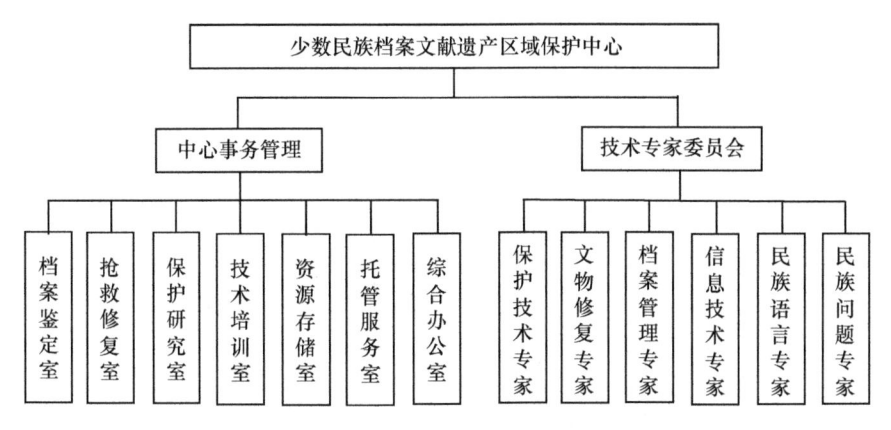

```
                少数民族档案文献遗产区域保护中心
                              │
        ┌─────────────────────┴─────────────────────┐
        中心事务管理                           技术专家委员会
        │                                              │
┌──┬──┬──┬──┬──┬──┐              ┌──┬──┬──┬──┬──┐
档 抢 保 技 资 托 综              保 文 档 信 民 民
案 救 护 术 源 管 合              护 物 案 息 族 族
鉴 修 研 培 存 服 办              技 修 管 技 语 问
定 复 究 训 储 务 公              术 复 理 术 言 题
室 室 室 室 室 室 室              专 专 专 专 专 专
                                   家 家 家 家 家 家
```

图3-3 少数民族档案文献遗产区域保护中心职能部门设置

其建筑选址须满足档案文献遗产保护修复的基本要求。

早在1997年，国际档案理事会副秘书长乔治·麦肯齐就强调了档案保护区域的专业性，其布局规划和设备要求不同于库房、阅览室等其他区域，在选址、空间、承重、卫生等方面都有特殊要求[①]。在选址方面，采光上要有充足保证，预留未来发展空间，避免修复处理过程中可能对库房存放的少数民族档案文献遗产造成潜在危害，还要与其他公共区域隔离，尽可能减少修复过程中的干扰。在空间方面，修复工作空间要足够大，可以放置修复所需的装具、仪器设备和辅助设备。在承重方面，地板应具备支撑所有修复设备和待修复档案文献遗产的重量。在卫生方面，保持通风系统的畅通，配备废气抽取机、有害物质回收专用池等。

少数民族档案文献遗产区域保护中心在具体建设时，需要参考《档案馆建筑设计规范》（JGJ 25—2010）关于档案库房、档案业务和技术用房等各类用房的规定。各类用房需要结合《区域性国家重点档案保护中心建设指南》、机房建设标准与政策要求，不仅选址、洁净度、通风系统有特殊要求，少数民族档案文献遗产区域保护中心的纸质档案文献周转库房、有害生物防治室、修裱室、研究室、胶片周转库房、服务器机

---

① [英]乔治·麦肯齐：《档案保护区域的布局规划和设备要求》，谢先进译，《北京档案》1997年第10期。

房等不同功能的档案保护用房还需设置不同的温湿度,少数民族档案文献遗产区域保护中心的选址及温湿度、洁净度、噪声及电磁干扰等建筑主要要求见表3-7。

表3-7　　少数民族档案文献遗产区域保护中心选址及建筑主要要求

指标	主要要求	
选址要求	应远离易燃、易爆场所和污染源	
	应选择地势较高、场地干燥、排水通畅、空气流通地段	
	中心道路应与城市道路或公路连接	
	宜选用独立建筑,预留未来发展空间	
	有些辅助用房可依托当地档案馆用房,但应确保中心技术用房与周转用房的集中、独立	
温湿度	纸质档案周转库房	温度14℃—24℃,相对湿度45%—60%,昼夜温度波动幅度不得大于±2℃,昼夜相对湿度波动不得大于±5%
	有害生物防治室	温度18℃—28℃,相对湿度40%—60%
	修裱室	温度18℃—28℃,相对湿度50%—70%
	胶片周转库房	温度14℃—24℃,相对湿度45%—60%
	服务器机房	参照计算机场地通用规范有关技术标准
噪声及电磁干扰	有害生物防治室	噪声应不大于60分贝
	服务器机房	在电子信息设备停机时,在主操作员位置测量的噪声值应小于65分贝
	主机房和辅助区	在频率为0.15—1000MHz时,无线电干扰场强不应大于126分贝;磁场干扰环境场强不应大于800A/m;绝缘体的静电电位不应大于1kV
洁净度	地面、墙面、顶棚面采用不起尘的材料	
	开向室外的窗宜设置纱窗,并具有较好的防尘功能	
	定期打扫室内卫生,清洗防尘网	
	服务器机房在静态条件下测试,每升空气中大于或等于0.5μm的尘粒数应少于18000粒	

续表

指标	主要要求
通风净化	空调净化系统的划分应有利于消毒灭菌、自动控制系统的设置和节能运行
	可采用带循环风的空调系统
	送风系统新风口应防雨、防鼠、防害虫、阻挡绒毛等；高于室外地面2.5m，并应远离污染源；气流组织宜采用上送下排方式，送风口和排风口布置应有利于室内可能被污染空气的排出，排风口排风速度不宜大于1m/s
	消毒室应设有单独的直达屋面外的排气管道，废气排放应符合国家现行有关环境保护标准的规定

（五）少数民族档案文献遗产区域保护中心的设备配置

满足少数民族档案文献遗产集中保护对环境的温湿度、噪声及电磁干扰、洁净度等要求，不仅需要区域保护中心的选址和建筑符合标准，还需要针对不同的保护业务配置必要的设备装具。参考相关采购招标公告，必要的技术设备清单有针对档案文献遗产修复配置带冷却功能的热抽气修复台、温控修复烙铁套装、小型便携式吸附清洁台、酸碱度测试仪、色度仪等[1]，覆盖了档案文献遗产本体和信息抢救修复处理的流程。当然，需要根据区域保护中心的定位，依据其业务工作的需要配置设备。

从实体档案集中保护看，少数民族档案文献遗产区域保护中心库房设备装置要符合"十防"要求，设备类型、名称、功能见表3-8。

表3-8　　　　　少数民族档案文献遗产区域保护中心
库房设备配置一览表

类型	名称	功能
温湿度调控设备	除湿机、加湿机	防潮（水）、防低湿
	集中式空调设备或恒温恒湿空调	防高温
	空气过滤器或新风系统	防尘、防有害气体

---

[1] 中共中央直属机关采购中心：《国家档案局区域性国家重点档案保护中心（广东）设备采购项目招标公告》，[2020-08-26]，http://www.ccgp.gov.cn/cggg/zygg/gkzb/201811/t20181116_11123414.htm。

续表

类型	名称	功能
消防设备	火灾自动报警装置以及惰性气体灭火、高压细水雾装置	防火
消毒设备	灭菌机、消毒柜等	防霉、防微生物
安防设备	门禁、监视监控等	防盗
照明设备	紫外线含量低的光源	防光
其他设备	档案柜或专门的防虫驱鼠装置	防虫、防鼠
	防磁柜	防磁

表3-8概括了少数民族档案文献遗产区域保护中心库房的基本设备配置，能够满足日常保护的基本需求。

针对实体档案修复，还需要额外配置专业修复设备。以少数民族纸质档案文献遗产的修复为例，其设备配置可以参考《区域性国家重点档案保护中心建设指南》[①]的具体要求，见表3-9。

表3-9　　纸质档案文献遗产修复及杀虫灭菌基本设备及要求

处理	设备及要求
纸质档案文献修复	修裱工作台
	纸墙及配套工具
	多功能修复工作台
	纸张检测设备（检测耐折度、耐撕裂度、白度、pH值等）
	纸张去酸设备
	染纸设备
	室内调湿设备

---

① 中华人民共和国国家档案局：《国家档案局关于印发〈区域性国家重点档案保护中心建设与管理办法〉的通知》，[2020-08-27]，https://www.saac.gov.cn/daj/gfxwj/201910/cc2a6fe2e75c443f8e6d6c55d8f53d5b.shtml。

续表

处理	设备及要求
纸质档案文献修复	恒湿试验箱
	老化试验箱
	大型洗涤槽
纸质档案文献杀虫灭菌	低温冷冻设备（最低温度-35℃，风冷，无霜）
	真空充氮设备
	真空熏蒸杀虫灭菌设备
	无菌工作台

从档案信息集中保护看，配置齐全的档案文献遗产数字化加工设备是实现少数民族档案文献信息集中的前提和基础。根据《区域性国家重点档案保护中心建设指南》的内容，纸质、录音录像带、缩微胶片、数字档案缩微胶片等不同载体类型的档案文献遗产数字化的设备与要求[1]，覆盖了少数民族档案文献遗产区域保护中心数字化加工的设备需求，笔者将其分类归纳，见表3-10。

表3-10　少数民族档案文献遗产区域保护中心数字化设备要求

设备功能	设备名称	设备要求
纸质档案文献数字化	平板扫描仪	根据实际工作需要选择
	书刊扫描仪	对不能拆卷的档案文献数字化
	高速扫描仪	扫描速度快
	大幅面扫描仪	A2幅面以上的纸质档案文献数字化
录音录像带数字化	播音设备	根据录音档案文献类型、规格、型号等进行选择，应能正确地将声音源输出，包括开盘式录音机、钢丝录音机、卡式磁带录音座、电唱机等
	音频工作站（含音箱、耳机等音频输出设备）	一般为性能较高的计算机，具有高性能的处理器和大容量的物理内存，主板接口应满足连接模拟数字转换器的需要，并具有较高的可靠性
	模拟数字转换器	可将模拟音频信号转换为数字信号，低失真、高信噪比、硬件实时压缩编码

---

[1] 中华人民共和国国家档案局：《国家档案局关于印发〈区域性国家重点档案保护中心建设与管理办法〉的通知》，[2020-08-27]，https://www.saac.gov.cn/daj/gfxwj/201910/cc2a6fe2e75c443f8e6d6c55d8f53d5b.shtml。

续表

设备功能	设备名称	设备要求
录像档案文献数字化	播放设备	应根据录像带的类型进行选择 U-matic、Betamax、VHS、Betacam、8mm 等录像机
	视频工作站（含音箱、耳机等监听设备）	应配置图像显示效果较高的专业显示器、高性能的处理器、高端独立显卡、大容量物理内存，主板提供的各种接口应能满足连接模拟数字转换器的需要
	模拟数字转换器	技术参数应能满足录像档案数字化的需要，包括编码格式、帧率、分辨率、画面宽高比、色度采样率、量化位数、比特率、文件格式等
缩微胶片档案文献数字化	缩微胶片扫描设备	可对 16mm、35mm 卷式缩微胶片和 A6 幅面平片进行数字化扫描
	缩微胶片检查设备	阅读器、显微镜、密度计、倒片架、放大镜等
数字档案文献缩微胶片输出设备	数字档案信息存储设备	各类磁盘阵列、大容量存储服务器、磁带库、光盘等
	缩微品输出设备（16mm 和 35mm 规格的 COM 设备）	可将黑白、灰度或彩色模式的数字图像输出到缩微胶片上
	缩微胶片冲洗设备	应建立冲洗机的供水系统，提供一定流量、一定水温的软化水
	质量检查设备	常用设备有缩微胶片阅读器、显微镜、密度计、倒片架、放大镜、分光光度计等
	银盐卷片拷贝机和重氮拷贝机	16mm 和 35mm 卷式拷贝片
档案文献仿真复制	图像采集设备	非接触式大幅面扫描仪，最高光学分辨率应不低于 600dpi，色彩位数不低于 36bit（彩色），性能较高的背投式数码相机
	图像处理设备	主要为图形工作站和专业显示器
	图像输出设备	应配备高精度喷绘机，墨盒颜色数量应不小于 6 种，最小墨滴大小最好能达到 3.5pL（微微升）
	色彩管理设备	应有分光密度仪、色卡、光源和相关管理软件
归档光盘检测	归档光盘检测仪	为归档光盘建立数据安全记录，提供三级预警
	归档光盘数据安全监控	应遵循《电子文件归档光盘技术要求和应用规范》的内容和要求

第四节　少数民族档案文献遗产区域保护中心集中保护实现策略

区域保护中心的目标定位、组织运行及建筑要求、设备配置，从总体上看是保证区域中心的正常运行。区域中心如何从事少数民族档案文献遗产保护业务工作，则需要具体问题具体分析。目前看来，机构散存、民间散存、流失海外三个层面的少数民族档案文献遗产如何实现集中保护是区域保护中心建成以后面临的主要问题。

一　机构散存的少数民族档案文献遗产的集中保护策略

少数民族档案文献遗产散存的机构是指广泛分布的收藏有少数民族档案文献遗产的机构。从类型上看，分为档案馆、博物馆、图书馆、民委（或民宗局）古籍办、纪念馆、文化馆、群艺馆、史志办、民族研究所、宗教局、海关和政协等。从级别上看，同系列机构分为省级、市级、县级等。要实现这些档案文献遗产的集中保护，其实是非常困难的。

遵循我国档案管理工作原则，考虑到跨系统档案工作的困难，这些广泛分散的少数民族档案文献遗产集中保护可以分为同系统机构散存和跨系统机构散存两种情况。针对这两种情形，区域保护中心需要采取不同的集中保护策略。

（一）同系统机构散存的少数民族档案文献遗产的集中保护

作为少数民族档案文献遗产集中保护的主体，档案馆、博物馆、图书馆和民委（或民宗局）古籍办分属四个不同的系统，同一系统的机构还存在不同层级。从这个角度看，同系统机构依然存在大量散存的少数民族档案文献遗产。例如，省级档案馆、市级档案馆、县级档案馆乃至村级档案室等均保存着不同数量的少数民族档案文献遗产，处于分散保存的状态。事实上，博物馆、图书馆和民委（或民宗局）古籍办的少数民族档案文献遗产管理也存在类似的情形。

1. 同系统机构散存的少数民族档案文献遗产集中保护的必要性

尽管档案馆、博物馆、图书馆和民委（或民宗局）古籍办已经各自积累了较丰富的少数民族档案文献遗产，但是，同系统不同级别的机构，其保存条件和抢救修复能力差异较大。通常地，省级机构各方面保存条件优于市级，市级机构各方面保存条件又优于县级，县级机构各方面保存条件则优于村级。对于条件较差的机构，库房条件及设施设备不达标将会极大影响少数民族档案文献遗产的长期保存。

以云南省各级民委古籍办保存的彝族档案文献遗产为例：珍贵的彝族档案文献遗产种类繁多、数量庞大，分散保存在云南省各级民委古籍办①，见表3-11。

表3-11　　云南省市（州）级、县级民委古籍办彝族档案文献遗产分散保存情况

机构级别	机构名称	保存数量
市（州）级民委古籍办	楚雄彝族自治州民委古籍办	30卷
	红河州民委古籍办	200余卷
	玉溪市民委古籍办	15卷
	昭通市民委古籍办	30余卷
	曲靖市民委古籍办	124卷
县级民委古籍办	宁蒗县民委古籍办	300余卷
	威信县民委古籍办	27卷
	峨山县民委古籍办	76卷
	新平县民委古籍办	10余卷
	武定县民委古籍办	226卷
	元谋县民委古籍办	100余卷
	双柏县民委古籍办	80余卷
	禄丰县民委古籍办	100余卷
	镇雄县民委古籍办	55卷
	泸西县民委古籍办	11卷

① 周铭、张伟、李婧楠：《西部省区民委古籍办系统散存民族古籍集中保护研究》，《楚雄师范学院学报》2018年第5期。

续表

机构级别	机构名称	保存数量
县级民委古籍办	弥勒县民委古籍办	30多卷
	通海县民委古籍办	72卷
	元江县民委古籍办	13卷

上述彝族档案文献遗产都保存在各市（州）、县民委古籍办，属于同系统内不同机构分散保存的状态。各地保护意识、保护基础和投入都存在差异，不利于形成种类齐全、内容丰富的彝族档案文献遗产资源优势，也阻碍了彝族档案文献遗产的集中保护与遗产资源的开发利用。

实体移交是同系统机构散存的少数民族档案文献遗产集中保护的主要方式。这种方式主要是系统内部实施，将那些保管条件差或者缺乏保护条件的单位移交给保护条件好的机构进行集中管理保护。2007年1月，国务院办公厅颁布的《关于进一步加强古籍保护的意见》指出："对古籍收藏量大、善本多、具备一定保护条件的单位，经国务院批准，命名为全国古籍重点保护单位，并作为财政投入和保护的重点。"[1] 这样，政策支持可以为集中保护的单位提供更好的保护条件。

正因为处于同一系统，逐级移交保存可以极大减少体制障碍，使同系统机构散存的少数民族档案文献遗产集中保护具备较强的可操作性，形成系统内少数民族档案文献遗产资源的优势整合。

2. 同系统机构散存的少数民族档案文献遗产集中保护的方式

①实体档案文献遗产集中

少数民族档案文献遗产集中保护分为四大系统。其中，档案馆、图书馆、博物馆均可分为省（自治区、直辖市）级、市级、县级、村级四个层级，机构设置相对明确、清晰；民委古籍办设置则相对复杂些。民委古籍办是隶属于国家民委的全国少数民族古籍整理出版规划领导小组下设的办公室，省级民族事务部门设立的古籍办以及宁夏回族自治区、

---

[1] 中华人民共和国中央人民政府：《国务院办公厅关于进一步加强古籍保护工作的意见》，[2020-08-27]，https://www.gov.cn/zwgk/2007-01/29/content_511825.htm。

西藏自治区社会科学院古籍机构①，部分地级市或县也成立了市级民委古籍机构。例如，内蒙古乌兰察布市民委在市少数民族古籍与蒙古语言文字研究中心建立了乌兰察布市少数民族古籍展阅室②，云南省峨山县、武定县、海通县也设立了民委古籍办。

根据上述档案馆、图书馆、博物馆和民委（或民宗局）古籍办四大系统的不同的机构层级情况，以区域协同为导向，同系统机构散存的少数民族档案文献遗产集中保护的方式如图3-4所示。

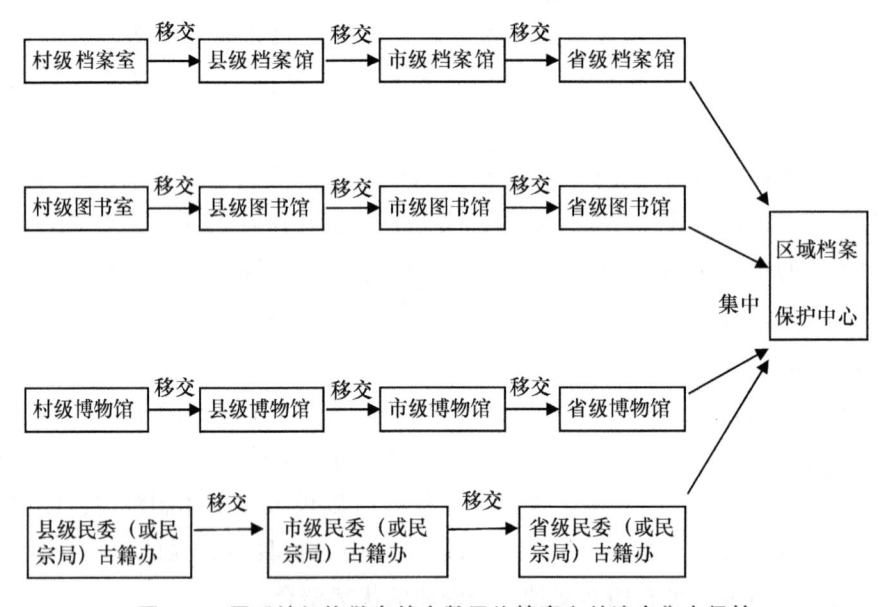

图3-4 同系统机构散存的少数民族档案文献遗产集中保护

不管是档案馆、图书馆、博物馆还是民委（或民宗局）古籍办，实体移交是同系统机构散存的少数民族档案文献遗产集中保护的主要方式。从上文内容可知，区域档案文献保护中心是区域协同导向的少数民族档案文献遗产集中保护的组织机构，而区域档案文献保护中心组织机构的

---

① 中华人民共和国中央人民政府：《国家民委古籍整理研究室与宁夏社科院古籍办进行座谈》，[2020-08-27]，http://www.gov.cn/xinwen/2016-05/17/content_5074056.htm。

② 乌兰察布市民委古籍办：《市民委建立少数民族古籍展阅室》，[2020-08-27]，http://mw.wulanchabu.gov.cn/information/swwyh11606/msg1180658031294.html。

协同关系是：以省级档案馆为依托机构，以省级博物馆、图书馆和民委（或民宗局）古籍办为协同机构。具体来看，同系统机构散存的少数民族档案文献遗产集中保护的方式包括以下步骤：

一是明确主体，出台规定。由省级档案馆、博物馆、图书馆和民委（或民宗局）古籍办牵头，即接收主体制定具体的移交通知、接收管理规定或实施细则。例如，《档案法实施条例》规定："机关、团体、企业事业单位和其他组织，应当按照国家档案主管部门关于档案移交的规定，定期向有关的国家档案馆移交档案。"[1] 四大系统各自接收后，再集中至区域档案文献保护中心。

二是实体移交，履行手续。实体移交需要严格按照移交通知、接收管理规定或实施细则操作，履行完整的移交手续，移交机构和接收机构双方逐一核对后，在移交目录清单上签字，留存备查。将少数民族档案文献遗产本体集中移交至上一级机构保存，被移交的档案文献遗产依然属于国有档案资源，其所有权并未发生更改。此外，移交机构可以将移交的少数民族档案文献遗产复制或仿真保存，这些档案文献遗产的利用和开发，同样不受约束和影响。

三是予以表彰，鼓励移交。省级档案馆、博物馆、图书馆和民委（或民宗局）古籍办作为接收主体，在下级机构完成少数民族档案文献遗产的移交后，应根据移交档案文献数量和质量进行评估，也可以制定表彰或奖励细则，对移交量大或移交完整的下级机构予以表彰，发文表彰或颁发证书，借此鼓励更多的机构将少数民族档案文献遗产本体移交到本机构中集中保护。

②实体档案文献遗产名录集中

除了上述逐层移交的少数民族档案文献遗产本体集中保护方式，在具体实践中，各区域自发评选档案文献遗产名录，也是同系统机构散存的少数民族档案文献遗产集中保护的方式之一。少数民族档案文献遗产名录集中，已在很多地区成功施行，取得了保护和宣传双赢的效果。

国家档案局于2000年正式启动"中国档案文献遗产工程"，后陆续

---

[1] 中华人民共和国国家档案局：《中华人民共和国档案法实施条例》，[2020-08-27]，https://www.saac.gov.cn/daj/sstl/202402/567ba1175f14487f90283bbfb040251c.shtml。

评选出五批共 197 件（组）档案文献遗产，形成了《中国档案文献遗产名录》。各省也形成了名录。例如，湖北省档案馆 2018 年启动首批《湖北省档案文献遗产名录》评选，全省 41 个市、县档案馆和高等学校档案馆共申报 102 项珍贵档案参评，最终评选出 20 项入选本省档案文献遗产名录，并汇集成册，为入选机构颁发证书，充分肯定了馆藏档案资源的稀缺性，也顺利实现了档案文献遗产名录集中，让珍贵档案文献遗产受到更多的关注和更好的保护。

③实体档案保管服务集中

从前文对少数民族档案文献遗产集中保护机构的调查结果来看，不同实体档案保管机构的软硬条件相差较大，部分存放少数民族档案文献遗产的库房甚至无法实现恒温恒湿、防光、防霉、防尘等基本要求。针对这些保管条件不足的机构，可由区域档案保护中心提供实体档案文献保管服务，双方履行托管手续，不变更实体档案文献的所有权。

这种实体档案保管服务不仅可以减少实体档案文献移交存在的障碍，还可以在不移交的情况下，根据实体档案文献保存机构的意愿和诉求，为区域范围内的少数民族档案文献遗产提供预防、治理和修复等相关实体保护支持和咨询服务。

由此可见，同系统机构散存的少数民族档案文献遗产集中保护，以实体档案文献遗产集中、实体档案文献遗产名录集中、实体档案保管服务集中三种方式为主。

实体档案文献遗产集中方式最为理想。实体档案文献遗产集中，是将综合保护条件较差、库房指标不达标的少数民族档案文献遗产，向同系统内的综合保护条件更好的上一级机构集中，再由省级机构集中至区域（省域）保护中心，最终实现区域协同导向的少数民族档案文献遗产的集中保护。必要时可通过仿真的形式，实现部分高价值的少数民族的档案文献遗产集中，有助于全面掌握区域内少数民族档案文献遗产面貌。

实体档案文献遗产名录集中方式实践可操作性强。实体档案文献名录集中，在实体档案文献物理集中较为困难的情况下，以区域为协同，对区域内机构和个人保存的少数民族档案文献遗产，编制损毁名录，建设机构—区域—国家三个层级的损毁目录体系。

实体档案文献保管服务集中方式针对保管条件不足的机构，由区域档案文献保护中心提供实体档案文献保管服务，为区域范围内的少数民族档案文献遗产提供预防、治理和修复等相关实体保护支持和咨询服务。

(二) 跨系统机构散存的少数民族档案文献遗产的集中保护

跨系统机构散存的少数民族档案文献遗产集中保护是指不同系统、不同机构之间的少数民族档案文献遗产的集中。由于跨系统，各个机构之间不存在隶属关系，彼此之间是相对平行对等的关系。

目前，跨系统机构散存的少数民族档案文献遗产的集中保护主要集中在基于利用开发的机构合作。例如，为集中展示壮族档案文献遗产保护工作取得的成绩，2020年5月，南宁市档案馆、南宁市民族宗教事务委员会、南宁市文化广电和旅游局、南宁市少数民族语言文字服务中心等机构合作，启动壮族文化（南宁）档案陈列展布展工作[①]。这种机构间的合作不存在实体档案文献遗产的移交或转移，是以各自馆藏少数民族档案文献遗产信息资源为基础，通过机构合作实现信息内容的集中保护和展示利用。

与同系统机构散存的集中保护相比，跨系统机构散存的少数民族档案文献遗产的集中保护具有以下特点：首先，跨系统机构的集中保护无法通过制度和行政力量来推动实体档案文献遗产的移交，因此实体档案文献遗产的集中显得有些困难；其次，跨系统机构的实体档案文献遗产的移交和集中，会产生档案文献遗产所有权的跨系统的转移和变更，实际操作难度大；最后，跨系统机构的集中保护，机构之间的关系包含了纵向、横向和纵横交叉三种情况，即不仅有层级关系，还有不同系统之间的关系，甚至是不同系统且不同层级的交叉关系，这些都使得实体少数民族档案文献遗产的集中保护变得尤其复杂。

1. 跨系统机构散存的少数民族档案文献遗产集中保护的必要性

《档案法实施条例》规定：归档的材料应"定期交本单位档案机构或档案工作人员集中管理，任何内设机构和个人不得拒绝归档或者据

[①] 中国档案资讯网：《壮族文化（南宁）档案陈列展布展工作全面启动》，[2020-08-22]，http://www.zgdazxw.com.cn/news/2020-05/13/content_305259.htm。

为己有"①，这体现了档案文献集中管理与保护的基本思想。

除了单个机构的集中管理与保护外，跨系统机构散存的少数民族档案文献遗产集中保护可以通过交换重复件、复制件的方式实现。其中，交换重复件、复制件的前提是保存机构有重复件或复制件可供交换，适用于极少量的少数民族档案文献遗产的集中，而大批量少数民族档案文献遗产的集中保护显然无法完全依靠交换重复件或制作复制件。

尽管跨系统机构散存的少数民族档案文献遗产集中保护面临重重困难，尤其是档案文献遗产本体移交存在诸多障碍，但是跨系统机构散存的少数民族档案文献遗产依然需要集中保护。其必要性体现在：一方面是维护少数民族档案文献遗产资源完整的需要，各系统保护的少数民族档案文献遗产是记录民族各项活动的真实记忆，集中保护有利于构建完整的民族记忆库，实现少数民族档案文献遗产资源价值最大化；另一方面是凝聚少数民族情感血脉的需要，少数民族档案文献遗产是在民族历史发展过程中留下的具有本民族特点的宝贵文化遗产，同一个少数民族的档案文献遗产完整地保存在一起，能够最全面地反映民族的发展、变迁历史，也能够最大限度增强民族的情感交融。

由于跨系统机构涉及面过于庞杂，因此，笔者对跨系统机构散存的少数民族档案文献遗产集中保护必要性的分析，主要从各机构保存的少数民族档案文献遗产价值出发，并不包含各保存机构的硬件条件、人员配备、标准规范等因素。

2. 跨系统机构散存的少数民族档案文献遗产集中保护的方式

跨系统机构散存的少数民族档案文献遗产移交存在的诸多困难和障碍导致了实际可操作性低，因此，跨系统机构散存的少数民族档案文献遗产集中保护，很难实现少数民族档案文献遗产本体的集中。从统一管理和保护的角度出发，借助信息化技术，建立以信息内容集中的方式，显得十分必要。

---

① 中华人民共和国国家档案局：《中华人民共和国档案法实施条例》，[2020-08-27]，https://www.saac.gov.cn/daj/sstl/202402/567ba1175f14487f90283bbfb040251c.shtml。

少数民族档案文献遗产信息内容集中是通过数字化的方式,将少数民族档案文献遗产扫描、拍摄形成数字档案资源,再迁移或备份至区域保护中心。

档案馆、图书馆、博物馆、民委(或民宗局)古籍办四个不同系统的机构,通过扫描或拍照的方式,完成少数民族档案文献遗产的数字化,将实体档案文献遗产转变为各机构独立存储的档案文献遗产信息资源。具体的数字化模式、流程等详见本书第六章,在此不再赘述。

为了实现少数民族档案文献遗产信息内容的集中保护,各机构独立存储的档案文献遗产信息资源还需要通过迁移或备份,集中至区域保护中心搭建的少数民族档案文献遗产信息资源存储平台,如图3-5所示。

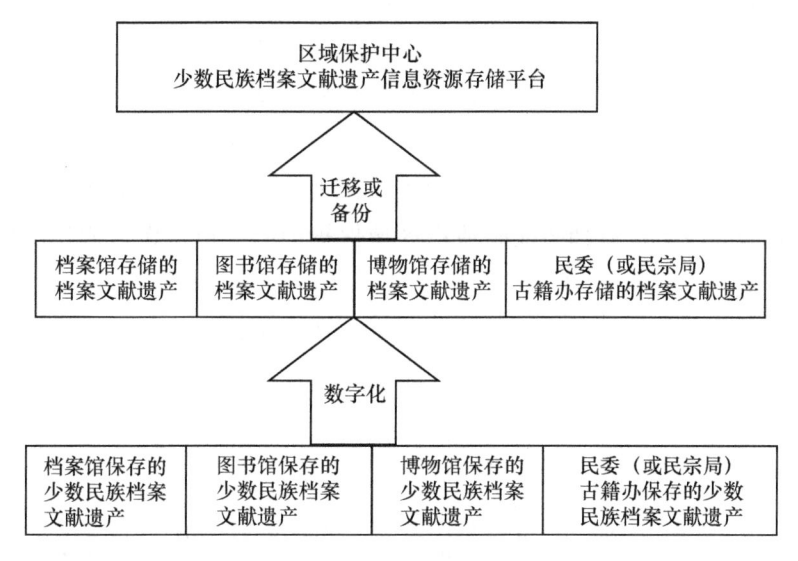

图3-5 跨系统机构散存的少数民族档案文献遗产信息集中保护

跨系统机构散存的少数民族档案文献遗产通过区域或省域少数民族档案文献遗产保护中心,分别搭建少数民族档案文献遗产信息资源存储平台,是实现少数民族档案文献遗产信息内容集中的必然选择,是跨系统机构散存的少数民族档案文献遗产信息资源流向的终点。

二 民间散存的少数民族档案文献遗产的集中保护策略

民间散存的少数民族档案文献遗产类型多样，主要分布在环境相对封闭的民族地区，散存在寺庙、民族首领、民族群众、文物收藏家、民间艺人手中，保存条件十分简陋，经常受到自然和人为因素的影响，损毁和老化速度加快。因此，民间散存的少数民族档案文献遗产，以实物载体的集中保护为主，以区域保护中心为中心，以省级档案馆为依托机构，以省级博物馆、图书馆和民委（或民宗局）古籍办为协同机构，通过普查、征集、寄存托管等方式实现集中保护。

（一）通过普查实现民间散存的少数民族档案文献遗产的集中保护

民间散存的少数民族档案文献遗产迄今尚未被任何机构收藏，具有隐蔽性和不确定性，收集线索难以查找，具体散存数量难以统计。因此，大规模的普查是摸清民间散存的少数民族档案文献遗产最直接、最有效的办法。

1. 区域协同导向的少数民族档案文献遗产普查工作的特点

普查是少数民族档案文献遗产区域保护中心，包括作为依托机构的档案馆和作为系统机构的图书馆、博物馆、民委（或民宗局）古籍办，专门组织的针对区域范围内的少数民族档案文献遗产的大规模的全面调查，普查的主体、范围、对象均清晰明确。作为一种直接收集少数民族档案文献遗产的方式，普查具有以下特点：

第一，普查涉及面广、耗时较长。少数民族档案文献遗产的普查范围，从地区层面来看，分为西南、西北、东南、东北四大区域；从省级行政区来看，包括云南、贵州、广西、西藏、新疆、甘肃、内蒙古、宁夏、福建、辽宁、吉林、黑龙江12个省（自治区），甚至辐射到中部地区。如此范围广袤的少数民族档案文献遗产普查无疑需要投入大量的人力、物力和财力，加之普查线索的隐蔽性，耗时较长才能完成。

第二，普查需制定完善的普查手册，确保规范。普查手册至少包括普查项目明细、普查操作步骤、普查注意事项等内容。甘肃省甘南藏族自治州古籍保护中心摸底调查了全区11座藏传佛教寺院和民间个人所藏古籍①。江苏省苏州市吴江区档案馆早在1992年就组织了一次对馆藏档案的全面普查，制定了普查项目11项，通过耗时一年的普查，全面摸清了馆藏档案的基本情况，及时纠正保护中的各种问题②。贵州省2016年开始第二次少数民族古籍普查，重点针对17个世居少数民族个人散存的文本和口述古籍，"十三五"期间共普查少数民族古籍条目4万余条③。浙江省海宁市档案馆也规定了普查采集信息的具体内容，包括全宗号、全宗名称、案卷号、案卷名称、卷内件数、卷内页数、形成时间、档案状况等④。实践证明，开展普查，是促进标准、深化管理、加强保护等各项基础工作的重要途径。

第三，普查以建档保存为目标。少数民族档案文献遗产普查不仅是摸清民间散存的数量及状况，还需要为零散的档案文献遗产建档、整理，尽可能地集中保存。例如，云南省档案馆与云南省茶叶协会、云南省茶叶科学研究所合作，2009年启动西双版纳州古茶树资源调查和建档试点工作，通过资源普查、分类、编目、整理、造册等，建立了西双版纳州古茶树专题档案⑤。云南省在少数民族档案文献遗产的集中保护过程中，以普查建档的方式，重点对少数民族茶艺、茶礼、茶俗等相关档案文献资源进行抢救，收集了大量西双版纳州古茶树相关档案文献遗产。

第四，普查以省域单元为主，民族类别单元为辅。区域协同导向的少数民族档案文献遗产普查，以省级行政区域为基本普查单元，便于充分发挥省级保存机构的统筹优势，由于少数民族类型众多，又以省级行政区域内的民族类别为普查辅助单元，同一区域内的不同民族档案文献遗产普查分开进行，效率更高。

---

① 王沛：《"中华古籍保护计划"少数民族古籍保护情况综述》，《古籍保护研究》2021年第1期。
② 董扣宛：《档案普查的六个功能》，《档案与建设》1993年第4期。
③ 罗元涛：《民族古籍保护利用的"贵州实践"》，《贵州民族报》2021年12月24日第1版。
④ 中国档案网：《海宁市档案馆完成国家重点档案信息普查》，[2020-08-19]，http://www.chinaarchives.cn/mobile/category/detail/id/12874.html。
⑤ 云南档案网：《金瓜茶档案入省档案馆收藏》，[2020-08-13]，http://www.ynda.yn.gov.cn/jgdt/201912/t20191230_914161.html。

2. 区域协同导向的少数民族档案文献遗产普查工作的开展

2007年1月,《关于进一步加强古籍保护工作的意见》提出在"十一五"期间大力实施"中华古籍保护计划",强调要充分认识古籍保护工作的重要性和紧迫性。从2007年开始,用3—5年时间,在全国范围内组织开展古籍普查登记工作①。2007年启动的"中华古籍保护计划",是全国范围的古籍普查,涵盖了少数民族档案文献遗产,各省(自治区、直辖市)划分不同的普查范围,同时推进普查工作。为了科学推进古籍普查,国家古籍保护中心编印了《全国古籍普查登记手册》,明确普查范围是"产生于1912年以前的稿本、抄本、印本、拓本等,例如,敦煌遗书、少数民族文字古籍、古地图、碑帖拓片等"②,确保全国范围普查工作的规范。

2008年1月,国家民委联合原文化部发布的《关于进一步加强少数民族古籍保护工作的实施意见》指出:"各级少数民族古籍和文化工作部门在原有工作的基础上要进一步加大工作力度,继续组织人力、物力,广泛深入地开展调查、摸底、清点、编目、整理、翻译工作,全面了解和掌握各地少数民族古籍的存量、分布和流传情况。"③该意见将普查工作的流程描述为铺开调查、全面摸底、逐个清点、古籍编目、古籍整理、古籍翻译等环节。翻译是指将少数民族语言的档案文献遗产翻译为汉语,由于很多少数民族都有独立的语言,因此翻译是少数民族古籍能被开发利用的关键。例如,贵州省黔南布依族苗族自治州三都水族自治县档案馆保存的水书档案文献遗产因为没有翻译而无法推进,"由于没有专业人员能看懂,基本都锁在库房中,仅有少量整理成全宗"④。据统计,在民族地区发掘的彝文古籍有10000多种,其中已经翻译成汉文的仅有

---

① 中华人民共和国中央人民政府:《国务院办公厅关于进一步加强古籍保护工作的意见》,[2020-08-27], https://www.gov.cn/zwgk/2007-01/29/content_511825.htm。
② 兰州市图书馆:《全国古籍普查登记手册》,[2020-08-24], http://www.lzlib.com.cn/gongxianggongcheng/zhonghuagujibaohujihua/biaozhunguifan/2013-03-13/628.html。
③ 中华人民共和国国家民族事务委员会:《国家民委、文化部〈关于进一步加强少数民族古籍保护工作的实施意见〉》,[2020-08-27], https://www.neac.gov.cn/seac/c103601/200802/1079345.shtml。
④ 华林:《西部散存民族档案文献遗产集中保护问题研究》,中国社会科学出版社2017年版,第117页。

100余种[1]，极大阻碍了彝族档案文献遗产的集中保护和开发利用。因此，在普查过程中，要注意少数民族语言的翻译工作。

2009年，西藏自治区正式启动古籍普查保护，普查范围覆盖西藏自治区所有地级市的74个县。普查发现，西藏古籍的收藏机构以千余家寺院为主，以昌都市为例，察雅、江达、贡觉3县下辖21座寺院，共收藏古籍1282部[2]，西藏自治区古籍保护中心通过此次普查，不仅摸清察雅、江达、贡觉3个县的古籍分布情况和收藏数量，还为普查的古籍登记造册，建档保存。坚持不懈的大范围普查，取得明显成效。截至2019年，西藏自治区各地市基本完成了1160多家单位及个人（其中有102个私人）的档案文献遗产普查登记任务，普查总条目1.37余万条。在普查过程中，还通过清洗、整理、制作书柜、补刻、重印等工序，完成山南加查县达拉岗寺1500多张古籍木刻板的抢救工作[3]。

云南省在启动古籍普查工作前，举办了26期培训班，培训专业人员1920人次，"县县有古籍普查员"[4]。同时，云南省还大量吸收高等学校学生作为志愿者参与普查工作，以弥补人员的不足。2010年，云南省档案馆与云南省普洱茶协会联合开展品牌普洱茶普查建档工作，完成了昆明、西双版纳等9个州市、52家茶企、200余件茶品的普查、建档和接收，通过建档、以档案展览方式进行保存[5]。云南省档案馆以普查为契机，及时为普查对象保存的少数民族茶文化建档，并且顺利将少数民族茶文化档案文献遗产接收进馆，实现了集中保护。此外，为解决少数民族语言翻译困难的问题，云南省启动了"云南少数民族语言文字资料库"建设，广泛搜集少数民族语言文字实物，完成了"中国语言资源有

---

[1] 陈海玉：《珍贵的西南少数民族医药历史档案及其抢救保护》，《中国民族民间医药》2009年第22期。

[2] 中国西藏新闻网：《西藏昌都市三县古籍普查工作完成 共登记古籍千余部》，[2020-08-25]，http://www.tibet.cn/cn/index/rediscovery/201811/t20181105_6373811.html。

[3] 努木：《西藏优秀传统文化得到有效保护：记新时代西藏文化文物保护传承工作调研报告》，《西藏艺术研究》2020年第1期。

[4] 王水乔：《中华古籍保护计划视域下云南古籍保护体系的建构》，《图书馆杂志》2020年第3期。

[5] 云南档案网：《金瓜茶档案入省档案馆收藏》，[2020-08-13]，http://www.ynda.yn.gov.cn/jgdt/201912/t20191230914161.html。

声数据库建设"云南试点，西双版纳新老傣文、滇东北苗文、老傈僳文和德宏傣文等非拉丁少数民族文字字符编码国际标准获得通过[①]。该项少数民族语言文字资料库建设，为少数民族档案文献遗产集中保护扫清了语言障碍。

除民族语言资源库建设外，已经开发的少数民族文字系统见表3-12[②]。

表3-12　　　　少数民族语言文字系统开发情况

文字	系统名称	开发单位
藏文	TC-DOS 2.0版藏文系统	青海师范大学
	藏文文字处理及激光编辑排版印刷系统	中国藏学研究中心、航天部701所
	北大方正藏文书版系统、基于WIN31的藏文维思彩色印刷系统	中国民族语文翻译中心、中国计算机软件与技术服务总公司
	基于DOS平台的SPDOS汉藏文版操作系统和藏文文字平台	西南民族大学
蒙古文	基于Windows 95的蒙古文处理系统	内蒙古社会科学院蒙文研究所
	华光V型蒙文书刊、图表、报纸激光照版系统	内蒙古计算中心、山东潍坊华光
	MPS蒙汉混合字处理系统	内蒙古大学
彝文	VCDOS汉彝文双语平台和SPDOS汉彝文版汉字操作系统	西南民族大学
	彝文系统书版软件	北大方正、西南民族大学
	云南规范彝文排版系统	云南省民语委、云南大学计算中心
傣文	傣文电子出版系统	北大方正
	傣文电子排版系统	山东潍坊华光
壮文	壮文书版系统	北大方正
苗文	苗文排版系统	云南省楚雄彝族自治州光亚电子研究所
多文种	蒙、藏、维、哈、朝、满、汉文V4.0操作系统	内蒙古电子计算机中心

---

① 李雯：《略论云南少数民族历史档案数字化建设活态研究》，《档案学研究》2018年第6期。
② 赵德美：《云南少数民族历史档案数字化建设》，社会科学文献出版社2014年版，第66—68页。

以上古籍普查的例子为少数民族档案文献遗产普查提供了参考。区域协同导向的少数民族档案文献遗产普查工作，是档案馆、图书馆、博物馆、民委（或民宗局）古籍办、纪念馆、史志办、民族研究所、海关和政协等机构协同参与的过程，通过区域划分，将普查工作合理分工，充分发挥区域机构的能动性，各个省（自治区、直辖市）结合地区特色，针对性地细化普查方案，投入相当的人力、物力、财力资源。做好民间散存的少数民族档案文献遗产的普查与登记，除了遵循普查手册上的各项要求，还应注意与民间档案文献遗产收藏者的情感沟通，尤其要注意不同少数民族的风俗与禁忌，尽可能获得民间档案文献遗产收藏者的理解和支持，在普查之后建档，一并移交到专业的省级机构集中保存。

（二）通过征集实现民间散存的少数民族档案文献遗产的集中保护

近年来，民族地区的各级各类档案文献遗产保存机构，开展了部分少数民族档案文献遗产的征集工作。例如，云南省档案馆、云南省楚雄彝族自治州档案馆、耿马县档案馆等从省级档案馆到县级档案馆均征集到数量不等的少数民族档案文献遗产，包括极具民族特色的木刻、竹刻、象牙、丝绸、石碑等数百件。但总体而言，大部分档案文献遗产保存机构的少数民族档案文献遗产征集工作尚待推进，档案文献遗产因自然、人为因素而损坏、流失的速度远远超过征集速度。

1. 区域协同导向的少数民族档案文献遗产征集工作的基础

2008年1月发布的《关于进一步加强少数民族古籍保护工作的实施意见》要求，"特别要做好对散藏在民间的少数民族古籍和口头传承的古籍的保护和征集工作"[①]，明确提出对民间散存少数民族古籍的征集要求。通过这一实施意见，很多保存机构开始了少数民族古籍的征集工作，并取得一定成绩。例如，云南省西双版纳州图书馆深入全州的傣族村寨，先后征集到傣族档案文献遗产3376卷，其中包括傣族文书类278卷，傣族绘画类254幅，佛本生故事8幅，佛经经典62部，傣族药典9部，傣族祭祀、傣族祝福词26部，傣族民族习俗类22部，

---

① 中华人民共和国国家民族事务委员会：《国家民委、文化部〈关于进一步加强少数民族古籍保护工作的实施意见〉》，［2020-08-27］，https://www.neac.gov.cn/seac/c103601/200802/1079345.shtml。

傣族文学类31部，贝叶经2611卷等①。不同载体类型的傣族档案文献遗产丰富了馆藏档案文献遗产资源，也实现了民间散存少数民族档案文献遗产的集中保护。

档案馆的征集工作也有扎实的基础。2020年6月20日修订的《档案法》第十七条规定："档案馆除按照国家有关规定接收移交的档案外，还可以通过接受捐献、购买、代存等方式收集档案。"② 这不仅在法律层面支持了档案馆开展档案征集，而且为档案征集提供了方法指导。在征集实践工作中，各级档案馆均取得一定征集成效。例如，《云南省档案事业发展"十三五"规划》提出，丰富档案资源建设，全面构建和完善有关本地少数民族文化、民俗、书画等方面的特色档案征集项目库③。该规划发布后，云南省当地少数民族代表召存信、刀美兰、宣科等人慷慨捐赠④。浙江省丽水市莲都区档案馆坚持长期征集摩崖、碑刻拓本等特色档案文献遗产，包括摩崖石刻、碑刻拓本260幅⑤。这些从民间征集进馆的少数民族档案文献遗产被集中保存到条件更好的专业库房。

2. 区域协同导向的少数民族档案文献遗产征集工作的开展

区域协同导向的少数民族档案文献遗产的征集，是面向民间少数民族档案文献遗产收藏机构或收藏者收集的具有保存价值的档案文献遗产的活动。征集主体是区域档案文献遗产保护中心的依托机构和协同机构，即省级档案馆、博物馆、图书馆和民委（或民宗局）古籍办。征集对象是少数民族档案文献遗产收藏机构或收藏者，征集可以以无偿、有偿的方式

---

① 王水乔：《中华古籍保护计划视域下云南古籍保护体系的建构》，《图书馆杂志》2020年第3期。

② 中国人大网：《中华人民共和国档案法》，[2020-08-10]，http://www.npc.gov.cn/npc/c30834/202006/14a5f4f6452a420a97ccf2d3217f6292.shtml。

③ 云南省人民政府：《云南省人民政府办公厅关于印发云南省档案事业发展"十三五"规划（2016—2020年）的通知》，[2020-08-27]，https://www.yn.gov.cn/zwgk/zfxxgkpt/fdzdgknr/zcwj/zfxxgkptyzbf/201607/t20160727_144219.html。

④ 梁雪花：《省民族学会阿昌族研究会向省档案馆捐赠阿昌族档案》，《云南档案》2013年第5期。

⑤ 中国档案网：《丽水市莲都区档案馆完成2020年碑拓档案征集工作》，[2020-08-25]，http://www.chinaarchivesarchives.cn/2020/0807/128545.shtml。

进行。区域协同导向的少数民族档案文献遗产征集工作的基本流程如下：

一是制定规章制度。少数民族档案文献遗产的征集是一项具有持续性的工作，并非一朝一夕就可以完成的。同时，征集过程中也会面临各种问题，例如，一些档案馆主要是通过派人走进民族村寨，通过购买征集实体少数民族档案文献遗产，使得征集成本增加[①]。因此，需要征集相关的规章制度来约束和管控征集各个环节。例如，中国民族博物馆制定《文物征集办法》《藏品接收工作暂行办法》等规章制度对征集工作流程进行规范，有效地防范和管控征集中的各种问题[②]。

二是起草征集公告。根据征集相关规章制度，结合民间散存的少数民族档案文献遗产特点，起草正式的少数民族档案文献遗产征集公告，公告内容包括征集范围、征集要求、征集方法、征集方式等基本信息。少数民族档案文献遗产征集范围应包括具有保存价值的不同民族、不同载体类型、不同年代的少数民族档案文献。少数民族档案文献遗产征集要求，应强调捐赠的档案文献遗产的真实性、完整性。真实性是少数民族档案文献遗产原始记录性的本质特征，完整性是捐赠的档案文献遗产需要标注所属民族、档案名称、形成时间等背景信息，便于编目、整理和后期利用。征集要求还应注意不要过高、过细，以免影响捐赠者的积极性，避免因嫌弃要求烦琐而放弃捐赠。少数民族档案文献遗产征集方法，可以根据实际情况采取捐赠、复制、购买等，其中，捐赠是目前档案征集的主要方法。实体档案文献遗产可以采取现场征集和远程邮寄的方式，档案文献遗产信息资源可以采取线上征集、线上或线下提供的方式。

三是加强征集宣传。少数民族档案文献遗产征集公告的发布，标志着征集宣传的开始，宣传征集要把握好周期规律。在征集初期应尽可能扩大宣传渠道，采取线上和线下同步宣传的策略，让宣传范围充分覆盖少数民族聚居地，提高少数民族民众普遍的档案意识。在征集中期，结合前期宣传获得的线索，有针对性地对重点群体进行重点宣传，吸引少

---

① 张伟：《云南少数民族实物档案征集研究》，《兰台世界》2019年第8期。
② 中华人民共和国国家民族事务委员会：《中国民族博物馆组织专家对征集文物进行鉴定》，[2020-08-25]，https://www.neac.gov.cn/seac/xwzx/201804/1019624.shtml。

数民族民众主动捐赠档案文献遗产。在征集后期，反馈宣传少数民族民众的捐赠行为，为捐赠者颁发捐赠证书或发放定制文创纪念品，鼓励更多的民众参与到档案文献遗产的征集中。

四是鉴定接收进馆。对于少数民族民众捐赠的档案文献遗产，在进馆保存前，需要根据征集要求逐项鉴定，较为单纯的档案文献遗产鉴定可以由机构内部完成，较为复杂的征集情况和高价值的档案文献遗产，应邀请少数民族学专家、文物鉴定专家、档案保护专家等联合鉴定，给予科学有效的鉴定结论。完成鉴定后，由档案专业人员进行整理、编目和入库。对于少数民族档案文献遗产，需及时做好抢救性修复工作，修裱破损的纸质档案文献遗产，修复残缺的档案文献遗产。

3. 少数民族口述档案文献遗产的征集

少数民族在历史发展中形成的语言、习俗、音乐等文化遗产，很多存储在民族领袖或精英人物的头脑中，在经过了口耳相传的历史阶段后，转移到有形的载体上。以民间医药档案文献遗产为例，湘西民间的《二十四惊症》、鄂西民间的《草药三十六反》等手抄本，均为抄录本[①]。此外，云南的独龙族世世代代以"火塘"传承文明，听族长讲述本民族故事，族长就是一部行走的独龙族档案文献遗产宝库[②]。课题组调查发现，由于少数民族聚集地文化生态恶化，不少独特的档案文献遗产经常来不及征集、整理，口述档案文献遗产就随着老一辈族民的去世而快速消亡，因此，抢救保护工作迫在眉睫。

少数民族口述档案文献遗产的征集抢救主要包括以下实施步骤：

一是搜集线索。少数民族口述档案文献遗产传承人的线索搜集，可以根据普查结果分析，也可以由当地居民提供。先获得准确的线索，才能找到具有保存价值的口述档案文献遗产征集对象，明确征集的方向。

二是录制音像。开展录制抢救是口述档案文献遗产最直接、有效的征集方法。少数民族口述档案文献遗产使用民族语言表达，具有鲜明的个性化特色，且不可替代。向少数民族口述档案文献遗产传承人征集口

[①] 陈海玉：《珍贵的西南少数民族医药历史档案及其抢救保护》，《中国民族民间医药》2009年第22期。

[②] 陈倩、向阳：《浅议少数民族民间档案的征集》，《档案天地》2019年第4期。

述档案文献时，提前准备录制提纲、厘清需要录制的内容清单，及时利用音视频采集设备，将其掌握的档案文献遗产内容记录下来，形成最原始的口述档案文献遗产材料。

三是归档保存。已录制好的声像口述档案文献遗产材料需要进一步按照档案规则进行翻译、整理、校对，才能长期集中保存，保证其真实性、完整性、可读性，尤其是少数民族语言的翻译须确保准确，在采录机构完成内容翻译后，还需要及时向口述档案文献遗产传承人核对、确认，最终的保存版本可以反馈给口述档案文献遗产传承人备份保存。

（三）通过寄存托管实现民间散存的少数民族档案文献遗产的集中保护

《档案法》第十九条规定："对保管条件不符合要求或者存在其他原因可能导致档案严重损毁和不安全的，省级以上档案主管部门可以给予帮助，或者经协商采取指定档案馆代为保管等确保档案完整和安全的措施；必要时，可以依法收购或者征购。前款所列档案，档案所有者可以向国家档案馆寄存或者转让。"[①]《古籍保护条例》（征求意见稿）第28条也明确鼓励古籍的寄存托管：古籍保管条件欠缺的古籍收藏单位或个人可以委托具备保管条件的国有古籍收藏单位寄存或代为保管古籍。档案寄存托管是由档案形成单位将档案交由专业档案保管机构进行托管。相对于征集而言，寄存托管的少数民族档案文献遗产并没有发生所有权的改变，其所有权依然属于寄存者或托管者。

1. 民间散存的少数民族档案文献遗产寄存托管的优势

少数民族档案文献遗产的寄存托管，是民间少数民族档案保存机构或个人将档案文献遗产交由专业的档案文献遗产保存机构，主要是区域档案文献遗产保护中心的依托机构和协同机构，即省级档案馆、图书馆、博物馆或民委（或民宗局）古籍办。这四类主要保存机构拥有专业的档案文献遗产保存条件和较强的抢救修复能力。

少数民族档案文献遗产的寄存托管的最大的优势在于少数民族档

---

① 中国人大网：《中华人民共和国档案法》，[2020-08-10]，http://www.npc.gov.cn/npc/c30834/202006/14a5f4f6452a420a97ccf2d3217f6292.shtml。

案文献遗产能够得到更专业的保护，齐全的保护设备、专业的保护人才和恒温恒湿的库房条件能够尽最大可能延缓少数民族档案文献遗产的老化。

2. 区域协同导向的少数民族档案文献遗产寄存托管的开展

档案文献遗产寄存托管具有专业性和安全性的特点，档案馆、图书馆、博物馆等机构不断在实践工作中探索寄存托管服务。1984年成立的四川省档案局档案科学技术研究所经过四十年的发展，业务涉及档案咨询、档案软件、档案整理与寄存、档案修裱和数字化、档案用品、档案备份[1]。2005年，黑龙江省档案馆成立黑龙江省档案技术服务中心，为社会各界提供档案寄存、档案整理及档案数字化加工、档案培训、档案仿真制作、寄存等档案业务服务，仅寄存档案达40余万卷（盒），并制作仿真件2万余件[2]。

2007年，青岛市图书馆与其他57家单位成为全国古籍保护工作试点单位，并开始在全国率先推出古籍寄存模式，专门制定《青岛市古籍保护中心关于实施古籍寄存制的有关规定》，鼓励民间机构或个人将散存的古籍寄存到馆内集中保存。截至2012年5月，图书馆共接收寄存古籍52种、400余册[3]。"青岛古籍寄存模式"的主要内容是[4]：第一，青岛市图书馆免费保管民间机构或个人收藏的古籍，即寄存古籍的所有权不变；第二，青岛市图书馆与所有寄存者签订自愿寄存协议，包括寄存基本信息、寄存古籍基本信息、寄存古籍保护、寄存古籍所有权等；第三，图书馆对寄存的古籍集中分级管理，免费制作函套或书盒，并存放在恒温恒湿、防虫防蛀的专业古籍库房内，安排工作人员定期检查，确保寄存古籍都得到专业、全面的保护。

2008年，广东省立中山图书馆成立广东省古籍保护中心，组织实施

---

[1] 四川省档案局档案科学技术研究所：《一流管理 一流质量 一流服务》，《四川档案》2018年第3期。

[2] 黑龙江省档案技术服务中心：《立足档案 面向社会 服务公众》，《黑龙江档案》2020年第1期。

[3] 青岛新闻网：《守文化根脉 青岛市图书馆免费寄存市民古籍善本13载》，[2020-08-30]，https://news.qingdaonews.com/qingdao/2020-06/12/content_z1867934.htm。

[4] 席会芬、石庆功：《探析图书馆古籍寄存管理》，《图书馆理论与实践》2019年第1期。

省内古籍收藏、保护状况普查和相关申报工作，接收民间散存的古籍寄存①。各类图书馆提供寄存服务，为民间散存的少数民族档案文献遗产集中保护提供了寄存渠道。2016年，广州中医药大学举行了广东省首次古籍寄存签约仪式，民间档案文献遗产收藏家秦启明将自己收藏的40类236册档案文献遗产寄存于该校图书馆保存②。公开举办签约仪式表达了对寄存档案文献遗产的重视，也间接鼓励更多的民间机构或个人将收藏的档案文献遗产寄存到专业机构。

三 流失海外的少数民族档案文献遗产的集中保护策略

调查发现，少数民族档案文献遗产有不少流失海外，保管情况参差不齐，有些保管妥善，有些保管条件存在安全隐患，濒临毁坏和消亡。作为集中保护的主要对象之一，流失海外的少数民族档案文献遗产，可以通过国际公约、国际合作、协商谈判、华人捐赠的方式追回。

（一）通过国际公约实现流失海外的少数民族档案文献遗产的集中保护

在文化财产保护领域，包括少数民族档案文献遗产在内的文化财产，可以依据国际公约的途径追索。1954年，联合国教科文组织通过《武装冲突情况下保护文化财产公约》明确禁止包括档案文献遗产在内的文化财产的盗窃、抢劫或侵占。2014年该公约生效60周年之际，缔约国达126个③。1999年我国正式加入该公约④。

1970年，联合国教科文组织通过的《关于禁止和防止非法进出口文化财产和非法转让其所有权的方法的公约》规定："缔约国有权要求其

---

① 广东省文化和旅游厅：《广东省立中山图书馆（广东省古籍保护中心）》，[2020-08-30]，http://whly.gd.gov.cn/open_newzsdw/content/post_2720991.html。

② 广州中医药大学：《广东省首次古籍寄存签约仪式在广州中医药大学图书馆举行》，[2020-08-30]，https://www.gzucm.edu.cn/info/1172/11066.htm。

③ UNESCO, "The 60th Anniversary of the 1954 Hague Convention for the Protection of Cultural Property in the Event of Armed Conflict", [2020-08-30], https://en.unesco.org/news/60th-anniversary-hague-convention-protection-cultural-property-event-armed-conflict.

④ 中国人大网：《全国人民代表大会常务委员会关于加入〈关于发生武装冲突时保护文化财产的公约〉和〈议定书〉的决定》，《中华人民共和国全国人民代表大会常务委员会公报》1999年第6期。

他缔约国归还被窃取的文化财产。"这为文化财产的所有国追回本国文化财产提供了追回依据和权益保障。该公约第 7 条还鼓励通过外交途径追索文化财产,"要求收回和归还失物必须通过外交部门进行,由要求归还方提供归还的文件或其他必要证据,并承担文化材料归还所产生的相关费用,但缔约国不应对文化财产施加关税或其他费用"①。我国 1989 年加入该公约。截至目前,美国、法国、英国、日本、瑞士等 130 多个国家成为该公约的缔约国。

1995 年,国际统一私法协会在 1970 年《关于禁止和防止非法进出口文化财产和非法转让其所有权的方法的公约》的基础上,进一步制定了《关于被盗或者非法出口文物的公约》②。该公约首次明确了"被盗文物应予返还"原则,为文物返还提供民事诉讼、主管机构处理、仲裁三种途径。同时,该公约还进一步明确了追索文化财产的有效期限,但为年代久远的流失文化财产追索增加了困难。截至 2016 年 2 月,该公约的缔约国数量达到 37 个③。

依据 1970 年《关于禁止和防止非法进出口文化财产和非法转让其所有权的方法的公约》和 1995 年《关于被盗或者非法出口文物的公约》,很多国家都曾成功追回了本国流失海外的档案文献遗产。例如,2007 年,伊朗在伦敦法院通过起诉英国伦敦巴拉卡特美术馆,顺利追回 18 件流失海外的古代雕刻容器④。我国也在与美国、瑞士、法国等约 20 个国家签订了有关返还文物的双边协议后,近年来追回流失海外的文物 30 余批总计 4000 余件(套)⑤。

---

① Oxford Academic, "International Institute for the Unification of Private Law", [2020-08-30], https://academic.oup.com/ajcl/article-abstract/26/4/679/2584803?redirectedFrom=fulltext.
② 李玉雪:《应对文物危机的路径选择:以国内法和国际法对文物的保护为分析框架》,《法律科学》(西北政法大学学报)2009 年第 3 期。
③ UNIDROIT, "UNIDROIT-Institute for the Unification of Private Law", [2020-08-30], https://updates.easycounter.com/unidroit.org.
④ 杜涛:《境外诉讼追索海外流失文物的冲突法问题:伊朗政府诉巴拉卡特美术馆案及其启示》,《比较法研究》2009 年第 2 期。
⑤ 腾讯网:《追回流失海外的珍贵文物,我们有哪些具体办法?》,[2020-08-30],https://new.qq.com/omn/20190306/20190306A0ED7A.html。

(二) 通过国际合作实现流失海外的少数民族档案文献遗产的集中保护

国际合作也是流失海外的少数民族档案文献遗产追回的重要途径，是档案文献遗产所属国与占有国之间对话的体现。国际合作的对象不仅是国外文化机构，也可以是国外警方。例如，2010年德国和乌克兰警方合作，耗时两年追回失窃的乌克兰卡拉瓦乔名作①。跨国境、跨机构的成功追索案例，表明国际合作在追索档案文献遗产方面发挥着越来越重要的作用。

2005年，国务院发布《关于加强文化遗产保护的通知》，强调加强国际合作，对非法流失境外的文物要坚决依法追索②。2007年，原文化部政策法规司发布关于贯彻落实《国务院实施〈中华人民共和国民族区域自治法〉若干规定》的通知，"充分利用我国与外国政府以及有关国际组织的双边或多边文化交流与合作渠道，积极为民族地区对外文化交流创造机会"③，提出通过民族文化交流的方式开展国际合作。2007年，《关于进一步加强古籍保护工作的意见》进一步明确："加强与国际文化组织和海外图书馆、博物馆的合作。有关单位和机构要对海外收藏的中华古籍进行登记、建档工作。"④ 针对流失海外的档案文献遗产，上述《通知》和《意见》均要求加强与相关的国际文化组织和国外图书馆、博物馆等开展合作。

近年来，我国通过与国外博物馆、图书馆、收藏机构等开展国际合作，促成了多批流失海外的档案文献遗产回国。例如，2011年国家图书馆策划"民国时期文献保护计划"项目，通过海外合作、现场拍摄、缩微复制等方式对美国、英国、日本、俄罗斯和中国台湾5个国家和地区

---

① 白红平：《非法流失文物追索中的法律冲突及中国的选择》，法律出版社2014年版，第194页。
② 中华人民共和国中央人民政府：《国务院关于加强文化遗产保护的通知》，[2020-08-27]，https://www.gov.cn/zhengce/content/2008-03/28/content_5926.htm。
③ 中华人民共和国文化和旅游部：《文化部关于贯彻落实〈国务院实施《中华人民共和国民族区域自治法》若干规定〉的通知》，[2020-08-27]，https://zwgk.mct.gov.cn/zfxxgkml/zcfg/gfxwj/202012/t20201204_906116.html。
④ 中华人民共和国中央人民政府：《国务院办公厅关于进一步加强古籍保护工作的意见》，[2020-08-27]，https://www.gov.cn/zwgk/2007-01/29/content_511825.htm。

的文献进行重点征集①。重庆市图书馆通过与牛津大学、英国国家档案馆等机构建立合作关系,2012年采取购买方式追回21个全宗、近150卷计18379页档案(数字化件)②。

(三)通过谈判协商实现流失海外的少数民族档案文献遗产的集中保护

通过谈判协商的方式实现流失海外的少数民族档案文献遗产的集中保护,首先要基于协商双方充分的前期沟通,通过网上查询获得档案文献遗产线索,初步制定征集档案文献遗产目录,再通过邮件或电话直接与海外保存机构联系,询问对方馆藏档案文献遗产的大致情况、档案图像版权规定、档案文献遗产实物保存状况等,确定征集档案文献遗产目录。前期充分沟通后,便可约定抵达海外保存机构的时间和具体征集事宜,办理相关交接手续后,双方在现场对征集的少数民族档案文献遗产本体原件逐一认真核对,对少数民族档案文献遗产的真伪、内容等进行鉴定,确认无误后完成征集,将流失海外的少数民族档案文献遗产携带回国集中保存。

在流失海外的档案文献遗产追索实践中,很多珍贵档案文献遗产的争端都是通过谈判协商解决的。例如,1975年韩国和法国开始古籍之争,经历了1993年法国总统访问韩国时的谈判协商和2010年二十国集团首尔峰会两国总统会谈后,韩国终于在2011年顺利地从法国追回一批珍贵古籍③。韩国流失海外的档案文献遗产顺利追回,得益于国家层面外交战略的重视,且抓住了重要契机。

我国在流失海外的珍贵档案文献遗产的追回上,也会通过外交手段谈判协商。例如,习近平总书记2015年9月访问美国期间,美国政府返还了一批珍贵的流失文物。谈判协商基于务实的态度,即使没有上升到国家层面的外交战略,也可以实现追回,例如,国家档案局、中国第一

---

① 毛雅君:《民国时期文献保护计划现状及思考》,《图书馆杂志》2017年第5期。
② 任竞、唐伯友:《抗战文献的国际交流合作机制与模式构建探析:基于重庆图书馆海外抗战文献的调查与征集实践》,《大学图书情报学刊》2012年第6期。
③ Ho Yean Choi, "The Analysis of the Preceding Studies on the Restitution of Cultural Property in Korea", International Journal of Social Science & Humanity, Vol. 4, No. 2, 2014, p. 145.

历史档案馆在2019年成立征集小组,通过反复协商,从荷兰莱顿大学东亚图书馆征集到9件明清珍贵档案文献遗产[①]。2021年,美国曼哈顿区返还12件珍贵文化遗产[②]。积极主动谈判协商,实现了流失海外的珍贵档案文献遗产集中保护。

(四)通过华人捐赠实现流失海外的少数民族档案文献遗产的集中保护

据《世界侨情报告（2020）》蓝皮书统计,截至2019年,全球有6700多万华人华侨广泛分布在各大洲198个国家和地区[③]。华人涉足文化、贸易、科教等不同领域,影响力不断扩大。

自1949年新中国成立以来,海外华人开始搜罗流失海外的档案文献遗产并捐赠回国,展现出海外华人对中华文化的认同感、归属感和责任感。除早期的捐钱、捐楼、投资等方式之外,捐赠代表中华文化的档案文献遗产逐渐成为华人捐赠的重要方面。根据资料记载,部分华人捐赠的流失海外档案文献遗产统计见表3-13。

表3-13　　　　部分华人捐赠的流失海外档案文献遗产统计

时间	捐赠华人	捐赠明细	受捐机构
1950年	香港收藏家胡慧春	268件陶瓷器[④]	上海市博物馆
1956年	新加坡黄子静家族	铜器、瓷器、书画等100余件,古籍近5000册[⑤]	广州市博物馆和广州市美术馆
1956年	香港名人邓又同	清代满族将军甲胄、胡方的《行草·书卷》等[⑥]	广州市博物馆

[①] 孙以东:《中国第一历史档案馆赴荷兰莱顿大学东亚图书馆征集明清档案》,《历史档案》2019年第3期。
[②] 西藏博物馆:《国家文物局成功从美国追索回国12件文物艺术品》,《中国西藏》2021年第6期。
[③] 侯光:《略说中国人移居海外的历史》,《文史杂志》2022年第1期。
[④] 单霁翔:《文化遗产·思行文丛·演讲卷（二）》,天津大学出版社2012年版,第163页。
[⑤] 广州市文化局、广州市地方志办公室、广州市文物考古研究所编:《广州文物志》,广州出版社2000年版,第375页。
[⑥] 雷鸣春主编、杨德新副主编:《广州文史·第五十三辑》,广东人民出版社1998年版,第144页。

续表

时间	捐赠华人	捐赠明细	受捐机构
1959—1964年	香港收藏家杨铨	古陶瓷、铜器、玉器、木雕、竹雕、古墨等5000余件①	广州、桂林的多家博物馆
1963—1964年	香港病理学家侯宝璋	汉朝至清朝的229件陶瓷器，包括湖南省湘阴县岳州窑瓷、各朝代青瓷；69件书画②	故宫博物院
1972年	香港同胞简又文	广东省最早的石刻"刘猛进碑"③	广东省博物馆
1975年	香港收藏家胡慧春	元代拓本《西岳华山碑》④	原文化部
1980年	美籍华人陆颂年	唐代荣启期铜镜；明代宣德炉2件⑤	上海市博物馆、故宫博物院
1982年	日本华侨蔡颂梅	明代画作《柳桥高士图》和《松荫观瀑图》⑥	故宫博物院
1982年	美国华侨杨令茀	玉器、牙雕、书画等100多件少数民族档案文献遗产⑦	故宫博物院
1985年	香港同胞叶义	清代犀角器81件⑧	故宫博物院
1987年	澳门同胞何鸿燊	书画、玉雕、石雕、牙雕、木雕、印玺及文房用品墨、砚、图章等共147件	国家文物局
20世纪90年代	旅日华侨朱福元	珍贵书画300余幅⑨	昆仑堂美术馆
1991年	英籍华人赵泰来	商周至唐宋元明清的历代珍贵古玉器、古字画、石像、铜像等5万多件⑩	江苏盐城博物馆、中国历史博物馆、广州艺术博物院、广东省资福寺佛教文化博物馆

---

① 广州市文化广电新闻出版局、广州市文物博物馆学会编：《广州文博·肆》，文物出版社2011年版，第300—301页。
② 刘北汜：《故宫沧桑》，紫禁城出版社2004年版，第164页。
③ 宋良璧：《古陶瓷研究论集》，岭南美术出版社2010年版，第283—286页。
④ 单霁翔：《文化遗产·思行文丛·演讲卷（二）》，天津大学出版社2012年版，第163页。
⑤ 当代上海研究所编：《当代上海大事记》，上海辞书出版社2007年版，第645页。
⑥ 故宫博物院编：《捐献铭记》，紫禁城出版社2005年版，第405—406页。
⑦ 杨世纯、杨世缄主编：《双松百年》，中国社会出版社2006年版，第291—294页。
⑧ 王世襄编著：《竹刻》，人民美术出版社1992年版，第177页。
⑨ 翟永桢：《故乡有知音 高风传桑梓：旅日华侨朱福元珍贵古字画捐赠家乡》，《人民日报》海外版，2004年11月16日第5版。
⑩ 吴峥：《赵泰来：胸怀天下的收藏大家》，《收藏界》2018年第3期。

第三章　区域协同导向的少数民族档案文献遗产集中保护

续表

时间	捐赠华人	捐赠明细	受捐机构
2006 年	美籍华侨范世兴、邓芳等 15 人	西汉陶编钟一组 9 件，着衣式男性裸体陶俑 4 件，着衣式女性裸体陶俑 6 件，着塑结合式彩绘陶俑 12 件①	陕西省汉阳陵考古陈列馆
2011 年	菲律宾华侨庄万里	民国时期的古籍 4148 册②	国家图书馆
2011 年	英籍华人单声	陶瓷器 180 件、玉器 20 件、字画 64 件、杂项 58 件③	江苏省泰州单声珍藏文物馆
2020 年	旅日华侨张荣	天龙山石窟"第 8 窟北壁主尊佛首"④	太原市天龙山石窟博物馆

2011—2016 年，国家图书馆接受古籍特藏捐赠共计 10457 种 42537 册（件），其中，海外华侨捐赠少数民族档案文献遗产类型集中在金石拓片、书画、金石书籍、普通古籍、照片、手稿⑤。

为了完善和鼓励华侨捐赠，广州、上海、福建、浙江、江苏、安徽、四川等地纷纷出台《华侨捐赠条例》。例如，2021 年修订的《浙江省华侨捐赠条例》明确提出"支持和保护华侨捐赠活动"，并指定"县级以上人民政府侨务主管部门负责华侨捐赠的指导、协调、服务和参与监督工作"，还加大了表彰力度，对有突出贡献的捐赠人，由县级以上人民政府或者有关部门按照规定予以表彰，获得省人民政府或者省有关部门表彰的捐赠人，在通关、就医、子女教育等方面享受相应的礼遇和优惠⑥，旨在积极保护海外华人华侨的捐赠权益，鼓励更多的华人华侨捐赠流失海外的珍贵档案文献遗产。

---

① 《15 位爱国人士集资购回流失海外文物》，《西安晚报》2006 年 12 月 17 日第 2 版。
② 雅昌新闻：《华侨毕生珍藏古籍赠国家图书馆》，[2020-08-30]，https://news.artron.net/20110726/n179781.html。
③ 胡建萍：《海外赤子桑梓情浓：记旅欧爱国侨领、著名法学博士单声》，《台声》2017 年第 7 期。
④ 梁涛：《逢盛世佛首回归　耀光华矢志复兴》，《太原日报》2021 年 7 月 28 日第 1 版。
⑤ 薛文辉：《新世纪以来国家图书馆接受古籍特藏捐赠形势及对策》，《文津学志》2018 年第 2 期。
⑥ 《浙江省人民代表大会常务委员会关于修改〈浙江省计量监督管理条例〉等八件地方性法规的决定》，《浙江日报》2021 年 8 月 24 日第 5 版。

第四章

基于评估的少数民族档案文献遗产精准保护

少数民族档案文献在文化生态、形成年代、载体材料、字迹颜料、装帧形式、语言文字、保存环境等方面具有其特殊性。例如,前四批入选《中国档案文献遗产名录》的少数民族档案文献遗产,从分布上看,主要分布在藏族、满族、蒙古族、彝族、布依族等12个少数民族以及党项族等已经消失的少数民族;从数量上看,少数民族档案文献遗产共计42件(组),占入选《中国档案文献遗产名录》总文献数量的29.58%;从文字上看,少数民族档案文献遗产包括满文、汉文、蒙文、藏文、彝文等11种文字记载;从载体上看,少数民族档案文献遗产有纸张、简牍、缣帛、金石等多种载体形式[1]。这些差异决定了其保护方法与普适性的档案文献遗产保护方法有所不同。普适性的档案文献保护方法可以在宏观上为少数民族档案文献保护提供指导,但存在保护需求识别不准、保护方法不适配、保护工作效率低等问题[2]。因此,少数民族档案文献遗产保护需要结合少数民族档案文献的载体特征、装帧特征、内容特征、环境特征、保护管理和保护技术现状的特征等,开展具有针对性、适配性、系统性的保护。

---

[1] 周耀林、陈洁:《我国珍贵少数民族档案文献遗产保护需求研究:基于对〈中国档案文献遗产名录〉的统计分析》,《兰台世界》2019年第4期。

[2] 周耀林、姬荣伟:《文献遗产精准保护:研究缘起、基本思路与框架构建》,《图书馆论坛》2020年第6期。

第一节　基于评估的少数民族档案文献遗产精准保护实施框架

普适性的档案文献遗产保护方法难以满足少数民族档案文献遗产保护在档案载体材质、装帧工艺、字迹颜料、环境控制、语言文字方面的特殊要求，由此导致了少数民族档案文献遗产保护与普适性档案文献遗产保护理论和技术方法之间的矛盾。

解决这个矛盾，首先，要以分层分类为基础，系统梳理濒危少数民族档案文献遗产保存现状与特殊需求。由于当前还没有针对少数民族特殊性的个性化的保护理论与保护方法，加之少数民族档案文献遗产中每个全宗、卷、件、页可能采用不同的载体、字迹、装帧，受损原因与受损程度各有所异。因此，有必要对档案文献遗产载体、字迹、装帧、受损与致濒信息按照"全宗—卷—件—页"（或"全宗—件—页"分类方法）不同层级进行分层信息采集，为识别这些档案文献遗产保护需求并靶向供给保护技术方法提供基础数据。

其次，需要根据基础数据制定我国少数民族档案文献遗产保护特殊需求的评估标准。结合少数民族档案文献遗产的实体保护现状，依据保护的主体、客体、环境、方法四个维度设置评估指标，并依此评估每一个全宗、每一卷、每一件、每一页档案文献遗产的损毁程度多少、价值大小、致濒风险高低、管理质量好坏，从而判断每一个全宗、每一卷、每一件、每一页档案文献遗产损毁级别与保护需求，有针对性地制定少数民族档案文献遗产保护方案。

最后，结合评估结果，为少数民族档案文献遗产保护提供针对性的、专门技术的靶向供给，使保护方案与保护需求高度适配，保障我国少数民族档案文献遗产得以长期传承与利用。

少数民族档案文献遗产的"分层采集信息—精准评估保护需求—靶向供给保护技术"构成了精准保护的逻辑结构。该逻辑的终点在于，研究少数民族档案文献遗产保护在文化、技术、制度、人才方面的保障机制,确保精准保护在实施层面的可行性与可持续性,包括:引导民族地区保护本地历史文化,制定适用于少数民族档案文献遗产减损、止损的制度规章,设计针对少数民族档案文献遗产特殊性保护需求的技术、设备、工具,培养具备少数民族档案文献遗产预防性保护、治理性保护和修复能力的专业人才,具体实施框架见图4-1[①]。

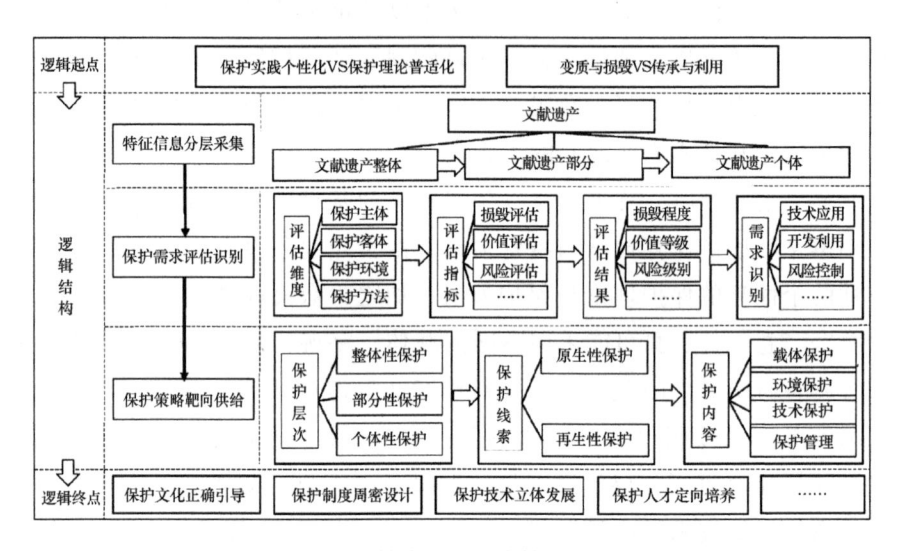

图4-1 少数民族档案文献遗产精准保护实施框架

第二节 少数民族档案文献遗产特征信息分层识别

档案文献遗产特征信息分层采集采用量化方法,在全宗概念下,以案卷(件)特征信息—页特征信息为项目,借鉴国内外文化遗产保护特征信息采集项目的经验,对少数民族档案文献遗产进行全方位、立体化的"体检"与"受损分析",从而改变少数民族档案文献遗产保护和修复"粗放式"管理的局面。

---

① 周耀林、姬荣伟:《文献遗产精准保护:研究缘起、基本思路与框架构建》,《图书馆论坛》2020年第6期。

一　少数民族档案文献遗产保护特征信息采集的层面与内容

依据我国古籍普查、文物普查、纸质档案保存状况调查等政策、标准、规范的要求，借鉴国内外文化遗产保护特征信息采集的实践项目，结合我国少数民族档案文献遗产的特殊性，确定我国少数民族档案文献遗产保护特征信息采集的层面与类别。

(一) 我国文化遗产保护特征信息采集的相关要求与规范

1. 纸质档案保存状况调查

档案保存状况的调查可以较为全面地了解和掌握馆藏档案的保存现状、破损程度、馆库条件和管理情况，使保管机构可以有重点、有针对性地开展档案抢救与修复工作。我国《纸质档案抢救与修复规范　第2部分：档案保存状况的调查方法》（GB/T 42468.2—2023）从档案实体保存现状调查、档案保存条件调查、档案抢救保护大事记三个方面规定了纸质档案保存现状的调查内容与具体方法，见表4-1。

表4-1　　　　　　　　　纸质档案保存状况调查内容

层面	内容
实体保存现状	档案实体保存现状的调查分为基本信息及案卷外观、卷内纸张保存情况两个层面，具体包括：档案形成时间、档案来源、纸张种类、字迹材料种类、酸化、霉变、虫蛀、老化、污染、撕裂、残缺、糟朽、粘连、皱褶、字迹洇化或扩散、字迹褪色或酸蚀、字迹磨损、不规范折叠、记录形式、不规范修复、案卷外观破损等
档案保存条件	库房朝向和建筑情况、档案装具、消防和安防配置、温度与湿度控制、防光措施、空气净化措施、有害生物防治措施、保管制度等
档案抢救保护大事记	对火灾、水灾、地震、泥石流等突发事件、档案丢失、损坏、虫害等安全事故的时间、受损程度、范围进行记录。同时，对以上事件中档案的抢救修复历史进行记录，包括修复、缩微、数字化等抢救修复历史的时间、修复程度与范围

2. 古籍普查

我国文化行业标准《古籍普查规范》（WH/T 21—2006）规定了古籍普查的规范与内容。古籍普查内容包含古籍的基本信息、破损记录与库房环境管理等特征信息，对少数民族档案文献遗产保存现状特征信息调查具有借鉴价值，见表4-2。

表4-2　　　　　　　　古籍普查采集的特征信息

层面	内容
基本信息	数量
书目、级别	书目数据、装帧形式、古籍级别
破损记录	文献破损部位、类别、级别、损量、影像、查检时间、修复需求建议的记录
库房环境及管理	数据编号，普查单位名称，库房环境查检时间，库房位置、面积、温湿度及其控制制度、控制设备，通风设备，防虫霉鼠害措施，光源，防灾系统，消毒设备，防灾应急计划，装具，库房管理制度、管理人员等

3. 文物普查

我国已经完成了三次全国文物普查工作，2023年启动了新一轮的普查工作。第三次全国文物普查领导小组办公室进一步完善了我国文物普查实施方案、技术标准与规范。文物普查采集的特征信息（见表4-3）对于少数民族档案文献遗产特征信息调查具有一定的参考意义。

表4-3　　　　　　　　我国文物普查采集的特征信息

层面	内容
机构信息	地址、级别、保护范围、面积
实体信息	名称、代码、地质及位置、GPS坐标、级别、面积、年代、统计年代、类别、所有权、使用情况、单体文物数量、单体文物说明、单体文物简介
保存现状	保存现状评估、现状描述
损毁原因	自然因素、人为因素、损毁原因描述
环境状况	自然环境、人为环境
使用情况	使用单位（人）、隶属、用途

4. 我国世界文化遗产保护状况的调研评估

2017年，国家文物局发布的《关于开展世界文化遗产保护状况调研评估工作的通知》为我国世界文化遗产保护现状调研评估的依据[①]。少数民族档案文献遗产是世界文化遗产的组成部分,因此,世界文化遗产保存现状调研内容可为采集少数民族档案文献遗产特征信息提供实践参考。

我国世界文化遗产保护状况调研内容包括各世界文化遗产的保护基础工作、保护管理、旅游与开发等方面,重点关注世界文化遗产所在地人民政府和世界文化遗产保护机构履职尽责情况,分析体制机制、协调沟通、保护管理、旅游开发等方面存在的问题,并由此评估我国世界文化遗产保护管理工作的成效与不足。考虑到世界文化遗产保护现状调研评估中的研究展示与服务,以及旅游与商业管控中的建设控制审批、管控机制、管控实效与少数民族评估差异性较大,因此,笔者重点参考其在基础工作和保护管理中的调研内容,见表4-4。

表4-4　　　　我国世界文化遗产保护状况调研评估内容

层面		内容
基础工作	机构与经费	机构名称、专业机构、专门的保护部门、机构总人数、专业技术人员人数、正高以上职称人数、副高以上职称人数、参加或组织专业技术类培训次数、参加培训累计人次、管理经费是否纳入所在地县级以上政府财政预算、近三年保护经费等
	法规与规划	已公布实施的保护管理法规及规章的项数、已有保护草案的项数、保护(管理)规划等
	要素与区划	文化遗产要素清单与分布图、遗产要素中各级文物保护单位的数量、依法划定并公布保护区划的保护单位数量等
	档案与公开	文化遗产保护记录档案、文化遗产更新及备案工作、文物保护相关内容与保护管理工作、世界文化遗产相关档案和材料社会公开等
	协调机制	跨部门协调机制、协调机构、协调会议、志愿者工作制度、志愿者培训、志愿者人数、舆情应对办法或预案、舆情控制等

---

① 中华人民共和国国家民族事务委员会:《关于开展世界文化遗产保护状况调研评估工作的通知》,[2020-08-27],https://www.neac.gov.cn/seac/zcfg/201012/1075076.shtml。

续表

层面		内容
保护管理	保存现状	遗产变化情况、遗产保存状态等
	保护项目	文化遗产日常保养维护制度、日常保养维护经费、文物保护项目情况、国家重点文物保护专项补助资金项目实施情况、文化遗产风险防控与专题研究情况等
	监测巡视	文化遗产巡视、日常巡查记录、文化遗产监测、监测平台、监测平台与中国世界文化遗产监测预警总平台对接情况等

不难看到，上述纸质档案、古籍、文物、文化遗产特征信息采集范围与具体内容既存在共性，也存在差异。

上述各类遗产特征信息采集的共性主要有：1. 实体保存现状、实体保存环境是不同文化遗产特征信息采集或保护现状调查的共同内容；2. 无论是普查还是保存、保护状况调查，其最终目的都是通过对各种类型遗产保护信息的采集和特征识别，为保护实施提供参考依据；3. 各类遗产信息调查均采用定期、不定期、动态监测的方式对其保存状态和保护需求进行及时更新，是一种随着管理、技术、环境的变化而不断跟踪调查的过程。

上述各类遗产特征信息采集的差异主要有：1. 纸质档案、古籍等纸质文献特征信息采集针对纸张载体的成分、破损类别、破损程度等内容设置了更为细致的调查项，如虫蛀、老化、污染、破损部位、破损量等；2. 相对于纸质档案，古籍、文物、文化遗产特征信息采集增加了对遗产保管机构或个人的基本信息的采集，如机构名称、机构重点文物保护单位的级别、机构管辖范围等；3. 相对于古籍、文物，我国纸质档案尚未开展针对少数民族档案的普查、档案特征信息采集或保存现状调研工作，我国少数民族档案文献遗产特征信息采集工作相对滞后；4. 纸质档案和文化遗产保存与保护状况调查强调了对抢救、保护项目实施情况的记录和建档。

（二）国外文化遗产保护特征信息采集项目实践经验

国外文化遗产保护机构采取"调查—分析—保护"的工作模式，将文化遗产现状调查与保护需求评估作为开展保护工作的依据，笔者以典型案例进行分析。

1. 小型多元化档案组织需求评估前期调研

美国跨系统图书馆联盟（LYRASIS）应美国历史出版和记录委员会（National Historical Publications and Records Commission，NHPRC）的要求，开展了针对小型多元化档案组织需求评估项目（Small and Diverse Archival Organization Needs Assessment Project）。其中，小型多元化档案组织是指预算小于等于10万美元或馆藏量小于等于1000立方英尺的档案文献库；需求评估内容包含机构特征、馆藏特征、开放获取、资源（专业协会关系）、保护管理、教育培训六个方面，见表4-5[1]。其中，开放获取、资源（专业协会关系）与档案文献遗产保护与修复工作关联度较低，因此未纳入参考范围。

表4-5　　　　LYRASIS 小型多元化档案组织需求评估调研数据

层面	内容
机构特征	机构名称、地址、国家、邮编、电话、邮箱、网站、上级单位、员工数量、员工雇佣形式、机构类别、机构性质
馆藏特征	图书与案卷数量、未装订或立卷的档案类型、图像档案类型、视频类型、音频档案类型、最有价值的馆藏及其原因
保护管理	最不擅长管理何种文献、是否做过正规的保护现状调研、最近五年是否有申请公共或私人的保护拨款、没有申请保护拨款的原因、会选择何种保护合作、机构管理人员是否认识到保护需求并有意开展保护工作、是否有保护教育培训、保护教育培训的内容、是否已对藏品进行评估以确定藏品中的每件物品对机构都有长期价值、阻碍藏品长期可持续发展的最大障碍、机构是否有保护政策、流程与规划
教育培训	近五年开展或参与过哪些教育培训

2. 国际图联藏品风险登记册与美国图书馆研究协会图书保护信息采集

国际图书馆协会联合会（International Federation of Library Associations and Institutions，IFLA）的"风险登记册"是藏品所有者开展风险管理的

---

[1] Society of American Archivists, "Small and Diverse Archival Organization Needs Assessment Survey (archivists. org)", [2022-03-02], https://www2.archivists.org/news/2020/small-and-diverse-archival-organization-needs-assessment-survey.

工具，有助于图书馆等机构对其馆藏关键信息进行编目和保护，适用于所有规模的文献遗产收藏机构①。IFLA 的风险登记项目，从机构、藏品、基本情况（包括风险信息、缓解措施和附加信息）三个方面采集了藏品的信息，见表 4-6。

表 4-6   国际图书馆协会联合会（IFLA）藏品风险登记内容

层面	内容
机构	机构名称、机构地址、机构联系人姓名、电话、职务、电子邮件
藏品	名称、描述、藏品所在国家、藏品存储地址、藏品照片、藏品丢失与损坏情况描述、藏品真实性、藏品是否属于《世界记忆名录》、藏品所有方的性质、保存该藏品的法律和行政责任信息、藏品访问权限、藏品版权
基本信息	藏品可能面临风险种类（含自然灾害、武装冲突、人为灾难）、国家响应机构、国家应急计划、员工灾难应急培训情况与培训规范、数字化合作伙伴关系等

美国图书馆研究协会（Association of Research Libraries，ARL）制定的《保护规划项目：图书馆辅助自学手册》（Preservation Planning Program: An Assisted Self-Study Manual for Libraries）提出，"设定信息目标并收集有关图书状况与保护活动现状的信息"是对比当前和预期保护需求，评估当前保护计划发展水平，明确优势与劣势，提出改进建议②。该《手册》收集的有关图书状况与保护活动现状的信息见表 4-7。

表 4-7   图书馆研究协会图书状况与保护活动现状信息采集内容

层面	内容
环境信息	空间、温度、相对湿度、光照、大气环境及装具等基础设施，库房整洁，供暖、通风、空调系统，热源

---

① International Federation of Library Associations and Institutions, "The IFLA Risk Register: Its History, Aims, and Methods", [2022-03-02], http://library.ifla.org/id/eprint/1341/1/211-brungs-en.pdf; International Fedration of Library Associations and Institutions, "Recognise Risks", [2022-03-03], https://www.ifla.org/recognise-risks/.

② Association of Research Libraries, "Preservation Planning Program: An Assisted Self-Study Manual for Libraries", [2022-03-03], https://www.arl.org/resources/preservation-planning-program-an-assisted-self-study-manual-for-libraries/.

续表

层面	内容
图书物理性能	数量、书龄、使用程度、酸化程度、脆化程度、糟朽程度、装帧装订的破损程度、磨损程度、数据丢失或读取不稳定
组织机构	保护需求和责任、保护知识与技能的现有水平、保护政策、保护程序、保护员工、保护预算
灾难控制	灾难控制能力、灾备活动、灾难应急计划、集体学习、易损性
保护资源	专业技术人员与知识、尚未使用的保护潜力、适用于员工培训与继续教育的各类资料、上级机构的资源、周边社区的资源、合作网络的资源、专业组织机构的资源
员工与用户培训	专业员工、辅助员工、志愿者、藏品保护、藏品修复、易损图书的更换
跨机构合作	资源共享、节省费用、筹措资金、信息与技术共享、培训与教育、援助、获得或加强政治权力、同行支持、制定颁布标准规范

3. 博物馆评估计划

自 1981 年至今，博物馆评估计划（Museum Assessment Program, MAP）通过自我评估和同行评审帮助了 5000 多家各类中小型博物馆，由此推动了文物标准化管理和运营规划。这一计划得到了美国博物馆与图书馆服务协会（Institute of Museum and Library Services）和美国博物馆联盟（American Alliance of Museums）的支持①。

博物馆评估旨在解决两个问题：1. 博物馆在多大程度上实现了其既定的使命和目标；2. 博物馆的表现在多大程度上符合该领域普遍理解的标准和最佳实践，并适合其环境。博物馆评估计划提供组织、馆藏管理、教育与揭示、社区与用户参与、董事会领导五类评估工具，见表 4-8②。评估有助于提高博物馆编写收藏计划、筹集收藏资金、改善馆藏管理、优先处理长期的馆藏管理问题、制定（或审查、修改）政策和程序、控制管理风险、评估管理人员需求、评估设施管理需求等能力。为进一步提升评估效果，美国博物馆与图书馆服务协会还将博物馆参与博物馆评

---

① American Alliance of Museums, "Museum Assessment Program", [2022-03-23], https://www.aam-us.org/programs/accreditation-excellence-programs/museum-assessment-program-map/.

② American Alliance of Museums, "Museum Assessment Program Application", [2022-03-23], https://www.aam-us.org/wp-content/uploads/2020/09/FINAL-MAP-PDF-Sample-Application-2020-w-OMB-Number.pdf.

估计划以及同行评议的结果与美国给博物馆颁发奖助金的标准进行挂钩①。

表4-8 博物馆评估计划相关内容

层次	内容
组织	任务，战略规划，组织生命周期，财政资源配置与发展，法律合规、公共披露、问责制，道德、透明和公开，治理（结构、组成、职能、角色），员工（角色、能力），安防、安全和应急计划，运营生态系统（社区组成和需求），设备，多样性、公平、获取和包容方面的问题（董事会、员工多样性、补偿股权）
馆藏管理	收购与获取馆藏，销毁与处置馆藏，馆藏管理贷款，伦理、文化和法律问题，环境监测与控制，存储与迁移，保护与保存，记录与编目，应急计划，收集计划，馆藏、资源和任务的一致性，人员配备、培训和资源配置
教育与揭示	教育内容的规划、告知、创建、交付和评估（计划及政策、内部和外部相关人员、传播格式、目标、成功衡量标准、影响），教育项目、馆藏、展览和任务之间的一致性，社区和观众（需求、了解程度、可交付成果），与当地教育生态系统的合作（博物馆如何被看待和用作教育资源），多样性、公平、获取和包容方面的问题（物理和智力可获取性、发言权），组织资源用于发挥教育角色（经费、人员、设施、馆藏）
社区与用户参与	社区对博物馆的了解和认知，博物馆对社区的了解和了解方式，谁参与了博物馆工作及其原因，收集了哪些社区及用户数据，吸引目标用户的障碍，多样性、公平、获取和包容方面的问题（如何体现社区，社区参与机会与发言权、外部活动的平等参与权），计划与政策，战略伙伴关系，用户体验与用户服务，组织资源配置
董事会领导	董事会组成和结构（多样性、技能、社区联系、招聘和培训、继任计划），董事会职责（倡导、监测和参与公共政策），促进机构多元化（筹集资金、战略规划、绩效评估），领导力和董事会活力（问责制与道德伦理、董事关系、博物馆核心标准与道德规范）

4. 澳大利亚土著文化遗产机构文化遗产调查

2016年开始实施的《澳大利亚国家环境状况报告——土著遗产机构

---

① Utah Division of Art and Museums, "National Standards & Best Practices for U. S. Museums", [2022-03-22], https://artsandmuseums.utah.gov/wp-content/uploads/2021/05/NatlStandards_AAM.pdf.

文化遗产调查》（Australia State of the Environment-indigenous Heritage Agencies Culture Heritage Survey）①对澳大利亚土著遗产的保存现状与趋势、压力及管理成效进行了调查评估，以此分析澳大利亚土著人民文化遗产保护状况与发展需求，见表4-9。

表4-9　　　　　　　澳大利亚土著遗产机构文化遗产调查

层面	内容
现状与趋势	是否在收集土著文化遗产相关数据方面取得了重大进展；土著文化遗产数量和保护地面积是否有所增加；是否有更系统、更专业的土著文化遗产评估项目；土著文化遗产是否保存完好并保留了其价值完整性；是否尽管使用土著语言的人数有所增加且出台了更多的语言振兴计划，但土著语言仍处于高度濒危状态
压力	气候变化（气温升高、降雨变化、海平面上升、消防变化、极端天气），人口（社区价值观、人口流动），经济增长（资源提取、开发、旅游），特殊的自然和本土压力（入侵物种、栖息地的减少、土地使用的变化、土壤污染），特殊的本土压力（知识流失、传统文化习俗和社会关系的流失、渐进式破坏）
管理成效	身份认同（澳大利亚的土著文化遗产是否得到了充分的理解和适当的认可，是否有足够的资源来调查、鉴定和评估澳大利亚的土著文化遗产），管理（负责管理澳大利亚土著文化遗产的人是否非常了解管理需求和流程，澳大利亚是否已制订了适当的管理计划或其他机制来管理澳大利亚的文化遗产），保护（澳大利亚的土著遗产通过现有的法定控制是否得到充分保护，土著文化遗产地是否是根据《布拉宪章》对文化遗产价值的理解和原则来决定的），领导力（澳大利亚是否有适当的治理结构来协调和管理土著遗产），节庆（澳大利亚的土著文化遗产是否很容易获取且很好地呈现，并有助于提升社区的地方认同感）

上述案例涉及国外档案、图书、文物（藏品）、文化遗产保护机构对馆藏资源调查和评估方面，存在一定的共性和差异。

国外各类遗产特征信息采集的共性包括：1. 国外文化遗产保护调查均从实体保护、保护管理、保护环境控制与风险管理方面进行；2. 国外

---

① Australia State of the Environment, "Indigenous Heritage Agencies Culture Heritage Survey", [2022-03-22], https://soe.environment.gov.au/sites/default/files/soe2016-supplementary-heritage-2017g_survey_ responses indigenous_heritage_agencies.pdf? acsf_files_redirect.

文化遗产保护调查非常重视文化遗产的保护管理，对保护管理类型进行了细分调查和登记，包括保护规划、问责制度、治理、保护资金、保护人员能力与培训、保护管理合规程度等多个方面。

　　国外各类遗产特征信息采集也存在差异，主要表现在：1. 相对于广义上的文化遗产保护，图书、档案等档案文献遗产保护调查更加关注其实体的保存现状与破损状况调查，对档案文献实体的酸化、脆化、糟朽、装帧、内容完整度进行了更加细致的调查与登记；2. 由于"特殊群体"文化遗产的稀缺性，文化遗产保护现状调查增加对"特殊群体"文化遗产中文化内容与文化价值传承能力的调查，包括文化认同、文化理解、文化治理、文化呈现等；3. 不同于档案、图书、文物，文化遗产保护现状调查或多或少地关注了文化遗产的开放、公开、透明、社区和用户参与，认为文化遗产的开放获取与利用是文化遗产保护管理的一部分；4. 相对于档案、图书保存现状调查登记，文物、文化遗产调查不仅调查登记了文化遗产保管机构的保护管理行为，更从"有效性"视角审视评价了保护管理行为的科学性和成效。

（三）国内外文化遗产保护特征信息采集实践的分析与启示

　　对比国内外文化遗产保护组织机构资源调查评估内容发现，国内外文化遗产特征信息采集存在以下共性：1. 国内外文化遗产特征信息采集与保护现状调查的内容均较为全面，内容涵盖文化遗产预防性保护、治理性保护、修复多个方面，并从管理、技术、风险等视角进行了分类调查、采集与登记；2. 采集内容均涉及文化遗产保管机构的基本信息、文化遗产本体的保存现状、文化遗产保护管理（含培训、教育）、文化遗产保护技术、文化遗产保护环境与风险、文化遗产的价值；3. 保护管理调查中，均将外部合作协同纳入调查范围，例如，美国图书馆研究协会（ARL）关于图书状况与保护活动现状信息采集内容和我国世界文化遗产保护状况调研评估均将保管机构的外部合作情况纳入信息采集内容范围。

　　国内外文化遗产特征信息采集也存在差异，主要表现在：1. 国外特征信息采集层面更加多维，不仅关注机构、实体、环境等现状层面，也将国家相关管理措施纳入调查范围，为国家层面改进文化遗产保护政策、制度、标准提供参考依据。例如，国际图书馆协会联合会（IFLA）的

"风险登记手册"不仅登记了有关藏品管理机构的风险信息,也登记了"国家响应机构、国家应急计划"等国家层面相关的信息。2. 我国纸质档案保护状况调查和古籍、文物普查虽然对档案文献遗产本体、内容和保存状态进行了较为全面的调查登记,但相对于世界文化遗产调查评估以及国外的文献遗产保护需求调查评估而言,保护状况调查与保护需求评估之间尚未形成紧密的关联,尚未作为一个整体工作一并开展。3. 国外对土著人民的文化遗产调查关注到了"身份认同""文化习俗与本土知识的流失"等文化层面的保护需求,有助于思考如何通过完善少数民族档案文献遗产内容的保护和传承,以便维护少数民族人民对自我身份和地方文化的理解和认同。4. 国外文化遗产保护现状调查更多地关注到了对文化遗产内容价值的传播,旨在通过文化遗产保护和开放维护文化多样性,并强调文化遗产保护管理过程中社会、社区和用户平等获取和参与文化遗产保护的权利。

综合我国纸质档案、古籍、文物、文化遗产特征信息采集范围、具体内容并参考国外文化遗产保护现状调查评估中的调查项目,我国少数民族档案文献遗产特征信息采集可以采取"取长补短、因地制宜"的原则,突出民族地区特征,尽量覆盖全面,采集少数民族档案文献遗产保管机构(个人)基本信息、实体保存状况(含破损情况、少数民族特征、内容价值特征等)、保护管理信息(含跨部门协作状况)、保护技术与合规程度信息、库房与外部环境信息、抢救与保护历史信息、档案文献遗产内容及其价值的传承现状与传承能力等信息,由此建立针对抢救和保护的我国少数民族档案文献遗产基础数据。此外,在调查我国少数民族档案文献遗产保护现状与合规程度的同时,应具备动态发展的眼光,既关注少数民族档案文献遗产保护现状,也考虑其损毁趋势,全面了解各种保护需求与国家已有的文化遗产保护政策、制度、技术标准的差异,以及现状与规定无法调和的情况,为国家层面调整我国少数民族档案文献遗产保护政策、制度、标准规范等提供参考。

(四)少数民族档案文献遗产保护特征信息采集内容

参考上述国内外经验,我国少数民族档案文献遗产保护特征信息采集需要进一步完善，主要表现在：

普查的范围为：我国各民族地区组织机构、社会团体和个人手中的少数民族档案文献遗产。采集工作以"发现未登记在案的少数民族档案文献遗产""调查、登记我国少数民族档案文献遗产基本情况""量化著录我国少数民族档案文献遗产保存状况、管理现状、环境状况、修复历史及其变化情况"为主要内容。在普查的基础上，掌握少数民族档案文献遗产的分布。

结合少数民族语言文字、载体及其制成材料的特殊性、字迹颜料及其成分的特殊性、保存环境的特殊性、少数民族文化等特征，综合现有档案文献遗产特征信息采集包含的信息要素类型，借鉴国内外文化遗产保护状况调查内容，同时考虑到我国少数民族档案文献的特征，明确了针对少数民族档案文献遗产保护特征信息采集的层面与内容。

因此，综合考虑保护主体、保护客体、保护方法和保护环境对少数民族档案文献遗产长期保存的影响，并从历史发展的视角，将档案文献遗产抢救与修复的历史过程与记录加入特征信息的采集范围，形成了我国少数民族文化遗产特征信息采集内容，见表4-10。

表4-10　　我国少数民族档案文献遗产保护特征信息采集内容

类别	层面	内容
保护主体	机构/个人信息	机构名称、收藏者姓名、机构（个人）地址、机构性质、机构职能、机构（个人）联系方式
保护客体	本体基本信息与保护现状	案卷保护现状：名称、类型、档号、民族、数量、分布、形成时间、来源、语言文字、语言文字濒危程度、载体类型与成分、民族文化与工艺、内容说明与简介、内容及价值、字迹材料种类、破损情况与破损原因描述（酸化、霉变、虫蛀、老化、污染、撕裂、残缺、糟朽、粘连、皱褶、字迹洇化或扩散、字迹褪色或酸蚀、字迹磨损、不规范折叠、记录形式、不规范修复、外观破损等）、真实性、数字化程度、开放程度（权限）、数据丢失率
	卷内（件）保护现状	
	页（数据）保护现状	

续表

类别	层面	内容
保护方法	保护管理现状	保护制度（含保护职责、安全问责等）、标准与规范，保护预算，保护专项资金，应急响应组织与计划，员工灾难与突发事件应急培训情况，少数民族档案保护与修复专业人员数量、保护技能教育培训情况，少数民族档案保护与修复项目数量与验收结果、流失程度、翻译情况、出版情况等
	保护技术水平	技术工具及实施效果、保护设备与应用效果、新技术研发与应用等
	内容价值活化	对少数民族档案文献遗产文化内容的认同（包括身份认同、地方认同等），内容价值完整程度，少数民族档案文献遗产中的传统文化习俗、社会关系、知识的流失程度（渐进式破坏情况）、开放程度、社会及用户参与情况，少数民族在档案文献遗产内容与价值阐释过程中的发言权
	保护与修复记录	受损时间、受损程度、范围，档案的抢救修复的时间、方法、技术、材料、设备，修复范围、修复程度等
保护环境	馆库保存条件	库房建筑合规程度、档案装具、消防和安防配置、温度与湿度控制、防光措施、空气净化措施、有害生物防治措施、专业技术人员与知识、适用于员工培训与继续教育的各类资料、上级机构的资源、周边社区的资源、合作网络的资源、专业组织机构的资源
	风险信息	潜在风险种类（含民族地区极端天气与自然灾害、武装冲突等）

上述采集内容中，笔者结合少数民族档案文献遗产特点，加入了"民族""语言文字""数量""分布""民族文化与工艺""载体类型与成分""内容及价值""专项资金""保护与修复的项目数量与验收结果""保护与修复的方法、技术、材料、设备""流失程度、翻译情况、出版情况"以及少数民族档案文献遗产内容价值活化的调查内容。具体内容如下：

"民族""语言文字"信息有助于更好地识别档案文献遗产的民族语言文字特征。

"数量""分布"有助于识别我国少数民族档案文献遗产保存的地域特征，指导我国对分布邻近的少数民族档案文献遗产进行集中保护。

"民族文化与工艺"用于识别少数民族档案文献遗产形成过程中特有的载体制作工艺、档案装帧工艺、信息记录与文化表达技艺等。

"载体类型与成分"重点分析经书、唐卡等少数民族档案文献遗产使用的特殊的载体及其化学、物理特征。

"内容与价值""语言文字濒危程度"能够依据少数民族档案文献遗产的内容价值判断档案文献遗产的损毁及濒危程度,从而开展有针对性的分级保护。

"专项资金"用于判断机构是否具备档案文献遗产长期保存的管理职能、专业能力,是否可以申请财政预算与专项资金。

"保护与修复的项目数量与验收结果"用来分析档案文献遗产保管机构的现有保护水平和成效。

"档案保护与修复方法、技术、材料、设备"等历史记录可为后期档案保护与修复工作提供历史参考数据。

"流失程度、翻译情况、出版情况"旨在识别我国少数民族档案文献遗产的完整性,以及现有遗产内容的保护与开发情况,为进一步征集、购买我国流失在各地的少数民族档案文献遗产、传承少数民族历史文化提供参考。

"内容价值活化"有助于识别我国少数民族档案文献遗产中具有珍贵历史文化价值的内容、知识、习俗的传播与传承情况,为征集、补充我国少数民族档案文献遗产内容,进一步开放、传播少数民族档案文化故事,强化少数民族文化认同提供参考。

由于精准保护与修复档案文献受损的方法不涉及少数民族档案文献遗产内容与价值的开发、利用、传播与传承,因此,特征信息采集中没有过多加入此方面的内容。

二 少数民族档案文献遗产保护特征信息采集主体

少数民族档案文献遗产保护特征采集工作离不开管理层面、技术层面、实施层面的专业人员,因此,需要从管理、技术支持、具体实行三个方面分析负责和参与我国少数民族档案文献遗产保护特征信息采集的行为主体。

(一)国家档案局——采集工作组织者

采集工作组织者是指统筹管理我国少数民族档案文献遗产保护特征

信息采集的组织机构，负责制定少数民族档案文献遗产保护特征信息采集范围、采集内容、采集标准、重点任务和工作计划。

少数民族档案文献遗产保护特征信息采集工作涉及范围广、工作量大，且具有跨行业特征。国家档案局作为我国档案工作主管部门，具有统筹指导、协调全国档案工作的职能，具备联合我国文化和旅游部共同完善各级各类档案文献遗产保管机构共同采集少数民族档案文献遗产特征信息的能力，通过国家档案局科技项目立项等方式长期支持我国少数民族档案文献遗产保护研究，在指导民族地区档案保护工作方面具有职能和经验优势。

国家档案局在牵头该项工作时，在我国少数民族档案文献遗产保护特征信息采集工作中发挥组织者作用的同时，联合国家图书馆、国家文物局等单位共同制定少数民族档案文献遗产采集工作的任务计划与标准规范，协调各级各类档案馆、图书馆、博物馆等机构共同完成信息采集工作。

(二) 专家委员会——采集工作专业指导者

专家委员会由在采集少数民族档案文献遗产保护特征信息过程中作为知识、技术顾问的专家、学者、少数民族原住民等组成。

少数民族档案特征信息采集涉及少数民族文化、文献载体、字迹颜料、自然环境等方面的专业理论和技术，离不开相关领域专家、技术人员的共同努力。我国少数民族档案文献遗产专家委员会基于"区域性国家重点档案保护中心"建设成果，形成东南、西南、东北、西北四个民族区域的少数民族档案文献遗产专家委员会，参与制定适用于区域内少数民族档案文献遗产保护特征信息的采集方案与标准规范，为少数民族档案文献遗产特殊保护需求的靶向供给提供理论和技术指导。

(三) 档案文献遗产保管机构——采集工作实施者

采集工作执行者是具体负责并执行少数民族档案文献遗产保护特征信息采集的机构及其工作人员。

档案馆、图书馆、博物馆等少数民族档案文献遗产保管机构是实施少数民族档案文献遗产保护特征采集工作的主要执行者，负责全面、准确、及时地识别、整合、上报我国少数民族档案文献遗产的保存现状、风险信息、损毁程度、特殊性保护需求等特征信息，为"区域性国家重点档案保护中心"专业人员分析保护需求、制定方案提供参考数据。为了确保信息采集工作的顺利进行，民族地区各级档案文献遗产保管机构应加快对馆藏少数民族档案文献遗产的普查、著录与数字化，著录少数民族档案文献遗产的特征数据，并对档案抢救与修复历史进行建档。

负责采集少数民族档案文献遗产保护特征的工作人员需具备以下素养：1. 了解我国少数民族档案保护工作的政策方向、法规与管理制度；2. 熟悉少数民族档案文献遗产的保存环境；3. 掌握少数民族档案的载体成分特征、字迹颜料特征、保护设备与工具等基础知识；4. 具备一定的档案保护理论、技术方法方面的专业知识，如知晓采集对象的破损原因、保护与修复技术方法等。

少数民族档案文献遗产专家委员会成员可以接受少数民族档案文献遗产保管机构的委托，与机构工作人员一起识别、采集少数民族档案文献遗产的受损情况、特殊性保护需求，将外部工作经验和研究成果应用于少数民族档案"减濒""脱濒"工作中，提高少数民族档案文献遗产保护需求识别的全面性和准确性。

三　少数民族档案文献遗产特征信息采集方法

少数民族档案文献遗产特征信息采集分为"试点先行，统筹规划，分段推广""定期调查，立体采集，全面登记""建设专库，集中管理，联网运行"三个方面。

（一）试点先行，统筹规划，分段推广

首先，选取具有代表性的地区和单位进行试点，开展我国少数民族档案文献遗产特征信息采集工作。我国可在东北、西北、东南、西南四个主要民族地区选择1—2个地区开展少数民族档案文献遗产特征信息采集工作试点。在试点工作中梳理可能存在的语言文字障碍、破损程度划分障碍等，并针对上述障碍研究解决方案。

其次，在试点工作基础上，对我国少数民族档案文献遗产特征信息采集工作进行统筹规划，包括：制定我国少数民族档案文献遗产特征信息采集范围、流程、方法、行为规范、技术标准、质量控制要求等，并设计采集信息登记表或相关的信息系统。为确保全国少数民族档案文献遗产特征信息采集的规范性，国家档案局应制定配套的工作指南、实操培训课程与教材供各地参考。例如，贵州省民族宗教事务委员会、黔南民族师范学院共同编制了《贵州省少数民族古籍普查手册》，直接指导民族古籍普查工作。

最后，从机构到个人，从区域、省域到各个具体机构，从档案系统内部到档案系统外部，分阶段推广我国少数民族档案文献遗产特征信息采集工作。我国少数民族档案文献遗产具有内容丰富、实体散存的特点，为了全面采集我国少数民族档案文献遗产特征信息，充分掌握少数民族档案文献遗产的保存状况，可建立"区域级—省级—市级—区（县）级—乡镇级"五级档案文献遗产特征信息采集机制。地方档案主管部门统筹调查、登记、汇总档案系统内部馆藏少数民族档案文献遗产特征信息，了解区域内少数民族档案文献遗产的存量、种类、分布、流失情况；同时，联合当地图书馆、博物馆、科研院所等档案文献遗产保管机构，对档案系统外散存的少数民族档案文献遗产进行调查、登记、汇总，与利益相关者共享少数民族档案文献遗产目录信息。此外，地方档案主管部门需组建少数民族档案文献遗产特征信息采集工作组，深入社区、少数民族聚居区、乡镇等地调查个人收藏的少数民族档案文献遗产状况，通过征集、采购、复制、拍照、现场检测等方式，登记、汇总散存在个人手中的少数民族档案文献遗产。

（二）定期调查，立体采集，全面登记

定期调查是指由国家档案局或"区域性国家重点档案保护中心"、区域保护中心、省域保护中心定期组织开展少数民族档案文献遗产特征信息采集工作，不断拓展采集广度，强化采集深度。各级档案主管部门依据不断更新的保护要求，定期调查、汇总、更新我国少数民族档案文献遗产特征信息，逐步完善我国少数民族档案文献遗产家底清查工作。

立体采集是指在少数民族档案文献遗产特征信息采集过程中，除了对少数民族档案文献遗产保管机构基本信息、实体特征信息、保存环境信息、抢救与修复历史信息等进行调查登记外，还可对民族地区的自然环境、文化环境、少数民族人民档案文献保护意识、民族语言濒危程度等信息进行调查登记，为制定我国少数民族档案文献遗产保护方案提供多维度的参考依据。

全面登记是指在少数民族档案文献遗产特征信息采集过程中，采用文字、拍照、录音、录像等多种手段，对少数民族档案文献遗产的保存状态、保存环境、保护管理方式、档案内容价值等进行立体记录，为建立我国少数民族档案文献遗产保护数据库提供原始数据。

（三）建设专库，集中管理，联网运行

为了集中管理我国少数民族档案文献遗产特征信息，国家档案局应在全面开展特征信息采集工作的基础上，配套建设我国少数民族档案文献遗产特征信息采集登记基本数据库。该数据库的建设，一方面可以实现我国少数民族档案文献遗产特征信息的及时存储、汇总与集中管理；另一方面有助于国家从区域、民族、载体、年代等多个维度分析、识别我国少数民族档案文献遗产的实体特征、保护现状特征、民族语言文字特征等，分区域建设我国少数民族档案文献遗产总台账。

具体行动上，可由民族地区各级各地档案主管部门对本区域内档案系统内部、档案系统外部、社会个体收藏的少数民族档案文献遗产的特征信息进行汇总、自检自查、纠错、更新后，统一上传到省级档案主管部门。省级档案主管部门对基层档案馆采集到的数据进行审校、汇总后，统一上传到我国少数民族档案文献遗产特征信息采集登记基本数据库。

不同于我国常见的档案管理数据库，我国少数民族档案文献遗产特征信息采集登记基本数据库应契合我国少数民族档案文献遗产特征，著录项包括且不限于：地域、收藏单位及联系方式、收藏个人及联系方式、题名、页数、民族、语言文字、载体类型、装帧工艺、破损情况等。为了更好地服务少数民族档案文献遗产精准保护，该数据库应联网运行，支持跨机构信息检索；支持汉语和少数民族语言文字的共检索；设置地域、民族、载体类型、破损程度、语言文字、装帧工艺等具有少数民族档案文献遗产特征的检索途径，方便保护人员快速梳理、识别少数民族档案文献遗产的特殊性。同时，对于具有相同特征属性或相似的档案文献遗产的抢救、修复与保护，系统可建立关联提示，辅助档案文献遗产保护人员交流经验，优化保护方案。

第三节 少数民族档案文献遗产保护需求评估

少数民族档案文献遗产需求评估是通过构建精准保护需求评估体系，采用量化评估方法，判断、评价少数民族档案文献的损毁程度、特殊保护需求，分析导致档案损毁的因素，并据此制定有针对性的保护方案的过程。

笔者通过文献调研、案例分析、文本分析三种研究方法，构建我国少数民族档案文献遗产精准保护需求评估指标体系，具体阐释了指标体系的设计依据和指标内涵，并从评估主体、评估方式、评估流程与方法三个方面说明了精准保护需求评估的具体实施方案。

一 保护需求评估体系

与全面采集特征信息不同，保护需求评估是对少数民族档案文献遗产的存储与保护的评价，以识别当前档案文献遗产保护的不足与保护需求。为了构建科学合理的精准保护需求评估指标体系，笔者依据量化管理、差异化管理、可持续发展的保护原则，参考国际、国内档案文献保护相关的标准规范以及国内外档案文献遗产保护需求评估的维度与模型，制定适用于我国少数民族档案文献遗产保护需求的评估标准体系。

（一）保护需求评估维度

1. 我国少数民族档案文献遗产保护需求的内容特征

新中国成立以来，我国档案文献保护内容要素包括文献遗产保护基本原理、档案保护原则、保护政策、保护管理、文献载体材料、媒介载体、有害生物防治、档案载体与字迹材料、理化因素及其控制、保护环境、库房建筑与装具、保护设备与仪器、档案保护与修复技术、档案安全与灾难防治、缩微与数字化、档案文化传承等[1]。档案文献遗产的内容、价值特色、馆藏地址与分布特征、形态、数量、文种、开发与利用途径均是我国档案文献遗产保护和价值开发需要调查的因素[2]。同时，有学者补充认为档案保护管理制度是保障保护技术发挥作用的前提[3]。独特的、极有价值的档案，应在保存和保护措施上制定专门的保护标准，设计针对性的解决方案[4]。随着档案文献遗产再生性保护的发展，建立统一的档案文献遗产保护成果登记册和共享网络成为了新兴的保护需求[5]。

少数民族档案文献遗产以少数民族文字符号等方式记录[6]，内容反映少数民族问题[7]，由少数民族机构、组织和个人在社会活动中形成的材料[8]。相对于统称的档案文献遗产，少数民族档案文献遗产保护在政策、管理、技术、环境控制方面具有特殊性。政策方面，少数民族档案普查、征集与整理、档案抢救与保护是少数民族档案文献遗产保护的主

---

[1] Harvey R., Mahard M. R., *The Preservation Management Handbook*: *A 21st-century Guide for Libraries*, *Archives*, *and Museums*, Lanham: Rowman & Littlefield, 2014, p.23; Croft J., "The Preservation Evolution: A Review of Preservation Literature, 1999-2001", *Library Resources & Technical Services*, Vol.47, No.2, 2003, p.59; Jordan S. K., "A Review of the Preservation Literature, 1993-1998: The Coming of Age", *Library Resources & Technical Services*, Vol.44, No.1, 2000, p.4; Pinheiro A. C., Sequeira S. O., Macedo M. F., "Fungi in Archives, Libraries, and Museums: A Review on Paper Conservation and Human Health", *Critical Reviews in Microbiology*, Vol.45, No.5-6, 2019, p.686; 周耀林：《对1949—2000年我国档案保护技术研究论文的统计分析》，《档案学研究》2002年第4期；钟万梅：《1980年以来我国档案保护技术学研究发展趋势：基于人大版档案保护技术学教材参编者论文统计分析》，《档案》2017年第11期；Kiraz M., "Protection Problems of Rare Books in Archives and Libraries and Basic Recommendations", *Art-Sanat*, No.9, 2018, p.161.

[2] 全国哲学社会科学规划办公室：《我国档案文献遗产调查及其文化价值研究：〈我国档案文献遗产调查及其文化价值研究〉成果简介》，[2020-08-13]，http://cpc.people.com.cn/GB/219457/219506/219508/219529/14640289.html。

[3] 赵淑梅：《论档案保护技术与管理的关系》，《档案学通讯》2009年第2期；张美芳：《文献保护技术呼唤文献保护技术管理》，《档案学通讯》2009年第1期。

[4] Fischer B., "Goethe-and Schiller-Archive, Weimar: Guidelines for the Preservation and Conservation", *Restaurator*, Vol.30, No.1-2, 2009, p.89.

[5] Theodorakopoulos C., Colbourne J., "The Development of Northumbria University Collections, Materials and Conservation Research Archive", *Journal of the Institute of Conservation*, Vol.39, No.2, 2016, p.170.

[6] 裴桐：《让少数民族档案的花朵盛开：中国档案学会理事长裴桐在少数民族档案史料评述讨论会闭幕式上的讲话》，《档案学研究》1988年第1期。

[7] 杨中一：《云南省少数民族现行档案的调查与探索》，《档案学研究》1991年第2期。

[8] 中国档案学会编：《少数民族档案史料评述学术讨论会论文选集》，档案出版社1988年版，第23页。

要关注点①。管理方面，少数民族档案文献保护管理集中关注档案多元收集、科学整理、抢救性保护、共享化服务、可持续利用、保障体系建设六个方面②，但实际工作存在保管机构众多、缺乏协商协同机制的问题。国家文化和旅游部、国家档案局、国家民委等部门均从各自职能和专业视角开展少数民族文献遗产保护，古籍、档案、纸质文物之间管理体制不明③。同时，我国少数民族档案文献遗产地域性特征显著，大量分布、保存在少数民族聚居地的组织机构、社会团体和民间个人手中，薄弱的档案保护力量和科研能力制约了少数民族档案文献遗产的保护。技术方面，少数民族档案文献遗产载体类型和装帧具有民族特色，鄂温克旗人民政府档案以线装为主，鄂温克族、鄂伦春族、达斡尔族等少数民族旧政权档案则大量采用经折装，在档案修复过程中应尽量还原其原始的装帧工艺。文字方面，满—通古斯语族借用蒙文、满文和汉字记录本民族重大活动④，档案保护专业技术人员不仅需要具备档案保护技术，还需学习、理解少数民族语言、文字。载体方面，藏族地区的藏文古籍发生粘连、霉蚀、烬毁、絮化、砖化以及书叶烬毁现象较为严重，加固、除湿、脱酸、修补等工作成为近年来我国民族地区少数民族文献遗产保护工作的重点之一⑤。环境方面，民族地区复杂多变的自然环境和高海拔地区的强烈日照使我国部分少数民族档案脆化严重，极端的自然环境增加了馆库环境控制的难度，如西藏自治区档案馆馆藏的会供仪仗彩绘长卷、宁夏的西夏文佛经均颜色脱落严重⑥。部分民族地区馆库环境较差，罕有档案馆为少数民族档案设置专门的特藏室⑦。

---

① 常大伟：《我国少数民族档案文献遗产保护政策量化研究：基于128份政策文本的内容分析》，《档案学研究》2020年第3期。

② 李姗姗、邱智燕：《基于CiteSpace的我国少数民族档案文献遗产保护研究述评与展望》，《档案学研究》2020年第1期。

③ 黄玉婧、周耀林：《少数民族档案文献遗产保护的历史与展望》，《中国档案研究》2018年第2期。

④ 何晓晶、李兴平：《"三少民族"档案保护现状与对策》，《中国档案》2019年第3期。

⑤ 计思诚：《藏文古籍修复探析：以纳格拉山洞藏经修复为例》，《图书馆理论与实践》2018年第11期。

⑥ 周耀林、陈洁：《我国珍贵少数民族档案文献遗产保护需求研究：基于对〈中国档案文献遗产名录〉的统计分析》，《兰台世界》2019年第4期。

⑦ 刘为、张若娴、张馨元、杜昕：《傣族档案文献遗产传承保护研究》，《档案学研究》2016年第3期。

· 187 ·

现有研究和实践表明，我国少数民族档案文献遗产在保护主体、保护客体、保护技术方法、保护环境方面具有较为显著的特殊性，见表4-11。在我国普适的档案文献遗产保护内容的基础上，我国少数民族档案文献遗产保护需求评估内容可进一步细化为以下四个方面：（1）保护主体方面，评估我国少数民族档案文献遗产保管机构和个人的保护能力。（2）保护客体方面，识别并评估少数民族档案文献遗产载体、字迹、装帧、文字复原等方面的特殊性保护需求。（3）保护技术方法方面，通过评估识别少数民族档案文献遗产保护管理方法和保护技术方法与已有技术规范之间的差距，进一步改善保护管理和保护技术的需求。（4）保护环境方面，评估民族地区自然环境、馆库环境等影响少数民族档案文献遗产长期保存的因素，识别少数民族档案文献遗产保护的特殊环境控制需求。

表4-11　　我国少数民族档案文献遗产保护的特殊需求

分类	内容	来源依据
保护主体	评估保护主体及其保护管理能力的需求	华林等[1]
保护客体	分卷、分件、分页识别少数民族档案文献遗产在载体材质、字迹颜料、记录方式、装帧和文字识别方面特殊的保护技术需求，制定少数民族档案文献遗产价值评价标准的需求	计思诚[2]，何晓晶、李兴平[3]
保护技术方法	识别少数民族档案文献遗产保护在政策、管理制度等方面的特殊的保护管理需求信息，识别少数民族档案文献遗产修复与长期保存所需材料、技术、工具的需求，建设我国少数民族档案文献遗产保护专项数据库的需求	华林等[4]，黄玉婧、周耀林[5]，蔡梦玲、张美芳[6]，周耀林等[7]，李姗姗、邱智燕[8]

---

[1]　华林、刘大巧、许宏晔：《西部散存民族档案文献遗产集中保护研究》，《档案学通讯》2014年第5期。

[2]　计思诚：《古籍数字化实践与探讨：以〈国家珍贵古籍名录〉数字化为例》，《图书馆理论与实践》2018年第7期。

[3]　何晓晶、李兴平：《"三少民族"档案保护现状与对策》，《中国档案》2019年第3期。

[4]　华林、杨诗琦、方美林：《共建共享视域下的新疆民族档案文献遗产数字化建设研究》，《山西档案》2017年第3期。

[5]　黄玉婧、周耀林：《少数民族档案文献遗产保护的历史与展望》，《中国档案研究》2018年第2期。

[6]　蔡梦玲、张美芳：《藏文档案修复常用藏纸的性能研究》，《档案学通讯》2018年第4期。

[7]　周耀林、孙晶琼、费丁俊：《嵌入保护属性的少数民族档案文献遗产数据库概念模型研究》，《档案学通讯》2019年第5期。

[8]　李姗姗、邱智燕：《基于CiteSpace的我国少数民族档案文献遗产保护研究述评与展望》，《档案学研究》2020年第1期。

续表

分类	内容	来源依据
保护环境	依据民族地区特殊的自然环境、馆库环境,识别少数民族档案文献遗产保护特殊的环境风险控制需求	刘为等[1],周耀林、陈洁[2]

2. 国外文化遗产保护需求评估案例分析

目前,我国图书、档案方面尚未开展保护需求评估相关的工作。国外现已开展的文献遗产保护方面的保护需求评估项目可以为本书提供实践经验。为此,笔者调研了国外较为成熟的档案文献遗产保护需求评估方案,以及土著居民、部落等"特殊群体"档案文献遗产保护需求评估方案,并对其评估维度和评估内容进行了梳理,以期为我国少数民族档案文献遗产保护需求评估提供参考经验,见表4-12。

国外档案文献遗产保护需求评估项目显示,无论是内部评估还是外部评估,评估的最终目标是找出档案文献遗产保管机构在档案文献遗产保护工作中存在的问题、障碍,识别需要改进的地方。表4-12表明,大多数档案文献遗产保管机构考虑到了馆藏保存状态、保护环境与保护方法(含再生性保护技术)以及对于保护需求的强调,但侧重点也有所不同。美国东北文献保护中心(NEDCC)、美国图书馆研究协会(ARL)、美国艺术和历史文物保护中心(CCAHA)的评估内容强调了灾难控制与风险评估。美国图书馆研究协会(ARL)与纽约文献遗产保护服务中心(Documentary Heritage Preservation Services for New York)强调了组织机构的保护管理。美国图书馆研究协会(ARL)将文献遗产保护机构的保护资源、外部合作关系与外部可获取的资源纳入了评估维度,认为申请资源与获取合作也是必不可少的保护需求。

美国部族档案馆、图书馆、博物馆协会(The Association of Tribal Archives, Libraries and Museums)、加拿大图书档案馆(Library and Archives Canada)开展了针对"特殊群体"档案文献遗产保护需求的评估。其中,

---

[1] 刘为、张若娴、张馨元、杜昕:《傣族档案文献遗产传承保护研究》,《档案学研究》2016年第3期。

[2] 周耀林、陈洁:《我国珍贵少数民族档案文献遗产保护需求研究:基于对〈中国档案文献遗产名录〉的统计分析》,《兰台世界》2019年第4期。

表4-12　国外文化遗产保护需求评估维度与内容

评估主体	类型	评估维度	评估内容
美国东北文献保护中心（Northeast Document Conservation Center, NEDCC）[①]	保护需求评估	建筑环境与风险防控	建筑特征与现状、气候控制、污染控制、光线控制、有害生物控制、库房管理、外部风险、防潮（防潮）、防火、灾难预警与应急、建筑安防、藏品开放控制、私人存储与展示区环境风险防控等
		藏品调查	一般馆藏和处理实践（存储用具、档案封装、特殊馆藏存储与现状（书籍、小册页、文件和手稿、大幅或框状材料、新闻纸、剪贴簿、视听材料等）、藏品交接、照片和底片、缩微胶片保存、影印保存、转录照片和视听材料、数字成像）、装帧、文献修复和治理（内部治理、专业保护）
美国图书馆研究协会（Association of Research Libraries, ARL）[②]	保护需求自我评估	环境信息	空间、温度、相对湿度、光照、大气环境及装具等基础设施、库房整洁、供暖、通风、空调系统、热源
		图书物理性能	数量、年龄、使用程度、酸化程度、脆化程度、装帧装订的破损程度、磨损程度、数据丢失或读取不稳定
		组织机构	保护需求和责任、保护知识与技能的现有水平、保护政策、保护程序、保护员工、保护预算
		灾难控制	灾难控制能力、灾备活动、灾难应急计划、集体学习
		保护资源	专业技术人员与知识、尚未使用的保护潜力、适用于员工培训与继续教育的各类资料、上级机构的资源、周边社区的资源、合作网络的资源、专业组织机构的资源

[①] NEDCC, "Assessing Preservation Need-Self-Survey Guide Embed", [2022-03-04], https://www.nedcc.org/assets/media/documents/apnssg.pdf.
[②] ERIC, "Planning for Preservation. Spec Kit 66. Association of Research Libraries, Washington D. C. Office of Management Studies", [2022-03-04], https://eric.ed.gov.

续表

评估主体	类型	评估维度	评估内容
美国图书馆研究协会（Association of Research Libraries, ARL）	保护需求自我评估	员工与用户培训	专业员工、辅助员工、志愿者
		跨机构合作	资源共享、节省费用、筹措资金、信息与技术共享、培训与教育、援助或加强政治权力、同行支持、提供无法获取的服务、制定颁布标准规范
美国艺术和历史文物保护中心（Conservation Center for Art and Historic Artifacts, CCAHA）①	保护评估	保护需求评估	温湿度和污染等环境、内务管理、防火、害虫防治、安全和灾备、藏品存储、藏品组织、藏品展示、藏品修复、易损图书的更换
		风险评估	对馆藏管理政策和程序的分析、设施和建筑位置、环境条件、安全和防火、害虫和霉菌控制、气候和地址风险
		"按件"保护评估	保护者对藏品中材料状况的评估，以分配保护优先级并确定行动计划
		数字保存评估	为案卷内所有文件材料提供保护现状报告和保护建议，并协助对单个保护对象进行优先保护处理
纽约文献遗产保护服务中心（Documentary Heritage Preservation Services for New York）②	保护需求外部评估	机构管理	评估机构与数字保存馆相关的保护需求，评估数字保存的战略目标、政策、技术资源以及流程和工作流程、员工、规划、开放、外联
		藏品管理	政策、程序、规划、入库与出库、组织与描述、原生数字文件与档案数字化、藏品（档案）管理系统、文件管理
		藏品保护与存储	建筑与环境、藏品长期保存与库房、展览

① Conservation Center for Arts and Historic Artifacts, "Conservation Center for Art and Historic Artifacts", [2022-02-22], https://ccaha.org/services/surveys-consultation.

② DHPSNY, "Documentary Heritage Preservation Services for New York", [2022-02-22], https://dhpsny.org/.

续表

评估主体	类型	评估维度	评估内容
美国部族档案馆、图书馆、博物馆协会 (The Association of Tribal Archives, Libraries and Museums)①	部落档案保护需求评估	整体需求评估	经费申请与资金需求、社区支持需求、保存环境与设施需求、藏品保护政策需求(整体规划、数字化规划、藏品管理政策和程序、保护规划、灾难预防与应急响应规划、虫害防治计划、战略规划、利用政策等)、员工能力与经验、培训需求、文件格式保护需求、档案数字化管理需求、本土语言需求、濒危语言保护需求、本土文化和工艺支持需求等
加拿大图书档案馆 (Library and Archives Canada)②	土著文化遗产资源评估和验证	评估和验证利用资源表达土著文化遗产的适用性	土著文化资产资源的生产过程、语言和图像、土著知识观和世界观、第一民族的历史和当代写照

① Association of Tribal Archives, Libraries, and Museums, "A Needs Assessment of Tribal Archives", [2022-02-22], https://www.atalm.org/sites/default/files/Archives%20Survey%2012-10.pdf.

② Library and Archives Canada, "Assessing and Validating Resources-Aboriginal Heritage", [2022-02-22], https://www.bac-lac.gc.ca/eng/discover/aboriginal-heritage/Documents/Assessing%20and%20Validating%20Sources.pdf.

美国部族档案馆、图书馆、博物馆协会（Association of Tribal Archives, Libraries and Museums）从资金、环境、政策、管理、员工保护能力、实体保护、数字化保护、语言保护、土著文化与工艺保护等多个视角分析了美国部落土著文献遗产的保护需求[1]，有助于结合土著档案文献遗产的实体特征、环境特征、管理特征和内容特征制订专门的保护计划。加拿大图书档案馆（Library and Archives Canada）从当地土著资源的内容方面，评估和验证了当前利用文本和图像等资源呈现和表达土著档案文献遗产的合适性，从档案文献遗产内容传播与知识传承方面识别了加拿大土著档案文献遗产的保护需求[2]。

部落、土著等"特殊人群"档案文献遗产保护需求评估内容显示，相对于非土著人群，土著档案文献遗产保护需要更加重视对土著档案文献遗产内容、语言、文字的专项保护与传承。同时，土著档案文献遗产保护离不开当地文化生态系统，需要借助土著社区、土著社会关系、文化历史、社会习俗等外部力量实现保护目标。

上述国外6家档案文献遗产保管机构开展的档案文献遗产保护需求评估项目显示，评估项目的内容可以分为以下四个主要模块：

一是保护主体：主要为档案文献遗产保管机构、员工及用户的保护能力及其提升需求，如机构的保护职责、保护能力；

二是保护客体：主要为档案文献遗产本体的受损现状及修复需求，档案文献遗产的内容价值识别，档案文献遗产文化内容的保护、传播与传承，如档案、图书的脆化程度、糟朽程度、濒危语言文字保护需求、本土知识与世界观的保护与展示等；

三是保护环境：主要指档案文献遗产保存的库房环境、外部环境及风险因素以及环境风险控制需求，如库房温湿度等；

四是保护方法：主要为档案文献遗产保护管理方法和保护技术方法，

---

[1] Association of Tribal Archives, Libraries and Museums, "A Needs Assessment of Tribal Archives", [2022-02-22], https://www.atalm.org/sites/default/files/Archives%20Survey%2012-10.pdf.

[2] Library and Archives Canada, "Assessing and Validating Resources-Aboriginal Heritage", [2022-02-22], https://www.bac-lac.gc.ca/eng/discover/aboriginal-heritage/Documents/Assessing%20and%20Validating%20Sources.pdf.

如跨机构保护合作、藏品修复、藏品（档案或古籍）管理系统、档案文献遗产抢救与修复历史记录等。

（二）保护需求评估指标体系

基于少数民族档案文献遗产特征信息采集内容，借鉴国外文献遗产保护需求评估的实践经验，笔者从保护主体、保护客体、保护方法、保护环境四个维度，分析少数民族档案文献遗产保护需求的评估维度，以期通过量化评估精准识别少数民族档案文献遗产的保护需求，并据此提供靶向供给。

1. 以国际国内文献遗产保护标准规范为依据

少数民族档案文献遗产保护需求评估的目的是找出保护现状与保护要求之间的差距。差距要素与差距程度反映了保护需求的重点内容与档案文献遗产的损毁程度。国际、国内档案文献遗产保护技术标准规范可为我国少数民族档案文献遗产精准保护提供对标依据和评估指引。笔者参照国际、国内正式出台的档案文献保护技术标准规范，设计我国少数民族档案文献遗产保护需求评估指标。目前，国际和国内关于档案文献保护的相关标准有《信息和文件——档案馆和图书馆馆藏管理》（ISO/TR 19814：2017）、《文档存储要求和保存条件》（ISO/TC 46/SC10）、《档案馆应急管理规范》、《纸质档案抢救与修复规范》等，内容包含载体耐久性与破损定级、价值定级、保护和修复的技术标准与管理规范、保存环境控制与条件保障、安全风险防范等多个方面。具体内容见表4-13。

表4-13　　　　　　　有关文献保护的标准规范

层面	类别	标准规范
保护客体	实体破损定级与价值定级标准规范	《纸质档案抢救与修复规范　第1部分：破损等级的划分》《古籍特藏破损程度定级标准》《古籍定级标准》《文物藏品定级标准》等
保护方法	保护与修复技术标准规范	《档案修裱技术规范》《纸质档案数字化规范》《档案虫霉防治一般规则》《纸质档案抢救与修复规范　第3部分：修复质量要求》等
保护方法	保护管理标准规范	《信息和文件——档案馆和图书馆馆藏管理》《古籍保护修复档案记录规范》《馆藏纸质文物保护修复方案编写规范》《馆藏纸质文物保护修复档案记录规范》等

续表

层面	类别	标准规范
保护环境	保护环境标准规范	《文档存储要求和保存条件》《图书馆古籍藏书库基本要求》《档案馆应急管理规范》《档案馆安全风险评估指标体系》《档案库房空气质量检测技术规范》等

2. 以国内外文化遗产调查评估内容为参考

在国际、国内档案文献保护标准规范的基础上，笔者将国内外档案文献遗产保护需求评估实践中采用的评估项目，作为设计我国少数民族档案文献遗产保护需求评估指标体系的参照内容，以期弥补现有标准规范的不足。例如，借鉴美国图书馆研究协会"保护需求自我评估"，将档案文献遗产保管机构的"保护需求和责任、保护知识与技能的现有水平"纳入我国少数民族档案文献遗产主体保护能力评估内容项。

3. 以档案损毁等级为精准保护的定级依据

在一段时间内，我国少数民族档案文献遗产保护资源具有一定的有限性，因此，有必要在精准保护的过程中实施分级保护。为了实现保护资源的优化配置，需要依据少数民族档案文献遗产的损毁等级来判断保护需求的紧迫程度和保护需求供给的优先级。结合我国古籍破损的定级，古籍、文物价值定级，档案馆安全风险评估指标体系等标准规范，我国少数民族档案文献遗产的识别可以通过档案文献遗产的实体破损程度、价值大小与长期保存风险高低来判断损毁等级，如图4-2所示。破损程度越高、价值越大、风险越高的少数民族档案文献遗产损毁等级越高，越需优先进行保护与修复。

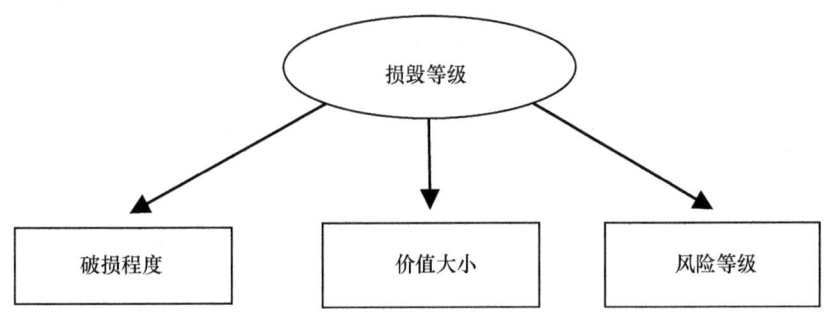

图4-2 档案文献遗产损毁等级判断依据

4. 确定评估指标具体内容

为了保证少数民族档案文献遗产特征信息采集内容与保护需求评估的一致性，笔者从保护主体、保护客体、保护方法、保护环境四个维度设计了少数民族档案文献遗产保护需求评估指标体系。其中，保护主体维度主要评估少数民族档案文献遗产保管机构的保护能力现状及保护能力提升需求；保护客体维度主要区分为少数民族档案文献遗产破损等级与价值等级评估，破损评估判断少数民族档案文献遗产的破损程度，价值评估判断文献遗产的价值大小，两者共同作为判断少数民族档案文献遗产客体保护需求的依据；保护方法维度主要评估保护管理与保护技术两个方面的保护需求；保护环境维度主要评估少数民族档案文献遗产馆库条件与风险管理方面的保护需求。

少数民族档案文献遗产保护需求评估指标体系设计过程主要参照了现有档案文献保护规范标准中的关键性内容和适用于档案文献遗产保护工作的内容。由于笔者旨在识别少数民族档案文献遗产具有特殊性的保护需求，因此，保护需求评估指标中增加了针对少数民族档案文献遗产特征的评估要素。

少数民族档案文献遗产保护需求评估采取定性评估与定量评估相结合的方法。笔者构建了4个一级指标类别、5个一级指标、28个二级指标的评估指标体系，并分析了二级指标的内涵、准则和选取依据，见表4-14。

（三）保护需求评估结果的分析

保护需求评估结果的分析包括保护需求的识别与保护需求程度的判断两个方面。其中，保护需求的识别旨在发现保护现状不满足保护要求的具体"差距点"。保护需求程度的判断则通过综合破损分级、价值定级、风险定级的级别，对比各项保护需求的紧急程度。

1. 保护需求的识别

保护需求的识别通过评估指标中"是/否"的定性判断，发现保护现状不符合保护要求的差距点。保护需求评估指标体系中，填写了"否"的指标，均为不合格项。不合格项反映了保护现状与保护需求的"差距点"。找出这些"差距点"是实现"精准保护"的关键。此外，少数民族档案文献遗产保护方法需求中的具体举例，如少数民族档案文献

第四章　基于评估的少数民族档案文献遗产精准保护

表4-14　少数民族档案文献遗产保护需求评估表

类别	一级指标	二级指标	指标说明	评估准则	选择依据
1 保护主体	1.1 能力评估	1.1.1 职能	保护主体的保护责任	收藏、保管少数民族档案文献遗产的组织机构和个人是/否具有管理职能（职责）	美国图书馆研究协会"保护需求自我评估"① 纽约文献遗产保护外部服务中心"保护需求评估"② 博物馆评估计划③
		1.1.2 专职人员	保护主体的数量	收藏、保管少数民族档案文献遗产的组织机构和个人是/否具有少数民族档案文献遗产保护与修复专业技术人员，专业技术人员是/否足够	
		1.1.3 胜任力	保护主体的保护能力	保护少数民族档案文献遗产的专业技术人员能/否胜任保护工作的要求	
2 保护客体	2.1 破损等级评估	2.1.1 酸化	生产和保管过程中导致pH值降低，酸性增大	特残破损：pH≤4.0 严重破损：4.0<pH≤5.0 中度破损：5.0<pH≤5.5 轻度破损：5.5<pH≤6.5	《纸质档案抢救与修复规范 第1部分：破损等级的划分》④
				是/否存在特殊的致酸源，具体举例：	
		2.1.2 老化	保存利用过程中因自身或外部因素导致的性能逐渐降低的现象	特残破损：机械强度严重降低，裂口、破碎现象 严重破损：机械强度使用明显降低、发黄、发脆、翻动时候出现掉渣、絮化等现象严重 中度破损：机械强度有一定程度的降低或有少量的氧化斑 轻度破损：轻微的发黄、发脆	
				是/否存在特殊的加速老化的载体成分，具体举例：	

① ERIC, "Planning for Preservation. Spec Kit 66. Association of Research Libraries, Washington D. C. Office of Management Studies", [2022-03-04], https://eric.ed.gov.
② DHPSNY, "Documentary Heritage Preservation Services for New York", [2022-02-22], https://dhpsny.org/.
③ American Alliance of Museums, "Museum Assessment Program Application", [2022-03-23], https://www.aam-us.org/wp-content/uploads/2020/09/FINAL-MAP-PDF-Sample-Application-2020-w-OMB-Number.pdf.
④ 国家市场监督管理总局、国家标准化管理委员会：《纸质档案抢救与修复规范 第1部分：破损等级的划分》（GB/T 42468.1—2023）。

续表

类别	一级指标	二级指标	指标说明	评估准则	选择依据
2 保护客体	2.1 破损等级评估	2.1.3 霉变	霉菌作用导致其理化性能下降或污染的现象	是/否存在特殊的霉菌种类，具体举例： 特残破损：霉变面积>30% 严重破损：20%<霉变面积≤30% 中度破损：5%<霉变面积≤20% 轻度破损：霉变面积≤5%	《纸质档案抢救与修复规范 第1部分：破损等级的划分》
		2.1.4 虫蛀	害虫蛀食、污染的现象	是/否存在特殊的有害生物，具体举例： 特残破损：虫蛀面积>30% 严重破损：20%<虫蛀面积≤30% 中度破损：5%<虫蛀面积≤20% 轻度破损：虫蛀面积≤5%	
		2.1.5 撕裂	人为或者外力因素导致载体呈裂损状的现象	特残破损：撕裂面积>75% 严重破损：50%<撕裂面积≤75% 中度破损：25%<撕裂面积≤50% 轻度破损：撕裂面积≤25%	
		2.1.6 污染	水渍、油斑、墨斑、金属锈斑、蜡斑、霉斑、泥斑等	是/否存在特殊的污渍，具体举例及主要成分： 特残破损：污染面积>60% 严重破损：20%<污染面积≤60% 中度破损：5%<污染面积≤20% 轻度破损：污染面积≤5%	
		2.1.7 残缺	残破、缺失或装订受损等现象	补缺是/否需要特殊的补纸材料等，具体举例： 特残破损：残缺面积>40% 严重破损：20%<残缺面积≤40% 中度破损：5%<残缺面积≤20% 轻度破损：残缺面积≤5%	

第四章 基于评估的少数民族档案文献遗产精准保护

续表

类别	一级指标	二级指标	指标说明	评估准则	选择依据
2 保护客体	2.1 破损等级评估	2.1.8 粘连	由于潮湿、灰尘、霉菌、长期放堆挤压等原因造成的黏结现象	特残破损：粘连面积>50% 严重破损：20%<粘连面积≤50% 中度破损：5%<粘连面积≤20% 轻度破损：粘连面积≤5%	《纸质档案抢救与修复规范 第1部分：破损等级的划分》
		2.1.9 字迹洇化扩散	字迹色素扩散导致字迹模糊、影响识读的现象	特残破损：严重影响信息识读 严重破损：勉强可以识读 中度破损：基本可以识读 轻度破损：基本不影响识读 字迹恢复是/否需要特殊的颜料、油墨等，具体举例：	
		2.1.10 字迹褪色	载体色度减退而逐渐模糊、影响识读的现象	特残破损：严重影响识读 严重破损：勉强可以识读 中度破损：基本可以识读 轻度破损：基本不影响识读	
		2.1.11 不规范整理	载体受损或字迹磨损的现象	特残破损：不规范折叠，导致载体断裂或字迹磨损无法识读 严重破损：不规范折叠，导致载体部分磨损但可以勉强识读 中度破损：不规范折叠，导致字迹磨损但基本可以识读 轻度破损：不规范折叠，导致字迹磨损但基本不影响识读	
		2.1.12 装帧破损	装帧缺损、断裂、开缝等影响装帧完整性的现象	特残破损：装帧材料酸化、脆化、絮重、装帧断裂、缺损，难以使用 严重破损：装帧材料酸化较为严重，装帧缺损、开缝、裂缝，但基本可以使用 中度破损：装帧材料出现酸化现象，装帧部分缺损，装帧轻微磨损、裂缝，装帧材料可以使用 轻度破损：装帧材料出现轻微的酸化现象，装帧轻微磨损，装帧材料不影响使用 装帧修复是/否需要特殊的原材料，具体举例：	

· 199 ·

续表

类别	一级指标	二级指标	指标说明	评估准则	选择依据
2 保护客体	2.1 破损等级评估	2.1.13 数据丢失	数据受损至无法识读或数据丢失	特残颇损：数据丢失>40% 严重破损：20%<数据丢失≤40% 中度破损：5%<数据丢失≤20% 轻度破损：数据丢失≤5%	《纸质档案抢救与修复规范 第1部分：破损等级的划分》
	2.2 价值等级评估	2.2.1 一级	内容、形式、风格极具代表性，意义极重大	2.2.1.1 反映国家整体和少数民族各个历史时期的生产关系及其经济制度、政治制度，以及有关社会历史发展的特别重要的代表性； 2.2.1.2 反映民族地区历代生产力的发展、生产技术的进步和科学发明创造的特别重要的代表性； 2.2.1.3 反映少数民族社会历史发展和促进民族团结、维护祖国统一的特别重要的代表性； 2.2.1.4 反映少数民族历代劳动人民反抗剥削、压迫和著名起义领袖的特别重要的代表性； 2.2.1.5 反映少数民族历代中外关系和在政治、经济、军事、科技、教育、文化、艺术、宗教、卫生、体育等方面相互交流的特别重要的代表性； 2.2.1.6 反映少数民族抗御外侮、反抗侵略的历史事件和重要历史人物的特别重要的代表性	《文物藏品定级标准》① 《中国少数民族文字古籍定级》② Operational Guidelines for the Implementation of the World Heritage Convention-Criteria for the assessment of Outstanding Universal Value③ Operational Guidelines for the Implementation of the World Heritage Convention-Criteria for the Inscription of Properties on the List of World Heritage in Danger④ Memory of the World Register-Justification for Inclusion/Assessment against Criteria⑤ Assessing the Values of Cultural Heritage⑥

---

① 文化和旅游部：《文物藏品定级标准》，[2022-02-22]，https://www.gov.cn/zhengce/2001-09/26/content_5T12557.htm。

② 国家市场监督管理总局、中国国家标准化管理委员会：《中国少数民族文字古籍定级》（GB/T 36748—2018）。

③ UNESCO World Heritage Center，"The Operational Guidelines for the Implementation of the World Heritage Convention 2021"，[2022-03-03]，https://whc.unesco.org/en/guidelines/.

④ UNESCO World Heritage Center，"The Operational Guidelines for the Implementation of the World Heritage Convention 2021"，[2022-03-03]，https://whc.unesco.org/en/guidelines/.

⑤ UNESCO，"Memory of the World Register Nomination Form"，[2022-03-07]，http://www.unesco.org/new/fileadmin/MULTIMEDIA/HQ/CI/CI/pdf/mow/nomination_forms/serbia_miroslav_gospel.pdf.

⑥ Getty，"Assessing the Values of Cultural Heritage"，[2022-03-07]，https://www.getty.edu/conservation/publications_resources/pdf_publications/pdf/.

续表

类别	一级指标	二级指标	指标说明	评估准则	选择依据
2 保护客体	2.2 价值等级评估	2.2.1 一级	内容、形式、风格极具代表性、意义重大	2.2.1.7 反映少数民族历代著名的思想家、革命烈士、政治家、军事家、科学家、教育家、艺术家、工艺家、英雄楷模、爱国人士等重要人物以及相关组织、团体的代表性； 2.2.1.8 反映少数民族现存或已消失的文化传统、生活习俗、文化艺术、工艺美术，宗教信仰等具有重要价值的代表性； 2.2.1.9 具有民族地区少数民族独特风格或语言文字，对濒危语言文字保护具有重要价值； 2.2.1.10 反映少数民族濒危语言文字，真实完整且十分稀缺。 2.2.1.11 其他具有特别重要社会、历史、艺术、审美、科学、宗教等价值的代表性的； 2.2.1.12 与少数民族相关，真实完整且十分稀缺。	《文物藏品定级标准》 《中国少数民族文字古籍定级》 Operational Guidelines for the Implementation of the World Heritage Convention-Criteria for the Assessment of Outstanding Universal Value
		2.2.2 二级	内容、形式、风格具有代表性、重要	2.2.2.1 反映我国各民族各个历史时期的生产力和生产关系及其经济制度、政治制度，以及有关社会历史发展等具有重要价值； 2.2.2.2 反映某一民族或某一个时代特有文明及文化交流的具有重要价值； 2.2.2.3 反映某一民族现存或已消失一历史人物、历史事件或对研究某一历史问题有重要价值； 2.2.2.4 反映少数民族历史上的重大事件、重要人物、工艺等形成的重要代表作品； 2.2.2.5 少数民族历代著名文化家、书法家、艺术家、著名烈士，著名英雄模范等具有重要价值； 2.2.2.6 反映少数民族历史上的重大事件、重要人物、著名烈士、著名英雄模范等具有代表性的。	Operational Guidelines for the Implementation of the World Heritage Convention-Criteria for the Inscription of Properties on the List of World Heritage in Danger Memory of the World Register-Justification for Inclusion/ Assessment against Criteria Assessing the Values of Cultural Heritage

续表

类别	一级指标	二级指标	三级指标	指标说明	评估准则	选择依据
2 保护客体	2.2 价值等级评估	2.2.2 二级		内容、形式、风格具有代表性、意义比较重要	2.2.2.7 反映我国各民族重大历史事件、重大建设成就、著名领袖人物、著名烈士及爱国人士、重要英雄模范等具有重要价值； 2.2.2.8 具有少数民族独特风格或形式的重要遗产； 2.2.2.9 反映少数民族濒危语言文字的重要遗产； 2.2.2.10 其他具有重要社会、历史、艺术、审美、科学、宗教等价值的遗产； 2.2.2.11 与少数民族相关、真实、完整目较为稀缺的遗产。	《文物藏品定级标准》 《中国少数民族文字古籍定级》 Operational Guidelines for the Implementation of the World Heritage Convention-Criteria for the Assessment of Outstanding Universal Value Operational Guidelines for the Implementation of the World Heritage Convention-Criteria for the Inscription of Properties on the List of World Heritage in Danger Memory of the World Register-Justification for Inclusion/Assessment against Criteria Assessing the Values of Cultural Heritage
		2.2.3 三级		内容、形式、风格等具有一定的代表性、意义比较重要	2.2.3.1 反映我国和各民族各个历史时期的生产力和生产关系及其经济制度、政治制度，以及有关社会历史发展的比较重要的档案文献遗产； 2.2.3.2 反映一个民族或某一时代的具有比较价值的档案文献遗产； 2.2.3.3 反映少数民族某一历史民族成人物，对研究某一历史问题有比较价值的档案文献遗产； 2.2.3.4 反映少数民族历史上重大事件的档案文献遗产； 2.2.3.5 反映我国代各民族历史重大历史事件、重大建设成就、重要领袖人物、著名烈士与爱国人士、著名英雄模范等具有比较重要价值的档案文献遗产； 2.2.3.6 反映少数民族濒危语言文字的档案文献遗产； 2.2.3.7 其他具有比较重要的社会、历史、艺术、工艺、审美、科学等价值的档案文献遗产； 2.2.3.8 与少数民族相关、真实、较为完整目比较稀缺的档案文献遗产。	

第四章　基于评估的少数民族档案文献遗产精准保护

续表

类别	一级指标	二级指标	指标说明	评估准则	选择依据
2 保护客体	2.2 价值等级评估	2.2.4 一般	除上述级别以外，具有长期保存价值的档案文献遗产	2.2.4.1 反映我国或各民族各个历史时期的生产力和生产关系及其经济制度、政治制度，以及有关社会历史发展历史的档案文献遗产，具有一定价值的档案文献遗产； 2.2.4.2 反映少数民族特殊文化、习俗、工艺、宗教信仰等，具有一定价值的档案文献遗产； 2.2.4.3 具有少数民族独特风格或形式的一般性的档案文献遗产； 2.2.4.4 反映少数民族或民族地区某一历史事件、历史人物，具有一定价值的档案文献遗产； 2.2.4.5 其他具有一定社会、历史、艺术、审美、科学等价值的档案文献遗产。	《文物藏品定级标准》 《中国少数民族文字古籍定级》 Operational Guidelines for the Implementation of the World Heritage Convention-Criteria for the Assessment of Outstanding Universal Value Operational Guidelines for the Implementation of the World Heritage Convention-Criteria for the Inscription of Properties on the List of World Heritage in Danger Memory of the World Register-Justification for Inclusion/Assessment against Criteria Assessing the Values of Cultural Heritage
3 保护方法	3.1 保护方法需求评估	3.1.1 保护管理	与档案文献遗产保护和修复相关的规范化的管理方法	是否定期开展对少数民族档案文献遗产受损、退变等病害状况检查； 是否制定有对少数民族档案文献遗产保护的政策、制度； 现有少数民族档案文献遗产保护的政策、制度、管理规范是否满足保护需求，特殊需求率； 是否有充足的资金或资源用于支持少数民族档案文献遗产保护；	《纸质档案抢救与修复规范 第3部分：修复质量要求》（GB/T 42468.3—2023）。 《纸质档案抢救与修复规范 第4部分：修复操作指南》（GB/Z 42468.4—2023）。 《馆藏纸质文物保护修复规范》③

① 国家市场监督管理总局、国家标准化管理委员会：《纸质档案抢救与修复规范 第3部分：修复质量要求》（GB/T 42468.3—2023）。
② 国家市场监督管理总局、国家标准化管理委员会：《纸质档案抢救与修复规范 第4部分：修复操作指南》（GB/Z 42468.4—2023）。
③ 中华人民共和国国家文物局：《馆藏纸质文物保护修复方案编写规范》（WW/T 005—2010）。

续表

类别	一级指标	二级指标	指标说明	评估准则	选择依据
3 保护方法	3.1 保护方法需求评估	3.1.1 保护管理	与档案文献遗产保护和修复相关的规范化的管理方法	是否开展针对少数民族档案文献遗产保护的教育、培训； 是否对少数民族档案文献遗产保护过程中的不当行为进行问责； 是否对少数民族档案文献遗产破损情况与修复记录进行建档； 现有的少数民族档案文献遗产保护管理方法的有效性：十分有效、比较有效、一般、无效。	
		3.1.2 保护技术	与保护和修复相关的科学、规范的技术标准	保护技术与保护质量是否符合《纸质档案抢救与修复规范 第3部分：修复质量要求》； 是否需要针对少数民族档案文献遗产载体、颜料、幅面、装帧，记录方式等研究专门的整理方法、修复技术与技术等，具体举例； 是否需要针对少数民族档案文献遗产保护研制专门的材料、工具、设备，具体举例； 是否需要针对少数民族档案文献遗产保护制定专门的技术标准，具体举例； 少数民族档案文献遗产数字化完成度： 高：完成度>80% 较高：50%<完成度≤80% 一般：20%<完成度≤50% 低：完成度≤20%	《纸质档案抢救与修复规范 第3部分：修复质量要求》 《纸质档案抢救与修复规范 第4部分：修复操作指南》 《馆藏纸质文物保护修复方案编写规范》

第四章 基于评估的少数民族档案文献遗产精准保护

续表

类别	一级指标	二级指标	指标说明	评估准则	选择依据
3 保护方法	3.1 保护方法需求评估	3.1.2 保护技术	与保护和修复相关的科学、规范的技术标准	少数民族档案文献遗产可全文检索的比例： 高：完成度>80% 较高：50%<完成度≤80% 一般：20%<完成度≤50% 低：完成度≤20% 是否需要建设针对少数民族档案文献遗产保护数据库。	《纸质档案抢救与修复规范》第3部分：纸质档案抢救与修复质量要求》《纸质档案抢救与修复规范》第4部分：纸质档案抢救与修复操作指南》《馆藏纸质文物保护修复方案编写规范》
		3.1.3 内容活化	少数民族文化内容保护	是否具有针对少数民族档案文献遗产翻译、编研和出版方面的障碍； 是否对少数民族档案文献遗产中的濒危语言文字进行专项保护； 是否对少数民族档案文献遗产中的本土文化和工艺进行专项保护； 保护过程是否适应少数民族地方文化生态系统，保持与地方文化生态的一致性。 保护工作是否有助于提高对少数民族的文化认同，身份认同和地方认同。	《部落档案保护需求评估》[1]《土著文化遗产资源评估和验证》[2]《土著遗产机构文化遗产调查》[3]

[1] Association of Tribal Archives, Libraries and Museums, "A Needs Assessment of Tribal Archives", [2022-02-22], https://www.atalm.org/sites/default/files/Archives%20Survey%2012-10.pdf.
[2] Library and Archives Canada, "Assessing and Validating Resources—Aboriginal Heritage", [2022-02-22], https://www.bac-lac.gc.ca/eng/discover/aboriginal-heritage/Documents/Assessing%20and%20Validating%20Sources.pdf.
[3] Australia State of the Environment, "Indigenous Heritage Agencies Culture Heritage Survey", [2022-03-22], https://soe.environment.gov.au/sites/default/files/soe2016-supplementary-heritage-2017g_survey_responses_indigenous_heritage_agencies.pdf?acsf_files_redirect.

· 205 ·

续表

类别	一级指标	二级指标	指标说明	评估准则	选择依据
3 保护方法	3.1 保护方法需求评估	3.1.3 内容活化	多样、公平、开放和包容的原则	是否保证少数民族档案文献遗产的开放获取；保护过程是否遵循民族文化多样性、包容性、公平开放的原则；少数民族人民是/否在档案文献遗产内容保护过程中具有发言权。	《部落档案保护需求评估》《土著文化遗产资源评估和验证》《土著遗产机构文化遗产调查》
4 保护环境	4.1 保护环境需求评估	4.1.1 馆库条件	馆库选址、建筑设计、库房环境控制情况	馆库选址是/否远离地震、海啸、洪水、山体滑坡等危险地方；馆库选址是/否远离易燃、易爆场所及酸性、腐蚀性气体等污染源；馆库选址是/否地势较高、场地干燥、排水通畅、空气流通好；馆库选址是/否远离吸引啮齿动物、害虫的仓库或建筑物；馆库建筑是/否达到《数据中心设计规范》《建筑结构荷载规范》的要求并经目经过验收；馆库是/否达到防治有害气体和颗粒物危害档案的要求；	《信息和文件——档案馆和图书馆馆藏管理》①《档案馆安全风险评估指标体系》②《信息和文献、档案和图书馆藏环境条件的管理》③

① ISO, ISO/TR 19814: 2017 Information and Documentation—Collections Management for Archives and Libraries.
② 中华人民共和国国家档案局：《国家档案局办公室关于印发〈档案馆安全风险评估指标体系〉的通知》, [2020–08–27], https://www.saac.gov.cn/daj/tvgg/201902/fd6636dbe7c4a2a8ef7fdf6f3bcf57f.shtml。
③ ISO, ISO/TR 19815: 2018 Information and Documentation—Management of the Environmental Conditions for Archive and Library Collections.

第四章　基于评估的少数民族档案文献遗产精准保护

续表

类别	一级指标	二级指标	指标说明	评估准则	选择依据
4 保护环境	4.1 保护环境需求评估	4.1.1 馆库条件	馆库选址、建筑设计、库房环境控制情况	馆库抗震设计是否高于本地区抗震设防基本烈度一度； 馆库是否达到"十防"[防潮(水)、防高温、防光、防尘、防霉、防虫、防鼠、防有害气体、防盗、防火等]要求； 馆库空气是否洁净目循环流通、滤除灰尘、二氧化硫等有害气体； 是否设置特藏室，对珍贵或濒危损毁的少数民族档案文献进行单独管理； 是否设有专门的消毒室； 是否设置修复室。	《信息和文件——档案馆和图书馆安全风险评估指标体系》 《档案馆安全风险管理》 《信息和文献、档案馆、档案馆藏环境条件的管理》
		4.1.2 保护基础设施	装具、库房环境控制所需的实施设备以及其他与保护相关的基础设施	是否设计并使用适用于少数民族档案文献遗产特殊载体(如竹木档案、绢帛档案、石刻档案)长期存储的装具； 装具是否应采用阻燃、无挥发性有害气体的材料制作，涂覆材料稳定耐用； 盒、函套等是否采用无酸材料； 是否设置除湿机、空调、库房温湿度监控系统、臭氧消毒机及消毒设备； 是否采购适用于少数民族档案文献遗产保护与修复的仪器设备、材料； 库房是否设置火灾自动报警系统、应急广播与自动灭火系统、排烟装置等消防设备； 库房是否配备安全防范系统与安防监控装置。	

续表

类别	一级指标	二级指标	指标说明	评估准则	选择依据
4 保护环境	4.1 保护环境需求评估	4.1.3 自然环境风险	因周边环境、地质条件、水文条件可能面临的自然灾害	馆藏基地遭受滑坡、地震崩塌、泥石流、岩溶塌陷、采空塌陷、地裂缝、地面沉降等地质灾害的风险等级为：高/较高/一般/低； 馆藏基地发生洪水、风暴潮、海啸、内涝及水库、河道溃塌等水文灾害的风险等级为：高/较高/一般/低。	《信息和文件——档案馆和图书馆馆藏管理》
		4.1.4 人为风险	因周边人为因素或自身管理不当可能造成的人为风险	馆藏基地周边80m内是/否有地铁、大型人防工程等城市地下空间建设项目，造成地表塌陷或降低馆库抗震性能的风险等级为：高/较高/一般/低； 出现武装暴力等危害少数民族档案文献遗产安全的人为灾难的风险等级为：高/较高/一般/低； 规划项目威胁少数民族档案文献安全的风险等级为：高/较高/一般/低。	《档案馆安全风险评估指标体系》 《信息和文献、档案和图书馆藏环境条件的管理》
		4.1.5 风险管理	管理机构应对突发风险的各项行动	是/否建立灾难预警与应急管理组织，并有专门负责少数民族档案文献遗产保护与风险管理的专业人员（团队）； 是/否实施灾难预警与应急管理监测； 是/否组织灾难预警与应急管理演练； 是/否制定灾难应急响应工作小组及相关应急预案。	

遗产保护是/否需要的特殊材料、技术、工具、设备，是精准保护过程中需要进行针对性研发与专项"供给"的重点。

为了进一步分析保护需求评估结果为"否"的项目不符合保护要求的具体内容和原因，档案文献遗产保管机构可以参照表4-15，细化分析保护需求。

表4-15　　　　少数民族档案文献遗产保护需求分析表

序号	保护需求评估结果为"否"的内容项	有关档案的特征信息与保护现状	差距的具体体现	差距原因分析
1				
2				
3				
…				

2. 保护需求的计量

保护需求的计量是对保护需求程度的计量分级，数值越大的保护需求项，保护需求越紧急。

少数民族档案文献遗产保护需求评估表中设置了"破损等级评估""价值等级评估""保护管理有效性""风险等级评估""数字化程度""保护需求项目数"五个定量评估指标。其中，破损等级评估分为"特殊破损、严重破损、重度破损、轻度破损"四个等级；档案价值分为"一级、二级、三级、一般"四个等级；保护管理有效性分为"十分有效、比较有效、一般、无效"四个等级；风险等级定位为"高、较高、一般、低"四个等级；数字化程度分为"高、较高、一般、低"四个等级。由于"破损等级评估""价值等级""风险等级评估""数字化程度"分级/定级均采用"四级"度量，因此，可以分别使用"4、3、2、1"代表从高到低的评估结果的分值。"保护项目数"则为评估所得保护需求的项目总数（评估结果为"否"的项目的总数）。保护需求评估对上述五个定量指标的评估结果的分值与数值进行求和，总值越高，代表该份档案文献遗产精准保护的需求越多。

除了考虑保护需求评估结果的总值，即需求数量，还需对档案文献遗产进行优先保护。档案文献遗产优先保护等级与"破损程度""价值大小""风险等级"三个指标正相关，破损程度越高、价值越大、风险等级越高的档案文献遗产优先保护等级越高。因此，对于评估结果中，受损程度为"特残破损""严重破损"，档案价值为"一级""二级"，风险程度为"高、较高"的档案文献遗产，应进行重点关注和分级保护，详细分级保护可参照表4-16。该表中，"损毁等级"代表档案文献遗产的损毁程度，内容项评估结果分值越高，损毁程度越高；损毁程度越高，代表该档案文献遗产优先保护程度越高。损毁程度一级为分级保护的最高优先级。

表4-16　　　　　　保护评估结果与保护等级对照表

损毁等级	保护需求评估结果	分值
一级	特残破损+一级+高风险	12
二级	特残破损+一级+较高风险	11
二级	特残破损+二级+高风险	11
二级	严重破损+一级+高风险	11
三级	特残破损+二级+较高风险	10
三级	严重破损+一级+较高风险	10
三级	严重破损+二级+高风险	10
四级	严重破损+二级+较高风险	9

二　评估主体与方式

依据不同的评估主体，少数民族档案文献遗产保护需求评估可以分为内部评估和外部评估两种方式。

（一）内部评估

内部评估指档案文献遗产保管机构内部管理人员和技术人员，依据少数民族档案文献遗产保护特征信息采集数据和保护需求评价指标体系，量化分析每一卷、每一件、每一页档案文献遗产的保护需求，计算档案保护需求总值与档案损毁程度，依据机构档案文献遗产保护资源对档案文献进行分级靶向抢救。

少数民族档案文献遗产保护需求内部评估主体为我国各级各类档案文献遗产保管机构、社会团体和个人。上述主体对标少数民族档案文献遗产保护需求评估指标体系，自查保护需求，据此开展修复工作，或向"区域性国家重点档案保护中心"寻求支持。国家应积极鼓励我国少数民族档案文献遗产保管机构定期开展保护需求内部评估，识别馆藏档案文献遗产保护的管理障碍，结合评估结果改善保护能力，并将无法"自我供给"的保护需求上报到上级综合档案管理部门或"区域性国家重点档案保护中心"。为了保证档案保护需求评估的专业性与精准性，国家档案局、"区域性国家重点档案保护中心"、省级综合档案馆应提供适用于少数民族档案文献遗产保护需求评估的专业指导、培训、咨询渠道和技术援助。

（二）外部评估

外部评估是指档案文献遗产保管机构接受或委托外部专业机构对馆藏少数民族档案文献遗产保护需求进行评估，包括：由国家档案局发起组织的全国性的少数民族档案保护需求普调与评估，由"区域性国家重点档案保护中心"发起组织的少数民族档案文献遗产保护需求评估，由专家主导的少数民族档案文献遗产保护需求评估与研究等。

外部评估主体具有多样性特征。为了确保外部评估的科学性与标准化，可由国家档案局联合国家民委、国家图书馆、国家文物局等相关机构以及少数民族文献保护领域的技术专家，共同制定我国少数民族档案文献遗产保护需求评估标准、实施指南。外部评估在识别少数民族特殊性保护需求的基础上，进一步细分不同少数民族档案文献遗产保护需求的特征。

少数民族档案文献遗产保护专家委员会作为评估我国少数民族档案文献遗产保护需求的专业组织，依据每次评估对象的民族、载体、颜料、装帧等特征，调整评估小组的成员，确保外部评估人员的专业能力。例如，对于中小型档案馆"藏品保护评估"（Collections Assessment for Conservation，CAP），美国东北文献保护中心限制了评估人员的参与资格，只有图书保护主任和高级照片保护员等具备较高保护素养的专业人员可以作为评估人员参加CAP计划。为了避免外部评估人员对档案文献遗产保管机构保护工作了解不深的情况，档案馆等少数民族档案文献遗产保管机构应安排馆内档案保护专业技术人员和管理人员配合外部评估工作的开展。

三 评估流程与方法

（一）评估流程

保护需求评估一般涉及评估申请与准备、评估实施、评估总结三个阶段。以美国东北文献保护中心（NEDCC）为例，保护需求评估在准备阶段开展了对档案文献保护政策、程序、人员配备、预算和智力控制的审查；在评估实施阶段进行实地考察，与利益相关者会面，检查馆藏建筑环境和档案文献保存条件，并审查档案文献遗产保护材料与工作流程；在评估总结阶段形成一份全面的书面报告，提供最佳实践、观察结果和分阶段改进的具体建议；同时，提交给档案文献管理员和利益相关者评估后的工作改进行动摘要，概述了短期、中期和长期的改进策略[①]。

借鉴美国东北文献保护中心保护需求评估流程，我国少数民族档案文献遗产保护需求评估可分为"评估申请与准备""评估实施""评估总结"三个阶段，其流程与主要实施内容如图4-3所示。

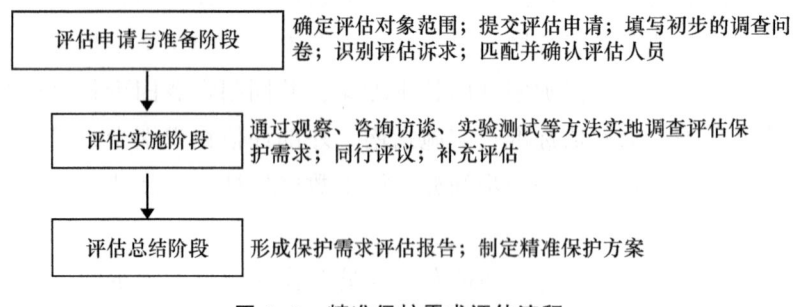

评估申请与准备阶段	确定评估对象范围；提交评估申请；填写初步的调查问卷；识别评估诉求；匹配并确认评估人员
评估实施阶段	通过观察、咨询访谈、实验测试等方法实地调查评估保护需求；同行评议；补充评估
评估总结阶段	形成保护需求评估报告；制定精准保护方案

图4-3 精准保护需求评估流程

1. 评估申请与准备阶段

评估申请与准备阶段是指我国少数民族档案文献遗产保管机构、社

---

① NEDCC, "History of the Northeast Document Conservation Center", [2020-08-15], https://www.nedcc.org/about/history/overview.

会团体和个人向直属机构领导、所在区域省级综合档案馆或国家重点档案保护中心提交开展少数民族档案文献遗产保护需求评估的申请，决定是否开展保护需求内部评估或外部评估，并根据评估类型准备相关材料的过程。

在此阶段，档案文献遗产保管机构需要向评估方提交保护需求评估申请书，申请书的内容包括待评估的少数民族档案文献遗产的范围、保护诉求、少数民族档案文献遗产特征信息等。

为了初步识别我国少数民族档案文献遗产保护需求和评估目的，档案文献遗产保管机构可先接收并填写评估方提供的在线调查问卷和在线咨询，以便评估方更全面地了解档案文献遗产保管机构的管理现状、馆藏现状、建筑与库房环境风险，并据此匹配合适且专业的评估人员。评估方依据申请书中的内容，结合少数民族档案文献遗产的民族特征、载体特征、字迹颜料特征等特征信息，组建适配的评估专家组，实地开展保护需求评估工作。

档案文献遗产保管机构需要对馆藏少数民族档案文献遗产的保存现状和保护诉求进行前期调查，确定保护需求评估的范围和数量，经费预算与申请渠道、评估时间等。上述内容需翔实地记录于保护需求评估材料中，以便评估方能够提前准备合适的检测工具，委派专业人员实施评估工作。

2. 评估实施阶段

评估实施阶段是指负责我国少数民族档案文献遗产保护需求评估的组织和个人，结合档案文献遗产保管机构提交的保护需求评估申请书的内容，依据少数民族档案文献遗产保护需求评估指标体系，实地考察、识别、评估少数民族档案文献遗产特殊性保护需求，并将保护需求进行登记。

在此阶段，负责内部评估的专业技术人员和负责外部评估的专业评估小组（专家委员会）首先应对机构的少数民族档案文献遗产进行初步摸查，观察机构馆库保存条件，了解机构档案保护制度，知晓少数民族档案文献遗产抢救与修复历史；其次应依据少数民族档案文献遗产保护需求评估细则，采用观察、实验检测、访谈等方法对少数民族档案文献遗产的破损程度、保护方法需求、价值等级、环境与风险控制需求进行评估、评分和记录；最后评估人员与利益相关者开展讨论会，并将评估结果提交同行评议。评估小组对评估的流程、方式进行概述说明，少数民族档案文献遗产保管机构的管理与技术人员、民族地区的原住民、少数民族档案文献遗产保护专家参与讨论与评议，对评估过程与评估结果进行研讨分析。经过讨论和同行评议，评估人员针对研讨会分析出的遗漏和存在歧义的地方，进行补充需求评估，并向少数民族档案文献遗产保管机构进行反馈。

无论是负责内部自评自建的工作人员还是外部专业评估的专家委员会，均需要对民族地区自然环境、人文环境有较为全面的了解，并熟知我国档案文献遗产存储设备、库房空间、破损等级划定、风险防控等相关规定，具备保护与修复专业技术高级职称。为了保障评估的准确性，评估工作可邀请少数民族文献载体研究、历史文化研究等方面的专家，组成评估小组。

此外，评估人员需配备针对少数民族档案文献遗产保护需求评估的设备与工具，例如，配备自然沉降法所需工具用来检测民族地区特殊的菌种与库房环境状况。

3. 评估总结阶段

评估总结阶段是指依据评估结果，分析少数民族档案文献遗产保护需求类型与重要级别，提出保护工作整改建议，并形成评估报告。

在此阶段，评估人员或评估小组结合不同载体类型的少数民族档案文献遗产，从卷—件—页三个层级量化分析档案文献遗产的受损情况、价值大小、风险等级等信息，梳理特殊的保护要求、致濒原因、保护需求重要级别，提出针对每一卷、每一件、每一页档案文献遗产的修复与保护方法，包括保护技术、保护工具、保护材料、保护管理措施等，并形成整体性的整改方案。

评估小组需要梳理、总结少数民族档案文献遗产的特殊性保护需求，对不同特点的保护需求提出精准的整改方法，做到"因地制宜、因档制宜、分类梳理、量化保护"。

(二) 评估方法

少数民族档案文献遗产保护需求评估需要有专门的资助申请渠道、

专业的评估工作方法以及合适的评估工具。我国档案工作主管部门可依托国家重点档案保护与开发项目专项经费等渠道，为少数民族档案文献遗产保护需求评估提供资金资助，并为内部评估和外部评估工作提供保护需求评估申请指南、资助申请模板、评估方法在线培训课程、精准评估应用示例、基于评估的整改规划示例等评估工具。

精准保护需求评估主要采用实地观察、访谈、实验检测等方法进行。其中实地观察、访谈作为质性调研方法，帮助评估人员收集少数民族档案文献遗产机构保护工作发展过程中的客观信息。实验检测方法作为量化调研方法，帮助评估人员获取每一卷、每一件、每一页档案文献遗产的破损现状和存储环境信息。

1. 实地观察法

实地观察法是评估主体有目的、有计划地运用自己的感官和科学的工具[1]，能动地了解我国民族地区档案文献遗产精准保护的一种方法。实地观察过程，评估主体前往档案文献遗产保管机构，观察保管机构所处的自然环境、人文环境，档案文献保护基础设施与库房环境，档案文献保护管理现状，档案文献实体载体类型，翻页查看每一卷档案文献遗产的破损程度、评估价值等，并对观察情况进行拍照、摄像、记录，基于实地观察结果评估少数民族档案文献遗产的保护需求。例如，评估标准体系中馆库选址是否地势较高、场地干燥、排水通畅、空气流通好等，可以采用实地观察法进行评估。

2. 访谈法

访谈法是指评估主体采取面对面、电话、视频等沟通交流方式，通过与档案文献遗产保管机构的工作人员或其他利益相关者进行，了解档案文献遗产本体保护管理现状、少数民族特征、档案价值特征、环境风险要素、受损原因与修复历史等客观信息，为精准识别少数民族档案文献遗产保护需求提供线索和依据。例如，评估标准体系中关于保护主体的保护责任、保护主体的数量、保护主体的保护能力等可以采用访谈法进行评估。

---

[1] 仇立平：《社会研究方法》（第2版），重庆大学出版社2015年版，第9页。

3. 实验检测法

评估过程中，评估主体使用检测仪器、洁净实验室、数据分析软件等科学检测工具与实验环境，采用实验测试的方法识别少数民族档案文献遗产的物理属性、化学属性、受损情况及馆库环境，并对获取到的量化数据进行记录、统计、分析。依据评估范围和数量的大小，实验检测法可采用抽样检测与全面检测相结合的方式进行。实验检测法可借助"区域性国家重点档案保护中心"、高等学校或研究院所的实验室进行实验分析。例如，借助三维激光扫描、X射线荧光光谱仪、多光谱数字图像采集等技术获取档案文献遗产的外形结构数据，通过显微镜、色差计、冷（热）抽法、老化试验等对档案纸张的纤维成分、颜色、酸化程度、老化程度、霉变程度等属性进行检测，采用自然沉降法检测库房环境中的有害微生物。

第四节　少数民族档案文献遗产保护需求的靶向供给

靶向供给可以保证精准保护的实现[1]。少数民族档案文献遗产特征信息是靶向供给的"靶面"，基于精准保护需求评估识别的档案文献遗产特殊化的保护需求，则是靶向供给的"靶心"。为了有的放矢，需要探讨我国少数民族档案文献遗产保护需求靶向供给的具体方法与流程。

一　特征采集信息与保护需求评估结果建档

少数民族档案文献遗产数量大，保护需求个性化程度高，依靠单一的档案文献遗产保管机构难以实现少数民族档案文献遗产的精准保护。对少数民族档案文献遗产的特征信息与保护需求进行建档，有助于从空间维度对比不同区域、不同民族档案文献遗产的特殊性保护需求，梳理地域保护需求特征、载体保护需求特征、民族保护需求特征，对比分析

---

[1] 周耀林、姬荣伟：《文献遗产精准保护：研究缘起、基本思路与框架构建》，《图书馆论坛》2020年第6期。

保护需求优先级；同时，有助于从时间维度分析我国少数民族档案文献遗产保护需求的演变，实施精准保护绩效考核。

（一）数据登记

数据登记是对我国少数民族档案文献遗产特征信息和保护需求评估结果进行建档登记，实现对上述数据的管理与分析。例如，我国世界文化遗产保护状况调研评估均通过中国世界文化遗产监测预警总平台完成。在线填报的世界文化遗产保护状况基础数据、审核结果与调研评估材料均可以通过该监测预警总平台下载。

我国少数民族档案文献遗产特征信息采集和保护需求评估会产生大量的原始数据，为了保证采集与评估数据的真实性、完整性、安全性、有效性，以及时间上的连贯性，我国可建设少数民族档案文献遗产保护数据库管理和利用平台，存储、组织少数民族档案文献遗产特征信息，保存现状与保护需求数据，分析、研究贝叶、藏纸、经书、木刻经板等特殊载体的特征信息和保护需求，完善现有的档案文献遗产保护知识体系和技术方法。少数民族档案文献遗产保管机构和保护需求评估小组应按规定及时在该平台上为少数民族档案文献遗产建档，确保每一卷、每一件、每一页的保护需求信息得到完整采集和录入。数据登记的具体内容包括少数民族档案文献遗产机构信息、档案文献遗产本体信息与保护现状、馆库保存条件、风险信息、保护管理现状、保护技术水平、保护与修复记录，档案文献遗产破损情况与破损保护需求、保护技术合规情况与保护技术需求、档案文献遗产价值等级与保护优先级需求、档案文献遗产保存风险与风险控制需求，并结合保护管理和保护技术的发展，不断丰富和拓展数据登记内容。

（二）数据组织

数据组织是对少数民族档案文献遗产的特征信息和特殊性保护需求进行分类、组织、分析，并提供多样化的检索途径。

数据组织有助于从多个维度检索、识别、总结少数民族档案文献遗产保护需求与保护工作现有成效，为分析少数民族档案文献遗产保护供需适配度与均衡性，优化配置我国档案文献遗产保护资源与力量提供参考。数据组织可采取档案实体特征与保护需求、保护管理特征与保护需求、保护技术现状与保护需求、档案价值特征和损毁程度五个维度，对每一卷乃至每一件、每一页档案文献遗产的特征信息和保护需求信息进行分类、组织、管理，同时提供地域、时间、民族、机构、档案文献遗产名称等多样化的检索途径，方便利益相关者跨时空评估、持续性调整、多渠道获取少数民族档案文献遗产保护信息。

（三）数据发布

数据发布是对我国少数民族档案文献遗产的保护需求信息进行公开发布，招募具有相关保护管理方法、技术工具、知识背景的组织机构、企业和个人，参与少数民族档案文献遗产保护，并对精准保护成效、成果与优秀案例进行共享。

建设我国少数民族档案文献遗产保护数据库管理和利用平台，借助该平台发布少数民族档案文献遗产保护需求信息，有助于面向全国乃至全世界整合文献遗产保护力量，辅助国家档案局统筹少数民族档案文献遗产特殊性保护需求的供给与保护工作绩效考核。平台发布并动态更新我国少数民族档案文献遗产特殊性的保护需求，数据发布内容包括且不限于：少数民族档案文献遗产的基本数据、民族特征、保存机构、载体特征、形成年代、受损情况、特殊性保护需求、损毁程度等。国家档案局、"区域性国家重点档案保护中心"、少数民族档案文献遗产保管机构可以依据保护需求，号召、选择、研究适配少数民族档案文献遗产特殊性保护需求的保护管理与技术方法，配备合适的专业人员或团队供给档案保护需求。我国少数民族档案文献遗产保护数据库管理和利用平台对保护过程和结果数据进行存储、组织与开放检索，为社会各界专业力量学习、借鉴、参与少数民族档案文献遗产保护提供参考案例和备案数据。对于遭受损毁且价值等级较高的少数民族档案文献遗产，档案主管部门应联合社会各界力量加大对少数民族档案文献遗产价值的挖掘、揭示、传播，通过激活"沉睡"在库房里面的少数民族档案文献遗产，弘扬少数民族历史文化。

二 靶向供给工作机制

鉴于少数民族档案文献遗产在地域、民族、载体、语言文字、装帧方面的特殊性，有必要在区域、省域保护中心的基础上，形成特定的工作机制，负责监督、指导、实施区域内少数民族档案文献遗产保护需求的靶向供给，促进少数民族档案文献遗产机构有组织、有计划地进行精准"脱濒"。该靶向机制以少数民族档案文献遗产保护专家团队为核心，以档案文献遗产保护管理与技术人员为基础，共同实施档案文献遗产精准保护工作。

（一）组建专家团队，确定帮扶机制

靶向供给需要专业人员负责落实。构建少数民族档案文献遗产保护工作网络，依靠区域、省域保护中心，构建区域、省域"专家—专职人员"帮扶机制，有助于通过定点帮扶、靶向供给，提高少数民族档案文献遗产保护工作的精准度，如图4-4所示。

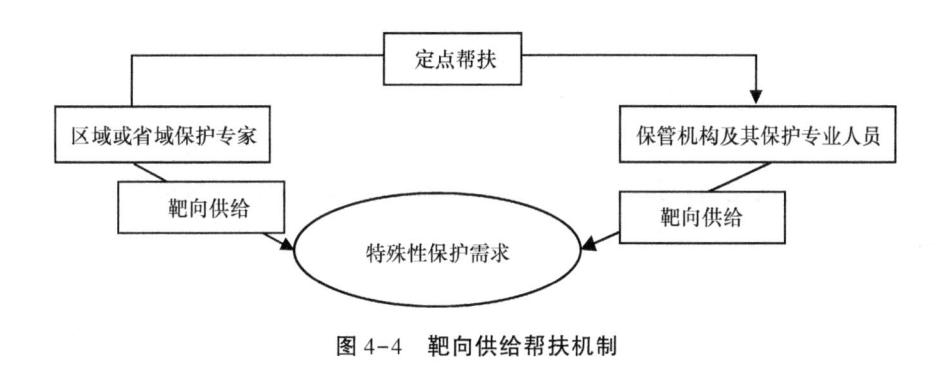

图4-4 靶向供给帮扶机制

区域、省域保护中心需要在国家档案局或地方档案主管部门、文物管理部门等管理部门的监督下，借助已经评选的国家级或区域级、省级、市级、县级遗产保护专家，构建专家团队，建设档案文献遗产保护专家库。在此基础上，确定少数民族档案文献遗产保管机构负责少数民族档案文献遗产保护的专职人员，上报区域、省域保护中心，由区域、省域保护中心进行培训、督导。最后，结合少数民族档案文献遗产保护需求的特殊性，构建"专家—专职人员"的帮扶机制，帮扶、指导、共同完成少数民族档案文献遗产保护需求的靶向供给。

一方面，构建跨学科复合型少数民族档案文献遗产保护专家。国家档案局在2018年评选了档案保管保护领域16名全国档案专家、4名全国档案领军人才，2022年启动了全国档案专家评审工作，在原有的档案保管保护领域基础上，新增了青年专家、档案修复类专家申请评审类型[1]。此外，文化部门、古籍保护部门也评选了"工匠"，加之文化专家、语言专家、民俗专家等，可以作为或聘为区域、省域保护中心的专家团队成员，各省市县也可以根据自己的需要评选一批保护专业人才，与省域、区域保护中心的专家共同制定和实施少数民族档案文献遗产靶向供给方案。

另一方面，持续强化保护专家队伍的能力提升与资源保障。国家档案局、各级各地政府和文化主管部门、档案主管部门应在政策、制度、资金方面保障少数民族档案文献遗产保护需求的靶向供给，通过国家重点档案保护与开发项目等已有的项目，或开设新的专项渠道，为少数民族档案文献遗产特征信息采集登记基本数据库建设、少数民族档案文献遗产精准保护、少数民族档案文献遗产特藏库建设等工作提供资助、培训和技术规范等方面的帮助。例如，美国国家人文基金会（National Endowment for the Humanities）资助美国艺术和历史文物保护中心（CCAHA）对美国弱势文化遗产进行了专项调查和保护，通过创建区域遗产管理计划，CCAHA为美国数百个机构的数千名个人提供遗产保护教育和培训，确保服务欠缺地区、专职遗产保护人员欠缺、人口密度较低的地区的文化遗产在未来得以保存[2]。

（二）确定权责范围，纳入绩效考核

确定权责范围、纳入绩效考核是指将少数民族档案文献遗产精准保护工作细化为一个个具体的任务，落实到专门的保护管理部门和保护管理人员，并通过可量化的绩效考核，保证靶向供给的精准性和完整性。

我国少数民族档案文献遗产精准保护应当将保护任务细化到靶向供给每一个档案文献遗产保管机构的每一卷、每一件、每一页档案文献遗产的每一项保护需求，借助"保护需求评估指标体系"量化对比保护工

---

[1] 中华人民共和国国家档案局：《国家档案局组织开展国家级档案专家、全国档案工匠型人才、全国青年档案业务骨干选拔工作》，[2020-08-27]，https://www.saac.gov.cn/daj/rsdltdt/202206/41dd7b45b90d44ed900423fe3e116f58.shtml。

[2] NEH for ALL, "Protecting Vulnerable Cultural Collections", [2022-03-22], https://nehforall.org/projects/protecting-vulnerable-cultural-collections.

作的成效。为了落实靶向供给，区域和省域保护中心应将区域、省域内的少数民族档案文献遗产保护需求靶向供给工作权责分明地落实到保护专家、机构及其具体工作人员的工作职责中，督导、核查保护进度和效果，确保专家、专职人员精准施策。靶向供给的责任考核既体现在各个机构，也体现在层层落实的个体要求中。同时，我国少数民族档案文献遗产保护需求靶向供给"责任制"可以长期贯彻执行，定期或不定期地为靶向供给责任人（专家、专职人员）提供专业技术培训、保护需求评估申请渠道、保护供给资助申请渠道，定期或不定期地对保护需求靶向供给完成情况进行绩效考核，通过长效机制实现少数民族档案文献遗产的长期精准保护。

（三）制定止损制度，培养脱濒能力

制定止损制度是指经过靶向供给满足少数民族档案文献遗产保护需求后，将损毁等级下降或不再损毁的少数民族档案文献遗产从损毁少数民族档案文献遗产名录中动态出列的规则。培养止损能力是指通过专业培养和在职培训提高少数民族档案文献遗产保管机构和保护人员的"保护胜任力"，依托资金、技术、设备、人力、课程等方面的支援，使民族地区具备妥善保管档案文献遗产的能力，避免我国少数民族档案文献遗产长期遭受损毁。

保护需求靶向供给降低了我国少数民族档案文献遗产的"破损程度"和"风险等级"，对于在较长一段时间内不属于一级、二级、三级、四级损毁等级的档案文献遗产，应从"损毁少数民族档案文献遗产"名录中去除。少数民族档案文献遗产机构和保护专家可集中力量开展次级损毁或非损毁档案文献遗产的精准保护。同时，为了防止脱离损毁状态的档案文献遗产再次遭受损毁，国家档案局、"区域性国家重点档案保护中心"、省级行政区综合档案馆、专家等主体应对少数民族档案文献遗产保管机构和个人收藏者进行培训、指导，增强保管少数民族档案文献遗产的能力，有效抑制损毁风险。民族地区档案文献遗产主管部门和保管机构应定期开展少数民族档案文献遗产保护需求自我评估和外部评估，通过横向和纵向对比，检验机构保护管理的长效性和保护技术人员的保护胜任力，通过定期纠察和针对性培训，保障止损的长效性。例如，美国国家人文基金会资助美国中西部艺术保护中心（MACC）为美国各地的博物馆、历史组织、图书馆、档案馆和其他文化机构等文化遗产组织提供保护教育、援助、支持与规划服务，特别是关注中西部地区文化遗产的保护。由于美国中西部地区拥有高密度的美洲原住民部落，MACC直接与中西部部落代表合作保护原住民文化遗产[①]。

三 靶向供给实施方法

为了保证靶向供给的精准度，笔者从整体、部分、个体三个层次，原生性保护与再生性保护两条主线，主体保护需求、客体保护需求、保护方法需求、环境保护需求四个方面提出靶向供给策略，结合少数民族档案文献遗产损毁等级，层层剖析，各个击破，立体化推进我国少数民族档案文献遗产精准保护工作。

（一）三个层次

少数民族档案文献遗产保护需求靶向供给，应从整体到局部，从机构到案卷再到页面，分层次对特殊性保护需求进行"各个击破"，使宏观、中观和微观的保护需求均得到有效解决。

1. 整体供给

整体供给少数民族档案文献遗产保护需求，是结合保护需求评估结果，从机构馆藏选址、库房环境与建设、档案保护基础设施、档案装具、档案保护管理方法、档案保护技术方法等多个方面，提高保管机构保护少数民族档案文献遗产的能力。

立足机构本身，梳理、分析档案文献遗产保管机构馆藏少数民族档案文献遗产的种类、载体类型、数量、损毁程度，依据保护需求的数量和紧急程度，制定整体靶向供给总体方案，包括提供少数民族档案文献遗产保护资金、修订保护制度、建设少数民族档案文献遗产特藏室、培训少数民族档案文献遗产专业人才、研制并配备针对特殊性保护需求的档案修复设备与工具等。例如，对于云南省少数民族众多、少数民族档案文献遗产散存、保管机构缺乏保护资金和专业技术人员不足的现状，

---

① NEH for ALL, "Protecting Vulnerable Cultural Collections", [2022-03-22], https://nehforall.org/projects/protecting-vulnerable-cultural-collections.

国家档案局、云南省档案馆、少数民族档案文献遗产专家可协同制定少数民族档案文献遗产保护实施方案，确定少数民族档案文献遗产特藏室的建设标准、少数民族档案文献遗产保护技术标准、少数民族档案文献遗产保管机构灾难应急管理办法等要求，提高少数民族档案文献遗产保管机构的管理能力[①]。

2. 部分供给

部分供给从少数民族档案文献遗产案卷的视角，分析案卷的载体、颜料、装帧、语言文字、破损程度等共同的特征，制定适用于案卷特征的修复方案，并结合破损等级、价值等级和风险等级，对受损档案文献进行分级保护。

部分供给可从国家、区域层面上实施，也需要依托具体的少数民族档案文献遗产保管机构实施。从国家、区域层面上，对少数民族档案文献遗产保护需求进行分类，打破省、市、县行政划分界线，打破机构馆藏和个人收藏的界限，对载体相似、字迹颜料相似、装帧相似、语言文字相似、特殊性保护需求接近或相似的档案文献遗产案卷进行统筹规划，集中保护，优化配置，分类脱濒。例如，针对安多藏区藏文木刻印经板的抢救，档案管理部门需研制适用于木刻档案的保护管理方法与保护技术，并对我国分布各地的藏文文字木刻印经板进行集中保护，对其特殊性的保护需求进行靶向供给。在机构层面上，各个机构分别实施，对馆藏档案文献遗产案卷的特殊性保护需求进行分类和汇总，并针对该部分少数民族档案文献遗产采取同样的处理方法，从而节约成本。例如，针对纳格拉洞藏经的修复，档案文献遗产保管机构可因地制宜、就地取材，结合藏族传统瑞香狼毒草根造纸方法和字迹颜料研制方法，对馆藏藏经档案文献遗产进行分类集中抢救[②]。

3. 个体供给

个体供给是指从少数民族档案文献遗产个体视角，分析每一件乃至

[①] 胡莹：《云南省边疆少数民族档案应急保护机制构建探析》，《档案学通讯》2015年第4期。

[②] 计思诚：《藏文古籍修复探析：以纳格拉山洞藏经修复为例》，《图书馆理论与实践》2018年第11期。

每一页档案文献遗产的个体特点，并提出一对一的保护策略。个体供给是"精准保护"的最小"节点"，是体现保护"精准度"的重要标尺。

大规模档案文献遗产消毒、脱酸工作中，案卷内的纸张、古籍的内页往往因为没有完全展露于消毒或脱酸物质中，出现消毒、脱酸效果不理想的情况。少数民族档案文献遗产具有珍贵的历史文化价值，保护优先等级较高，为了避免大规模档案文献遗产修复后再次遭受损毁，少数民族档案文献遗产精准保护应对每一页少数民族档案文献遗产的普适性保护需求和特殊性保护需求进行登记、分析，对每一页少数民族档案文献遗产进行按"页"修复，依据少数民族档案文献遗产特征和特殊性保护需求"对症下药"，"一对一"精准抢救。例如，针对藏传佛教的法器唐卡，管理部门需研制适用于每一幅唐卡织物去污、加固、防虫、固色等保护需求的技术方法。对每一幅唐卡纺织品的修复，均需分析画心材料、装帧材料的成分以及工艺细节，包括画心的尘垢、颜料龟裂、颜色褪变、颜料脱落，装帧的虫蛀、尘垢、装帧断裂、织物褶皱等，通过深入的观察与实验监测分析病害原因，采用除尘、加固、脱酸等方法抢救每一幅唐卡。

（二）两条主线

档案文献遗产的载体、装帧、字迹受到了较大程度的损坏。此类档案文献遗产可采用原生性保护方法，对其实体进行抢救和修复。与此同时，采用再生性保护方法对其文本内容进行数字化转录。由此，少数民族档案文献遗产保护需求靶向供给可以采用原生性保护和再生性保护两条技术主线，两者互为补充，共同保障少数民族档案文献遗产本体和内容的长期保存。

1. 原生性保护

原生性保护重点修复档案载体、字迹、装帧等实体层面存在的破损，通过控制馆库环境和减少外部灾害风险延长档案实体的保存寿命。

少数民族档案文献遗产载体类型及制成材料、颜料、装帧形式多样化，在采取原生性保护方法时要结合少数民族档案文献遗产的特征信息，尽量选择与原始载体、字迹颜料一致的保护材料与适配的技术方案，必要时针对性地研制适用于少数民族档案文献遗产保护的技术方法与工具。

由于少数民族档案文献遗产载体除了常见的纸质材料，还有贝叶、金石、骨、竹木、皮、帛、石碑等①，这给原生性保护带来了难度。

载体制成材料方面：部分少数民族档案文献遗产采用了特有的植物材料，如尼木藏纸、金东藏纸含有瑞香狼毒草、瑞香属和结香属的植物材料②；丽江中和东巴纸含有荛花，古法宣纸原料中使用了青檀皮和沙田稻草③，云南楚雄九渡村彝族和腾冲新庄汉族等地使用纸药（特殊植物性黏胶）以揭纸并预防黏结。

装帧方面：民族地区有时采用卷装等特殊的装帧形式，装帧材料使用了特有的植物。例如，彝族古籍用麻线或棉线进行卷装和平装，用棉布、麻布、羊皮、鹿皮制作封面；傣族贝叶经把一片片晒干压平的贝叶夹在两片木夹中，两头用绳捆紧；纳西族东巴古籍的经书封面采用八宝图来装饰，有的经书封面会套上颜色，画上东巴画像④；藏文古籍多为梵夹装或不加装订的长条散叶装帧⑤。

字迹颜料方面：民族地区选择当地独特的颜料与染料进行书写与绘画。例如，藏族唐卡绘制材料采用骚青、梅花青、西碌、朱砂、银朱、淘丹、雄黄、藤黄、石黄、广靛花、双红胭脂等物料，使用绘画与刺绣互为补充的绘制工艺，人物常常采用脸部绘画、朱砂点唇、黑色勾勒脸部轮廓。

上述示例显示出我国少数民族档案文献特有的载体类型、载体成分、载体制作工艺与装帧工艺，提示少数民族档案文献遗产在原生性保护过程中，需要通过观察、访谈、实验检测等方法识别少数民族档案文献遗产的特征信息和特殊的保护需求，选择、研究适配的保护管理和技术方法，避免普适性修复方法与实际保护需求之间的误差和分歧。

---

① 沈峥：《浅析少数民族文字古籍与汉文古籍修复的异同》，《图书馆工作与研究》2011年第6期。
② 蔡梦玲、张美芳：《藏文档案修复常用藏纸的性能研究》，《档案学通讯》2018年第4期。
③ 张美丽、汤书昆、陈彪：《云南纳西族东巴纸耐久性初探》，《中华纸业》2012年第22期。
④ 沈峥：《浅析少数民族文字古籍与汉文古籍修复的异同》，《图书馆工作与研究》2011年第6期。
⑤ 计思诚：《藏文古籍修复探析：以纳格拉山洞藏经修复为例》，《图书馆理论与实践》2018年第11期。

原生性保护方法很多，读者可以参考本书第三章、第五章内容及相关著述。

2. 再生性保护

再生性保护是通过数字化、数据化等手段，对档案文献遗产的内容进行扫描、转录或迁移，使档案文献遗产的内容以数字化、数据化的形式得到长期保存。

由于少数民族档案文献遗产有石刻档案、贝叶档案、竹木档案、木刻档案等多种类型，且档案形态、幅面大小不一，对少数民族档案文献遗产进行再生性保护需要采取3D扫描等针对性的数字化保护方法，并进行全方位的数据采集，以确保扫描数据的精准度。

囿于少数民族档案文献遗产语言文字和保护需求的特殊性，我国可建设、优化、集成少数民族档案文献遗产数据库，整合少数民族档案文献遗产数字资源及保护属性，动态监测、智能分析少数民族档案文献遗产保护需求。此外，提取、翻译、组织少数民族档案文献遗产的文本与图像内容，也是少数民族档案文献遗产再生性保护的难点与特点。

目前，云南民族大学建成了包含彝族、哈尼族、傣族、傈僳族、佤族、拉祜族、景颇族、布朗族等20多个少数民族的语言数据库[1]，为我国部分少数民族档案文献遗产再生性保护提供语言文字比对库。中国西南民族语言资源库建设基地建设的"西南民族语言资源库"完成了"藏语动词一词多义语料库""藏文基础词汇语料库""彝文基础词汇语料库""藏语敬语三语（藏、汉英）语料库"等资源库的建设[2]。这些语料库对识别、组织、研究少数民族档案文献遗产至关重要。我国还需进一步建设覆盖所有少数民族语言和文字的数据库，提高少数民族档案文献遗产数字化文本识别与文本组织的准确性，为靶向供给少数民族档案文献遗产保护需求提供保障资源。

关于再生性保护的内容详见本书第六章内容及相关著述。

---

[1] 中国民族文学网：《云南建立少数民族语言数据库》，[2021-08-16]，http://iel.cass.cn/mzwxbk/dtzx/200812/t20081202_2764880.shtml。

[2] 西南民族研究院：《中国西南少数民族语言资源库建设基地简介》，[2021-08-16]，https://mzyjy.swun.edu.cn/info/1136/1033.htm。

（三）四个方面

对照少数民族档案文献遗产保护需求评估的维度，需要从保护主体、保护客体、保护方法、保护环境四个方面对少数民族档案文献遗产的保护需求进行靶向供给。

1. 主体保护需求供给

主体保护需求供给是指对少数民族档案文献遗产保管机构和个人的保护需求进行供给的过程。

少数民族档案文献遗产散存在各类组织机构和个人手中，由于部分保管主体不具备档案文献遗产保护的能力，难以在资金、人力、场地等方面获取国家和社会对档案文献遗产保护的支持。少数民族档案文献遗产精准保护通过特征信息采集工作调查汇总我国少数民族档案文献遗产保管主体的基本信息。基于上述信息，国家或地方政府及档案主管部门可以通过征集、采购等方式促进少数民族档案文献遗产的集中保存，对于无法集中保存的珍贵档案文献遗产，则可通过政策、项目、专家帮扶等形式，赋予少数民族档案文献遗产保管机构和个人开展档案保护工作的职责和权利，并提供资金、技术、人才等方面的配套支持。同时，相关管理机构和专家合作，联合设计适用于少数民族档案文献遗产保护的课程、教材、工具，借助专职教育和在职教育等形式，提高少数民族档案文献遗产保管主体的保护能力，包括识别档案破损与退化情况和原因的能力、科学保管少数民族档案文献遗产的能力、鉴别少数民族档案文献遗产内容价值并予以开发的能力等。此外，我国可面向社会开通少数民族档案文献遗产上报和保护资金申请渠道，在从上至下统筹管理的基础上，挖掘民间保存的、尚未发现的少数民族档案文献遗产，并给予专项帮扶。

2. 客体保护需求供给

客体保护需求供给是指对少数民族档案文献遗产的实体进行修复和保护，结合少数民族档案文献遗产特有的载体成分以及实体的酸化程度、老化程度、霉变情况、虫蛀情况、撕裂程度、污染程度、粘连程度、字迹洇化扩散程度、字迹褪色程度、装帧破损程度、信息丢失程度等损毁状态，分析实体受损原因与特殊性修复需求，并给予靶向供给的过程。

档案特征信息采集数据为靶向供给提供了馆藏档案实体的数量、年代、载体、颜料、装帧、受损情况等基本信息，有助于保护人员识别少数民族档案文献遗产特殊的载体成分、特殊的破损原因等因素，对档案文献遗产进行"全身体检"，定点"病灶"，细化"特征"，"对症下药"。我国少数民族档案文献遗产保护专家应结合档案特征信息，汇总、完善我国少数民族档案文献遗产载体样本库、颜料样本库、装帧样本库、有害微生物样本库等，为跨地域分布的少数民族档案文献遗产保护工作提供参考。保护专家与专职人员应联合研制针对藏经（藏纸）、贝叶经、木刻印经板、石碑等少数民族档案文献遗产修复的专项保护技术与标准规范，"定卷、定件、定页、定点"供给少数民族档案文献遗产本体修复的特殊性保护需求。例如，针对少数民族档案文献遗产上特殊的污渍成分、霉菌类型研究适用的去污和除霉方法；尽量采用民族地区的造纸原材料制作档案补纸，对原始档案进行托裱。在确保特殊性档案保护需求得到全面供给的情况下，再对少数民族档案文献遗产采取大规模普适化保护。同时，客体保护需求的供给需要依据客体的破损定级进行分级保护，对于破损等级高、价值大、风险多的少数民族档案文献遗产应进行优先保护。

3. 保护方法需求供给

保护方法需求供给包含保护管理需求供给、保护技术需求供给、内容保护需求供给三个方面。

保护管理需求供给是指依据我国少数民族档案文献遗产保护需求评估指标体系中的"保护管理"评估指标，识别少数民族档案文献遗产所特需的保护管理制度、保护管理规划、修复与保护记录建档、保护专业培训、保护专业人才、保护专项资金等，并对识别出的保护需求进行靶向供给的过程。少数民族档案文献遗产保护主体复杂多样，包括档案馆、图书馆、博物馆、民委（或民宗局）、研究所、佛教协会、社会个人等多元主体，致使民族地区档案文献遗产保护管理需求各异，在体制、制度、保护规划、资金划拨上难以一概而论。我国东南、西南、东北、西北四个"区域性国家重点档案保护中心"应作为组织者和引导者，针对区域内不同少数民族档案文献遗产保管机构的职能特征、管理制度、保护规划、财政资金，为其制定适配的保护管理方法，争取求同存异，共同管护。我国东南、西南、东北、西北四个"区域性国家重点档案保护中心"可与区域性文化管理部门、民族宗教管理部门等一同建设区域性少数民族档案文献遗产保护联盟，共同制定少数民族档案文献遗产保护制度、发展规划、保护记录建档模板、资金申请与资助方式，共享少数民族档案文献遗产修复与保护实践经验。另外，我国少数民族档案文献遗产保护专家应深入民族地区档案文献遗产保管机构，结合实地情况和载体特征，开展专业培训，培养当地保护技术人才，配套人才交流机制。

保护技术需求供给是指依据少数民族档案文献遗产保护需求评估指标体系中的"保护技术"评估指标，识别少数民族档案文献遗产所特需的修复方法与技术、修复质量达标程度、数字化保护技术，并对识别出的保护需求进行靶向供给的过程。原生性保护技术需求供给包含手工保护、半机械化保护、机械化保护三种方式，少数民族档案文献遗产保护需结合其实体的特殊性选择合适的保护技术。我国应注意识别少数民族档案文献遗产保护需求的民族特征，研制适用于某一类少数民族档案文献遗产保护的技术与工具，为某一特定少数民族档案文献遗产的集中保护提供技术与工具支持。同时，少数民族档案文献遗产修复需要与原始载体相适配的修复材料，我国应保存、保护民族地区特有的造纸技术、颜料制造技术等，确保靶向供给有足够的物质资源。此外，基于少数民族档案文献遗产装帧工艺的特殊性，我国应普查、分类我国少数民族档案文献遗产主要的装帧方法和材料，保存、保护民族地区特有的装帧工艺。再生性保护技术包括缩微、扫描、数据化等多种方式，我国应加快少数民族档案文献遗产的数字化进度，建设嵌入保护功能的少数民族档案文献遗产数据库，促进少数民族档案文献遗产保护数据、档案信息组织、档案开发利用的一站式管理。我国可借助物联网等信息技术设备动态监测少数民族档案文献遗产的保护状态，设计嵌入保护属性的档案文献遗产保护数据库与监测预警平台，实时动态监测、记录、上报、分析少数民族档案文献遗产的保护需求，并智能提示保护需求[①]。

---

① 周耀林、孙晶琼、费丁俊：《嵌入保护属性的少数民族档案文献遗产数据库概念模型研究》，《档案学通讯》2019 年第 5 期。

内容保护需求供给是指依据我国少数民族档案文献遗产的内容、价值及其损毁程度，对档案文献遗产所包含的本土语言文字、本土文化与工艺进行专项保护的过程。对照内容保护需求评估结果，我国民族地区的档案工作者应与少数民族历史文化研究者开展合作协同，通过对少数民族档案文献遗产内容的翻译、开放获取、关联开发、编研出版等方法，保护、传承少数民族档案文献遗产中留存的濒危语言文字、本土文化习俗、艺术工艺与审美取向，给予少数民族人民乃至全国人民获取、开发、阐述少数民族档案文献遗产价值的平等权利。

4. 环境保护需求供给

环境保护需求供给是对少数民族档案文献遗产保存环境进行改善，减少档案文献遗产长期保存的外部风险，做好自然环境风险与人为灾难预警和应急管理。环境保护需求供给是少数民族档案文献遗产预防性保护必不可少的环节。

借助少数民族档案文献遗产保护需求评估中的"环境与风险控制评估"，可以精准识别少数民族档案文献遗产保护基础设施完备程度、自然环境风险类型、人为灾难风险类型和风险管理能力大小，为"靶向"改善民族地区档案文献遗产保管环境提供依据。少数民族档案文献遗产保管机构应定期识别档案文献保护风险点，制定风险清单，定时定点进行风险清查。民族地区档案主管部门应加大档案文献遗产保护领域的资金投入，改建档案文献馆库，改良档案文献装具，优化防潮、防水、防高低温、防有害气体、防尘、防有害生物、防强光、防盗、防火设施设备，完善灾难预警与应急管理机制。此外，少数民族档案文献遗产保护领域的专家应针对民族地区特殊的昼夜温差环境、气压环境等自然环境所需的馆库温湿度控制设备需求，提供适配的环境保护工具的建议。

第五章

基于监测的少数民族档案文献遗产动态保护

纵观少数民族档案文献遗产保护的历史，不同时期面临的问题并不相同，档案文献遗产毕竟是变化发展的，保护实践也是在不断深化和发展的。现阶段，民族地区档案文献遗产民间普查征集困难、流失现象较为普遍，保护人才紧缺，修复技艺面临失传，个性化保护难以实施，由此导致在濒危少数民族档案文献遗产保护的价值因子认知、安全风险识别、保护决策实施、社会文化参与等方面均存在不少问题。这些问题的产生囿于社会和人们的认知，源于专业人员、专门机构、专业设施、保护技术标准和政策等多方面。总体来看，组织管理和技术应用相对于少数民族档案文献遗产保护的全过程而言显得十分不足。因此，有必要在区域大保护总体设计思想的指导下，形成档案文献遗产监测的方法，建立过程性、预警性的动态保护模型，为濒危少数民族档案文献遗产保护的全过程提供保障，从而满足少数民族档案文献遗产的可持续性保护需求。

第一节 基于监测的少数民族档案文献遗产动态保护必要性分析

一 国内外遗产监测发展概述

遗产监测理念和方法源于联合国教科文组织对世界遗产的保护。

1972年通过的《保护世界文化和自然遗产公约》第29条中提及监测相关要求①。1994年《实施世界遗产公约的操作指南》发布，正式确立了反应性监测制度，这也标志着世界遗产的监测进入实质性发展阶段②。

反应性监测制度在联合国教科文组织秘书处、其他部门和专家咨询机构向世界遗产委员会递交的有关某一具体世界遗产保护状况的报告中被提出。世界遗产委员会通过审议该报告确定该遗产的受损程度，继而提出整改意见并要求缔约国限期修复。随后，缔约国将该遗产的整改情况反馈给世界遗产委员会再次审议，若该遗产的修复结果未通过审议，则可能被列入《濒危世界遗产名录》或从《世界遗产名录》中除名③。

1988年底，定期监测也被纳入监测制度中，遗产监测机制得以完善。定期监测规定缔约国每6年提交一次报告，主要目的在于评估缔约国《保护世界文化和自然遗产公约》的执行情况、世界遗产的突出的普遍价值是否得到持续的保护、记录遗产所处环境的变化和遗产的保护状况，为缔约国提供区域合作以及信息共享、经验交流的一种机制。自2000年至今，世界遗产委员会已于2000—2006年、2008—2015年完成了两轮定期监测，第三轮定期监测（2018—2024年）正在进行中④。

就监测制度而言，反应性监测是针对遗产保护状况出现问题的紧急救治，而定期监测是遗产保护状况某一时刻、特定情景的"快照"，可以理解为一种全面的定期体检⑤。就监测机制而言，反应性监测对于缔约国来说是一种被动监测，是一种由外向内的监督机制；而定期监测是一种主动的监测形式，对于缔约国来说是内在的程序性工作⑥。通过将

---

① UNESCO World Heritaye Center, "Convention Concerning the Protection of the World Caltural and Natural Heritoge", [2020-08-03], https://whc.unesco.org/en/conrentiontext/.

② UNESCO World Heritage Center, "Operational Guidelines for the Implementation of the World Heritage Convention 1994", [2020-08-03], https://whc.unesco.org/archive/opguide94.pdf.

③ UNESCO World Heritage Center, "The Operational Guidelines for the Implementation of the World Heritage Convention 2021", [2022-03-03], https://whc.unesco.org/en/guidelines/.

④ UNESCO World Heritage Center, "Periodic Reporting", [2020-08-03], https://whc.unesco.org/en/periodicreporting/.

⑤ 曾纯净、罗佳明：《国际世界遗产监测的回顾与展望》，《文博》2008年第4期。

⑥ 周海炜、罗佳明：《论建立我国世界遗产管理监控体系》，《西南交通大学学报》（社会科学版）2004年第5期。

第五章　基于监测的少数民族档案文献遗产动态保护

反应性监测与定期监测相结合，世界遗产委员会实现了世界遗产的全方位管理，极大地加大了世界遗产的保护力度[1]。

中国的遗产监测始于 20 世纪 60 年代的莫高窟地区的气象环境监测。随着 1985 年中国加入《保护世界文化和自然遗产公约》，中国遗产列入世界遗产名录的项目与日俱增，在国际公约的要求与倡导下，我国政府日益重视遗产保护和监测工作。2004 年 2 月，《关于加强我国世界文化遗产保护管理工作意见的通知》提出建立遗产保护的监测巡视制度[2]。2006 年 12 月，国家文物局发布《中国世界文化遗产监测巡视管理办法》，首次提出中国世界遗产监测的框架，明确了各级管理机构的责任，以及各监测类型的定位和内容[3]。2010—2011 年，我国参与世界文化遗产第二轮定期报告的编写，在该工作的推动下，我国世界文化遗产监测工作快速进入系统化状态。2012 年，中国世界文化遗产监测中心成立，同时设立了省级层面监测和研究中心以及遗产地层面监测机构[4]，以健全国家、省、遗产地三级监测机制。2013 年，国家监测中心编制完成纲领性文件《中国世界文化遗产监测预警体系建设规划（2013—2020）》。2014 年，《中国世界文化遗产监测数据规范》《中国世界文化遗产基础数据规范》《中国世界文化遗产监测年度报告体例》等针对性、标准性、技术指导性文件相继推出。2015 年，国家文物局《关于开展中国世界文化遗产地基础数据采集、监测年度报告编制报送及监测体系建设专项评估工作的通知》[5]正式提出"监测年度报告"概念，要求世界文化遗产保护管理机构按照模板每年提交监测年度报告，省级文物行政部门汇总

---

[1] 焦雯珺、赵贵根、闵庆文、刘某承、杨伦：《基于世界遗产监测经验的全球重要农业文化遗产监测体系构建》，《中国生态农业学报》（中英文）2020 年第 9 期。

[2] 中华人民共和国中央人民政府：《国务院办公厅转发文化部、建设部、文物局等部门关于加强我国世界文化遗产保护管理工作意见的通知》，[2020-08-27]，https://www.gov.cn/zhengce/content/2008-03/28/content_5943.htm。

[3] 国家文物局：《关于加强世界文化遗产监测能力建设的通知》，[2020-08-27]，http://www.ncha.gov.cn/art/2012/11/20/a。

[4] 国家文物局：《中国世界文化遗产监测巡视管理办法》，[2020-08-27]，http://www.ncha.gov.cn/art/2020/9/15/art_2407_156.html。

[5] 国家文物局：《关于开展中国世界文化遗产地基础数据采集、监测年度报告编制报送及监测体系建设专项评估工作的通知》，[2020-08-27]，http://www.ncha.gov.cn/art/2015/6/17/art_2237_23532.html。

审核后提交至国家文物局，形成完备的监测年度报告制度①。在粗颗粒度的国际监测机制下，建立了中等颗粒度的国内机制，为国家掌握我国世界文化遗产的总体保护状况提供依据，同时也为国际规则下6年一轮的定期报告和可能的反应性监测提供实际的数据积累和应对手段②。

需要注意的是，以上国内外开展的遗产监测工作主要集中在世界遗产，并不是针对档案文献遗产的监测工作。

在档案文献遗产的监测方面，学界和业界主要关注到档案馆、图书馆对档案和古籍的存放环境的监测，围绕提升库房环境监测技术、监测设备、监测方法等方面开展研究和实践。例如，新西兰奥克兰大学（The University of Auckland）档案馆特别馆藏部于近期升级了库房数据记录技术，在距离档案很近的位置放置数据记录器，每30分钟记录一次，并按月上传至环境监测系统，每年评估一次存储空间的环境质量，该数据为库房环境的改善以及不利因素的排除提供了有效参考③。再如，图书馆、档案馆的古籍、档案存储保护环境动态数据监测中引入无线传感网络④、LoRa 技术⑤、智慧化物联网技术⑥等，并开展相应的监测系统设计和应用实践研究。但总体来看，相关的研究成果很少，能够应用于档案文献遗产监测的研究成果尚不成熟。

由于少数民族档案文献遗产属于文化遗产的重要组成部分，在稀有价值和社会价值方面存在一定的共性，因此，如何借鉴当前遗产监测工作的实践经验，对少数民族档案文献遗产实施动态保护是当前面临的一个重要问题。

---

① 罗颖：《我国世界文化遗产监测年度报告的发展与思考》，《中国文化遗产》2019年第6期。

② 赵云：《中国世界文化遗产监测预警总平台建设现状与发展思路：基于需求研究的思考》，《中国文化遗产》2018年第1期。

③ 佚名：《新西兰：奥克兰大学升级档案环境监测设备》，《陕西档案》2020年第1期。

④ 于亚瑞、石骏骥：《无线传感网络监测系统在图书馆古籍保护领域的应用》，《教育教学论坛》2013年第47期。

⑤ 李高峰、胡国强、杨彦荣：《基于LoRa技术的档案存储环境监测系统设计与实现》，《现代电子技术》2020年第12期。

⑥ 李琛磊、种兰祥：《智慧古籍图书馆的环境监测系统》，《图书馆论坛》2020年第2期。

二 少数民族档案文献遗产监测的优势

由于少数民族档案文献遗产监测能够定时且较高频率地对遗产保护状态和遗产保护工作进行反馈，属于在过程中对变化进行把控的方法，与动态保护理念中的"动态"思想相契合，因此将其引入动态保护的实践中来。具体来看，少数民族档案文献遗产监测方法的应用优势主要有以下方面：

1. 价值因子和影响因子的确定

少数民族档案文献遗产监测首要是对档案文献遗产本身的状态，包括形态、数量、所处地区、价值程度、破损程度等情况进行把控，通过监测对少数民族档案文献遗产的价值因子进行确定，也对当前的少数民族档案文献遗产的保护状态进行评估，确定其价值保留情况，为后续进一步的保护行为提供一系列的指标和数据的参考。这充分体现了监测保护行为对本体的重视，也说明了动态监测的源头是在于少数民族档案文献遗产本体的变化，这是由内而外的监测思路。

由内而外的监测思路不仅能确定本体的价值因子，对少数民族档案文献遗产的本体和保护行为产生影响的外在因素也可以通过动态监测加以确定，在控制保护过程的同时，也是为具体动态保护行为实施提供针对性的方向，对外在的影响因子的变化也加以动态追踪，内外相结合，全方位地掌握少数民族档案文献遗产的动态保护状况。

2. 保护决策的制定和实施

少数民族档案文献遗产动态保护的监测会获取大量的定时或实时数据，通过定期和不定期对数据因时制宜、因地制宜地加以分析并形成系统报告，由下至上地提供给决策层，再通过决策层的商议和研究，最终确定方案、指南或规划，由上至下地加以实施。由此可见，少数民族档案文献遗产的监测能够为动态保护的顶层设计和行动实施提供大量准确的、全面的、有效的参考数据，提供高效的决策支持，这不仅是对前期动态保护效果的一种评估反馈，而且通过自查和互查来发现问题，并根据问题进行阶段性的调整，让动态保护过程全部有据可循，稳扎稳打地掌握档案文献遗产的变化状态，系统科学地提出相应的决策方案。这样能够解决少数民族档案文献遗产保护的长远问题，是推动其可持续发展的重要手段。

3. 安全隐患排除和风险预警

除了能够从长远角度对档案文献遗产的保护决策和保护行动进行规划之外，遗产监测也能及时地发现当前的安全隐患，并对可能危及遗产本身的风险进行预测判断，提供警示作用。在少数民族档案文献遗产监测中，实时数据能够在过程中对动态保护行为加以调整和辅助，随时发现问题，及时采取相应的处理措施去排除安全隐患、解决问题，如存储环境温湿度不适、技术设备设置不当等。与此同时，定期监测数据等同于阶段性的动态保护效果反馈，通过更加长期的对外在影响因素相关数据的采集和积累，进行一定程度的数据分析，对显现的和潜在的风险加以预测推断，防患未然地让动态保护能够提前做好应急预案等，让少数民族档案文献遗产保护由后置地、被动地解决问题转变为前移地、主动地发现问题。

4. 优化活化利用资源共享

少数民族档案文献遗产监测的一个优势是能够通过对本体和保护行为的全过程监测，间接地优化动态保护活化利用的效果。一方面，通过对档案文献遗产，尤其是少数民族档案文献遗产的整体状态，包括价值因子、破损程度的全面评估判断，能够在一定程度上指出少数民族档案文献遗产可能进行活化利用的方向以及在活化利用过程中是否对少数民族档案文献遗产本体状态有进一步的影响，让实体保护和文化保护能够动态平衡地共行。另一方面，通过对特定活化利用过程的情况监测，例如，对展览、文创产品、媒体宣传、资源共享等利用活动的参与人数、互动情况、观感评论等开展数据分析和实施效果反馈，能够有效且有针对性地改善少数民族档案文献遗产的活化利用方式，做到因人而异、因地而异。这样既能够将少数民族档案文献遗产的文化、艺术、科学和社会等价值最大化，同时也能真正实现动态保护中可持续性和人文性的基本原则。

5. 保护层面的信息交流和经验分享

少数民族档案文献遗产监测不仅能够为保护决策和规划提供参考支

持，为安全隐患排除和风险预警提供数据依据，同时以监测数据为来源所形成的各类报告也具有较高的信息价值。一方面，在民族地区这样具有地方特色和区域共性的地区开展少数民族档案文献遗产保护工作，监测数据报告能够汇总地区经验和做法，为地区内的各个档案馆、博物馆、图书馆以及政府部门提供一个针对同类型少数民族档案文献遗产保护工作的横向交流和经验分享的机会，实现资源共享、相互促进、协同合作。另一方面，国家层面也能够通过每年形成的监测数据报告，通过纵向的发展比对，不仅能够有针对性地及时掌握民族地区少数民族档案文献遗产的保护现状，全局把握常规工作和紧急情况，还能够开展双向交流，了解和掌控不同地区实际情况，及时地为保护工作提供更加高效且专业的支持，全面提升我国少数民族档案文献遗产保护和管理的整体水平。

第二节　基于监测的少数民族档案文献遗产动态保护 VEPC 模型

2002 年，世界遗产委员会通过了《世界遗产布达佩斯宣言》，提出增强《世界遗产名录》的可信性、保证对世界遗产的有效性保护、推进各缔约国有效的能力建设以及通过宣传增强公众对世界遗产的认识、参与和支持，即当时为世界所共识的"4C"战略目标[1]：可信性（Credibility）、保护（Conservation）、能力建设（Capacity-building）和交流（Communication）。2007 年，第 31 届世界遗产大会将社会参与（Communities Involvement）补充完善，最终形成"5C"战略目标。在 2019 年《实施世界遗产公约的操作指南》中，世界遗产"5C"战略目标是[2]：1. Credibility（Strengthen the Credibility of the World Heritage List），即有效保持且加强世界文化遗产和自然遗产的突出普遍价值，让世界遗产能够得以长期存

---

[1] UNESCO, "Budapest Declaration on World Heritage", [2020-08-04], http://whc.unesco.org/en/Decisions/1217/.

[2] UNESCO World Heritage Center, "The Operational Guidelines for the Implementation of the World Heritage Convention 2021", [2022-03-03], https://whc.unesco.org/en/guidelines/.

在且持续性地发挥自身价值；2. Conservation（Ensure the Effective Conservation of World Heritage Properties），即确保对世界遗产本体及价值实施有效管理、治理等，通过协作、监测等手段，保护世界文化遗产和自然遗产；3. Capacity Building（Promote the Development of Effective Capacity Building in States Parties），即在可持续发展前提下不断提升缔约国保护和管理世界文化遗产和自然遗产的能力，包括人员技能、设施设备、制度体系等方面；4. Communication（Increase Public Awareness, Involvement and Support for World Heritage through Communication），即通过交流互动的各项措施，加强世界文化遗产和自然遗产的社会认知，获取社会公众、组织机构的参与和支持；5. Communities（Enhance the Role of Communities in the Implementation of the World Heritage Convention），即强化在世界文化遗产和自然遗产保护过程中当地社区参与的重要作用。"5C"目标是针对世界遗产的，对同处于遗产家族的档案文献遗产具有一定的参考性。

针对档案文献遗产保护，2015年由联合国教科文组织秘书处发布并推广的《关于保护和利用文献遗产的建议实施指南》[1]。该指南从政府、机构和其他主体的角度提出了识别与保护文献遗产状态、能力建设、新兴技术应用等措施。从2018年开始，联合国教科文组织与日本信托基金（Japanese Funds-in-Trust，JFIT）共同开展"通过政策制定和能力建设来保护文献遗产（Preservation of Documentary Heritage through Policy Development and Capacity Building）"项目，该项目于同年举办第一届《全球政策论坛》（Global Policy Forum），提出《2015—2030年仙台减少灾害风险框架》（以下简称"仙台框架"）[2]能够为少数民族档案文献遗产保护的政策制定提供有用的参考：①为了更好地开展风险评估、预防、缓解、防范和应对工作，应当了解灾害风险管理；②加强国家、地区和全球的灾害风险治理，通过合作和伙伴关系进行灾害风险管理；③致力于

---

[1] UNESCO, "Implementation Guidelines for the 2015 Recommendation Concerning the Preservation of, and Access to Documentary Heritage Including in Digital Form", [2020-08-04], https://en.unesco.org/sites/default/files/2015_mow_recommendation_implementation_guidelines_en.pdf.

[2] United Nations, "Sendai Framework for Disaster Risk Reduction 2015-2030", [2020-08-04], http://www.cma.gov.cn/en2014/20150311/20151010/2015101002/201510/P020151012525690375817.pdf.

减少灾害风险的各类举措,增强个人、社区、国家及其资产的经济、社会、健康和文化恢复力,以及环境的恢复力;④加强防灾预案准备,以便做出及时有效的反应,并能够更好地恢复和重建,方法是在事件发生前采取行动,并确保在各级之间建立有效的响应机制和恢复的能力,包括将减少灾害风险纳入地区发展措施之中等①。

从上述世界遗产和档案文献遗产的保护实践中可以看出,目前在保护具体实施方面,相较于档案文献遗产保护而言,国际、地区和国家层面在对世界文化和自然遗产的保护有更加具体的行动规划和方案计划。与此同时,针对不同的保护对象,在保护行动方向和保护思维理念方面存在一定程度的共通性,对少数民族档案文献遗产的动态保护具有重要的理论和实践指导价值。

基于此,参考上述世界遗产保护和文献遗产保护的理论基础和经验,结合区域大保护理论的主体维度、客体维度、环境维度及管理维度四个维度,利用档案文献遗产监测在动态保护中的优势,提出了基于监测的动态保护VEPC模型,包括可信价值因子识别(Value)、可控的环境感知(Environment)、可持续的保护措施(Preservation)、可适应的能力建设(Capacity)。

参考上述世界遗产"5C"战略目标②以及文献遗产保护中针对灾害风险管理的"仙台框架"③等理论基础,笔者从区域大保护理论的主体维度、客体维度、环境维度及管理维度的角度出发,结合当前需要解决的少数民族档案文献遗产的具体动态保护问题,引入档案文献遗产监测方法,以监测为动态保护实施核心,构建动态保护理论模型——VEPC模型,其中包含了客体V区、环境E区、管理P区和主体C区四大模块,如图5-1所示。

---

① UNESCO, "Towards a Global Policy Framework for Sustainable Preservation of Documentary Heritage through Disaster Risk Reduction and Management", [2020-08-04], https://en.unesco.org/sites/default/files/1st_mow_global_policy_forum_-_final_report.pdf.

② UNESCO World Heritage Center, "The Operational Guidelines for the Implementation of the World Heritage Convention 2021", [2022-03-03], https://whc.unesco.org/en/guidelines/.

③ United Nations, "Sendai Framework for Disaster Risk Reduction 2015-2030", [2020-08-04], http://www.cma.gov.cn/en2014/20150311/20151010/2015101002/201510/P020151012525690375817.pdf.

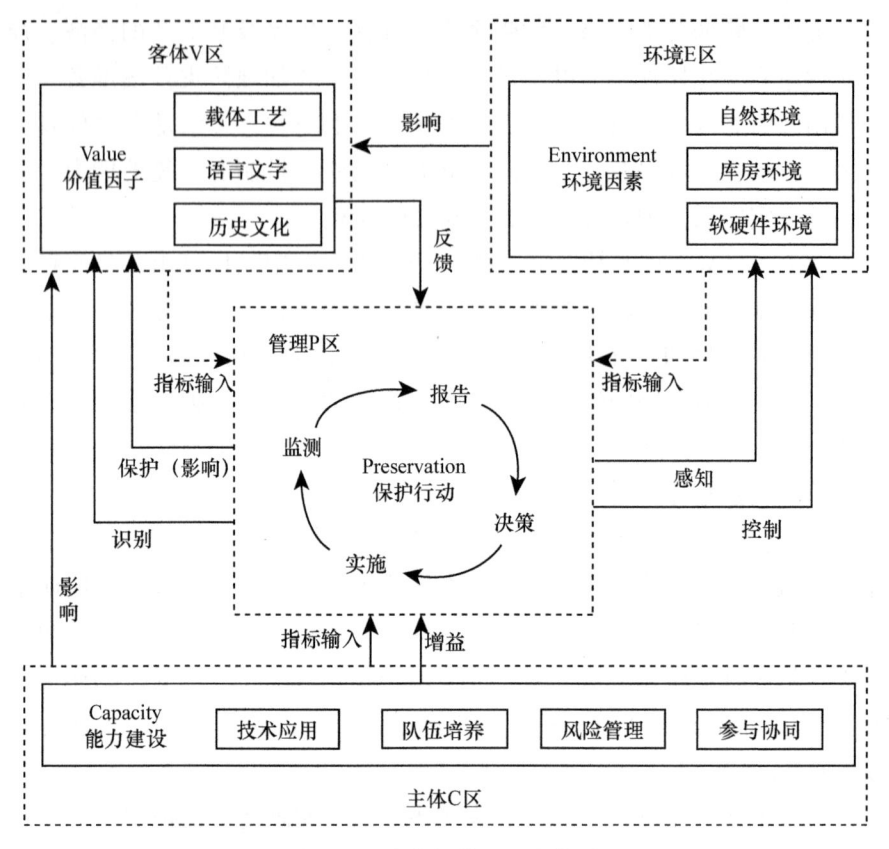

图 5-1 动态保护 VEPC 模型

图 5-1 中，客体 V 区包含了少数民族档案文献遗产突出普遍价值的全部价值因子；环境 E 区是少数民族档案文献遗产需要被控制和感知的内外环境因素；管理 P 区是循环的动态的可持续性的保护措施，即少数民族档案文献遗产监测；主体 C 区则体现了根据需求和现状进行相适应性的、不间断的能力提升。

从图 5-1 可以看到，在少数民族档案文献遗产的动态保护过程中，VEPC 区四大模块以及主体、客体、环境和管理维度之间的运作关系，它们共同形成了一个能量守恒、动态平衡的有机整体。

动态保护模型的实施中心是基于监测方法的管理 P 区，包含了整个具体实施的环节和流程，包括监测、报告、决策和实施等循环性操作，主体与客体、环境之间的交互全部都是通过管理 P 区来直接开展和有效实现的，能够对档案文献遗产的价值因子进行识别，对内外部环境因素快速感知并加以控制，同时管理 P 区也要接受到来自客体 V 区的反馈，即保护效果的直接显现。此外，由于档案文献遗产监测的需要，客体 V 区、环境 E 区和主体 C 区都会向管理 P 区进行指标输入，与保护行动共同形成档案文献遗产监测指标体系。

客体 V 区是所有的动态保护行为实施的对象以及动态保护实施价值和意义的来源。该部分是少数民族档案文献遗产动态保护的关键，其包含的少数民族档案文献遗产载体工艺、语言文字和历史文化等内容，是少数民族档案文献遗产特色和价值所在。在实际保护过程中，环境因素、保护行动和能力建设都会对档案文献遗产的价值因子产生影响，包括正向影响和负向影响。

环境 E 区所指的是少数民族档案文献遗产所处的自然环境、库房环境和软硬件设施环境，可能会对少数民族档案文献遗产产生潜在的负向影响，但通过控制和调整能够转变为正向影响。

主体 C 区的能力建设通过在技术应用、队伍培养、风险管理和参与协同等方面的提升和调整，能够对管理 P 区的保护行动产生增益效果，促进日常保护、应急保护和活化利用的有效实施，进而对少数民族档案文献遗产的价值因子产生正向影响，为少数民族档案文献遗产能够安全保存和传承利用提供持续性的能量和支撑。

一 Value：可信价值因子识别

可信价值针对不同遗产类型的要求存在差异。例如，自然遗产和文化遗产保护的可信（Credibility）包括真实性（Authenticity）和完整性（Integrity）[1]；文献遗产的保护强调文献遗产需要有确定的身份和来源，其独创和完整程度至关重要[2]；档案领域，针对电子文件的长期保存满

---

[1] UNESCO World Heritage Center, "The Operational Guidelines for the Implementation of the World Heritage Convention 2021", [2022-03-03], https://whc.unesco.org/en/guidelines/.

[2] UNESCO, "Implementation Guidelines for the 2015 Recommendation Concerning the Preservation of, and Access to Documentary Heritage Including in Digital Form", [2020-08-04], https://en.unesco.org/sites/default/files/2015_mow_recommendation_implementation_guidelines_en.pdf.

足可信性要求的可信要素包括真实性、完整性、可用性和安全性。

结合上述要求,从动态保护出发,少数民族档案文献遗产动态保护的一大重要目的就在于维护档案文献遗产的可信价值,保持其原真性、完整性、安全性、系统性、可持续性和人文性。

在价值层面,可信价值包含了少数民族档案文献遗产所具备的历史价值、文化价值、艺术价值、科学价值和社会价值等。而在实践层面,实现少数民族档案文献遗产可信价值维护的首要条件就是对少数民族档案文献遗产本身所具备的价值因子进行识别。这些价值因子是少数民族档案文献遗产作为文化遗产的一部分,其可信价值在遗产本体上的显性表达,包括少数民族档案文献遗产载体、字体所包含的工艺,对该工艺进行加工和修复的相关技术和手法,少数民族档案文献遗产中所包含的满族、苗族、彝族、傣族、哈尼族、拉祜族等众多少数民族的语言文字及其特有的风俗民俗文化等。这些是可信价值显现的因子载体,也是动态保护实施的直接对象。同时,其价值的发挥也是对动态保护行为效果的有效反馈。

在动态保护的过程中,需要对少数民族档案文献遗产的价值因子进行识别,其实质是了解保护对象本身的状态,对破损情况、价值情况和其自身的风险情况进行一个判断。这有利于明确少数民族档案文献遗产动态保护的需求和方向,更好地进行有针对性的保护,保持濒危少数民族档案文献遗产的突出的普遍价值。少数民族档案文献遗产的可信价值因子的识别,需要设置针对性的监测指标,将其纳入少数民族档案文献遗产动态保护监测指标体系中,并通过监测方法来实现对少数民族档案文献遗产价值因子的识别以及自身状态的全面把控。

二 Environment:可控的环境感知

对客体维度的少数民族档案文献遗产进行价值因子识别,除了需要更加深刻地认识其自身变化之外,少数民族档案文献遗产所处的环境也是需要在动态保护中加以掌控的重要部分。

少数民族档案文献遗产所处的环境会对档案文献遗产的价值因子的长期保存和传承利用产生正向或负向影响,这些环境因素包括民族地区所处的特殊的自然环境，如气候，以及当地档案馆、图书馆、博物馆、政府机构部门所提供的库房环境、软硬件设施环境等，都会影响到少数民族档案文献遗产的价值留存和价值发挥。

一方面，通过调整环境因素使环境对少数民族档案文献遗产的修复、保存和利用产生正向影响。满足上述需求的环境因素主要是指能够自主设定和控制支配的库房环境和软硬件设施环境。通过对少数民族档案文献遗产的价值因子识别，了解不同的少数民族档案文献遗产，尤其是遭受损毁遗产的存放条件、修复技术、活化方式等，在存储空间、设施配备、技术应用等方面能够创造适合特定的少数民族档案文献遗产的动态保护环境，随时根据需求进行动态调整。

另一方面，对于一些环境因素，如气候、地理位置、大气成分等自然环境，保护机构虽然难以控制，但通过历史数据的积累，能够实时掌握其变化，预见对少数民族档案文献遗产产生的风险，排除安全隐患，有目的地降低甚至是消除不可抗力下自然环境可能对少数民族档案文献遗产保护所产生的负向影响。

通过这两种思路的相辅相成，能够较好地控制环境因素对少数民族档案文献遗产的影响，从环境层面加强主体对客体的动态保护效果。同样地，对于少数民族档案文献遗产所处环境的感知和把控，也是通过少数民族档案文献遗产监测来实现的，对少数民族档案文献遗产产生影响的所有环境因素都会被纳入监测指标体系中，并结合技术、设备的应用定时或实时交替地进行环境数据获取，从而完成可控的外部环境感知。

三　Preservation：可持续的保护措施

在动态保护中，少数民族档案文献遗产作为客体，其自身的状态和价值显现会受到环境因素、人为因素等多种情况的影响，有时甚至会出现未知的突发状况，加之环境因素会存在时间和空间上的变化，因此，动态保护对象是处于一种不确定的动态之中。

针对少数民族档案文献遗产本身和环境所带来的不断变化的状态，需要采取持续性保护措施，才能对少数民族档案文献遗产的不确定的变化过程进行确定的、过程性的把控。

整体的动态保护行为以遗产监测为基础起点，围绕监测的结果来进一步开展保护行动，同时也通过监测的内容了解前期动态保护行为的实施效果。在这个循环流程中，少数民族档案文献遗产的监测会获取到各种不同的监测数据，通过处理捕捉到的监测数据来形成报告，并基于报告和分析作出决策，从而开展顶层设计、行动规划、过程实施、实施监测、效果反馈，由此形成了一个良性循环。对动态保护的输入过程和输出结果进行不断的反馈和迭代，有效地控制动态保护行为的各个节点和组成部分。可以说，遗产监测既是动态保护的起点，又是动态保护的过程，还是动态保护的结果，是动态保护贯穿始终的有效工具。

在针对少数民族档案文献遗产的动态保护问题中，引入遗产监测方法，实施动态保护的持续循环和过程监控。就动态保护对象而言，是少数民族档案文献遗产实体及其所蕴藏的可信价值；而就监测的对象而言，与少数民族档案文献遗产动态保护相关的所有要素和主体都将成为监测体系中的一部分，如动态保护模型所示，无论是客体的价值因子，还是各类的环境要素，主体能力的建设和提升，以及动态保护行为循环本身，都将对少数民族档案文献遗产监测体系进行指标输入，构成监测指标体系，这样才能最终实现全面且可持续的动态保护闭环。

四 Capacity：可适应的能力建设

在文化遗产、自然遗产和文献遗产保护中，能力建设（Capacity building）都是备受重视的一个方面。

就文化和自然遗产保护而言，联合国教科文组织遵循世界遗产"5C"战略目标中对能力建设的定义，将人员技能、设施设备、制度体系等均纳入国际、国家和区域保护能力建设的内容之中，同时提出世界遗产能力建设策略，认为为了有效管理文化遗产，能力建设应该包含三个方面：加强与遗产保护和管理有直接责任的人员的专业知识和职业技能；通过给决策者和政策制定者增加权能，以此优化组织结构和业务流程；在遗产与其所处环境（对其产生影响的各种因素）之间建立一种更加动态的关系，进而通过一种更加包容的方式实现更大的互惠，从而以一种可持续的方式实现使命和目标①。

就少数民族文献遗产而言，2015 年的建议指南中提到，能力建设包括意识和认知的提升、进行在校或在线的专业课程的学习、专业组织提供的学术研讨和暑期课程等，除了个人专业知识学习和技术能力进修之外，更加重视广泛且全面的文化理解和认知②。此外，联合国教科文组织和日本信托基金（Japanese Funds-in-Trust，JFIT）正在开展的项目中提到，能力建设还包括国家层面的政策标准和行动框架的制定、风险管理的认知和开展、应急机制的设立、文化恢复力塑造等。

由此可见，为了更好地实现少数民族档案文献遗产的动态保护，实施主体自身必须根据动态保护行动的需要，进行适应性的能力提升。这不仅是对动态保护行动，包括监测流程的一种增益，同样也是对保护客体即少数民族档案文献遗产的可信价值的一种正向影响。动态保护主体的能力建设不仅是在狭义层面，通过线上线下课程、学术研讨、专业培训等，加强责任人员的专业知识，提升职业技能，而且包含了更加广义层面的，对文化遗产的认知、保护意识的树立以及组织机构层面的政策制定和流程优化。总而言之，主体只有不断地做好适应型能力建设，才能持续满足动态保护的行动需求。

第三节 基于监测的少数民族档案文献遗产动态保护实施

一 动态保护中少数民族档案文献遗产监测指标体系

（一）遗产监测指标体系概述

由于国内外开展的系统的遗产监测工作主要集中在文化遗产和自然

---

① UNESCO, "World Heritage Capacity Building Strategy", [2020 - 08 - 06], https://whc.unesco.org/archive/2011/whc11-35com-9Be.pdf.

② UNESCO, "Implementation Guidelines for the 2015 Recommendation Concerning the Preservation of, and Access to Documentary Heritage Including in Digital Form", [2020-08-04], https://en.unesco.org/sites/default/files/2015_mow_recommendation_implementation_guidelines_en.pdf.

遗产方面，因此在遗产监测指标体系的构建上，也主要是围绕遗产地的保护来进行的。2002年发布的《世界遗产监测》将遗产监测的形式界定为以下五种：在世界遗产委员会或世界遗产中心的要求下，对风险较大、受到严重损坏威胁的遗产进行反应性监测；参加缔约国的定期报告制度；日常监测；组织成员自发编制报告；与联合国教科文组织等合作，准备管理和监测手册。

截至目前，遗产监测指标体系在三轮定期报告中逐渐完善确立。第一轮定期报告包括遗产详情、暂定准备监测的遗产名单、提名的文化和自然遗产、保护和展示情况、服务状态、科技研究、经费来源、培训、国际合作、意识建设和教育、总结和建议、评估12个部分。第二轮定期报告共19个部分，系统性较强，内容更为细化，增加了对遗产重要性、管理人员层次、游客情况、影响因素、文件清查等内容的描述。在监测方面，日常监测作为单独的一项，要求有日常监测的遗产地说明监测指标、描述监测过程，要求还未开展的遗产地说明是否在开发或计划开发关键监测指标。相较于第二轮定期报告的调查，第三轮定期报告共删除27个、更新25个、新增81个问题。这种变化旨在鼓励不同利益的群体、社会公众参与到世界遗产保护事业中，始终以世界遗产突出普遍价值为保护核心，重视经济社会发展对世界遗产造成的影响，以及注重监测在世界遗产保护中的实效性等[①]。

以国际规则为引导，我国逐渐形成国家层面的监测体系。近年来，《中国世界文化遗产监测数据总表、元数据表与监测指标》《中国世界文化遗产地基础信息采集规则》《中国世界文化遗产地监测年度报告模板》已编制完成。其中，监测数据共17大类、59项，涉及遗产地监测指标体系主要有本体监测预警、影响因素、保护管理行为、安全保障。该监测体系强调反映保存现状的遗产特征监测和病害监测，强化日常管理与建设控制监测，引导对游客影响、现场工程和保护规划执行情况的监测，并与世界遗产第二轮定期报告的格式相衔接。

《中国世界文化遗产监测预警指标体系》的指标体系分为两大部分：

---

① 罗颖：《我国世界文化遗产监测年度报告的发展与思考》，《中国文化遗产》2019年第6期。

一是遗产本体监测预警指标,按照遗产类型分类设定监测指标,各项指标的监测频度根据各遗产具体情况在系统建设时研究设定;二是影响因素、保护管理行为、安全保障监测预警指标,包含7项监测内容、22项监测因素、61项监测因子、103项监测指标。这些部分统一设定监测指标和各项指标的监测频度,监测频度包括1日、1月、1年、记录性监测、实时监测5种。其中,"1日""1月""1年"属周期性监测;"记录性监测"指针对监测事项的发生过程、结果以及响应进行工作记录和对策响应,属不定期监测;"实时监测"指通过监测设备对重要对象的实时状况进行同步记录和响应,属不间断监测。

针对档案文献遗产的保护工作,我国从2000年正式启动中国档案文献遗产工程,并组织"中国档案文献遗产"的申报和评选,建立了《中国档案文献遗产名录》。该名录设定的评选入选标准能够筛选出正在逐渐老化、损毁、消失的,亟须进行调查、抢救和保护的珍贵的记录。从动态保护监测的角度观察,该评选也是基于档案文献遗产本体的价值因子的评估。《"中国档案文献遗产工程"入选标准细则》从主题内容、时间、地区、民族与任务、形式与风格、系统性、稀有性七个方面的相对标准来明确判定档案文献遗产的价值[①]。

如上文所述,目前在遗产监测领域,监测指标体系的建立主要还是围绕文化遗产和自然遗产的保护,具体针对档案文献遗产的监测还未系统开展。因此,笔者针对少数民族档案文献遗产的动态保护实际需求,因循动态保护基本原则、动态保护VEPC模型的要求,参考上述国内外文化遗产和自然遗产监测的成熟经验以及国内《中国档案文献遗产名录》评选标准,构建少数民族档案文献遗产动态保护监测指标体系。

(二)少数民族档案文献遗产监测内容分析

在针对少数民族档案文献遗产动态保护构建监测指标体系之前,需要对动态保护中档案文献遗产的监测内容进行分析确定。

根据动态保护VEPC模型,动态保护的监测内容主要分为三大类:

---

① 晏琼:《中国档案文献遗产评选标准试析》,《中国档案》2003年第10期。

档案文献遗产本体监测、环境条件监测、动态保护实施监测。在监测内容方面,由于主体能力建设的相关内容会直接反映在对环境条件和保护实施的监测指标和数据之中,因此为避免重复,没有将主体C区内的能力建设单列出来进行单独的监测,但动态保护主体相关的能力建设和提升依旧是少数民族档案文献遗产动态保护实施的重要环节之一。

1. 少数民族档案文献遗产本体监测

针对少数民族档案文献遗产进行动态保护监测的过程,档案文献遗产本体是独立的整体,包含直接表现其历史价值、文化价值、艺术价值、科学价值和社会价值等的关键要素,集中体现为少数民族档案文献遗产的载体实体、文化内容及数字化加工成果。少数民族档案文献遗产本体是动态保护的对象和核心,会受到所有行为和环境的影响,可以直接反映动态保护的实施效果。因此,对少数民族档案文献遗产的本体监测也是对其载体实体、文化内容及数字化加工的状态进行监测,获取少数民族档案文献遗产动态保护对象的具体相关信息和数据。

(1) 对少数民族档案文献遗产载体的监测

少数民族档案文献遗产的载体是档案文献遗产保护的最直接对象,部分实体载体本身所具备的材质和工艺就已经是档案文献遗产保护的重点对象,具有较高的历史文化价值。少数民族档案文献载体种类繁多,有纸质、石刻、金属、木质、缣帛、羊皮、贝叶、陶器和口碑等诸多类型[1]。新疆社会科学院曾对该院馆藏少数民族古籍做过统计,其古籍按文献载体来分,就有手抄本、石印本、铅印本和机械制文献纸张等[2]多种形式。从前文调研的少数民族档案文献遗产载体材料分布特征及代表性案例可以看出,少数民族档案文献遗产载体类型多样,地域分布广泛,见表5-1[3]。

---

[1] 华林、肖敏、王旭东:《西部濒危少数民族历史档案保护研究》,《档案学研究》2013年第1期。

[2] 韩南南、张馨元、张伟:《新疆濒危少数民族古籍保护研究》,《山西档案》2016年第2期。

[3] 孙晶琼、周耀林:《保护管理视角下我国档案文献遗产目录数据库概念模型设计》,《中国档案研究》2018年第2期。

表 5-1　　　　　　　少数民族档案文献遗产载体材料

载体类型	分布地区	载体特征
石刻材料	民族地区	大多裸存于野外，长期遭受人为损毁或风雨侵蚀，破损、剥蚀、漫漶、断裂、埋没，部分珍贵碑刻早已湮灭无存[①]
金属材料	云南、贵州、广西、西藏、新疆、内蒙古、辽宁、吉林	大到钟鼎等重器，小到铜镜、印章等小件，其制作工艺各不相同
竹木材料	云南、贵州、广西、西藏、新疆、甘肃、内蒙古	年代极其久远，记载内容较为丰富，如简牍文献、记事木刻等
纸质材料	民族地区	现代造纸科技的进步，因各民族地区自然资源、经济水平、文化民俗等在古籍古书、谱牒文书等存在差异
新型材料	民族地区	19世纪中叶至今的各种新型载体，包括照片、磁带、胶卷、光盘、存储卡以及数字存储等
特殊载体	云南、贵州、西藏等	范围相对较小如贝叶材料，后成为云南傣族独具特色、具有代表性的记事载体[②]；西藏保存的贝叶经最为丰富

载体作为档案文献遗产文化价值、情感价值、经济价值和社会价值等价值要素的承载实体，更需要重点关注。少数民族档案文献遗产载体对象种类繁多，属性各异，随着时间推移、环境影响和保护实施，载体的状态也会持续产生变化，而载体的状态直接反映了少数民族档案文献遗产的损毁程度、修复效果和保护实情，因此需要设计与载体状态息息相关的特定指标，对其连续性的变化情况加以实时或定期监控，及时发现载体异常，适时调整针对不同载体的技术手段，这样才能相对长久地保障价值载体的健康或良好状态。

（2）对少数民族档案文献遗产内容的监测

内容是少数民族档案文献遗产文化价值、情感价值、经济价值和社会价值等价值要素的内容载体，是档案文献遗产动态保护实施过程中具有长期保存需求和永久利用传承的核心。少数民族档案文献遗产具有强

---

① 华林、吴雨遥、邓甜：《云南濒危少数民族石刻伦理档案文献遗产保护研究》，《红河学院学报》2019年第2期。

② 仝艳锋：《民族档案文献遗产保护研究：以云南为例》，山东大学出版社2013年版，第31页。

烈的地方特色，对于历史文化、地域人文、语言文字的研究和传承具有重要意义。

以前期对云贵地区的调研数据为例，云南省世居少数民族25个，有自身特有语言的少数民族22个，有自身特有文字的少数民族14个；贵州省世居少数民族17个，其中7个少数民族特有语言保存完好，该地区少数民族档案文献遗产形成时间跨度较大，包含了先秦、秦汉、南诏、大理、元代、明代、清代、吴国以及新中国各个不同时期，其记录历史的类型包含了符号、实物、文字、图像、声像、口述、数字等不同形式，档案文献遗产所涵盖的最重要的价值内容覆盖了政治、经济、军事、历史、科技、法律、文化、宗教、伦理、民俗、医学等众多的领域[①]，是非常丰富的历史型"知识库"。以上这些少数民族档案文献遗产体现的价值因素涉及地方特色、历史人物、文化内涵的具体内容均是纳入动态监测体系的重要因素，定量和定性相结合地掌握内容价值的特征和分布，才有利于全面开展档案文献遗产本体的动态保护。

（3）对少数民族档案文献遗产数字化的监测

当前，随着数字化保护技术的发展以及少数民族档案文献遗产活化利用需求的凸显，少数民族档案文献遗产数字化逐渐成为了动态保护的重要举措。少数民族档案文献遗产需要进行数字化，赋予其历史积淀之上的鲜活形态，让其能够更加长久地流传和发挥相应的价值意义。

少数民族档案文献遗产数字化过程一方面或多或少地会对档案文献遗产产生影响，另一方面其数字化后形成的成果也属于保护的对象。根据前期对少数民族自治区档案文献遗产馆藏的调查可得，以蒙古文档案"珍档荟萃"网站、内蒙古文化艺术资源库、内蒙古"三少民族"多媒体资源库、蒙医药资源库、大辽契丹数字展厅、广西少数民族民俗数据库、宁夏岩画多媒体资源库、新疆数字博物馆[②]等为代表的多种主题和专题性质的数字化成果已经具有一定的规模，是档案馆、图书馆、博物

---

① 周耀林、刘晗、陈晋雯、张伟：《民族记忆视域下少数民族档案文献遗产保护现状与推进策略：基于云贵地区的调查》，《档案学研究》2020年第5期。

② 周耀林、孙晶琼、费丁俊：《嵌入保护属性的少数民族档案文献遗产数据库概念模型研究》，《档案学通讯》2019年第5期。

馆等少数民族档案文献遗产收藏机构面向公众进行少数民族档案文献遗产文化展示和宣传利用较为常见的方式，已经成为替代少数民族档案文献遗产本体的保护对象。

在数字化过程中，少数民族档案文献遗产从实体转化为数字化虚拟态，其转化率、转化方式、转化条件等都对少数民族档案文献遗产本体状态产生影响，并影响到少数民族档案文献遗产活化利用的效果，与档案文献遗产价值因素的留存和传承效率也是息息相关的。因此，在动态保护监测中，需要把握档案文献遗产数字化过程和结果，采用无损数字化技术，尽量减少数字化过程对档案文献遗产的损毁，对相关的影响因素进行收集并判断，才能更好地助力于最佳的档案文献遗产数字化成果输出和利用（详见第六章）。

2. 环境条件监测

环境会对少数民族档案文献遗产本体造成直接影响。尤其是，少数民族档案文献遗产对环境影响的敏感度更高，更需要在动态保护过程中关注环境条件所造成的短期或长期的影响效果。不当的保存环境会使档案文献遗产遭受到严重破坏，同时环境又随着时间在不断地发生变化，其影响也会随之改变，因此，在针对档案文献遗产的动态保护监测时，环境条件是其中重要的一环。针对少数民族档案文献遗产的动态保护实际，笔者认为，动态监测的环境分为自然环境、库房（建筑）环境以及软硬件环境三大类。因此，环境条件监测就是采集少数民族档案文献遗产所处的自然环境、库房（建筑）环境、软硬件环境对本体造成直接或间接影响的各种条件因素，从而为动态保护方案的制定和决策的确定提供有效的参考支撑。

第一，对自然环境的监测。一般来说，自然环境对少数民族档案文献遗产的破坏作用是缓慢的，有些影响是需要时间的积累才能显现出人为可观察的现象，但是这些自然环境因素又确实时时刻刻地影响着少数民族档案文献遗产的耐久性[1]。

各民族地区自然条件差异明显，资源形态各异，如甘肃省、新疆维

---

[1] 孙晶琼、周耀林：《保护管理视角下我国档案文献遗产目录数据库概念模型设计》，《中国档案研究》2018年第2期。

吾尔自治区、内蒙古自治区气候干旱，矿产、农牧、草地等资源众多；西藏自治区海拔高，高寒，地热、农牧资源丰富；云贵地区矿产、水能资源丰富；广西壮族自治区热带、亚热带经济作物生产条件好；黑龙江省气候寒冷，土地、森林、矿产资源众多，它们长期作用于少数民族档案文献遗产实体。自然环境的变化影响大多属于人为无法控制的情况，能够对少数民族档案文献遗产造成突然的、一段时间的、短期的重大影响，如地震、洪灾、火山爆发、雷电、飓风等情况，属于可能危害少数民族档案文献遗产安全的自然风险，需要通过长期保护管理经验的积累、安全防护措施的配备以及应急预案的设置来对这些危险因素进行防控。

这些形成主体非人为的自然环境因素，难以人为控制这些自然因素的改变和发生，在相当程度上直接影响少数民族档案文献遗产本体的安全，因此更加需要防患未然，对这些自然环境因素进行监控，通过监测环境变化进行预防和判断，长远地制定动态保护方案，同时针对特殊情况及时地做出动态保护决策。

第二，对库房（建筑）环境的监测。相对于外部的自然环境，少数民族档案文献遗产本体存储的库房和建筑属于内部环境，比自然环境更加直接地对其实体产生影响。

从前期调研结果来看，少数民族档案文献遗产保护的机构包括档案馆、图书馆、博物馆、民委（或民宗局）古籍办等，大多数机构没有建立专门的少数民族档案文献遗产保护部门，且少数民族档案库房并不多。这种情况可能成为影响到少数民族档案文献遗产建筑的因素，包括建筑设计、建筑结构、建筑材料等。少数民族档案文献遗产的库房环境，包含了库房房间、密集架、档案柜、档案盒等存储设施，存储环境中的温湿度、灰尘、空气、光照等因素也会对这些档案文献遗产的保存产生影响。可见，内部环境因素都是少数民族档案文献遗产本体动态保护过程中需要定时或实时监测的对象因子，由于具有直接性，所以能更加容易在短期内造成明显且重大的变化影响，因此，从日常管理和长期保护的角度，应该对这些变化因子进行严格监测。

第三，对软硬件环境的监测。从少数民族档案文献遗产监测内容中可知，少数民族档案文献遗产数字化过程和成果都是动态保护的重点。

管理并存储数字化过程和成果的软硬件设施环境也自然成为档案文献遗产保护监测的重要对象。

少数民族档案文献遗产的软硬件环境监测主要分为硬件条件和软件环境两个方面。其中，硬件条件是指进行数字化的设备状态，以及存储数字化成果的设备状态，包括扫描仪、缩微器、计算机、服务器等，其状态好坏直接影响到数字化存储和活化利用的效果和效率；软件环境主要是指虚拟环境，包括系统环境、数据库环境和网络环境等。由于少数民族档案文献遗产的活化利用需求，数字档案遗产资源会在虚拟环境中进行共享交互，因此信息安全问题尤为突出。动态保护监测就是对可能产生信息安全隐患的因素进行排查，如病毒、木马、系统漏洞、网络黑客等，同时对一些安全防控技术的实施开展进行监督，如防火墙的设立、定期备份等，全方位地保障数字档案文献遗产的有效利用和安全存储。

3. 动态保护实施监测

在少数民族档案文献遗产保护过程中，人的影响作用不能忽视。从管理者、保护者的角度出发，对少数民族档案文献遗产动态保护的实施行为情况进行监测，一方面是有效减少人为因素对少数民族档案文献遗产本体造成安全风险，尽量避免因为人的行为和活动而破坏了档案文献遗产本体的保护状态；另一方面定时定期的监测也是对少数民族档案文献遗产动态保护行为实施效果的一种反馈，有利于及时地发现问题，并有效调整动态保护行为的技术应用和实施方案。与此同时，对于参与动态保护行为的人和组织本身的保护水平和成果也能够进一步提出要求，有利于动态保护的能力建设。因此，从动态保护实施的角度，将少数民族档案文献遗产保护行为实施监测分为日常保护、应急保护、活化利用三个方面。通过对动态保护行为效果和有关数据的监测采集，进一步完善动态保护行为的实施开展以及相关能力的提升建设。

第一，对日常保护情况的监测。少数民族档案文献遗产的损毁或濒危状态，一方面是表明其所承载的文化内涵非常珍贵稀有，若不加以重视和活化传承则很有可能面临消失的后果；另一方面也是直接指出其实体状态的"危险"程度，同样若不对其实体进行日常保护则很有可能影响其本身价值的发挥。因此，日常保护是对少数民族档案文献遗产进行动态保护的首要部分，只有将受损的少数民族档案文献遗产本体进行修复或保障其原始的本体状态，才能进一步考虑对其内涵价值的活化利用。

对少数民族档案文献遗产的日常保护行为可以分为原生性保护和再生性保护两类，见表5-2。日常保护情况的监测是对上述日常保护行为及其涉及的设备、技术、方法以及相关人员进行把控，全程控制其实施，尽量减少人为因素对少数民族档案文献遗产本体造成的负面影响，并且对修复行为的效果进行反馈评估，从而有利于动态地、高效高质地开展后续的保护行为。

表5-2　　　　　　　　少数民族档案文献遗产日常保护

保护类型	具体内容
原生性保护	预防技术：防高温高湿、防光、防有害气体与灰尘、防微生物、防水、防虫、防灾等
	治理技术：除微生物、杀虫、去酸、脱水、清洁、去污等
	修复技术：除锈、加固、揭"砖"、修裱、图字声像恢复等
再生性保护	非数字化技术：缩微复制、影印出版、编研出版、手工抄写、翻录等
	数字化技术：实体原件数字化、缩微胶片数字化等

第二，对应急保护情况的监测。少数民族档案文献遗产日常保护过程中可能会出现一些突发情况，如人为破坏、自然灾害等。这些突发事件可能会在短时间内对少数民族档案文献遗产造成大小不一的伤害，若不及时处理可能会导致不可挽回的后果。因此，对可能发生的突发状况设置应急预案，这对少数民族档案文献遗产而言非常必要。

除了日常保护和利用服务之外，还需要针对特定需求配置相应的技术、设施、人员、方案和制度等。这些措施一方面是强化工作认知，实现专人专事；另一方面有助于更加系统和全面地应对潜在风险，尽量减少突发状况所带来的严重损失，这也是少数民族档案文献遗产动态保护的最后一道防线。对少数民族档案文献遗产的应急保护情况进行监测也是提醒档案馆、图书馆、博物馆、文化馆等保管机构能够提高认知和警惕，将预防工作做在平时，对相应的人员、部门、技术、设施和制度等提出要求，定期评估，才能为少数民族档案文献遗产动态保护的日常保护和活化利用提供强有力的后勤安全保障。

第三，对活化利用情况的监测。少数民族档案文献遗产的活化利用是动态保护的最终目的，是其文化价值、情感价值、经济价值和社会价值得以充分发挥的关键，但与此同时，这也是少数民族档案文献遗产可能受到的人为因素影响的最大环节。根据少数民族档案文献遗产活化利用行为的不同形式和方式，活化利用行为可以分为线上和线下两种不同形式，见表5-3。

表5-3　　　　　　　　少数民族档案文献遗产活化利用行为

线下形式	线上形式
征集、特色馆藏、文献编研、文化宣传教育、旅游展览、文创产品、异地共享、跨界媒体合作、申遗支持等	数字资源建设、信息门户、专题数据库、网上展厅、开放目录检索查询、跨馆异地查询、多媒体开发、资源共享、研究支持等

表5-3中，线下形式包括一些档案馆、图书馆、博物馆、文化馆等少数民族档案文献遗产保管机构日常工作会开展的内容，包括面向社会的广泛征集、特色馆藏室的建设、对具有地方特色的少数民族档案文献遗产进行编研出版、适时开展面向公众的文化宣传教育、与当地旅游合作开发特色展览、制作文创产品等。也有针对一些特定范围或特殊馆藏进行的利用活动，如进行馆藏实体的异地共享、联合媒体拍摄纪录片传播地方历史、在相关体系内支持地方建筑申遗工作等，是线下的活化利用行动。

活化利用少数民族档案文献遗产的线上形式也很丰富，主要围绕数字化的开发、依托开放共享数据库和网上展厅等活动，通过网络信息技术实现档案文献遗产信息资源的共享利用服务。根据前期调研结果，除两个民委古籍办尚未建立官方网站之外，其他21家机构都开展了网络在线资源的建设，占在线资源建设总量的91%；在调研的23家机构中，已有20家机构正式开展了不同程度的少数民族档案文献数据库建设，占比87%。上述的活化利用行为都是由人主导，且存在公众的参与，对活化利用行为的监测就是对施加于少数民族档案文献遗产资源行为的把握。在对资源进行利用服务的同时，应保护好少数民族档案文献遗产的原真性、完整性、安全性和系统性。

(三) 档案文献遗产监测指标体系构建

根据《实施〈世界遗产公约〉操作指南》(2021版) 对定期报告的内容要求，与监测工作内容相关的部分包括国家政策发展、资金和人力、国际合作、遗产基本信息、遗产突出普遍价值、影响因素、保护和管理行为、科学研究项目、日常监测、教育和宣传、游客管理等[①]。参考《实施〈世界遗产公约〉操作指南》(2021版)《中国世界文化遗产监测预警指标体系》《中国档案文献遗产名录》《纸质档案抢救与修复规范》等相关文件和标准规范，笔者结合少数民族档案文献遗产动态保护原则以及动态保护VEPC模型，从少数民族档案文献遗产本体、环境影响因素和保护管理行为三个主要方面建立监测指标体系，以期对少数民族档案文献遗产动态保护进行全面的过程性控制。同时，结合少数民族档案文献遗产的保护实际，从上述三个主要方面获取数据，形成动态保护效果反馈报告支撑当前和后续的进一步动态保护实施，并形成安全保障。由此，整个监测指标体系分为4大监测类别、9个监测因素和37个监测因子，见表5-4。

表5-4　　　　　　　　档案文献遗产监测指标体系

监测类别	监测因素	监测因子	监测指标	监测频度
本体监测	载体	统计特征	分布、数量、类型、尺寸、年代、地区	依实际情况研究设定
		状态特征	损毁程度、修复程度	
		工艺特征	材质、字迹、色彩	
		载体性能	物理性能、光学性能、机械性能、化学性能	
	内容价值	内容统计	年代、地区、民族与人物	
		保护价值	功能、形式风格、系统性、稀有性	
	数字化	数字化统计	数量、类别、数字化形式	
		真实性		
		完整性	元数据、数据格式、著录规范、结构、连续性、一致性、重复性	
		可用性		
		安全性		

---

① UNESCO World Heritage Center, "The Operational Guidelines for the Implementation of the World Heritage Convention 2021", [2022-03-03], https://whc.unesco.org/en/guidelines/.

续表

监测类别	监测因素	监测因子	监测指标	监测频度
环境因素监测	外部环境	自然环境	地理位置、大气环境、气象	1日
		自然灾害	降雨水涝（极端天气）、地震、火灾（日期、强度和灾损）	记录性监测
	内部环境	建筑环境	结构、建材、年限	1年
		库房环境	朝向、温度、湿度、pH值、光强、病虫害、微生物、化合物、有害气体	实时监测
		保存设施	架柜盒用具数量、类型、使用状态	1年
		虚拟环境	网络、系统、数据库（构成、数量和状态），是否安装防火墙、定期查杀病毒、定期备份	1月
动态保护管理行为监测	保护管理	预防性保护	数量规模、措施方案、技术手段、责任部门、专业团队、周期（防潮、防高温、防光、防尘、防虫、防有害生物、防有害气体、防盗、防火、防震）	记录性监测
		治理性保护	数量规模、措施方案、技术手段、责任部门、专业团队、周期（除微生物、杀虫、去酸、脱水、清洁、去污等）	
		修复	数量规模、措施方案、技术手段、责任部门、专业团队、周期（除锈、加固、揭"砖"、修裱、图字声像恢复等）	
动态保护管理行为监测	保护管理	再生性保护	数量规模、措施方案、技术手段、责任部门、专业团队、周期（数字化、缩微复制、影印出版、编演出版、手工抄写、翻录等）	记录性监测
		人员	责任部门、专业团队、构成、数量、职称	1年
		软硬件配备	技术构成、设备构成、数量、使用时长、使用状态	1年
		标准制度	是否制定	1年
		资金投入	来源、数量	1年
	活化利用	数据库建设	数量规模、技术手段、责任部门、专业团队、合作机构、周期、展览次数、参观人数	记录性监测
		网站建设		
		实体展览		
		多媒体展示		
		文化宣传		
		资源共享		

续表

监测类别	监测因素	监测因子	监测指标	监测频度
安全保障监测	安防消防系统	硬件设施	设施构成、数量	1年
		管理制度	是否制定	1年
	应急措施	安防人员	数量、责任部门	1年
		经费	年经费投入	1年
		措施有效性	应急预案与措施的制定、落实情况	1年
		地区及机构的响应	与所在地区的应急联动响应、与相关机构的联动响应、重大事件实时响应	实时监测

表5-4中，根据档案文献遗产动态保护工作需求对不同的监测指标确定包括1日、1月、1年、记录性监测、实时监测在内的5种不同监测频度，其中，"1日""1月""1年"属周期性监测；"记录性监测"指针对监测事项的发生过程、结果以及响应进行工作记录和对策响应，属不定期监测；"实时监测"指通过监测设备对重要对象的实时状况进行同步记录和响应，属不间断监测。

少数民族档案文献遗产动态保护监测指标体系的运用可以通过一个基本监测模型来说明①，这些指标分别表示为D_1，D_2，…，D_n。可建立如下基本模型：

D_1，D_2，…，D_n是监测点定期进行数据采集所获得的监测变量。$f(D_1, D_2, …, D_n)$是对这些变量的综合处理。

当$f_1 \leqslant f(D_1, D_2, …, D_n) \leqslant f_2$时，即：

$$F(f_1 < f(D_1, D_2, …, D_n) < f_2) = = 1$$

表示处于正常的监测水平。

如果$f(D_1, D_2, …, D_n) < f_1$或$f(D_1, D_2, …, D_n) > f_2$，即：

$$F(f_1 < f(D_1, D_2, …, D_n) < f_2) = = 0$$

表示已经脱离正常的监测水平。

考虑到档案文献遗产的动态变化过程，监测水平应当处于一定区间

---

① 周海炜、罗佳明：《论建立我国世界遗产管理监控体系》，《西南交通大学学报》（社会科学版）2004年第5期。

范围内，即 $[f_1, f_2]$ 表示变量的综合变量活动区间。

1. 本体监测

本体监测包括三个监测因素，与少数民族档案文献遗产本体监测内容相对应，分别是少数民族档案文献遗产载体、内容和数字化。该类别的监测频度依据实际情况设定。考虑到对少数民族档案文献遗产修复和数字化操作会改变对应指标，故不设定固定频度，根据实际情况而定更加科学合理。

（1）少数民族档案文献遗产载体

统计特征包含了少数民族档案文献遗产载体的基本统计性情况，如分布、数量、类型、尺寸、年代和地区等。

状态特征是指监测当前少数民族档案文献遗产载体的损毁程度和修复程度，可参考《纸质档案抢救与修复规范》等标准来确定损毁程度，进行破损等级划分，便于确定后续修复操作，并根据状态实际确定是否已经进行修复，或修复到何种程度，是否需要二次修复等。

工艺特征指少数民族档案文献遗产载体的材质、字迹和色彩等特征，这些是少数民族档案文献遗产重要的价值载体之一，也需要对其设定指标。

载体性能是将少数民族档案文献遗产载体的特性归纳为物理性能、光学性能、机械性能和化学性能，通过确定其各种性能从而有针对性地加以保管。

（2）少数民族档案文献遗产内容价值

内容统计是分析少数民族档案文献遗产内容，包括涉及年代、地区、民族与人物等，以此研判其文化价值、经济价值、社会价值。

保护价值主要是对少数民族档案文献遗产的功能、形式风格、系统性和稀有性进行确定，对其保护价值进行等级划分。

（3）少数民族档案文献遗产数字化

对少数民族档案文献遗产数字化的具体过程与结果进行统计，包括数量、类别、数字化形式等。

真实性、完整性、可用性、安全性主要是针对数字化成果的监测指标。根据元数据、数据格式、著录规范、结构、连续性、一致性和重复性等指标来判断数字化的少数民族档案文献遗产的真实性、完整性、可用性、安全性。

2. 环境因素监测

环境因素监测是对少数民族档案文献遗产的环境条件监测。这分为以自然为主的外部环境和以库房为主的内部环境，涉及与少数民族档案文献遗产直接和间接接触的所有环境因素，对环境数据进行定期记录和采集。

（1）外部环境

自然环境是档案馆、图书馆、博物馆、文化馆等少数民族档案文献遗产的保管机构所在的地理位置、大气环境和气候，以上指标需进行每日监测。

自然灾害是人为不可控且可能突发的灾害事件，包括降雨水涝的极端天气、地震、火灾等，需对发生的强度、灾损、抢救情况等进行记录性监测，以备查考。

（2）内部环境

建筑环境是档案馆、图书馆、博物馆、文化馆等保存少数民族档案文献遗产的建筑的结构、建材、年限和朝向等情况，是判断建筑是否适合继续存放少数民族档案文献遗产的关键指标。由于这些环境变化缓慢，故以1年为监测频度。

库房环境是少数民族档案文献遗产存放的直接接触环境，包括温湿度、pH值、光强、病虫害、微生物、化合物、有害气体等，对少数民族档案文献遗产产生直接影响，且处于实时变化的状态中，需要对其实时监测，以控制少数民族档案文献遗产随时处于最佳的存放状态中。

保存设施是指存放少数民族档案文献的密集架、档案柜（盒）等存储情况，包括数量、类型和使用状态，以便出现老化或数量不足时进行更换和补充。该指标监测频度为1年。

虚拟环境主要针对数字少数民族档案文献遗产，对网络、系统、数据库的构成、数量和状态进行监测，以及对防火墙安装、病毒查杀、定期备份等情况进行抽查。该项指标的监测频度为1个月。

3. 动态保护管理行为监测

该部分主要是针对少数民族档案文献遗产动态保护监测内容的日常保护情况和活化利用情况，对动态保护实施的具体项目、人员、设施、标准、资金等方面进行全面的了解和记录，形成相关的反馈报告，在实施监督行为的同时也是对其效果的评估。

（1）日常管理

预防性保护、治理性保护、修复主要是针对少数民族档案文献遗产的日常保护计划，对日常保护计划的规模、措施方案、技术手段、责任部门、专业团队以及开展防治的周期进行统计记录。该指标实行记录性监测，跟随项目开展实际来进行。

人员主要是涉及档案文献遗产动态保护管理的专项责任部门、专业团队、组织结构、数量、职称等具体情况，按照1年的监测频度进行。

软硬件配备包括技术构成、设备构成、数量、使用时长、使用状态等。为及时发现硬件问题，加以维护调整等，同样按照1年的监测频度进行。

标准制度主要考察是否制定，监测频度为1年。

资金投入包括来源和数量，属于专项资金的记录，监测频度为1年。

（2）活化利用

活化利用主要是对活化利用开展的相关活动的数量规模、技术手段、责任部门、专业团队、合作机构、周期、展览次数、参观人数等实际数据进行采集记录，充分控制人为因素，开展过程性监测，以便于评估。该指标按照记录性监测频度进行，跟随项目开展实际进行。

4. 安全保障监测

该部分对应的是少数民族档案文献遗产动态保护监测内容中的应急保护情况。由于该动态保护行为与日常保护、活化利用等，在专业类别、涉及人员、开展方式等方面存在不同，而且安全保障对于整个少数民族档案文献遗产动态保护的顺利开展而言至关重要，因此将该部分单独列为一项监测类别进行重点监测记录。

（1）安防消防系统

硬件设施主要是指安防消防设施的构成和数量情况，监测频度设为1年。

管理制度主要是指安防消防相关制度和标准的制定，监测频度设为1年。

安保人员包括安保人员的数量和责任部门，专人负责从建筑到库房的安保工作，监测频度为1年。

经费是指在安防消防系统设置上投入的专项经费、来源和数量，监测频度为1年。

（2）应急措施

措施有效性即档案馆、图书馆、博物馆、文化馆等少数民族档案文献遗产保管机构在应急预案与措施计划方面的制订情况以及相应行动的实施情况，据此进行报告记录反馈，监测频度为1年。

地区及机构的响应需要与当地政府有关部门进行联动。该项指标主要是针对与所在地区的应急联动响应、相关机构的联动响应以及国家或地方重大事件实时响应情况进行监测。由于事件和情况往往具有不确定性，因此该项指标属于实时监测频度。

二　基于监测的少数民族档案文献遗产动态保护流程

根据少数民族档案文献遗产动态保护VEPC模型可知，管理P区作为动态保护实施的中心，其核心是监测，是基于监测方法对客体V区、环境E区以及主体C区进行全程把控，同时实现监测—报告—决策—实施—监测的动态保护的循环，通过监测方法识别可信价值因子、感知环境影响因素，并支持主体动态保护能力的建设，以此推动可持续性保护措施的动态闭环。

依据VEPC模型，监测只是管理P区的一个环节。从动态保护出发，仍需建立基于监测的少数民族档案文献遗产动态保护流程。从国内外相关经验来看，整个流程可以分为准备阶段、监测阶段、输出阶段和反馈阶段四个阶段，如图5-2所示。

结合上述流程，参考国内世界文化遗产监测的国家、省、遗产地三级监测机制，笔者在少数民族档案文献遗产动态保护的流程中，建立了三级主体关系，即机构（同级）、地方主管部门和国家主管部门。

第五章　基于监测的少数民族档案文献遗产动态保护

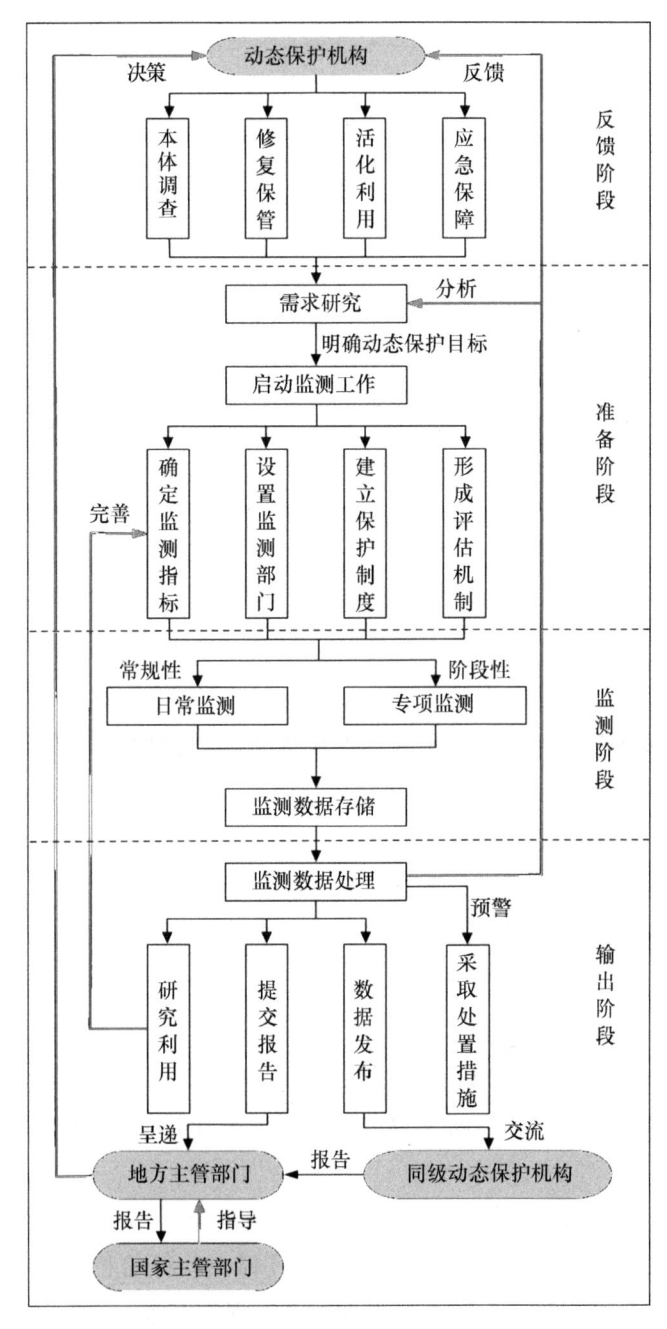

图 5-2　基于监测的少数民族档案文献遗产动态保护流程

· 263 ·

根据前期调研可知，少数民族档案文献遗产保护和管理的机构很多，各地区的情况也不尽相同，包括省级、市级、县级档案馆、图书馆、博物馆、民委（或民宗局）以及高等学校等。这些事业单位、组织机构由不同的地方主管部门分管，在国家层面也有不同的上级部门，如文化和旅游部、国家档案局、国家文物局、国家民委等，管理部门条块分割、层级差异，管理情况各不相同，笔者无法穷尽，采用了笼统的提法，对三级监测机制的主体单位用保护机构（区域或省域保护中心、档案馆、图书馆、博物馆、民委（或民宗局）古籍办等相关组织机构）、地方主管部门（地方档案局、文化和旅游局、文物局、民委（或民宗局）古籍办等）、国家主管部门（国家档案局、文化和旅游部、国家文物局、国家民委等）来代指。在具体实践中，各地需要根据实际情况因地制宜地制定三级监测主体单位。

（一）基于监测的动态保护准备阶段

基于监测的动态保护准备阶段的主要目的在于明确动态保护的主要目标，以及对整体动态保护监测工作进行制度层面的规范设计和确立。

根据本书提出的基于监测的动态保护流程，保护主体需要在准备阶段进行动态保护监测需求的调研。在监测工作开展过程中，该项工作内容与反馈阶段相衔接，起到了承上启下的重要作用，对动态保护目标的确定以及后续制度的修订、重建具有重要意义。

基于监测的动态保护准备阶段，从对象内容或对象数据上看主要包括三个部分：

第一，保护机构在进行相关的工作中积累的实践经验，如档案管理、古籍修复、文物收藏等机构，可针对少数民族档案文献遗产的特殊性、地区性等特征，根据对当前少数民族档案文献保护的实际现状进行需求分析；

第二，对少数民族档案文献遗产本体的调查，以及在日常保护、应急保护、活化利用等动态保护行为实施过程中获得的相关案例或数据，对实际工作进行分析，归纳总结有关的动态保护需求；

第三，通过反馈方式进行完善补充，对后续监测工作中采集存储的监测数据进行分析处理，能够从结果输出的角度获取前期没有接触到的有关问题，可以进一步补充到动态保护需求中，进而完善后续的有关工作。

上述三个方面的需求分析能够较为全面地，且分阶段、分层面地完善分析对象，进而实现基于监测的少数民族档案文献遗产动态保护目标。

在监测工作正式启动后，规范化的制度标准的确立非常重要。基于监测的少数民族档案文献遗产动态保护制度主要包括确定监测指标、设置监测部门、建立保护制度和形成评估机制四个方面。

首先，确定监测指标。除了本书从监测类别、监测因素、监测因子及监测指标的角度形成的监测指标体系外，还需要对具体的监测指标进行设置，包括监测指标项、权重等，以便后续监测数据和监测结果输出。

其次，监测专门化，即在保护机构内设置监测部门。在世界文化遗产监测领域，国内承担监测工作的大部分是兼职机构。考虑到少数民族档案文献遗产保护工作也是民族地区档案馆、图书馆和博物馆等机构内部的工作之一，因此动态保护监测流程需要由保护机构内设的监测部门进行实施较为合理。

再次，在保护制度和标准中设立监测相关的内容，如日常监测制度、安防消防制度、应急预案制度等。

最后，对动态保护监测工作本身建立评估机制。通过建立评估机制，不断完善动态保护的监测工作。

(二) 基于监测的动态保护实施阶段

根据笔者提出的基于监测的少数民族档案文献遗产动态保护流程，在进行需求调研、制度确立等准备工作后，就开始进入监测实施阶段。这是动态保护监测的主体部分，也是管理P区实现动态保护目标的具体操作流程。

联合国教科文组织为了实施对世界文化遗产的保护，建立了"定期报告"和"反应性监测"两种监测制度。定期报告是长期对世界文化遗产状态的一种归纳总结，是主动性的调研反馈；反应性监测则是依据特定的情况，按照出现的问题、突发的事件进行紧急救治所形成的一种快照，属于被动式的记录反馈。国内的世界文化遗产保护中，对监测工作实行"年度报告"的方式，进行三级监测体制的提交，并参照国际规则每6年一轮提交定期报告和可能的反应性报告。

不论是国际还是国内，世界文化遗产的监测都采用了定期和阶段相结合的方式开展，因此，在对少数民族档案文献遗产进行动态保护监测流程中，也可以参考国际和国内标准，设置常规性和阶段性的监测机制，开展日常监测和专项监测，并对这两种监测方式采集到的数据进行积累存储，便于后续的数据处理、数据分析以及相关结果的输出反馈。由于实施日常监测和专项监测所面向的监测对象会有所不同，故而会分别获取到不同的数据类型，并输出不同的报告类型，如图5-3所示。

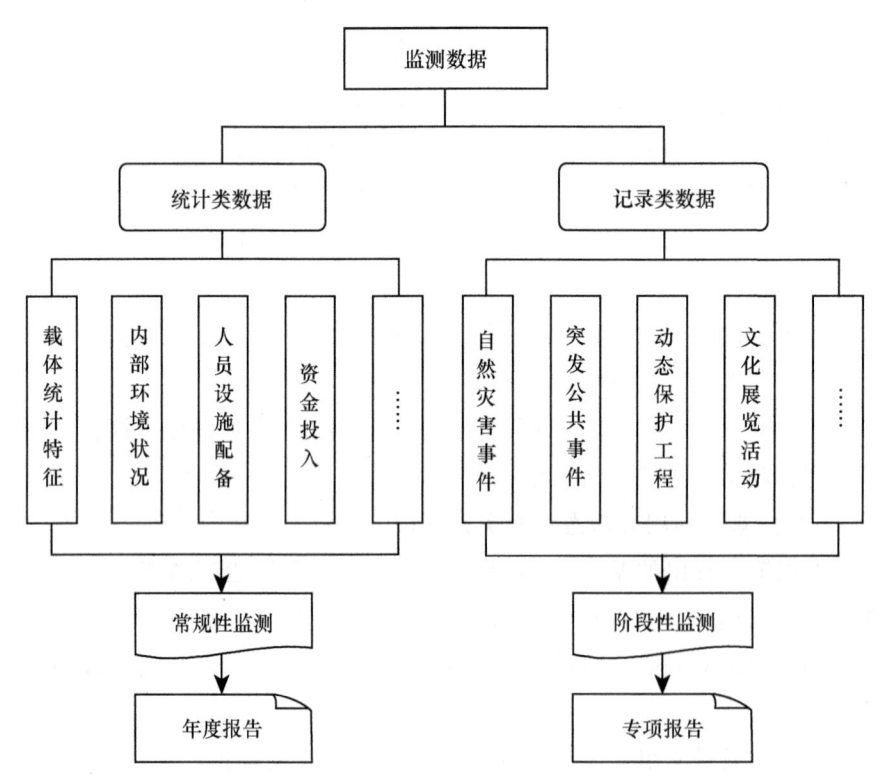

图5-3 少数民族档案文献遗产动态保护监测数据及输出

一般地，开展少数民族档案文献遗产动态保护的日常监测会获取到大量的统计型数据，主要包括少数民族档案文献遗产本体、内外部环境以及常规化的人力资源、资金投入、制度标准等。这些数据都具备固定的监测频度,属于常规性监测,通过统计型数据的分析处理可以"年"为单位的年度报告进行反馈。另一种则是专项监测,主要是对记录性数据的存储,包括自然灾害的发生,如地震、火灾、水灾等,还有对少数民族档案文献遗产开展的具体保护行为,如保护干预、宣传展览、异地交流等各类保护项目,以及和地区联动的突发事件、重大事件等。对这些潜在风险或造成影响的事件不定时地开展阶段性监测,获取记录性数据并形成专项报告输出。

(三) 基于监测的动态保护输出阶段

通过对日常监测获取到的统计型数据,以及专项监测获取到的记录性数据进行处理分析,输出监测结果。这些监测数据具有研究利用、提交报告、数据发布和预警处置四个方面的作用。

首先,对于开展少数民族档案文献遗产监测工作而言,监测数据具有重要的研究利用价值。通过对不同类型监测数据的分析,能够有效掌握档案文献遗产本体状态、保护行为实施效果、活化利用开展成果、制度标准实行情况、机构能力建设现状等,有利于确定少数民族档案文献遗产的价值因子和影响因子,对监测指标体系的建设和具体指标的确定具有一定的参考价值,同时也能够在一定程度上对准备阶段的需求分析提供一些数据支撑,更有利于明确动态保护的工作目标和工作内容。

其次,少数民族档案文献遗产年度报告和专项报告是动态保护监测工作最显著且最直接的成果输出。保护机构会根据监测到的统计类数据和记录类数据进行相应的报告撰写。以"年"为单位的年度报告会呈递给地方主管部门进行审批,地方主管部门再汇总到地方内所有保护机构,再次提炼总结形成地方报告提交给国家主管部门。在这个过程中,报告内容除了数据事实之外,也包含了对安全隐患的识别,因此国家主管部门和地方主管部门都会根据所收到的相关报告,对常规的动态保护工作进行全局把控,考虑到整体和地方的实际情况,进行决策指令的下达,指导制订相关的动态保护计划。这项成果的输出可以在国家层面以及地区层面形成横向和纵向的工作发展对比,进而利于领导决策和计划项目的优化设置。另外,专项报告主要针对特殊情况。若突发或紧急情况的专项报告发生,即立即生成专项报告,并提交给地方主管部门。地方主管部门进一步向国家主管部门进行提交，以便由上至下迅速响应，处置有关特殊情况。

再次，对积累存储的监测数据进行统计发布也是动态保护监测工作输出的一种形式，这一项输出可以充分实现少数民族档案文献遗产信息资源的共享，加强同级保护机构在保护层面的信息交流和经验分享，相互促进，协同合作，吸收优秀做法，进一步帮助提升地方甚至是地区内的少数民族档案文献遗产的动态保护水平。

最后，预警处置是国际上以及国内开展遗产监测的最重要的目的之一。对少数民族档案文献遗产的动态保护监测最重要的是对必须尽快作出处置的风险因素进行预警。不同于一年一度的反馈和紧急的上报处理，预警处置这一项监测反馈工作在一定程度上既是紧急的也是慎重的。尤其是面向少数民族档案文献遗产的动态保护，需要通过全方位的监测把控识别和全面的数据分析，获取到档案文献遗产的危险状态和可能危害到档案文献遗产本体和价值的危险因素。甚至不需要先进行书面报告形式的层层反馈，就直接进行下一步的处置措施，以挽回少数民族档案文献遗产可能会产生的进一步损失。这一项工作在动态保护监测的输出阶段中是特殊且至关重要的一个环节。

（四）基于监测的动态保护反馈阶段

少数民族档案文献遗产动态保护监测的反馈阶段是整个动态保护监测流程的终点，同时也是动态保护监测工作继续推进的起点。称之为终点是因为动态保护监测工作的输出阶段形成的各类报告、数据等都会影响决策、计划、工程等成果，最终会落实到保护机构开展和实施的具体保护行为上。称之为起点则是因为动态保护监测是一个不断循环的可持续性过程，保护行为的发生与后续相关工作发生衔接，少数民族档案文献遗产本体及和它相关的动态保护行动就是监测工作开始的出发点。

在动态保护监测工作的反馈阶段，除了决策、计划和工程等成果反馈到具体动态保护行为中以外，监测阶段进行的数据分析也能在保护机构内部快速形成反馈，用于保护机构自身在人力资源、设施配备等方面的能力建设问题。因此，动态保护监测反馈阶段主要开展的是保护机构对少数民族档案文献遗产实施的具体保护行为，包括本体调查、修复保管、活化利用和应急保护。其中，本体调查主要是针对需求调研以及关于本体监测指标的确定，对档案文献遗产本体的保护管理现状进行调查，更好地分析保护需求，以便进一步地开展后续监测工作；修复保管、活化利用和应急保护则是少数民族档案文献遗产保护管理行为监测中会涉及的各项动态保护行为，这也是动态保护监测工作的核心内容，与档案文献遗产的价值因子、内外部环境影响因素以及保护机构的能力建设都息息相关。

第四节 基于监测的少数民族档案文献遗产动态保护能力建设

正如少数民族档案文献遗产动态保护 VEPC 模型所示，动态保护主体的能力建设与提升对管理 P 区的保护实施具有增益效果，同时会直接或间接地影响到档案文献遗产本体的可信价值识别以及内外部环境的感知控制等。在基于监测的动态保护这样一个持续变化的工作过程中，保护机构需要保持"随机应变"的动态化的能力，以应对少数民族档案文献遗产本体和内外部环境随时可能出现的保护问题和突发状况。

动态保护能力建设的本质是少数民族档案文献遗产动态保护的保障措施，从技术资源、人力资源和机构资源三大方面提供保障支撑，其重点主要分为两个部分：一方面，动态保护主体即保护机构需要构建符合自身动态保护工作的能力体系，搭建有关的能力架构，如人力资源、经费配备、软硬件设施、制度体系等，属于基础能力建设；另一方面，保护机构所具备的发现问题、处理问题、应对紧急情况的动态能力提升，是在基础能力体系的基准上针对基于监测的动态保护工作而言提出的更高的能力要求，这是本书探讨的重点。

参考世界文化遗产监测工作、联合国教科文组织等对动态能力建设的定义和要求，结合 VEPC 模型，笔者将少数民族档案文献遗产的动态保护能力建设细分为技术层面、人员层面和机构层面。

一 动态保护核心技术支撑

大数据时代，技术驱动是档案文献遗产动态保护高效高质开展的重要能力来源。动态保护能力建设就是配备全面多元化的技术能力。以监测分析技术为主导技术方法，为保护利用技术的应用提供前置条件、过程控制和结果分析，同时配备安全保障技术，以多功能多样化的辅助工具，构建完善的动态保护核心技术支撑体系，助力且优化少数民族档案文献遗产的动态保护，如图5-4所示。

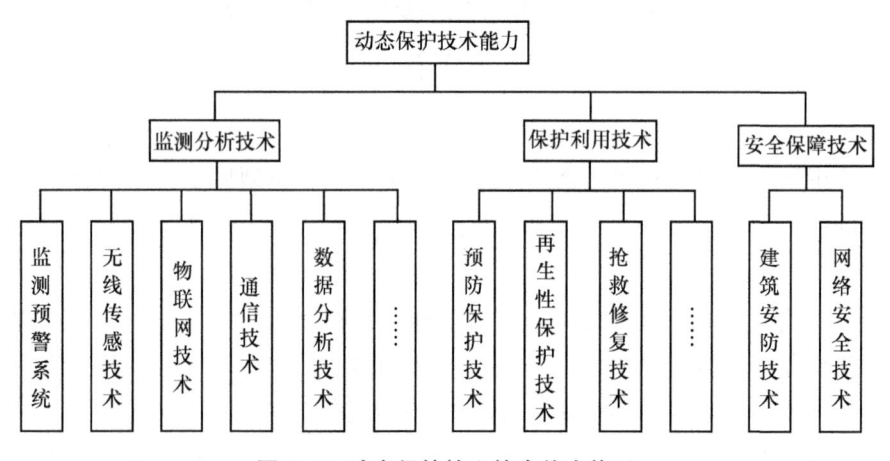

图5-4 动态保护核心技术能力体系

（一）监测分析技术

在基于监测的少数民族档案文献遗产的动态保护中，监测技术是完成动态保护监测的重要工具，直接连接了保护机构主体与档案文献遗产本体对象，完成对本体、保护行为和保护效果的定时或实时的监测，并及时地反馈或预警。

根据少数民族档案文献遗产动态保护监测工作实际，监测技术能力包括监测预警系统、无线传感技术、物联网技术、通信技术等。除此之外，根据保护机构的工作实际，还包含其他实现监测工作的相关技术，在此不再一一罗列。

在本书的监测技术能力系统中，监测预警系统主要作为监测指令传达和监测数据接收的中枢系统，连接动态保护人员与移动终端的系统平台，除了传达和接收外，还要实现数据分析以进行结果反馈，即监测工作中最重要的预警部分，及时、快速、高效地向保护机构管理人员发送预警信号，采取进一步的处置措施。

与此同时，无线传感、物联网和通信等技术可以用于少数民族档案文献遗产本体状态和环境因素的感知，实现一定距离范围内的自动化控制；通信信息快速、高效、准确地传递，对少数民族档案文献遗产本体的各类状态，如位置、数量等数据进行采集反馈。同时，通过传感器等设施的配备，实现对库房环境的控制，如温湿度、灰尘度、光照度等的调控，智能高效地完成对少数民族档案文献遗产本体、库房环境以及管理人员情况的实时和定时监测。

各类技术中，数据技术越来越引人注目。它是对基于监测的动态保护过程的结果进行反馈输出分析的重要工具，包括数据采集、数据挖掘、数据分析、文本聚类、知识图谱构建等具体操作。一方面，对监测过程数据进行实时采集，运算分析，能够实时反馈保护效果，并对未知和潜在的风险情况进行预测，支撑当前决策和后续的规划。另一方面，数据技术也能够对少数民族档案文献遗产内在的历史联系和蕴含的语义知识进行发现和挖掘，尤其是让遭受损毁的、珍贵的、稀有的少数民族档案文献遗产内容得以呈现出更加具有历史价值和社会价值的成果，为少数民族档案文献遗产的动态保护提供准确方向，为监测的实际开展提供数据支撑。

(二) 保护技术

保护技术即少数民族档案文献遗产保护利用过程中各项技术的使用能力，包括某件（组）少数民族档案文献遗产已使用过的保护技术、正在进行的保护技术活动或根据现状需要使用的保护技术，这是少数民族档案文献遗产保护方案制定的重要依据。

保护技术需要针对少数民族档案文献遗产本体及其环境实施，包括数字化过程中运用的技术。档案文献遗产保护技术发展历史早、类型多，笔者无法进行详细阐释，读者可参考本书集中保护、数字化保护章节以及档案保护、古籍保护、文物保护著述。

（三）安全保障技术

安全是开展一系列档案文献遗产动态保护操作行为的基础保障，因此在技术能力体系中安全技术的支撑不可小觑。

根据少数民族档案文献遗产动态保护监测工作的开展，笔者将安全保障技术分为建筑安防技术和网络安全技术，分别针对少数民族档案文献遗产本体的安全和数字化存储利用状态的安全。

建筑安防技术主要用于防灾、防盗等功能，包括身份识别技术、防火报警技术、门禁权限技术、红外线技术等。这类技术可以预防或者预警可能由人为因素或自然因素造成的一系列突发情况，在一定程度上也起到了配合监测的作用，加强少数民族档案文献遗产本体保管的安全系数。

网络安全技术包括防火墙技术、病毒查杀技术、加密技术等。网络技术一方面有助于内部网络抵抗外界黑客、病毒等有害主体的入侵，加强容侵能力，避免对数字态少数民族档案文献遗产本体及其动态保护工作产生一些负面影响，维护相关动态保护行为的正常有序开展；另一方面也是对少数民族档案文献遗产信息资源在网络渠道上进行公开共享交流的一种保障，无论是实体还是网络虚拟状态下的少数民族档案文献遗产都需要保障其可信价值，保持原真性、完整性、系统性、人文性等。

二　动态保护专项人员培训

由于目前国内外在针对档案文献遗产的监测工作方面的实践经验较少，还未出现体系完整的相关项目和实施机构，因此在人员培养培训方面，笔者主要参考与国内世界文化遗产监测工作相关的做法。

根据中国世界文化遗产2020年度保护状况总报告的调查统计，国内仅有36.11%的遗产地成立监测专职机构，2020年从事世界文化遗产监测工作的人员共计1399人，占从业人员总数的4.05%。其中，823人（61.46%）为专职人员，其他均为其他部门或机构的兼职人员。

在培训方面，培训类别包括保护管理理论与技术、安保消防、监测理论与技术、可移动文物管理理论与技术、政策法规规章、旅游管理与服务、历史文化与大众教育等。2018—2020年各类培训主题的培训次数占比情况如图 5-5 所示①。不难看出，保护管理理论与技术、监测理论与技术的相关培训次数大幅增长，行业领域对保护和监测技术方法越发重视。从上述调查报告分析的数据来看，国内监测机构和监测工作人才队伍建设均有待进一步加强。

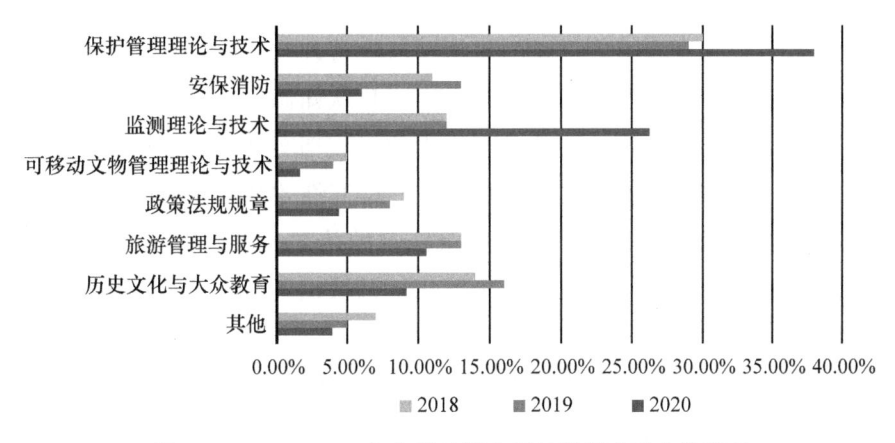

图 5-5　2018—2020 年各类培训主题的培训次数占比情况

根据前期调研得知，少数民族档案文献遗产收藏机构所需的保护专门人才极为缺乏，现有的具有特殊修复技能的技术型人才和具有少数民族文字基础的研究型人才无法匹配各收藏机构的需求。例如，云南省民委古籍办编制人员中有少数民族文字学专业人员，却不懂修复技术；云南省古籍修复中心掌握了藏彝古籍、东巴经、绵纸经修复技术的人员，却不懂得少数民族文字，导致了文字性专业人才与修复技术人才的脱节。

由于少数民族档案文献遗产保护技术型人才非常缺乏，加之少数民族档案文献遗产动态保护监测的工作实际和工作需求，人员的培训和能力亟待提升，这是需要重点关注的方面。

根据联合国教科文组织对世界遗产"5C"战略目标中能力建设的定义以及 2015 年建议指南中对能力建设的要求，遗产保护人员方面主要具备意识认知和专业技能两大能力。因此，在对档案文献遗产保护管理人

---

① 罗颖、张依萌、张玉敏、高晨翔、张欣、王芳、刘懿夫：《中国世界文化遗产 2020 年度保护状况总报告》，《中国文化遗产》2021 年第 5 期。

员的培训和配备中应当重点关注提升这两方面的有效能力。

意识认知能力主要是在安全风险意识、历史文化认知、政策法规等方面开展能力培养。对少数民族档案文献遗产的动态保护监测本身就是一种安全防范和风险预警的工作，需要管理人员具备与工作目的和工作内容相匹配的强烈意识，才能实施好相关的保护管理操作，不能仅仅依赖于软硬件技术设施，更重要的是体现风险管理和防患未然的积极主动性以及把控细节变化的全局观念。历史文化认知源于动态保护管理人员本身的文化自信和文化认同感，对于少数民族档案文献遗产的保护而言至关重要，只有知晓其重要性、价值性、稀有性才能够认真负责地对待动态保护监测的每一个环节。对政策法规的认知其实质在于遵纪守法，对制度标准的遵守和执行有利于规范化地开展档案文献遗产保护的相关举措。

少数民族档案文献遗产保护人员的专业技能包括档案文献遗产保护相关理论知识、监测技术、修复保护专业技术、数据技术等，同时应加强具有特殊修复技能的技术型人才和具有少数民族文字基础的研究型人才的培养。

保护管理人员需要借助少数民族档案文献遗产保护相关理论知识对实践工作进行理论指导，这就要求保护管理人员从理论层面了解工作标准、工作内容、工作要求，才能指导后续实践操作的有序开展。监测技术和数据技术要求少数民族档案文献遗产保护管理人员不仅是档案管理员、古籍监测员，还应当具备一定的数字技术和数据技术能力，以便更好地开展档案文献遗产的活化利用和文化服务，向具备知识服务能力的方向不断迈进。对档案文献遗产修复而言，至关重要的是修复修裱专业技术和少数民族文字研究能力的培养和提升，这决定着保护工作的效能。

修复技术必须以一支质量高、业务技能强的专业化从业人员队伍为支撑，而少数民族语言文字的研究意味着少数民族文化价值的传承。当前，国内档案文献遗产保护机构具备这两项能力的专业保护人员颇少，这种情形不利于少数民族档案文献遗产的原生性保护，从基础保护工作上就削弱了保护能力，因此，对于动态保护管理人员的专业技术能力培训是能力建设中不可忽视的重中之重。

三 动态保护多元主体协同

当前，民族地区的档案文献遗产保护尚未形成常态的、专门的少数民族档案文献遗产保护组织，大多数机构没有建立专门的少数民族档案文献遗产保护部门。根据前期调研可知，23家单位中成立专门部门的只有5家，各机构有时会根据当前工作重点和实际保护需求组建专门性的保护工作小组，以指导某一时期的少数民族档案文献遗产保护工作，但多为临时性部门或由几个部门成员临时承担工作职责，存在少数民族档案文献遗产保护力量不足、合力不够等情况。因此，重视少数民族档案文献遗产保护工作，还应建立专门的组织或部门，在不影响当前机构实际工作和正常运行的前提下有效地开展协同合作和资源共享，这对于提升动态保护效率和效果来说，是非常必要的。

针对基于监测的少数民族档案文献遗产的动态保护实际，考虑到少数民族档案文献遗产保护现状中保存管理的分散性、地区的特色性、活化利用的需求性等，在动态保护能力建设中还有一个方面也需要跟随动态保护的具体情况进行适应性的提升，即多元化的参与协同。

多元化的参与协同对保持少数民族档案文献遗产的原真性、完整性、安全性、系统性、可持续性和人文性而言，起到了重要的促进作用，有利于对社会层面的能力建设和全面提升。多元主体协同包括地区层级机构联动、行业领域创新合作和社会公众参与三个主要方面。

(一) 地区层级机构联动

在对基于监测的少数民族档案文献遗产的动态保护流程进行梳理的过程中可以看到，少数民族档案文献遗产保护的客体包含了同级的保护机构，以及从保护机构到地方主管部门和国家主管部门的三级监测体系，这体现的就是档案文献遗产动态保护监测实施中重要的联动机制，也是在能力建设中需要重点发展和推行的协同方式。

从横向角度来看，根据前期的现状调查可以看出，地区内参与少数民族档案文献遗产动态保护的机构有档案馆、图书馆、博物馆等。从动态保护的目的和动机上来看，它们都在动态保护监测体系之内；从能力建设的角度出发,在少数民族档案文献遗产信息资源的共享交流和监测输出成果经验分享方面,需要同级的保护机构进行协同联动,在一定程度上起到"1+1>2"的动态保护效能,从而也能够提升地区内整体的少数民族档案文献遗产动态保护水平,进一步加强了对少数民族档案文献遗产的保护能力。除此之外,在地区内不仅是保护机构之间的协同联动、应急安全保障方面,保护机构与地区政府部门也需保持对突发事件的应急响应机制,对重大事件启动实时响应措施,从社会安全和少数民族档案文献遗产安全两方面为动态保护工作提供应急安全保障。

从纵向角度来看,从保护机构、地方主管部门到国家主管部门三级监测联动,同样通过参与协同来加强少数民族档案文献遗产动态保护监测工作的效能,通过层层上呈和层层下达的报告制度,能够从不同的层面和角度来引导地方同级各类机构的动态保护工作,不仅是保护机构自身开展对少数民族档案文献遗产本体、环境和保护行为的监测,国家主管部门和地方主管部门也能通过层级联动的报告制度对动态保护的实施开展"监测",还可以结合相关行业领域的发展需求,提出更加顶层的全局的指导意见,继而有助于提升少数民族档案文献遗产动态保护的系统性和可持续性。

(二) 行业领域创新合作

在参与协同方面,少数民族档案文献遗产动态保护还需要提升自身在行业领域创新合作方面的能力水平,积极主动地寻求文化传播传递传承的有效渠道,以此大力推动少数民族档案文献遗产的活化利用,从而赋予少数民族档案文献遗产以全新的价值形态,延长其所蕴含的文化生命。

在各类合作活动中,最基础的领域合作就是与博物馆历史文物的结合。少数民族档案文献遗产在一定程度上也属于历史文物的一种,每一个少数民族档案文献遗产的文化内涵,其包含的重要人物、历史故事、地方文化等并不是孤立存在的,而是可能与其他的历史文物一起构成一个完整的系统的体系,这也是笔者在动态保护中强调保持少数民族档案文献遗产系统性的主要原因,因此可以通过与历史文物的结合,推出旅游展览,开展历史研究以及辅助申遗工作,充分发挥档案文献遗产的历史文化价值。

针对少数民族档案文献遗产动态保护活化利用对于文化宣传的需求，保护机构可以与文创产业、媒体行业相结合。一方面，文创产品、编研出版产品等的陈列发售拓展了少数民族档案文献遗产地方特色历史文化的宣传群体，同时可以设计代表地方特色的产品，在加强地方特色文化宣传的同时，收获一定的经济效益，带动文化产业链；另一方面，保护机构可以与电视台、新媒体工作室等传媒机构合作出品电视剧、纪录片、历史节目，开设公众号、微博号、短视频账号等新兴媒体宣传平台渠道，通过更宽广的路径面向全社会传播少数民族档案文献遗产价值的内涵与知识，提高社会公众的历史文化认知，从而在一定程度上发挥出了少数民族档案文献遗产的社会价值。

民族地区保护机构寻求行业领域创新合作是一种多元化参与协同能力的建设与提升的过程。除了上述与相关领域或者跨领域的合作之外，还有很多其他可以开拓的行业，多元的合作方式也增加了少数民族档案文献遗产动态保护活化利用的各种可能性，体现了动态保护能力提升的创造性和创新性。

（三）社会公众参与

少数民族档案文献遗产除了其稀有价值外，还具有强烈的地方特色，与当地风土人情、民俗生活、历史文化等息息相关，无论是从守护历史记忆，还是从发扬民族文化的角度出发，地区公众和当地的有关组织机构都应该纳入少数民族档案文献遗产动态保护的体系中，他们的参与正是少数民族档案文献遗产动态保护能力建设中的重要一环。

关于社会公众的参与，国内外的档案学界和业界都已经多有涉及，最典型的实践方式就是"众包"。目前国内外的档案馆和图书馆等都已经开展了较多的实践项目，如美国国家档案和文件署的"公民档案工作者"项目、英国国家档案馆的"战地日记"项目和我国上海图书馆的"盛宣怀档案抄录"项目，能够在引导社会公众参与动态保护方面给予一定的参考。目前代表性众包类型见表5-5。

表 5-5　　　　　　　　　　　档案众包类型

众包类型	简介
操作类	邀请公众参与数字档案文献的文本校对、转录、注释、标签分类等具体操作
征集类	面向公众征集民间档案文献或影视图片资料
建言类	挖掘民间智慧，允许公众对档案文献项目建言献策

公众参与的多样化形式和众包项目的丰富成果都说明了，针对历史文化和社会记忆的档案文献遗产管理方面，社会公众的广泛参与和集体智慧的贡献分享具有非常高的实践价值，能够高效且全面地集中力量办大事。在少数民族档案文献遗产的动态保护能力建设中，群体智慧和集体力量仍有待提升，尤其在对少数民族档案文献遗产的民间征集、少数民族语言文字文化传承保护以及保持少数民族档案文献遗产与地方风俗文化的完整性和系统性方面，不仅需要档案馆、图书馆和博物馆等文化事业机构，同时还需要公众和相关社会组织机构参与其中，这也是提升少数民族档案文献遗产动态保护能力的不可或缺的重要途径。

第六章

面向长期保存的少数民族
档案文献遗产数字化保护

随着信息化技术的不断发展与应用,数字化已经成为保护少数民族档案文献遗产的重要手段[①]。以建库的方式对档案文献遗产进行数字化保存,可以有效减少实体档案文献遗产的使用频率以起到保护作用,从而成为越来越多机构的选择。然而,已建成的数据库大多限于对少数民族档案文献遗产内容的数字化、信息化,缺乏对少数民族档案文献遗产本体保护相关的外部特征的描述与记录,由此造成了少数民族档案文献遗产数字化保护与实体保护之间的割裂。因此,面对当前少数民族档案文献遗产数字化保护的主要问题,整合少数民族档案文献遗产数字化保护的发展思路,厘清数字化保护的模式、技术选择、业务流程,建立机构层面的少数民族档案文献遗产数字化保护的数据库,并选择合适的实体保护元素嵌入数据库中,解决少数民族档案文献遗产数据库建设中实体保护元素缺失的问题,将少数民族档案文献遗产本体保护与数字化保护相结合,形成数字化保护与实体保护的一体化发展,进而建立微观层面上基于机构、中观层面上基于区域和省域、宏观层面上基于国家的少数民族档案文献遗产保护目录体系,并通过机构—区域—国家三个层面对少数民族档案文献遗产保护工作进行统一管理,更好地服务于少数民族档案文献遗产保护决策,就显得非常必要。

---

① 张玉祥、陈晓艳、杨洁明:《西北边疆民族地区濒危汉文历史档案保护研究》,《档案学研究》2015年第4期。

第一节　少数民族档案文献遗产数字化保护的模式与技术选择

一　数字化保护的模式选择

（一）数字化保护主要模式

我国档案文献遗产数字化工作起源于20世纪末，经过近半个世纪的实践，已经形成了自主开发、外包、众包等多种模式。档案文献遗产的数字化保护也是如此。

1. 自主开发

自主开发是数字化保护初期采取的模式。少数民族档案文献遗产的保管机构根据自身的情况与需求，自行开展数字化保护。

自行开展档案文献遗产数字化保护通常依托一定项目、工程、计划等，需要一定的支撑条件，包括馆藏资源、项目经费、人力物力、技术条件等。

自主开发的优越性在于，由档案馆、图书馆、博物馆、文化馆等机构自身开展的数字化工作，其安全性更加可控。对于某些需要保密的机构或档案文献遗产而言，保密管理更加严格、便捷。但是，依靠自身实施少数民族档案文献遗产数字化工作，通常数字化专业程度较低，工作效率受人力、设备等因素限制。

2. 外包

数字化外包通常是指承包方利用计算机技术对发包方的纸质的、音像的、缩微的档案文献遗产等进行数字化加工，将其转化为存储在磁带、磁盘、光盘、固态硬盘等载体上并能被计算机识别的数字图像或数字文本的服务过程[①]。目前，数字化外包是社会力量参与档案文献遗产保护与管理事业的重要方式[②]。

受到历史原因、现实条件等因素的影响，大量珍贵的少数民族档案文献遗产有待于数字化保护。然而，从提高专业化程度和管理效率的角

[①] 国家档案局：《档案服务外包工作规范　第1部分：总则》（DA/T 68.1—2020）。
[②] 黄丽华等：《档案数字化：风险与管理》，中国文史出版社2018年版，第8页。

度出发，少数民族档案文献遗产保管机构难以自行开展数字化保护。它们通过特殊的业务外包模式开展数字化工作，从而达到提高数字化保护工作效率、保护好少数民族档案文献遗产、实现资源共享的目的。

首先，在保管条件方面，少数民族档案文献遗产正遭受自然和人为破坏的威胁，虫蛀、霉变、脆化、残缺、污染等情况日益严重。同时，少数民族档案文献遗产本体原件利用也加速了其物理外观的破损，所以有必要加快对这些少数民族档案文献遗产的抢救和保护，尽快对其进行数字化处理。

其次，有些机构少数民族档案文献遗产数量巨大，要开展大规模数字化保护加工，仅依靠档案文献遗产保管机构本身有限的人力和物力是难以实现的，需要依靠外力实现数字化保护目标。保管机构的少数民族档案文献遗产数量越多，抢救与保护的任务就越紧迫。

最后，少数民族档案文献遗产有较多民族语言特色，繁体字、异体字较多，少数民族档案文献遗产数字化处理需要由具有一定民族知识、历史知识、档案文献遗产知识的专业人员来从事著录、标引、建库等工作，需要从外部引入智力投入。

发包方、承包方通常可以通过签订合同，以平等协商方式建立业务合作关系。发包方以合同形式委托第三方机构提供中介、监理及其他相关服务，或经相关部门批准，或基于研究与教育目的，对承包方的资质、服务能力进行独立评价、认证。发包方、承包方和第三方机构应主动接受、积极配合监管机构的指导、监督和检查。发现少数民族档案文献遗产面临重要安全隐患或遭受损害、泄密等重要风险时，发包方、承包方应该第一时间主动向监管机构报告[1]。

少数民族档案文献遗产数字化外包中涉及主体较多，既有档案馆（室），也有数字化施工单位、咨询单位、监理单位等，由此不可避免地存在着一些问题，例如，实施是否彻底、管理是否安全、效果是否理想、监督是否到位等。这些问题需要在实践过程中通过制度和标准建设进行完善。

---

[1] 徐拥军、乔晓杨：《〈档案服务外包工作规范〉解读》，《北京档案》2018年第1期。

3. 众包

互联网的出现大幅降低大众的沟通成本，使现代意义上的众包活动成为可能。

众包由杰夫·豪（Jeff Howe）最早提出①，是利用信息技术、网络技术，将传统上交由指定的机构或个人所从事的工作，以公开征集的方式外包给非特定的分布式网络大众来完成②。在实践领域，众包已有一定范围的应用。例如，维基百科、YouTube 的用户生成内容（User-Generated Content，UGC）网站中，企业、组织的核心价值主要来自用户进行的价值创造。这种模式下，众包参与者并非纯粹为了物质回报，很多时候是出于兴趣和爱好，或是为了结识朋友、增长知识、提升技能等。众包是网络时代的新兴工作模式，对于少数民族档案文献遗产数字化具有一定的参考价值。

国内外档案文献领域也相继出现了众包模式的实践。美国的"公民档案工作者"项目中，个人不仅可以为网站档案图片和资料添加标签，还可以上传某历史事件图像资料或撰写文章③。澳大利亚的报纸 OCR 校对项目、英国的"边沁手稿"录入工程等也具有代表性④。在国内，敲宝网探索推广古籍数字化的众包模式，是国内首家实现服务外包在线作业的互联网众包平台⑤；辽宁省档案信息网"社会档案人"栏目也具有众包特征⑥。从调查情况看，少数民族档案文献遗产收藏机构尚未进行这个方面的尝试。

众包基于网络环境，是外包的延伸，是群体智慧的产物。利用数字

---

① Jeff H., *Crowdsourcing: Why the Power of the Crowd is Driving the Future of Business*, New York: Crown Business, 2008, pp. 232-233.

② Saxton G. D., Oh O., Kishore R., "Rules of Crowdsourcing: Models, Issues, and Systems of Control", *Information Systems Management*, Vol. 30, No. 1, 2013, p. 2.

③ 闫静：《档案事业公众参与特点及新趋势探析：基于英国"档案志愿者"和美国"公民档案工作者"的思考》，《档案学研究》2014年第3期。

④ 聂勇浩、刘佳鑫：《历史档案数字化中的众包实施模式研究》，载中国档案学会编：《新时代档案工作者的使命：融合与创新：2018年全国档案工作者年会论文集》，中国文史出版社2018年版，第128页。

⑤ 辛睿龙、王雅坤：《古籍数字化中汉字处理的现状、问题及策略》，《图书馆理论与实践》2017年第9期。

⑥ 锅艳玲、陈红：《我国档案众包质量控制探析》，《档案学通讯》2019年第3期。

化众包可以较大限度将少数民族档案文献遗产数字化中著录、文字处理等零散化任务进行分布处理，较大限度降低数字化保护工作成本。为广大档案文献保护工作爱好者、研究者提供机会，亲身参与到档案文献数字化保护工作中，共享档案文献遗产数字化保护成果。

少数民族档案文献遗产数字化除了上述三种主要模式外，还有自主开发与数字化外包相结合、自主开发与数字化众包相结合、数字化外包与众包相结合等复合模式。这些复合模式能够克服各自模式的不足，互相补充、完善，构成了少数民族档案文献遗产数字化保护工作中的生动实践。

(二) 数字化保护的模式选择

少数民族档案文献遗产数字化保护的自主开发、外包和众包模式各有特点，需要结合实际工作认真选择。

上述三种数字化保护模式的共同点包括：需要有一定经费支持；需要加强对数字化保护的全过程管控；对于涉密、尚未解密和尚未进行开放鉴定的少数民族档案文献遗产须保证安全保密；需要做好数字化成果验收等。

自主开发模式的优点主要包括：进度、质量等自主可控度更高，有利于安全保密，有利于加强内部管理等。其缺点主要包括：需要技术、智力、设备、场地方面的支撑，工作效率可能受制于各种因素等。

数字化外包模式的优点主要包括：克服了技术、人员、设备等方面的不足，享受更专业化的服务，能在一定时限内对大规模少数民族档案文献进行数字化等。其缺点主要包括：可能带来安全保密隐患，可能出现数字化成果不符合质量要求、技术标准等问题。

数字化众包模式的优点主要包括：可将碎片化、局部性的工作任务进行分摊，容易形成带动、规模效应，减少自主开发成本，降低外包模式管理难度等。其缺点主要包括：需要借助一定平台，要对平台进行管理、维护，交互性需要及时关注互动，持续投入注意力等。

上述三种数字化保护模式的优缺点见表6-1。

表 6-1　　少数民族档案文献遗产数字化保护模式优缺点分析

模式	共同点	优点	缺点
自主开发	需申请经费；加强对数字化全过程管控；注意安全保密；做好数字化成果验收等	进度、质量等自主可控度更高，有利于安全保密，有利于加强内部管理等	需要技术、智力、设备、场地方面的支撑，工作效率可能受制于各种因素等
外包		克服技术、人员、设备等方面的不足，享受更专业的数字化服务，可接受咨询服务，能在一定时限内大规模实施数字化等	可能带来安全保密隐患，出现数字化成果不符合质量要求、技术标准等问题
众包		可将碎片化、局部性的工作任务进行分摊，容易形成带动、规模效应，减少自主开发成本，降低外包模式管理难度等	需要借助一定平台，要对平台进行管理、维护，交互性需要及时关注互动，持续投入注意力等

从应用场景上分析，自主开发模式适合于具有一定规模、具备一定技术人员、经费不够充足的少数民族档案文献遗产保管机构。由于专业程度可能不及数字化外包服务企业，因此，该模式适合于馆藏质量较高、不需要进行抢救性保护的少数民族档案文献遗产。数字化外包模式适合于技术、人力缺乏但经费足够支撑项目开展、合同履行，能够提供一定人力进行监督、管理的少数民族档案文献遗产保管机构，也适合于需要在短期内对大规模少数民族档案文献遗产进行数字化的抢救性保护项目。数字化众包模式适合于不涉密的少数民族档案文献遗产数字化保护项目，以及局部性、阶段性的工作任务。少数民族档案文献遗产保管机构可以根据自身条件，调研馆藏少数民族档案文献遗产现状与需求以及数字化保护的目标，选择适合自身的数字化保护模式。

二　无损数字化保护的技术选择

数字化保护技术方法是少数民族档案文献遗产由实物形态转化为数字化形态的重要手段。数字化保护技术方法主要根据数字化信息形成方式来进行分类，包括利用平台扫描仪进行数字化扫描，利用数码拍摄设备进行数字化拍照，利用摄影设备和影像软件进行三维数字化，以及利用数字转化装置实现其他载体信息的数字化。传统的数字化保护技术过程中，扫描过程容易对少数民族档案文献遗产再次造成伤害，因此，对于少数民族档案文献遗产而言需要采取无损数字化保护技术。

无损数字化保护技术突出了数字化保护方法相对于传统保护方法所具有的无损性和永久性。具体来说，无损数字化保护技术有两层含义，第一层含义强调对数字化保护对象，也就是对古籍、档案等档案文献遗产不会造成保护性破坏的现象，对少数民族档案文献遗产不会造成再次损伤；第二层含义强调数字化采集质量，需采用高保真无损数字化技术，对古籍、纸质档案文献、照片档案文献、声像档案文献等进行二维、三维数字化采集加工工作，以获取高质量的数字化复制件。

（一）无损前处理

无损数字化扫描之前，还有一个前处理的过程。这个过程也需要注意保护少数民族档案文献遗产本体不受损害，尽量避免用力拆书（卷），以保持少数民族档案文献遗产的原貌。以拆书（古籍）为例，除了透字会需要拆书外，比较容易出现的情况是古籍的书脊距离板框太近，有时甚至重合。在这种情况下，挤压过甚会伤害古籍，有时即使是挤压了也难以获得好的扫描效果，这就需要拆书成页进行扫描，以获得更好的扫描效果。因此，这项工作必须慎之又慎。如遇到非拆不可的，必须由专业的修复人员进行拆卷、修整[1]。这种无损处理和无损数字化流程相结合，可以最大限度地保护少数民族档案文献遗产。

（二）无损数字化扫描

从当前数字化保护的实践来看，少数民族档案文献遗产数字化保护主要采取数字化扫描，包括对纸质档案文献、照片档案等传统载体的数字化扫描。

在数字化扫描工作当中，无损数字化扫描技术的选择非常重要。

目前，市场上扫描仪的产品类型很多，但适合用于少数民族档案文献遗产数字化采集的扫描仪一般采用非接触式扫描仪、LED 冷光源扫描仪，这不仅有利于扫描影像的品质保证，也使得在扫描古籍时不会由于

---

[1] 计思诚：《古籍数字化实践与探讨：以〈国家珍贵古籍名录〉数字化为例》，《图书馆理论与实践》2018 年第 7 期。

温度过高对纸质材料产生不良影响。同时，尽可能降低同一件少数民族档案文献遗产的扫描次数，争取一次扫描成功，避免不必要的重复扫描，并利用数字化成果进行打印、复印。

此外，无损数字化扫描还需要制定明确的技术规范并严格执行，避免在扫描过程中对少数民族档案文献遗产的损毁。例如，在少数民族档案文献数字化扫描工作过程中，需根据载体的大小进行科学评判，采取合适的扫描产品，最大限度地减少、避免折叠、折损，并形成制度加以规约。

（三）数字化拍摄

少数民族档案文献遗产种类多样，其中还包含不少实物档案文献，如地图、印章、字画、铭文等。这些特殊类型的档案文献遗产难以采用普通的平板扫描仪进行无损数字化扫描处理，需要借助数字化拍摄采集数字信息。

数字化拍摄主要借助数码相机、数码摄像机等进行。重点是拍摄时既要保证质量，同时也要避免过度光照。需要注意在折叠纸质地图时，尽量顺应旧的折痕，避免出现撕裂、拉扯等情形。

（四）三维数字化

在信息技术快速发展过程中，尤其是在数字拍摄和软件处理技术推动下，三维数字化扫描技术快速发展，在图博档等领域得到广泛应用。这种技术不仅对少数民族档案文献遗产实物外观实行数字化采集，完整有效记录其表面的几何物理特征，还可以通过非接触式扫描手段进行处理，有效避免损伤原件，对系统化、成套化长期保存数字信息起到较大促进作用，表现出较高关注度和应用价值。

通过数字摄影与多视角三维数字化技术，可以实现对少数民族档案文献遗产的三维重建。三维数字化是以数码拍摄设备作为图片、影像采集工具，多角度围绕被拍摄少数民族档案文献遗产生成多个数字图片、影像，再使用三维重建软件根据数字摄影测量原理，对获取的全部数字图片、影像进行相互匹配、计算，生成被拍摄少数民族档案文献遗产的表面三维点云，加载图片、影像后得到真实的三维模型，实现被拍摄少数民族档案文献遗产的三维数字化。三维数字化技术以数字摄影技术为基础，对档案文献遗产进行全方位、多角度的信息采集，更加全面、更加精准、更加立体，不仅保护少数民族档案文献遗产本体，也为开展科学研究提供了技术保障。

进行三维数字化需要借助高分辨率数码相机、摄像机等作为图片、影像采集工具，采用激光三维扫描、Viewpoint 360°环视等三维扫描、环物扫描技术，并根据少数民族档案文献遗产材质、破损情况因地制宜地采取悬挂拍摄法、拼合拍摄法、转盘拍摄法进行拍摄。其中，悬挂拍摄法主要是将少数民族档案文献遗产用透明线绳悬挂，围绕其进行上面、下面、左侧、右侧、正面、底部等全方位、全视野拍摄，然后通过图像处理软件生成三维效果；拼合拍摄法是对少数民族档案文献遗产的上部和底部进行局部、整体拍摄，然后利用图像处理软件将多个照片进行处理，合并形成三维数字化模型；转盘拍摄法主要是将少数民族档案文献遗产放置在转盘上，标注刻度，每旋转一定角度拍摄一组图片、影像，然后将全部图片、影像经过软件进行处理，形成三维数字化模型。

第二节　少数民族档案文献遗产数字化保护业务流程

与少数民族档案文献遗产数字化保护流程相关的标准既涉及档案，也涉及古籍和文献。例如，《纸质档案数字化规范》（DA/T 31—2017）[1] 将档案数字化流程定义为：档案出库、数字化前处理、档案扫描、图像处理、数据挂接、数字化成果验收与移交、档案入库七大环节。再如，参照《文献档案资料数字化工作导则》（GB/T 20530—2006）[2]、《图书馆馆藏资源数字化加工规范　第2部分：文本资源》（GB/T 31219.2—2014）[3]、《图书馆馆藏资源数字化加工规范　第3部分：图像资源》（GB/T 31219.3—2014）[4]、

---

[1]　国家档案局：《纸质档案数字化规范》（DA/T 31—2017）。
[2]　中华人民共和国国家质量监督检验检疫总局、中国国家标准化管理委员会：《文献档案资料数字化工作导则》（GB/T 20530—2006）。
[3]　中华人民共和国国家质量监督检验检疫总局、中国国家标准化管理委员会：《图书馆馆藏资源数字化加工规范　第2部分：文本资源》（GB/T 31219.2—2014）。
[4]　中华人民共和国国家质量监督检验检疫总局、中国国家标准化管理委员会：《图书馆馆藏资源数字化加工规范　第3部分：图像资源》（GB/T 31219.3—2014）。

《图书馆馆藏资源数字化加工规范 第 4 部分：音频资源》（GB/T 31219.4—2014）①等，古籍扫描数字化的流程包括古籍领出登记、古籍整理、古籍扫描、图像修图处理、图像质检、识别录入、格式转换、数据存储、古籍入库登记九大环节。显然，少数民族档案文献遗产数字化的实施依赖于其所在的机构及其执行的标准。

总体而言，为了保证少数民族档案文献遗产数字化保护流程的连续性，强调规范性，结合上述《纸质档案数字化规范》（DA/T 31—2017）、《文献档案资料数字化工作导则》（GB/T 20530—2006）等标准规范，笔者总结出适合少数民族档案文献遗产数字化保护的基本流程，主要包括开展数字化保护规划、选取数字化保护对象、采用数字化标准规范、设置数字化加工参数、进行无损数字化加工处理和强化数字化成果管理，如图 6-1 所示。

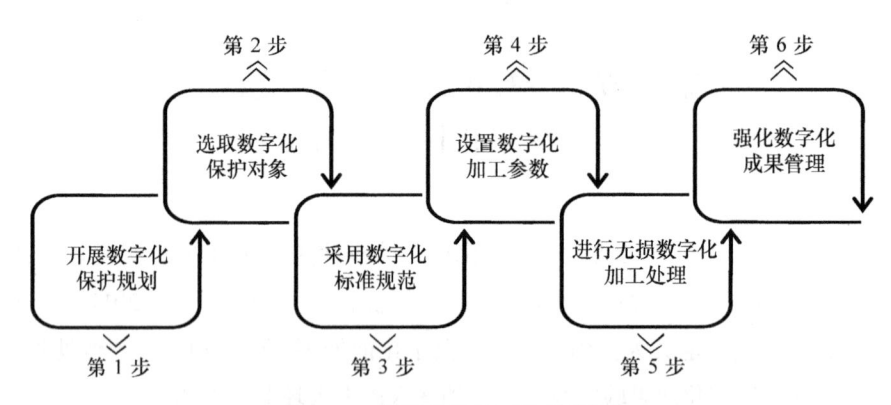

图 6-1 数字化保护工作流程图

一 开展数字化保护规划

少数民族档案文献遗产保护需要明确目标，科学规划。目前，一些保管机构认识到了少数民族档案文献遗产数字化保护的重要性，但对如何开展保护缺乏系统规划，对数字化馆藏规模、经费预算、技术方案、人员安排等缺乏统筹安排，可能给保护工作带来阻碍。

---

① 中华人民共和国国家质量监督检验检疫总局、中国国家标准化管理委员会：《图书馆馆藏资源数字化加工规范 第 4 部分：音频资源》（GB/T 31219.4—2014）。

因此，在开展数字化保护之前要认真进行调研，开展工作规划。要客观、全面分析少数民族档案文献遗产的数量、内容、特点等，掌握正在数字化加工的情况，摸清拟数字化的数量，结合数字化保护涉及的设备工具、人员情况、场地设置、经费开支等进行合理分析、仔细研究、规划方案。要经过充分论证制定完整方案，包括保护对象、数字化加工、长期保存、风险防范等，从整体性、可行性、实用性和能效性多方面综合考虑。例如，中国第一历史档案馆明清档案整理及数字化抢救工作启动后，该馆制定了《档案整理及数字化安全保障工作方案》，从全局完善安全管理模式、流程、目标等方面推进制度建设[1]。再如，大学数字图书馆国际合作计划（China Academic Digital Associative Library，CADAL）项目成立了数字知识服务联盟，围绕图书数字化回溯、数字资源永久保存等开展中长期规划并进行数字化合作[2]。尽管这些并非是针对少数民族档案文献遗产数字化进行的，但对于探讨少数民族档案文献遗产数字化规划具有一定的参考价值。

在进行少数民族档案文献遗产数字化保护之前，收藏机构、实施单位等共同研究讨论工作流程，明确工作的时间表，草拟项目合作或委托服务的协议，明确权责，理顺关系，并对少数民族档案文献遗产数字化成果的保管、利用和传播权利进行约定，加强管理，减少纠纷，为数字化保护奠定基础。

二 选取数字化保护对象

选取适合的少数民族档案文献遗产作为数字化保护对象，是开展数字化保护工作的前提。数字化保护对象，从语言文字上看，有满文、蒙古文、藏文等各种少数民族语言文字的档案文献遗产；从地域上看，有西北、西南、东北等不同地方的档案文献遗产；从年代上看，有宋、明、清等不同朝代的档案文献遗产；从载体上看，有金石、竹简、纸质等不同质地的档案文献遗产；从保存状况上看，有保存完好、部分残缺、破

---

[1] 徐杰：《明清档案数字化外包安全管理初探》，《中国档案》2017年第2期。
[2] 金佳丽、薛霏、黄晨：《学术数字图书馆二十年：从数字化合作到数字知识服务联盟》，《中国图书馆学报》2022年第2期。

损严重等类型少数民族档案文献遗产。

选取数字化保护对象，在不同领域有着不同的经验。以古籍为例，有学者认为要遵循古籍内涵与形式的完整性、准确性①，也有学者提出古籍数字化应采取原貌拍摄以便尽可能地保留古籍文献所承载的各类信息②，还有学者提出古籍数字化应具备可发现性、可获得性、可互操作性和重复利用以保证古籍资源的科学价值③。尽管存在差异，但对于选取少数民族档案文献遗产数字化对象而言具有一定的启迪。

选择数字化保护对象，首先，要遵守法律法规。鉴于少数民族档案文献遗产由多机构保管，甚至有的散失于民间和海外，因此要注意避免所有权不明确、有争议，或者缺乏知识产权保护的情况，避免带来法律问题。如果利用尚未公开发表的少数民族档案文献遗产，根据《中华人民共和国著作权法》规定，这种利用应该受到著作权人控制④。事实上，这类问题在档案、图书、文物等领域都可能涉及。例如，加拿大魁北克国家图书档案馆开展数字化项目，包括手写和印刷材料、照片、录音等，受保护作品均获得了合法授权⑤。虽然国际上作品版权在作者去世后70年到期的观念广受推崇，文博机构是否可以主张其馆藏文物数字复制品之版权，依然广受争议⑥。尊重著作权，避免纠纷，是少数民族档案文献遗产数字化首先需要考虑的。

其次，可以选择亟须进行抢救性保护的少数民族档案文献遗产对象，及时对信息内容进行数字化迁移，防止少数民族档案文献遗产本体损毁、消亡而造成信息内容丢失。少数民族档案文献遗产中，仍然需要挖掘那

---

① 冯为：《公共图书馆古籍数字化保护工作探究》，《图书馆工作与研究》2021年（增刊）第1期。

② 郑永晓：《传承与超越：数字文献学的未来发展刍议：兼论日本文献数字化对我国之启示》，《中国比较文学》2019年第4期。

③ 叶未央、周生辉：《基于FAIR原则的中医药古籍数字化出版》，《出版发行研究》2021年第2期。

④ 王玉珏：《档案数字化转换中的著作权利益平衡问题及解决途径》，《云南档案》2008年第8期。

⑤ 朱学芳：《立足国情的图书、博物、档案数字化服务融合研究》，《情报理论与实践》2021年第11期。

⑥ 魏鹏举、魏西笑：《文化遗产数字化实践的版权挑战与应对》，《山东大学学报》（哲学社会科学版）2022年第2期。

些价值高、遭受损毁的遗产类型优先进行抢救性保护。

再次，可以选择内容丰富、价值较高的少数民族档案文献遗产，通过数字化保护有效开发其中的信息价值，提升保护成效。

最后，可以选择新发掘、新收藏的少数民族档案文献遗产对象，及时进行数字化加工处理，对于更好地保护少数民族档案文献遗产本体提供辅助性手段。

三 采用数字化标准规范

数字化加工是专业性较强的工作，必须依据一定的标准与规范开展。标准与规范从不同方面对数字化加工进行指导，成为数字化加工的重要参考。这些标准、规范主要包括《纸质档案数字化规范》（DA/T 31—2017）、《纸质档案数字复制件光学字符识别（OCR）工作规范》（DA/T 77—2019）等。通过梳理，少数民族档案文献遗产数字化相关的标准、规范见表6-2。

表6-2　　档案、图书、古籍与文物数字化加工部分标准与规范

类别	名称	类别	发布时间	主要适用范围
档案数字化	《实物档案数字化规范》（DA/T 89—2022）	行业标准	2022年4月7日	实物类型档案、资料数字化
	《档案服务外包工作规范 第2部分：档案数字化服务》（DA/T 68.2—2020）	行业标准	2020年5月18日	非涉密档案数字化服务外包
	《纸质档案数字复制件光学字符识别（OCR）工作规范》（DA/T 77—2019）	行业标准	2019年12月16日	字迹清晰、文本规范的纸质档案数字复制件的光学字符识别（OCR）工作
	《纸质城建档案数字化标准》（DB 22/T 5033—2019）	地方标准	2019年12月5日	使用扫描设备对馆藏纸质城建档案数字化加工和处理
	《公证档案数字化规范》（SF/T 0037—2019）	行业标准	2019年5月5日	公证档案数字化工作的基本要求、基本流程、技术要求、安全管理和数据利用

续表

类别	名称	类别	发布时间	主要适用范围
档案数字化	《纸质档案缩微数字一体化技术规范》（DA/T 71—2018）	行业标准	2018年4月8日	各级各类档案馆、档案室利用纸质档案缩微一体化技术制作缩微影像和数字图像
	《录音录像档案数字化规范》（DA/T 62—2017）	行业标准	2018年8月1日	对以模拟信号形成的录音档案和录像档案进行数字化转换
	《纸质档案数字化规范》（DA/T 31—2017）	行业标准	2017年8月2日	采用扫描设备对纸质档案进行数字化加工
	《干部人事档案数字化技术规范》（GB/T 33870—2017）	国家标准	2017年7月1日	适用于各级党政机关、国有企事业单位的干部人事档案数字化工作
	《档案数字化光盘标识规范》（DA/T 52—2014）	行业标准	2014年12月31日	各级各类档案馆、档案室制作档案数字化光盘
	《档案数字化外包安全管理规范》	规范性文件	2014年12月8日	非涉密档案数字化外包的安全管理
	《档案数字化转换操作规程》（DB 32/T 1894—2011）	地方标准	2011年9月1日	江苏省各类档案的数字化加工处理及数字化成果转换的操作要求与管理
	《缩微胶片数字化技术规范》（DA/T 43—2009）	行业标准	2009年11月2日	对档案的缩微胶片进行数字化及数字化成果的管理
	《文献档案资料数字化工作导则》（GB/T 20530—2006）	国家标准	2006年10月9日	各级政府机构、企事业单位以及其他社会组织和个人的文献档案资料数字化过程
图书、古籍数字化	《图书馆数字资源长期保存信息包封装规范》（WH/T 72—2015）	行业标准	2015年7月3日	图书馆数字资源长期保存系统，作为系统中数字资源封装和传递的规范
	《图书馆馆藏资源数字化加工规范 第2部分：文本资源》（GB/T 31219.2—2014）	国家标准	2014年9月30日	图书馆文本资源数字化加工，其他文献信息机构文本资源数字化加工也可参照使用
	《图书馆馆藏资源数字化加工规范 第3部分：图像资源》（GB/T 31219.3—2014）	国家标准	2014年9月30日	图书馆文本资源数字化加工，其他文献信息机构文本资源数字化加工也可参照使用

续表

类别	名称	类别	发布时间	主要适用范围
图书、古籍数字化	《图书馆馆藏资源数字化加工规范 第4部分：音频资源》（GB/T 31219.4—2014）	国家标准	2014年9月30日	图书馆文本资源数字化加工，其他文献信息机构文本资源数字化加工也可参照使用
	《图书馆馆藏资源数字化加工规范 第5部分：视频资源》（GB/T 31219.5—2016）	国家标准	2014年9月30日	全国各级、各类图书馆在做模拟视频、数字视频、网络视频的采集、编码转换、保存与编辑工作，供出版、教学、科研等机构参考使用
	《图书馆数字资源长期保存元数据规范》（WH/Z 1—2012）	行业标准	2012年8月6日	图书馆等信息机构数字资源长期保存元数据管理
	《图书馆数字资源统计规范》（WH/T 47—2012）	行业标准	2012年8月6日	图书馆等信息机构的数字资源日常管理，基本满足国际主流标准中数字资源评估相关指标的数据要求，为数字资源评估提供参考
	《古籍元数据规范》（WH/T 66—2014）	行业标准	2014年1月6日	描述由古籍原物转化为数字形态的古籍资源以及描述纸本原物形态的古籍资源
文物数字化	《文物三维数字化技术规范 器物》（DB11/T 1922—2021）	地方标准	2021年12月23日	故宫博物院牵头编制。具有稳定的空间形态和颜色外观、材料非透明的器物类文物的三维数字化
	《古建筑壁画数字化测绘技术规程》（WW/T 0082—2017）	行业标准	2017年7月19日	古建筑笔画的数字化测绘和摄影工作
	《石窟文物三维数字化技术规范》（DB41/T 1338—2016）	地方标准	2016年12月8日	河南省地方标准。石窟现存石质文物的三维数字化

四 设置数字化加工参数

表6-2标准针对不同的载体类型和应用场景，从利用和长期存取的角度提出了要求。为此，需要借助标准设置数字化加工序数。分辨率就是典型例子，见表6-3。

表 6-3　　　　　　　　　　数字化扫描分辨率选择

场景	分辨率	备注
通常情况	200dpi	可满足常规需求
文字偏小、密集、清晰度较差	≥300dpi	以提升图像质量为目的
需要 COM 输出	≥300dpi	考虑输出和再利用效果
高精度仿真复制	≥600dpi	需考虑容量与存储
印刷出版	适当选择	可结合印刷出版幅面、印刷精度要求等选择

（一）数字图像的色彩

少数民族档案文献遗产数字化扫描中，图像的色彩将直接影响数字图像的品质、效果和大小等。图像的色彩位数并非越高越好，在操作过程中，需要根据保护对象的资源特点选择合理的图像色彩。合理的图像色彩既可以较大程度呈现档案文献原貌，又有利于节省存储空间，提高数字化效率。对于原始的少数民族档案文献遗产中仅有文字用于浏览或OCR 的图像，选用灰度或黑白图像较为适宜。对于原始的少数民族档案文献遗产带有彩色图画、符号、印章和封底封面的，则推荐采用 24 位真彩图像，对于充分再现少数民族档案文献原貌具有至关重要的作用。

（二）数字图像的存储格式

少数民族档案文献遗产数字化工作实践中，各个机构的数字图像存储格式不尽相同。例如，日本国立公文书馆馆藏数字化图像采用JPEG2000 等格式①，京都府立图书馆馆藏西文图书数字化项目采用 TIFF 格式②，浙江省档案馆采用 OFD 格式转换技术③，汉代蜀地"五星出东方利中国"织锦护臂纺织品文物数字化采用影像数据格式 DVI（1920 像素×1200 像素）④。结合少数民族档案文献遗产数字化实践需要，笔者列

---

① 韩李敏：《档案数字化存储格式的选择》，《浙江档案》2021 年第 9 期。
② 福岛幸宏、原田隆史、李颖：《图书馆珍贵资料的开放数据化建设：以京都府图书馆藏明治时期以来旅游指南的数字化项目为例》，《图书馆杂志》2020 年第 4 期。
③ 郑金月：《建设融入数字政府大格局的新一代数字档案馆：浙江省档案馆全国示范数字档案馆创建工作综述》，《中国档案》2020 年第 1 期。
④ 尚玉平、欧阳盼、刁常宇、李志荣：《新疆尼雅墓地出土纺织品文物的数字化信息采集：以 95MNIM8：15 "五星出东方利中国"织锦护臂为例》，《文物》2020 年第 5 期。

举了几种主要数字图像格式及其特征可供参考,见表6-4。

表6-4 数字图像格式特征对比

图像格式	优点	缺点	备注
TIFF	无损压缩技术,能展示高水平细节,支持较高分辨率,支持RGB三原色模式及CMYK印刷四分色模式	占用空间较大	适合存档保存
JPEG	压缩后的图像质量有损耗,尺寸较小,平台和浏览器广泛支持	画质有一定损耗	适合保存、浏览、传输
JPEG2000	支持有损和无损压缩,压缩效果通常好于JPEG[1]	在低压缩比情形下,画质不如JPEG	适合保存、浏览、传输
GIF	具有隔行扫描和透明处理效果,平台和浏览器广泛支持,支持动画	不支持256色以上彩色模式,分辨率较低	不宜用作存档格式
PNG	无损压缩,具有隔行扫描和透明处理效果,克服GIF的专利权问题	部分平台和浏览器不支持	不宜用作存档格式
BMP	文件保存时不失真,Windows环境下大多数图像处理软件均支持	占用空间较大	在单机上使用普遍
PDF	支持RGB三原色模式及CMYK印刷四分色模式,可由多个格式转化形成,易于传输与储存,兼容性较好	占用空间较大,不易转化为其他格式	适合利用时阅读显示与长期保存
OFD	自主知识产权,实现内容的安全固化呈现	标准生态需补充构建[2]	适合利用时阅读显示

各种存储格式中,数字图像长期保存格式为TIFF、JPEG等通用格式,同一机构、同一批加工的数字图像通常采用相同的存储格式,并根据实际需求适时调整数字图像压缩率。当然,少数民族档案文献遗产数字化存储格式需要结合国家信息化战略,优先满足国产化存储格式要求。

---

[1] 李琼、石俊生、毛小群:《主观评价JPEG与JPEG2000标准的彩色图像最佳压缩比的实验研究》,《中国图像图形学报》2010年第7期。

[2] 王姝、徐华、王少康:《OFD版式文档应用研究》,《档案学研究》2019年第1期。

五　进行无损数字化加工处理

（一）选取设备工具

数字化加工前要结合少数民族档案文献遗产本体现实情况、工作目标、范围规模和保存条件等选择使用相应扫描设备。实际情况要综合考虑少数民族档案文献遗产的数量、质地、现状等，结合数字化后的使用范围、功能拓展等目标，综合数字图像容量、存储载体、保存环境和数据库使用等情况，统筹考虑选择适合的设备。应注意保护好少数民族档案文献遗产本体，因扫描中的光照等可能对档案文献载体产生影响，应尽量选用对少数民族档案文献遗产本体破坏性小的扫描设备[①]，并参照一定技术规范和扫描设备使用说明进行相关参数的设置和调整。在开展数字化加工前，正确设置各项参数，将各项功能调试到位，并对设备工具进行测试，确保扫描后数字图像的品质。

常见的数字化扫描设备包括平板式扫描仪、馈纸式扫描仪和一体式扫描仪。各种类型扫描仪的优缺点及其适用范围见表6-5。

表6-5　　　　　　　　不同类型扫描仪的优缺点

扫描仪类型	优点	缺点	适用范围
平板式扫描仪	构造结构简单，易于维护，耗材较低，价格便宜	空间占用较大，操作烦琐，效率较低	证件类、不易拆卷、质地脆弱的、数量少的少数民族档案文献遗产
馈纸式扫描仪	自动进纸，正反扫描，效率较高	可能出现卡纸等故障折损本体	数量多且易拆卷的少数民族档案文献遗产
一体式扫描仪	可在馈纸式与平板式扫描切换	体积较大，价格相对高，运维成本较高	适合种类多样、数量较大的少数民族档案文献遗产

性能参数主要考虑感光元件、扫描幅面、分辨率、扫描速度、色彩位数等。感光元件上，电荷耦合器件CCD通常比接触式传感器件CIS的

[①] 李颖：《纸质档案数字化中前端控制研究》，《黑龙江档案》2021年第4期。

图像品质要好。

扫描幅面上，可根据需要选择，如用 A3 平板式扫描仪与 A4 馈纸式扫描仪相结合的方式提升少数民族档案文献遗产扫描效率等，并采取无损数字化方式进行扫描。

分辨率是图像清晰的主要参数，但分辨率高时扫描后文件尺寸更大，需要更多存储空间，因此分辨率并非越高越好。例如，根据《纸质档案数字化规范》（DA/T 31—2017）规定，扫描分辨率应不低于 200dpi；需要进行 COM 输入的，扫描分辨率不小于 300dpi；需要进行高精度仿真复制的少数民族档案文献遗产，扫描分辨率不小于 600dpi 等[1]。

扫描速度是时效的重要指标，如馈纸式扫描仪扫描速度一般为 40—100imp。在经费允许的情况下，选用较高配置参数是首选。调高色彩位数可以提升图像的色彩表现程度，但图像尺寸随之增大，通常 24 位色彩位数适合多数纸质的少数民族档案文献遗产扫描。

（二）开展数字化加工

档案、图书、文物的数字化流程有所不同，具体到各个具体数字化保护项目，工作步骤、环节也有所区别。例如，古籍数字化保护项目主要包括编目、扫描、文本转换、平台发布等各项工作[2]。良渚博物院的文物数字化建设主要流程包括拟订工作方案、文物测量与拍摄、图片与视频信息加工、三维建模等[3]。

少数民族档案文献遗产分散保管于各类文化机构，其中档案馆、档案室等占有重要地位。笔者总结了少数民族档案文献遗产数字化保护的基本流程，主要包括数字化前处理、目录信息建立、图像信息生成、数字图像处理、数据核准校对、数据挂接存储、项目验收移交，如图 6-2 所示。

数字化前处理先要按照一定分类标准，如卷、册等对少数民族档案文献遗产进行整理分类。在整理分类的基础上确定扫描范围，在不影响

---

[1] 国家档案局：《纸质档案数字化规范》（DA/T 31—2017）。
[2] 陈力：《数字人文视域下的古籍数字化与古典知识库建设问题》，《中国图书馆学报》2022 年第 2 期。
[3] 骆晓红：《文物数字采集与展示的基本流程探讨：基于良渚博物院文物数字化的建设实践》，《自然与文化遗产研究》2020 年第 3 期。

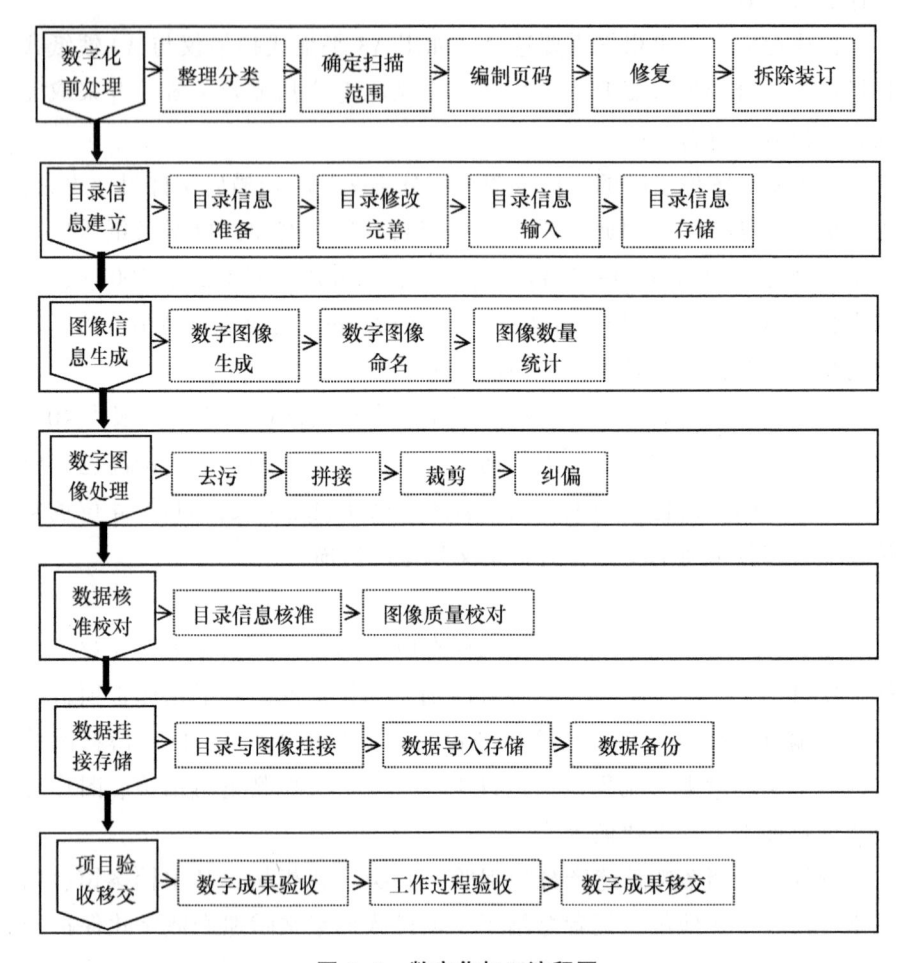

图 6-2　数字化加工流程图

少数民族档案文献遗产本体的情况下，便于数字化加工时进行识别和判断。可以手工对少数民族档案文献遗产本体进行标记，编制页码，对破损页面、缺页等特殊情况进行登记，对外观皱褶不平、破损较严重的进行压平和修复处理。对于可能影响数字扫描的，在保护少数民族档案文献遗产本体的情况下对装订进行拆除。

目录信息建立需要对照少数民族档案文献遗产本体内容，按照目录信息收集的要求规则，进行目录信息准备。在少数民族档案文献遗产数字化前处理工作中对档案目录进行修改、补充的结果进行记载。依据《档案著录规则》（DA/T 18—2022）的要求，制定目录数据规则，包括数据字段长度、字段类型、字段内容等①。通过目录信息录入等建立不同层级目录，形成准确、完整的目录信息，存储为机读文件或录入数据库。数据库的数据格式对于数据管理、利用有直接影响。数据库结构应当有利于维护少数民族档案文献遗产的内在联系，促进对少数民族档案文献遗产本体开展高效、有序的数字化加工，同时也保障少数民族档案文献遗产本体与数字化成果数量一致，便于数字化成果管理和利用。

图像信息生成要按照顺序利用扫描设备对少数民族档案文献遗产进行扫描，形成清晰的数字化图像。如遇超常规、不规则尺寸的，可采用更大幅面扫描仪进行扫描，也可分幅扫描后进行拼接。相邻图像之间应留有足够的重叠，对重叠范围进行合理设置。对于非常珍贵、尺寸超常的少数民族档案文献遗产，可以采用标板、标尺标识实体尺寸信息，有利于直观、准确地显示少数民族档案文献遗产本体大小。逐页扫描后根据软件系统自动生成连续的、唯一编号的图像文件名称，如 1、2、3……或 1—1、1—2、1—3……拼接后的图像使用新的文件名以示区分。最后，对数字化后的图像进行数量清点，与数字化处理前的数量进行比对，确保没有重复、遗漏的情况。

数字图像处理是指借助数字计算机来处理数字图像，包括对图像进行去除噪声、增强、复原、分割、特征提取等②，也包括对数字化图像进行后期加工处理。在这个过程中，去污、拼接、裁剪、纠偏、数据核准等需要引起特别关注。

去污包括自动、手动去污，是把图像中的污点、污线、黑边等清除掉。为真实再现档案文献遗产原貌，数字化加工中应保留少数民族档案文献遗产纸张原有褪变斑点、污渍、孔眼等痕迹。对于因特殊需要须去除纸质载体斑迹的，目前，已有研究证实可见光—近红外波段高光谱成像技术对纸张酸化过程中的霉斑以及环境、人为因素中的涂抹字迹在数

---

① 国家档案局：《档案著录规则》（DA/T 18—2022）。
② 吴娱：《数字图像处理》，北京邮电大学出版社 2017 年版，第 2 页。

字图像去污中具有效果①。

对分幅扫描数字图像进行拼接时,应确保拼接处平滑地融合、无明显拼接痕迹,以保证数字图像的整体性。

裁剪是将图像按照尺寸大小要求进行修裁。如需对数字图像进行裁边处理,可预留边距外延至少2mm至3mm,以备打印后可以进行正常装订。

对不符合阅读方向的数字图像可以旋转调整,进行上下、左右居中等处理,使得图片可以端正显示,以达到视觉上的整齐为准。

数据核准校对分为机器核对和人工核对,包括目录、图像核准校对等。首先,对少数民族档案文献遗产目录数据进行检查,包括著录项目的完整性、著录内容的规范性等。一旦发现著录信息不准确的,应及时进行修改。其次,清点少数民族档案文献遗产本体和数字化图片的数量是否匹配。人工核对可通过抽样、人眼识别校对等,对图像清晰度、完整性等进行识别,观察数字化扫描后的图片是否符合要求。如发现以下问题的,需要重新进行数字化加工:数字图像不完整、不清晰,图像失真的;漏扫、重扫、多扫等;数字图像顺序不符的;数字图像去污、拼接、裁剪、纠偏等未达到要求的。最后,逐条核对目录信息是否可以检索查询,数字图像是否可以打开、读取等。

数据挂接存储是借助计算机程序对建成数据库中的少数民族档案文献遗产目录信息与少数民族档案文献遗产数字化图像进行挂接,实现少数民族档案文献遗产目录信息与数字图像的对应关联。按照设定存储路径进行数据导入数据库或存储载体,确保数据挂接与存储的准确性。如有备份需求的,把数字化过程中人工录入和数字扫描形成的全套信息生成完整的数字备份,用磁盘、光盘等进行备份保存。

项目验收移交是数字化保护项目的实施主体自身或通过第三方对数字化成果和项目过程进行检验,对验收合格的,进行移交接收。对数字化成果的验收检查可以是机器检验与人工检验相结合,包括对少数民族

---

① 张大勇、沈志学、骆永全:《高光谱成像技术在纸质档案数字图像去污方面的应用》,《数字与缩微影像》2015年第4期。

档案文献遗产元数据、目录、数字图像、存储载体等的校验。元数据验收包括元数据元素的完整性和赋值规范性等，目录验收包括检查条目内容、格式、准确性等，数字图像验收包括数量、命名、连续性、图像质量等，存储载体验收包括载体的安全性、可读性、稳定性等。机器检验的内容合格率以100%为标准；人工检验的抽检率不低于5%，对于数据库条目与数字图像内容对应的准确性等关键指标，抽检合格率应为100%，内容抽检容错率不高于5%。项目过程验收针对工作过程，包括是否符合技术标准、操作是否得当、总结报告内容是否全面、数字化保护整体效果是否达到预期目标等。验收不合格的应及时纠正、修订，验收合格的应形成书面材料。验收合格后，按照事先约定的方式对数字化成果进行移交，包括硬件、软件和维护策略等。

六　强化数字化成果管理

数字化成果管理是数字化保护工作的重要后续工作，是建立在对数字化成果的验收、移交的基础上的。例如，中国第一历史档案馆在数字化保护中严把质量关，将最终生成的档案数据提交项目监管方抽检验收[①]。数字化成果验收包括符合要求的数字图像、目录数据、元数据、存储介质、工作文档等。

数字化成果进行验收、移交后，需要根据需求强化数字化成果管理，主要包括：

第一，对数字化成果以光盘、磁盘等方式进行存储，做好标注，置于适宜的保管环境中。

第二，完善少数民族档案文献遗产数据库建设，将少数民族档案文献遗产目录、扫描图片等导入已开发的少数民族档案文献遗产数据库，实现数据导入。在此基础上，做好保护数据库开发工作，即在少数民族档案文献遗产数据库中嵌入保护属性的元数据或列，或者独立的少数民族档案文献遗产保护数据库，并做好测试工作。

第三，制定数字化成果保管利用等规定，落实保管责任，规范利用手续。

---

① 徐杰、杨永：《浅谈明清档案数字化图像加工的若干思考》，《档案学研究》2016年第3期。

第四，为保障安全，至少保存两套数字化成果存储载体。根据国家层面的相关政策，对数字化成果进行异地备份、异质备份、云备份，建立登记备份制度、数据备份中心，或运用数字孪生技术进行备份①。

第三节　少数民族档案文献遗产数字资源长期保存

依据学界对数字档案资源长期保存的界定②，少数民族档案文献遗产数字资源长期保存是利用数字化技术将少数民族档案文献遗产转换为数字形式，并采取存储、管理、备份等措施，以实现其在数字环境下的长期保存。长期保存不仅涉及数字技术方法、标准及规范，还与制度、管理机制等密切相关。因此，本书从技术与管理两个层面出发，探究少数民族档案文献遗产数字资源长期保存策略。

一　长期保存的数字孪生技术方法

（一）数字孪生技术应用逻辑

数字孪生（Digital Twin）理念最早起源于1969年美国国家航空航天局空间飞行器孪生体计划。迈克尔·格里夫斯（Michael Grieves）在2003年正式提出数字孪生的概念，即数字孪生体是"用于虚拟表达、描述真实存在的一个或多个特定设施的数字复制品，并以此进行真实环境、条件和状态的模拟仿真测试"③。近年来，数字孪生的应用范围从航空航天、军工制造等领域逐渐扩展到虚拟仿真、智能制造、故障诊断等领域。因此，将数字孪生技术应用到少数民族档案文献遗产长期保存领域，既

---

①　周耀林、赵君航：《基于数字孪生技术的数字档案备份逻辑关联及实现进路》，《浙江档案》2023年第12期。

②　刘越男、吴云鹏：《基于区块链的数字档案长期保存：既有探索及未来发展》，《档案学通讯》2018年第6期；祁天娇：《美国数字档案资源长期保存战略的分析与启示》，《档案学研究》2019年第1期。

③　秦晓珠、张兴旺：《数字孪生技术在物质文化遗产数字化建设中的应用》，《情报资料工作》2018年第2期。

能顺应物理实体与虚拟空间映射、融合趋势，又是对国家政策及未来数字化转型战略重点的准确把握，有助于以技术手段进步为支撑，更好地实现少数民族档案文献遗产真实完整、安全可靠的长期保存目标。

依据数字孪生五维模型概念①，笔者探讨数字孪生技术与少数民族档案文献遗产长期保存的逻辑关联。

1. 基础：物理实体数据的精准采集

物理实体通常由实物和电子两部分构成，该维度通过运用传感器等设备实现对少数民族档案文献遗产的精准采集，其中，少数民族档案文献遗产数据的采集包括对实物档案文献的"高阶"数字化和电子档案文献的完整收集。与此同时，数据采集作为数字孪生的基础性阶段，采集的数据质量又会对数字档案文献的备份效果产生重要影响。

2. 核心：虚拟空间映射的仿真实体

虚拟实体维度是数字孪生的核心环节，其原理是将所采集的数据在虚拟空间中完成映射以实现数字档案文献的动态仿真，从而创造出虚拟化的"数字孪生体"，其中虚拟化的仿真是对数字档案文献真实、全面的数字化形式表达。换言之，少数民族档案文献遗产进行数字孪生的过程，也就是创造一个"数字孪生体"的过程。

3. 目的：档案文献数据的长期保存服务

服务维度是数字孪生的目的，即通过对所采集的数据进行深度挖掘、分析，开展模拟仿真、模型构建等步骤，并据此提供科学化决策、智能性检测及精准化维护等服务。少数民族档案文献遗产的长期保存是数字孪生的首要目的与重要目标，而对档案文献数据的深度挖掘和开发利用则是有力保障。

4. 动力：衍生数据驱动信息的增值

通过对物理实体、虚拟实体与服务三大系统生成的档案文献数据进行转换、关联等操作所形成的档案孪生数据，即是对数据进行衍生、集成以实现数字档案文献相关信息增值的过程，是数字孪生的动力所在。

---

① 陶飞、刘蔚然、张萌、胡天亮、戚庆林、张贺等：《数字孪生五维模型及十大领域应用》，《计算机集成制造系统》2019年第1期。

少数民族档案文献遗产的长期保存是综合性与全面性的系统工程，数字孪生契合了其在数据集成与衍生方面的需求，既能形成更加全面、完整的少数民族档案文献遗产内容信息，又有助于借助信息的增值推动档案文献高阶服务体系的转型。

5. 连接：数据的动态实时互联互通

数字孪生的连接维度是实现物理实体、虚拟实体、服务与孪生数据四大系统间两两相连的纽带并为数据的动态实时传输提供桥梁，其在少数民族档案文献遗产长期保存过程中发挥着纽带作用。

少数民族档案文献遗产的长期保存以确保内容的"真实"与"完整"为重要目标，但无论是档案文献实体还是电子档案文献，档案文献原件往往由于各种原因出现内容修改或发生毁损的情况，且内容修改或损毁后的状态不易被追踪，因此长期保存工作也就呈现出相对滞后的缺陷，即原件出现意外情况时只能借助已备份档案文献恢复备份时间点前的内容，无法做到档案文献备份数据或状态的实时更新。与此同时，数字孪生技术可以实现档案文献原件、档案文献数字孪生体与孪生数据间的互联互通，当少数民族档案文献遗产状态发生变化时能及时进行数据的动态更新、实时传输，避免了数据被篡改的风险，契合了少数民族档案文献遗产长期保存安全性维护需求。

(二) 数字孪生技术应用重点

数字孪生技术与少数民族档案文献遗产长期保存具有较高契合度，在少数民族档案文献遗产长期保存领域具有较强应用潜力与空间。与此同时，依据数字孪生的五维模型，数字孪生可应用于少数民族档案文献遗产长期保存从前期的数据采集、中期的虚拟仿真，到后期备份的全流程中。

第一，少数民族档案文献遗产的数据采集是开展长期保存工作的基础。相较于数字孪生技术，运用平面扫描、环物摄影等技术手段采集的实物档案文献数据处于初级形态，电子档案文献采集过程中也出现格式不规范、标准不统一等问题，由此导致备份效果不理想。具体而言，在少数民族档案文献遗产的数据采集中，传感器所采集的数据将涉及三维坐标、材质构成等信息，全面立体化的数据为实物档案的虚拟仿真以及备份奠定良好根基。因此,将数字孪生技术应用到少数民族档案文献遗产长期保存工作中,能实现数据格式的标准统一、数据质量的严格把控与数据内容的精准采集。

第二,基于所采集的数据,经由虚拟空间完成映射实现少数民族档案文献遗产的动态仿真,创造出虚拟化的"数字孪生体",这也是少数民族档案文献遗产长期保存的核心环节。一方面,少数民族档案文献遗产长期保存的核心要义是借助数据及其应用环境的"复制"以实现长期保存、安全维护的目的,而数字孪生技术正契合创建"克隆体"的需求,可为少数民族档案文献遗产长期保存工作的开展提供全周期支撑。另一方面,少数民族档案文献遗产在数字空间中通过映射所形成的仿真实体,以更"高阶"的数字化形态呈现,不仅能最大限度地确保少数民族档案文献遗产数据的齐全完整,而且能够推动少数民族档案文献遗产活化保护。

第三,数字备份是保障少数民族档案文献遗产安全的重要措施之一。自2009年开始,国家档案局提出了建立异地备份库的要求后,各地纷纷响应。截至目前,各省级、副省级城市综合档案馆都完成了备份建设。然而,对比国际标准 SHARE78 中计算机灾难备份与恢复的七个层级[①],当前的备份策略无法实现数据的双重在线存储及零数据丢失;实践中,当前的数字档案备份存在内容不完整且质量较低、技术手段缺失、可利用性差等问题。因此,如何采取更先进的备份方法,仍然是有待研究的,这也是落实《"十四五"全国档案事业发展规划》提出的"馆(室)藏全部档案数字资源完整备份""积极探索备份新途径"[②]的重要方面,具有很现实的应用价值。

将数字孪生技术应用到少数民族档案文献遗产备份工作中,并不是简简单单地"复制",而是对需备份的数据内容进行智能化分析与深入性挖掘,能更好地实现对档案文献数据及其应用环境的完整"复制"。一方面,可通过大数据分析、数据融合分析等技术手段,创建少数民族

---

① 劳眷:《灾难备份和恢复技术及解决方案分析》,《计算机应用与软件》2005年第3期。
② 本刊讯:《中办国办印发〈"十四五"全国档案事业发展规划〉》,《中国档案》2021年第6期。

档案文献遗产材料的数据模型及数据标准，契合备份工作对标准化档案材料的需求。另一方面，基于对少数民族档案文献遗产的数据采集，开展模拟仿真以分析其状态，既可预测实物档案文献在现实中可能遇到的各种威胁因素，为消除或避免可能对其造成损毁的潜在威胁提供解决方案，实现实物档案文献的精准化维护，又能借助文献档案"数字孪生体"，通过数据恢复、分析可为实物档案文献的修复提供最优策略，高度契合档案文献备份对于长期保存、运维和恢复的需求。

二　长期保存的数字载体管理方法

少数民族档案文献遗产数字资源的长期保护是系统性工程，不仅需要考虑技术方法、标准制度，还需要综合考虑少数民族档案文献遗产数字载体存储环境控制，并加强日常管理。

（一）数字载体的精准选择

数字资源的保存周期通常比存储载体的寿命更长，因此数字资源的长期保存往往受制于存储载体的技术发展。对少数民族档案文献遗产进行数字化加工后形成的数字资源进行长期保存，需要选择合适的数据存储方式和存储载体。依据差异化，存储载体大致分为离线存储和在线存储两种手段。在实践中，档案数字化成果由于保密等原因通常采用离线存储的方式，而一部分版权明晰的档案文献数字化后则通常可以在线存储和利用。例如，截至2017年底，第一历史档案馆完成7500多万画幅馆藏档案数字化，在线、离线等数据存储、备份总量达6.4PB[①]。

离线存储主要包括磁性、光学和电学存储载体。其中，磁性载体主要有磁盘、磁带等；光学载体光盘，如CD、DVD、BD类等；电学载体有U盘，以及CF、SD、SM、MMC、XD等数码卡。目前来看，磁盘中的硬盘容量大，信息存取速度快，复制方便，但缺点是须装在机器中，移动不便，寿命通常为5—10年；U盘等可脱机保存，携带方便，但缺点是容量偏小，寿命通常为3—5年；光盘、磁带的存储寿命通常长于10年，可以作为数字资源长期存储的载体。这些都是当前各级各类档案

---

① 胡芳芳：《谈明清数字化档案的存储管理方法与实践》，《历史档案》2018年第2期。

馆应用得最为普遍的存储方法。

在线存储是指数字资源的各类电子文件直接保存在档案信息管理系统中,通过应用程序实时访问数据库。当前技术背景下,硬盘及其以硬盘为基础的各种存储系统成为在线存储的主流方式,如磁盘阵列、NAS存储、SAN存储、集群存储等。

例如,云备份可以追溯到2012年"档案云服务高峰论坛"所提出云计算技术在档案行业的应用[1]。此后云计算技术被逐渐应用到数字档案资源备份工作中,是将数字档案在本地备份之外,还需在其他远端服务器进行备份保存,以实现档案文献数据的多重防护,如江西省加强数字档案馆建设规划,建设档案云中心以实现档案的云存储、云备份和云开发。

在安全性要求高的情况下,可考虑选用WORM(Write Once Read Many)光盘[2]。由于WORM是一次写入、多次读取,采用WORM技术存储的数据,在载体物理安全得到保障的前提下,可防止因各种风险而丢失或被修改,这就保证了重要数字资源的长期存取需求。综合档案馆大多在采用硬盘备份的同时,采用了WORM光盘进行备份,形成了异质备份。

总体来看,现有档案文献遗产备份无法做到零数据丢失,而数字孪生应用到数字档案文献遗产备份中,既能实现档案文献遗产备份领域的全周期应用,又能顺应物理实体与虚拟空间映射、融合趋势,确保数字档案文献遗产真实完整、安全可靠的备份目标,因此,采取数字孪生技术方法进行备份具有广阔的应用前景。

(二)数字载体的环境控制

少数民族档案文献数字资源依赖于一定的载体和设备,其所处的环境状况直接影响物理性能,在很大程度上决定了数字资源保存的效果。是否有适合数字资源载体长期保存的物理环境,如合适的温湿度、防水、防潮、防震、防磁等,将直接影响少数民族档案文献遗产载体的寿命,

---

[1] 赵艳达:《档案云服务高峰论坛在京举办》,《北京档案》2012年第5期。
[2] 方昀、杨安荣、宗琳:《电子文件长期保存技术需求研究》,《档案学研究》2016年第1期。

进而决定了少数民族档案文献遗产数字资源的保管时间长短。

一方面，少数民族档案文献遗产需要收藏在特定的机构。机构选址可以参照《档案馆建筑设计规范》（JGJ 25—2010）等标准执行，做到科学、实用（详见本书第三章），尤其是远离洪水、山体滑坡等自然灾害易发生区域，易燃和易爆场所等①。

另一方面，馆内物理环境直接关系到少数民族档案文献数字资源的长期保存效果。例如，档案馆的重要电子档案保管和利用场所应满足电磁安全屏蔽要求②。按照《CAD 文件管理存储与维护》（GB/T 17825.10—1999）中规定，备份的磁盘、磁带、光盘等应按有关要求妥善保管，一般应存放在环境温度为 14℃—24℃，相对湿度为 45%—60%，并应远离磁场、热源及酸碱等有害气体的场所③。

（三）数字载体的日常管理

加强少数民族档案文献遗产数字资源管理，包括制订工作计划并定期、不定期地进行抽样测试、人为风险防范等。

1. 制订工作计划

是否制订工作计划对数字资源长期保存的权责、分工、协作等进行规定，在一定程度上决定了长期保存工作的效果。

在我国数字资源建设中，数字资源的采集、整合、利用等往往受到关注，但实际中对数字资源长期保存的管理策略与措施的规划则较为缺乏。具体表现在档案文献遗产信息管理系统中可能忽略长期保存的规划需求，结果为数字档案文献遗产资源的存取与转换造成困难，这在少数民族档案文献遗产数字资源管理中非常常见。

为了增强工作的主动性、预见性，需要在少数民族档案文献遗产数字化项目启动阶段讨论工作计划，明确少数民族档案文献遗产数字资源长期保存的责任制。美国数字归档特别工作组明确指出，避免有价值的

---

① 中华人民共和国住房和城乡建设部、中华人民共和国国家档案局：《档案馆建筑设计规范》（JGJ 25—2010）。

② 中华人民共和国住房和城乡建设部、中华人民共和国国家档案局：《档案馆建筑设计规范》（JGJ 25—2010）。

③ 全国标准信息公共服务平台：《CAD 文件管理存储与维护》，［2021-11-17］，http://std.samr.gov.cn/gb/search/gbDetailed?id=71F772D7905AD3A7E05397BE0A0AB82A。

数字信息丢失的首道防线应建立在该信息的形成者、提供者与拥有者的责任上①。这可以理解为数字资源形成者对数字信息的长期保存负有主要责任与直接责任。因此，在少数民族档案文献遗产数字资源产生的过程中，以保管机构身份实施长期保存的维护，是科学、可行且经济的方式，也是开展工作规划的动力所在。

工作计划主要包括启动、调研、计划、进展、实现五个阶段，如图6-3所示。

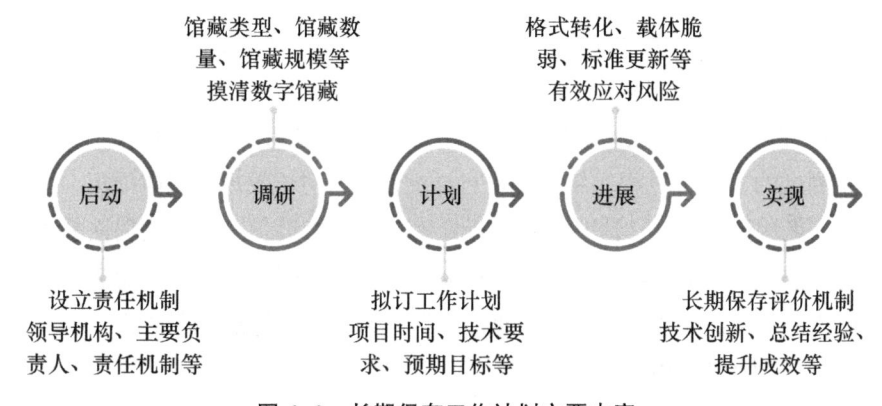

图6-3 长期保存工作计划主要内容

启动阶段需要明确本机构少数民族档案文献遗产数字资源长期保存的权责分工，如领导机构、主要负责人，并建立责任机制。

调研本机构数字资源的保存情况，即清点本机构少数民族档案文献遗产数字资源，统计已经数字化馆藏的规模和需求。

计划阶段是根据需求，结合项目时间、技术要求等拟订长期保存的工作计划，设置预期目标并预测风险。

长期保存进展阶段须针对风险提示提出预警方式，对不利于长期保存的因素，如软硬件升级、格式转化、载体脆弱、标准更新等及时进行响应。

在长期保存实现阶段，需要建立数字资源长期保存的评价机制，鼓励运用新技术进行创新，不断总结经验，提升数字资源长期保存的成效等。

---

① 于嘉：《数字信息长期保存的策略探讨》，《河南图书馆学刊》2005年第3期。

2. 抽检测试

对少数民族档案文献遗产数字资源存储载体进行定期或不定期抽检、测试,是实现数字资源长期保存的有效方法。例如,有的机构每年进行抽检,有的机构是不定期随机进行检查。抽检测试的重点是数字化所形成的少数民族档案文献遗产数字资源载体。

磁盘、光盘、磁带等少数民族档案文献遗产数字资源存储载体的使用年限具有一定区间,但是载体跟生产技术、保存环境、人为操作等具有一定关系,载体能在一定年限内实现数字资源的安全存取。因此,可以定期、不定期地对数字资源的载体进行抽检、测试。如通过顺序、随机等方式对不同内容、不同载体的数字资源进行抽检、测试,检查数字资源是否可以打开、读取,是否可以在相关软件环境中进行检索、利用。要对抽检、测试的人员、过程、结果等进行详细记录,对于发现的载体损坏、信息丢失、无法读取等异常情况及时进行处置,采取拷贝、迁移、数据恢复等措施进行补救。如果问题比较严重,必须扩大检测范围,排除安全隐患,第一时间掌握数字载体的保存情况,通过加强管理提升长期保存的效果。

3. 人为风险防范

人为风险是由管理缺失、操作失误、人为破坏等带来的风险。人为风险是数字资源长期保存中潜在的风险因素,其特点时常表现为具有一定隐蔽性,但又可以通过加强安全管理进行避免。

管理缺失包括保管机构对少数民族档案文献遗产数字资源长期保存的责任分工不到位,没有制订周密的长期保存计划,导致出现事故、危险时难以有效应对,给数字资源长期保存带来威胁。管理缺失可以通过加强工作管理进行弥补,如对单位内部的管理规定进行梳理,及时建立、完善数字资源长期保存的办法,建立技术、管理相结合的责任机制,减少制度漏洞带来的安全隐患。

操作失误是在少数民族档案文献遗产数字资源生成、移交、保管、利用等过程中,因为操作不当、疏忽大意等造成的安全问题,如数字档案信息丢失、载体损坏、设备损毁等,直接导致数字资源的安全事故。避免操作失误需要对员工进行培训,培养专业技能,提升专业素养,建立包括奖励和惩罚在内的考核机制,鼓励通过各种方式奖励先进,总结不足，同时对操作失误带来的不当后果进行及时补救。

第四节　少数民族档案文献遗产保护数据库设计与实施

数据库技术是少数民族档案文献遗产数字化保护中的一种重要技术，如何设计和构建数据库决定了后续信息化管理的运行效果。在已建成的少数民族档案文献数据库系统中，数据库的构建策略[1]和数据库系统规划[2]是建设中关注较多的内容。

由于少数民族档案文献遗产是分散管理的，因此，数据库建设的首要任务是面向机构服务。对机构数据库进行面向保护管理的设计，可以有效掌握少数民族档案文献遗产本体的保存情况，使机构管理者能够根据系统数据提供文献实体所需的保护措施。给机构内数据库嵌入实体保护相关属性，是少数民族档案文献遗产本体保护管理工程中微观层面的重要举措，也是支撑宏观数据共享、辅助政府决策的根基。

一　少数民族档案文献遗产保护数据库设计

E-R（Entity-Relationship）模型即"实体—联系"模型被广泛地应用在数据库设计中[3]。E-R 模型可以描述不同信息元素之间的联系，形成的信息结构是数据库设计的基础。以 E-R 模型为基础，结合少数民族档案文献遗产的实体保护需求，可以对机构数据库进行面向保护管理的整体设计，从而形成面向保护管理的少数民族档案文献遗产保护数据库。

（一）实体设计

E-R 模型中的"实体"是现实世界中独立存在的、可区别于其他对

---

[1] 朱德康：《少数民族语言资源的精准保护问题：基于"语保工程"活态数据库的考察》，《民族语文》2021 年第 3 期。

[2] 彭燕：《少数民族口述历史数据库建设与研究：以武陵山区少数民族口述历史数据库为例》，《图书馆》2014 年第 5 期。

[3] 刘升、曹红苹主编，李旭芳、王裕明、汪明艳副主编：《数据库系统原理与应用》，清华大学出版社 2012 年版，第 13 页。

象的"对象"或"事物",是将被收集信息的主要描述对象①。"实体"具有双重概念,既可以是现实存在的物理概念,也可以是虚拟世界中的抽象概念。在关系型数据库的设计中,"实体"多以二维表的形式进行展现。

少数民族档案文献遗产保护数据库是一个向原有数据库中加入与实体保护相关"实体"的数据库设计过程。要完成对少数民族档案文献的实体保护,需要添加的实体主要有两类。

第一类是描述少数民族档案文献遗产本体的实体元素集合。少数民族档案文献遗产是数据库管理的核心,其内在的信息资源管理和外在的实体保护管理都是在此基础上完成的。因此,在数据库设计中应加入记录其内外部特征的实体元素。一般来说,这些实体元素都归于少数民族档案文献遗产这个实体元素集合进行管理,如遇特殊情况,可将相关实体元素抽取到另一个实体元素集合进行管理。笔者认为,"保管机构"这一实体元素与机构管理工作存在诸多联系,具有独立管理的重要意义,因而对"保管机构"这一元素进行了分离处理。

第二类是描述少数民族档案文献遗产保护工作的实体元素集合。由前文分析可知,其主要包含记录实体材料的"载体",以及记录实体保护工作的"保护环境""保护技术""保护管理"三个实体。实体类型和实体名称见表6-6。

表6-6　　少数民族档案文献遗产保护数据库实体设计

实体类型	实体名称	说明
少数民族档案文献遗产本体相关实体	少数民族档案文献	内外部特征信息
	保管机构	档案文献信息
少数民族档案文献遗产保护相关实体	载体	档案文献载体情况
	保护环境	保存环境情况
	保护技术	保护技术的使用情况
	保护管理	保护活动的管理情况

---

① [印] S. K. Singh:《数据库系统:概念、设计及应用》,何玉洁、王晓波、车蕾等译,机械工业出版社2010年版,第170页。

在少数民族档案文献遗产的保护工作中，各实体之间相互交错，如何在数据库设计中兼顾数据库完整性和可用性的同时，减少实体信息的重叠交覆，避免大量冗余信息，是实体设计中要注意的重点。

（二）属性设计

属性是"实体"具有的特性。一个实体需要多个属性来描述其特征，为了避免信息重叠，保证信息系统运行的高效，实体属性无须全部入库。在设计中应根据实际需求选择合适的实体属性。笔者将前节列出的六个实体的主要属性进行了设计，见表6-7。

表6-7　　少数民族档案文献遗产保护数据库实体属性设计

实体	主要属性
少数民族档案文献遗产	档案文献编号、题名、题名汉译、关键词、分类、地区、年代、民族、文字、主要责任者、卷数、册数、页数、事件、人物、附注、馆藏号、载体编号、保护技术方案编号、保护环境方案编号、保护方案编号
保管机构	馆藏号、机构名称、机构代码、机构地址、库房、采集日期、馆藏状态、收录人
载体	载体编号、载体材料、载体尺寸、破损情况、物理性能、光学性能、机械性能、化学性能
保护环境	保护环境方案编号、库房、温度、湿度、光照、微生物、灾害预警、防潮措施、防高温措施、防光措施、防尘措施、防虫措施、防有害气体措施、防盗措施、防火措施、防震措施
保护技术	保护技术方案编号、预防保护技术、治理保护技术、修复技术、处理时间、处理效果、技术需求、技术人员
保护管理	保护管理方案编号、保护项目、保护定级、采用标准、数字化、经费预算、利用情况、管理人员

笔者将每一组属性集内均设置了一个属性编号作为唯一标识符，以便数据库对记录的查询。另外，唯一标识符可作为实体之间相互联系的纽带，使相关记录之间可以相互印证、相互补充。

（三）关系设计

数据库中的实体联系是对现实世界中事物联系的反映，实体间的主要关系如图 6-4 所示。

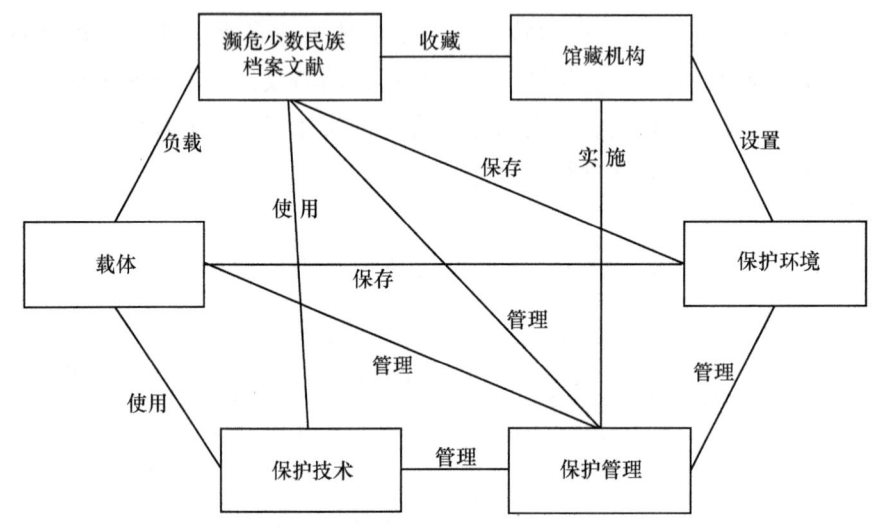

图 6-4 少数民族档案文献遗产保护数据库实体关系设计

为避免大量冗余信息，保护数据库实体可以与其他实体依托间接关系建立联系，以实现对真实世界中的实体关系的模拟。例如，"保管机构"可通过"少数民族档案文献遗产"与"载体""保护技术"之间建立间接联系，以达到模拟真实保护工作中的联系、减少两者之间建立直接联系所造成的信息冗余。此外，实体关系设计中还应尽量减少无用的实体关系，以避免保护数据库中存在复杂的数据关系。

（四）E-R 模型设计

E-R 模型主要由实体集合、属性和它们之间的联系构成，一般而言用方框来表示实体，用椭圆形来表示属性，用菱形来表示联系并用连线将不同实体连接。少数民族档案文献遗产保护数据库的 E-R 模型如图 6-5 所示。

二 少数民族档案文献遗产保护数据库实施

概念模型设计是数据库构建的基础。本书利用 Access 数据库对少数

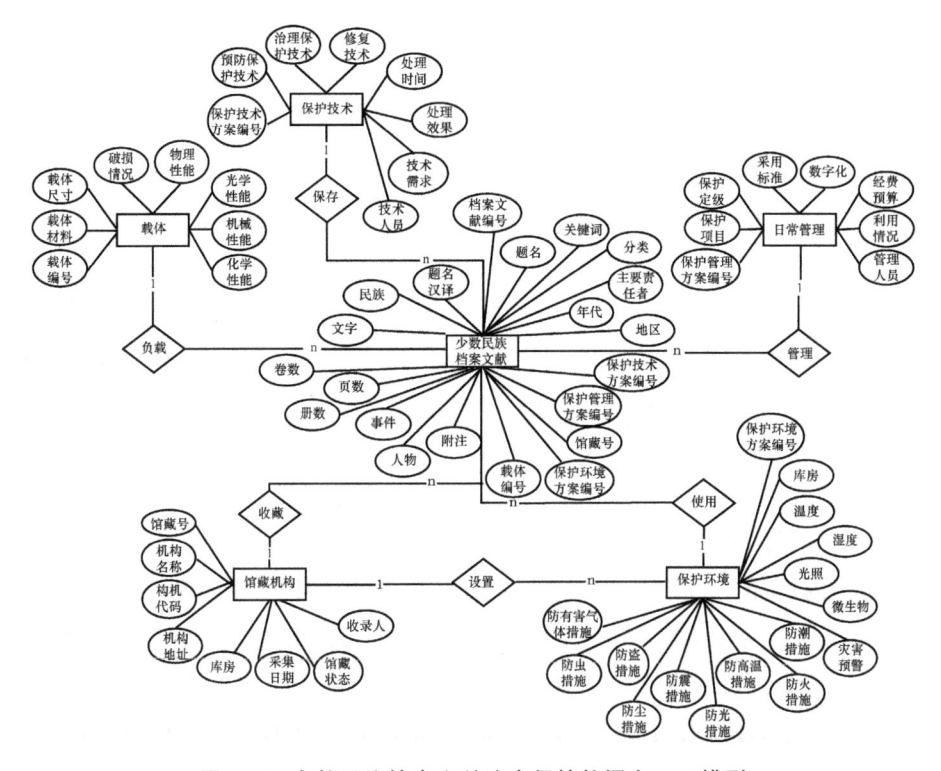

图 6-5　少数民族档案文献遗产保护数据库 E-R 模型

民族档案文献遗产数据库概念模型进行了实例化展示，以进行可行性验证。

由前所述表 6-7 实体属性设计可知，少数民族档案文献遗产保护数据库概念模型见表 6-8。

表 6-8　　　　　　　机构保护数据库概念模型设计

二维表名称	字段名称
少数民族档案文献遗产	档案文献遗产编号、题名、题名汉译、关键词、分类、地区、年代、民族、文字、主要责任者、卷数、册数、页数、事件、人物、附注、馆藏号、载体编号、保护技术方案编号、保护环境方案编号、保护管理方案编号
保管机构	馆藏号、机构名称、机构代码、机构地址、库房、采集日期、馆藏状态、收录人

续表

二维表名称	字段名称
载体	载体编号、载体材料、载体尺寸、破损情况、物理性能、光学性能、机械性能、化学性能
保护环境	保护环境方案编号、库房、温度、湿度、光照、微生物、灾害预警、防潮措施、防高温措施、防光措施、防尘措施、防虫措施、防有害气体措施、防盗措施、防火措施、防震措施
保护技术	保护技术方案编号、预防技术、治理技术、修复技术、处理时间、处理效果、技术需求、技术人员
保护管理	保护管理方案编号、保护项目、保护定级、采用标准、数字化、经费预算、利用情况、管理人员

如表6-8所示，实体在保护数据库概念模型设计中对应一个二维表，实体对应属性则被表示为二维表中字段。每个字段是否为空值以及字段类型、内容格式、取值范围等均要受到字段具体内容的约束。例如，"少数民族档案文献遗产"二维表中的"档案文献遗产编号"字段应被设置为短文本数据格式，参照档案文献遗产编号的一般原则，应具有兼容三级编号的格式，且其不可为空值，如图6-6所示。在少数民族档案文献遗产保护数据库的概念模型建设中，二维表、字段以及表关系应根据数据库内资源的类型和管理活动的具体需求来进行设定。

常规 查阅	
字段大小	255
格式	000-000-000
输入掩码	
标题	档案文献编号
默认值	
验证规则	
验证文本	
必需	是
允许空字符串	否
索引	有(无重复)
Unicode 压缩	否
输入法模式	开启
输入法语句模式	无转化
文本对齐	常规

图6-6 "档案文献遗产编号"字段设置示例

最后，根据 E-R 模型中的实体和属性设计，对各实体之间的关系进行梳理，形成了保护数据库表关系设计结构图，如图 6-7 所示。

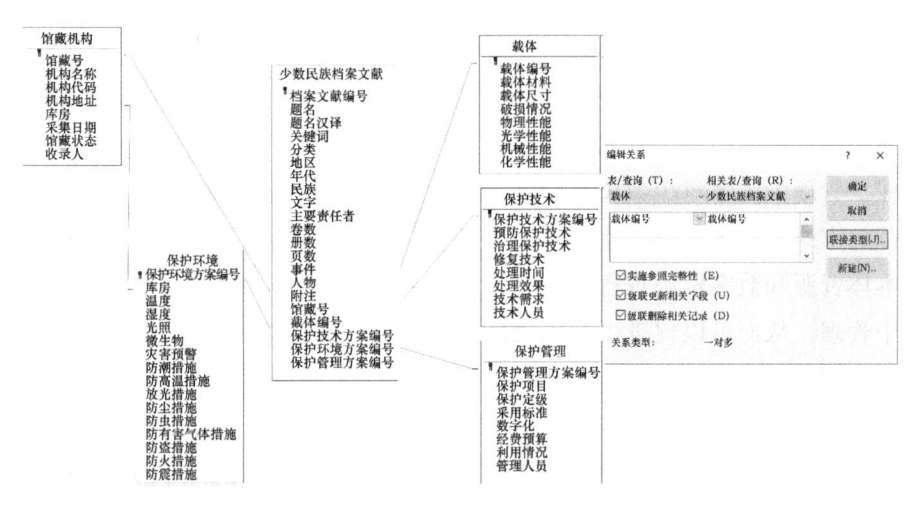

图 6-7　少数民族档案文献遗产保护数据库中的表关系结构展示

第五节　少数民族档案文献遗产
目录管理体系设计与建设

建立少数民族档案文献遗产保护数据库侧重于微观视角，是针对个体机构管理的少数民族档案文献遗产而言的。若将视域拓展至民族地区，则需要立足区域、省域保护中心的宏观视角，建立少数民族档案文献遗产保护数据库，从而实现少数民族档案文献遗产保护的整体化管理。为此，需要建立科学完整的少数民族档案文献遗产目录管理体系，并通过目录体系统筹安排、分级管理少数民族档案文献遗产本体保护、数字化保护、保护数据库建设、保护管理和开发利用的一体化工作。

一　少数民族档案文献遗产目录管理体系设计与建设目标和原则

少数民族档案文献遗产目录管理体系建设的目标主要体现在以下方面：

(一) 建设一个系统

少数民族档案文献遗产保护目录体系是按照统一的规范标准，对分散的信息资源进行整合和组织，形成逻辑上集中、物理上分散、可统一管理和服务的信息资源目录，并借由目录数据的形式实现信息资源发布，可以为实际利用提供统一的资源发现及定位服务，实现资源共享交换[①]。建设少数民族档案文献遗产目录管理系统，基于统一的元数据模型，以保护管理为视角对少数民族档案文献遗产资源进行注册和管理，并以规范的方式对各级各类文化事业机构和个人保存的少数民族档案文献遗产本体资源和数字资源进行标准化编目，对注册的资源目录元数据进行集中管理，从而可以促进少数民族档案文献遗产资源实现跨地区、跨部门、跨机构的共享、开放、管理与保护。

(二) 提供四类服务

少数民族档案文献遗产保护目录体系的建设可提供以下四类服务：一是信息资源共享服务，即用户可通过资源注册和检索对成员机构相应数据资源进行查询，结果应具备一致性与完整性；二是实体资源保存情况互联互通，机构和用户可通过系统查询少数民族档案文献遗产实体资源的保存位置、保存情况、损毁程度等信息，方便主管部门全面掌握实体的少数民族档案文献遗产的保存情况，为少数民族档案文献遗产制定保护方案提供辅助决策支持；三是可以提供机构和个人的分级查看权限，对订阅机构和用户进行相关信息资源的推送，方便少数民族文化的研究与传播；四是可以提供管理机构对系统内信息资源进行分级分类分面的精确控制，避免涉密涉敏信息的流出。

(三) 解决四个问题

目录体系建设可以解决"四个问题"[②]：一是"有哪些信息资源"的问题；二是"信息资源如何分布"的问题；三是"如何获取信息资源"的问题；四是"信息资源的整合及管理"的问题。这为少数民族档案文献遗产保护目录体系建设提供了借鉴。少数民族档案文献遗产资源目录

---

① 郭路生、刘春年、李瑞楠：《面向公众服务的应急信息资源目录体系的构建研究》，《图书馆学研究》2016年第7期。

② 黄莺：《民族政务信息资源目录体系建设研究》，《图书馆学研究》2012年第15期。

体系的建设不仅能够精确地了解少数民族档案文献遗产的数量、分布，而且有利于从源头上解决对少数民族档案文献遗产资源管理混乱的问题。

少数民族档案文献遗产目录管理系统的服务主体主要是文化事业机构和社会公众，通过建立联动式的共享服务机制，搭建面向保护管理的少数民族档案文献遗产目录集群服务框架，实现少数民族档案文献遗产资源的信息汇集和服务集群。

为了实现上述目标，需要确定一定的设计原则，具体如下：

1. 物理分散、逻辑统一原则

少数民族档案文献遗产广泛分布在民族地区各级各类文化事业机构内，档案实体资源和信息资源的体量极大，难以通过物理集中的方式实现整合。结合数据"谁拥有、谁管理、谁发布、谁授权"的原则[①]，依托分布式服务技术搭建以"物理分散、逻辑集中"为主要特征的目录管理系统，不仅可以实现一站式检索和统筹式管理的目标，还能够实现数据管理和服务供给的一体化和标准化。

2. 易维护、易管理、易使用原则

少数民族档案文献遗产目录管理系统是基于分布式的管理应用系统，系统相关的维护、管理和使用工作不仅包括国家级、省级文化事业机构，还包括市级、区（县）级文化事业机构，机构位置分散，且机构之间信息化运行能力相差较大。因此，系统在设计和部署上应考虑到专业机构难以统一运维的情况和基层机构难以处理复杂运维问题的现状进行设计，遵循易维护、易管理、易使用的设计和部署原则，提高系统对不同软硬件运行环境的适应能力，降低对运维人员的技术要求，方便少数民族档案文献遗产管理人员对系统功能的认知和使用。

3. 多层次服务原则

多层次服务主要根据少数民族档案文献遗产的两个元数据进行展开：一是少数民族档案文献遗产信息公开与文化传播；二是少数民族档案文献遗产保护。

在信息公开与文化传播方面，少数民族档案文献遗产涉及的内容多、

---

① 连健、王黔驹、颜世强：《全国地质资料目录服务中心总体设计研究》，《中国地质》2013年第5期。

方面广，含有部分涉密涉敏信息，且各文化事业机构对于信息共享和管控方案不同，因此在系统设计上应充分重视信息的分层展示问题。对于可以公开展示的信息资源，应尽量提供一站式的检索和阅览功能；对于不可以在网络上公开详细信息的资源，可提供目录服务，方便用户进一步定位和查找资料；对于需要聚合和重组的信息检索要求，系统应尽可能提供馆际协作功能，满足用户的定制化服务需求。

在少数民族档案文献遗产保护方面，系统应根据少数民族档案文献遗产所需保护等级的不同，提供多层次的服务。尤其是系统应获取其存放状况信息，对其载体、存放环境、是否在库等信息进行记录，方便机构掌握少数民族档案文献遗产保存、保护、管理状况，并组织其所需的定期维护。此外，针对少数民族档案文献遗产本体的保护，系统应尽可能与机构物联网系统进行连接，实时监控少数民族档案文献保存状况，避免水、火等破坏性因素对少数民族档案文献遗产本体的威胁，并通过数据整体监测，整体安排专业人员对少数民族档案文献遗产进行及时修复和数字化处理，避免损毁。

4. 可拓展原则

少数民族档案文献遗产目录管理体系的建设不仅要立足当前，更要着眼未来。随着信息化技术的不断发展，越来越多数字化保存形式和系统功能服务将逐渐出现。为保证新数据的不断录入和系统功能的不断扩展，少数民族档案文献遗产目录系统在建设和部署时应注重可拓展性，进而增强系统的生命力。

5. 重视标准建设原则

标准建设是少数民族档案文献遗产本体保存和信息资源录入标准化和统一化的保证，建设少数民族档案文献遗产保护目录体系必须按标准先行，以标准来规范数据整合、系统开发和系统上线后的服务工作。

二 少数民族档案文献遗产目录管理体系设计

少数民族档案文献遗产目录管理体系的构建，是推进少数民族档案文献遗产资源有效管理和高效服务的基础性工程。笔者通过对少数民族档案文献遗产目录管理体系的组成进行分析，提出了符合面向保护管理的少数民族档案文献遗产目录管理体系的技术框架和信息资源的共享组织方式，并对资源目录服务的形成过程及实施流程、资源目录管理系统的功能及结构加以阐述，以期通过目录管理体系建设全面提高少数民族档案文献遗产的保护与管理效率。

（一）少数民族档案文献遗产目录管理体系的组成

资源目录体系是按照一定资源分类方式、存放标准、管理目的，序化形成的信息资源管理、服务与共享组织方式[①]。少数民族档案文献遗产目录管理体系主要由两部分构成：一是资源体系，通过对系统内信息资源进行集成、分类、序化操作，提供目录服务；二是交换体系，用于在不同机构的系统之间进行信息交换和数据收发工作，实现信息共享和业务协同，如图6-8所示。少数民族档案文献遗产目录服务体系是基于各地文化事业机构信息管理系统建立的独立信息共享平台，成员机构保存的少数民族档案文献遗产的实体管理信息和数字化信息应按照平台管理要求，提交元数据至目录体系完成注册、编目，重新形成新的标准化描述的信息资源，并在平台体系中进行信息共享和协同服务。体系内成员机构和注册用户可根据需求对信息资源进行一站式检索，通过少数民族档案文献遗产保护目录体系发现、使用、保护相关档案文献遗产本体资源和信息资源。

1. 资源体系

资源体系主要涵盖目录结构、元数据及编码模型三个组成部分。

目录结构在设计上依据少数民族档案文献遗产多级分类模型，形成逐级细化的目录结构，方便不同类型、不同主题的少数民族档案文献遗产资源进行存储。

元数据是数据的数据，是对网络信息资源清晰、准确、精简的描述，系统可通过元数据实现对海量信息资源的存储和检索。在本系统中，元数据不仅要对资源内容、资源表示、资源管理、资源责任和资源获取五个方面的系统存储内容进行有效描述[②]，还要注重对资源保护方面的描

---

① 储昭武、李雪凝：《公共数据资源目录体系研究及应用》，《信息技术与标准化》2019年第5期。

② 王媛媛：《国内政府信息资源元数据研究综述》，《现代情报》2008年第3期。

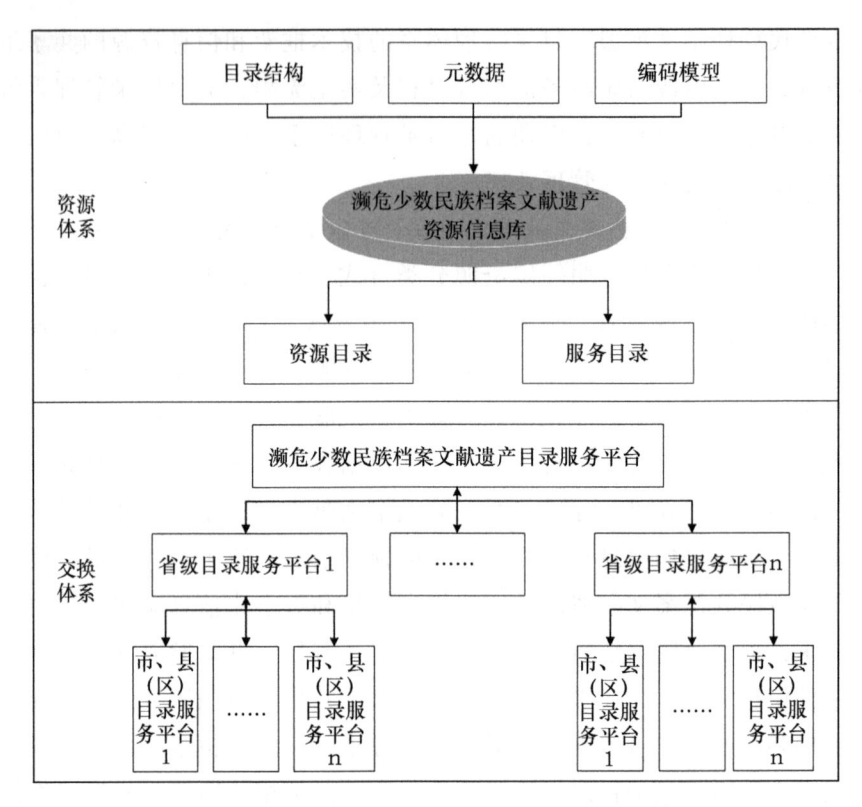

图 6-8　少数民族档案文献遗产保护目录体系结构框架图

述，通过系统落实对少数民族文献遗产资源的保护职能。

编码模型根据目录结构和元数据框架制定，以便管理各类少数民族文献遗产资源。统一的信息资源标识符的编码规则保证了信息资源的有序性和唯一性，使信息资源可通过目录体系进行序化管理。

2. 交换体系

在我国文化事业机构国家、省、市、县四级层级中，少数民族档案文献遗产广泛地分布在这些不同层级、不同类别的文化事业机构中。交换体系要解决的问题就是打通区域之间、行业之间的信息共享壁垒，使不同机构之间的信息资源能够共享流动。

根据不同层级机构的信息化管理和建设能力，国家级和省级平台具有物理实体。国家级平台主要负责整体统筹、平台搭建、制度建设以及省际工作的协调调度；省级平台负责统筹协调省内文化事业机构推进信息资源共享工作，统一省内的信息资源采集和整合规范，协调省内机构提供一体化信息服务工作；市级平台无物理存在实体，但应负责协调市内各文化事业机构推进数据上传和服务支撑工作，按照目录体系建设和管理规则统一规范市内机构的管理和服务规范，使上传数据和支撑服务符合要求；县级平台主要完成上级机构交付的信息采集和实体管理任务，保证上传数据的规范性和文化服务的及时性。

交换体系使得国家、省、市、县四级文化事业机构内的信息资源和服务能力连成一体，在信息互通共享的基础上，进一步推进管理一体化和服务一体化，完善少数民族档案文献遗产信息管理和实体保护机制，实现政府文化机构对少数民族档案文献遗产的有效保护。

（二）少数民族档案文献遗产目录管理体系架构

少数民族档案文献遗产目录管理体系架构主要由表现层、服务层、功能层、数据层、标准体系（元数据标准、资源分类规则、资源编码规则等）以及管理规范（安全规范、保护管理规范、共享规则）组成，目录管理体系架构如图6-9所示。

1. 数据层

数据层主要整合省级分中心上传的信息资源并将其存放在信息资源数据库和资源目录数据库中。系统根据信息资源的内容将其划分为两个部分：负责内容主题的元数据存入信息资源核心元数据库，编目形成资源目录；负责服务职能的元数据存入服务资源核心元数据库，编目形成服务目录。

2. 功能层

功能层基于体系内的信息资源集合，为平台提供目录管理体系所需的各项重要功能。包括信息的注册、发布、查询、调阅、推送、编目，以及目录维护、主题统计、共享监测、物联管理等。

3. 服务层

资源共享服务、保护管理服务和决策辅助服务是少数民族档案文献遗产目录管理体系提供的三个主要服务。

少数民族档案文献遗产目录管理体系的建设目的在于完善少数民族

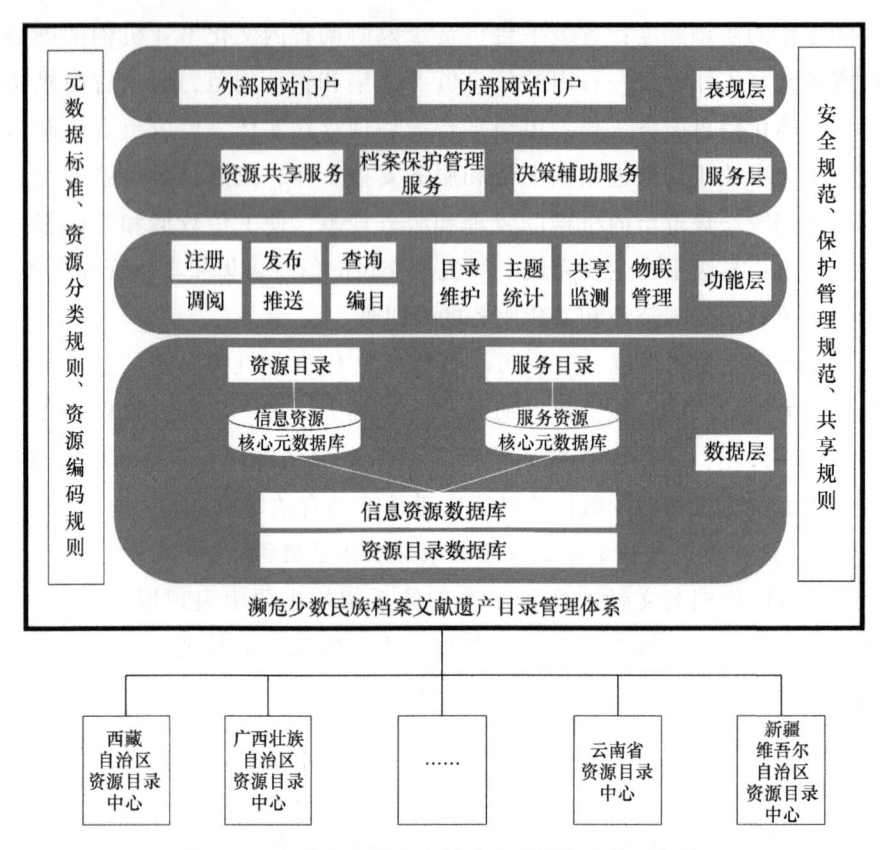

图6-9 少数民族档案文献遗产目录管理体系架构

档案文献遗产的保护管理，因此，除了目录系统常规提供的资源共享服务以外，系统设计上还添加了档案文献遗产保护管理服务和决策辅助服务。资源共享服务通过提供资源目录接口，实现少数民族档案文献遗产资源内容的发布、共享与查询服务。少数民族档案文献遗产保护管理服务提供服务目录接口，实现少数民族档案文献遗产实体保存、管理和监控数据的发布与查询服务。决策辅助服务建立在信息资源目录和服务资源目录存储的信息资源上，通过对少数民族档案文献遗产的基本情况、信息化情况、实体保存情况、所在机构服务能力情况的数据考察，系统可以对不同保护等级的少数民族档案文献遗产提出分阶段、分批次、分方案的保护计划，利用系统内存储的数据辅助决策少数民族档案文献遗产的保护管理规划，统筹全局。

4. 表现层

系统的表现层分为两个部分：一是外部网站门户；二是内部网站门户。外部网站门户面向社会公众开放，用户可在注册后对系统内开放资源进行浏览、检索、定位和订阅等操作。内部网站门户对不同层级、不同类别机构用户分级分类开放不同功能，分级分工，充分利用文化事业机构的管理和服务职能。

系统对国家、省级机构开放数据注册、审核、编辑、目录维护等管理、服务和支撑功能，对市、县级机构系统则仅开放信息上传、信息共享这类服务和支撑功能。这种分级分工使基层文化事业机构广泛地参与到少数民族档案文献遗产的信息化建设和保护工作中来；同时国家级、省级文化事业机构的管理职能保障了所辖区域机构分工协作的正常运转，审核职能保证了系统内数据的真实性、可靠性和安全性，有利于少数民族档案文献遗产的信息化建设和实体保护。

5. 管理规范和标准体系

少数民族档案文献遗产的管理规范主要包括安全规范、保护管理规范和共享规则三个部分。

少数民族档案文献遗产部分涉敏涉密信息具有保密要求，因此系统建设时应考虑相应的安全规范，避免涉敏涉密少数民族档案文献遗产上网、流出，造成不良影响。保护管理规范是系统管理规范设计的核心部分，应根据其载体、损毁程度、信息化建设情况等因素制定详尽的少数民族档案文献遗产保护管理规定，信息系统和实体管理均应以此为规范，统一管理办法，避免不规范管理可能造成的损失。共享规则是信息系统建设的基础，成员机构应按照共享规则执行实际共享操作。

少数民族档案文献遗产资源标准体系作为资源目录体系的建设依据，应包括元数据标准、资源分类规则、资源编码规则等。标准体系是数据互联共通的基础，也是信息资源跨域跨机构互通的保证。

三 少数民族档案文献遗产目录管理体系建设内容

少数民族档案文献遗产保护目录体系是以数据库技术推进少数民

档案文献遗产本体保护的宏观信息化建设工程，它与微观层面嵌入实体保护元素的文化事业机构数据库设计相互联系。国家级少数民族档案文献遗产目录管理体系以元数据库为核心，以制度与标准建设为基础，对全国各级各类文化事业机构存储的少数民族档案文献遗产信息资源进行分类和编目，使其能够通过统一的资源目录掌握少数民族档案文献的信息化建设情况和保护管理情况，进而帮助文化事业机构提供一站式的民族文化传播与共享服务，制定具有预见性的、精准性的少数民族文化遗产保护方案，并为进一步开发利用提供支撑。

（一）元数据库设计

元数据库的使用是目录体系建设的技术核心，通过构建统一的元数据模型使少数民族档案文献实体资源的保护情况、保管机构的建设情况、保护机构的能力情况得到全面的展现，帮助政府机构进行宏观保护资源调配，促进少数民族档案文献遗产本体的保护。

笔者根据少数民族档案文献遗产本体保护需求，综合国内外相关领域信息资源目录体系构建元素，参考国内其他行业大数据资源归类方法，结合本书提出的机构实体保护元素嵌入方案，从内容、机构、载体、保护管理四个方面构建面向保护管理的少数民族档案文献遗产目录体系的元数据库，如图6-10所示。

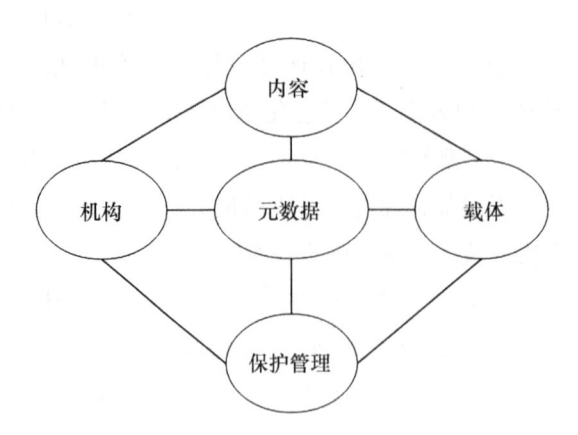

图6-10 少数民族档案文献遗产保护目录体系元数据库四维模型

1. 资源内容维

元数据资源内容维是对少数民族档案文献遗产的主题特征和内容属性的描述，是对少数民族档案文献遗产信息资源和实体对象最基础、最本质的内容的展现。其设计应结合元数据自身属性、目录体系宏观保护架构和机构面向实体保护的微观数据库设计方案。按此思路，笔者对元数据资源内容维进行了设计，见表6-9。

表6-9　　　　　少数民族档案文献遗产保护目录体系
元数据资源内容维设计表

元数据分类	元数据项
题名	档案文献编号、文献题名、题名汉译、相关信息资源题名
主要内容摘要	资源内容简介、地区、年代、民族、文字
主题词及主题类别	关键词、主题所属类别
少数民族档案文献遗产实体关联信息	相关信息资源内容、数据库名称、核心数据库表内容
少数民族档案文献遗产实体信息	卷数、册数、件数、页数、馆藏号、载体编号
少数民族档案文献遗产实体保护信息	主要责任人、保护技术方案编号、保护环境方案编号、保护管理方案编号

2. 资源载体维

载体是档案的重要属性之一，少数民族档案文献遗产的载体多样，除一般的纸张外，石刻、器物、缣帛都是少数民族档案文献的重要载体，不同载体需要不同的保护方案。例如，甲骨、简牍、碑刻等自然载体，主要有长度、高度、宽度、硬度、熔点等元数据；铅印、油印、胶印等印刷的纸质载体主要有厚度、白度、抗张强度、耐折度、酸碱性等元数据；感光胶片、磁性材料、激光材料等新兴载体则主要有感光度、颗粒度、柔软性、变形性、分辨率、信噪比等元数据[①]。尽管不同类型载体的各种性能不一，但都可总结为物理性能、光学性能、机械性能与化学

---

① 周耀林、孙晶琼、费丁俊：《嵌入保护属性的少数民族档案文献遗产数据库概念模型研究》，《档案学通讯》2019年第5期。

性能四个方面①。类似于资源内容维的设计思路，资源载体维的元数据分类和项目设计见表6-10。

表6-10　　**少数民族档案文献遗产保护目录体系元数据资源载体维设计表**

元数据分类	元数据项
载体编号	载体主索引
载体材料	材料类型、材料易损情况分级
载体尺寸	载体本身尺寸、保存空间尺寸
破损情况	破损类型、破损程度分级
载体性能	物理性能、光学性能、机械性能、化学性能

3. 保护管理维

保护管理维元数据设计涉及与少数民族档案文献遗产管理与保护相关的各项活动，大体上可分为保护环境、保护技术和组织管理三个方面。

保护环境是指少数民族档案文献遗产所处的保存环境，其包括自然环境、人为环境和建筑环境三个部分②。一般来说，自然环境主要包含地震、洪灾、雷电、飓风等短期环境因素与温度、湿度、光照度、灰尘、微生物、害虫等长期环境因素；人为环境则主要包含战争、暴乱、城市建设等短期环境因素与少数民族档案文献遗产的管理、处置、使用等长期环境因素；建筑环境因素在此基础上还包含建筑材料、"十防"措施、库房设备等特殊环境因素③。少数民族档案文献遗产保护的环境条件错综复杂，在数据库模型设计中应当选取最直接相关与常用的环境元数据进行记录，如温度、湿度、光照等，以免产生不必要的信息干扰与冗余④。

---

① 郭莉珠主编，张美芳、张建华副主编：《档案保护技术学教程》（第二版），中国人民大学出版社2008年版，第27页。

② 周耀林、柴昊、戴旸：《我国档案文献遗产保护研究框架述论》，《郑州大学学报》（哲学社会科学版）2020年第3期。

③ 周耀林、孙晶琼、费丁俊：《嵌入保护属性的少数民族档案文献遗产数据库概念模型研究》，《档案学通讯》2019年第5期。

④ 周耀林、孙晶琼、费丁俊：《嵌入保护属性的少数民族档案文献遗产数据库概念模型研究》，《档案学通讯》2019年第5期。

保护技术在少数民族档案文献遗产本体保护中具有举足轻重的作用。少数民族档案文献遗产保护技术按照技术实施环节的先后顺序，可以分为预防性保护、治理性保护及修复技术①。一般来说，预防性保护技术（预防技术）主要包括防高温高湿、防光、防有害气体、防尘、防微生物、防虫、防灾、信息转移、数字化等；治理性保护技术（治理技术）主要包括除微生物、杀虫、去酸、脱水、去污等；修复技术主要包括除锈、残缺补全、加固、揭"砖"等②。数据库中依照保护实施环节划分保护技术，分别记录"预防性保护""治理性保护"与"修复"三个环节的技术使用情况，更加便于管理少数民族档案文献遗产保护流程，实现保护进程的追踪③。

组织管理是指与少数民族档案文献遗产保护过程相关的组织和管理类活动，如社会环境、管理体制、组织体系、保护相关的政策法规等④。少数民族档案文献遗产保护工作的开展不但需要了解其重要程度、保存情况、保护历史、保护方案，还要对保护机构的组织层级、人员配备、部门设置、政策文献等相关内容进行了解。便于根据内外部条件的变化，选择合适的宏观方案配置。从实际资源条件出发，尽量做好少数民族档案文献遗产本体保护工作。

综上所述，兼顾机构内数据库设计，笔者将少数民族档案文献遗产保护管理维的元数据分类和项目设计见表6-11。

表6-11　　　　　**少数民族档案文献遗产目录体系元数据保护管理维设计表**

元数据分类	元数据项	
保护环境	短期环境管理	灾害预警方案、防火措施、防震措施
	长期环境管理	防潮措施、防高温措施、防光措施、防尘措施、防虫措施、防有害气体措施、防盗措施

---

① 周耀林：《基于层次分析法的档案遗产保护策略研究》，《档案学研究》2005年第6期。
② 周耀林、孙晶琼、费丁俊：《嵌入保护属性的少数民族档案文献遗产数据库概念模型研究》，《档案学通讯》2019年第5期。
③ 周耀林、孙晶琼、费丁俊：《嵌入保护属性的少数民族档案文献遗产数据库概念模型研究》，《档案学通讯》2019年第5期。
④ 周耀林：《从档案保护技术到可动文化遗产的保护管理》，《北京档案》2004年第7期。

续表

元数据分类	元数据项	
保护技术	保护技术种类	预防技术、治理技术、修复技术
	保护技术属性	处理时间、处理效果
	保护技术需求	技术需求、人员需求、经费需求
组织管理	规范与标准	制度法规、标准规范
	项目定级	项目内容定级、项目破损定级、项目保护定级、数字化
	项目管理	经费管理、人员管理、利用管理

4. 相关机构维

少数民族档案文献遗产本体保护涉及诸多机构，主要有保管机构、使用机构和保护机构，目录体系的建设可将相关机构纳入目录管理，形成不同种类的机构目录，见表6-12。保管机构目录和使用机构目录的建立可以帮助文化事业机构有效掌握区域内相关机构的资源建设、管理和运行概况，方便政府部门进行统一建设筹划。少数民族档案文献遗产本体存储机构可根据需要在名录中动态查询当前可用的保护机构并与其进行实体保护合作。政府机构可通过保护机构名录全面了解区域内保护机构的建设和发展情况，整体规划、查漏补缺，使区域内的实体保护能力与实体保护需求相适应，达到保护效果与经济投入的动态平衡。

表6-12　　**少数民族档案文献遗产保护目录体系元数据相关机构维设计表**

元数据分类	元数据项
保管机构	机构名称、机构代码、机构地址、库房、采集日期、馆藏状态、收录人
使用机构	机构名称、机构代码、机构地址、库房、使用日期、在馆状态、责任人
保护机构	机构名称、机构代码、机构地址、机构资质、提供技术范围、人员情况

（二）管理制度与标准建设

管理制度与标准建设是保证少数民族档案文献遗产本体保护目录体系规范运行的基础，其主要包括以下建设内容：

1. 管理制度建设

少数民族档案文献遗产目录管理体系在运行中涉及多种管理制度，如实体资源注册登记制度、少数民族档案文献遗产程度分级制度等。这些制度的确定保证了少数民族档案文献遗产本体保护的有序性，是目录管理体系持续运行的制度基础。

2. 标准规范体系建设

少数民族档案文献遗产目录管理体系的整体规划和具体实施都需要完备的标准规范体系进行保障。面向实体资源保护的整体框架、相关技术、数据组织、安全管理等多个方面都需要研究制定相关标准，以保证目录管理体系的运行与共享。

第七章

基于价值共创的少数民族
档案文献遗产活化保护

少数民族在悠久历史长河中创造了极富民族风情的灿烂文化，也积淀了诸如档案、古籍、经书、唐卡、舆图、拓片等底蕴丰厚、卷帙浩繁、包罗万象的少数民族档案文献遗产。这些记录以其少数民族"记忆之源"和"记忆之场"[①]的独特属性，凝结着少数民族独特的精神基因和情感元素，是驱动民族地区文化建设与发展的重要文化资本，亦是铸牢中华民族共同体意识所不可或缺的重要文化资源。但遗憾的是，由于保护意识薄弱、保护环境恶劣、保护技术缺乏、保护管理不善等因素，大量少数民族档案文献遗产正深陷损毁境地，或物质载体严重老化而面临损毁，或信息内容难以释读而濒临湮没，抑或即将跌落无尽沉睡的深渊而与人类社会渐行渐远。通过采取集中保护、精准保护、动态保护、数字化保护等手段，少数民族档案文献遗产本体及其信息内容的损毁态势可以得到有效缓解，但这些方法仍然局限于狭义的档案文献遗产保护思维，既未能将少数民族档案文献遗产文化内涵纳入保护范畴，也忽视了开发利用在反哺少数民族档案文献遗产保护方面的重要作用，依然是被"封存"于"库房"这一温室环境中难见天日。因此，如何在"实体保护—数字化保护"的基础上，以数字孪生体的活化保护形态，让少数民族档案文献遗产"走出库房""走向社会"，回归少数民族乃至全人类的

[①] 周耀林、刘晗、陈晋雯、张伟：《民族记忆视域下少数民族档案文献遗产保护现状与推进策略：基于云贵地区的调查》，《档案学研究》2020年第5期。

社会实践活动之中并与之同频共振，是时代赋予少数民族档案文献遗产保护研究的新课题。为此，需要进一步探讨相关利益主体如何通过"价值共创"实现少数民族档案文献遗产保护与开发之间的有机衔接，以期通过文化价值驱动补充政策引导，以开发利用成效反哺保护深入开展，推动少数民族档案文献遗产保护向更加持续、更高质量的方向发展，维护民族地区少数民族人民对自我身份和民族文化的理解和认同。

第一节　价值共创理论与少数民族档案文献遗产活化保护

少数民族档案文献遗产活化保护将保护对象由少数民族档案文献遗产本体及信息内容延伸至文化内涵层面，相应的保护方法也不再局限于预防性保护、治理性保护及修复的保护范畴，而是要求实现保护与开发的双向贯通与交互赋能。基于前文调研发现，少数民族档案文献遗产保护力量本就因资源高度分散且多头管理严重而呈现明显的碎片化特征，而活化保护的实现要求必须将保护与开发通盘考虑，这就意味着本就复杂的少数民族档案文献遗产保护局面因开发利用环节的融入而越发棘手，如何有效协调保护者、开发者、利用者之间的关系已成为关乎少数民族档案文献遗产活化保护成效的重要一环。价值共创理论研究利益相关者，尤其是"生产者"与"消费者"之间的互动、合作与共赢关系，在指导协调复杂社会关系中发挥着重要作用，可以为少数民族档案文献遗产活化保护的实施提供参考和借鉴。

一　价值共创理论概述

价值共创理论（Value Co-creation）起源于19世纪的服务经济学领域。1823年，"服务过程需要生产者和消费者之间的合作"的观点被视为价值共创思想的最早萌芽[1]。20世纪60年代，消费者生产理论发展为

---

[1] 武文珍、陈启杰：《价值共创理论形成路径探析与未来研究展望》，《外国经济与管理》2012年第6期。

经济学的一个重要理论分支,从而将消费者的价值贡献从局限于服务经济领域拓展至价值生产层面,认为消费者是具有一定生产性的主体,能够影响服务效率和价值创造过程。

美国管理科学家 Prahalad 认为价值是个性化互动的深刻内涵,并提出价值创造是为特定客户创造个性化体验[1]。基于此定义,价值共创即价值共同创造,是指客户、员工、企业等利益相关者以互动的形式共同产生有价值的产品与体验的过程。具体而言,价值共创理论重新审视了价值创造的方法,认为用户不仅是消费者,也是可以合作的重要创新力量,是一种生产要素,能够帮助企业和服务行业提高生产效率和组织竞争优势[2]。价值共创与合作开发虽均强调要发挥不同利益主体在价值创造中的作用,但在合作对象、合作心态、目标任务、价值决定、过程特点、成果导向及方法策略方面仍然具有较大差异,见表 7-1[3]。

表 7-1　　　　　　　　　合作开发与价值共创的比较

类别	合作开发	价值共创
合作对象	一般预先设定合作对象	不预先设定合作对象
合作心态	以实现个体价值为主,在设定目标下分工协同,分配既定的蛋糕	以实现公共价值为主,个体价值为辅;以开放心态先把蛋糕做大,然后再考虑分蛋糕
目标任务	可能限定合作最终成果,解决合作主导者的个别问题	不限定共创结果,利益相关者可以通过共创形成超出预期的成果;解决利益相关者关心的多个问题
价值决定	生产方(合作主导方)决定价值,创造价值	利益相关者共同决定价值,创造价值

---

[1] Prahalad C. K., Ramaswamy V., "Co-Creation Experiences: The Next Practice in Value Creation", *Journal of Interactive Marketing*, Vol. 18, No. 3, 2004, p. 5.

[2] Fuchs V., *The Service Economy*, New York: Columbia University Press, 1968, p. 15.

[3] 余义勇、杨忠:《价值共创的内涵及其内在作用机理研究述评》2019 年第 2 期;张慧颖、孙馨、方世杰:《价值共创理论视角下的产学演化博弈分析》,《天津大学学报》(社会科学版) 2018 年第 1 期。

续表

类别	合作开发	价值共创
过程特点	分工合作，不一定存在持续的互动。对共享资源和创意的透明度没有严格要求	持续互动、合作生产的过程，需要在互信的基础上确保共享资源和创意的透明度
成果导向	以成果（产品、服务）为导向，强调成果的交换价值	以利益相关者（人）的体验、感受、关系为导向，强调人的认知价值和使用价值
方法策略	不一定是平台式合作	通过平台式互动进行资源交换整合，拓展参与范围与规模

价值共创理论主要应用于企业管理与经济学研究，并逐渐在政府开放数据[1]、档案编纂[2]、档案文创产品开发[3]等相关领域得到应用和研究。目前的价值共创理论从消费者体验视角、服务主导逻辑视角及服务生态系统视角出发形成了三种基本范式。

一是基于消费者体验的价值共创。该理论范式主张消费者应由被动的服务受众转变为主动行动者，提出企业与消费者共同创造消费体验以及价值网络成员间的异质性互动是实现价值共创的核心与基本方式[4]。在此，价值共创所创造的价值不是产品或服务，而是消费者的体验价值。该理论观点支持企业以消费者为关注点，将注意力从内部的生产流程设计和产品质量管理转向消费者与企业之间的互动质量，采取与消费者合作或支持消费者的形式，获取消费者偏好与需求，为消费者创造良好的体验情境和体验网络。在价值共创过程中，生产者与消费者处于平等共赢的直接或间接合作关系，且这种关系跨越生产和消费的多个阶段。消费者不是生产者实现价值增值的工具，生产者也不是消费者实现价值体

---

[1] 唐长乐：《基于扎根理论的政府开放数据价值共创影响因素研究》，《图书馆杂志》2021年第11期。

[2] 宋雪雁、于梦文、王阮：《价值共创视角下数字时代档案文献编纂模式研究：基于用户主导的逻辑》，《档案学研究》2019年第6期。

[3] 孙大东、向晓旭：《新〈档案法〉实施背景下档案文创产品价值共创策略探析》，《档案与建设》2021年第9期。

[4] Prahalad C. K., Ramaswamy V., "Co-Creation Experiences: The Next Practice in Value Creation", *Journal of Interactive Marketing*, Vol. 18, No. 3, 2004, p. 5.

验的手段,两者通过对等的互动,共同构建消费者满意的个性化服务体验,解决双方均需解决的共同需求[1]。

二是基于服务主导逻辑的价值共创。该理论从服务科学视角思考价值共创,认为价值共创是特定情况下将服务体系内及其他服务体系内的资源经过整合以提供服务[2]。在这一研究范式下,服务被视为一切经济的交换基础,即将一切经济均看作以消费者为导向的服务经济[3]。以"产品"为中心的市场交换被市场主体间的相互服务所替代,主体间通过使用自己的知识、技能等专业化能力,以服务为中介共同创造价值[4]。在价值创造过程中,生产者可以提出价值主张但没有能力独立创造和传递价值。这是因为服务由消费者决定并依赖于消费者的独特体验需求和体验情境,价值创造需要由生产者、消费者和其他参与者共同完成。该理论主张价值共创产生于不同资源整合者组成的互动网络中,表现为服务受益者在使用和消费阶段感知的使用价值[5]。

三是基于服务生态系统的价值共创。Storbacka 和 Brodie 在服务主导逻辑基础上提出服务生态系统理论,认为价值共创的主体包括受益人在内的多个参与者、机器、技术、组织等,是人和技术的集合体[6]。利益相关者除使用产品或服务之外,还将自有资源、技术或服务等融入产品和服务生产过程中,而价值共创的过程依赖参与者创造的制度和制度安排来协调[7]。

---

[1] Van Doorn J., Lemon K. N., Mittal V., Nass S., Pick D., *Pirnerp.*, Verhoef P. C., "Customer Engagement Behavior: Theoretical Foundations and Research Directions", *Journal of Service Research*, Vol. 13, No. 3, 2010, p. 256.

[2] Vargo S. L., Maglio P. P., Akaka M. A., "On Value and Value Co-Creation: A Service Systems and Service Logic Perspective", *European Management Journal*, Vol. 26, No. 3, 2008, p. 145.

[3] Vargo S. L., Lusch R. F., "Evolving to A New Dominant Logic for Marketing", *The Service-Dominant Logic of Marketing*, Routledge, Vol. 68, No. 1, 2004, p. 10.

[4] Payne A. F., Storbacka K., Frow P., "Managing the Co-Creation of Value", *Journal of the Academy of Marketing Science*, Vol. 36, No. 1, 2008, p. 88.

[5] 武文珍、陈启杰:《价值共创理论形成路径探析与未来研究展望》,《外国经济与管理》2012 年第 6 期。

[6] Storbacka K., Brodie R. J., Böhmann T., Maglio P. P., Nenonen S., "Actor Engagement as a Microfoundation for Value Co-Creation", *Journal of Business Research*, Vol. 69, No. 8, 2016, p. 3010.

[7] Vargo S. L., Lusch R. F., "From Repeat Patronage to Value Co-Creation in Service Ecosystems: A Transcending Conceptualization of Relationship", *Journal of Business Market Management*, Vol. 4, No. 4, 2010, p. 176.

Vargo 和 Lusch 提出的"Actor to Actor"导向的服务生态系统是指资源整合者依托共享制度安排及服务交换的相互价值创造而相互连接形成的相对独立且具有自我调节的系统①。以此为前提而提出的价值共创是指广泛的社会经济参与者在松散耦合的服务生态系统中通过资源整合和服务交换，由制度及制度安排约束和协调，为自己或其他系统创造价值，是全方位价值共创过程②。服务主导逻辑朝着服务生态系统发展，已成为复杂的网络环境下的必然趋势。服务生态系统视角下，利益相关者之间存在着复杂的交互关系，并在一定的社会情境下进行演化发展。价值共创需要对影响交互过程的人类行动者和非人类行动要素进行识别和分析，构建涵盖所有影响因素的价值共创网络，并可借助网络平台技术促进相关要素的交互和价值共创。

二 文化遗产领域价值共创典型案例分析

无论是基于何种视角，价值共创理论均强调多元主体在价值创造中的重要作用。这引发了文物、古籍、非物质文化遗产等相关领域的重视，纷纷引入该理论以协调解决各自在开发利用过程中的复杂的利益关系。为思考价值共创理论是否适用于少数民族档案文献遗产活化保护以及如何具体应用的问题，笔者从创新合作网络以及创新方法两个方面选取了RICHES 项目、#iziTRAVELSicilia 项目、Discovering ANZACS 项目三个文化遗产活化保护领域的价值共创案例进行分析，并结合我国少数民族档案文献遗产保护的实际特点，分析已有探索的启示。

（一）RICHES 项目

RICHES（Renewal, Innovation and Change：Heritage and European Society）项目作为欧盟第 7 个研究技术开发和示范框架计划中资助的项目③，试图探寻欧洲传统工艺知识和技能是否可以被复兴以及应如何被

---

① Lusch R. F., Vargo S. L., *Service-Dominant Logic：Premises, Perspectives, Possibilities*, Cambridge, UK：Cambridge University Press, 2014, p.53.
② 简兆权、令狐克睿、李雷：《价值共创研究的演进与展望：从"顾客体验"到"服务生态系统"视角》，《外国经济与管理》2016 年第 9 期。
③ RICHES, "Renewal, Innovation and Change：Heritage and European Society", [2021-11-12], https://www.riches-project.eu/.

复兴，旨在就如何拉近人与文化之间的距离展开研究，并重新校准遗产专业人员和遗产受益人之间的关系，确保欧盟能够从文化遗产社会及经济潜力中受益。

RICHES项目认为欧洲传统工艺知识和技能不仅是需要加以保护的文化实例，更是可以激发创造力的重要驱动力，有助于引领创新并创造经济价值和新的就业机会。为促进欧洲传统工艺、知识技能的复兴，RICHES项目采取价值共创的组织模式，积极寻找文化机构、公共行政部门、国家和地方当局、文化创意中小型企业、人文社会科学研究中心和其他相关单位作为RICHES的合作伙伴，并通过分享经验和意见反馈，建立文档标准和指南，寻求最佳实践和政策协调。该项目的价值共创模式如图7-1所示。

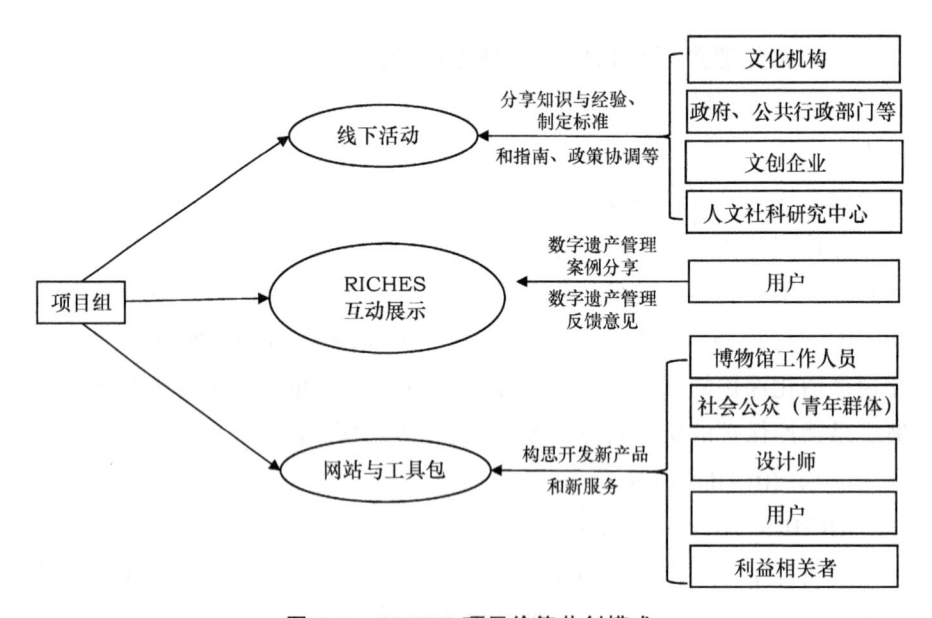

图7-1 RICHES项目价值共创模式

RICHES项目采用问卷、调查、研讨会、会议等方式与合作伙伴进行沟通，并将上述方法作为知识由项目转移到决策者、项目所有者、文化机构、研究组织、民间社会和私人利益相关者的渠道。即使项目结束，加入该项目的所有合作伙伴，包括联合体成员和准合作伙伴，也将依托项目建立的共同利益网络继续合作。所有合作伙伴都可以参加合作机构、合作个人、合作项目三种形式的合作，这三种类型的隶属关系分别由机构合作协议、个人合作协议和谅解备忘录三种协议来约束，见表7-2。

表7-2　　　　　　RICHES项目的合作伙伴类型与协议

合作伙伴类型	协议与约束
合作机构	机构合作协议
合作个人	个人合作协议
合作项目	谅解备忘录

RICHES项目以分析图书馆和博物馆等文化事业机构的数字遗产状况为主要任务之一，特别创建以"RICHES互动展示"命名的交互式空间，旨在为潜在的感兴趣用户分享其最佳遗产管理实践案例及实时反馈意见提供平台。此外，RICHES项目还邀请年轻人、博物馆工作人员和设计师等项目以外的各方利益相关者参与其中，共同完成价值创造，如共同构思新产品或新服务等。该项目还专门开发了用于价值共创的网站与工具包、价值共创导航等，旨在为文化遗产领域的专业人士探索价值共创的更多可能性以及更好地应对相关挑战提供支持。

（二）#iziTRAVELSicilia项目

2016年5月，izi.TRAVEL平台（一个开放且免费的平台和应用程序）推出参与式项目#iziTRAVELSicilia。该项目以践行《法鲁公约》规定为原则，是区域数字营销的最佳实践和参与共同创造文化价值的典范[1]。文化民主理论认为人民享有平等的文化权利和文化创造力，政府并非文化的生产者、管理者与传输者，而是文化创造的支持者与监管者。在此理念指导下，#iziTRAVELSicilia项目将其建设目标设为"实现人人享有文化权利，鼓励人们积极参与地方文化生活，所有人可以访问西西里遗产相关文化资源和文化内容"。#iziTRAVELSicilia项目价值共创模式如图7-2所示。

---

[1] 艾莉莎·博纳奇尼：《遗产社区，文化价值参与及共创：#iziTRAVELSicilia项目》，邓佳颖译，《国际博物馆》（全球中文版）2020年第1—2期。

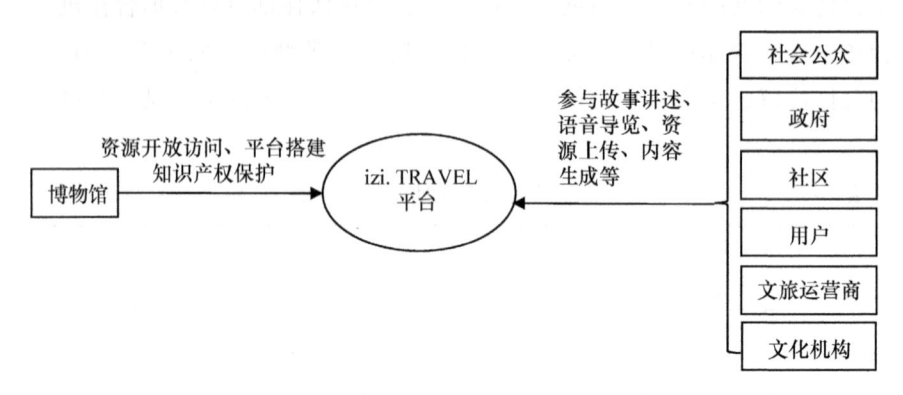

图7-2　#iziTRAVELSicilia 项目价值共创模式

为实现上述目标，该项目鼓励并支持社会公众以叙事的形式对当地的某一文化遗址、文化景观或具体某件文物加以阐释进而生成文化内容，从而引发社会公众对文化遗产的重视及认同。文化遗产相关管理机构则对社会公众叙述的文化遗产故事进行审核，以确保故事叙述的规范性和通俗性，实现知识科学化与知识普及化之间的有效平衡。在此过程中，参与该项目的社会公众与其他利益相关者将自己的经验和知识与文化遗产的价值进行关联，并承担起文化共同创造和传播推广的责任。

该项目的实施离不开 izi.TRAVEL 平台的支撑。izi.TRAVEL 平台为文化遗产价值共创提供了智能化的互动工具，可以实现不同规模博物馆馆藏和不同地域文化遗产旅行路线在同一平台的集中展示，并借助 3D 建模、语音导览、虚拟现实等技术形成了一个线上智能文化遗产社区。izi.TRAVEL 平台不仅有助于展示、传播与推广博物馆文化，还为博物馆与利益相关者共同创造数字文化内容提供了重要支持。社会公众可以借由该平台免费发现文化场所及其相关文化资源、地理背景信息等，还可以开发在线历史遗产项目，即通过上传和管理图文、音视频等自动生成文化内容并创建多媒体语音导览的创造空间。在此过程中，izi.TRAVEL 仅提供包括视觉支持、虚拟旅游、视频和 3D 虚拟重建等内容管理系统界面，而文化内容由用户生成，其相应的知识产权也归用户所有。此外，izi.TRAVEL 对内容创造者和使用者均免费，目前已逐渐发展为全球性的文化叙事平台。

以西西里岛博物馆为例，izi. TRAVEL 平台拓展了西西里岛博物馆文化遗产传播的渠道，也为西西里岛博物馆和相关机构基于数字文化遗产内容进行文化内容共同创造提供了平台。该智能化的互动平台使得博物馆与政府、社区、用户、文旅运营商、文化机构以及其他利益相关者合作提供博物馆语音导览和语音旅游成为可能。西西里岛博物馆文化遗产叙事项目目前已吸引约 3000 人参与其中，既有博物馆策展人员，也有不同年级的学生。最终，这些文化遗产故事将以文本、原始照片、音视频等形式呈现给用户。

（三）Discovering ANZACS 项目

澳大利亚国家档案馆在 2008 年首次推出创新互动网站 Mapping Our Anzacs，该网站允许用户参与描述澳大利亚国家档案馆馆藏的 375971 条关于第一次世界大战的数字化记录。2014 年，为纪念第一次世界大战胜利 100 周年，澳大利亚国家档案馆和新西兰档案馆合作举办 Discovering ANZACS（发现澳新军团）项目，即在原有网站的基础上新增新西兰档案馆馆藏的关于第一次世界大战的数字化记录，扩展了用户可探索描述的对象。

用户可以借助 Discovering ANZACS 网站的检索功能，通过内容类型、服务人员类型、位置、图库、时间轴、主题、事件等途径检索查阅澳大利亚和新西兰军团（澳新军团）在第一次世界大战中形成的原始记录，包括澳大利亚帝国部队、远征军、皇家海军、飞行队、护士与管理人员、拘留人员、弹药工人的原始记录，战场照片、地图、战略计划的图像、重要人物摄影集，以及与国防、安全情报相关的精选信函，澳大利亚和世界各地出生的服役士兵的姓名和服役记录等，以反思第一次世界大战对世界人民造成的影响。Discovering ANZACS 项目的价值共创模式如图 7-3 所示。

Discovering ANZACS 项目鼓励其他文化机构和组织共建、共享有关第一次世界大战的馆藏数据和故事，以帮助建立澳新军团研究中心。目前，昆士兰州立图书馆、新南威尔士州立图书馆、维多利亚州公共记录办公室、英国帝国战争博物馆等组织机构已参与共享澳新军团相关数字

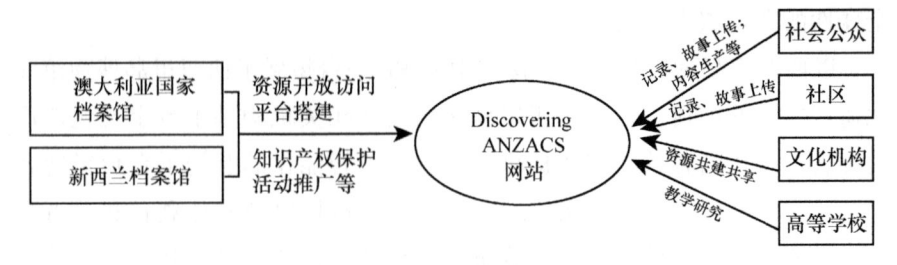

图 7-3　Discovering ANZACS 项目价值共创模式

资源，且其中部分资源已被添加至该项目网站。例如，截至目前，英国帝国战争博物馆所收藏的有关第一次世界大战的 7700278 件逸事以及 3175052 项事实被展示在该网站的澳大利亚国家档案馆"第一次世界大战"模块。

与此同时，该项目不仅鼓励个人、社区提供有关澳新军团的图文、视频、故事和创意作品，还开发了供用户生产和发布内容的平台。基于这一平台，用户可以依据开放访问的战争记录，将自己拥有的与战争相关的照片、事实和故事添加到网站记录中，并直接显示在历史人物档案文献资料展示页面的评论区，从而实现了馆藏历史人物档案文献与用户生成内容的关联整合，可以进一步丰富参战人员相关的记录。

此外，该网站还允许用户下载、编辑、创作新的文化内容，提供相关操作指南，并展示获奖的展览作品。该网站支持对用户生成的内容的检索与阅览，显示内容作者的姓名、发布时间、用户与"一战"历史人物的关系等信息，保障用户的知识产权和历史叙事参与感。在贡献"澳新军团"和"一战"历史资料的同时，用户、社区、研究人员可以利用网站发布的史料、图像和故事开展教学、科研和记忆建构，包括追溯家族史，免费下载网站提供的海报、历史课程指南、视频、工作表、故事集等资料作为教学素材等。

上述三个案例代表区域性价值共创、机构间价值共创、机构与社会公众价值共创三种类型。国家和地方政府部门、文化机构、文化创意中小型企业、人文社会类科研机构、社会公众等被广泛视为合作伙伴。上述案例开展价值共创活动的动机、主体类型、价值共创的环境与成效见表 7-3。

表 7-3　　价值共创的动机、主体类型、价值共创环境与成效

项目名称	动机	主体类型	环境	成效
RICHES	欧洲传统的工艺知识和技能的复兴	文化机构、公共行政部门、国家和地区当局、文化创意中小型企业、人文社会科学研究中心和其他相关单位、民间组织和私人利益相关者等	线上交互式空间RICHES互动展示，价值共创工具包	合作伙伴在项目建立的共同利益网络中对新产品或服务开发进行构思，寻求欧洲传统的工艺知识和技能复兴的最佳实践和政策协调
#iziTRAVEL Sicilia	区域文化数字营销、共同创造文化价值	社会公众、博物馆等文化遗产管理机构、其他利益相关者	线上izi.TRAVEL平台	构建线上智能文化社区，公众通过"故事讲述"生成文化内容，创建文化遗产多媒体语音导览
Discovering ANZACS	参与描述澳大利亚国家档案馆馆藏记录	个人、社区、研究人员	Discovering ANZACS专题网站及其用户生产和发布内容平台	档案馆与社会公众共同完善"战事记忆"，为用户、社区、研究人员开展记忆建设和研究提供素材

从动机方面来看，上述文化遗产领域价值共创项目产生的原始动机是通过合作与创新满足多个利益相关方对信息（知识）获取、创新服务和体验的需求，重点表现在文化遗产保管机构激活文化遗产价值的需求和社会公众的利用需求。

从主体类型方面来看，文化遗产领域参与价值共创的主体十分多元，虽然核心主体可能存在限制，但合作伙伴没有明确限制。常见的价值共创主体类型包括博物馆、图书馆、档案馆等文化机构、地方政府、科研机构与学者、专业技术人员、社区、企业、社会公众等。

从主体关系方面来看，上述价值共创项目主体之间无论是参与还是合作，均是项目驱动下的自愿合作与平等互惠关系。关注用户体验，尊重价值共创过程中主体间的平等性与民主性是价值共创项目的特点。

从价值共创环境方面来看，上述价值共创项目的发起与实现需要依

赖一定的政策支持、组织制度、技术支持和文化氛围。区域性文化战略、跨学科合作、数字人文、交互技术、平等文化氛围均有助于文化遗产价值共创项目的发起与实施。例如，izi. TRAVEL平台为#iziTRAVELSicilia项目的实施提供了智能化的互动工具。

从成效方面来看，上述价值共创项目通过利益相关者、用户、社会公众的合作互动以丰富文化遗产保护资源、壮大文化遗产保护力量。价值共创项目以开放、共享的态度，接受利益相关者、感兴趣的组织机构或个人参与其中，将自身与文化遗产相关的知识、经验、数据、资金、技术等投入到文化遗产保护项目中，通过资源整合、头脑风暴、经验分享、参与式叙事、协同设计以及在共创过程中形成的"认同感"与"责任感"，激发更多的创意与创造。值得注意的是，国内外文化遗产活化保护主要关注于"活化"，即对文化内容的整合、重构、叙述与传播，重点在于文化内容的传承与可持续发展，较少涉及文化遗产本体的修复、保护与长期保存。

可以发现，文化遗产保管机构、社会公众及其他利益相关者之间广泛、自由、平等的合作是价值共创模式的重要特点，而"用户主导"是文化遗产活化保护领域价值共创的常见模式。这就表明，我国政府及文化部门需要转变管理理念，将"自上而下"的价值传递转变为"上下联动"的价值共创。

值得重视的是，不同于博物馆领域，我国大多数少数民族档案文献遗产保管机构难以为其馆藏资源建立单独的、稳定的、长期的展厅，跨机构、多主体参与的价值共创活动因而更适用于数字形式的少数民族档案文献遗产活化保护。由于少数民族档案文献遗产高度分散且多头管理严重，从而难以吸引广泛的利益相关者和社会公众参与价值共创，这就使得少数民族档案文献遗产数字资源整合成为促成价值共创实践活动开展的必要前提。为此，搭建全国性的少数民族档案文献遗产资源共享与协同创新平台，大规模地整合少数民族档案文献遗产及相关文化资源，有助于吸引广泛的组织机构和社会公众参与活化保护之中，营造人人参与档案文化创新与传承的社会氛围。

同时需要意识到，价值共创并非"务虚"性合作，而是需要依托具体的项目、活动、组织、平台、工具,开展实际性的创新实践。以"项目""活动"等形式开展价值共创实践,有助于少数民族档案文献遗产活化保护立足具体任务,试点开展,逐渐形成更大范围的、更加稳定的合作关系。

三 价值共创理论对少数民族档案文献遗产活化保护的启迪

学者对价值共创主体及其价值产生过程的认识不同,相应形成了基于消费者体验、基于服务主导逻辑及基于服务生态系统逻辑的三种主要的价值共创理论范式。其中,基于用户体验的价值共创认为共创体验乃是价值共创的核心,并主张企业应将其战略重点和营销策略由关注内部生产流程及产品质量转向独特消费体验的营造;基于服务主导逻辑的价值共创认为价值形成于产品使用或服务提供的过程中,即共创使用价值是价值共创的核心内容;基于服务生态系统的价值共创则以服务主导逻辑为基础,并吸收了生态系统理论的观点,认为价值共创不仅形成于企业与用户之间的二元关系中,而且存在于整个动态变化的竞争生态环境,从而将价值共创主体拓展至更为广泛的利益相关者。尽管上述三种范式理论视角不同,但本质上均体现出对生产者创造价值这一传统理念的反思,认为企业在价值创造过程中担当召集人、服务者和合作者的角色,用户及相关利益主体需要参与服务过程并共同创造价值[1]。将这一理论引入少数民族档案文献遗产活化保护过程中,对于指导活化保护合作者选择、合作关系的搭建及合作环境的营造等均具有重要的指导作用。

(一)指导少数民族档案文献遗产活化保护合作主体的选择

价值共创理论由消费者体验逻辑、服务主导逻辑到服务生态系统逻辑的演化过程,实则体现了其对价值共创参与主体的不同认知,即在早期认为生产者与消费者经由消费体验和服务提供共同参与价值创造,而后将服务所处的生态环境考虑在内,更多的相关利益者被吸纳进价值共创场域。换言之,价值共创理论认为与价值创造及增值相关的利益方均可作为价值共创主体。

---

[1] Merz M. A., He Y., Vargo S. L., "The Evolving Brand Logic: A Service-Dominant Logic Perspective", *Journal of the Academy of Marketing Science*, Vol. 37, No. 3, 2009, p. 328.

少数民族档案文献遗产活化保护强调少数民族档案文献遗产价值内涵的深度挖掘与持续传承，即通过少数民族档案文献遗产保护与开发的双向互动，提供社会公众喜闻乐见的文化产品或服务并反哺于保护效果的提升。因而，少数民族档案文献遗产活化保护同样追求社会公众体验价值和使用价值的满足，相应地，社会公众的文化消费喜好、文化产品使用场景、文化服务体验情境对能否激活少数民族档案文献遗产文化价值也起着重要的作用。为实现少数民族档案文献遗产文化价值的最大化及增值效果的大幅提升，少数民族档案文献遗产保管机构除需考虑少数民族档案文献遗产文化价值的直接辐射对象，即文化消费者的态度与感受之外，还应联合政府部门、同属文化系统的相关单位、高等学校及科研院所、文化事业单位、信息技术公司、文化创意公司、社会团体及社会公众等多元利益主体的共同参与。

（二）指导少数民族档案文献遗产活化保护合作关系的搭建

价值共创理论认为价值创造是由生产者与消费者及其相关利益主体在动态交互过程中共同完成的，这就表明生产企业、用户、利益相关者、生产链协作企业等作为价值创造的共同主体，需要持续以对话（Dialogue）、获取（Access）、风险评估（Risk Assessment）和透明（Transparency）等为基础条件开展互动交流，并将这种互动贯穿于产品从研发设计到生产销售的全生命周期中，囊括直接性活动和间接性活动[①]。

以价值共创理论为指导，少数民族档案文献遗产活化保护同样需要从动态地活化保护生态环境层面考虑不同参与主体关系的建构问题。一方面，应充分认识到在少数民族档案文献遗产活化保护过程中，各参与者之间的关系需要依托平等、高效的互动与对话加以维系，而这种关系的黏合性高低则在很大程度上取决于各方利益主体的权责关系是否清晰，其利益关注点是否得到最大限度的满足，如是否可以保证少数民族档案文献遗产资源的开发获取、价值共创过程中的信息安全及知识产权是否可以得以妥善保护、创意可行性风险是否得以科学评估等；另一方面，由于少数民族档案文献遗产活化保护旨在与现代社会互融的过程中构建

---

① 沈蕾、何佳婧：《平台品牌价值共创：概念框架与研究展望》，《经济管理》2018年第7期。

内外循环相互促进的可持续性保护格局①，其管理者还应从少数民族文化与其他文化生态圈之间融合与变迁的角度系统地、动态地思考各利益相关者的参与动机，并将活化成果推广的注意力转向合作过程设计，将利益相关者的力量纳入活化保护的"前端—中端—后端"整个过程。

（三）指导少数民族档案文献遗产活化保护合作环境的营造

从消费者体验逻辑、服务主导逻辑发展至以服务生态系统逻辑为主导的价值共创理论，不仅将价值共创主体由局限于生产者与消费者的二元关系范畴拓展至所有与价值创造相关的利益者群体范畴，同时还将共创价值由使用价值拓展到制度情景、文化情景、社会情景等情景价值范畴，价值共创也是交互性价值的创造过程，需要支持性系统的保障②。这表明，价值共创理论不仅关注各方利益主体选择及合作关系设定，还同时考虑价值共创的支持环境，从而可以为营造更加稳健的少数民族档案文献遗产活化保护合作环境提供指导。

少数民族档案文献遗产活化保护需要同时将保护系统环境与开发利用环境考虑在内。相较于传统的单一性保护行为或纯粹性开发行为，这样的融合行动无疑将带来更为复杂的环境形势。一方面，少数民族档案文献遗产保管机构作为资源的持有方，需要尽可能地提供更为丰富的少数民族档案文献遗产资源作为活化保护的源头活水，但现实中资源的高度分散、多头管理等问题带来了极大阻碍；另一方面，多元利益主体的价值共创行为必须依赖于技术性平台才可完成信息与资源的交互，但随之也会使互动受到限制，进而潜藏各种风险因素，可能引发价值共创的反向效果，甚至因各种安全事故的出现而造成价值共毁③。因此，需依据价值共创理论中对情景价值的关注，将少数民族档案文献遗产活化保护的机制共创视为各利益相关者在复杂生态系统中共同促进少数民族档案文献遗产文化价值实现进而增值的动态过程，从基础设施等硬环境以

---

① 姬荣伟、周耀林：《数字人文赋能档案遗产"活化"保护：逻辑、特征与进路》，《档案学通讯》2021年第3期。
② 武文珍、陈启杰：《价值共创理论形成路径探析与未来研究展望》，《外国经济与管理》2012年第6期。
③ Plé L., Cáceres R. C.,"Not Always Co-Creation: Introducing Interactional Co-Destruction of Value in Service-Dominant Logic", *Journal of Services Marketing*, Vol. 24, No. 6, 2010, p. 430.

及文化氛围、组织结构、规章制度等软环境的不同维度思考如何为这一价值共创效果的最大化实现保驾护航。

第二节　基于价值共创的少数民族档案文献遗产活化保护的要素构成

依据价值共创理论及前文对少数民族档案文献遗产活化保护内涵的阐释，可以将少数民族档案文献遗产活化保护的价值共创界定为：各利益相关方以少数民族档案文献遗产文化价值为纽带，以多样化信息技术为依托，通过广泛对话协商、服务交换与资源整合，形成价值共同体的生态系统，共同致力于少数民族档案文献遗产活化保护效果的提升。结合前文对文化遗产领域价值共创案例分析可以发现，价值共创本就涉及多元利益主体的识别、相互间关系的协调、支撑性环境的供给等问题，加之少数民族档案文献遗产在保管保护条件、所处文化环境、地域经济态势等方面存在诸多特性，从而使得这一价值共创行为更为复杂。

为形成对少数民族档案文献遗产活化保护的价值共创过程的深度认知，需要剖析其内在构成要素，进而把握其运行机理。

与少数民族档案文献遗产保护密切相关的档案保护领域，黄广琴、颜川梅以系统论为基础，将非技术因素置于档案保护体系中加以分析，从档案保护系统、系统所处环境以及系统与环境之间的信息、物质与能量交换中抽取影响档案保护的非技术因素，涵盖保护主体、保护客体、保护技术与方法、系统环境、系统内外的交流等因素[1]。与少数民族档案文献遗产保护相关的领域，例如，非物质文化遗产保护中，有学者认为非物质文化遗产保护由非物质文化遗产传承主体要素、非物质文化遗产保护主体要素和非物质文化遗产保护方法要素构成[2]，也有学者认为非物质文化遗产保护是一项系统工程，涉及主体、客体、过程、成果和

---

[1] 黄广琴、颜川梅：《档案文献保护中的非技术因素分析》，《档案与建设》2008年第12期。

[2] 王文章：《非物质文化遗产概论》，文化艺术出版社2006年版，第346页。

环境五大基本要素①，还有学者认为非物质文化遗产保护活态系统是由文化环境、文化生产者、文化传播、文化消费和文化支持五个要素组成的②。可以看到，对于档案或非物质文化遗产保护系统而言，学界对其构成要素均未形成共识，但大体都涵盖主体要素、客体要素、方法要素、环境要素。少数民族档案文献遗产活化保护的价值共创实际是由少数民族档案文献遗产活化保护系统与价值共创生态系统互相嵌套而成，其内层为价值共识、价值共筑和价值共创构建起的价值共创内在逻辑，外层则为少数民族档案文献遗产活化保护各构成要素的相互关系，在此将其划分为主体要素、客体要素、方法要素和环境要素。各构成要素通过相互影响、相互作用，共同维系着少数民族档案文献遗产活化保护价值共创的高效运转，其运行过程如图7-4所示。

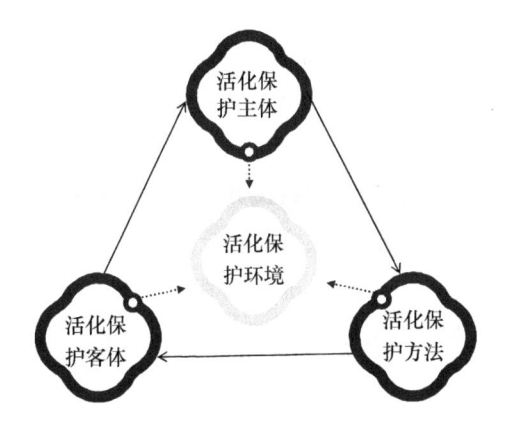

图 7-4 少数民族档案文献遗产活化保护价值共创的构成要素关系图

一 主体要素

主体要素即少数民族档案文献遗产活化保护潜在的利益相关方。除少数民族档案文献遗产保管机构作为核心主体存在以外，在活化保护开展过程中还需要文化主管部门和财政部门等政府部门、高等学校等科研

---

① 蔡璐、熊拥军、刘灿姣：《基于本体和元数据的非遗资源知识组织体系构建》，《图书馆理论与实践》2016年第3期。

② 范春：《基于系统保护视角下的非物质文化遗产保护探讨：以重庆走马民间故事为例》，《中南民族大学学报》（人文社会科学版）2016年第1期。

机构、企业等社会组织及社会公众等多元主体的协同参与。这些主体在少数民族档案文献遗产活化保护过程中扮演着不同的角色，承担着不同的职能，依托价值共识形成保护合力，共同致力于少数民族档案文献遗产活化保护目标的实现。

为了解我国少数民族档案文献遗产活化保护过程中主要的合作伙伴，笔者对入选"中国档案文献遗产名录"的我国少数民族档案文献遗产的活化保护情况进行了调研，见表7-4。

表7-4表明，文化事业单位、政府部门、高等学校与科研机构、非政府组织、媒体是主要的合作伙伴；社会公众虽极少参与少数民族档案文献遗产活化保护，但少数民族档案文献遗产文化价值的传播与传承却主要依赖社会公众实现。社会公众对少数民族档案文献遗产内容和价值的理解、兴趣与传承直接决定了少数民族档案文献遗产在人类文化中的"存续"。此外，随着档案馆逐渐重视其公共文化服务职能，少数民族档案文献遗产与文化消费者之间的连接、社会公众在接受档案文献遗产文化服务和使用文化产品时的体验、社会公众利用少数民族档案文献遗产的场景与期待，均有助于指导少数民族档案文献遗产的开发。

因此，笔者将少数民族档案文献遗产保管机构、文化事业单位、政府部门、高等学校与科研机构、非政府组织、媒体和社会公众等几类人员作为我国少数民族档案文献遗产活化保护利益相关者，并分析其参与少数民族档案文献遗产活化保护的动机。

二 客体要素

客体要素即少数民族档案文献遗产及相关文化资源。基于前文中对少数民族档案文献遗产活化保护内涵的分析可以发现，少数民族档案文献遗产活化保护是保护、管理与开发的一体化过程，因此在此过程中，既要关注少数民族档案文献遗产实体及其信息内容，还需要将少数民族档案文献遗产蕴含的丰富文化价值内涵考虑在内。因此，少数民族档案文献遗产活化保护的价值共创系统的客体要素内在地体现在实体、信息和文化三个层次上。

第七章　基于价值共创的少数民族档案文献遗产活化保护

表7-4　濒危少数民族档案文献遗产活化保护合作情况

名称	合作方	合作目的	合作关系	合作方类别
《宇妥·元丹贡布八大密诀》手写本	四川省档案馆	文教宣传	四川省档案作的线上展览，并由宣教处进行宣传	文化事业单位
元代档案中有关西藏归属问题的档案	北京市档案馆	文教宣传	参与举办《中国档案珍品展》	文化事业单位
元代第七任帝师桑结贝巴贝的封文	天津市档案馆	文教宣传	参与举办《中国档案珍品展》	文化事业单位
清代、民国阿拉善霍硕特旗档案	国家档案局、中央档案馆、陕西省档案馆	文教宣传	《中国千年历史档案第一展》	政府及政府部门、文化事业单位
《般若波罗蜜多经八千颂》档案文献	加尔各答印度博物馆、上海市博物馆	文教宣传、学术研究	"圣境印象—印度艺术展"展示印度《般若波罗蜜多经八千颂》	文化事业单位
康熙、雍正、乾隆三朝皇帝给新疆蒙古叶尔羌特部落的敕书	故宫博物院、新疆博物馆、文化和旅游部、国家图书馆、新疆自治区人民政府	文教宣传	《清代新疆文物珍藏展》	文化事业单位
纳西族东巴古籍	国家博物馆	文教宣传	合作举办纳西族东巴文化展	文化事业单位
	丽江东巴文化研究所	学术研究、档案编研	出版了100卷的东巴古籍《全集》，采用象形文原文、国际音标注纳西语音、汉文直译对注、汉语意译方式进行组织	高等学校或研究机构

· 351 ·

续表

名称	合作方	合作目的	合作关系	合作方类别
纳西族东巴古籍	法国巴黎语言文化大学图书馆（BULAC）、北京东巴文化艺术发展促进会（ADCA）、法国远东学院（EFEO）、国家社会科学基金	文教宣传	合作举办《寻找东巴古籍》展览	高等学校或研究机构、非政府组织
	云南师范大学	档案保存	丽江东巴文化经典巨著《纳西东巴古籍译注全集》（100卷）图书捐赠	高等学校或研究机构
	北京东巴文化艺术发展促进会、北京市社会科学界联合会、北京市哲学社会科学规划办公室和全国哲学社会科学工作办公室	科学研究、档案编研	法国四个收藏机构提供的东巴古籍的资料大部分已数字化，并被东巴祭司释读，被纳西学专家以及研究者们翻译成书目，编目和全译本	高等学校或研究机构、非政府组织
彝族文献档案	盘州市委、市政府、广电新闻出版局、民族宗教事务局、彝学会		举办毕摩文化与生态保护研讨会	
	楚雄州图书馆	学术研究、数字化与数据库建设	楚雄州图书馆彝族文献数据库系统以及"彝族毕摩经典译著资源库""楚雄地方文献数据库"	政府及政府部门、媒体、非政府组织、高等学校或研究机构、文化事业单位
	毕节市彝文文献翻译研究中心、楚雄州彝族文化研究院、凉山彝族自治州美姑县彝族毕摩文化研究中心		学术研讨会。2020年全国彝文书法理论研讨会	
	孔府档案研究中心		研究彝族档案	

· 352 ·

第七章 基于价值共创的少数民族档案文献遗产活化保护

续表

名称	合作方	合作目的	合作关系	合作方类别
四川省凉山彝族自治州毕摩文献	复旦大学哲学院	学术研究	"四川凉山布彝族毕摩、苏尼文化"学术研讨会	高等学校或研究机构
	中央电视台	文教宣传	探索发现节目：彝族人的"毕摩"	高等学校或研究机构、媒体
敦煌写经	学衡数据库	数据检索	敦煌写经资料库纳入学衡数据库	非政府组织、高等学校或研究机构
	敦煌正觉写经院	文教宣传	穿越千年、传承丝路文化——敦煌正觉写经院写经文化展	
清代黑龙江地方鄂伦春族满文户籍档案文献（清同治、光绪年间）	中央电视台	文教宣传	《国宝档案》民心所向——归来吧鄂伦春	媒体

· 353 ·

少数民族档案文献遗产活化保护的物质实体即包括石刻材料、金属材料、竹木材料、纸质材料、新型材料及其书写字迹、呈现的装帧及图案花纹等；信息内容则主要是指少数民族档案文献遗产数字化与数据化内容，是数据库建设成果的体现；文化内涵则主要是承载于少数民族档案文献遗产物质实体和信息之中的各类非物质形态的价值内涵，如其体现的载体材料制作工艺、书法艺术、反映的风土人情、凝结的民族文化、传递的身份认同等，集中反映了少数民族的发展历程与文化生态，是活化保护的主要对象，也是实现多民族文化共同繁荣与可持续发展的重要资源。少数民族档案文献遗产活化保护客体的类型及其内容见表7-5。

表7-5　　　　　　　少数民族档案文献遗产活化保护客体

类型	内容示例
物质实体	少数民族档案文献遗产的载体、字迹、装帧、图案
信息内容	少数民族档案文献遗产的内容信息
文化内涵	少数民族档案文献遗产的文化价值、学术研究价值、艺术价值等；与少数民族档案文献遗产相关的信息、数据、物质、文化形态等

三　方法要素

方法要素即实现少数民族档案文献遗产活化保护所采取的方法手段，主要体现为各类技术方法及共创流程。在漫长的档案文献遗产保护实践中，人们探索并形成了多种类型的保护方法，如古人对竹木简牍加以"杀青"处理以防霉变等。进入现代社会，在保护形势日益严峻的反向倒逼以及各类数字技术更新换代的不断加持之下，档案文献遗产保护方法更具多样性，涵盖温湿度调控、杀虫除尘、修复装裱、缩微复制、数字迁移等多种类型。关于档案文献遗产保护方法，学界认知不尽相同，例如，古籍保护方法简单划分为保护古籍原件本身的直接保护和将古籍原件制成替代品的间接保护[1]，档案文献遗产保护涵盖预防性保护、治理性保护和修复三个技术环节[2]。

---

[1] 王美英：《古籍保护方法研究》，《图书情报知识》2000年第4期。
[2] 周耀林：《档案文献遗产保护理论与实践》，武汉大学出版社2008年版，第163页。

不难看出，作为一项艰巨而复杂的系统工程，少数民族档案文献遗产保护本就需要综合采取多种保护方法以形成体系化保护方案，如技术性保护与保护管理相配合、不同保护环节相衔接、抢救保护与保护开发相结合等，与少数民族档案文献遗产开发利用相结合之后形成的活化保护则对方法的要求更为严格。基于本体及其环境维护的原生性保护和基于缩微技术、无损数字化技术、仿真复制等技术形式的再生性保护外，少数民族档案文献遗产活化保护需要在保护少数民族档案文献遗产物质实体和信息内容之外，就其所蕴含的文化内涵进行保护，创建数字孪生体推动少数民族档案文献遗产再生，而这是当前意义上的原生性保护方法和再生性保护方法所无法解决的，因而需要探索新的活化保护方法。目前少数民族档案文献遗产活化保护所采取的方法见表7-6。

表7-6　　　　　　　　少数民族档案文献遗产保护方法分类

方法\内容	原生性保护	再生性保护	活化保护
作用对象	遗产本体	遗产内容信息	遗产本体和内容信息，细化为载体、人物、时间、地点、场景等
具体措施	"十防"、除霉、杀虫、脱酸、修裱、去污等	临摹、仿真复制、缩微复制、数字化、迁移等	叙事、视觉设计、数字人文、数字孪生
开放程度	开放受限，尽量减少人为接触和破坏	鉴定开放，逐步扩大利用	完全开放，并通过跨界合作提高影响力
成果形式	本体长期保存、展示	临摹本、影印本、复制件、光盘、数据磁带、专题数据库等	互动展示、互动游戏、纪录片、知识图谱、文创产品

四　环境要素

环境要素即利益相关方开展活化保护合作的社会环境与保障条件。环境是指少数民族档案文献遗产活化保护环境与多利益主体价值共创环境的叠加，即表现为影响少数民族档案文献遗产活化保护的价值共创成效的各类因素的总和。从本质上来讲，少数民族档案文献遗产活化保护是将少数民族档案文献遗产中蕴含的价值、基因、内涵等提炼并融入现代社会的过程。正因为如此,这一保护行为不仅是保护主体基于各种技术方法与保护客体之间相互作用的过程,更需要依赖于一定的内外部环境条件的支撑和驱动。其中,内部环境是指影响保护主体形成价值共识并协同开展少数民族档案文献遗产活化保护的政策规划、标准规范、思想文化、人才结构、资金状况等环境因素,是少数民族档案文献遗产活化保护的前提和保障,也决定着价值共创实施的条件是否完备、过程是否顺畅、效果是否良好等;外部环境则是与少数民族档案文献遗产活化保护密切相关的政治、经济、社会、文化等环境因素,影响着少数民族档案文献遗产活化保护价值共创的方式选择和成果形式。

第三节　基于价值共创的少数民族档案文献遗产活化保护的实现路径

依据前文的分析,笔者试图从少数民族档案文献遗产活化保护的主体、客体、方法和环境四个方面,依据价值共创的流程方法,构建潜在利益相关者之间的价值共创实施框架,如图7-5所示。

一　基于主体要素的少数民族档案文献遗产活化保护的价值共创路径

主体这一概念从哲学层面可以理解为"有头脑、能思维的从事社会实践活动和认识活动的个人和社会集团"[①]。余要火曾言:主体是管理实践能动的主导因素,是管理活动的构成者,管理职能的履行者,更是管理本质的体现者[②]。少数民族档案文献遗产活化保护是一项涉及多要素、多环节的复杂系统工程,其主体即价值共创主体是贯穿于整个活化保护过程的能动要素。基于前文分析可以发现,少数民族档案文献遗产活化保护呈现多维度、多元化、动态性等变革趋势,加之其固有的分散保管

[①] 《马克思恩格斯选集》第1卷,人民出版社1995年版,第47页。
[②] 余要火:《管理主体的系统思维》,《系统辩证学学报》1994年第2期。

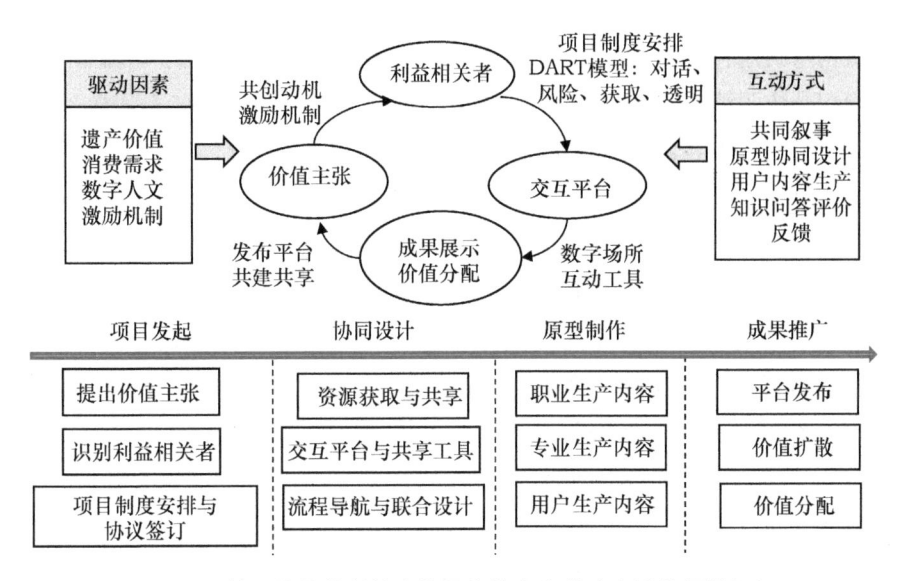

图 7-5　基于价值共创的少数民族档案文献遗产活化保护框架

特性及由此引致的保护水平参差不齐等现实困境，依靠单一主体力量难免在提升保护质量和效率方面力不从心，亟须形成集合多元主体力量的"同频共振"的大保护格局，才能有效破解保护行动碎片化、保护目标瞄准偏差等困局。正因为如此，基于主体要素维度探寻少数民族档案文献遗产活化保护的价值共创路径，其实质在于如何扭转单一保护主体为主导的实然局面与多元主体协同保护的应然状态之间的偏差[①]，实现保护主体的合理布局及保护资源的优势互补。具体而言，需要在厘清现有保护主体间关系的基础上，纳入公众参与，构建价值共创社群。

（一）厘清活化保护主体职责及互动关系

调研显示，文化事业机构、政府部门、高等学校与科研机构、非政府组织、媒体单位开展少数民族档案文献遗产活化保护的主要目的为文教宣传、科学研究、档案文献编研、档案文献保存、档案文献数据组织与数据库建设等。合作的主要渠道为共同举办展览、开展联合研究与合作编研、

---

① 戴旸：《应然与实然：对我国非物质文化遗产建档主体的思考》，《档案学通讯》2014年第4期。

制作宣传片、建设专题数据库。合作的方式主要为少数民族档案文献遗产保管机构与其他利益相关者合作和少数民族档案文献遗产活化保护利益相关方自组织合作两种模式。少数民族档案文献遗产保管机构在合作过程中，主要发挥"发起、主导合作项目""参与数据组织与共同开发""提供少数民族档案文献遗产数据资源"三种作用。

我国少数民族档案文献遗产保管机构与文化事业单位、政府部门、高等学校与科研机构、非政府组织、企业、媒体因分别具备数据资源优势、管理职能优势、研究能力优势、组织协调优势和传播媒介优势，因而在少数民族档案文献遗产保存、组织、开发与传播中自发进行"优势资源互补式"合作。在合作过程中，上述参与方均在取得工作业绩的同时促进了少数民族档案文献遗产内容的开发与传播，可以视为共同创造了"价值"。

少数民族档案文献遗产活化保护的合作主体与合作关系如图7-6所示。从活化保护资源流动与能量交换的视角看，当地政府及有关部门主要提供政策引导和项目与资金上的支持；少数民族档案文献遗产保管机构提供活化保护资源、技术和专业人员；相关文化事业单位提供相关的文献资源与开发技术；高等学校与科研机构提供智力与技术支持；媒体提供传播媒介；相关企业提供资金与场地；非政府组织提供组织协调、智力支持；等等。

值得注意的是，少数民族档案文献遗产活化保护的现有合作并没有形成统一的行为规范，多为小规模的、偶然的合作。合作伙伴中社会公众的缺失，使少数民族档案文献遗产活化保护缺少了对用户需求的理解。此外，合作的缺失使得开展跨民族、跨机构、跨学科活化保护合作没有一个开放的交互场所与协同创新平台。此外，在当前合作关系中，政府与政府部门的合作形式多为政策引导与项目支持，具有一定的管理与监管职能。因此，需明确这一活动中所涉及的利益相关者及其角色定位。在此，笔者将上述多元主体划分为政府主体、保管主体和其他主体三大类，分别厘清其职能定位。

1. 政府部门

政府部门肩负着保护好、传承好、发展好少数民族档案文献遗产的

第七章 基于价值共创的少数民族档案文献遗产活化保护

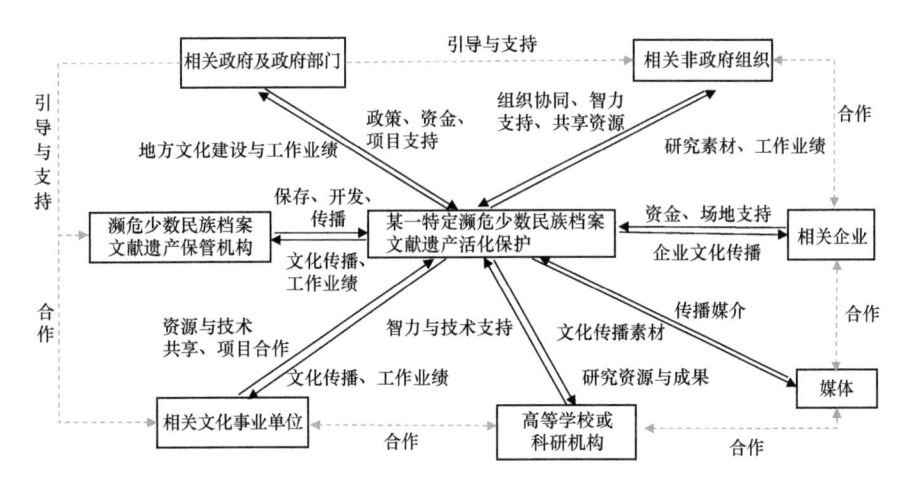

图 7-6 少数民族档案文献遗产活化保护合作主体间关系

重任，掌握着少数民族档案文献遗产保护政策规范制定、保护项目立项审核、保护资源统筹调配等权力。在少数民族档案文献遗产活化保护过程中，政府主管部门负责顶层设计与实施、保护政策制定与推行、保护过程监督与检查等，是少数民族档案文献遗产活化保护的领导者；财政部门等政府相关部门，主要提供政策性支持、宏观性保护指导或资金支持等，引导和保障少数民族档案文献遗产活化保护工作的顺畅开展。具体而言，政府主体可以借助于多种行政手段实现对少数民族档案文献遗产活化保护行为的引领、指导、监督、协调等，如制定专门性政策法规和标准规范，为档案文献遗产活化保护工作开展提供政策引领和政策支撑；协调与监督各类少数民族档案文献遗产保管机构，促进各级各类档案馆、图书馆、博物馆等保管机构的协调与合作；为少数民族档案文献遗产活化保护工作提供保护资金；等等。

2. 保管机构

官方保管机构作为少数民族档案文献遗产活化保护的核心实施主体，是少数民族档案文献遗产活化保护工作开展的主导性力量。我国少数民族档案文献遗产数量浩繁、种类众多，广泛分散于各级各类档案馆、图书馆、博物馆等机构中，这些官方保管机构不仅承担着少数民族档案文献遗产的收集、整理、保存、利用和传播等管理职能，同时也肩负着安全保管、科学保护少数民族档案文献遗产的责任。具体而言，各类档案文献遗产保管机构为了提升少数民族档案文献遗产活化保护的成效，需要对整个保护过程进行宏观把控和统筹规划，以国家出台的相关政策法规为依据制定覆盖保护工作整体的具有操作性的保护制度、标准等，为少数民族档案文献遗产活化保护的实施奠定坚实基础；深入具体的少数民族档案文献遗产活化保护过程中，对各保护环节加以规范；调研机构内部少数民族档案文献遗产活化保护能力现状及提升诉求，通过组织保护经验交流、参观学习及人才培训等形式多样的活动，促进少数民族档案文献遗产活化保护工作的可持续发展。

3. 其他参与主体

科研机构、企业、社会组织和社会公众是少数民族档案文献遗产活化保护工作的重要参与主体，以各自优势在该工作中发挥着重要的作用。开设档案保护、古籍保护或文物保护等专业的高等院校、研究机构，因具有明显的学术资源优势和专业知识积淀，而在少数民族档案文献遗产活化保护过程中扮演着智力支持者的角色，可以为整个保护过程的顺畅推进建言献策并提供专业化帮助[1]；企业是少数民族档案文献遗产活化保护的技术支持主体，主要以保护技术和保护服务提供者的身份参与少数民族档案文献遗产活化保护过程，凭借其在数字化处理与保存、数字仿真复制等方面的技术优势助推少数民族档案文献遗产活化保护成效的提升；社会组织是少数民族档案文献遗产活化保护的协调支持主体，如中国古籍保护协会等社会组织具有公益性、非营利性、自治性和志愿性等特征[2]，是连接政府部门和社会公众的纽带，在少数民族档案文献遗产活化保护过程中发挥着平衡、协调和缓冲的作用[3]，除致力于少数民族档案文献遗产活化保护事业之外，还有助于提升整个社会的保护意识和整体保护水平；社会公众是少数民族档案文献遗产活化保护的志愿支持主体，在享用少数民族档案文献遗产活化保护成果的同时也可以以志愿者的

---

[1] 饶圆：《我国少数民族民间档案保护主体研究》，《档案学通讯》2017年第4期。
[2] 饶圆：《我国少数民族民间档案保护主体研究》，《档案学通讯》2017年第4期。
[3] 周耀林、姬荣伟：《我国档案馆安全协同治理机制研究：巴西国家博物馆火灾后的思考》，《档案学研究》2018年第6期。

身份参与到保护过程之中,如上海图书馆开展的"盛宣怀档案知识库平台项目",社会公众即以志愿者的身份参与到盛宣怀档案的抄录环节中①。

(二) 构建社会公众参与的价值共创社群

将社会公众纳入少数民族档案文献遗产活化保护中,主要是为了鼓励社会公众主动提供文化创意和体验反馈,作为"兴趣型伙伴"将自身对少数民族档案文献遗产的认知理解、潜在知识、生活记忆、文化需求、利用体验作为少数民族档案文献遗产适应不断变化的文化生态环境的一种途径,调整少数民族档案文献遗产本体与数据的组织与呈现方式。社会公众全程参与活化保护的规划、设计与部署,而非在活化保护的最后阶段"被动"接收档案文献文化服务与档案文献文化产品。在公众参与价值共创过程中,政府部门需要适应与少数民族档案文献遗产保护相关的利益方之间的平等合作关系,学习创新与适应动态环境的能力,接纳企业、非政府组织、社会公众等利益相关者在文化建设中的主体地位,甚至将公众置于少数民族档案文献遗产开发工作的核心位置,以社会公众为中心创造多元价值,提升公众在少数民族档案文献遗产活化保护中的作用,见表7-7②。

表7-7　　　　公众在少数民族档案文献遗产活化保护中的作用

共创阶段	价值共创方式	对活化保护的作用
规划阶段	提出档案利用需求、活化保护改进建议	服务导向,确定服务对象的需求,纳入活化保护目标与任务
设计阶段	头脑风暴、联合会议、协同设计、参与叙事、技术支持	对少数民族档案文献遗产中蕴含的物质及精神价值进行解码、诠释、补充或重构③,创新少数民族档案文献遗产保护、整理与开发方式

---

① 张轩慧、赵宇翔、宋小康:《数字人文类公众科学项目持续发展阶段的公众参与动因探索:基于盛宣怀档案抄录案例的扎根分析》,《图书情报知识》2018年第3期。
② Torvinen H., Haukipuro L.,"New Roles for End-Users in Innovative Public Procurement: Case Study on User Engaging Property Procurement", *Public Management Review*, Vol. 20, No. 10, 2018, pp. 1444-1464;王学军:《价值共创:公共服务合作生产的新趋势》,《上海行政学院学报》2020年第1期。
③ 林凇:《植入、融合与统一:文化遗产活化中的价值选择》,《华中科技大学学报》(社会科学版)2017年第2期。

续表

共创阶段	价值共创方式	对活化保护的作用
部署阶段	参与具体建设、用户生成内容、提供体验反馈	以多样化、动态、生动的形式呈现少数民族档案文献遗产内容，或生成新的创意内容和衍生产品，使少数民族档案文献遗产由"束之高阁"到"融入生活"

在公众参与的基础上，构建少数民族档案文献遗产活化保护价值共创社群，有助于使临时合作伙伴变为协议合作伙伴，将零散的合作经验变为稳定的合作习惯，通过尽可能多地满足利益相关方的需求，逐步扩大价值共创网络的参与方范围。不同的活化保护任务会形成不同结构、不同范围的合作网络。我国少数民族众多，对于针对某一特定民族的少数民族档案文献遗产的活化保护，可以纳入关联民族的遗产保护专业人士、文化事业单位等相关利益方组成小型的价值共创社区；对于少数民族档案文献遗产的整体活化保护，则需全面覆盖所有少数民族档案文献遗产保管机构，建设大型价值共创社区。

以价值共创为工作理念，建设少数民族档案文献遗产活化保护社群，吸引利益相关者开展联合工作，是一个动态发展的过程。一方面，社群成员并非恒定不变，对于不同的民族或不同内容的少数民族档案文献遗产，社群成员存在不同。另一方面，社群成员的作用并非恒定不变，提供体验反馈的社会公众经过长期的合作锻炼可能变成活化保护项目的核心组织者。

档案文化建设的主体更加多元，方式更加丰富，业态更加完整，多层次多主体的竞争性格局逐渐形成[1]。因此，应保持一个开放和发展的态度，建设少数民族档案文献遗产活化保护社群。具体行动上，可由区域、省域保护中心或省级综合档案馆或其他少数民族档案文献遗产保管机构，先行牵头成立活化保护合作组，通过发起面向社会广泛参与的少数民族档案文献遗产活化保护相关的价值共创项目或活动，例如，开展少数民族档案文献遗产的众包翻译与审核、文创产品联合开发、展览内

---

[1] 胡文苑：《浙江将"档案"纳入公共文化服务保障地方法规》，《中国档案报》2017年12月25日第1版。

容个性化定制等,吸引利益相关者加入活化保护合作组。在活动过程中可以与合作成员签订合作协议,例如,RICHES 项目不仅签订了机构合作协议、个人合作协议和谅解备忘录,赋权利益相关者平等参与权与退出权,保护利益相关者知识产权,还不断改良合作协议的内容,加强项目与合作成员之间的联系。此外,在少数民族档案文献遗产活化保护项目或活动结束后,还可以以产学研相结合的形式,维持合作伙伴之间的合作关系,通过远程合作的形式推进新的价值共创。依据在价值共创中的核心作用,价值共创社群成员可以分为四种类型:组织型伙伴、资源型伙伴、技术型伙伴、兴趣型伙伴,分别在少数民族档案文献遗产活化保护工作中提供组织能力、文献资源、活化保护技术和活化保护创意,见表7-8。

表7-8　　　　　少数民族档案文献遗产保护价值共创社群

类型	示例	作用
组织型伙伴	当地政府、文化局、民委(或民宗局)等与少数民族档案文献遗产保护相关的政府及政府部门	投入政策、组织协调能力、项目、资金
资源型伙伴	保管少数民族档案文献遗产及其相关文化资源的文化事业单位、研究所等组织机构和个人	投入文献遗产及相关文化资源、活化保护技术、人员、资金和场所
技术型伙伴	高等学校与科研机构、遗产保护专业人士等提供智力与技术支持的组织机构和个人	投入科研能力、活化保护技术、知识与设备
兴趣型伙伴	对少数民族档案文献遗产感兴趣,愿意参与相关活化保护工作的组织、机构与个人	投入知识、技能、创意、体验反馈、消费需求

二　基于客体要素的少数民族档案文献遗产活化保护的价值共创路径

我国少数民族档案文献遗产散存于档案馆、博物馆、图书馆、文化馆、研究所等多种类型的组织机构中,各机构对少数民族档案文献遗产进行数字化与数据化的程度不一。部分省市围绕少数民族档案文献遗产开展了收集、整理、数字化与数据库建设。例如,云南省已经成功抢救与保护阿昌族、布朗族、独龙族、基诺族四个特有少数民族档案，建立了以上各民族的档案数据库。虽然少数民族档案资源建设取得一定成效，但尚未实现全面的数据化与专门的保护数据库建设，各省市建成的少数民族专题数据库资源也并未实现共享。部分少数民族档案文献遗产入选国家级与地方级"少数民族档案文献遗产名录"，大部分珍贵的档案文献遗产价值并未得到定级与深入挖掘。整合少数民族档案文献遗产及相关资源，共享与挖掘文献遗产价值，是促成利益相关者价值共创的原始动力，也是实现价值增值的物质基础。

《"十四五"全国档案事业发展规划》提出要"推动档案馆与博物馆、图书馆、纪念馆等单位在档案文献资源共享方面加强合作，相互交换重复件、复制件或者目录等"[1]，推进跨馆的档案信息资源共享平台建设，加大各个馆藏的档案资源开发力度，这为加大少数民族档案文献遗产资源整合、资源互换与开发合作提供了政策规划层面的支持。少数民族档案文献遗产资源整合与价值分析可以从三个方面落实：

一是借鉴古籍普查、文物普查等遗产普查的经验，对有待保护与传承的少数民族档案文献遗产进行普查、整合，加速少数民族档案文献遗产数字化与数据化进度，为活化保护提供物质基础。

二是基于在建的"全国档案查询利用服务平台"，将少数民族档案文献遗产数字化资源整合到全国少数民族档案文献遗产资源数据库中，并对少数民族档案文献遗产的实体属性、内容属性、保护属性、价值属性等元数据进行识别和著录。在此过程中，活化保护价值共创社群的成员，可以通过签订合作协议的方式，使用少数民族档案文献遗产资源数据库，开展少数民族档案文献遗产远程传递与互借，使得少数民族档案文献遗产相关的数据和资源能够在确保知识产权和使用权的前提下进行共享与交换。

三是结合具体的活化保护社会环境背景与目标用户需求，设计少数民族档案文献遗产价值分析方法。例如，从内容、来源、产生时间、类

---

[1] 中华人民共和国国家档案局：《中办国办印发〈"十四五"全国档案事业发展规划〉》，[2020-08-27]，https://www.saac.gov.cn/daj/toutiao/202106/ecca2de5bce44a0eb55c890762868683.shtml。

型、外形特征、完整度等方面解释档案文献遗产价值内涵，使活化保护的利益相关者全面、深入理解少数民族档案文献遗产的内容、背景与意义，有的放矢、因地制宜开展活化保护规划。少数民族档案文献遗产的文化内涵与价值评估需要结合具体的活化需求与场景进行确定，例如，彝族档案文献遗产分为彝族档案文献书法和内容两个方面，其中，彝族档案文献书法作为一种非物质文化遗产得到保护与传承，彝族档案文献内容作为一种档案文献遗产得到抢救、保护与传承。少数民族档案文献遗产活化保护项目的规划者可以采用项目任务的逻辑顺序来生成和收集关于少数民族档案文献遗产价值的知识，综合活化保护项目利益相关者的意见，使用文化经济学分析方法进行评估，或开展小组讨论分析少数民族档案文献遗产对特定活化保护项目的意义与作用，为协同设计活化保护方案提供依据。

三　基于方法要素的少数民族档案文献遗产活化保护的价值共创路径

黑格尔认为，"在探索的认识中，方法也同样被列为工具，是站在主观方面的手段，主观方面通过它与客体相关"[1]。从本质上讲，方法也就是人们对客观规律的认识向主观应用方面的转化，即理论观点在认识问题和解决问题时的应用[2]。通俗地讲，"方法"可以视为人们达到某种目的的途径、手段和方式的总和，也即人们从事精神活动和实践活动的行为方式[3]。鉴于此，少数民族档案文献遗产活化保护方法是激活少数民族档案文献遗产所采取的途径、手段和方式的总和。

在实际的少数民族档案文献遗产活化保护过程中，由于少数民族档案文献遗产本身就极具独特性，加之其多元载体共存互补、保存条件千差万别、内外环境不断变革，其形成的活化保护需求则具有专门性、个性化、差异化等特征，这就使得与之相适配的保护方法既不能"照搬照抄"，也不能"一招鲜"，而是应在因地制宜的基础上，多措并举，打出

---

[1] ［德］黑格尔：《逻辑学（下卷）》，杨一之译，商务印书馆1976年版，第532页。
[2] 关西普、玉志尧主编：《软科学概要》，科学技术文献出版社1991年版，第23页。
[3] 温秀颖：《翻译批评：从理论到实践》，南开大学出版社2007年版，第167页。

"组合拳"。正因如此，从保护方法要素维度探寻少数民族档案文献遗产活化保护的价值共创路径，也就是需要从活化保护流程、活化保护交互平台与工具等方面分析少数民族档案文献遗产活化保护过程中利益相关者交流互动与价值共创方法。

(一)"自下而上"发起活化保护项目

我国少数民族档案文献遗产活化保护工作多由地方政府、保管机构发起并完成，社会公众在档案文化建设过程中多为"被动接受型"用户。这与价值共创强调"体验"贯穿"生产"，"服务"引导"生产"的价值创造理念相悖。采用价值共创理念及方法开展少数民族档案文献遗产活化保护，关键是将社会公众，尤其是档案文化消费者的需求、体验、感受作为活化保护工作的关注点，让社会公众和其他利益相关者参与到活化保护的全过程中。

少数民族档案文献遗产数量众多，具有民族特殊性、文化地域性、内容与形式多元化的特征，社会公众等其他利益相关者全面参与少数民族档案文献遗产活化保护并不现实，将少数民族档案文献遗产活化保护工作分解成分阶段、分主题的活化保护任务，以项目和活动的形式鼓励多方参与和互动合作，更契合跨民族、跨机构、跨学科互动合作的工作现状。政府部门、少数民族档案文献遗产保管机构、社区、企业、社会公众均可以发起少数民族档案文献遗产活化保护项目和活动，通过兴趣驱动、价值驱动，吸引社会公众和利益相关方参与活化保护工作。笔者调研的#iziTRAVELSicilia项目、RICHES项目和Discovering ANZACS项目均采用项目的形式，实现了利益相关方的聚集与合作。政府机构、高等学校、非政府组织、企业可为活化保护项目或活动提供资金支持，参与项目和活动的成员作为合作伙伴，签订合作协议，分享资源、知识、技能、创意，并共享活化保护成果。活化保护项目和活动的过程与成果，可以使利益相关者产生对少数民族档案文献遗产的"认同感"与"责任感"，并吸引更多的利益相关者加入合作组或关注工作组的行动，不断扩大少数民族档案文献遗产活化保护社群。

(二)将价值共创方法纳入活化保护流程

价值共创流程分为"项目发起—协同设计—原型制作—部署实施"

四个步骤,前两个为物质与创意的输入,后两个为物质与创意的输出。在这个流程中,活化保护的四个关键要素依据价值共创流程进行能量交换与协同设计,分别为活化保护主体,即与少数民族档案文献遗产相关的多个利益方,相关利益方依据DART模型(包括企业和消费者双方平等对话交流、获取企业信息、评估潜在风险、实现信息透明)进行平等互动;活化保护客体,即少数民族档案文献遗产本身及其价值,是开展活化保护与实现价值增值的物质基础;活化保护方法,即实现利益方进行平等对话、获取资源、协同设计的交互平台、互动机制、数字工具等;活化保护环境,即少数民族档案文献遗产开发的政策、制度、文化产业、文化消费需求等背景,是开展少数民族档案文献遗产活化保护的社会情境。

在项目发起阶段,需要确定某一特定活化保护工作的目标与使用场景,发起少数民族档案文献遗产活化保护相关的项目或活动,基于共同的价值追求,调动利益相关者参与价值共创的动机,从而形成档案价值共创社群。其中,驱动利益相关者广泛参与的因素包括:通过技术赋能、创意开发等方式助推少数民族档案文献遗产价值增值;通过活化保护满足公众文化消费需求,改进档案文化服务体验与文化产品质量;完成国家和地方文化战略对少数民族档案文献遗产保护与开发的要求等。项目发起阶段活化保护活动包括:开展少数民族档案文献遗产征集、抢救、修复、内容翻译、数字化与保护数据库建设,组织少数民族档案文献遗产线上线下展览与联合直播,拍摄少数民族档案文献遗产及相关文化内容的纪录片,开展少数民族档案文献遗产的联合编研等。

在协同设计阶段,主要是参与任务的利益相关方,通过互动界面或约定的互动机制,共同设计少数民族档案文献遗产活化保护方法,最终形成多方满意的活化保护方案或产品原型。在该阶段,创意方案更多地体现在概念和设想层面,可以借鉴#iziTRAVELSicilia项目、RICHES项目和Discovering ANZACS项目中采用的价值共创方式,采用签订合作协议、合作方开展联合会议与头脑风暴、协同设计活化保护原型、利益相关方利用共创平台生成与少数民族档案文献遗产相关的文化创意内容等方式,开展活化保护工作。此外,还可以在确保少数民族档案文献遗产真实性与完整性的基础上，以用户体验和文化消费需求为导向，设计档案文献文化服务与文化产品，使少数民族档案文献遗产能够与公众文化需求进行结合。

在原型制作阶段，基于上一阶段提出的活化保护方案，制作少数民族档案文献遗产活化保护文创产品或可视化文化服务的原型，供用户体验并收集反馈意见。少数民族档案文献遗产活化保护的原型需要重点关注遗产专家、档案保护专业人士和用户的意见，包括且不限于：设计方案为长期保存少数民族档案文献遗产提供的帮助、用户使用该创意设计的动机、用户如何使用该设计方案设计的产品和服务、可以达到什么效果、不同类型的用户是否需要制定不同的服务方案和产品、设计的服务和产品是否对遗产本身造成伤害以及设计的服务和产品还需要做出哪些改进等[1]。此外，还需依据用户体验反馈和专家意见，调整、改进少数民族档案文献遗产活化保护设计方案。

在成果推广阶段，经过对活化保护原型方案的改进，形成明确的活化保护方案。利益相关者依据最终方案分工实施，共同完成活化保护项目，并对活化保护成果进行广泛的展示与传播，即将少数民族档案文献遗产以文化信息服务、文化产品、文化交互体验、文化教育等多样化的形式传递给档案文献利用者。活化保护项目结束后，参与项目的合作伙伴可以对项目过程与成果进行自我评估并提出改进意见，以此巩固、强化合作关系，扩大合作网络。

(三) 搭建交互平台与交互工具

少数民族档案文献遗产活化保护交互平台，既是资源型平台，也是业务型平台。该平台是利益相关方实现协同设计的互动界面，也是价值共创成果的展示窗口。对于没有足够人力、技术开展少数民族档案文献遗产活化保护的机构，可以在该交互平台上发布活化保护项目计划与需求，遗产保护专业人员、高等学校与研究机构、企业、社会公众可以通过平台提供资源内容、创意方案和技术支持。交互平台可以依据民族、活化保护客体内容、活化保护方法等方式发布项目计划，以便少数民族

---

[1] Riches Resource, "Background-Research", [2021-09-21], https://resources.riches-project.eu/research/interactive-showcase/background-research/.

档案文献遗产活化保护相关利益方能够快速找到感兴趣的内容，在平台聚集并开展协同设计。少数民族档案文献遗产活化保护交互平台的建设，为少数民族档案文献遗产管理机构开展保护与开发利用提供了征集意见的界面，跨机构、跨学科、跨民族的专业人员、用户、设计公司等可以在该平台分享知识、技能、创意，并依托活化保护项目计划获取利益。

总之，项目驱动的交互形式，为价值共创项目提供了具体目标、任务、背景环境，可以提供有针对性的活化保护方案，并形成非正式的合作组织。对于最终协同设计的活化保护方案，少数民族档案文献遗产活化保护项目的发起方应与多个合作方签订合作协议，并确定共创价值的分配方案。具体实践中，文化遗产领域价值共创平台提供了参考，见表7-9。

表7-9　　　　　　　　文化遗产保护代表性项目价值共创平台

案例	动机	主体类型	价值共创平台功能
#iziTRAVEL Sicilia项目	鼓励并指导社会公众以"故事叙述"的形式生成文化内容，文化遗产相关管理机构对公众叙述的与文化遗产相关的故事进行审核	社会公众、博物馆等文化遗产管理机构、政府、社区等	不同规模博物馆馆藏和不同地域文化遗产旅行路线在一个平台的集中展示，借助3D建模、语音导览、虚拟现实等信息技术建立了线上的智能文化遗产社区。 促使博物馆通过和社区、用户、政府、文旅运营商、文化机构及其他利益相关者的合作创建博物馆语音导览和语音旅游。 公众可以免费发现文化场所及相关文化资源与地理背景，开发在线历史遗产项目，通过上传和管理图文、音视频自生成文化内容，创建多媒体语音导览的创造空间。 仅提供内容管理界面，包括视觉支持、虚拟旅游、视频和3D虚拟重建，平台内容由用户生成，知识产权也归内容生成者所有。内容创造者和使用者均免费，它逐渐发展成全球重要的自下而上的叙事平台

续表

案例	动机	主体类型	价值共创平台功能
RICHES 项目	探究欧洲传统的工艺知识和技能的复兴	文化机构、公共行政部门、国家和地区当局、文化创意中小型企业、人文社会科学研究中心和其他相关项目、民间组织和私人利益相关者等	互动展示以及合作机构 Waag Society 专门为遗产专业人士开发的用于价值共创的网站与工具包，包括：共创导航器（Co-creation Navigator），以地图的形式引导利益相关者完成从准备到执行的共同创造的不同阶段；头脑风暴工具包：借助"游戏管理说明"指导参与者完成交互对话，在电脑桌面设置对话框，辅助可视化表达创意的"画布"，显示头脑风暴内容的协作联系卡等
Waag 未来遗产实验室	致力于创新馆藏互动装置、遗产的数字应用和遗产开发工作方法	未来遗产实验室、艺术家、研究人员、博物馆和档案馆、参观者等	动态文档：与 Imagine IC、Reinwardt 学院等合作开发的一种让参观者围绕所展示对象和主题的"情感网络"创建标题的工具，允许参观者表明对展品和环境的感觉、联想、意见和兴趣。共创导航器（Co-creation Navigator）：包含共创流程及流程中可采用的共创方法和工具。例如，价值观树——共享价值观，目标排序——预设目标的优先级设置，连接圈——可视化组织与目标之间的距离或步骤，人物角色——识别利益相关者类型，利益相关者信任图——利益相关者简介及相互关系，感知图——可视化利益相关者（含用户）的需求，可视化思维导图——项目/案例的解决方法，电子邮件服务——与在线共创社区分享相关信息，故事板——深入了解参与者体验，故事拼图——参与式布置问题和故事，快速原型制作——快速构建原型并立即分享改良，增强现实（AR）、虚拟现实（VR）和虚拟角色，使遗产的有形元素和无形元素（仪式和事件）可以被可视化展示
MOMCA 协作编辑平台	虚拟整合的数字档案文献的协作开发	国家档案馆、社会公众等	浏览与搜索，导入数据共享文档，使用 EditMOM3 保存和编辑文档，创建地点、人员、关键词等索引，注释图像区域（将编辑器中的描述与图像区域关联链接），提取并操作图像片段和集合，创建个人收藏，管理元数据，翻译系统消息

对于文物、艺术展品、非物质文化遗产等与用户之间交互性较强的遗产类型，共创平台主要发挥利益相关者力量改良文化遗产内容的呈现方式，再生成文化内容。而对于少数民族档案文献遗产等文本式遗产内容，共创平台主要发挥利益相关者力量参与文本、图像注释与编辑、档案文献叙事、情感表达和服务体验评价。此外，共创平台还对参与流程、参与节点、参与人、参与内容等过程性信息加以记录和保存，以明确利益相关者责任、知识产权和知识收益。

综合上述分析，少数民族档案文献遗产活化保护交互平台不仅需要为遗产专业人员、设计师、保护技术人员、学者、社会公众提供分享、开发、构建少数民族档案文献遗产的交互工具，也需要嵌入平台用户之间交流沟通以及联系设计的界面与工具，促进少数民族档案文献遗产资源、知识、创意的分享与再造，实现跨机构的少数民族档案文献遗产资源整合以及利益相关者之间的无障碍沟通，以及知识、创意、技术、资源在交互平台上的交换与流动。以前述文化遗产活化保护三个案例使用的交互平台为参考，少数民族档案文献遗产活化保护交互平台至少需要建立"人—资源"交互和"人—人"交互两类交互工具。其中，前者主要以实现资源的聚集与整合为目标，后者主要是服务共创流程的实施，见表7-10。

表7-10　　　　　少数民族档案文献遗产活化保护交互工具

类型	功能
"人—资源"交互工具	用户分析、处理、建构少数民族档案文献遗产及相关资源的各类工具，如少数民族档案文献遗产相关文化资源的征集、补充、鉴定与共享，少数民族文献的翻译与语音表达，资源内容的组织与标注，用户生成内容的上传与分享，文本、音视频编辑等
"人—人"交互工具	用户之间发起任务、及时交流、协同设计、价值分配的各类工具，如项目（活动）发起、在线会议（语音+视频）、项目讨论组，文化创意方案协同设计，用户评论，个人账号等

四 基于环境要素的少数民族档案文献遗产活化保护的价值共创路径

现阶段，我国少数民族档案文献遗产活化保护工作不仅面临着资源共建共享标准缺失、技术与经费投入不足、人才队伍建设薄弱等现实困境，同时也因其归属公共文化保护的"惯性思维"而致使多元社会主体参与动力不足。唯有充分释放各类环境因子活力，营造良性的发展环境生态，才能促进少数民族档案文献遗产活化保护事业的稳健运行与可持续发展。具体而言，少数民族档案文献遗产活化保护价值共创网络的建设与发展需要法律、政策、制度和社会环境的保障。

（一）法律与政策环境

少数民族档案文献遗产活化保护需要国家层面的政策和法律保障，以号召我国文献遗产领域的组织机构、社会团体和个人关注少数民族档案文献遗产活化保护价值共创平台，并持续性地采用该平台开展活化保护工作。

近年来，我国大力发展文化建设，致力于讲好"中国故事"，树立文化自信。在国家发展规划的引领下，《档案法》以及《"十四五"全国档案事业发展规划》均将档案开发利用作为重要任务，并在法律和政策上支持少数民族档案文献遗产资源开发共享与多元主体价值共创。其中，《档案法》规定"国家推进档案信息资源共享服务平台建设，推动档案数字资源跨区域、跨部门共享利用""国家鼓励社会力量参与和支持档案事业的发展"等法律条款；《"十四五"全国档案事业发展规划》要求"推动档案馆定期通过网站或其他方式公布开放档案目录，稳步推进开放档案全文在线查阅""积极促进与共建'一带一路'沿线国家档案领域合作，大力推动以档案为载体的中华文化走出去"[1] 等。这些都表明少数民族档案文献遗产作为我国重要的文化资源，"用起来"是其征集和保护的最终目的，"共同开发带动共同保护"是提高其文化影响力的必由之路。

---

[1] 中华人民共和国国家档案局：《中办国办印发〈"十四五"全国档案事业发展规划〉》，[2020-08-27]，https://www.saac.gov.cn/daj/toutiao/202106/ecca2de5bce44a0eb55c890762868683.shtml。

在国家法律和政策的引导下，我国民族地区综合档案馆等少数民族档案文献遗产保管机构也对少数民族档案文献遗产活化保护价值共创进行了规划部署，并更加清晰地指出了少数民族档案文献遗产活化保护的合作对象与建设任务。以新疆为例，《"十四五"新疆维吾尔自治区档案事业发展规划》明确提出要推动档案馆与博物馆、图书馆、纪念馆等在档案文献资源共享方面加强合作，同时还要求加强部门协同、区域协同、行业协同，支持社会力量参与档案事务，积极推进建立广泛、多元、高效的档案合作模式，鼓励社会力量参与和支持档案事业发展，引导社会资金投入档案科研创新领域等要求，这说明文化事业单位的数字资源、高等学校的智力资源、系统内同行的经验资源，社会力量的资金均是少数民族档案文献遗产活化保护需要吸纳的共创资源，也是少数民族档案文献遗产保管机构识别利益相关者的途径。

（二）制度环境

少数民族档案文献遗产活化保护需要国家和机构层面的制度保障，以确保利益相关者能以互利共赢的形式创造档案价值，并维护价值共创活动的可持续性。目前，无论是国家公共文化云，还是国家文化大数据建设等国家层面的文化建设项目，均有明确的主导机构牵头多元主体之间的合作，组织利益相关者开展制度设计和制度安排。虽然省市级政府、党委宣传部门牵头组织了部分地区少数民族档案文献遗产活化保护价值共创项目或活动，但尚未设置国家层面的主导机构来统筹少数民族档案文献遗产的开发。

由于少数民族档案文献遗产活化保护对民族语言文字理解、知识组织等数据分析技术以及少数民族历史、宗教与民俗方面的知识储备存在较高要求，单纯依靠社会力量自发地参与少数民族档案文献遗产开发利用不足以激活我国数量庞大的馆藏少数民族档案文献遗产。因此，我国少数民族档案文献遗产数据资源的整合与价值共创，需要国家层面确定牵头机构，制定跨机构协同制度，明确数据交换与共享技术标准，划定利益相关者的准入机制，以保障少数民族档案文献遗产活化保护价值共创活动的具体实施。

（三）社会环境

组织在经济活动中的行为和绩效是其所嵌入的外部社会网络关系相

互作用的结果①。与组织经济活动类似,少数民族档案文献遗产价值实现依赖于少数民族档案文献遗产保管机构与外部社会网络关系的交互。Walrave 认为企业创新生态系统中网络关系的构建,会经历跨界合作初期的技术桥接,到中期的市场接入,再到最后技术与市场耦合的价值共创三个阶段②。将少数民族档案文献遗产价值共创网络类比创新生态系统中的网络关系发现,少数民族档案文献遗产保管机构需要与利益相关者在技术上相互连接,在服务用户需求上共同合作,并借助平台实现技术和服务的耦合。其中的利益相关者包含政府部门、保管机构、用户、企业、相关文化事业单位等行为主体,也包含政策、法规、制度等与少数民族档案文献遗产活化保护相关的非人为因素。

在此,需要将少数民族档案文献遗产活化保护相关的人为因素和非人为因素都映射为价值共创网络中的一个节点,在价值共创中发挥"行动者"的作用。而"行动者"之间通过互相认同、互相沟通、互相依存,共同促进少数民族档案文献遗产的内容被更多"行动者"认同、理解、传播、传承,共建少数民族档案文献遗产文化生态系统。这意味着少数民族档案文献遗产活化保护,需要跳出"少数民族档案文献遗产—保管机构—用户"的三角关系,而是通过少数民族档案文献遗产的内容价值和网络传播,构建多节点连接互动的社会网络。

1. 节点连接—利益相关者之间的关系嵌入

节点连接需要少数民族档案文献遗产价值共创利益相关者之间形成资源、技术、资金、人才等方面的流动、交互和连接。识别少数民族档案文献遗产保管机构的自身优势和劣势,并寻求相关组织、机构、团体和个人的资源投入,通过签订合作协议或借助价值共创平台注册用户在线整合资源,是少数民族档案文献遗产活化保护利益相关者构建价值共创网络的主要路径。以 RICHES 项目为例,该项目认为,欧洲传统的工艺知识和技能不仅被作为需要保护的文化实例,而且是刺激创造力的重

---

① Granovetter M., "Economic Action and Social Structure: The Problem of Embeddedness", *American Journal of Sociology*, Vol. 91, No. 3, 1985, p. 481.

② Walrave B., Talmar M., Podoynitsyna K. S., Romme A. GL., Verbong GP. J., "A Multi-Level Perspective on Innovation Ecosystems for Pathbreaking Innovation", *Technological Forecasting & Social Change*, Vol. 136, No. 5, 2018, p. 103.

要驱动力。为了促进欧洲传统工艺、知识技能的复兴，该项目采取了价值共创的组织模式，积极寻找文化机构、公共行政部门、国家和地区当局、文化创意中小型企业、人文社会科学研究中心和其他相关项目作为RICHES项目的合作伙伴，通过分享经验和意见反馈，建立文档标准和指南，寻求最佳实践和政策协调。RICHES项目采用问卷、调查、研讨会、会议等方式与合作伙伴进行沟通，并将上述方法作为将知识从项目转移到决策者、项目所有者、文化机构、研究组织、民间社会和私人利益相关者的渠道。表7-2表明，该项目通过合作协议和谅解备忘录的形式与利益相关者建立互助网络。即使项目结束，加入该项目的所有合作伙伴，包括联合体成员和准合作伙伴，也能在项目建立的共同利益网络内继续合作。

具体而言，建立少数民族档案文献遗产活化保护利益相关者关联网络可采取如下路径：

一是政策、制度连接。少数民族档案文献遗产活化保护需要政府部门、档案主管部门在政策、制度、项目规划、评价体系等方面提供支持和支撑。国家、地方档案主管部门作为档案文化政策、档案事业发展规划、档案工作考核的管理部门，通过政策、制度、标准等非人为因素影响少数民族档案文献遗产活化保护工作的开展，作为非人为因素的"代理人"成为少数民族档案文献遗产活化保护价值共创网络的重要节点。

二是资金连接。以档案馆、图书馆、博物馆为主体的少数民族档案文献遗产保管机构，依赖中央或地方政府财政拨款开展保护和开发利用。政府资金作为少数民族档案文献遗产活化保护资金的主要来源，促使中央政府和地方政府成为少数民族档案文献遗产活化保护价值共创网络必不可少的利益相关者。澳大利亚国家档案馆文件数字化资金不足和西雅图国家档案馆险些被联邦公共建筑改革委员会出售的危机均说明，不少国家政府层面并没有对档案工作给予足够的重视和资金支持，提高政府的档案意识并争取政府在少数民族档案文献遗产活化保护资金方面的投入，对少数民族档案文献遗产活化保护至关重要。

三是资源连接。主要指除特定少数民族档案文献遗产保管机构以外的档案馆、图书馆、博物馆、文化馆、科研机构、社会团体、个人，通过相关文献资源共享、提供文献征集渠道等方式参与少数民族档案文献遗产活化保护。

四是技术、知识连接。主要指档案叙事、档案内容可视化呈现、档案文化传播等过程中，高等学校与科研机构、技术公司通过提供历史文化知识、信息技术参与少数民族档案文献遗产活化保护。

五是媒介连接。主要指电视、广播、报纸、新闻网站、社交媒体、视频（短视频）等媒介通过提供传播渠道，共建媒体矩阵等方式参与少数民族档案文献遗产活化保护。

六是人际网络连接。主要指少数民族档案文献遗产活化保护工作人员、用户、感兴趣的社会公众等，通过推荐、转发、关注等方式，参与少数民族档案文献遗产活化保护。

2. 网络构建—利益相关者之间的关系整合

目前，少数民族档案文献遗产活化保护主要依赖馆藏资源，从存量知识中创造价值，较少关注活化保护过程中对利益相关者的整合、维护、扩大以及构建价值共创社会网络问题。实际工作中，少数民族档案文献遗产活化保护本身在不断构建利益相关者网络，不管是档案馆合作的政府部门、文化事业单位、高等学校、企业、媒体、收藏家，还是社会公众，均在吸引利益相关者不断关注少数民族档案文献遗产。进一步连接少数民族档案文献遗产活化保护"伙伴群""用户群"，在利益相关者与少数民族档案文献遗产保管机构合作互动的基础上，促进利益相关者之间的互动交流，持续激发其对少数民族档案文献遗产活化保护的兴趣和使命感，推动利益相关者之间的知识流动和显性化，是政府文化部门和档案馆减少少数民族档案文献遗产活化保护"路径依赖"的一个突破口。构建少数民族档案文献遗产利益相关者价值共创网络，需要档案馆利用馆藏资源整合更多的资源，促进利益相关者之间的互动，具体可采取如下路径：

一是基于文献传递的馆际资源共享联盟。档案馆、图书馆、博物馆的职责划分，在一定程度上阻碍了档案、古籍、纸质文物作为可移动文化遗产在内容上的关联开发。随着少数民族档案文献遗产工程、国家重点档案保护与开发项目、古籍普查、文物普查项目的推行，我国档案、古籍、纸质文物目录数据和全文数据库建设日益完善。数字人文和文化大数据，为档案、古籍、纸质文物及更多类型档案文献遗产目录数据和全文数据的整合与关联开发提供了技术支持和多样化的应用场景。在档案馆、图书馆、博物馆文献遗产数据纵向整合的基础上，推动三馆开放馆藏资源目录数据或全文数据的文献传递、跨库关联检索，有助于档案馆、图书馆、博物馆在少数民族档案文献遗产开发过程中由"价值独创"变为"价值共创"。

二是基于知识社区的社会关系网络。受限于档案文献的开放程度较低以及公共文化服务水平意识较为薄弱，档案馆在用户群体维护方面，尚未形成类似图书馆读者群、爱好小组的用户群体。然而，相同利用需求的用户的交流和互动，有助于隐性知识的无意识创新、传播与显性化[①]。基于科研人员和普通用户检索和利用需求建立的人际之间的弱关系连接，为少数民族档案文献遗产信息知识的传播提供了"网状"中介。建设研究群体和用户群体之间"主题"式的社交渠道，可以为少数民族档案文献遗产活化、创意生产提供知识与信息互补的可能性。对历史文化感兴趣或有需求的社会人主体的"弱联结"是一种可扩散的、隐形的、可激活的价值共创网络，激活这类群体，可以为少数民族档案文献遗产和更广泛领域的文化遗产的活化与传播建立"利益相关者"社群。其中档案馆需要在提供少数民族档案文献遗产检索的同时，围绕珍贵少数民族档案文献遗产相关的热点主题建设交流群和平台式知识社区，不定期地推动少数民族档案文献遗产研究群体或用户群体的知识流动，将隐藏在人际关系中的隐性知识通过互动交流挖掘出来，并应用于少数民族档案文献遗产活化保护。

三是基于交互平台的价值链上下游的整合。少数民族档案文献遗产活化保护包括前期数据资源的征集、整合，中期数据资源分析与描述，后期数据资源的呈现与传播，存在一个相对完整的生产线和价值链。少数民族档案文献遗产价值共创网络，需要面向少数民族档案文献遗产活

---

① Maliranta M., Mohnen P., Rouvinen P., "Is Inter-Firm Labor Mobility a Channel of Knowledge Spillovers? Evidence from a Linked Employer-Employee Panel", *Industrial and Corporate Change*, Vol. 18, No. 6, 2009, p. 1161.

化保护价值链上下游的所有成员,搭建一个资源互换、沟通顺畅的数字平台,以促进价值传递、价值生产和价值传播过程中的创意生产和隐性知识的显性化。由于高等学校、科研机构是少数民族档案文献遗产编研工作中的重要力量,在知识型活化中对少数民族档案文献遗产知识发现和知识体系的搭建起主导作用。因此,可以以高等学校、科研机构为中介,建立少数民族档案文献遗产活化保护知识共享和互利合作的聚集点,促进产学研共生发展。例如,可以以中国档案学会档案文化专业委员会主导,以协会、论坛、工作坊等形式,搭建利益相关者合法合规交流的平台和机制,将相对分散的少数民族档案文献遗产保管机构的管理者、文化企业、文化媒体、兴趣爱好者、民间收藏家、相关专业师生、用户等,通过培训、会议等活动形式,建立合作网络,形成少数民族档案文献遗产价值共同体。在此基础上,引导线下建立互信关系的利益相关者注册少数民族档案文献遗产活化保护知识社区,价值共创平台和公共文化云,开展线上互动交流,共同生产和联合发布成果。总之,以知识平台和数字人文生产工具平台为基础的线上合作,为利益相关者开发少数民族档案文献遗产提供可信可靠的技术工具、软件环境和行动指南,可以凝聚多方力量在线合作完成数字人文产品的生产和发布。

四是基于数字人文的人才联合培养。通过对少数民族档案文献遗产研究领域的关联分析,发现少数民族档案文献遗产研究与艺术学、地理学、历史学、政治学、信息资源管理之间形成了学科渗透,说明少数民族档案文献遗产活化保护具有良好的跨学科价值共创的基础。档案馆除了可以作为爱国主义教育基地,档案人才培养实习基地,也可以作为文史研究、艺术设计、历史遗址保护、政治学研究、民族学研究的教育和实习基地,为师生提供教研资源和场景。师生可借助少数民族档案文献遗产的内容和形式特点开展历史、文化、艺术等方面的研究和创新实践工作。例如,联合历史学、民族学、政治学等专业的师生开展少数民族档案文献遗产活化保护实习项目,推动文史学生懂馆藏,档案馆员懂编研,对少数民族档案文献遗产进行文化再生产。联合艺术学、地理学专业的师生,开展少数民族档案文献遗产文创和展览视觉设计,推动艺术设计和城市景观设计关注档案元素,档案馆员学习艺术审美,对样式雷、中山陵、东巴古籍、邮政档案中的文化元素进行视觉设计。

五是基于协会的文化事务协同。少数民族档案文献遗产是具有较高文化价值的档案，在活化过程中应侧重其文化属性，借助少数民族档案文献遗产的文化知识与图书馆、博物馆、文化馆、青少年宫等文化机构建立公共文化服务行业协会，或与已有的中国文化管理协会等文化领域的协会组织建立合作。"公共文化服务行业协会"依据自身规模，吸纳区域内少数民族档案文献遗产保管机构及利益相关者成为会员，审核会员资质，建立会员间价值共创的行为规则，协调区域内文化资源共享，保障区域内多方文化力量的互动时间与互动空间。协会（联盟）成员通过论坛、会议、社会媒体分享文化建设领域的知识和经验，现场或在线交流以实现互通有无和群体智慧。协会（联盟）主导下的少数民族档案文献遗产活化保护价值共创网络的建设，意味着以档案馆为主体的少数民族档案文献遗产保管机构拥有了本机构所处行业外的一个广义上的文化交流和知识传递渠道，扩大了档案馆等少数民族档案文献遗产保管机构在人际交往上的多样性和可能性，也吸引了更多的群体参与少数民族档案文献遗产评选与推广。

无论是数据资源关联、人际交互网络还是复合型人才培养，总体上看，少数民族档案文献遗产活化保护价值共创网络主要有"资源网络""人际网络""生产网络"三种不同网络类型，见表7-11。资源网络由少数民族档案文献遗产保管机构、团体和个人共建资源云；人际网络由馆员、科研人员、收藏家、师生、用户等个人因业务需求驱动和兴趣驱动进行知识流动；生产网络是由"资源征集、整合—资源分析与描述—资源可视化与发布"为主线串联的利益相关者进行沟通互动和价值共创。其中，资源网络是构建和扩大人际网络和生产网络的前提，人际网络是连接资源网络和生产网络的中介，生产网络从价值生产流程视角推动资源流动和利益相关者流动。基于社会人际形成的价值共创网络成员，往往以"记忆""身份认同""历史文化探秘""科学研究"等个人情感和兴趣为导向建立互动和沟通，以隐性的知识和社会资源为流动内容，是可以无限扩大的价值共创群体。不同于资源网络和生产网络，人际网络没有法律和政策层面的正式合作关系，价值共创成员对于效率、效果、效用的要求相对于正式合作较低。

表7-11　少数民族档案文献遗产价值共创网络聚集类型与特征

价值网络聚集类型	价值共创成员	聚集方式	紧密程度
资源网络（数字资源、资金、人才等关联资源）	政府、少数民族档案文献遗产保管机构、相关文化事业单位、研究人员、学生等	数据库开放数据目录或全文内容关联检索；云平台资源整合；联合培养；教学实习基地等	正式合作
人际网络（社会人际关系网络）	馆员、研究人员、用户等	聚会、交流、培训	非正式合作
生产网络（价值链上下游）	政府部门、少数民族档案文献遗产保管机构、企业、媒体、非政府组织、社会团队、用户等	产学研聚集，嵌入云平台的价值共创模块，用户、职业、专家生产内容	正式合作

3. 网络发展—利益相关者之间的长期交互

除通过数字平台和资源优势互补建立节点之间的连接外，少数民族档案文献遗产保管机构还需保障价值共创网络节点连接的延续性、稳定性、畅通性，促进节点间的连接、节点的外部拓展性，不断扩大少数民族档案文献遗产价值共创网络的密度和广度。

一是形成少数民族档案文献遗产活化保护价值共创网络的规则。少数民族档案文献遗产活化保护价值共创需要横向上的利益相关者的信息与创意沟通，以及纵向上价值链上下游利益相关者的知识溢出与价值共创。除了营造价值共创的文化生态环境，少数民族档案文献遗产活化保护价值共创的重点是在促进利益相关者相互交流和学习的过程中，形成利益相关者均认可的共创规则[1]。这表明少数民族档案文献遗产活化保护价值共创成员需要建立横向与纵向两个方面的资源共享、价值决定和沟通互动规则。

我国少数民族档案文献遗产活化保护价值共创网络的构建，需要国

---

[1] Storper M., "Innovation as Collective Action: Conventions, Products and Technologies", *Industrial and Corporate Change*, Vol. 5, No. 3, 1996, p. 761; Pérez-Alemán P., "Cluster Formation, Institutions and Learning: The Emergence of Clusters and Development in Chile", *Industrial and Corporate Change*, Vol. 14, No. 4, 2005, p. 651.

家政府部门制定政策，甚至设置专门的组织机构协调文化机构之间的数据整合和知识流动，建立文化部门之间价值共创的机制和氛围。具体到少数民族档案文献遗产活化保护，首要的是助推国家档案局、文化和旅游部之间建立更加紧密的合作关系，共同开展历史文化遗产文化价值和公共价值的挖掘和实现。

国家档案局可以借助国家建设文化软实力的时代背景对一定区域内少数民族档案文献遗产保管机构及利益相关者进行联合，构建少数民族档案文献遗产活化保护价值共创网络。

国家档案局联合文化和旅游部等部门，允许将开放少数民族档案文献遗产数字资源纳入国家文化大数据建设，并与其他数字文化资源进行整合、聚类、分析、再生产与传播。同时，借助相关学会和协会的力量，推动跨界合作，扩大少数民族档案文献遗产活化保护价值共创网络。

二是通过新活动、新成果的不断发布维护价值共创网络的活跃度。互动时间与空间、透明度、信任度、互助能力、情感强度是衡量价值共创规则适用性的重要因素，也是少数民族档案文献遗产利益相关者之间联结强度和贡献意愿的重要影响因素。其中，互动时间和空间是指需要为保存少数民族档案文献遗产数据资源、资金、知识、创意等价值共创元素的利益相关者提供足够畅通和充足的沟通时间与场地，包括线上互动的时间和空间以及线下互动的时间和空间；透明度指上述价值共创利益相关者可以真实、完整地分享资源和知识；信任度指利益相关者数据资源的真实性、知识的可靠性、创意的原创性能够被证实和信任；互助能力指参与少数民族档案文献遗产活化保护的组织机构、社会团体、企业和个人具有知识和创意表达、理解和传播的能力；情感强度指利益相关者对少数民族档案文献遗产活化保护的参与感、使命感和兴趣度，以及个人在价值共创网络中对互动方的选择性倾向。这既与少数民族档案文献遗产活化保护的内容和主题相关，也与利益相关者之间的联结紧密度和合作愉悦度相关。这提示少数民族档案文献遗产活化保护需要保证足够的时间、空间、活动频次、互信关系等条件来维持价值共创网络的持续性。

为此，以世界记忆项目国家委员会、中国档案学会档案文化专业委员会、少数民族档案文献遗产学术中心为主体,牵头一定区域的利益相关者开展会议、论坛、工作坊,在统一平台上发布价值共创活动与成果,将彼此的合作网络和合作经验在统一数据平台上进行联展、联动、联创,促进彼此"孤立"的小范围合作网络通过平台力量形成更广泛的合作网络。

我国少数民族档案文献遗产活化保护由"单一"少数民族档案文献遗产的"亮点"展示,转为少数民族档案文献遗产保管机构群体之间的"共生"发展,并带动整个少数民族档案文献遗产领域的利益相关者建立"云连接"。苏州丝绸档案、福建侨批档案等活化成果较为显著的组织机构,可以发挥"示范效应"吸引跨界合作伙伴的资金、创意注入。

三是推动少数民族档案文献遗产活化保护跨界合作。长期以来,少数民族档案文献遗产活化依赖历史文化领域的专家、学者对档案文献内容进行解读和传播,形成了从精英群体向公众群体的文化传播和知识传递路径。

受限于科学研究对档案文献遗产内容和知识的规范表达,以及非营利性文化事业单位相对封闭的文化传播媒体矩阵,公众难以对专家、学者的研究成果、编研著作和规范化叙事产生直接的兴趣,致使少数民族档案文献遗产的内容主要在"档案文化圈""历史文化圈"中流动。Mark S. Granovetter通过观察就业市场信息在人际网络中的传播效率发现人际社会网络中的弱连接更能促进创新知识和新信息的传播和转移[1],这表明学科交界、行业交界处的"边缘人群"的互动,是扩大少数民族档案文献遗产内容和价值传播的重要路径。

不依赖政策、项目、工作和科研业绩驱动的,诸如媒体、企业、非政府组织、社会团体、少数民族档案文献遗产用户、社会公众等在内的群体,可视为少数民族档案文献遗产活化保护价值共创网络的"边缘"组织机构、社会团体和个人,上述群体可以通过跳脱档案传统思维和行为规范的方式对少数民族档案文献遗产及其活化成果进行文化再加工,提供开放式知识流动路径。档案馆、图书馆、博物馆等可以借助少数民

---

[1] Granovetter M. S., "The Strength of Weak Ties", *American Journal of Sociology*, Vol. 78, No. 6, 1973, p. 1360.

族档案文献遗产活化保护利益相关者的关系网络，尤其是学科、行业交界处的"弱连接"，推动少数民族档案文献遗产由精英文化向公众文化、通俗文化拓展。

此外，探索档案界和学术界以外的价值共创路径，意味着少数民族档案文献遗产价值共创网络需要跨界拓展，拓展路径包括且不限于：利用可视化交互场景催生更密集的技术合作网络，即少数民族档案文献遗产保管机构可在技术层面推进人文地理技术融合，建设少数民族档案文献遗产虚拟展厅、爱国主义教育基地等，丰富少数民族档案文献遗产应用场景和交互功能；依托多元化的媒体矩阵催生群转群发的传播网络，如公众号、网页、社交媒体的关联发布以及融媒体宣传团队等；推动少数民族档案文献遗产活化保护价值共创网络与其他文化领域网络边界的融合，利用"价值契合点"实现少数民族档案文献遗产价值网络边缘的外延，如少数民族档案文献遗产与"中国风"艺术设计等；有形互动下的合作设计，即少数民族档案文献遗产价值共创交互平台允许社会公众对少数民族档案文献遗产在线展厅和数字资源的呈现方式、交互功能、展览线路等进行合作设计，如欧盟资助项目 meSch 项目允许艺术设计、信息技术等专业人员和用户共同设计博物馆数字文化遗产的物质交互体验，并设计个性化"参观线路"[1]。

第四节　数字人文场域内少数民族档案文献遗产活化保护的价值共创

数字人文作为一个新型的文理交叉研究领域，正以其蓬勃发展之势为传统人文学科带来理念的创新和方法的变革。档案文献遗产是一种类型特殊且具备独特价值的资源，是数字人文基础设施的重要组成部分[2]，

---

[1] Springer Nature Link,"Material Encounters with Digital Cultural Heritage",[2022-02-11]，https://www.mesch-project.eu.

[2] 刘炜、谢蓉、张磊、张永娟:《面向人文研究的国家数据基础设施建设》,《中国图书馆学报》2016 年第 5 期。

不仅在档案资源驱动型、档案机构主导型、档案相关型等数字人文项目中扮演着重要角色①，其保护与传承方式也深受数字人文影响而迎来了新的发展契机。少数民族档案文献遗产是档案文献遗产家族中独具特色的部分，与数字人文理念、技术和方法相结合同样可以产生巨大张力，有助于激活并释放其潜在的能量和价值。为此，本部分将少数民族档案文献遗产活化保护置于数字人文这一特殊场域中加以综合考量，依托现阶段国内外文化遗产领域广泛开展的数字人文项目，分析如何充分发挥数字人文的赋能作用，助力基于价值共创的少数民族档案文献遗产活化保护的实现。

一 数字人文与少数民族档案文献遗产活化保护的逻辑关联

数字人文肇始于1949年Roberto Busa神父同美国IBM公司合作开展的《托马斯著作索引》编制项目②，大致经历了计算机技术局限性突破的起步阶段③、计算与数据分析技术应用于人文学科研究的巩固阶段、Web环境下的新发展阶段及大数据与云计算技术深度应用阶段④，并伴随着新形式的累积采纳与扩散，在文献与技术的物质文化中不断重叠、创新、深化和发展⑤。数字人文研究常常基于大量档案文献遗产而展开，档案领域主导的数字人文项目更是将档案文献遗产作为研究对象。目前，全球已成立众多数字人文研究中心，而文化遗产与历史档案数字化保护和开发⑥等是这些研究中心关注的重要领域。少数民族档案文献遗产活化保护促进静止的、固化的档案文献遗产以动态的、鲜活的面貌融入现代社会的必要之举，是传统意义上的少数民族档案文献遗产保护在数字

---

① 李子林、许佳欣：《档案在数字人文研究中的特殊性、项目识别及应用》，《山西档案》2020年第2期。
② Hockey S., "The History of Humanities Computing", *A Companion to Digital Humanities*, 2004, p. 4.
③ 饶俊丽：《数字人文的发展演绎：从数字符号到人文向度》，《图书馆论坛》2018年第5期。
④ 龙家庆、王玉珏、李子林、许佳欣：《数字人文对我国档案领域的影响：挑战、机遇与对策》，《档案学研究》2020年第1期。
⑤ 柯平、宫平：《数字人文研究演化路径与热点领域分析》，《中国图书馆学报》2016年第6期。
⑥ 周晨：《国际数字人文研究特征与知识结构》，《图书馆论坛》2017年第4期。

时代背景下的创新和发展。数字人文作为数字技术与传统人文研究相互交融而形成的新型跨学科研究领域，与少数民族档案文献遗产活化保护存在着诸多关联。

（一）赋能：数字人文有助于推动少数民族档案文献遗产活化保护的创新发展

活化一词虽在少数民族档案文献遗产保护语境中鲜被提及，但其内涵意蕴早已体现在档案文献遗产开发与利用的保护实践之中。然而，囿于少数民族档案文献遗产保护载体多样、保管分散、损毁不一、异构复杂、价值多元等特征，以传统的"管"和"用"思想为指导而形成的著录、描述、分类、鉴定、编目、检索、展览等为主要内容的资源管理和开发方式，在成果形式、传播力度、服务效益及保护效果等方面均具有很大的局限性[1]，不仅无法真正盘活、用活少数民族档案文献遗产保护资源，也与实现其创造性转化和创新性发展的时代要求不相适应。数字人文作为现代数字技术与传统人文领域互动、融合而形成的一个新型跨学科研究范式，为少数民族档案文献遗产保护带来了从思维理念到技术工具的全方位变革。

首先，在思维理念方面，数字人文是数字技术与人文学术相遇、融合而形成的一种新型学术模式、组织形式和文化模型[2]，表现为开放、协作、多样、实验的价值特征[3]，与生俱来地蕴含着跨界融合、协同创新及可持续发展等思想内核。科学、合理地引入数字人文理念，将有助于克服少数民族档案文献遗产保护过程中面临的多头管理、资源分散、技术瓶颈等难题，在打破学科边界、弥合行业鸿沟、消解地域藩篱的过程中形成多机构合作共保、多主体协同参与、多元素创新融合的新局面，从而创造出更为广阔的活化保护空间和更多的发展可能。

其次，在技术工具方面，数字人文肇始于工具的创新与方法的变革，在迭代发展中已形成涵盖数字化技术、数据管理与分析技术、可视化技

---

[1] 左娜、张卫东：《数字人文视角下的档案学研究》，《图书与情报》2019 年第 6 期。
[2] 冯惠玲：《数字人文：在跨界中实现交融》，《中国社会科学报》2017 年 12 月 21 日第 8 版。
[3] 赖永忠：《面向数字人文的图书馆科研支持服务研究》，《图书馆工作与研究》2016 年第 10 期。

术、VR 技术、AR 技术等在内的技术体系，并呈现出结构化、可视化、拟实化、智慧化等发展趋向①。正因为如此，数字人文可以为少数民族档案文献遗产活化保护提供强大的工具支持，带来知识单元的细粒度化、知识组织的语义化、知识呈现的可视化等变革②，助力少数民族档案文献遗产实现实体的数字化抢救与修复、内容的深度挖掘与整合、应用场景的虚拟重构及文化价值的多维呈现。

（二）奠基：少数民族档案文献遗产活化保护有助于夯实数字人文的建设基础

数字人文产生于数字技术与人文领域的互动与融合，与文化遗产和文化活动有着天然的内在联系，甚至被有关学者表述为文化领域的一次"新的复兴运动"③。少数民族档案文献遗产是文化遗产的重要组成部分，是档案馆、图书馆、博物馆等机构馆藏资源中的珍品，具有原始记录性、真实可靠性、类别多样性、价值丰富性等特征④，是数字人文研究的无价之宝和重要支撑⑤。少数民族档案文献遗产活化保护传达的是一种以开发促保护的观念，强调以"活态"开发的形式对少数民族档案文献遗产进行解码、诠释、继承和重构，这一过程无疑将有助于进一步夯实数字人文的建设基础，为数字人文研究与实践发展提供资源支持、营造文化氛围。

首先，从资源层面来看，传统的少数民族档案文献遗产保护模式更多地围绕实体层面开展预防性保护、治理性保护和修复等活动，在人才配置与技术投入均不足的情况下，面临着少数民族档案文献遗产数字化及数据库建设水平低等问题，难以为数字人文研究工作提供直接的资源支持。少数民族档案文献遗产活化保护注重遗产本体与信息内容的双重

---

① 刘炜、叶鹰：《数字人文的技术体系与理论结构探讨》，《中国图书馆学报》2017 年第 5 期。

② 刘炜、林海青、夏翠娟：《数字人文研究的图书馆学方法：书目控制与文献循证》，《大学图书馆学报》2018 年第 5 期。

③ 郭晶、王晓阳：《国外数字人文研究演进及发展动向：基于哈佛大学图书馆馆藏相关专著的梳理》，《图书与情报》2018 年第 3 期。

④ 周耀林：《档案文献遗产保护理论与实践》，武汉大学出版社 2008 年版，第 7 页。

⑤ 曾蕾、王晓光、范炜：《图档博领域的智慧数据及其在数字人文研究中的角色》，《中国图书馆学报》2018 年第 1 期。

保护，可以将分散的、固化的、异构的少数民族档案文献遗产资源进行深度挖掘、关联整合和活态呈现，为数字人文提供可资利用的特色化、系统化、高质量的研究资源和实践资源。

其次，从文化层面来看，少数民族档案文献遗产活化保护是引领少数民族档案文献遗产由濒临损毁到焕发新生，由藏于"深闺"到走进公众、由静态保存到活态呈现的过程，可以实现少数民族档案文献遗产价值内涵的深度挖掘、多维展示与广泛传播，同时也将通过吸引社会力量的关注与积极参与反哺档案文献遗产抢救性保护与修复等过程。正因为如此，少数民族档案文献遗产活化保护彰显了人文精神、创新思维和可持续发展的理念，可以为数字人文研究和实践的开展营造浓厚的文化氛围。

（三）共融：数字人文与少数民族档案文献遗产活化保护的共通与交融

从一种进阶的视角审视数字人文，其内容可被概括为数字人文数据库或数据集的建设、人文数字工具的开发和使用、创新人文研究方法和研究范式、人文领域的创新性破坏与建设四个层次[1]。可见，数字人文之于传统人文领域，其影响力已不仅仅局限于技术层面，更多的是随之而来的全新可能性与广阔发展空间。少数民族档案文献遗产活化保护是传统的少数民族档案文献保护模式在数字环境中的创新与发展。数字人文与少数民族档案文献遗产活化保护之间以数字环境为媒介，存在诸多共通与交融之处，呈现出共融的发展迹象。

首先，在理念层面，数字人文体现的是数字技术与人文领域的结合，其内涵实质可概括为数据思维、人文关怀和创新理念三个方面[2]，而少数民族档案文献遗产活化保护同样代表了传统的"固化"式保护模式在数字时代的创新与可持续发展，这正是人文精神在数字时代的回归和彰显。

---

[1] 朱本军、聂华：《跨界与融合：全球视野下的数字人文：首届北京大学"数字人文论坛"会议综述》，《大学图书馆学报》2016年第5期。

[2] 王思婕：《数字人文视阈下档案数字化生存路径的创新思考》，《山西档案》2020年第2期。

其次，在研究层面，将数字人文与文化遗产结合探讨已成为国内外数字人文领域的研究热点和前沿，而其中"文化遗产数字化保护""数字历史项目开发"① 等研究议题恰恰也是档案文献遗产活化保护研究需要关注的重点，为少数民族档案文献遗产活化保护研究奠定了基础。

最后，在实践层面，部分数字人文项目同时也是档案文献遗产活化保护实践的关键环节。例如，"威尼斯时光机"项目在带领人们穿越时空开启千年威尼斯之旅的同时，也实现了古老威尼斯档案文献遗产穿越千年历史长河的今日重现②；嘉兴学院图书馆于 2017 年启动的口述梅州侨批保护项目③，通过收集与侨批档案文献相关的人、事、物等史料，使得形成的侨批记忆更为鲜活和完整，而在这一过程中构建的数字仓储系统以及形成的侨批数字记忆资源可以为相关数字人文项目的开展奠定重要的资源基础和实践前提。这些项目与记忆遗产密切关联，可以为少数民族档案文献遗产活化保护实践提供借鉴和参考。

二 数字人文场域内档案文献遗产活化保护的价值共创要素

相较于少数民族档案文献遗产活化保护的价值共创，融入数字人文场域之后相应的要素构成也会携带上数字人文实践的特征。剖析相关的数字人文项目所反映出的价值共创特征及其要素，可以为数字人文场域内少数民族档案文献遗产活化保护的价值共创、路径探析提供参考。

（一）数字人文场域内档案文献遗产活化保护案例解析

数字人文作为数字技术与人文研究的结合，能够赋予传统人文资源以新的知识谱系和展示模式，有助于实现人文资源的活化和再造④。从"活化"保护的视角审视国内外开展的与档案文献遗产相关的数字人文实践，可将其归纳为三个方面：以数字化保护实现档案文献遗产"起死

---

① 周晨：《国际数字人文研究特征与知识结构》，《图书馆论坛》2017 年第 4 期。
② 董聪颖：《穿梭千年：数字人文对档案信息资源开发利用的影响》，《档案管理》2018 年第 2 期。
③ 李建伟：《内容深度发现下的非结构化数字记忆遗产知识组织：以口述梅州侨批史料保护为例》，《图书馆论坛》2019 年第 4 期。
④ 潘玥斐：《深化数字人文研究》，《中国社会科学报》2019 年 11 月 25 日第 1 版。

回生"、以价值挖掘促使档案文献"开口说话"、以文化传播推动档案文献遗产"走出深闺"。

1. 数字化保护：少数民族档案文献遗产"重焕生机"

少数民族档案文献遗产是少数民族的精神血脉，弥足珍贵却也极为脆弱。面对损毁状态，保护形势十分严峻。原生性保护技术方法因难度大、周期长、风险高等原因在数字时代背景下存在着很大的局限性，因此再生性保护技术方法应运而生。其中，数字化保护的当今国内外广泛使用的技术方法（详见第六章）。

数字化技术以及数字人文实践的发展，为少数民族档案文献遗产保护带来了理念和工具的革新。这除了可以在档案文献遗产本体层面开展损毁原因探测、分析及数字修复之外，还可以借助虚拟现实技术、数据库技术等实现数字复原和数字化长期保存，这在某种程度上发挥着"起死回生"的活化效果，推动少数民族档案文献遗产"数字孪生"。国内外相关项目为少数民族档案文献遗产的"再生"提供了参考。例如，由中国科学院计算机研究所、武汉大学和浙江大学联合开展的"数字敦煌"项目，针对因风化、侵蚀严重而逐渐失去原貌或彻底损毁的敦煌文物，采取3D打印技术、测绘遥感技术等将莫高窟外形、洞内文物和壁画等进行精确扫描和修复还原，并构建由图像、视频、三维数据、文献数据等组成的石窟文物数字化资源库，以数字化长期保存的形式实现了敦煌瑰宝的"青春永驻"[1]；瑞士洛桑联邦理工学院和威尼斯大学合作开展的"威尼斯时光机"项目，以威尼斯国家档案馆馆藏的长达80千米的地图、手稿、专著等档案文献遗产为基础，借助数字化扫描技术、文本识别与自动读取技术、资源组织与关联技术、云服务技术等进行资源汇集、深度挖掘、关联处理和可视化呈现，让在库房中堆积如山、泛黄易碎且艰涩难懂的档案文献遗产焕发了新的生机与活力[2]；侨批档案被誉为"跨国两地书"，承载着独特的华侨文化烙印，但却因销毁、遗弃、虫蛀、霉变等而存在着信封和信笺不符、缺失、

---

[1] 数字敦煌：《什么是数字敦煌》，[2021-05-23]，https://www.e-dunhuang.com/。
[2] 翟姗姗、张纯、许鑫：《文化遗产数字化长期保存策略研究：以"威尼斯时光机"项目为例》，《图书情报工作》2019年第11期。

内容不完整、信息不明确等问题①，汕头市潮汕历史文化研究中心与中山大学历史人类学中心合作建设的"潮汕侨批数据库"则以数字化的方式唤醒了这一沉睡在档案馆中的"两地书"，实现了更好的保护与传承②。

2. 价值挖掘：少数民族档案文献遗产"开口说话"

少数民族档案文献遗产作为少数民族的历史记忆，承载着丰富的历史价值、文化价值、科学价值、技术价值和社会价值。单纯凭借孤立的资源整理方式和传统的编研成果形式来展示这些少数民族档案文献遗产，显然已经难以适应当前的多元化开发、全景式呈现、跨媒体叙事、精准化服务等现实需求。

以少数民族档案文献遗产为驱动型资源或基础性资源而开展的数字人文项目实践，通过运用数字化技术、数据管理技术、数据分析技术、机器学习技术等，可对数字化的或原生数字形式的档案文献遗产资源进行深度挖掘、知识组织和关联呈现，从而更好地将沉默的、破损的少数民族档案文献遗产变成能够真正"开口说话"的社会"财富"，充分发挥其在总结历史经验、揭示历史规律、延续历史记忆、助力社会发展方面的重要价值。相关的项目为少数民族档案文献遗产价值挖掘提供了借鉴。例如，英国国家档案馆推出的"沃顿小镇"项目，通过分析、挖掘其馆藏文件和图像资料，运用计算机建模、关联数据等技术高度还原维多利亚时代的城镇建筑风格及"一战"期间各类兵种的制服和装备等，重现"一战"时期英国小镇的社会历史风貌③，让古老的档案在讲述"一战"期间的历史故事中实现"活化"保护与传承；美国国家安全档案馆推出"数字国家安全档案馆"项目，将馆藏外交档案进行精细化颗粒度标引、著录，搭建了人文学者研究专用的档案智库以提供专业化的知识服务④；中国国家图书馆开展"中国记忆项目"，将呈现华夏文明演进和中

---

① 罗铿：《数字人文背景下侨批档案资源的开发模式研究》，《档案学研究》2019年第5期。
② 搜狐网：《数字化唤醒"两地书"》，[2021-05-23]，https://www.sohu.com/a/230927155_115239。
③ 中国档案资讯网：《档案与数字人文的"和"与"合"：国外开展档案数字人文项目的实践》，[2021-05-06]，http://www.zgdazxw.com.cn/news/2018-10/17/content_251025.html。
④ 张斌、李子林：《数字人文背景下档案馆发展的新思考》，《图书情报知识》2019年第6期。

华民族发展历程的各类文献资源进行全面收集、深度整合和揭示，建立起了规模可观的专题文献资源库以传承民族记忆、提供社会服务①；美国里士满大学数字研究实验室牵头开展的"居住警示区域"信息项目，将社区档案内容著录到其标注的不同的安全等级区域之中，方便用户自由搜索相关的档案描述信息，拓展了档案开发成果的覆盖面和影响力，彰显了档案信息资源的社会价值。

3. 文化传播：少数民族档案文献遗产"走出深闺"

少数民族档案文献遗产与少数民族历史发展和文明演进相伴而生，直观、鲜明地反映了人类社会的生活方式、共处方式、价值观体系、传统和信仰②，唯有在融入现代社会、走进公众生活、满足公众需求的过程中才能实现更为持续性的保护与传承。但少数民族档案文献遗产往往因年代久远、材料质地脆弱、不可再生性等特征而陷入保护与利用的矛盾境地，在传播广度和传播效果方面存在很大局限。

随着数字人文实践的蓬勃发展，以可视化技术、VR技术和AR技术、地理信息技术、互联网技术等为主要内容的技术形式在为传统人文学科研究带来工具便利的同时，也通过虚拟展览、场景重建、创意开发、资源共享、价值共创等方式打破了时空局限，为少数民族档案文献遗产由"藏在深闺人未知"到"走出深闺人遍识"创造了良好的契机。已有的记忆项目提供了重要的参考。例如，荷兰国家档案馆开展的"记忆宫殿"展览，借助虚拟现实技术、数字叠加技术等，将馆藏档案文献进行3D转化并以虚拟世界地图的形式予以展示，用大陆板块和城市分别代表不同的馆藏数据库和档案集群，从而让这些古老而珍贵的历史档案变得"触手可及"③；中国博物馆协会与咪咕公司共同推出"博物馆在移动"项目，借助5G+技术将国宝文物以数字化形态送出博物馆，实现观众与文物的"亲密接触"和沉浸式互动④；敦煌研究院与华为公司一道，将

---

① 中国记忆项目实验网站：《项目简介》，[2021-05-23]，http://www.nlc.cn/cmptest/int/。
② 彭远明：《中国档案文献遗产研究》，军事科学出版社2014年版，第6页。
③ [荷] 艾琳·赫里茨：《"记忆宫殿"：荷兰历史馆藏的利用》，张宁、李飞燕译，《中国档案报》2016年1月21日第3版。
④ 人民网：《数字人文时代将来临》，[2021-05-23]，http://culture.people.com.cn/n1/2019/1117/c1013-31458947.html。

数字敦煌高精度壁画和洞窟三维模型在华为 AR 地图中与真实景观合二为一，实现了"洞内壁画洞外看"，让古老文物走进人们的生活①；上海图书馆开展的"盛宣怀档案知识库平台项目"，利用时空分析、社会分析和可视化技术等方法将 17 万余件档案目录数据进行重组和展示，并提供涵盖"关系""时空""人物""公司"四个维度的资源探索渠道②，实现了这一珍贵档案资源的立体化、多层次传播和利用。

（二）数字人文场域内档案文献遗产活化保护的价值共创要素

基于前文分析可以发现，数字人文视域下的档案文献遗产活化保护实践，在数字化保护、价值挖掘和文化传播等方面取得一定进展。可见，数字人文在为档案文献遗产资源带来新的发展视角与应用景观的同时，也重塑着档案文献遗产活化保护生态，呈现出多主体参与、实体与内容并重、数字技术驱动、内外环境交融等新特征。

1. 主体要素

数字人文视域下少数民族档案文献遗产活化保护主体可归纳为政府管理机构、保管机构、科研机构、企业、社会公众等类型。

政府管理机构包括文化事业主管部门、财政部门、基金会等，往往扮演着政策制定者、宏观指导者或资金支持者等角色，如美国人文基金会（NHE）推出"数字人文行动计划"，并成立"数字人文办公室"为数字人文项目提供资助③。

保管机构因肩负保护和管理档案文献遗产的重要使命，承担着档案文献遗产资源提供者、保护需求提出者、保护项目发起者、实施者或参与者等角色，如威尼斯国家档案馆在为"威尼斯时光机"项目提供资源支撑的同时，也借由该项目实现了馆藏档案的数字化保护和可视化呈现，而"沃顿小镇"项目则是英国国家档案馆主动发起、实施的馆藏资源活化保护实践。

以高等院校、研究所等为代表的科研机构通过成立数字人文中心或

---

① 新华网：《数字科技与古老文明交相辉映千年敦煌跃然眼前》，[2021-05-23]，http://public.dha.ac.cn/content。aspx? id=249948619490。

② 上海图书馆数字人文博客：《盛宣怀档案知识库使用说明》，[2021-05-23]，http://dhblog.library.sh.cn/zh-hans/node/2。

③ 赵生辉、朱学芳：《我国高校数字人文中心建设初探》，《图书情报工作》2014 年第 6 期。

发起数字人文项目的方式,成为保护实践平台搭建者、技术支持者和方案提供者,如台湾大学依托"数位人文研究中心"与其图书馆、档案馆、博物馆合作开发涉及多主题的数字人文项目和研究工具①。

企业则通常以提供资金、技术和人员等方式参与其中,如万达公司参与了"董其昌数字人文项目"的总体设计和研发工作。

社会公众不仅是活化保护成果的享用者,同时也可以志愿者等身份参与其中,如澳大利亚国家图书馆邀请公众参与数字报纸项目,在专门的数字资源呈现系统中对 OCR 识别内容进行校对修正、评论或添加标注以提高文本质量②。

2. 客体要素

数字人文视域下的档案文献遗产"活化"保护既不是局限在单一实体层面的实物展览,也不是仅仅强调内容层面的信息挖掘与价值呈现,而是少数民族档案文献遗产本体与内容的双重保护。

在本体层面,针对甲骨、缣帛、纸质、石质、照片等不同载体类型的档案文献遗产,可以借助数字化建模、数字修复与还原、数字虚拟展示等多种方式,在无接触且不损坏少数民族档案文献遗产本体的基础上真实、直观地再现和传播这些文明瑰宝,实现实体层面保护与利用的有机结合。例如,南朝石刻的数字化虚拟修复,正是通过局部数字化修复和完整数字化虚拟再造,让残损石刻重现完整风貌,让遗失石刻在数字世界中获得重生③。

在内容层面,凭借数字化与数据库技术、数据挖掘技术、地理信息技术等手段,除可实现档案文献遗产数字存储之外,还可使得潜藏在少数民族档案文献遗产背后的内容价值得以深度挖掘与整合关联,为突破时空地域局限的开发、利用与传播创造了可能,有助于实现内容层面的保护与传承。例如,上海图书馆推出"家谱知识服务平台",借助于关联数据的知识组织功能,将散落在不同家谱文献中的人、地、时、事等

---

① 台湾大学数位人文研究中心网站:《中心介绍》,[2020-05-26],http://www.digital.ntu.edu.tw/introduction.jsp。
② 练靖雯、张轩慧、赵宇翔:《国外数字人文领域公众科学项目的案例分析及经验启示》,《情报资料工作》2018 年第 5 期。
③ 杨祥民、张靳:《南朝石刻艺术的数字化保护与设计》,《装饰》2020 年第 2 期。

内容进行关联和可视化展示，从而为人类学、历史学等相关人文学科研究服务[①]。

3. 方法要素

数字人文技术在不断迭代发展中已形成由数字化技术、数据管理与分析技术、可视化技术、VR 技术、AR 技术、机器学习技术等构成的技术体系，在资源富集、知识重构、场景重建、增强艺术等方面展现出了强大的应用潜能[②]，在融入档案文献遗产数字资源建设、存储、整合、传播与服务等"活化"保护过程中也产生了强劲的驱动力。

首先，由扫描、拍摄、3D 建模等组成的数字化技术实现了传统载体形态的档案文献遗产由模拟世界向数字世界的映射，由此形成的数字化少数民族档案文献遗产资源，是数字人文视域下开展少数民族档案文献遗产"活化"保护的重要资源基础。

其次，以文本编码、语义描述、内容挖掘、时序分析、地理空间分析等构成的数据管理与分析技术，有助于将孤立且分散的少数民族档案文献遗产资源进行整合与关联，并通过析取、挖掘其内含的人、事、时、地等元素提供多维度检索利用入口和多领域的知识服务，实现少数民族档案文献遗产内容层面的深度激活。

再次，由知识地图、关联呈现、场景模拟等构成的可视化技术可以实现实体与数字少数民族档案文献遗产资源的直观呈现，在为人文研究提供新视角和新维度的同时，也进一步增强了档案文献遗产的数字叙事功能。

最后，VR 技术、AR 技术不仅可以通过虚拟修复、色彩还原、三维模型构建等将少数民族档案文献遗产的各项数据以高精度方式进行保存，同时还可创建这些少数民族档案文献遗产与用户之间的交互环境，以虚拟场景重建的方式提升用户的体验感与少数民族档案文献遗产保护意识。

[①] 夏翠娟、张磊：《关联数据在家谱数字人文服务中的应用》，《图书馆杂志》2016 年第 10 期。

[②] 刘炜、叶鹰：《数字人文的技术体系与理论结构探讨》，《中国图书馆学报》2017 年第 5 期。

4. 环境要素

数字人文视域下的少数民族档案文献遗产活化保护环境要素可分为内部环境和外部环境两个方面。

内部环境是指影响保护主体融入数字人文环境之中开展或参与相应的活化保护活动的政策规划、标准规范、思想文化、人才结构、资金状况等环境因素,是数字人文视域下少数民族档案文献遗产活化保护的前提和保障,决定着活化保护实施的条件是否完备、过程是否顺畅、效果是否良好等。

外部环境则是与数字人文视域下少数民族档案文献遗产活化保护密切相关的政治、经济、社会、文化等环境因素,影响着少数民族档案文献遗产活化保护的方式选择和成果形式。其中,这些少数民族档案文献遗产与政治环境融合以发挥知识参考作用和彰显身份认同为重点,如面向政府决策的档案知识库构建[①]、大型数字记忆项目的实施等;与经济环境融合则是将档案文献遗产视为一种文化资产,依托数字媒体平台,通过文创产品等形式赋予其新的生命力,并可在经济效益助推之下获取持续性的保护动力;与社会环境融合则主要是从社会公众的角度出发建构需求驱动型的活化保护方案,强调在与社会公众的互动过程中彰显档案文献遗产的社会价值,如将社区档案内容与社区安全等级相结合而开展的"居住警示区域"信息项目、盛宣怀档案著录等数字人文类公众科学项目等;与文化环境融合即以数字技术为手段,充分挖掘、提炼、展示和传播档案文献遗产的文化基因,参与建构全新的文化生产与传播体系。

三 面向数字人文的少数民族档案文献遗产活化保护的价值共创路径

数字人文场域下少数民族档案文献遗产活化保护的发展思路是基于数字人文与少数民族档案文献遗产保护的逻辑关联,利用数字化技术,开发建设档案资源数据库,对少数民族档案文献遗产进行保护、整合、

[①] 牛力、赵迪、陈慧迪:《面向政府决策的档案知识库基本定位对比探析》,《档案学研究》2019年第2期。

开发和利用，促进保护管理与开发利用一体化，完善再生性保护的实施路径。同时，针对少数民族档案文献遗产保护中的现实问题和不足，满足数字化保护的现实需求，改善主客观保护条件，提升保护工作力度，利用数字人文项目的技术优势、资源优势，增强主动保护理念，促进保护可持续发展。其核心是通过数字化手段开展抢救性保护，实现再生性和开发性相结合的被动性保护向主动性保护的转变。

（一）构建基于主体多元性的少数民族档案文献遗产活化保护的协同组织体系

数字人文场域的少数民族档案文献遗产活化保护更具开放与协作性，能够为各保护单位提供交流协作平台，吸引社会力量参与保护，有助于形成以少数民族档案文献遗产保管机构为核心，政府力量、社会力量等共同参与的保护格局。在此过程中，需要从组织层面出发构建面向数字人文的少数民族档案文献遗产活化保护的协同组织体系，有效调节多元主体的利益结构并形成保护共识。

1. 以数字人文为纽带形成保护合力

当前多个文化机构和政府部门参与保护工作，由于职责分工不同，专业视角不同，在保护中各机构分别负责不同项目，单一机构力量往往凸显能力不足和视野局限，因此各机构和部门应思考如何利用各自优势形成保护合力。尤其是图博档等文化机构具有相近的历史渊源、相似的服务职能、馆藏维护的需要、用户需求的改变和信息技术的影响，具有开展数字人文联合研究的基础[①]。

在数字人文中联合研究和协同保护机制可以得到充分展现。以数字人文项目"协作式欧洲数字档案研究基础设施"为例，它围绕"一战"和中世纪文化开展历史档案资源建设，通过档案、图书、文物等文化机构的数字档案资料展开工作。其间，多个公共文化机构共同参与，资源互补，较好完成了目标。数字人文跨界与融合特征鲜明，既有学科间的交互融合，也有研究主体间的协同与创新，不仅需要技术人员、人文学者共同参与，也需要档案、图书、文物、民族等学科专业人员参与。这

[①] 肖永英、谢欣：《图书馆、档案馆、博物馆合作机制研究进展》，《图书馆杂志》2015年第1期。

种参与不仅是传递知识，交流经验，同时也有利于不同机构、部门加强业务联系，统一标准，实施协同保护形成保护合力。

2. 通过引入民间参与壮大保护力量

在文化遗产保护领域，除政府支持外，引入民间参与是增强保护力量的重要途径。以日本为例，其文化遗产数字化保护走在世界前列，数字化保护对该国文化遗产保护和民族文化传播起到非常积极的作用。日本各大高等学校、企业等提供智力、技术和资金支持，如"全球数字博物馆计划"由IBM公司参与合作，虚拟"犬山城"复原项目由Cadcenter公司完成①；民间社团、非营利组织等开展宣传教育活动②，积极参与文化遗产数字化保护工作。

数字人文具有开放性，以数字人文项目为纽带引入民间参与保护，可以增强少数民族档案文献遗产的数字化保护力量。例如，我国西藏自治区有一些档案至今仍散落在各个寺院；云南省一些少数民族档案文献散落在社会，面临散失风险。针对这些不利状况，可适时引入民间力量参与保护，增强保护力量。在数字人文项目中引入民间力量，包括社会退休、兼职研究人员，同时联合管理、教育、修复工作者等共同参与，对于及时收集、保护分散在社会民间的少数民族档案文献遗产十分重要。

一些与档案文献遗产有关的数字人文项目已经开始了这种实践探索。上海图书馆在对17万多件盛宣怀家族珍贵档案进行数字化过程中，面对档案数量巨大、繁体手写字无法OCR识别，以及纸张破损、字迹模糊等问题，招募大量业余爱好者参与数字化抄录和标注，及时对珍贵历史材料进行数字化保护，并提供开发利用③。中华书局建立古籍整理平台，采取众包协调，组织大学生、编辑、图书管理员等社会力量进行底本校对，日均工作量达100万字，大大提升了古籍电子文本的审校速度④。

---

① 徐红、郭姣姣：《数字化技术在日本民族文化传承中的运用及启迪》，《新闻大学》2014年第6期。
② 赵婷：《日本非遗保护经验对海南的启示》，《民族论坛》2017年第6期。
③ 张轩慧、赵宇翔、宋小康：《数字人文类公众科学项目持续发展阶段的公众参与动因探索：基于盛宣怀档案抄录案例的扎根分析》，《图书情报知识》2018年第3期。
④ 王晓光、陈静：《数字人文打开文化新视野（高峰之路）》，[2020-02-28]，http://pic.people.com.cn/n1/2020/0225/c1016-31603886.html。

数字人文的开放性和协作性十分有利于社会各界人士广泛参与其中,集合群众力量和智慧,是增强保护力量的有益尝试。

引入民间力量参与数字化保护需要建立一定的激励机制。积极探索由政府牵头、群策群力的参与和激励机制,鼓励高新技术企业、高等院校、科研机构、社会团体等参与数字化保护。科学合理的激励机制能够充分调动资金、技术、人力等社会各方面资源,统筹兼顾政府、企业、科研单位的力量,在推动数字化保护有序推进的同时带动产学研发展。

(二)完善基于客体复杂性的少数民族档案文献遗产活化保护的资源整合体系

数字人文的实质在于资源本体,即通过资源采集、加工、处理和呈现,构建某种概念框架和模型并呈现新的知识体系。少数民族档案文献遗产本身类型众多、体量庞大、散存异构特征明显,且因载体老化损毁加剧、数字化及数据库建设标准各异、进度不一、进程缓慢等问题而面临着"孤岛化"、表层化等资源建设困境,亟须进行关联整合与体系化建设以适应数字人文背景下的资源利用需求。

1. 强化数字资源整合与共享力度

利用数字仓储技术建设面向数字人文的少数民族档案文献遗产资源库,加强对地域分散资源的集中管理。例如,在少数民族非物质文化遗产保护中,可利用数字化保护手段对各级各类非物质文化遗产项目进行数字化存储和智能化管理,开发建设非物质文化遗产档案数据库[1]。然而,传统数据库往往是对档案文献进行数字化加工、存储和常规检索,对档案文献外部与内容特征进行简单描述,并未从知识组织角度进行深度挖掘与开发。数字人文的数字仓储、关联数据与地理信息系统技术能对档案文献遗产进行知识维度管理,实现深层次语义查询,使少数民族档案文献遗产资源数据库具备查询、统计、挖掘等功能,实现准确查找和高效利用档案文献,为活化保护工作提供更优质的数字资源。以关联数据为例,关联数据能基于数据单位,以统一标准的结构化数据对数字档案文献遗产资源进行描述,促进开发利用与

---

[1] 王伟杰、肖远平:《民族文化生态保护区:少数民族非遗整体性保护的"中国模式"》,《深圳大学学报》(人文社会科学版)2020年第5期。

交流传播，在推进数字人文研究的同时实现文化遗产的数字化保护[1]。

保管机构可充分调研数字人文的资源需求，通过建设满足数字人文项目的基础设施，设计面向数字人文的少数民族档案文献遗产资源组织原则与方法，构建从广泛数据收集、高效数据加工到精确查询、立体多维的利用模型，建设数字仓储式资源库。由此，保管机构既履行了典藏保管职责，也促进了开发利用，拓展了保护思路。这将有利于在一定程度上克服载体脆弱、地域分散、环境恶劣等不利因素，在保护的同时逐步充实档案文献遗产数字资源，不断提升保护工作价值。

借助数字人文平台构建保护资源协作和共享机制，实现保护资源共享。档案文献遗产保护资源是包括保护规范、保护信息、技术研究、资金投入、人才建设等在内的各种资源的统称。目前，这些资源的共享程度不高，集中统一管理缺乏、技术标准规范不一、各单位间缺乏经验借鉴、保护资源建设不均衡等问题，给少数民族档案文献遗产保护工作带来一定的困难。

自数字人文诞生以来，人与人的学习、研究、交流更加协作化，机器学习更加智能化，知识流动加快，成果共享更加便利，人文研究自主探索的封闭学术文化逐步突破，形成了多学科、跨领域、开放度高的学术平台和文化科研机制。将数字人文方法应用于少数民族档案文献遗产数字化保护，健全和完善机构间、行业间保护资源协作和共享机制，既能聚合珍贵的档案文献资源，促进保护资源优化配置，又能克服保障不足、缺乏规范等不利条件，有效避免因信息不畅、协作不足产生的资源浪费现象，促进保护资源共享，提升活化保护效能。

2. 提升文化资源挖掘与认知能力

利用数字人文技术方法提升对少数民族档案文献遗产文化价值的挖掘力度。文字、词汇、语句的文本计算分析和挖掘利用是数字人文的重要应用。美国多个数字人文中心实施的数字人文项目中，约七成开展文本分析、挖掘，其中一半以上关注档案文本[2]。少数民族文字处理技术、

---

[1] 徐芳、金小璞：《基于关联数据的文化遗产数字化保护研究综述》，《国家图书馆学刊》2020年第4期。

[2] 李子林、王玉珏、龙家庆：《数字人文与档案工作的关系探讨》，《浙江档案》2018年第7期。

操作系统等逐步发展①，加之民族文字标准不断推出，如《信息技术维吾尔文、哈萨克文、柯尔克孜文编码字符集》（GB 21669—2008）等，为数字人文项目对档案文献进行信息化处理提供了重要条件。通过将内容、时空、关系等数据分析与挖掘等应用于文本处理，可帮助克服少数民族语言障碍，减少语言演变、消失等不确定性因素。通过地点、人物、事件等词频、关联分析揭示档案文献内容，解析其中隐藏的深层次联系，有利于更深刻理解所蕴含的历史价值、哲学思想、人文精神，加深对保护对象、保护工作的认识，提升主观能动性。

利用数字人文技术方法提升对少数民族档案文献遗产文化价值的评估能力。利用数字人文技术优势和数据优势，建立跨地区、全国性的少数民族档案文献遗产数字化保护与数据管理平台，不仅有利于信息共享，还有利于对保护现状进行客观调查，深入分析和科学评估，全面、准确反映当前我国少数民族档案文献遗产保护状况、历史价值、损毁程度、分布范围、经费投入等，从而为面向数字人文开展少数民族档案文献遗产活化保护的价值共创提供重要的参考。

（三）搭建基于方法演进性的少数民族档案文献遗产活化保护的工具支撑体系

数字人文场域的少数民族档案文献遗产活化保护不可避免地表现出对数字化技术、数据管理与分析技术、可视化技术、VR 技术、AR 技术等的强依赖性。诚然，数字技术为创建新的少数民族档案文献遗产活化保护发展空间提供了契机，但这些技术方法始终处于演进状态，少数民族档案文献遗产保管单位既要积极拥抱数字人文技术，由原先的被动加入转向积极融入，还应坚持工具理性与价值理性的统一，从技术与人文融合中探索少数民族档案文献遗产活化保护目标的实现。

1. 从技术畏惧到技术优选转变中更新活化保护理念

少数民族档案文献遗产是各少数民族的精神血脉。长期以来，档案、图书、文物界将保护技术、保护经验与保护理念结合起来，在文献遗产保护实践中不断探索②。数字人文技术为保护发展提供强大动力，促使

---

① 华林：《论少数民族文字历史档案的数字化技术保护》，《档案学研究》2006 年第 2 期。
② 周耀林、姬荣伟：《文献遗产精准保护：研究缘起、基本思路与框架构建》，《图书馆论坛》2020 年第 6 期。

第七章　基于价值共创的少数民族档案文献遗产活化保护

传统被动式保护向预防式、主动式保护转变，重要的是通过精细化数字加工推动保护工作服务创新，包括内容数字化、数据化维护、知识化挖掘和信息化服务等。

首先，以数字化作为少数民族档案文献遗产保护的重要手段为出发点，通过这些数字化的少数民族档案文献遗产资源的加工，实现对少数民族档案文献遗产实体的描述标引。其次，数据化维护在数字化的基础上对信息资源进行数据化处理，在存储数字资源的同时使之成为机器可读的数据资源，维护数据信息的真实性、完整性和可靠性。再次，知识挖掘通过技术手段挖掘档案资源的潜在价值，使得隐性知识显性化。最后，信息化服务利用各种现代信息技术对资源整合后的数字化保护成果提供服务。可见，数字人文背景下的数字化保护，从保护之初便构建加工、维护、挖掘和利用的智慧化管理全过程，使保护工作与开发利用紧密结合，大大增强了保护工作的主动性、针对性。

2. 在技术理性与人文价值融合中实现活化保护目标

从研究范式的角度来看，数字人文是大数据时代"远读"策略与传统印刷媒介时代"细读"方法的结合。技术方法帮助学者在纷繁复杂、数量庞大的信息中快速搜寻、精确定位、确定主题，宏观把握研究脉络中的焦点问题；同时研究者发挥个人学养所长，微观探究复杂信息交汇之处背后的潜在逻辑和深层机理。将数字人文应用于数字化保护能够从技术维度优化资源整合，拓展开发途径，从人文角度加强少数民族档案文献遗产内容建设，实现历史与现代、技术与人文的融合与互动。这将更好地发挥数字化保护的社会价值，推动技术和人文理念融合向纵深发展，更好地发掘少数民族优秀传统文化的民族精神、文化胸怀，不断坚定民族文化自信。

(四) 构筑基于环境发展性的少数民族档案文献遗产活化保护的运行保障体系

少数民族档案文献遗产活化保护工作因少数民族档案文献遗产特性及其形成地域等诸多影响，在具体的实施过程中实则相对于普通的档案文献遗产而言具有更大难度，尤其是价值共创的实现面临更多困境。为此，唯有搭建适宜少数民族档案文献遗产活化保护的保障条件，才能为融入数字人文发展潮流进而大幅提升少数民族档案文献遗产活化保护成效提供基础和前提。

1. 积极融入文化遗产领域数字人文项目

文化环境是从事文化活动的基础条件，技术要素是文化环境的重要部分[①]。通常，文化环境和技术要素是相互关联、相互影响的。从文化遗产角度看，少数民族档案文献遗产具有一定历史、文化、艺术、科学、技术或社会价值，是少数民族也是中华民族文化遗产的重要组成部分。为此，少数民族档案文献遗产保护单位积极参加文化遗产领域数字人文项目，借此融入数字人文发展潮流之中，相应的工作制度、技术标准等也可以此为契机进行完善。

数字人文项目往往基于大量的档案文献，整合多个文化遗产保护机构参与其中，为将少数民族档案文献遗产纳入文化遗产保护大背景提供契机。在此过程中，档案机构和其他保护机构的协作交流，不断推动实践创新，也有利于构建更全面、长效、完善的数字化保护机制。首先，在数字人文文化遗产保护大型项目中，各机构从自身实际情况出发，以更广阔的视野找准自身定位；其次，将少数民族档案文献遗产与其他文化遗产联系、对比研究，有利于找到共性，把握特性，探索更加科学的自身发展路径；最后，有益于学习借鉴其他文化遗产保护、数字人文项目的经验，为开展保护提供参考。

2. 充分释放数字人文赋能活化保护作用

虽然我国档案文献遗产保护工作取得了积极成果，但多数人对档案文献遗产的概念并不熟悉，即使在图书馆、博物馆等机构中，其受关注程度也有限[②]。数字人文通过有助于促进少数民族档案文献遗产的人文研究和社会利用，不断提升活化保护的社会效益，为少数民族档案文献遗产活化保护的可持续发展提供不竭动力。

一是要依托数字人文项目，充分利用少数民族档案文献遗产数据库

---

① 周耀林、吴化：《大数据时代的信息文化研究：从信息、技术和人的角度解析》，《现代情报》2019年第8期。

② 高鹏、陈聃：《文献遗产：" 档案" 的嬗变与发展：〈档案法〉向〈文献遗产法〉转型的思考》，《档案学通讯》2013年第3期。

中的资源，提升少数民族档案文献遗产数字资源的优化管理及深度组织程度，从而更好地激活少数民族档案文献遗产价值潜力，并为在更多行业领域内发挥作用提供可能性，扩大社会影响力。

二是应用信息挖掘、语义关联等数字人文技术深入挖掘少数民族档案文献遗产价值，为开发出高品质档案文化产品奠定基础，拓展活化保护工作辐射范围。

三是利用数字人文高效的信息处理方式及迅速的网络化传播，为少数民族档案文献遗产活化保护成果搭建多功能在线展示服务平台，让传统媒体和新媒体优势互补，吸引众多参与者加入其中。

四是通过成立数字人文研究组织、建立数字人文中心、开展数字人文项目、召开数字人文学术会议等，提升活化保护工作的社会认知度，扩大少数民族档案文献遗产活化保护工作在传递知识、传播思想、传承文化方面的社会效益，同时也为反哺少数民族档案文献遗产保护过程营造良好的文化氛围，吸纳更多经费支持。

第八章

少数民族档案文献遗产区域大保护实现的保障

"保障"指"起保障作用的事物"①。管理学通常强调从政策、法规、技术、人才、资源、环境等方面去促进或维护某个项目或业务的开展和实施。少数民族档案文献遗产大保护致力于面向少数民族档案文献遗产本体、信息乃至深层的文化内涵实施一体化保护,涉及集中保护、精准保护、动态保护、数字化保护及活化保护等多项核心任务,其系统性、复杂性可想而知,需要多维度、全方位的保障措施为其保驾护航。

结合本书前述分析,少数民族档案文献遗产区域大保护的实现,重点需要做好如下六个方面的保障工作,其中政策保障是出发点,可以为少数民族档案文献遗产区域大保护的实现提供根本遵循和宏观指导;经费保障是立足点,可以为少数民族档案文献遗产区域大保护实现提供必备条件;机制保障是动力点,有助于组织协调与少数民族档案文献遗产区域大保护相关的各要素间的关系;标准保障是关键点,可以为少数民族档案文献遗产区域大保护的实现提供统一规范;技术保障是切入点,可以为少数民族档案文献遗产区域大保护的实现提供工具和技术方法;人才保障是落脚点,可以将少数民族档案文献遗产区域大保护实现所需的各种方法和路径落到实处。上述六大保障之间的关系如图8-1所示。

---

① 中国社会科学院语言研究所词典编辑室编:《现代汉语词典》(第5版),商务印书馆1988年版,第49页。

第八章　少数民族档案文献遗产区域大保护实现的保障

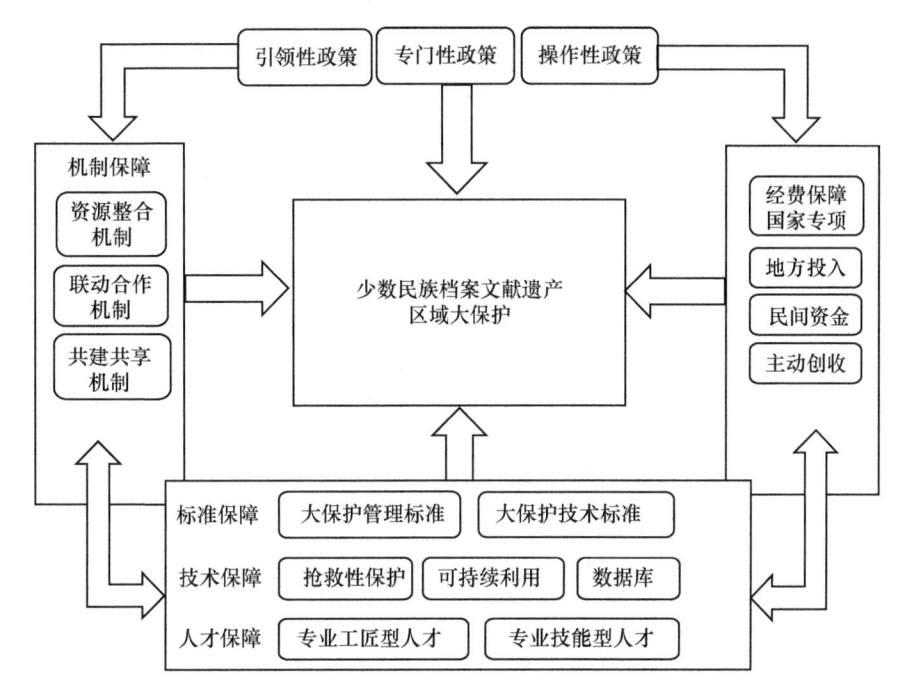

图 8-1　少数民族档案文献遗产区域大保护实现保障结构图

第一节　少数民族档案文献遗产区域大保护的政策保障

"政策"一般为行政范畴内用语，是指国家或政党将一定历史时期内应达到的奋斗目标、应完成的明确性任务、应采取的工作方式或一般步骤、具体措施等以权威形式加以标准化规定而形成的行动准则[1]。国家及地方层面的政策法规对少数民族档案文献遗产的保护起着根本保障的作用，法律、法规、规章、制度所具有的法律效力不仅使保护工作法治化，也让档案保护实现法治化，贯彻执行依法治档的目标[2]，达到有法可依、有章可循的目的，提高区域大保护工作的科学性、规范性和有效性。

---

[1] 中国社会科学院语言研究所词典编辑室编：《现代汉语词典》（第 5 版），商务印书馆 1988 年版，第 1741 页。

[2] 赵屹：《论档案工作法治化与标准化》，《浙江档案》2020 年第 3 期。

从我们的调查结果看，大多数保护机构并没有形成针对少数民族的专门性保护制度，仅有通用的安全保护制度、应急管理制度等一般性制度规范。调查结果还发现，大多数保护机构尚未将少数民族档案文献遗产保护专门制度建设纳入管理实践之中，缺乏政策保障意识。针对上述问题，本节在梳理政策现状、分析需求的基础上，提出完善少数民族档案文献遗产区域大保护政策的措施。

一 少数民族档案文献遗产区域大保护政策的现状

国家相关政策制度、法律法规的统一规范和指导能够为少数民族档案文献遗产的保护工作提供长期规划、规范一致、强制施行的有效保障。政府部门的政策法规的认可与支持是开展少数民族档案文献遗产区域大保护的基本前提和重要基础。

（一）国家相关政策梳理

从国家层面来看，我国目前实施的政策制度、法律法规，尚未设立针对少数民族档案文献遗产及其保护专门的法律条文，与少数民族档案文献遗产保护相关的政策法规内容被融入档案管理、古籍保护、文物保护的法律法规与规章制度中。

早在1984年，《国务院办公厅转发国家民委关于抢救、整理少数民族古籍的请示的通知》中就已明确指出："抢救、整理少数民族古籍的重要性，需要给予重视和各方面支持。"[①] 2000年，中国档案文献遗产工程正式启动，随后相应的《中国档案文献遗产名录》也开始建立，这为少数民族档案文献遗产保护提供了政策性保障。2008年，《关于进一步加强少数民族古籍保护工作的实施意见》出台，针对民族地区古籍保护工作提供了指导。此后，《关于进一步繁荣发展少数民族文化事业的若干意见》《关于印发"十三五"促进民族地区和人口较少民族发展规划的通知》更是将少数民族古籍和少数民族文化遗产作为地区发展的重点，并强调了少数民族文化遗产抢救性保护的紧迫性。国家层面连续性

---

① 中华人民共和国国家民族事务委员会：《国务院办公厅转发国家民委关于抢救、整理少数民族古籍的请示的通知》，［2020-08-27］，https://www.neac.gov.cn/seac/zcfg/201012/1075076.shtml。

的政策支持涵括了档案馆、图书馆、博物馆、文化馆等文化机构,对于少数民族档案文献遗产保护起到了政策引领作用[①]。目前,国家层面的与少数民族档案文献遗产相关的主要政策法规及内容见表 8-1。

表 8-1　　　　国家层面有关少数民族档案文献遗产的政策

政策文件名称	发布时间	发布机构	有关条文
"十四五"全国档案事业发展规划	2021 年	中共中央办公厅、国务院办公厅	依托"区域性国家重点档案保护中心",对区域内国家重点档案分批进行抢救保护,开展档案保护技术研究、专业技术人员培训和档案保护宣传工作,并与古籍保护、文物保护等机构进行跨行业合作交流
"十四五"文物保护和科技创新规划	2021 年	国务院办公厅	加强边疆考古和水下考古。优先发展边疆考古,重点加强新疆、西藏、东北和南岛语族考古研究
"十四五"国家重点档案保护与开发工程实施方案	2021 年	国家档案局	进一步完善和优化"区域性国家重点档案保护中心"布局,推动"区域性国家重点档案保护中心"实现可持续运营
关于进一步繁荣发展少数民族文化事业的若干意见	2009 年	国务院	加强对少数民族文化遗产的挖掘和保护。结合第三次全国文物普查和非物质文化遗产普查,开展少数民族文化遗产调查登记工作,对濒危少数民族重要文化遗产进行抢救性保护。加大现代科技手段运用力度,加快少数民族文化资源数字化建设进程。进一步加强人口较少民族文化遗产保护。扶持少数民族古籍抢救、搜集、保管、整理、翻译、出版和研究工作,逐步实现少数民族古籍的科学管理和有效保护。积极开展少数民族文化生态保护工作,有计划地进行整体性动态保护。加强少数民族文化事业发展经费保障,加大政府对少数民族文化事业的投入。加大少数民族文化人才队伍建设力度。积极保护和扶持少数民族优秀民间艺人和濒危文化项目传承人,对为传承非物质文化遗产做出突出贡献的传承人,按照国家有关规定给予表彰。支持高等院校和科研机构参与抢救濒危文化,推动相关学科建设,培养濒危文化传承人

---

① 周耀林、陈洁:《我国珍贵少数民族档案文献遗产保护需求研究:基于对〈中国档案文献遗产名录〉的统计分析》,《兰台世界》2019 年第 4 期。

续表

政策文件名称	发布时间	发布机构	有关条文
关于进一步加强少数民族古籍保护工作的实施意见	2008 年	国家民委、原文化部	突出重点，科学规范，扎实推进少数民族古籍保护工作的开展：继续做好少数民族古籍的抢救、普查、登记、整理、翻译工作；高质量完成《中国少数民族古籍总目提要》的编纂、出版任务；建立"少数民族古籍保护与资料信息中心"；建立"少数民族古籍文献人才培养与科学研究基地"；加快优秀少数民族民间口述古籍传承人的抢救工作；加强少数民族古籍的保护工作，建立完善的保护制度。 加强领导，通力协作，把《意见》精神落到实处：建立健全工作机制；加大对少数民族古籍工作的投入，切实解决少数民族古籍工作必需的经费；加强少数民族古籍人才队伍的培养和提高；加大对少数民族古籍市场的监管力度；进一步加大对少数民族古籍抢救、保护、整理工作的宣传力度
党和国家民族政策宣传教育提纲	2008 年	中共中央宣传部、国家民委	国家支持少数民族和民族地区文化事业发展，设立专门的民族文化工作机构，对民族地区文化基础设施建设投资和文化事业实行经费单列，保护少数民族文化遗产，整理、出版少数民族古籍
关于进一步加强古籍保护工作的意见	2007 年	国务院办公厅	地方各级人民政府和有关部门要从对国家和历史负责的高度，充分认识保护古籍的重要性，进一步增强责任感和紧迫感，切实做好古籍保护工作。 加强古籍保护人才培养。加强古籍保护工作人员的在职培训和少数民族古籍翻译、整理、出版、研究人才的培养
关于加强文化遗产保护的通知	2005 年	国务院	加强少数民族文化遗产和文化生态区的保护。重点扶持民族地区的非物质文化遗产保护工作。对文化遗产丰富且传统文化生态保持较完整的区域，要有计划地进行动态的整体性保护。对确属濒危的少数民族文化遗产和文化生态区，要尽快列入保护名录，落实保护措施，抓紧进行抢救和保护
实施《中华人民共和国民族区域自治法》若干规定	2005 年	国务院	上级人民政府支持对少数民族非物质文化遗产和名胜古迹、文物等物质文化遗产的保护和抢救，支持对少数民族古籍的搜集、整理、出版

续表

政策文件名称	发布时间	发布机构	有关条文
关于抢救、整理少数民族古籍的请示的通知	1984年	国务院办公厅	少数民族古籍是祖国宝贵文化遗产的一部分，抢救、整理少数民族古籍，是一项十分重要的工作。各地、各有关部门要加强对这项工作的领导，并在人力、财力、物力方面给予支持；要为从事整理民族古籍的专门人员创造必要的工作条件和生活条件。 少数民族古籍范围广、种类多，懂民族古籍的人已不多，且有的年事已高，在工作中要注意培养这方面的人才，把抢救、整理民族古籍的工作搞好

通过表8-1的分析可以看到，与少数民族档案文献遗产保护相关的政策法规主要体现在档案、古籍、文物三个领域中。

在档案领域，除《"十四五"全国档案事业发展规划》外，《档案法》《档案法实施条例》《档案馆工作通则》等均为少数民族档案文献遗产保护提供了政策指导。在《档案法》中，保护档案的规定在第一章总则、第三章档案的管理、第六章监督检查和第七章法律责任中都有所体现，规定了一切国家机关、武装力量、政党、团体、企业事业单位和公民都有保护档案的义务、各组织机构未能提供安全档案保护环境而导致其损毁的处理方式等。《档案法》对一些基本制度做了较大调整和补充，对档案保护提出具体要求，并且修订增加了国家采取措施增强全社会档案意识的内容，给档案保护带来更加全面、完善的保障。档案保护的相关法律法规已经较为系统化，包括国家法律、行政法规和部门规章，少数民族档案文献遗产处在良好的法律政策保障之下。

在古籍保护领域，我国尚没有古籍相关的法律，与古籍保护有关的政策以行政法规和部门规章为主。例如，《文化部关于进一步加强古籍保护工作的通知》《国务院办公厅关于进一步加强古籍保护工作的意见》《国家珍贵古籍名录申报评审暂行办法》以及《教育部办公厅、文化部办公厅关于开展培养古籍修复人才试点工作的通知》等。各项政策规章为古籍保护工作作出详细而具体的指示，但需要注意的是多数文件发布于十年前，缺少与近些年古籍保护实际情况密切相关的政策文件，并且这些政策文件的法律效力不高，也给古籍保护工作贯彻实施带来了限制。

在文物保护领域，我国最早于1982年颁布《文物保护法》，2017年该法新修正的法条对馆藏文物和民间收藏文物的保管与保护作出了明确规定。总体来看，文物保护部门相关的法律法规、部门规章、地方性法规标准等数量多、更新快、内容全，政策保障已较为完备，如《中华人民共和国文物保护法实施条例》《国务院办公厅关于进一步加强文物安全工作的实施意见》《国务院关于进一步加强文物工作的指导意见》等。

总体来看，我国还没有直接针对少数民族档案文献遗产及其保护的政策法规，但与其间接相关的政策法规已较为丰富，其内容不仅强调了少数民族档案文献遗产保护的重要性，涵盖了保管方式、保存环境、保护手段等方面，而且还涉及人才队伍建设、资源数字化建设、经费保障、语言文字保护等内容，可以较好地从法规层面保障少数民族档案文献遗产区域大保护的实现。

（二）地方相关政策梳理

各省、自治区、直辖市根据国家相关政策法规规定的精神与要求，结合本地少数民族及档案文献遗产的实际情况，制定了地方性政策法规，或在有关政策中对少数民族档案文献遗产的相关工作有所提及。根据地区分布情况，部分民族地区省（自治区）颁布的有关政策法规汇总见表8-2。

表8-2　　　　　　　　　地方层面有关政策文件汇集

地名	发布时间	政策文件
云南	2010年9月8日	云南省人民政府贯彻落实国务院关于进一步繁荣发展少数民族文化事业若干意见的实施意见
	2009年9月8日	中共云南省委、云南省人民政府关于进一步加强民族工作促进民族团结加快少数民族和民族地区科学发展的决定
	2006年4月21日	云南省江城哈尼族彝族自治县自治条例（2006年修订）
	2005年9月13日	中共云南省委、云南省人民政府关于进一步加强民族工作加快少数民族和民族地区经济社会发展的决定

续表

地名	发布时间	政策文件
贵州	2015年3月27日	贵州省促进民族团结进步条例
	2011年4月14日	贵州省人民政府办公厅关于进一步繁荣发展少数民族文化事业的实施意见
	2011年3月11日	贵州省人民政府办公厅关于转发省民族事务委员会贵州省"十二五"民族事业发展十大推进计划的通知
	2010年1月1日	贵州省人民政府办公厅关于进一步加强我省古籍保护工作的意见
四川	2010年3月29日	四川省人民政府关于进一步繁荣发展少数民族文化事业的实施意见
	2007年9月15日	四川省人民政府办公厅关于进一步加强古籍保护工作的意见
新疆	2012年5月17日	新疆维吾尔自治区人民政府办公厅关于进一步加强我区少数民族古籍工作的通知
	2011年5月11日	新疆维吾尔自治区人民政府办公厅关于印发自治区贯彻落实国家八部委支持新疆维吾尔自治区古籍保护工作实施意见的通知
	2007年5月31日	新疆维吾尔自治区人民政府办公厅关于进一步加强自治区古籍保护工作的实施意见
	2005年3月25日	新疆维吾尔自治区实施《档案法》办法（2005年修正）
	2005年1月31日	新疆维吾尔自治区人民政府办公厅关于进一步做好我区少数民族古籍调查登记和收藏工作的通知
青海	2013年3月11日	青海省人民政府办公厅关于印发《青海省少数民族事业"十二五"规划》的通知
	2010年4月2日	青海省人民政府关于繁荣发展少数民族文化事业的实施意见
	2007年12月6日	青海省人民政府办公厅关于印发《青海省贯彻落实〈少数民族事业"十一五"规划〉实施意见》的通知
	2007年8月27日	青海省人民政府办公厅转发省文化厅关于进一步加强我省古籍保护工作意见的通知
甘肃	2017年5月24日	甘肃省人民政府办公厅关于印发《甘肃省六盘山片区区域发展与扶贫攻坚实施规划（2016—2020年）》的通知
	2016年8月22日	甘肃省人民政府办公厅关于印发《甘肃省"十三五"民族地区经济和社会发展规划》的通知
	2011年1月12日	甘肃省人民政府贯彻落实国务院关于进一步繁荣发展少数民族文化事业若干意见的实施意见
	2009年11月27日	甘肃省档案条例

续表

地名	发布时间	政策文件
宁夏	2011年7月16日	宁夏回族自治区人民政府关于进一步繁荣发展少数民族文化事业的意见
内蒙古	2007年5月11日	内蒙古自治区人民政府办公厅转发国务院办公厅关于进一步加强古籍保护工作意见的通知
	2005年12月1日	内蒙古自治区文物保护条例（2005年修订）
辽宁	2010年12月3日	辽宁省人民政府关于进一步繁荣发展少数民族文化事业的实施意见
	2007年11月7日	辽宁省人民政府办公厅关于进一步加强全省古籍保护工作的意见
吉林	2017年7月28日	吉林省实施《中华人民共和国民族区域自治法》办法
	2012年9月29日	吉林省政府办公厅关于印发《吉林省少数民族事业"十二五"规划》的通知
	2007年7月18日	吉林省人民政府办公厅关于进一步加强古籍保护工作的意见
黑龙江	2011年4月9日	黑龙江省人民政府关于进一步繁荣发展少数民族文化事业的若干意见
广西	2018年5月31日	广西壮族自治区少数民族语言文字工作条例
	2017年11月6日	广西壮族自治区人民政府关于贯彻落实国家"十三五"促进民族地区和人口较少民族发展规划的实施意见
	2007年5月23日	广西壮族自治区人民政府办公厅关于进一步加强广西古籍保护工作的意见
	2006年12月31日	广西壮族自治区人民政府办公厅转发自治区民族古籍办关于加强少数民族古籍抢救搜集整理工作意见的通知
	2001年1月19日	广西壮族自治区人民政府关于进一步加强民族工作的意见
广东	2010年3月8日	广东省人民政府办公厅关于进一步繁荣发展我省少数民族文化事业的意见
海南	2012年9月25日	海南省少数民族文化保护与开发条例
福建	2017年5月7日	福建省人民政府关于贯彻国务院"十三五"促进民族地区和人口较少民族发展规划的实施意见
	2012年12月27日	福建省人民政府办公厅关于贯彻落实少数民族事业"十二五"规划的意见
	2010年5月17日	福建省人民政府关于贯彻国务院进一步繁荣发展少数民族文化事业的实施意见

续表

地名	发布时间	政策文件
福建	2008年6月11日	福州市人民政府办公厅关于进一步加强古籍保护工作的意见
	2007年12月28日	福建省人民政府办公厅关于印发福建省少数民族事业"十一五"规划的通知
	2007年10月11日	福建省人民政府办公厅关于进一步加强古籍保护工作的意见

除了省级地方党委、政府外，部分地市也制定了相关政策。以贵州省为例，贵阳市、安顺市等相继发布了《贵阳市人民政府办公厅关于进一步繁荣发展少数民族文化事业的实施意见》《贵阳市人民政府办公厅关于转发贵阳市民族宗教事务委员会关于贵阳市贯彻落实贵州省"十二五"民族事业发展十大推进计划实施方案的通知》《安顺市政府关于进一步繁荣发展少数民族文化事业的实施意见》《毕节地区行政公署办公室关于进一步加强我区古籍保护工作的通知》《黔西南布依族苗族自治州政府办公室关于转发州民宗委黔西南州贯彻落实〈贵州省"十二五"民族事业发展十大推进计划〉实施方案的通知》等。从数量上来看，贵州、广西和新疆发布的少数民族文化保护政策相对较多，分别是11项、10项和8项（含省级和地市级），宁夏、黑龙江等地则发布政策较少，仅有1项，地区间存在政策发布不平衡的情况。从形式上来看，民族地区发布的政策有意见、通知、实施方案、工作条例等，形式多样化。从内容上来看，上述政策基本涵盖了当地少数民族文化事业发展、少数民族文物保护、少数民族古籍抢救搜集整理、少数民族语言文字保护、保护人才建设等方面。

总而言之，无论是国家层面还是地方层面发布实施的政策，仍存在以下问题：

第一，现有政策地区分布及应用不够均衡，无法实现少数民族档案文献遗产的全方位保护，不利于区域大保护的实现。虽然目前无论是在国家层面还是在民族地区层面，均有涉及少数民族档案文献的政策，但是与少数民族档案文献遗产直接关联的内容较少。从少数民族档案文献遗产相关政策主要分布的档案、古籍、文物三个领域看，均没有形成专门性的少数民族档案文献遗产保护政策、法规、条例等。同时，各民族地区各自为政，对少数民族档案文献遗产缺少整体性保护的规划和指挥。此外，地区政策发展不均衡，有的地区发布了较多的政策文件且规定详尽，有的地区发布较少且内容相对简单，这种地区间政策不平衡的现状已经成为掣肘少数民族档案文献遗产保护水平提升的重要因素。

第二，现有政策抢救与保护的可操作性较弱。在上述国家层面和地方层面的少数民族政策法规中，往往以宏观性的目标规划类政策为主，而制度标准建设类的操作性政策相对较少，同时在资金、技术、基础设施等方面仍然存在较大的政策支持缺口[①]。从政策主要分布的三大领域来看，古籍被提及的次数最多，各省及自治区都有古籍保护的专门文件，且内容较为详细，涉及了抢救、修复、整理、翻译、出版、数字化、古籍保护人才、古籍数字资源库建设等内容；其次是文化遗产，此外还有文物、珍贵实物资料、民族文献、非物质文化遗产、典籍等，但相关政策条款的内容大多比较宽泛，泛泛而谈，没有给其保护工作提出具体的指导或指示。

第三，现有政策对深层次开发利用的关注度低，仅个别地区的政策法规开始关注到少数民族档案文献遗产数字化方面的问题。例如，建设少数民族语言文化资源数据库（云南省），建立少数民族非物质文化遗产数据库（贵州安顺市），建设少数民族传统文化资源专题数据库（福建省），建立古籍综合信息录入数据库（四川凉山州），建立古籍综合信息数据库（新疆乌鲁木齐市），建立古籍综合信息数据库、口述古籍音像资料库、少数民族数字资源库（青海省），建立市少数民族古籍信息数据库（广西百色市）。然而，上述数据库建设强调的是信息本身，并不关注档案、文献、古籍等资源的保护状态，这对保护而言存在一定的缺陷。此外，以省、市为单位进行建设的收录内容有限，不能形成规模效益，不能从更宏观的角度对民族地区档案文献资源进行联结，给少数民族档案文献遗产区域大保护带来障碍，不便于深层次地开发利用。

---

① 常大伟：《我国少数民族档案文献遗产保护政策量化研究：基于128份政策文本的内容分析》，《档案学研究》2020年第3期。

二 少数民族档案文献遗产区域大保护政策的需求

基于上述政策现状分析，目前与少数民族档案文献遗产保护相关的政策法规存在政策地区分布及应用不够均衡、政策抢救与保护的可操作性较弱、政策对深层次开发利用的关注度低等问题，不能完全适配现阶段少数民族档案文献遗产日益严峻的保护形势及日益多样化的保护需求，难以有效支撑大保护格局的推进。在此背景下，深度剖析现阶段少数民族档案文献遗产区域大保护政策优化的需求至关重要。

（一）宏观引领性政策的需求

在行业视角差异、概念界定模糊、实际管理中对象交叉等多重因素影响下，少数民族档案文献遗产保护工作往往参与主体众多，相应的多头管理现象也较为严重。一方面，少数民族档案文献遗产散存在各省区的档案馆、图书馆、博物馆、民委（或民宗局）古籍办、纪念馆、文化馆、群艺馆、史志办、民族研究所、宗教局、海关和政协等机构，这些保存机构分属文化和旅游部、国家档案局、国家文物局、国家民委等部门领导。另一方面，还有一定数量的少数民族档案文献遗产散存于民间，未被收集到专业的保管机构。为了妥善保存这些珍贵遗产，各系统、单位根据各自行业特点制定相应的政策和规范。由于各部门专业差异大，发展不够平衡，因此不少单位往往根据自己的需求及专业进行保管、保护、整理、利用，长此以往则导致分属于不同系统的少数民族档案文献遗产因执行不同的保护标准而难以实现资源交互与共享[①]，从而成为制约少数民族档案文献遗产区域大保护实现的障碍。

不同系统之间各自制定的政策难免出现交叉、遗漏或冲突，需要从国家层面强化政策引领，统筹规划、协调分工、合力保护。例如，现行的相关保护政策大多是围绕少数民族文化遗产和古籍的角度开展，尽管在狭义上少数民族档案文献遗产也包含在内，可适用于这些政策，但是，少数民族档案文献遗产所涵盖的特殊形式和材质的历史档案、文献和物品常常被具体政策所忽视，还有随网络数字技术而产生的数字遗产更未

---

① 周耀林、刘晗、陈晋雯、张伟：《民族记忆视域下少数民族档案文献遗产保护现状与推进策略：基于云贵地区的调查》，《档案学研究》2020年第5期。

被考虑在内。

此外，各项政策法规往往给予珍贵少数民族档案文献遗产更多的重视，如入选《中国少数民族古籍总目提要》《国家珍贵古籍名录》《中国档案文献遗产名录》等名录的珍贵档案在政策上受到了更广泛的关注和更多的人力、物力、财力等资源支持，得到了更好的保护条件。而未被收入上述名录的民族档案、文献、古籍、遗产等则很少在政策法规中提及，这些少数民族档案文献遗产面临着保护资源缺乏、疏于抢救保护等问题，其保护状态非常需要关注和政策保障，均衡各种价值的少数民族档案文献遗产保护，也是完善少数民族档案文献遗产区域大保护政策的重要需求。

（二）中观专门性政策的需求

在经济全球化和现代化的背景下，文化同质趋向越发严重，少数民族文化及其文献遗产因受急剧转型的社会文化影响，其生存环境和传承发展面临着严重威胁，使得少数民族档案文献遗产本身面临强烈的损毁的危险性。

我国现行有效的《档案法》《文物保护法》及相关的地方性法规中，对少数民族档案文献遗产的管理与保护涉及很少。究其原因，一方面缘于"档案文献遗产"与"档案文献"概念的混淆和模糊。自"档案文献"一词于20世纪80年代出现至今的四十余年历史中，其含义也相应地在不断发生变化，由此产生了歧义。常见语境中，"档案文献"一词大多侧重于"档案"，被认为是"档案"的同义词，或者是强调其档案属性，少数情况下突出它是一种具有特殊地位的重要文献[①]。而"档案文献遗产"概念是在遗产保护背景下开始使用的词汇，研究时间不长。另一方面由于对档案文献遗产的认知不足，缺乏档案文献遗产知识和保护技术的意识，忽视了政策引导和法律帮助在少数民族档案文献遗产保护中的重要性，未能形成专业化的政策法规。这就能够理解已有的政策法规并没有针对少数民族档案文献遗产的详细条款，也没有相关的管理法规，或对管理条例的解释和执行的细则，更没有形成专门的少数民

---

① 黄存勋、刘文杰、雷荣广：《档案文献学》，四川大学出版社1988年版，第1页。

档案文献遗产保护法规。

从少数民族档案文献遗产的载体类型上看，不仅有甲骨、简牍、缣帛、纸张、磁介质等主要类型，还根据少数民族的习俗及特点存在树叶、树皮、骨文、羊皮、石刻、木刻、陶文、布帛等特殊载体档案文献遗产。但现行的相关保护政策法规中，没有对不同种类的少数民族档案文献遗产进行分类保护，各地区没有针对各少数民族制定专门的保护方案，这不利于落实少数民族档案文献遗产的区域大保护。由于不同民族、不同地区、不同种类的少数民族档案文献遗产特点不同、保存手段不同、保护方式不同，在整体性大保护的方针政策下，必须依据每种类别做出不同的规定，以专门化的保护政策适配少数民族档案文献遗产的个性化保护需求，以切实可行地执行区域大保护策略。

（三）微观操作性政策的需求

现阶段的少数民族档案文献遗产保护的相关政策法规中，以宏观性政策为主，中微观政策缺位而亟待补充。大部分是为保护提供环境保障的宏观政策工具，即从目标规划、制度标准、管理机制、社会监管等方面对少数民族档案文献遗产保护进行规划和管理，为其创造宏观社会环境保障[1]。关于保护的人才支持、资金支持、信息与技术支持及基础设施建设的基础性政策数量较少，且内容较为笼统，难以满足少数民族档案文献遗产保护技术、保护场所、保护设备等方面的现实需要。

同时，政策法规中能够增强社会对少数民族档案文献遗产保护意识和利用需求的政策工具的使用很少，容易导致政策宏观带来的各区域各部门间的理解和执行偏差，难以在保护少数民族档案文献遗产方面形成广泛共识，使其陷入"社会关注不高—社会需求不强—机构供给不足—社会关注不高"的恶性循环状态中。从微观层面来看，少数民族档案文献遗产保护政策数量少，且政策内容涵盖的广度和深度都较为有限，缺少细节条款，给政策落实造成一定阻力。随着少数民族档案文献遗产区域大保护格局的形成，对相关保护全流程的制度化、标准化、规范化要求将越来越高，对集中保护、精准保护、动态保护、数字化保护、活化

---

[1] 常大伟：《我国少数民族档案文献遗产保护政策量化研究：基于128份政策文本的内容分析》，《档案学研究》2020年第3期。

保护的定制化需求将日益突出，微观政策迫切需要做出相应的调整和补充，增强整体体系的可操作性。

三 少数民族档案文献遗产区域大保护政策的优化

少数民族档案文献遗产普遍存在分散保存现状，这也使得少数民族档案文献遗产因缺乏有效保护，在自然和人为因素的作用下，一部分已经遭到了破坏、存在自然消亡或秘密倒卖的现象，区域大保护及保护数据库建设的需求已经很强烈，因此，从国家和地方层面优化少数民族档案文献遗产区域大保护政策十分迫切。

政策的不完善、不全面，使得少数民族档案文献遗产区域大保护实践开展过程中存在政策指导乏力甚至无政策可依循的现象，集中保护、精准保护、动态保护、数字化保护、活化保护都将缺少政策依据。为了完善目前我国少数民族档案文献遗产的保护政策，解决区域大保护政策制定和执行中面临的显著问题，亟须优化少数民族档案文献遗产保护政策的结构。

（一）完善国家层面的宏观引领性政策

国家层面的宏观性政策有助于解决少数民族档案文献遗产保护过程中的根本性及原则性问题。保证国家少数民族档案文献遗产保护政策出台和实施，使国家少数民族档案文献遗产保护政策发挥统领和方向引导的作用。为缓解少数民族档案文献遗产各保护机构之间分散管理、各自为政引发的矛盾，国家出台政策创立国家级区域性保护项目，实现跨行业、跨机构的保护一体化。尤其是，以国家档案局牵头领导，文化和旅游部、国家民委和国家财政部协同领导，档案馆、图书馆、博物馆、民委（或民宗局）古籍办、纪念馆、史志办、民族研究所、海关和政协等保管单位落实执行，进而发挥各主体优势，实现少数民族档案文献遗产保护的统筹规划。

制定专门针对少数民族档案文献遗产区域保护中心起草规范性文件，明确项目内容、目标、保护工作流程、各单位的权责划分、绩效考核标准等，使各地区各机构共同合作、联动共建，实现少数民族档案文献遗产的有效保护。

完善国家层面的宏观引领性政策还应注意平衡珍贵、珍藏少数民族档案文献遗产与普通少数民族档案文献遗产之间的关系，既要做到重点保护、分级保护，也要区域覆盖、全面保护。

此外，针对少数民族档案文献遗产盗卖、倒卖等行为，也应体现在国家层面的引领性政策中，2021年11月，国务院办公厅印发的《"十四五"文物保护和科技创新规划》，加大了对文物盗卖、倒卖等行为的管理和打击力度，提出了提升文物进出境管理服务水平，明确"制修订文物出境鉴定国家标准，防止珍贵文物流失"。同时，该规划还致力于构建文物追索返还常态化工作格局，"建立中国非法流失文物信息发布机制，加强流失海外文物调查监测，加强中国被盗文物数据库、外国被盗文物数据库建设"，建立"打击非法贩运文化财产国际日"。这些政策为完善国家层面的宏观引领性政策内容提供了参考。

(二) 建立地区层面的中观专门性政策

因地制宜地制定专门性的少数民族档案文献遗产保护政策，有助于保障本地区少数民族档案文献遗产得到针对性的保护。虽然地方层面已经出台实施了不少与少数民族档案相关的政策，但目前民族地区政府部门还应加强对本地少数民族档案文献遗产保护的政策制定，在现行政策法规中增加相应的保护条款，制定专门的保护条例。深入完善地方各层级政策法规，使其指导少数民族档案文献遗产保护工作实践是当前地方政府相关部门的当务之急。

各民族地区要以国家少数民族档案文献遗产保护政策文件为纲领，认真领会其精神，根据地区少数民族档案工作实际情况和特点，制定适合地方的少数民族档案文献遗产保护政策，更好地指导本地区少数民族档案文献遗产保护工作，为实现集中保护、精准保护、动态保护、数字化保护、活化保护制定统一的政策规范。

在区域大保护工作中，区域、省域中心或省级档案主管部门应全面掌握省内少数民族档案文献遗产资源及其保护的具体情况，推行实施的保护政策应涉及不同民族、不同载体类型、不同保存状态的少数民族档案文献遗产，做好对市、县级少数民族档案文献遗产资源收集整理、抢救保护和开发利用的监督和指导工作。

市、县级档案主管部门应积极与省级档案主管部门联动，根据上级政策指示推进工作展开、落实，进一步细化抢救保护具体措施，提出切实可行的少数民族档案文献遗产保护方案；同时，还要制定规章制度紧密关注、监测地方少数民族档案保管情况，尤其是民间散存的少数民族档案文献遗产的保存情况，及时向上级部门汇报沟通，确保少数民族档案文献遗产动态保护的良好效果。

此外，档案主管部门还可与文化主管部门相互衔接，将档案馆、图书馆、文化馆、艺术馆等少数民族档案文献遗产收藏机构联合起来，在区域、省域保护中心的统一管理和协同下，建立跨机构、跨部门的保护政策。

（三）补充机构层面的微观操作性政策

在国家层面的宏观引领性政策和地区层面的中观专门性政策的基础之上，国家和民族地区的保护机构还应继续完善少数民族档案文献遗产保护的微观操作性政策，制定与宏观和中观政策配套的系统管理规章制度。从政策范围来看，机构层面的微观操作性政策，应将保护的经费投入、组织管理、标准建设、技术创新、人才队伍建设等纳入制定少数民族档案文献遗产区域大保护政策的范围之内，从技术、标准、顶层规划、人才建设等多方面共同推进，使少数民族档案文献遗产抢救和保护工作中的细节问题处于政策化、制度化、法治化保障之下。

从政策内容来看，主要补充如下方面的内容：

第一，为解决保护经费不足的问题，应制定专门的财政扶持政策，加大少数民族档案文献遗产收集整理、抢救保护和开发利用等方面的资金保障。资金政策向偏远农村和经济欠发达地区倾斜，并在政策层面引导社会资本支持保护工作的开展。不论是档案修复、设备升级、数据库开发还是人才队伍建设、技术创新，都需要充足的经费才能使工作顺利开展。

第二，针对不同机构少数民族档案文献遗产本体保存及库房装备专业性程度不同的问题，应制定细致的分级保护政策制度，对不同少数民族档案文献的状态进行评估，并给予充足的经费支持，保证各单位依据损毁程度对少数民族档案文献实体进行专业化的、规范性的、区别性的保存，使少数民族档案文献遗产能够得到有效的精准保护。

第三，针对原生性保护方法中实体保护技术的紧缺性问题和再生性保护方法中数字化技术实施的紧迫性问题，应加大相关科研项目的支持力度，制定政策鼓励技术开发创新，创立相关科技项目和产学研合作，优先推广有应用前景的科研项目。

第四，针对现有政策对深层次开发利用的关注度低的问题，保护机构在相关政策中要明确规定社会主体参与少数民族档案文献遗产保护的权利和义务，强化政策宣传、社会教育等，进一步提升少数民族档案文献遗产在本民族和其他民族、本地区和全国的影响。档案部门应联合其他相关行业的保护机构主动对相关的政策法规进行挖掘、宣传与应用，通过多种方式发挥文化宣教功能，推广普及少数民族历史文化。

第二节 少数民族档案文献遗产区域大保护的经费保障

经费即"经常支出的费用"[1]，是决定少数民族档案文献遗产区域大保护工作能否开展以及成效高低的关键。少数民族档案文献遗产因分布范围广泛、数量巨大且载体多样、损毁程度不一等现实原因，导致少数民族档案文献遗产抢救与保护的成本较高。而在民族地区，少数民族档案文献遗产保护经费多源自中央或地方政府财政拨款，相对于需求而言这些经费投入十分有限。因此，如何配置民族地区大保护专项经费，并建立完善的少数民族档案文献遗产资金保障体系，是事关少数民族档案文献遗产保护工作的关键一环。

一 少数民族档案文献遗产区域大保护经费的现状

（一）保护经费的来源分析

国家财政政策和地方财政政策在少数民族档案文献遗产保护工作中

---

[1] 中国社会科学院语言研究所词典编辑室编：《现代汉语词典》（第5版），商务印书馆1988年版，第717页。

起到关键性甚至决定性的作用。过去几十年来，我国开展的各项少数民族档案、古籍项目的资金多来自各级政府划拨的财政资助，极少有民间资本参与其中，资金来源比较单一。例如，云南省档案局2019年度的收入来源中有98.29%来自财政拨款收入，其他收入占1.71%，未有源自上级补助、附属单位缴款等收入；云南省民族宗教事务委员会少数民族古籍办2019年度收入合计293.85万元，99.92%来自财政拨款，其他收入占0.08%；新疆维吾尔自治区档案局近年来的部门预算则均来自财政拨款[1]。尽管目前国家已投入大量经费致力于少数民族档案文献遗产保护工作，但是面对类型丰富、数量庞大的少数民族档案资源，这些经费投入显得捉襟见肘，仍存在很大的资金缺口，无法满足少数民族档案文献遗产区域大保护的实际需求。

少数民族档案文献遗产保管单位经费投入规模较小，档案保护的专项经费投入不足，对档案文献遗产抢救和保护工作的支持力度明显不够。市级以下的县（区）级档案文献收藏机构的保护经费更无法保证，例如，宁夏回族自治区石嘴山市大武口区档案馆2021年的财政拨款收入预算共计101.59万元，但其中95%用于一般公共预算财政拨款基本支出，与档案保护相关的预算项目为"建立档案条目数据、建立健全档案信息安全管理机制、加强电子文件的收集整理工作、加强档案管理人员培训等"，金额为5万元，包括档案保护在内的几项工作占比仅4.9%[2]。湖南省城步苗族自治县档案局内设办公室、业务股、法规股、现行文件管理中心四个职能股（室），2021年公共预算拨款116.9642万元，其中档案材料费12万元、密集架采购15万元[3]。内蒙古自治区赤峰市阿鲁科尔沁旗档案馆2021年预算194.16万元，95%以上的支出用于工资福利、办公费、印刷费、差旅

---

[1] 新疆档案信息网：《新疆维吾尔自治区档案馆2020年部门预算公开》，[2022-02-27]，http://xjaa.gov.cn/ins/info/id/45025/pid/6。

[2] 石嘴山市大武口区人民政府：《宁夏石嘴山市大武口区档案馆（本级）2021年部门预算》，[2022-03-13]，http://www.dwk.gov.cn/xxgk/zfxxgkml/czyjs/bmys/2019_47370/dwkqdag/202104/t20210419_2786742.html。

[3] 城步苗族自治县人民政府：《城步苗族自治县档案局2021年部门预算公开目录及说明》，[2022-03-15]，http://www.chengbu.gov.cn/chengbu/bmyjshsgjf/202105/7af2d0bf012b4474babe230c8ab63fda.shtml。

费、培训费等，专用材料费 0.5 万元①，无任何档案保护经费项目。基层档案文献收藏机构资金预算本身较少，档案保护没有专门预算，更无法将少数民族档案文献遗产保护工作列入经费开支计划。

在各地的档案机构部门决算文件中，基本没有列举与少数民族档案文献遗产保护相关的专项支出。例如，云南省档案局 2019 年度用于省重点档案保护与抢救的专项经费为 60 万元，占项目支出的 3.19%；档案征集专项经费为 100 万元，占项目支出的 5.32%，用于少数民族及重要特色档案征集等多项工作②。西藏自治区档案馆 2020 年各项支出合计为 8871.7 万元，新馆历史档案装具采购支出 1715.6 万元，历史档案专用档案盒支出 66.4 万元③，并没有单列少数民族档案文献遗产保护经费。

数字化保护经费是近年来档案文献管理部门经费支出的重要方向。例如，云南省 2019 年度用于档案馆和异地备份库运行维护专项经费 449 万元，占项目支出的 23.88%，包含档案专用设备维护与保养，档案接收、整理、防虫、驱虫，档案修复、数转胶等档案管理与保护工作④。到 2021 年，云南省用于省档案馆、异地备份库和数字档案馆运行维护专项经费增至 549 万元，占比 26.8%，还有单独的区域性国家重点档案保护中心运维专项经费 58 万元⑤。广西壮族自治区档案馆 2021 年"档案数字化及监理"投入 368 万元，占全年总支出的 10.84%，完成了约 711 万页纸质档案数字化，馆藏档案数字化比例达到 50%⑥。可见，利用数字化手段保护少数民族档案文献遗产在内的馆藏资源，是近几年档案保

---

① 赤峰市阿鲁科尔沁旗人民政府：《内蒙古自治区赤峰市阿鲁科尔沁旗档案馆 2021 年部门预算信息公开》，[2022-03-16]，http://www.alkeqq.gov.cn/xxgk/xxgkml/33d397cf_6d53_42ef_b3de_c015d8e999b4.html。

② 云南档案网：《云南省档案局 2019 年度部门决算》，[2022-02-27]，http://www.ynda.yn.gov.cn/zfxxgk/cz/202008/t20200820_1021910.html。

③ 西藏自治区人民政府：《西藏自治区档案馆 2020 年度部门决算》，[2022-03-16]，http://www.xizang.gov.cn/zwgk/zdxxlygk/czyjsgk/202110/t20211028_267341.html。

④ 云南档案网：《云南省档案局 2019 年度部门决算》，[2022-02-27]，http://www.ynda.yn.gov.cn/zfxxgk/cz/202008/t20200820_1021910.html。

⑤ 云南档案网：《云南省档案局 2021 年部门预算公开情况》，[2022-03-15]，http://www.ynda.yn.gov.cn/html/2021/gongkaineirong_0207/5565.html。

⑥ 广西档案信息网：《广西壮族自治区档案馆 2021 年部门预算公开说明》，[2022-03-16]，http://www.gxdag.org.cn/index.php?m=content&c=index&a=show&catid=291&id=13891。

护经费的主要增长点。

民族宗教事务委员会则因其职能的特殊性，存在针对少数民族档案古籍的项目，其公开文件中标注了保护与抢救的具体资金分配情况。如云南省民族宗教事务委员会少数民族古籍办负责的云南省少数民族古籍抢救保护项目，2019年获得专项资金52万元，云南少数民族珍本集成专项资金有50万元①，为少数民族档案文献遗产保护提供了一定保障。

（二）保护经费的不足之处

总体来看，少数民族档案文献遗产保护受到了政府的重视，近年来经费投入有所增加，但资金现状依旧存在一些问题，保护经费投入不足成为困扰保管单位高质量开展相应保护工作的重要因素。

首先，国家财政投入不足。档案主管部门、文化主管部门及下属机构和单位的经费总额日益增多，从1984年开始，我国开始以中央财政拨付的形式支持国家重点档案抢救工作，相应的经费投入从每年400万元逐年增加至"十五"期间的1200万元，"十一五""十二五"时期大幅提升至每年9000万元，到"十三五"期间，中央财政投入提升至每年2亿元②。但是，绝大多数经费主要用于部门运行维护，对档案、古籍、文献、文物的征集、抢救与保护投入资金并不多。虽然中央财政支持档案文献遗产保护的经费逐年增加，但是由于我国各地档案机构都存在经费需求，档案文献遗产存量巨大，经费分散到各个地区的档案文献保护工程后，每个工程、每个机构可获得的资源非常有限，与需要保护的少数民族档案文献遗产数量相比显现出杯水车薪的特点，民族地区能获得的财政拨款也就极为有限。

其次，地方财政投入到少数民族档案文献遗产保护中的资金很少。民族地区多为经济欠发达地区，地方政府收入有限，能投入到档案事业的经费和资源也就非常有限。由于这些地区档案馆原本条件不太好，其档案馆建设被摆到优先位置，尤其是国家发展和改革委员会支持的中西

---

① 云南省民族宗教事务委员会：《云南省少数民族古籍整理出版规划办公室2019年度单位决算》，[2022-02-27]，http://mzzj.yn.gov.cn/zfxxgk/zfxxgkml/cwxx/202009/t20200928_70519.html。

② 国家档案局：《中央财政支持国家重点档案保护工作综述》，[2020-08-27]，https://www.saac.gov.cn/daj/ywgzdt/201809/05bb962f5fd84dcda49304c79765968e.shtml。

部档案馆建设。即使部分机构已将少数民族档案文献遗产保护工作纳入日常工作中，工作经费也极为有限，以云南省西双版纳傣族自治州档案局为例，2017年度部门支出中拨给贝叶经翻译项目仅5万元[1]；2016年度部门支出中用于档案基本运行维护和档案抢救、《西双版纳年鉴》编辑出版费用等专项业务的支出共计约16.4万元[2]，拨付经费对于实际工作执行来说仍显不足。

最后，国家层面缺乏民族地区档案工作或文化事业专项经费、少数民族档案文献遗产专项经费，地方层面没有用于少数民族档案文献遗产的专项经费。由于我国目前还没有专门针对少数民族档案文献遗产的保护项目，也就没有稳定的专项经费支持，少数民族档案文献保护与抢救工作需要和全国其他保护项目同时竞争、申请经费，相对有限的经费被投入到抢救性的重要保护工程中。那些重要性相对不显著的少数民族档案文献遗产由于本身受关注少、资源少、未获得系统的普查统计，在申报中常常被忽视。

由于经费长期不足，各民族地区的档案、文物等管理部门不能广泛开展少数民族档案文献遗产的普查和收集工作。除少量重要的、价值显著的少数民族档案文献遗产保存在省、市级档案馆、图书馆、博物馆外，大多数少数民族档案文献遗产保存于库房条件不太好的县级档案馆、图书馆、博物馆、民委（或民宗局）古籍办、纪念馆、史志办及寺庙等机构，甚至还有相当一部分散存于民间，抑或是流亡国外。这些保管机构往往因欠缺保护经费和人力资源而在保护能力上极为有限，民间保护力量更是薄弱，不能满足少数民族档案文献遗产保护的需求，也不符合少数民族档案文献遗产保护的要求。

二 少数民族档案文献遗产区域大保护经费的需求

作为一项长期的系统性工程，少数民族档案文献遗产区域大保护活

---

[1] 西双版纳傣族自治州人民政府：《西双版纳傣族自治州档案局2017年度部门决算》，[2020-08-27]，https://xsbnzdaj.xsbn.gov.cn/326.news.detail.dhtml？news_id=1839。

[2] 西双版纳傣族自治州人民政府：《西双版纳傣族自治州档案局2016年度部门决算公开报告》，[2020-08-27]，https://xsbnzdaj.xsbn.gov.cn/326.news.detail.dhtml？news_id=1615。

动中的各个环节都会产生费用，都需要充足的经费来保障工作顺利进行。没有资金支持，区域大保护的任何一个环节都无法得到保障。具体来说，其经费需求包括抢救、保护及区域保护中心建设三个主要方面。

（一）少数民族档案文献遗产的抢救

抢救经费需求主要是指在少数民族档案文献遗产修复、复制及征集等过程中产生的费用。而实际上，少数民族档案文献遗产修复工作较为烦琐，涉及去污、修裱、字迹恢复等诸多工序；少数民族档案文献遗产复制则更是因为技术设备需要更多经费支持；少数民族档案文献遗产征集则需要在民间乃至国外收集散失的档案文献遗产，而由于民族地区大多交通不便、资源稀少、专业人员数量有限，档案管理人员去当地调研普查、收集征集、沟通联络等产生的费用也是一笔较大的开支。在抢救工作中，相关技术设备的配置和运行、材料工具的购买和损耗、档案文献遗产保护专业人员的培训和雇佣、新技术的研发和推广运用等方面都需要一定的经费保障。

（二）少数民族档案文献遗产的保护

保护经费包括以保存和保护少数民族档案文献遗产为目标的特藏库改造或建设、数据库建设等内容。建设或改造特藏库过程中发生的费用涉及馆库建设与日常维护、保管装具更换与升级、库房各类设施设备的配置及优化等所产生的开支。而经数字化后的少数民族档案文献遗产，若要保证安全管理和长期可用，则必须有赖于安全性较高、较为先进的数据库系统作为保障。此外，网络管理平台的建设与维护、馆藏档案数字化工作、数据异地异质备份、系统的更新升级等，也是数据库建设和运行中不可或缺的重要环节。将各种载体形式的少数民族档案文献遗产进行扫描，把承载的内容录入到电脑中，并逐一记录每件档案文献的保存状态，本身就是一件需要耗费大量人力、物力和财力的事情，而少数民族档案文献遗产因其多样的载体形式和民族语言更增添了工作难度和复杂度，即使是以兼职形式召集档案学、图书馆学、历史学、民族学在校大学生来处理，也要支付不低的人工酬劳。

（三）区域保护中心的运行管理

如前所述，少数民族档案文献遗产区域保护中心建设以抢救与保护、整合与保管、研究与开发、数字资源建设、技术研究、人才培养、价值鉴定、成果推广、咨询服务为目标定位，机构协同、设备配置及中心日常运行，都需要经费的支持。以区域保护中心的机构协同为例，区域保护中心的开支不仅包括跨区域跨部门沟通协调的开支、信息共享平台建设的开支，还包括专门人才引进、人员培训学习、专家顾问、项目招投标等管理活动所需的开支。大量的实例证明，充足的经费投入有利于调动基层档案管理部门和研究人员的积极性，保障有关工作人员、专家学者、专项课题小组、志愿者等群体顺利地开展少数民族档案文献遗产区域大保护的各项活动。

三 少数民族档案文献遗产区域大保护经费的筹措

单纯依赖财政拨款的保护经费渠道将会使少数民族档案文献遗产区域大保护过程中的经费来源陷入被动，同时还应以财政拨款带动民间组织、慈善机构、企业及个人的多方投资，弥补资金不足的限制；通过大力扶持少数民族档案资源的多元化开发与利用获得额外收入，给少数民族档案文献遗产带来资金补充。只有形成多渠道、多层次的资金筹措方式，才能有效保障区域大保护的经费。

（一）争取国家专项经费支持

少数民族档案文献遗产大多具有古籍、文物和文化遗产的多元性[1]，其保管、抢救、保护工作范围广泛、主体众多、任务繁重，仅靠各地区、各部门各行其是、单打独斗难以形成有效合力，既不利于创造成果，取得应有的社会效益，又影响财政资金使用绩效，降低了经济效益。因此，政府应当成为少数民族档案文献遗产抢救与保护的责任主体，全国一盘棋开展区域大保护，通过使用公共财政履行其责任。国家财政投入是少数民族档案文献遗产工作经费的重要组成部分，内容包括三个层面。

其一，重视档案事业经费预算编制，争取国家财政经费更多支持。区域保护中心及各级各类保存机构可以通过细化预算、列入绩效考核、

---

[1] 华林、刘大巧、许宏晔：《西部散存民族档案文献遗产集中保护研究》，《档案学通讯》2014年第5期。

申请年度项目等方式，为少数民族档案文献遗产区域大保护提供充足经费。由于区域发展不平衡，经济欠发达地区档案基础设施、基本保管条件还非常欠缺，国家财政投入显得尤为重要。通过国家一次性拨付款项，完成档案标准库房、特藏库的建设或改造以及相关技术设备的配置，为少数民族档案长久的保管和保护奠定基础。

其二，扩展经费申请渠道，少数民族档案文献遗产区域保护中心可以从国家重点档案保护与开发项目专项资金中申请经费。目前，虽然没有设立少数民族档案文献遗产抢救与保护的专项基金，但民族地区地方各级档案主管部门、古籍保护部门等仍可以通过不同渠道，为少数民族档案文献遗产申请国家重点专项资金补助。因此，需要认真研究馆藏少数民族档案文献遗产资源及其保管状态，分析其动态保护的需求，提前开展项目质量评估，为项目在评审中占得先机，以获得专项资金支持少数民族档案文献遗产区域大保护的实现。

其三，依托"区域性国家重点档案保护中心"的运行经费。国家档案局依托省级档案馆分别设立了6个"区域性国家重点档案保护中心"，有较为充足的经费保障。例如，"区域性国家重点档案保护中心"（云南省档案馆）设备采购项目994.491万元，包括微孔滤膜空气微生物采样器、立体显微镜、文献封闭除尘工作台等104项档案设备及专业装具。这些设备通过共享也可纳入统筹建设的少数民族档案文献遗产区域保护中心的经费来源之一。

此外，通过中央对地方的档案及文化专项转移支付资金投入，给予项目支持，保障经费给付的持续性、经费来源的固定性、经费数额的规范性[1]，可以为少数民族档案文献遗产的区域大保护的开展提供支持。专项经费对于偏远地区、贫困地区的少数民族档案文献抢救和保护能够真正落地执行。

（二）保证地方财政配套资金

地方各级领导部门、档案主管部门和文化主管部门应提高思想认识，着眼长远，将少数民族档案文献遗产抢救与保护工作纳入政府工作计划，

---

[1] 胡莹：《云南省边疆少数民族档案应急保护机制构建探析》，《档案学通讯》2015年第4期。

并提供定期、定向资金支持。

一方面，在国家宏观政策支持和资金投入下，民族地区地方政府应随着地方经济增长的幅度相应提高对少数民族档案文献遗产保护事业的经费投入力度。具体地，要把少数民族档案文献遗产区域大保护经费纳入全省、全市财政总预算，纳入省、市重点档案开发与利用经费范围中，由地方政府对参与实施的单位给予资金补助，同时协调各系统、各单位及各级财政为项目实施提供必要的配套经费，为抢救、保护、修复少数民族档案文献遗产提供长期性财政支持和临时性紧急援助措施。

另一方面，民族地区地方政府应更多地关注偏远地区、贫困地区少数民族档案文献遗产的需求并予以政策优待和经费倾斜。要结合本地少数民族分布与发展情况分拨经费，主动向民族地区倾斜，有区分、有重点地资助，对于少数民族数量多、档案文献遗产丰富、收集与抢救修复难度大的地方档案管理部门，其经费划分比重应重于其他部门。同时，各省市档案局、文物局等通过颁布专项资金管理办法文件，积极争取和落实本级地方财政配套资金，明确规定资金补助额度、数量、申报程序、使用范围等内容，为保障经费来源的长期稳定性提供政策和法律依据。

(三) 吸引民间资金投入

实践表明，仅靠政府拨款这种单一的方式已无法适应少数民族档案文献遗产区域大保护建设过程中的经费需求，非政府组织、社会团体、慈善机构以及个人的多方参与也应该成为区域大保护的重要经费来源，以拓宽保障经费的来源渠道，减少对政府转移支付的依赖。但需注意的是，即使引入民间资金也并非意味着法律、官方、权威语境之下的档案文献价值的出卖或放弃[1]，而是利用少数民族特色文化的巨大影响力扩大少数民族档案文献遗产的认知度，吸引合作伙伴。

民间资金参与档案事业已经得到国家重视，在政策制度方面已经有文件明确支持社会力量的投入。例如，《关于加强和改进新形势下档案工作的意见》支持档案中介机构、专业机构参与档案事务，支持企业、

---

[1] 郑彦宁、支凤稳、颜嘉麒、刘明东、姚青等：《图书情报新视野新观点》，《图书情报知识》2020 年第 5 期。

社会组织和个人依法设立档案事业发展基金[①];《档案法》更是明确鼓励社会力量参与和支持档案事业的发展。

具体而言,可灵活采用企业赞助、文化基金、投资经营、个人捐助等多种方式吸纳民间资金注入。可以通过财政奖补机制,对参与少数民族档案文献遗产保护的社会资本给予税收减免、贷款利息补贴等财政优惠政策的支持;通过成立少数民族档案抢救与保护、文化保护与传承等主题的基金会广泛调动社会参与的积极性,吸纳各方赞助;采取命名、冠名、表彰等形式鼓励社会各界对少数民族档案文献遗产保护工作的资助和投入行为;通过大力宣传,强化社会责任,动员全国各地的企业、社会组织及个人通过捐助、资助、合作等方式参与区域大保护。总之,通过上述手段,吸纳各类社会资金,拓宽区域大保护的资金投入渠道,形成多元化的经费投入机制。

(四) 开发档案文献文创产品

联合国教科文组织曾围绕文献遗产保护的宗旨,为"世界记忆工程"制定了使文献遗产得到最大限度的、不受歧视的平等利用,开发以文化遗产为基础的各种产品并广泛推销,并将盈利所得的资金用于少数民族档案文献遗产的保护的目标[②],这反映出文献遗产的传播与保护是同样重要的,通过开发利用、宣传推广带来的影响力和资源可"反哺"少数民族档案文献遗产保护,实现良性循环。同样的道理,也应采取对少数民族档案文献遗产资源进行开发利用的方式,将其作为营利手段创造收益,在开发利用活动中获得社会效益和经济效益,从而为少数民族档案文献遗产保护带来资金支持。

自 2016 年《国务院办公厅转发文化部等部门关于推动文化文物单位文化创意产品开发若干意见的通知》印发以来,以博物馆为主体的文化文物保护单位在文创产品开发中取得瞩目成绩。2021 年《关于进一步推

---

① 中华人民共和国国家档案局:《中共中央办公厅 国务院办公厅印发〈关于加强和改进新形势下档案工作的意见〉》,[2020-08-27],https://www.saac.gov.cn/daj/xxgk/201405/1d90cb6f5efd42c0b81f1f76d7253085.shtml。

② 陈鑫、吴芳、卜鉴民:《世界记忆工程对中国地方档案事业发展影响研究》,《中国档案研究》2017 年第 1 期。

动文化文物单位文化创意产品开发的若干措施》的通知，更是明确鼓励博物馆、图书馆等各类文化机构开展文创产品开发[1]，通知还强调落实试点政策、健全收入分配机制、用好税收优惠政策、提升知识产权评估管理水平等。

鼓励少数民族档案文献遗产开发形式多元化。在现代社会中，产品的特色与经济价值的相关性越来越高[2]，少数民族档案文献遗产因其历史文化特色鲜明更是如此。活化少数民族档案文献遗产中的内容精华，提炼、应用、包装这些档案文献遗产中的历史、文化、科技、思想和美学元素，通过展览、出版物、影视作品、衍生文化产品和服务产品等外在形式，让少数民族档案文献遗产以直观生动的方式进入全国各地广大群众的生活中，与群众的文化和精神生活密切联系起来，充分挖掘少数民族档案文献遗产的价值，采取合作、授权等方式，吸引社会力量参与少数民族档案文献遗产相关的文化创意产品的开发、生产、经营等，按照事业单位相关财务规定，规范收入管理。

强调少数民族档案文献遗产价值实现方式多元化。随着社会发展变化，公众对文化产品的需求不断增大，编研、展览、数字化等传统的档案开发形式并不能满足公众多元化的文化需求，应鼓励将创意产品开发作为实现档案价值的重要方式之一[3]。区域大保护的构建为少数民族档案文献遗产的资源整合提供便利，同时也有利于少数民族档案文献遗产相关的文化创意产品的开发，通过馆创合作、馆际合作、馆企合作、馆众合作[4]几种路径，开发公众喜闻乐见的少数民族档案文献遗产相关的创意产品。文化创意产品或衍生产品的成功开发可以为区域保护中心及博物馆、图书馆等保存机构带来良好的经济效益和社会反响。一方面，可以通过直接销售少数民族档案文献遗产相关的创意产品、衍生产品和

---

[1] 中华人民共和国中央人民政府：《关于印发〈关于进一步推动文化文物单位文化创意产品开发的若干措施〉的通知》，[2020-08-27]，https://www.gov.cn/zhengce/zhengceku/2021-08/31/content_5634552.htm。

[2] 华林、段睿辉、李婧楠：《云南少数民族传统手工艺非遗档案活态性开发研究》，《档案学研究》2019年第4期。

[3] 王玉珏、洪泽文、李子林、张馨艺：《档案文化创意产品开发的理论依据》，《档案学研究》2018年第4期。

[4] 王玉珏：《我国档案文化创意服务发展策略研究》，《档案学研究》2018年第6期。

服务获得额外收入，将虚拟价值转化为经济价值，例如，故宫博物院研发文化创意产品上万件，年销售额超 15 亿元①，为故宫文物保护提供充足经费；另一方面，可以推动少数民族档案文献遗产对外传播宣传，形成特色品牌效应，吸引政府和企业的关注、投资与合作，拓展少数民族档案文献遗产衍生产品和服务产品的销售市场。

第三节　少数民族档案文献遗产区域大保护的机制保障

机制泛指一个工作系统的组成或部分之间相互作用的过程和方式②，往往是多个系统之间相互影响、相互作用、相互制约的要素的集合③。就区域大保护的保护机制而言，它是根据保护目标的要求与实现体系的功能而构成的整体。正如课题组调查所发现的那样，民族地区涉及地域广泛、机构众多，但各地、各机构的少数民族档案文献遗产保护面临着相同的问题。因此，针对各地、各机构的保护部门之间尚未形成统一完善的协作运行机制、协调机制和经验共享机制，需要从区域大保护的理念出发，建立合理的、完善的少数民族档案文献遗产区域大保护管理机制，才能科学合理地处理好区域大保护的各个主体的关系，推动少数民族档案文献遗产区域大保护的顺利实施。

一　少数民族档案文献遗产区域大保护机制的现状

（一）现行机制梳理

我国少数民族档案文献遗产保护在组织运行机制方面呈现分散性特征，没有专门的少数民族档案机构或文献遗产机构组织统筹领导、管理

---

① 央视财经：《博物馆文创正当红：故宫文创产品上万件　年销售额超 15 亿元!》，[2022-03-17]，https://baijiahao.baidu.com/s?id=1624188190324671579&wfr=spider&for=pc。
② 中国社会科学院语言研究所词典编辑室编：《现代汉语词典》（第 5 版），商务印书馆 1988 年版，第 628 页。
③ 叶鹏：《中国非物质文化遗产保护机制研究：基于文化与科技融合视角》，中国社会科学出版社 2016 年版，第 40 页。

分工。在现行体制下，征集管理少数民族档案文献遗产的单位主要有档案馆、图书馆、博物馆和民委（或民宗局）古籍办，以及纪念馆、高等院校、民族研究所、文管所、宗教局、文化馆、群艺馆、政协、史志办等。这些单位分属文化和旅游部、教育部、民委（或民宗局）、国家档案局和国家文物局等部门领导。各个系统单位都结合自己的工作性质，设定了具体的工作职能。这些不同属性的部门分担着保护少数民族档案文献遗产的责任和义务。

在保护工作机制方面，根据课题组调查，部分保存机构建立了馆藏少数民族档案文献遗产保护的相关机制。例如，内蒙古自治区档案馆依托国家"共享工程""八省区蒙古语文工作协作小组"等构建工作机制，规划协作；贵州民族大学图书馆，有针对全馆的安全保护、应急管理、分级管理制度，并制定了防灾备份方案；云南省古籍办有专门的少数民族档案文献遗产安全保护制度，形成了专门的保护工作机制；云南省档案馆为加快建设"区域性国家重点档案保护中心"，计划建成少数民族档案文献遗产抢救保护中心，建立档案保护与抢救专业技术培训机制；西藏自治区档案馆设有档案保护技术处，有严格的馆藏民族历史档案保管制度，形成集中整理、修复、影印、翻译、出版等全流程的保护利用机制。

（二）现行机制的不足之处

少数民族呈现"大杂居、小聚居"的分布状态，当前少数民族档案文献遗产保护事业的发展与民族地区日益紧迫的保护需求以及各族群众日益增长的物质文化需求仍有差距。从课题组调查结果看，对于缺少专项保护计划或项目支撑的少数民族档案文献遗产保护工作，往往存在无头或多头管理，如档案馆的征集处、接收处、技术处或修复处、保管处、电子处等都涉及少数民族档案保护相关工作，然而这些职能部门之间没有直接的行政隶属关系，彼此之间缺乏联合、沟通、合作，或处于松散的联合状态，尚未形成统一完善的协作运行机制，既不能合理有效配置资源，又不能有效调动并发挥出各级保护人员的专业优势，保护效率不高等问题普遍存在。

对代表性机构的数据库建设情况调查表明，少数民族档案文献遗产数据库的建设主要还存在以下问题：从资源层面来说，少数民族档案文献遗产数据库建设进程相对缓慢，资源开发的深度与广度不足；从保护层面来说，资源数据库的建设没有实现与实体保护数据的有效对接；从管理层面来说，保护管理流程缺乏数据化，尚未实现保护、保护管理与开发利用的数字化管理与决策一体化系统的应用。此外，各数据库之间建设标准、信息结构差别也较大，也为资源数据和管理数据的信息共享带来了阻碍。

二 少数民族档案文献遗产区域大保护机制的需求

（一）资源布局分散，亟待规范化集中

我国少数民族档案文献遗产资源广泛分布在国内外政府及民间组织和个人手中。在国内，少数民族档案文献遗产分布的空间跨度比较大，既包括历代少数民族聚居地区，又包括少数民族档案文献遗产经过流转后而被收藏的地方。这些少数民族档案文献遗产一部分已收藏于各类政府机构、研究机构中，得到不同程度的保护；一部分散存于民间，由档案文献的制作者、使用者、传承者、收藏者等不同群体及个人保管；还有些档案保存于野外，或遭到人为损坏，或遭遇风化漫灭，如今仅有上千块白族石刻档案得以保存至今，碑石断裂、破损、碑文漫灭问题十分严重[①]。此外，因历史原因等，大量少数民族档案文献遗产散存海外，包括藏文、蒙古文、满文、维吾尔文、彝文、纳西文、西夏文、女真文、契丹文、焉耆—龟兹文、粟特文等档案文献遗产[②]。

少数民族档案文献遗产资源的分散分布导致其数量分布、价值估算、分级管理的难度加大。档案管理部门、文化主管部门难以开展少数民族档案文献遗产收集征集工作，从而加剧了少数民族档案文献遗产遭到损毁的风险，增加了保护和管理的成本，系统化的区域大保护工作更是难以进行。

（二）组织管理松散，亟盼强化联动合作

目前，国家层面并没有建立专门的少数民族档案文献遗产保护管理

---

① 华林、肖敏、王旭东：《西部濒危少数民族历史档案保护研究》，《档案学研究》2013年第1期。
② 包和平、王学艳：《国外对中国少数民族文献的收藏与研究概述》，《情报杂志》2002年第6期。

机构，由各地保管机构自觉、独立开展少数民族档案文献遗产保护工作。在调研中发现，有的管理机构虽然重视馆藏少数民族档案文献遗产保护工作，保护意识较强，但由于缺乏指导或缺少专业人员而不知如何展开工作；有的管理机构因为缺乏有力的监管监督，保护质量和效果不太理想；有的管理机构意图寻求外界的支持与合作，但苦于缺少沟通的渠道和平台①。

在机构层面，除了民族古籍办、少数民族科研机构、特藏馆之外，各单位机构鲜有专门的少数民族档案、文献、古籍等保护部门，相关保护工作由机构内的多个职能部门共同完成，如档案馆中可能涉及档案保护工作的有档案接收征集部、档案保管部、整理编目部、保护技术部等职能部门，各单位机构内部也鲜有制定职能部门之间统一协作的机制，因此难以有效协调各种资源，专门针对少数民族档案文献遗产实施专业的保护。机构内部的组织管理问题需要通过构建长效的工作运行机制和保护措施来解决，保障各部门在明确的权责划分下科学地推进少数民族档案文献遗产保护项目，确保人才、资金、设施等资源在保护工作中得到妥善运用。

（三）保管机构众多，亟须建立共享平台

我国少数民族档案文献遗产的管理机构众多，且分布于不同系统，既包括政府系统的档案局、方志办，文化系统的文化局、博物馆、图书馆、文化馆、群艺馆，社会科学研究系统的民族科研院所，教育系统的高等院校图书馆，民委系统的古籍办、史志办、民族语言文字委员会，宗教系统的宗教局、寺庙等机构，不利于系统地实现少数民族档案文献遗产整体性的保护。

首先，由于各个机构分属于不同的系统，在行政管理中各自为政，缺乏大局意识，只针对本单位管辖范围内的档案文献遗产进行保护和管理，使得少数民族档案文献遗产保护工作缺乏整体性和科学性。其次，各个机构对少数民族档案文献遗产的界定分类和保护管理方式不同，例如，有的将民族地区产生的所有档案统称为少数民族档案，有的则仅限

---

① 周耀林、陈洁：《我国珍贵少数民族档案文献遗产保护需求研究：基于对〈中国档案文献遗产名录〉的统计分析》，《兰台世界》2019年第4期。

于少数民族文字的古籍文献；档案部门以全宗管理少数民族档案文献遗产，图书部门则依古籍管理将其划分为经、史、子、集四大类，而文物部门则按照年代和材质进行分类管理。这些差异致使各机构、各部门抢救、保护、接收收集、开发利用的侧重点不一，且存在交叉的情况，给统计和管理少数民族档案文献遗产造成难度，导致无法准确判断其数量和价值[①]。各个机构的保管条件不同，管理标准不一，专业研究能力不均衡，管理体制难以协调，无法从同一标准出发对少数民族档案文献遗产进行保护和管理，导致了保护和管理的复杂性和混乱性。

三 少数民族档案文献遗产区域大保护机制的革新

为了实现社会保护资源的优化配置，提高保护工作的整体效率，需要建立组织管理机制来保障推进。在区域大保护的开展实施过程中，少数民族档案文献遗产的保护工作要遵循一定的组织、体制、规范，针对区域大保护的现实诉求，形成资源整合、联动合作、共建共享等机制保障。区域保护中心是民族地区保护主体机构协同建立的少数民族档案文献遗产集中保护的专业组织，因此，区域大保护机制的设计与实施均基于区域保护中心来展开。

（一）基于区域保护中心的资源整合机制

少数民族档案文献遗产资源来源广泛、种类繁多，在其收集、整理、加工、数字化整合及共享过程中，需要各个档案文献保管主体、保护主体、管理主体发挥各自的档案文献资源优势，在少数民族档案文献遗产保护区域中心、省域中心的统筹下，实现民族地区少数民族档案文献资源的整合保障。

在文化遗产保护框架下，少数民族档案文献遗产的保护与抢救受到政府和社会的重视与关注，并已投入大量人力、物力和财力，纪念馆、史志办、民族研究所、海关和政协等少数民族档案文献遗产保管机构应以此为契机加强保护工作。首先，应通过做好馆内少数民族档案文献遗产资源的采集与统计以摸清家底；其次，要合理规划、有序推进，将现

---

① 周耀林、刘晗、陈晋雯、张伟：《民族记忆视域下少数民族档案文献遗产保护现状与推进策略：基于云贵地区的调查》，《档案学研究》2020年第5期。

有的少数民族档案文献遗产按照载体、民族等加以分类，进行有针对性的抢救。尤其是针对特殊的少数民族档案文献遗产，其损毁可能并非体现在载体或信息内容层面，而是因为传承人断代而出现内容无法释读等问题，这就需要加以针对性保护。

以大数据、云计算、5G等为代表的新技术使得分散的少数民族档案文献遗产资源不仅能集成整合，还能打破时间和空间的限制，实现跨时空共享。因此，少数民族档案文献遗产保护区域中心、省域中心应牵头构建统一的信息资源管理平台，对少数民族档案文献遗产资源进行整合。在资源整合机制之下，少数民族档案文献遗产资源统一管理的网络平台可面向研究人员、科研机构以及具有一定专业能力的普通大众收集档案文献资源，为其提供长期安全的保管方案。以少数民族档案文献遗产为主要内容开展的数字化建设工作应逐步推进目录级数据库和全文级数据库的建设，并借助于互联网实现信息的传递。从功能上而言，该信息资源管理平台应包括资源采集、资源加工、资源处理、资源存储、资源统计、资源分析、资源输出等功能，从而为散存的少数民族档案文献遗产信息整合集中和保护提供宝贵的数字化资源条件。

(二) 基于区域保护中心的联动合作机制

少数民族档案文献遗产区域大保护是一个开放性、联合性、系统性的复杂工程，在实施过程中会涉及众多不同地区、不同系统、不同等级、不同单位的参与主体。因此，实现少数民族档案文献遗产区域大保护就需要协同不同系统、不同等级、不同单位之间的关系，扬长避短，建立一套完善的联动合作机制。

区域、省域保护中心是专门负责少数民族档案文献遗产保护的组织机构，统一规划和管理各自的档案文献遗产保护工作，区域、省域保护中心常可设于有设备、技术、人才基础的省级档案馆、图书馆、博物馆，在发展和改革委员会、民族事务委员会、宗教事务委员会、文化和旅游部、教育部、科技部、国家文物局等相关部门的协同下联合开展保护工作。少数民族档案文献遗产保护区域中心、省域中心的主要职能包括在党和国家的领导下统筹拟定重大政策、法规条例，向政府提出工作建议、报告；制定少数民族档案文献遗产区域大保护的指导思想、发展战略及规划；承担少数民族档案文献遗产的收集、管理、保护等具体工作；组织开展全国范围的普查工作；研究保护工作的进展、重点并保证协调落实；指导、督促、检查各项工作的落实；协调解决少数民族档案文献遗产保护工作的重大事项。此外，相关部门作为全国少数民族档案文献遗产抢救与保护的规划编制机构、协调监督指导机构、征集收集机构、保护技术支持机构等工作机构，明确各自职责，分工负责各个方面的工作。少数民族档案文献遗产区域保护中心的中心事务管理部门与各省少数民族档案文献遗产保护办公室建立密切联系，负责保护具体工作的实施，抽调档案、文化等行业人员配合执行。

　　少数民族保护区域中心、省域中心建立联动合作机制，首先，要确立横向协作体系，实现图书馆、档案馆和博物馆的档案文献遗产的分级与集中管理，以弥补各主体之间档案文献遗产馆藏的不足，避免重复建设。其次，需要纵向协作的配合，各民族地区可逐步共同建立县级、市级、省级乃至全国的联合目录。最后，为了协调不同部门间的工作同步开展，区域保护中心还应建立少数民族档案文献遗产保护工作联席会议制度，由发展和改革委员会、民族宗教事务委员会、财政厅、文化和旅游厅、教育厅、科技厅、档案局、文物局等相关部门组成。各成员单位各确定一名联络员，各成员单位要按照职责分工，研究少数民族档案文献遗产保护工作的有关问题，互通信息，互相支持，形成合力，协同配合工作。为了加强各省（自治区、直辖市）少数民族档案文献遗产保护工作的协调领导，各市、县（区）民族、档案、文物工作部门要紧密配合，在区域中心、省域中心的领导下，积极协调相关部门按照现有分工，积极配合，认真履行职责，各级政府应将全省（自治区、直辖市）少数民族档案文献遗产保护工作纳入本地区档案工作、民族事务和文化事业的整体规划中。档案、民族事务和文化部门一方面要加强组织、联络、指导、协调，共同做好全省（自治区、直辖市）少数民族档案文献遗产保护工作；另一方面要建立健全少数民族档案文献遗产保护工作机构，配备充足的技术人员。

　　（三）基于区域保护中心的共建共享机制

　　随着"国家重点档案保护与抢救工程""国家重点档案保护与开发

工程""中华古籍保护计划"等重大项目的开展和实施，项目管理的思想逐渐得到应用和发展①。对于少数民族档案文献遗产，区域保护中心可以设立面向区域范围内的专门保护项目，以项目为驱动建立少数民族档案文献遗产资源共建共享机制。

通过项目驱动，少数民族档案文献遗产区域保护中心依托组织优势，通过专项项目规划，分解资源共建共享工作任务，向项目承担和参与机构提供经费支持，协调工作进度，形成工作成果。首先，制定项目实施方案，区域保护中心可对少数民族档案文献遗产集中保护、精准保护、动态保护、数字化保护、活化保护进行任务分解，制定年度少数民族档案文献遗产共建共享具体实施方案，将工作任务与责任下发落实到各个具体参与单位。其次，各机构少数民族档案文献遗产保护相关部门根据项目实施和任务分解方案，主动申报或联合申报区域保护中心的规划项目，鼓励多方参与。再次，项目下达后，区域保护中心要建立项目实施监督机制，建立具体项目实施方案的审核制度、项目实施进度月报制度、项目进展汇报、通报制度等，并确保监督执行。最后，项目承担或参与机构将少数民族档案文献遗产共建共享相关成果全部汇总到少数民族档案文献遗产保护机构统一整理、集中保护。

事实上，民族地区已有部分项目驱动的档案文献遗产保护工作实践，并取得了较好的效果。以云南省哈尼族档案文献共建为例，首先，云南省档案局通过下发《云南省档案局关于开展哈尼族档案抢救与保护工作的通知》，从整体上部署哈尼族档案文献采集工作；其次，通过制定《哈尼族档案抢救与保护工作方案》《哈尼族档案采集征集具体工作任务表》，进一步明确哈尼族档案文献的征集范围、价值鉴定标准及相关规范性问题；最后，依据《云南省档案征集经费管理暂行办法》及相关规定，明确此次征集工作的经费支持方式，并就征集范围、视频格式等加以具体规范②。这样的工作模式实际可为其他类型的少数民族档案文献

---

① 周耀林、李姗姗等：《可移动文化遗产保护体系研究》，武汉大学出版社 2017 年版，第 158 页。

② 华林、宋梦青、王柳：《云南省档案局（馆）少数民族档案资源建设"云南模式"案例研究》，《档案学研究》2018 年第 1 期。

遗产征集及资源建设工作提供可供参考的范本。

由于少数民族档案文献遗产往往分散于不同文化系统、不同保管单位内部，因而其共建共享机制的实现需要区域保护中心构建统一的云存储平台，把数目庞大、分布不同地区、异构的少数民族档案文献遗产数字资源整合起来统一管理，进而实现少数民族档案文献遗产数字资源共享。

在区域大保护的资源整合机制、联动合作机制、共建共享机制之下，仅靠明确的目标、指导思想、管理方法、运行模式是不够的，还需要从标准制度、实施技术、人员配置等方面落实，从而推动保障机制的顺利实施。

第四节　少数民族档案文献遗产区域大保护的标准保障

标准是"衡量事物的准则"[①]，是实施少数民族档案文献遗产区域大保护应遵循的行为规则，是有效保护少数民族档案文献遗产的重要保障。现阶段，少数民族档案文献遗产保护标准不统一的现象不仅无法为保护工作提供统一有效的指导，还会带来资源的浪费，因此需要建立少数民族档案文献遗产保护系统体系。

一　少数民族档案文献遗产区域大保护标准的现状

档案文献遗产保护相关的国际标准、国家标准和行业标准为我国少数民族档案文献遗产保护标准的建立提供了基本依据和参考。

（一）档案文献遗产保护国际标准

关于档案文献保护的国际标准较多，涉及纸张、环境等方面。笔者将与之相关的摄影术、图像材料和光盘材料的国际标准进行摘录，为我国少数民族档案文献遗产保护标准的制定和完善提供重要依据，见表8-3。

---

① 中国社会科学院语言研究所词典编辑室编：《现代汉语词典》（第5版），商务印书馆1988年版，第89页。

表8-3　　　　　摄影术、图像材料、光盘材料国际标准摘录

标准名称	标准号	颁发时间
《缩微摄影技术—ISO第2号清晰度测试卡—制图和使用》	ISO 3334	2006年
《缩微摄影—ISO测试表1号—文献摄影复制中的著录和使用》	ISO 436	1975年
《为档案目的在35毫米非打孔缩微胶卷上的报纸缩微复制技术》	ISO 4087	1979年
《缩微技术—词汇—第1部分：普通术语》	ISO 6196—1	1980年（1993年修订）
《缩微技术—词汇—第3部分：胶卷处理》	ISO 6196—3	1982年（1997年修订）
《缩微技术—词汇—第4部分：资料和包装》	ISO 6196—4	1987年（1998年修订）
《缩微技术词汇—第5部分：影像质量、清晰度、检查》	ISO 6196—5	1987年
《缩微技术—银胶类胶卷的密度》	ISO 6200	1976年（1999年修订）
《缩微技术—重氮和微泡胶片—视觉密度—特殊法》	ISO 8126	1986年（2000年修订）
《图像材料—只读光盘—基于温湿度效果的寿命预测方法》	ISO/DIS 18921	1999年
《照片—图像材料—存于可写光盘系统的信息的寿命预测—基于温湿度效果的预测方法》	ISO/CD 18927	1999年
《照片—只读光盘—基于温湿度效果的寿命预测方法》	ISO/CD 15525	1998年
《光盘数字音频系统》	ISO/IEC 908	1987年
《信息技术—120毫米只读光盘的数据交换》	ISO/IEC 10149	1995年
《缩微摄影技术—ISO 2号分辨率测试图描述和使用》	ISO 3334	2006年

（二）档案文献遗产保护国内标准

标准对于规范保护工作具有重要价值，各国都在致力于制定各类标准。在我国，档案、图书、文物等行业的保护标准是档案文献遗产保护标准的构成主体。初步统计，最早的档案文献遗产保护标准于1992年制定，目前已增加至55项。其中，国家标准27项（含已废止5项），行业标准27项，军队标准1项，见表8-4。

表 8-4　　　　　　我国档案文献遗产保护相关标准汇集

标准名称	标准代号和编号	标准类型
《古籍印刷通用字规范字形表》	GB/Z 40637—2021	国家标准
《中国少数民族文字古籍定级》	GB/T 36748—2018	国家标准
《图书冷冻杀虫技术规程》	GB/T 35661—2017	国家标准
《古籍函套技术要求》	GB/T 35662—2017	国家标准
《盒式光盘（ODC）装运包装以及光盘标签上的信息》	GB/T 19731—2017	国家标准
《电子文件归档与电子档案管理规范》	GB/T 18894—2016	国家标准
《技术图样与技术文件的缩微摄影　第 2 部分：35mm 银—明胶型缩微品的质量准则与检验》	GB/T 17739.2—2006 已废止	国家标准
《缩微摄影技术银—明胶型缩微品的冲洗与保存》	GB/T 15737—2005 已废止	国家标准
《缩微摄影技术在 35mm 卷片上拍摄古籍的规定》	GB/T 7518—2005	国家标准
《电子成像数字数据光盘存储数据验证用介质错误监测与报告技术》	GB/T 19729—2005 已废止	国家标准
《缩微摄影技术银—明胶型缩微品变质迹象的检查》	GB/Z 19737—2005	国家标准
《缩微摄影技术银盐、重氮和微泡拷贝片视觉密度技术规范和测量》	GB/T 13984—2005	国家标准
《缩微摄影技术期刊的缩微拍摄操作程序》	GR/T 19730—2005	国家标准
《缩微摄影技术透明缩微品阅读器性能特征》	GB/Z 19732—2005	国家标准
《缩微摄影技术透明缩微品阅读器特性的测量》	GB/T 19733—2005	国家标准
《缩微摄影技术透明缩微品 I 阅读复印机特性》	GB/T 19734—2005	国家标准
《缩微摄影技术 16mm 缩微胶片轮转式摄影机机械与光学特性》	GB/T 19735—2005	国家标准
《电子成像文件图像压缩方法选择指南》	GB/Z 19736—2005	国家标准
《缩微摄影技术、银—明胶型缩微品变质迹象的检查》	GB/Z 19737—2005	国家标准
《缩微摄影技术在 16mm 卷片上拍摄古籍的规定》	GB/T 7517—2004	国家标准
《缩微摄影技术 16mm 与 35mm 缩微胶片防光片盘与片盘技术规范》	GB/T 19523—2004	国家标准
《照片档案管理规范》	GB/T 11821—2002	国家标准
《技术图样与技术文件的缩微摄影　第 6 部分：35mm 缩微胶片放大系统的质量准则和控制》	GB/T 17739.6—2002 已废止	国家标准

续表

标准名称	标准代号和编号	标准类型
《CDA电子文件光盘存储、归档与档案管理要求（第1部分）》	GB/T 17678.1—1999	国家标准
《信息与文献—档案纸—耐久性和耐用性要求》	采标号 ISO 11108：1996	国家标准
《缩微摄影技术用35mm胶片拍摄技术图样和技术文件的规定》	GB/T 15021—1994 已废止	国家标准
《信息与文献—文献用纸—耐久性要求》	采标号 ISO 9706：1994	国家标准
《图书馆民国时期文献特藏书库基本要求》	WH/T 95—2022	行业标准
《汉文古籍文字认同描述规范》	WH/T 91—2020	行业标准
《汉文古籍集外字描述规范》	WH/T 91—2020	行业标准
《图书馆古籍虫霉防治指南》	WH/T 88—2020	行业标准
《中国少数民族文字古籍定级》	GB/T 36748—2018	行业标准
《纸质档案数字化规范》	DA/T 31—2017	行业标准
《档案虫霉防治一般规则》	DA/T 35—2007（2017年更新）	行业标准
《古籍定级标准》	WH/T 20—2006	行业标准
《古籍普查规范》	WH/T 21—2006	行业标准
《古籍特藏破损程度定级标准》	WH/T 22—2006	行业标准
《古籍修复技术规范与质量要求》	WH/T 23—2006	行业标准
《图书馆古籍特藏书库基本要求》	WH/T 24—2006	行业标准
《档案缩微品制作记录格式和要求》	DA/T 29—2002	行业标准
《档案工作基本术语》	DA/T 1—2000	行业标准
《档案馆建筑设计规范》	JGJ 25—2000（2010年更新）	行业标准
《挥发性档案防霉剂防霉效果测定法》	DA/T 26—2000	行业标准
《档案防虫剂防虫效果测定法》	DA/T 27—2000	行业标准
《档案修裱技术规范》	DA/T 25—2000	行业标准
《无酸档案卷皮卷盒用纸及纸板》	DA/T 24—2000	行业标准
《档案缩微品保管规范》	DA/T 21—1999	行业标准
《档案字迹材料耐久性测试法》	DA/T 16—1995	行业标准
《磁性载体档案管理与保护规范》	DA/T 15—1995	行业标准
《文件用纸耐久性测试法》	DA/T 11—1994	行业标准

续表

标准名称	标准代号和编号	标准类型
《缩微摄影技术在16mm卷片上拍摄档案的规定》	DA/T 4—1992	行业标准
《缩微摄影技术在A6平片上拍摄档案的规定》	DA/T 5—1992	行业标准
《档案装具》	DA/T 6—1992	行业标准
《直列式档案密集架》	DA/T 7—1992	行业标准
《光盘存储档案信息技术与管理规范》	GJBZ 3865—99	军队标准

考察发现，我国档案文献遗产保护相关标准基本涵盖了各种载体类型的档案及实体档案和数字档案保护的各个环节，为我国少数民族档案文献遗产保护工作提供了标杆。与此同时，全面地考察国内外档案文献遗产保护的相关标准，从中参考借鉴，或加以补充、查漏补缺，有助于专门的、系统化的少数民族档案保护标准体系构建。

二 少数民族档案文献遗产区域大保护标准的需求

从标准层面的调查来看，保护管理和保护技术方面的标准均存在一些问题。我国出台的《纸质档案数字化规范》（DA/T 31—2017）将纸质档案数字化的基本环节分为9个，并推荐了TIFF、JPEG、CEB、PDF、XML等保存格式和分辨率，但是在实际的扫描工作中，有的机构并没有按照要求进行规范操作，而是随意划定数字化文件的存储方式，明显存在管理标准执行不一的不足。此外，各保存机构执行标准差异也为区域大保护的实现带来困扰。以损毁等级评估为例，保存在档案馆中的少数民族档案文献遗产会依据《纸质档案抢救与修复规范 第1部分：破损等级的划分》来分级保护，图书馆则根据《古籍特藏损坏定级标准》进行保护，都与"损毁"相关，但却没有统一界定。在珍贵少数民族档案文献遗产的筛选方面，档案界参照《中国档案文献遗产名录》、图书界参照《古籍善本特藏入选标准》、文物界参照《文物藏品定级标准》，这些都与"珍贵"相关，但对于珍贵标准却缺乏明确界定，难以指导少数民族档案文献遗产的分级保护。

现有的档案文献遗产保护标准涉及国际标准、国家标准、行业标准等不同类型，对于少数民族档案保护具有一定的参考作用。然而，少数民族档案区域大保护包含集中保护、精准保护、动态保护、数字化保护、活化保护等方法，其特殊性决定其保护标准与其他相关标准的差异性。因此，参考已有标准，制定并完善专门的、系统的少数民族档案保护标准十分必要。科学合理的少数民族档案文献遗产保护标准应由直接标准和相关标准相互配合、共同组成。其中，直接标准是与少数民族档案文献遗产保护直接相关并具有专门指导作用的标准，涉及管理性标准和技术性标准；相关标准则是保护过程中采用或采纳其他标准体系中的标准。两者互相协调统一，衔接搭配，互为补充。

三 少数民族档案文献遗产区域大保护标准的完善

完善少数民族档案文献遗产区域大保护标准实质是建立一个长期保存少数民族档案文献遗产所必需的、全面的并具有内在联系的标准框架，从而有效地实现少数民族档案文献遗产的长期保存。基于上述分析，笔者认为少数民族档案文献遗产保护标准体系框架主要由管理标准和技术标准两部分组成①。

（一）区域大保护的管理标准

将规范流程管理运用到少数民族档案文献遗产保护中，是提升保护管理效率、推动少数民族档案文献遗产保护的一种有效路径。有效地保护少数民族档案文献遗产需要科学规范地管理，标准体系是标准化工作顶层设计的展现，是标准规划的蓝图，然而我国各地区存在保护方式的不统一、数字化流程的不规范，以及档案文献遗产数据的严重异构等问题，使得对于保护工作流程规范的管理标准的需求越发显现。

由本书提出的少数民族档案文献遗产区域、省域保护中心的组建，能够有效解决少数民族档案文献遗产保护主体机构各自为政、各成体系的管理零散局面。区域、省域保护中心组建虽然可以参考《区域性国家重点档案保护中心建设与管理办法》，但仍需要根据少数民族档案文献遗产特点进行细化，以确保区域大保护的实现。区域、省域保护中心具体标准名称及可参考标准，见表8-5。

---

① ISO,"Standards",[2020-08-20], http://www.iso.org/standards.html；国家档案局：《政策法规》，[2020-08-20], http://www.saac.gov.cn/xxgk/node_141.htm。

表 8-5　　少数民族档案文献遗产区域保护中心组建标准

标准名称	可参考标准
《少数民族档案文献遗产区域保护中心建设标准》 《少数民族档案文献遗产区域保护中心建筑设计规范》 《少数民族档案文献遗产区域保护中心应急管理规范》 《少数民族档案文献遗产区域保护中心设施设备标准》 ……	《档案馆建设标准》（建标 103—2008） 《档案馆建筑设计规范》（JGJ 25—2010） 《绿色档案馆建筑评价标准》（DA/T 76—2019） 《档案馆应急管理规范》（DA/T 84—2019） 《博物馆库房设施设备标准》（征求意见稿） ……

结合当前少数民族档案文献遗产保护调查结果及管理现状，目前需制定的围绕区域大保护职能开展的管理标准有少数民族档案文献遗产保存价值鉴定标准、质量评估细则、项目管理规范、安全管理规范、更新管理规范等，主要解决由谁保存、怎样保存的问题。标准名称及可参考的标准见表 8-6。

表 8-6　　少数民族档案文献遗产区域大保护的管理标准

标准名称	可参考标准
《少数民族档案文献遗产价值鉴定标准》 《少数民族档案文献遗产抢救与修复规范》 《少数民族档案文献遗产破损定级标准》 《少数民族档案文献遗产长期保存质量评估细则》 《少数民族档案文献遗产著录名词与术语汉译规则》 《少数民族档案文献遗产保护项目管理规范》 《少数民族档案文献遗产安全管理规范》 《少数民族档案文献遗产数据库采集与更新管理规范》 ……	《纸质档案抢救与修复规范　第 1 部分：破损等级的划分》（GB/T 42468.1—2023） 《古籍特藏破损定级标准》（WH/T 22—2006） 《古籍善本特藏入选标准》（国家图书馆） 《文物藏品定级标准》（原文化部） 《满文档案著录名词与术语汉译规则》（DA/T 30—2019） 《信息与文献　文件管理　第 1 部分：通则》（ISO 15489—1：2001） 《文件管理—电子文件长期保存要求》（ISO/DTR 26102） 《基于文件的电子信息的长期保存》（GB/Z 23283—2009） 《电子文件归档与电子档案管理规范》（GB/T 18894—2016） ……

(二) 区域大保护的技术标准

少数民族档案文献遗产各数据库之间建设标准、信息结构差别较大，为资源数据和管理数据的信息共享带来了阻碍。这些标准还关系到实体保护。因此，技术标准是少数民族档案文献遗产区域大保护实现的重要基础，主要包括一般技术标准、元数据标准和系统标准。

1. 一般技术标准

一般技术标准是指在少数民族档案文献遗产保护过程中对档案文献遗产资源采集、流转、传输、存储的技术标准以及数据格式、载体等少数民族档案文献遗产资源管理流程中的技术标准规范。主要包括网络采集技术标准、流转技术标准、网络传输技术标准、数据存储安全规范、保存格式标准以及保存载体选择标准，标准名称及可参考标准见表8-7。

表8-7　　少数民族档案文献遗产区域大保护的一般技术标准

标准名称	可参考标准
《少数民族档案文献遗产数字采集技术标准》 《少数民族档案文献遗产长期保存流转技术标准》 《少数民族档案文献遗产数据网络传输技术标准》 《少数民族档案文献遗产数据存储安全规范》 《少数民族档案文献遗产长期保存格式标准》 《少数民族档案文献遗产文本数据加工标准》 《少数民族档案文献遗产图像数据加工标准》 《少数民族档案文献遗产音频数据加工标准》 《少数民族档案文献遗产视频数据加工标准》 《少数民族档案文献遗产长期保存载体选择标准》 ……	《信息与文献—信息交换格式》（ISO 2709：2008） 《数字音频对象制作和保存指南》（国际声音和音视频档案馆联合会，IASA） 《文本和图形资料数字化转录技术标准》（美国） 《数字化文化遗产材料技术指南》（美国） 《内容分类与数字化对象指南》（美国） 《保存和归档的MXF格式应用规范》（美国） 《照片档案管理规范》（GB/T 11821—2002） 《版式电子文件长期保存格式需求》（DA/T 47—2009） 《基于XML的电子文件封装规范》（DA/T 48—2009） 《磁性载体档案管理与保护规范》（DA/T 15—1995） 《数码照片归档与管理规范》（DA/T 50—2014） 《信息与文献　文化遗产信息交换的参考本体》（GB/T 37965—2019/ISO 21127：2014） ……

一般技术标准涉及档案文献遗产实体的保护，可以参考已有的相关标准，见前文表8-4。

2. 元数据标准

元数据即定义和描述其他数据的数据，是管理和利用的工具。元数据因具有锁定等功能而可以描述少数民族档案文献遗产数据资源，又能支持系统对少数民族档案文献遗产数字资源的管理和维护。

元数据的实质是定义和描述其他数据的数据。元数据既能描述少数民族档案文献遗产资源或少数民族档案文献遗产数据自身所特有的属性，具有锁定、证实、评价等功能，又能支持系统对少数民族档案文献遗产的管理和维护。因此，少数民族档案文献遗产区域大保护实现过程中，元数据标准必不可少，如少数民族档案文献遗产收集、整理、鉴定、数字化资源长期保存等，都是重要的元数据集，内含各类元素。少数民族档案文献遗产保护元数据标准名称及可参考标准见表8-8。

表8-8　　少数民族档案文献遗产区域大保护的元数据标准

标准名称	可参考标准
《少数民族档案文献遗产收集元数据标准》 《少数民族档案文献遗产整理元数据标准》 《少数民族档案文献遗产鉴定元数据标准》 《少数民族档案文献遗产长期保存元数据标准》 《少数民族档案文献遗产元数据著录规则》 《特殊载体的少数民族档案文献遗产元数据标准与著录规范》 《少数民族档案文献遗产著录规则》 ……	《拓片元数据著录规则》（WW/T 0093—2018） 《信息和文件记录管理流程记录元数据　第1部分：原则》（ISO 23081—1：2017） 《信息检索：应用程序服务定义和协议规范》（Z39.50） 《信息与文献　文件管理过程　文件元数据　第1部分：原则》（GB/T 26163.1—2010） 《国家图书馆数字资源长期保存元数据规范》（WH/Z 1—2012） 《国家图书馆专门元数据标准与著录规范—音频资源》（GC—HD090192） 《专门元数据标准与著录规范—古籍》（GC—HD090183 D005—04—01） ……

3. 系统标准

系统标准是指为保证少数民族档案文献遗产保护各个流程的顺利进行和各系统之间实现无缝衔接而制定的标准，也是保证少数民族档案文献遗产资源长期保存各环节互操作的基础，对于少数民族档案文献遗产的保护具有重要作用，标准名称及可参考的标准见表8-9。

表8-9　　　少数民族档案文献遗产区域大保护的系统标准

标准名称	可参考标准
《少数民族档案文献遗产长期保存系统标准》 《少数民族档案文献遗产数据库建设标准》 《少数民族档案文献遗产资源管理系统互操作标准》 ……	《信息与文献　文件（档案）管理体系　要求》（ISO 30301—2019） 《电子文件管理系统通用功能需求》（GB/T 29194—2012） 《电子档案管理系统通用功能要求》（GB/T 39784—2021） ……

为完善我国少数民族档案文献遗产保护标准体系，需要将自主开发为主与吸收借鉴相结合，一方面要依据少数民族档案文献遗产资源建设实际情况及既有行业标准进行自主研制，另一方面要积极吸纳国际标准、国家标准和行业（地方）标准中适用于少数民族文献遗产区域大保护的部分[1]，建构起既切合少数民族档案文献遗产保护需求，又具有较高适配性的保护标准体系。

第五节　少数民族档案文献遗产区域大保护的技术保障

技术是"人类在认识自然和利用自然的过程中积累起来并在生产劳动中体现出来的知识和经验"[2]，产生于人类认识和改造自然的社会实践中，集中表现为物质手段、精神手段和信息手段的总和。针对少数民族档案文献遗产保护技术应用不够理想的现状，需要进一步提出强化技术应用，以确保少数民族档案文献遗产原生性保护、再生性保护的落实。

一　少数民族档案文献遗产区域大保护技术的现状

（一）原生性保护技术

原生性保护是指妥善保存档案文献现存形态并采取必要手段尽可能

---

[1] 张美芳：《档案安全标准体系构建的研究》，《档案学研究》2010年第4期。
[2] 中国社会科学院语言研究所词典编辑室编：《现代汉语词典》（第5版），商务印书馆1988年版，第646页。

防止其受到进一步损坏以延长原件寿命的保护方法①。根据对应的保护手段，档案文献遗产原生性保护技术包括预防技术、治理技术、修复技术等。

我们通过对原生性保护的调查发现，保护机构普遍重视预防技术的应用，如防水、防高温高湿、防光、防虫、防有害气体与灰尘、防微生物、防灾等，通过购置合适的装具能够有效延缓少数民族档案文献遗产的衰老。安徽省图书馆购置无酸档案盒专用于民国时期的档案文献遗产，对部分老化、破损严重的档案文献遗产封存保护，建设标准的档案文献遗产库房，提升原生性保护力度②。在档案文献遗产治理方面，杀虫、除微生物、清洁、去污、脱水、去酸等治理技术也应用较多。在修复技术中，应用最多的为修裱、加固、图字声像恢复、揭"砖"、除锈等，例如，云南省古籍修复中心已经掌握了比较成熟的藏彝古籍、东巴经、绵纸经等修复技术，西藏自治区档案馆设有专门的技术保护处，组织民族专家学者合作，对馆藏民族历史档案进行集中整理、修复。

在调查中经常可以看到保护机构预防技术和治理技术同时应用，反映了近年来各机构对少数民族档案文献遗产保护观念的变化，也体现了档案文献保护技术应用水平的提升。同时，民族地区在预防技术应用方面还存在遗漏，防灾技术较为缺乏，少数民族档案文献遗产保护应对灾难的意识和能力亟待提升。

（二）再生性保护技术

从课题组调查结果来看，大部分机构都应用了两种及两种以上的再生性保护技术，最为常见的是传统的缩微复制、影印出版等非数字化保护技术。例如，安徽省图书馆1994年启动缩微复制工作，二十余年来抢救拍摄了善本古籍554种、报纸72种、解放前期刊310种、民国图书1000多种③。20世纪90年代后期，数字化技术的发展让数字化产品逐

---

① 邢君：《浅谈民国文献的原生性保护》，《数字与缩微影像》2019年第1期。
② 王永光：《安徽省图书馆民国文献收藏与缩微再生性保护工作述略》，《数字与缩微影像》2021年第2期。
③ 朱开忠：《馆藏缩微文献珍品考述：以安徽省图书馆藏3部明代徽州家谱为例》，《数字与缩微影像》2020年第2期。

渐受到更多的关注，由于存储信息量大、传输和复制快捷方便，开始替代缩微技术在档案文献遗产再生性保护中的应用①。随着数字化技术的普及，少数民族档案文献遗产管理机构开展了不同程度的数字化工作，大部分是以少数民族档案文献遗产本体原件的数字化为主，也有一些机构开展了缩微胶片的数字化工作，如辽宁省档案馆、辽宁省图书馆。

除了常见的非数字化和数字化技术，极少部分机构还开发了少数民族档案文献管理系统，内蒙古档案馆、内蒙古师范大学在2001年共同开发了蒙古文档案管理系统，该软件能够用于蒙古族档案文献遗产数字资源接收、整理、著录、检索、查询等②。内蒙古大学图书馆2009年开发出耶利巴档案文献管理集成系统，该软件符合蒙古文编码国际标准和蒙古文排版及阅读习惯，为实现蒙古族档案文献遗产数字化及共建共享奠定基础③。

二 少数民族档案文献遗产区域大保护技术的需求

对上述区域大保护技术应用现状分析后发现，针对档案实体的原生性保护技术和针对信息内容的再生性保护技术，在民族地区的大部分机构中均有所应用。然而，两类技术在实际应用过程中均存在一些问题。

首先，原生性保护技术中的预防技术相对普及，得到机构的普遍认同和应用，但治理技术和修复技术相对落后，尤其是抢救性保护技术仍然较弱，不符合当前倡导的"预防为主，防治结合"的档案文献保护技术原则，严重阻碍了少数民族档案文献遗产本体的集中保护、动态保护和长期保护。例如，档案有害生物防治的跨学科融合技术应用越来越多，低氧封存技术、检测技术、纳米材料和聚酯敷形涂层保护材料等日趋成熟④，从医学领域引入的超声乳化除霉、微脉冲除霉、纳米光催化消毒

---

① 于雯乾：《缩微技术在现代化档案管理中仍具有独特优势》，《数字与缩微影像》2020年第1期。

② 华林、陈燕、刘凌慧子：《藏族记忆构建视域下藏族档案数字资源跨业界整合研究》，《西藏民族大学学报》（哲学社会科学版）2021年第2期。

③ 王福：《基于共建共享的蒙古文数字图书馆研究》，《图书馆理论与实践》2012年第8期。

④ 丁双玫：《传统的档案有害生物防治技术现代化》，《中国档案》2022年第2期。

灭菌等技术，这些先进和成熟的抢救性保护技术均未在少数民族档案文献遗产保护中试验和应用。

其次，在再生性保护技术中，传统的缩微复制、影印出版等非数字化保护技术应用较多。少数民族档案文献遗产管理机构都开展了不同程度的档案文献遗产数字化工作，大部分是以少数民族档案文献遗产本体的数字化为主。再生性保护技术的应用中明显忽略了可持续利用技术，对再生的少数民族档案文献遗产数字资源缺乏可持续性保护，开发利用技术也应用不足。在网络环境下，民族地区的部分机构，面对信息技术过时和淘汰带来的资源乱码、读取失败等问题，缺乏技术层面的应对和处理措施，标准化、仿真、迁移和典藏等技术滞后，网络备份意识薄弱，无法保证少数民族档案文献遗产数字资源在新技术条件下仍然可以检索利用。

最后，数据库技术也是民族地区保护机构的弱势和短板。目前，学界在少数民族文献遗产数据库技术方面的研究成果相对匮乏，主要涉及数据库建设的内容、运作模式、标准和框架设计等，数据库技术探讨没有针对少数民族档案文献遗产特点；在实践层面，少数民族文献遗产数据库建设研究尚处于起步阶段，总体呈现参差不齐的状态，受到经济发展水平的限制，少数民族档案文献遗产数据库在建设效率上还存在明显不足，缺乏基于保护视角的专门数据库建设。

三 少数民族档案文献遗产区域大保护技术的推进

在数字时代，各类新型技术层出不穷，技术更新迭代也越来越快，推进少数民族档案文献遗产区域大保护技术不可能面面俱到，也难以被全盘应用。基于上述少数民族档案文献遗产区域大保护技术现状和需求分析，笔者从当前少数民族档案文献遗产区域大保护需求最为迫切的抢救性保护技术、可持续利用技术、数据库技术展开论述。

（一）抢救性保护技术

少数民族档案文献遗产抢救性保护是针对已遭受损毁的少数民族档案文献遗产实施的，往往是在项目管理、工程化管理的指导下，通过抢救技术的应用，从而使其恢复到健康、稳定的状态。

课题组调查发现，根据少数民族档案文献遗产所面临损坏情况的差异，最为常用的针对实体档案文献遗产的抢救性保护技术主要分为以下几种：

去污。少数民族档案文献遗产在利用和保存过程中，由于环境及人为的因素，很多沾上了灰尘和泥斑、蜡斑等各种污斑[1]。一方面，污斑的存在可能会遮盖字迹，造成少数民族档案文献遗产所记载的信息难以读取；另一方面，污斑的成分复杂，一般呈一定的酸碱性，而且还可能附有各种菌类，如不去除会影响少数民族档案文献遗产的长久保存。另外，如修复前不除尘去污会在修复过程中污染，对少数民族档案文献遗产纸张和字迹造成影响。在实施去污时，对于纸张损坏不十分严重的少数民族档案文献遗产，可在加固、修裱前根据污斑类型选择适当的方法使用剔除、擦拭、浸泡等手段去除污斑。慎重对待纸张老化严重，甚至碎裂、掉渣的档案文献遗产，可先用毛刷拂去灰尘，用蘸有1%—2%福尔马林（甲醛）溶液的脱脂棉球捏干后，擦拭污斑处达到去污与消毒的目的。当然，实践中，机械去污法、溶剂去污法和氧化去污法都可以提供参考[2]。

去酸。人工老化实验表明，纸张保存的最佳pH值是7或略高。国际上通常认为纸张在pH值小于5.8时需要对其进行去酸处理。少数民族档案文献遗产除民国前少数手工纸外，大多数纸样为弱酸性，还有一部分纸样的pH值在5.5以下，这给这些档案文献遗产的长期保存埋下很多隐患。当档案文献遗产pH值为5.5以下时，档案纸张文献已严重酸化，应立即对其进行脱酸处理，否则会加速纸张老化，缩短档案文献的寿命。主要的纸张脱酸方法有液相脱酸、无水溶液脱酸和气相脱酸[3]。

塑封。目前，欧美国家在档案文献遗产保护中广泛使用塑封的方法。将档案文献遗产放于塑料套封之中，利用塑料套封对档案产生支撑作用，既减少对档案文献的磨损，又避免外来物质对档案文献遗产产生影响，

---

[1] 周耀林、戴旸、林明等编著：《档案文献遗产保护》，武汉大学出版社2012年版，第15页。
[2] 周耀林、戴旸、林明等编著：《档案文献遗产保护》，武汉大学出版社2012年版，第203—205页。
[3] 周耀林、戴旸、林明等编著：《档案文献遗产保护》，武汉大学出版社2012年版，第200—202页。

对少数民族档案文献遗产本体的长久保存有着积极作用。因此，对于破损严重难以进行修裱的少数民族档案文献遗产可通过使用塑封的方法达到保护的目的。

杀虫除微。档案害虫和微生物对少数民族档案文献遗产的危害是巨大的，只要在档案文献入馆（室、库）之前做好消毒工作，并合理控制档案库房温湿度，就能有效抑制有害生物的生长和繁衍。如果需要杀虫除微，目前常用的方法有化学法和物理法[1]。物理法主要有低温法、气调法、微波法、射线法等，其中低温法在各档案馆使用较为普遍；化学法主要有拭涂法、喷雾法、浸泡法、药剂法、熏蒸法，其中应用得较为广泛的是熏蒸法。

修裱。修裱在少数民族档案文献遗产抢救中应用极为广泛。目前，主要的修裱方法多用补洞、干托、湿托三种[2]。由于修裱对象为损坏较为严重的档案文献遗产，在选择修裱方法时应优先选择补洞，其次是干托，最后为湿托，以尽量减少修裱中水对少数民族档案文献遗产载体带来的影响。修裱过程中除要根据少数民族档案文献遗产本体状况选择合适托裱方法外，同时要考虑选用合适的托纸和糨糊。修裱用纸对档案修裱的质量有很大影响，选择修裱用纸应坚持被选纸与所修裱档案纸张相匹配的原则，同时选用的修裱纸应有较高的干湿机械强度，纤维交织均匀，纸张薄而柔软，不含化学杂质，呈中性或弱碱性。

加固。调查发现纸质载体的少数民族档案文献遗产在长期保存和利用过程中逐渐发脆，纸张的机械强度下降，纸张的脆化、撕裂、碎化以及残缺是其存在的主要问题之一。因此，有必要对这些脆弱的少数民族档案文献遗产进行加固。纸张的加固方法主要有成膜加固和丝网加固[3]。对于双面有字的档案文献遗产，可使用丝网加固，此方法不仅能提高档案强度，还不影响档案信息的可读性。成膜加固是通过喷涂或浸泡的方

---

[1] 周耀林、戴旸、林明等编著：《档案文献遗产保护》，武汉大学出版社2012年版，第181—182页。

[2] 周耀林、戴旸、林明等编著：《档案文献遗产保护》，武汉大学出版社2012年版，第213—216页。

[3] 周耀林、戴旸、林明等编著：《档案文献遗产保护》，武汉大学出版社2012年版，第207—208页。

法，使有机材料渗入纸张纤维内部，通过物理或化学的方法将断裂、粉化的纤维黏合连接起来，从整体上增强纸张的物理强度。此外，派拉纶等高分子材料可以在纸张表面成膜，进而抑制外界不良因素对纸张的侵蚀，对于一些破损严重、动辄掉渣、难以修裱的少数民族档案文献遗产，先通过成膜加固提高其机械强度，再进行后续措施，不失其独到之处。

揭"砖"。少数民族档案文献遗产由于材料、环境、生物、人为等因素的综合作用，已经黏结成"砖"，硬度很大，很难分离。操作前应先进行字迹水泅试验，之后根据情况选择相应的方法。具体的方法有[①]：其一，蒸汽渗透法：将"档案砖"水浸后放到蒸锅内蒸，利用高温水蒸气穿透力强、可溶化黏结物的特点，将"档案砖"变软揭开；其二，浸泡法：将"档案砖"放在清水中浸泡，使水慢慢渗透进入纸页间达到揭开之目的；其三，冲洗法：用水冲洗来揭"档案砖"；其四，机械法：对于字迹遇水扩散的档案文献，可通过机械法对其干揭。由于"档案砖"的成因比较复杂，现状多种多样，有时只采用一种方法无法揭开，必要时应将几种方法结合运用，如浸泡—冲洗法、蒸揭—冲洗法、蒸揭—浸泡法等。另外，国内外一些学者还在研究利用生物酶的方法进行揭"砖"处理。

字迹恢复。目前常用方法主要有物理法和化学法[②]。物理法显示字迹主要有摄影法和数字图像处理方法。其中，摄影法是利用各种字迹和污斑的光学通透率和吸收率的不同达到显示字迹的目的；而数字图像处理方法则是基于计算机技术恢复褪变字迹，利用OCR技术、计算机技术、数字图像处理技术改善档案文献的褪变字迹，保持少数民族档案文献遗产原貌的同时，提高了可读性。[③]

(二) 可持续利用技术

少数民族档案文献遗产是文化资源的重要组成部分，需要坚持可持续发展原则。一方面，应结合《国务院关于加强文化遗产保护的通知》

[①] 周耀林、戴旸、林明等编著：《档案文献遗产保护》，武汉大学出版社2012年版，第206页。

[②] 周耀林、戴旸、林明等编著：《档案文献遗产保护》，武汉大学出版社2012年版，第218页。

[③] 王新阳：《基于计算机技术恢复灾害档案褪变字迹的研究》，《档案学通讯》2014年第6期。

对物质和非物质文化遗产保护提出的保护为主、抢救第一、合理利用、加强管理、传承发展的方针为指导，对少数民族档案文献遗产资源进行合理开发，走资源可持续发展之路；另一方面，应通过最大限度地挖掘少数民族档案文献遗产的多元价值，将其由"藏于深闺"推向大众，不断借由市场需求培育少数民族档案文献遗产可持续发展的潜能①。

在网络环境下，档案文献信息利用面临最大的技术问题是技术过时。为了避免档案文献信息因技术更新而影响档案的可持续利用，少数民族档案文献保存机构应采用标准化、仿真、迁移和技术典藏等技术措施，来保证数字档案文献信息资源在新技术条件下仍然可以检索利用。

第一，标准化技术是将特殊格式的电子文件转化为一种或多种主流文件格式，或将数字档案文献信息建立在一个通用的开放的平台基础上。例如，一般文字型电子文件以 XML 文档和 RTF、TXT 为通用文件格式，图像电子文件以 JPEG、TIFF 为通用格式，影像数据以 MPEG、AVI 为通用文件格式，音频电子文件以 WAV、MP3 为通用文件格式，多媒体音像数据以 MPEG、AVI 为通用文件格式；数字平台建设以开放档案信息系统（Open Archival Information System，OAIS）为参考模型等。标准化技术一方面可提高少数民族档案文献遗产的可读性，另一方面可提高少数民族档案文献遗产的易用性。

第二，仿真是延迟技术淘汰的一种重要方法，仿真即是利用一个计算机系统去模拟另一个计算机系统的操作来保护网络信息在新技术环境下的可以利用②。仿真可最大限度提高软件版本的兼容性，提高少数民族档案文献遗产信息共享利用水平。

第三，迁移就是根据软件、硬件的发展将数字信息从一种技术平台转换到另一种技术平台上的复制方法。由于信息技术更新周期短，要确保旧格式的数字档案信息资源在新的系统中能被读出与检索出，进行迁移也就在所难免。

---

① 陈子丹、谯丹、廖可佳：《云南少数民族档案资源开发利用的思考》，《档案学通讯》2018 年第 1 期。

② 陈清文：《网络信息资源长期保存策略研究》，《情报杂志》2006 年第 9 期。

第四，技术典藏即数字信息所依存的软、硬件系统本身的典藏[①]，是对少数民族档案文献遗产数字化建设与利用原技术环境进行有效的保存。

第五，备份技术，如异地备份、异质备份，是在少数民族档案文献遗产数字化的基础上，或者通过数字孪生技术建立其数字副本，实现少数民族档案文献遗产的"再生"。

此外，为了推动少数民族档案文献遗产在保护保存中得到利用，可以采用语义技术、本体技术、关联数据技术等，实现少数民族档案文献遗产数字副本及其信息的数据分析和知识挖掘[②]，从而实现少数民族档案文献遗产的活化保护（详见第七章）。

(三) 数据库技术

通过对代表性机构的少数民族档案文献遗产数据库建设情况调查，目前少数民族档案文献遗产数据库的建设主要存在资源层面和保护层面的双重问题：从资源层面看，少数民族档案文献遗产数据库建设进程相对缓慢，资源开发的深度与广度不足；从保护层面看，少数民族档案文献遗产数据库的建设没有实现与实体保护数据的有效对接，阻碍了区域大保护的实现。因此，整体提升民族地区少数民族档案文献遗产数据库建设水平，一方面是建设少数民族档案文献遗产资源数据库，便于活化保护与活化利用；另一方面是建设嵌入保护元素的少数民族档案文献遗产保护数据库，便于保护管理的落地实施。无论是哪种数据库，从功能类型看，少数民族档案文献遗产保护数据库技术重点关注数据库系统安全技术、数据库系统管理技术、数据库数据备份技术三类。

1. 数据库系统安全技术

应用数据系统安全技术需要注意以下问题：一是要合理分配网络资源，通过对网络资源的集中管理与调配，保障少数民族档案文献遗产数据库服务器处于良好的运行状态；二是要构筑防火墙，可以借助防火墙技术将少数民族档案文献遗产数据库分割为多个安全区域，避免遭受外

[①] 金更达、潘燕军：《结构化数据长期保存问题探析》，《档案学通讯》2006年第5期。
[②] 刘为、朱天梅：《少数民族档案文献遗产传承保护研究》，《云南档案》2016年第8期。

界非法访问，架构起与外部网络间的安全防护屏障；三是使用入侵检测技术，即用入侵检测技术辅助防火墙，共同确保少数民族档案文献遗产数据库系统的安全；四是及时更新补丁程序和杀毒软件，在少数民族档案文献遗产数据库运维过程中要密切关注系统运行性能，及时更新杀毒软件，有效防范最新的病毒；五是使用安全的文件系统，尽量确保系统运行的数据文件存储于特定的文件系统中，既可以加强数据文件的安全，又可以最大化数据库的访问性能；六是加密数据库文件，采用库外加密和库内加密等方式确保数据文件的安全；七是数据库视图的使用，区域保护中心或机构要求数据库建设者在编写数据库应用程序时，可以运用视图机制隐藏需要保密的数据文件；八是云安全技术，即要求区域保护中心或机构的信息技术部门应通过及时进行网络安全检测，并将最新信息在服务器端自动分析处理，进而将破解方案分发给每一个客户端，有效提升数据库系统安全性。

2. 数据库系统管理技术

应用数据库系统管理技术应注意以下问题：一是数据库用户口令管理，由于用户名和口令是少数民族档案文献遗产数据库提供的最外层的安全保护措施，区域保护中心或机构可以通过设置口令复杂性验证等方式增加口令的安全性，进而确保少数民族档案文献遗产数据库入口的安全；二是数据库角色和权限管理，在少数民族档案文献遗产数据库建设与管理过程中，要通过完善管理权限、健全角色管理机制等方式，加强对少数民族档案文献遗产数据库存取的控制，不仅可以提升权限管理效率，还可以借此强化数据库系统的安全性与灵活性。

3. 数据库数据备份技术

应用数据库数据备份技术需要注意以下问题：一是脱机模式或联机模式及时备份数据库，少数民族档案文献遗产数据库建设可以采取物理备份与逻辑备份相结合的方式。在选择物理备份时，应综合考虑脱机模式和联机模式的优势与弊端，结合单位实际及少数民族档案文献遗产数据库建设的实际需求，以安全且便利为原则做出合理选择。二是异地备份、集群存储和镜像技术等使用后端存储系统，为避免人为操作失误或硬件故障造成的数据库受损及数据丢失，在综合考虑成本的基础上，可以综合采用异地备份、异质备份、云存储、数字孪生技术、镜像技术等技术方法，提升应对火灾、地震、洪灾等毁灭性灾难的有效性，以保证服务不间断。

第六节 少数民族档案文献遗产区域大保护的人才保障

培养更多高素质技术技能人才、能工巧匠、大国工匠是新时代人才培养要求[①]。课题组调查表明，23个代表性机构中有12家机构没有设置专门的保护部门。即使设置了保护部门，从事少数民族档案文献遗产保护的技术型专门人才也极为缺乏，档案文献遗产保护"工匠"十分稀缺。因此，如何准确认识少数民族档案文献遗产保护人才队伍的现状与需求，建立确保少数民族档案文献遗产区域大保护的人才队伍和"工匠"，是保证少数民族档案文献遗产保护工作成败的关键。

一 少数民族档案文献遗产区域大保护人才的现状

档案文献遗产保护工作本就具有高度的专业性，而对于少数民族档案文献遗产而言，在各种特性及新需求的加持下，其保护工作则对专业性要求更高，同时还具备知识性特征。但是现阶段，我国少数民族档案文献遗产保护工作实则面临较为严重的人才短缺问题，尤其是针对实体档案保护的修复人才和针对内容信息保护的数字化人才。

（一）针对实体档案保护的人才现状

就少数民族档案文献遗产本体保护而言，修复少数民族档案文献遗产是保护工作的重要环节。由于材质、载体的不同，少数民族档案文献遗产的修复需要针对性的修复技术，特别是少数民族古法造纸与现代造纸技术有较大差异，需要采用特有的修复技艺。然而，目前修复技艺和人才都极为稀缺，难以实施必要的修复工作。例如，彝族古籍多用构皮

---

① 习近平：《在中国科学院第二十次院士大会、中国工程院第十五次院士大会、中国科协第十次全国代表大会上的讲话》，《人民日报》2021年5月29日第2版。

纸、纳西族古籍采用花纸、傣族古籍使用贝叶、藏族使用狼毒花纸，采用现代纸质修复少数民族古籍则无法实现有效的保护。课题组调查发现，藏文古籍修复难度较大，传统用于抄写经文的藏纸中多加入天然植物原料狼毒花，其纸质韧性强、能防虫蛀，可这一传统造纸技艺如今已很少流传使用，类似的古藏纸又难以找到，只能选择颜色接近的构皮纸作为基本用纸，再将狼毒草根部捣碎，提取原液加入补书所用的纸浆中，通过独特的人工纸浆补书法，让补纸和原纸充分结合，让古籍更为强韧。这些技艺都需要在长期的工作实践中不断改进创新，并保护传承下去。然而，各个机构缺乏这个方面的修复人员[1]。

针对实体档案保护的专业工匠型人才的匮乏，已经严重阻碍了少数民族档案文献遗产保护工作的高效开展。人才短缺问题实则是档案文献遗产保护领域的普遍现象，例如，由于档案馆基本没有专业的修复人才，一旦遇到修复任务时只能委托专业公司，但实际上即使是专业的修复公司，修复人才也较为罕见[2]。因为缺乏档案修复方面的人才，很多档案馆的少数民族档案文献遗产修复工作不得不暂时搁浅，或者排队等待专业的修复人才完成手中的工作，再开始下一项修复。

(二) 针对内容信息保护的人才现状

少数民族档案文献遗产内容信息保护是区域大保护实现的核心工作，也是后期开发利用的重要基础，针对内容信息的保护对数字化专业人才的需求十分紧迫。实际调查中发现，管理观念的陈旧及保护数据库建设的难度阻碍了少数民族档案文献遗产数字资源的建设和管理效率水平的提升，是制约数据库应用于少数民族档案文献遗产保护管理的重要因素之一，而既懂少数民族语言文字又能够熟练完成计算机基础操作的专门人才的缺乏，也进一步制约了少数民族档案文献遗产保护管理的数据化实现。例如，云南省古籍修复中心已经掌握了比较成熟的藏彝古籍、东巴经、绵纸经等修复技术，但由于缺乏懂得少数民族文字的专门性人才，影响了少数民族古籍的数字化工作。

---

[1] 周耀林、刘晗、陈晋雯、张伟：《民族记忆视域下少数民族档案文献遗产保护现状与推进策略：基于云贵地区的调查》，《档案学研究》2020年第5期。

[2] 周耀林、朱倩：《论我国档案文献遗产保护资源的共享》，《档案管理》2013年第2期。

在少数民族档案文献遗产在数字化保护过程中,要确保数字化质量,就需要针对信息内容保护的专门人才。因为少数民族档案文献遗产本身存在不好翻译、理解困难等障碍,经常会遇到各种问题,例如,案卷缺乏整理,组卷质量差,卷内文件混乱,页码编制不统一,随意性大,文件目录遗漏多,卷内目录和卷内文件对不上,导致其整理、著录、编目等工作耗时耗力。这些问题是极其细微和潜在的,不仅存在于基层,还存在于综合条件较好的国家级、省级、市级综合档案馆或专门档案馆,充分暴露出少数民族档案文献遗产专业数字化人才的短缺。

要解决上述问题,首先要科学划分保护人才类型,对专业工匠和专业技能型人才有较为清晰的认识和界定;其次要不断加大专业工匠,尤其是少数民族档案文献遗产修复人才和数字化人才的引进力度;最后要针对已经在岗的档案文献遗产保护工作人员,从提升专业性、内化工匠精神两方面开展继续教育。

二 少数民族档案文献遗产区域大保护人才的需求

(一) 对专业工匠型人才的需求

当前少数民族档案文献遗产修复工艺普遍较为落后,缺乏科学化和集约化的手段,面对众多价值高、急需修复的少数民族档案文献遗产,急需具有工匠精神的专业性人才。

专业工匠型的少数民族档案文献遗产修复人才,不仅需要具备档案修复所涉及的专业知识,掌握少数民族档案文献遗产常用的各种材料的优势和劣势、少数民族档案文献遗产修复技术与手段、少数民族档案文献遗产库房建设标准与要求、少数民族档案文献遗产保管难点及保管方法等[1],而且还要有高度的责任心、一丝不苟的工作态度和不怕苦、不怕累的精神。因此,用专业工匠来形容对少数民族档案文献遗产修复从业人员的要求。

除了修复工作需要专业工匠外,少数民族档案文献遗产无损数字化

---

[1] 仝艳锋、杨博文:《云南省民国档案基础性保护策略研究》,《兰台世界》2009年第4期。

工作同样需要专业工匠。从技术角度考虑，数字化成果通过计算机才能被读取、管理和利用，需要一支由计算机技术人员和计算机软硬件设备维护人员组成的技术队伍。少数民族档案文献遗产数字化工作也不例外。为此，应有较强的技术队伍做保障，确保少数民族档案文献遗产数字信息的安全。

(二) 对专业技能型人才的需求

从人才培养的效率看，专业工匠型人才相对于专业技能型人才，耗费时间更长，要求也更高。正如我们调查发现的那样，对于绝大多数少数民族档案文献遗产保护岗位而言，专业技能型人才难以保障。

从档案管理角度考虑，随着信息时代的到来，传统的少数民族档案文献遗产管理模式已不能完全应付当今档案文献利用与服务需求，这就要有既懂档案管理又懂计算机应用的复合型人才来承担少数民族档案文献遗产保护工作。例如，在少数民族档案文献遗产抢救与数字化工作中，将已扫描的少数民族档案文献遗产录入系统，不仅是为了更好地保护和保存少数民族档案文献遗产信息，还便于检索和查询，这就要求保护专业人才熟练掌握系统管理和应用知识。

专业技能型人才在技能上除了具备档案、古籍等基本业务能力，还需掌握针对口述档案的采集、管理能力。例如，少数民族档案文献遗产许多档案材料源于口述记录、录音录像等记录方式，根据课题组调查，少数民族档案文献遗产主要集中保存在各地档案馆、图书馆等机关单位中，具备档案文献遗产知识的专业技能型人才的直接介入会最大限度地保障信息记录的真实性、完整性和可靠性。

三 少数民族档案文献遗产区域大保护人才的培养

(一) 专业工匠型人才的扩充和管理

结合上述少数民族档案文献遗产保护对专业工匠型人才的需求分析，无论是修复工作还是数字化工作，少数民族档案文献遗产保护工作者都需要从管理岗位逐步转向专业工匠，即少数民族档案文献遗产保护更需要专业型且具有工匠精神的人才，来应对修复、数字化等保护工作。人才的引进是最直接有效的解决办法，可以快速补充现有的少数民族档案文献遗产保护专业工匠型人才队伍。

1. 少数民族档案文献遗产保护专业工匠引进的标准和依据

加强和完善各级档案馆的编制管理，是少数民族档案文献遗产保护专业工匠型人才引进的基础。劳动人事部和国家档案局联合颁布的《地方各级档案人员编制标准（试行）》是各级档案馆完善编制管理的依据。档案馆从性质上看，属于国家的科学文化事业机构，档案馆工作人员列入国家事业编制。编制人数应随馆藏档案（包括具体档案价值的资料）数量的增减而相应增减，见表8-10。

表8-10　　　　　　　地方各级档案人员编制标准

编制依据	人员设置
馆藏10000卷	地、县（区）及县级市档案馆5人；馆藏不足万卷，编制适当减少，但不少于3人
	地区级城市档案馆7人
	省、自治区、直辖市及其他大城市档案馆10人
馆藏在10000卷至300000卷	其超过部分每5000卷增配1人
馆藏超过300000卷	其超过部分每7000卷增配1人
生活后勤工作独立的档案馆	除按上述规定配备业务人员外，可按不超过业务人员的20%增加编制
通行两种以上文字的民族地区	由各省、自治区、直辖市编制主管部门，根据实际情况适当增加人员编制
馆藏外文档案、少数民族文字档案较多	
设有后库等特殊情况的档案馆	

增加编制、安排资金购买是少数民族档案文献遗产保护专业工匠型人才引进的直接方式。例如，广西省南宁市针对国家档案行政执法检查反馈意见，多种措施加强档案系统人才队伍建设，增加编制、安排资金购买、政治学习、业务培训等全方面解决专业人才不足的问题[1]，见表8-11。

---

[1] 南宁市档案局：《南宁市多举措加强档案系统人才队伍建设》，[2020-03-03]，http://www.chinaarchives.cn/home/cotegory/detail/id/24693.html。

表 8-11　　南宁市加强档案系统人才队伍建设措施一览表

主要措施	措施内容	措施成效
增加档案部门专业人才编制	为市档案部门增加 10 名事业编制，并批复同意市档案局通过招考公务员方式引进	直接增加档案专业人才数量
继续安排财政专项资金	各级档案部门聘请了 30 多人开展档案整理、数据录入、裱糊、扫描等相关工作	通过政府购买方式，切实解决人员偏少的问题，保证日常工作的正常开展
提高档案专业人才的政治素质	建立学习制度，定期组织召开专题会、分享会，建立健全考勤制度和廉洁自律制度	不断提高干部职工为党管档、为国守史、为民服务的责任意识
强化业务培训	召开业务学习会 32 次，选派业务骨干参加业务培训 120 人次，举办业务培训 41 期，邀请业务骨干讲课，全市各级档案部门人员参加培训 1360 多人次	采取多种形式对干部职工进行全员动员、全面培训，不断提高档案人才队伍的业务水平、能力素质和服务本领

2. 少数民族档案文献遗产保护专业工匠引进应注意的问题

结合馆藏档案文献数量，在编制范围内引进档案文献保护专业工匠型人才，还要牢固树立强烈的专业工匠意识，尊重专业知识、尊重专业技能，做好少数民族档案文献遗产保护专业工匠型人才的引进，营造广聚人才的工作环境。同时还要做好对专业工匠的关怀，关注在少数民族档案文献保护岗位上专业工匠的不安全因素与存在的困难。就少数民族档案文献保护岗位而言，安全性问题和流动性问题不容忽视。

第一，少数民族档案文献遗产保护专业工匠型人才队伍的安全性问题。例如，在有害微生物的防治方面，档案文献保存机构广泛使用的化学药剂，虽然可以显著减少害虫，但化学药剂的副作用和使用不当造成的危害相当严重，如误伤非靶动物、害虫抗药性严重。此外，安全隐患还涉及消毒、杀虫、灭火等设备设施可能存在不确定因素。例如：紫外线消毒车在使用时不得使紫外线光源照射到人，以免引起损伤；在使用臭氧杀虫机过程中，我国卫生部制定的安全标准是 0.15ppm。臭氧浓度对操作人员造成不同伤害，浓度在 1—4ppm 会引起人员咳嗽，工作人员最多在内工作 1 小时，浓度在 4—10ppm 会引起人员强烈咳嗽，工作人员最多在内工作 20 分钟①。在引进人才之前，应充分做好安全保障，让专业工匠工作时无后顾之忧。

第二，少数民族档案文献遗产保护专业工匠型人才队伍的流动性问题。长期以来，包括少数民族档案文献遗产管理在内的档案管理人员随意性强，很多没有经过专业训练，对少数民族档案文献遗产工作认识较为肤浅，需要经过长期的培训才能胜任少数民族档案文献遗产保护工作。人才流动是信息时代的一大特点，建设少数民族档案文献遗产保护专业工匠型人才队伍，需要关注人才流动性问题。一方面，为优秀的少数民族档案文献遗产保护专业工匠型人才创造晋升空间，充分调动人才工作的积极性，防止因缺失晋升空间而辞职等现象的出现；另一方面，打通少数民族档案文献遗产保护专业工匠型人才的流动通道，在行业范围内保持人才队伍的稳定。

（二）专业技能型人才的继续教育

任何层次的人才，都需要不断地学习来提升自己的技能、修养和素质，少数民族档案文献遗产保护专业人才也不例外。为了不断提高档案专业人员素质，2019 年 5 月，国家档案局政策法规研究司发布《档案专业人员继续教育规定》，其中第九条阐述包括少数民族档案文献遗产保护在内的档案专业人员参加继续教育的形式包括：参加档案培训班、提高班、研修班、进修班等各类学习班；参与以提升档案专业技能为目的的业务实践活动；参加档案远程教育或档案线上教育；参加档案学术会议、学术访谈、学术讲座、学术访问等活动；其他被档案主管部门认可的提升档案人员专业技能的方式②。《档案专业人员继续教育规定》明确了继续教育主体机构、组织形式、科目课时、监督检查、管理制度等方面的内容，让各级各地档案文献机构、人力资源和社会保障部门、有教育实力的相关机构等拥有可操作性的参考依据。档案专业人员继续教育科目内容及课时要求见表 8-12③。

---

① 丁文杰：《等离子臭氧消毒柜消毒因子检测方法探讨》，《中国医学工程》2010 年第 1 期。
② 国家档案局政策法规研究司：《档案专业人员继续教育规定》，[2020-02-26]，http://www.saac.gov.cn/daj/zcfg/201905/38286891241840688767445131c6a84f.shtml。
③ 新上岗档案专业人员的初任培训是档案继续教育的重要组成部分，未取得档案专业大专以上学历的档案专业人员上岗 1 年内应当参加初任培训。

表 8-12　　档案专业人员继续教育科目内容及课时一览表

分类	公需科目	专业科目
科目内容	档案政治理论、档案法律法规、档案职业道德、档案管理理论、信息技术等基本知识	档案业务工作必须具备的专业知识、专业技能，档案专业新理论、新知识、新技术、新方法等
档案专业人员	每年累计课时不少于30学时	每年累计课时不少于60学时
新上岗人员	每年累计课时不少于10学时	每年累计课时不少于80学时

根据《档案专业人员继续教育规定》和各地档案机构的继续教育实践，举办培训班、举行学术论坛或知识讲座、建立培训基地是最常见的三种继续教育形式。

1. 举办少数民族档案文献遗产保护培训班

通过举办培训班，开展少数民族档案文献遗产保护专业人才的继续教育，是一种灵活方便、可操作性强、普及性高的形式。由主办方策划培训会方案，确定培训主题、培训目的、培训模式、培训内容、培训形式等细节，寻找合适的培训场地和讲授专家，再通知符合条件的培训对象参加，会后及时追踪并反馈意见，这些环节共同组成一个较为完整的少数民族档案文献遗产保护专业型人才培训会的流程。例如，福建省福州市档案局2018年组织档案专项技能培训班，以"提振精气神，守住工匠心"为主题，制定了较为详细的培训方案[①]，见表8-13。

表 8-13　　福建省福州市档案局档案专项技能培训方案

培训主题	"提振精气神，守住工匠心"
培训目的	培养"工匠型"档案技术人才
培训模式	"1+N"，即专家授课与多种实践相结合
培训内容	档案著录规则、案卷编页、目录著录、目录质检、目录整改等
其他形式	领导带班，培训人员列席三方会议，短会、微信、要点提示等形式补充学习

---

① 福州市档案局：《福州市开展民国档案目录著录专项技能培训》，[2020-03-04]，http://daj.fuzhou.gov.cn/22/daxw/fddt/201802/t20180223_2017441.htm。

又如，云南省2016年建成的档案数字化中心及档案修复中心每年举办2期至3期档案修复培训班，每期数十人，招收学员不仅在云南省范围内，还吸引了来自全国各地的档案文献遗产修复人才[1]，对云南省和全国少数民族档案文献遗产修复人才的培养和少数民族档案文献遗产的修复起到积极作用。

2. 举办少数民族档案文献遗产保护学术论坛或知识讲座

与培训班相比，知识讲座或学术论坛的学术性更强。中国第二历史档案馆主办，陕西省档案局、陕西师范大学历史文化遗产保护教育部工程研究中心协办的历史档案修复与保护学术研讨会，涉及历史档案的修复、虫害防治、脱酸、库房保管、数字化等各个方面[2]，为少数民族档案文献遗产保护专业人才的培养提供了有益借鉴。

辽宁省档案学会在2018年举办了"档案修复技术与应用"学术论坛[3]，该论坛是典型的档案修复学术论坛，论坛集中讨论了档案文献遗产修复的理论问题和面临的技术困境，让参会者获得了理论与实践的双重收获。

上海市杨浦区档案局2016年组织了档案安全保护知识讲座，从微观层面讲解了档案预防性保护、档案库房日常管理以及档案保护技术等知识，就档案安全工作勉励大家从宏观安全、微观安全、应用安全、管理安全等方面出发，在档案安全保护方面出实招[4]。该讲座内容丰富、通俗易懂、有很强的指导性和可操作性，有效提高了档案工作人员技术水平，为档案事业发展提供人才保障。

甘肃省庆阳市档案馆邀请档案保护与抢救专家，为全馆讲授《档案抢救与修复》的专业知识讲座，针对庆阳市档案馆安防系统、档案库房及馆藏破损档案现状，对市档案馆消防灭火、消毒、温湿度、灯光等自

---

[1] 云南省档案局：《云南省档案数字化中心及修复中心投入使用》，[2020-03-04]，http://www.chinaarchives.cn/news/china/2016/1221/114087.shtml。

[2] 中国第二历史档案馆：《历史档案修复与保护学术研讨会召开》，[2021-03-04]，http://www.chinaarchives.cn/news/china/2015/0921/106787.shtml。

[3] 辽宁省档案学会：《辽宁举办"档案修复技术与应用"学术论坛》，[2021-03-04]，http://www.chinaarchives.cn/news/china/2018/0831/121504.shtml。

[4] 上海市杨浦区档案局：《上海杨浦区档案局举办档案安全保护知识讲座》，[2021-03-04]，http://www.chinaarchives.cn/2016/1128/113753.shtml。

动报警与控制系统逐项提出了建议和措施①,让该馆档案工作者了解档案抢救修复的原则、路线、方法等知识,进一步提升了民国档案保护专业型人才的水平。

江苏省档案局自2016年8月起,启动档案人才"151工程","1"代表10名江苏省档案首席专家,"5"代表50名高级专家,最后一个"1"代表100名优秀中青年业务骨干培养对象②。2018年该省宝应县档案局举办了"纸质档案的修复与保护知识讲座",全县150多名档案工作者参会,讲座内容主要是档案保护与修复概念、档案纸张破损的原因、档案修复的基本原则技巧等九个方面内容③。为了让培训内容更直观,还播放了档案抢救修复的视频。

3. 建立少数民族档案文献遗产专业型人才培训基地

建立少数民族档案文献遗产保护专业型人才的培训基地是开展专业人才继续教育的方式之一。省(自治区、直辖市)档案主管部门或综合档案馆是建立档案培训基地的主力。2019年11月,"深圳市档案管理和专业技术人员教育培训基地"正式揭牌并成立首期培训班。该培训基地由深圳市档案局、深圳信息职业技术学院、深圳市档案学会三方共建,既有利于档案管理信息化发展的需要,又能解决档案管理复合型人才培养的需求,也是档案部门、高等院校、档案行业三方协同开展档案教育培训的一次积极探索和有益尝试④。

同时,省(自治区、直辖市)档案行政主管机构还负责对辖区内的其他档案培训基地进行监督和指导。天津市泰达档案馆充分发挥档案教育培训基地的作用,持续为开发区及滨海新区的档案人员岗位培训工作提供优质服务,连续11年获得天津市档案局"全市档案教育培训工作先进单位"⑤。该

---

① 庆阳市档案局:《庆阳市邀请专家开展档案抢救与保护技术指导》,[2021-03-04], http://www.chinaarchives.cn/2015/1105/107341.shtml。
② 郑庚:《江苏档案人才"151工程"培养方式分析》,《档案与建设》2018年第1期。
③ 江苏省宝应县档案局:《江苏宝应县档案局举办纸质档案的修复与保护知识讲座》,[2020-03-10], http://www.chinaarchives.cn/2018/0704/120846.shtml。
④ 深圳市档案局:《深圳市档案管理和专业技术人员教育培训基地首期培训班开班》,[2020-03-12], http://www.chinaarchives.cn/2019/1217/125647.shtml。
⑤ 天津市泰达图书馆档案馆:《天津泰达图书馆档案馆获评教育培训先进单位》,[2020-03-12], http://www.chinaarchives.cn/2016/0129/108476.shtml。

馆不仅精心安排培训内容，还在培训结束后为学员颁发档案岗位资格证书，让教育培训有证可查，推动档案教育培训工作走向标准化、规范化。

少数民族档案文献遗产专业型人才培训基地还可以依托于开设档案学专业的高等院校而建设。例如，"江苏省档案人员实训基地"就设立在苏州大学，依托苏州大学社会学院档案学系的学科优势，培训面向江苏省内机关、团体、企事业单位专、兼职档案工作者和有档案业务工作需求的人员，学习期满，经考试合格者，颁发《江苏省档案技能实训基地（苏州大学）结业证书》①。该基地每年开设三个不同的培训主题供报名者选择，不仅培养档案保护专业人才，还强化了苏州大学档案学专业的实践性。

为了规范人才培训基地建设，国家文物局2018年2月发布《国家文物局文博人才培训基地评估细则（试行）》，列出基础设施建设、管理机构建设、师资队伍建设、教学管理、教学研究与咨询5个一级指标，分别占有20%、20%、20%、30%、10%的权重②。由于少数民族档案文献遗产保护与文物保护具有一定的相似性和可借鉴性，档案文献遗产保护专业型人才培训基地的建立和评估，也可以参考和借鉴该人才培养基地评估细则，以评估促进改革，不断完善人才培养基地建设，为国家培养更多的档案文献保护专业人才。以《国家文物局文博人才培训基地评估细则（试行）》一级指标中的师资队伍建设为例，人才培训基地的师资结构和师资水平是二级指标，自有师资、外聘师资、师资职称、教学形式、授课质量是对应的三级指标，根据三级指标所列出的对应考查重点，可以给人才培养基地的师资队伍评分。具体的指标内容见表8-14。

---

① 苏州大学社会学院：《2018江苏省档案实训基地招生简章》，[2020-03-12]，http://shxy.suda.edu.cn/66/26/c15413a353830/page.htm。

② 国家文物局：《国家文物关于印发〈国家文物局文博人才培训基地评估细则（试行）〉的通知》，[2020-03-12]，http://www.ncha.gov.cn/art/2018/7/26/art_2302_42891.html。

表 8-14　　文博领域人才培养基地师资队伍建设评估指标体系

一级指标	二级指标	三级指标	考查重点
师资队伍建设	师资结构	自有师资	各培训专业方向自有师资数量不少于3人
		外聘师资	组织相关领域内其他单位的权威师资力量参与教学
			外聘教师签订协议或颁发聘书，具有稳定的合作关系
		师资职称	授课教师应具有高级职称或高级技师职业资格
	师资水平	教学形式	将理论与实践结合起来，注重技能培训
			结合案例、研讨等多种教学形式
			提供与教学内容匹配的完整课件
		授课质量	授课质量及效果能够得到学员的认可

第九章

研究总结与政策建议

第一节 研究总结

"真正的中国史,是大汉族及其以外之中国境内其他诸种族的历史活动之总和。"① 灿烂的中华文化是由各个民族共同创造的,是我们珍贵的历史文化遗产,也是我们永远的精神家园。自党的十八大以来,习近平总书记多次强调要对发展中华优秀传统文化和保护历史文化遗产予以高度重视,并对此作出了重要指示。2014 年 2 月,习近平总书记指出,我们要像爱惜自己的生命一样去保护好城市历史文化遗产②。同年 3 月,习近平总书记在联合国教科文组织总部提出,"每一种文明都延续着一个国家和民族的精神血脉,既需要薪火相传、代代守护,更需要与时俱进、勇于创新"③,"让收藏在博物馆里的文物、陈列在广阔大地上的遗产、书写在古籍里的文字都活起来"④。2021 年,习近平总书记在第一历史档案馆新馆开馆之际,提出了档案工作应该做好"四好",其中之一

---

① 翦伯赞:《略论中国史研究》,《学习生活》1943 年第 5 期。
② 新华网:《习近平总书记在北京考察就建设首善之区提五点要求》,[2022-02-28],http://www.xinhuanet.com/politics/2014-02/26/c_119519301.htm。
③ 中国青年网:《【喜迎十九大·文脉颂中华】这五年,习近平总书记这样谈文化遗产保护》,[2020-12-15],http://news.youth.cn/tbxw/201709/t20170915_10721201.htm。
④ 习近平:《在联合国教科文组织总部的演讲》,《人民日报》2014 年 3 月 28 日第 3 版。

就是将档案文献遗产"保管好"。少数民族档案文献遗产是即将陨落的少数民族文化遗产,是中华文明不可分割的组成部分,是中华民族共同拥有的宝贵财富,以其鲜明的特色在中华文化中独树一帜。因此,贯彻习近平总书记关于文化遗产保护的精神,保护少数民族档案文献遗产,对于传承少数民族的传统文化、树立各个民族的文化自信、推动各个民族的共同归属感和荣誉感,从而有效增强整个中华民族的文化自信,将产生重大的影响和深远的意义。

1992年,联合国教科文组织开始实施世界记忆工程,由此推动了档案文献遗产保护的全球化发展。在此背景下,我国启动了与世界记忆工程接轨的中国档案文献遗产工程。截至目前,我国共13件(组)入选世界级名录《世界记忆名录》,分五批共197件(组)文献遗产入选国家级名录《中国档案文献遗产名录》。此外,各地建立了本地的省级、市级档案文献遗产名录,由此形成了国际级、国家级、省级和市级档案文献遗产名录体系。

除了"世界记忆工程"外,我国政府还主导了其他的档案文献遗产保护项目,包括"国家重点档案保护与抢救工程""国家重点档案保护与开发工程""中华古籍保护计划"等,推动了档案馆、图书馆、博物馆等文化事业机构的档案文献遗产保护工作,为进一步繁荣文化事业奠定了坚实的基础。

尽管世界记忆工程在推动全球档案文献遗产保护中产生了重要影响,但也存在一些批评的声音。其中之一就是世界记忆工程的成果之一——《世界记忆名录》中少数民族和土著群体代表性不足的问题[①]。在我国,我们调查发现,少数民族档案文献遗产由于广泛分布、载体类型多样、环境差异很大,加之民族地区能够投入的人财物有限,因此,加强少数民族档案文献遗产的保护已迫在眉睫。

有鉴于此,笔者从贯彻落实习近平总书记关于文化遗产保护精神出

---

① Harvey R., "UNESCO's Memory of the World Programme", *Library Trends*, Vol. 56, No. 1, 2007, p. 259; Bos J., "The Bleek-Lloyd Collection and the UNESCO Memory of the World International Register", [2022-02-28], http://www.ifla.org/files/assets/rare-books-and-manuscripts/Capetown-2015-presentations/rbsc_preconference_paper_jan_bos.pdf.

发，以铸牢中华民族共同体意识为背景，站在国家整体文化发展战略的高度，系统地研究了少数民族档案文献遗产保护，旨在构建少数民族档案文献遗产保护策略，运用各种保护手段最大限度地延续少数民族档案文献遗产的生命①，让少数民族档案文献遗产这一珍贵历史记录"起死回生"并"活现于世"，在现代社会中发光、发热、发亮②，推动少数民族文化的科学保护和传承，促进各个民族之间的深度交流和交融，提升中华民族共同归属和文化自信。

通过系统研究，笔者形成了如下结论：

一 分析现状是少数民族档案文献遗产保护的原点

少数民族档案文献遗产涉及地域广袤、机构繁多、藏量庞大，以往的调查与研究涉及不多，因此，有必要系统全面地了解其真实的情况。系统调查可以还原目前少数民族档案文献遗产保护的原貌，为此，笔者通过对23家档案馆、图书馆、博物馆等文化事业机构的实地调查并结合网络调查与分析，形成了少数民族档案文献遗产保护的基本概貌：机构层面，少数民族档案文献遗产保护存在投入不够、专业人才短缺等问题；跨机构层面，民族地区的合作较少，国家档案局支持的"区域性国家重点档案保护中心"由于成立时间短，尚且不足以支持跨机构的档案文献遗产保护重任；跨地域层面，少数民族档案文献遗产自身差异大，保护需求多样。

因此，有必要全面审视当前少数民族档案文献遗产保护的现状，对少数民族档案文献遗产的分布、结构、实体保护、数字化保护等进行综合考量，宏观上形成少数民族档案文献遗产区域大保护的顶层设计，微观上形成基于各个机构的保护技术方法、保护管理方法，从而优化少数民族档案文献遗产保护的路径，提高少数民族档案文献遗产保护的效果。

二 厘清需求是少数民族档案文献遗产保护的起点

少数民族档案文献遗产广泛的散存分布现象，导致了其保护工作主

---

① 柴昊、赵跃：《保护民国档案文献遗产的多重维度》，《人民论坛》2019年第31期。
② 杨冬权：《让档案活起来、亮起来、火起来，是档案工作者的最大愿望》，《中国档案报》2018年4月9日第3版。

要由少数民族档案文献遗产收藏机构完成。民族地区文化事业机构收藏的少数民族档案文献遗产大多缺乏专门性的保护组织与制度，保护专业人才短缺，加之保护专项经费难以保障，导致保护条件参差不齐、保护技术研发与应用不足，各机构分散管理造成大量资源浪费等问题。从这个角度上看，建立集中保护机构，以解决个人和一般收藏机构难以达到保护专业水平的问题显得十分必要。

各个机构收藏的少数民族档案文献遗产，或是自然老化、破损，或是因自然环境和人为因素的影响导致受损。这些现状对少数民族档案文献遗产本身的保护提出要求，由此产生了少数民族档案文献遗产原生性保护的需求。与此同时，极度破损的少数民族档案文献遗产已经难以提供利用，即使是采用原生性保护措施也无法有效延长其寿命，只能将这些破损档案文献遗产的信息转移到其他载体上，将其价值最大限度地发挥出来，由此也对少数民族档案文献遗产的再生性保护提出了要求。

笔者发现，少数民族档案文献遗产的数字化既是再生性保护的重要手段，也是服务管理和利用的重要环节，因此数字化后的数据库设计与建设显得尤为关键。如何在数据库建设中嵌入"保护"的要素，实现少数民族档案文献遗产原生性保护—再生性保护—保护数据库建设一体化，既便于实体保护，也便于信息利用，还便于决策管理，是少数民族档案文献遗产保护所要满足的关键需求。

三 顶层设计是少数民族档案文献遗产保护的基点

少数民族档案文献遗产保护面临着共同的问题，涉及技术与管理、传统与新兴、体制机制与政策标准等多个层面。因此，做好顶层设计非常必要，这是少数民族档案文献遗产保护的基本出发点。笔者在辨析少数民族档案文献遗产及其保护等相关概念的基础上，从少数民族档案文献遗产的集中保护、精准保护、动态保护、数字化保护、活化保护五个层面构建了少数民族档案文献遗产区域大保护理论框架，旨在结合民族地区的特色，实现少数民族档案文献遗产保护的全面协调与可持续发展，少数民族档案文献遗产预防、治理与修复的一体化和少数民族档案文献遗产保护、管理与开发的一体化。

四　集中保护是少数民族档案文献遗产保护的捷径

少数民族档案文献遗产由于其本身类型与分布的多样性及历史、文化等因素的影响而广泛分散保存，民间散存及海外流失现象较为严重。各机构分散保存、分散管理不仅造成保护资源的浪费，还影响了保护、修复的效率，甚至加快损毁速度，因此，集中保护是解决少数民族档案文献遗产分散保存问题的重要方法。在国家档案局《区域性国家重点档案保护中心建设与管理办法》政策导向下，结合少数民族档案文献遗产的多元属性、保存现状以及广泛的区域分布，以区域协同为导向，建立"4+N"的区域保护中心，即民族地区包括的西南、东南、东北、西北四个区域保护中心+民族地区各省省域保护中心（设立区域保护中心的省份可以以区域保护中心替代属地省域保护中心的职能）。区域保护中心和省域保护中心可以单独设立，也可以依托各省级档案馆（图书馆、博物馆）建设。区域、省域保护中心建成后，该区域、省域所有保护需求可以交由其所属区域、省域保护中心统筹处理。现阶段，鉴于民族地区人财物的限制，笔者认为，四个区域中心可以以统筹为主、各省独立建设为辅，也可以依托国家档案局成立的四家"区域性国家重点档案保护中心"（辽宁省档案馆、广东省档案馆、云南省档案馆、新疆维吾尔自治区档案馆），建立区域性的少数民族档案文献遗产保护中心。

区域、省域保护中心所在的地域范围内的所有保护工作交由该中心进行集中保护处理，是一种集约化的专业保护组织模式，可以满足该区域或全省内各机构少数民族档案文献遗产保护的需求。区域、省域保护中心进行集中保护处置，通过社会服务、培训等方式满足保管机构的保护需求，解决了各保管机构保护专业化人才不足的问题。从这个角度看，建立区域、省域保护中心，对于广泛分布的档案馆、图书馆和博物馆等收藏少数民族档案文献遗产的文化事业机构而言，是一条有效捷径。

五　原生性保护是少数民族档案文献遗产保护的核心

"档案文献遗产不仅仅强调其记录的属性，更加强调其价值的属性。"[①]

---

① 周耀林：《档案文献遗产保护理论与实践》，武汉大学出版社2008年版，第7页。

正是因为其记录属性和价值属性，档案文献一经产生，便得到了保护，著名的保护专家凯思帕利亚将其归结为"各种生物所共有的自我保护的本能"①。由此，保护这种记录属性，包括那些"原始的历史记录"②，是档案行业、图书馆行业、博物馆行业、民委（或民宗局）古籍办共同关注的保护行为。在此背景下，原生性保护一直是档案文献保护领域关注的重点，由此各种预防性保护、治理性保护和修复性保护的技术方法不断涌现，为少数民族档案文献遗产保驾护航。

原生性保护的技术方法是少数民族档案文献遗产保护的核心，这是学界和业界的共识，但笔者并没有对原生性保护的技术方法进行详细的阐释。事实上，这些技术方法经过了长期的探索，其应用也有着悠久的历史传统，自新中国成立至今更是硕果累累，笔者也难免挂一漏万。区域协同为导向的区域、省域保护中心一旦建成，这些成果将会成为各个保护中心应用的重点。基于研究的视角，笔者认为应当重点关注原生性保护技术方法应用过程中的以下两个方面：

（一）精准保护

少数民族档案文献遗产在文化生态、形成年代、载体材料、字迹颜料、装帧形式、语言文字、保存环境等方面具有其特殊性，也存在区域差异，寻找匹配的、合适的技术往往难度较高。为此，笔者借鉴了国内外档案馆、图书馆、博物馆等文化事业机构关于档案文献遗产、藏品的评估方法，构建了基于科学评估的少数民族档案文献遗产精准保护的实施框架，形成了"少数民族档案文献遗产特征信息采集—保护需求精准评估—保护技术'靶向'供给"的少数民族档案文献遗产精准保护实施措施。简言之，精准保护就是精准识别损毁的少数民族档案文献遗产，精准分析个性化保护需求，精准评估损毁程度与致损因素，精准地供给保护方案，做到"一卷一方案、一件一方案、一页一方案"实施保护方法，真正实现针对少数民族档案文献遗产个性化保护需求的靶向供给③。

---

① ［印］雅·帕·凯思帕利亚：《档案材料的保护和修复》，黄坤坊译，档案出版社1985年版，第4页。
② 吴宝康主编：《档案学概论》，中国人民大学出版社1988年版，第32页。
③ 周耀林、姬荣伟：《文献遗产精准保护：研究缘起、基本思路与框架构建》，《图书馆论坛》2020年第6期。

（二）动态保护

少数民族档案文献遗产保护受限于专业人才的缺乏，存在着"头痛医头、脚痛医脚"的现象，导致保护工作的间歇式、片段化，凸显了少数民族档案文献遗产保护能力的缺乏。笔者从构建动态保护 VEPC 理论模型着手，分析了该模型的客体 V 区、环境 E 区、管理 P 区和主体 C 区四大模块及其核心内容，提炼了少数民族档案文献遗产监测指标体系，分析了基于该监测指标的动态保护流程与动态保护能力建设，由此推动了少数民族档案文献遗产的预防性保护、治理性保护以及修复性保护三个环节不断循环，形成一个不断往复的动态过程，从而保证少数民族档案文献遗产能够"起死回生"。

六 再生性保护是少数民族档案文献遗产保护的补充

少数民族档案文献遗产本体不可避免地出现老化、破损等情况[1]，导致实体不适合直接利用，由此导致少数民族档案文献遗产本体保护与利用之间出现了矛盾。解决这个矛盾的过程推动了再生性保护技术的产生和发展。

再生性保护主要是借助技术手段对少数民族档案文献遗产进行临摹，或者是将其内容信息转移到其他载体上，以此进行内容复制、信息转移。常见的方法有仿真复制、缩微复制和数字化等。

再生性保护技术源于传统手工仿真复制，对少数民族档案文献遗产本体原件进行仿造[2]，也就是选取与少数民族档案文献遗产本体相似的载体和书写材料，通过手工描摹、制作，达到与少数民族档案文献遗产本体原件"逼真"的效果。当然，随着技术的进步，传统的手工仿真复制向现代仿真复制技术发展，后者的效果更加接近少数民族档案文献遗产本身[3]。

随着技术的发展，缩微复制成为了重要的再生性保护技术之一，即

---

[1] 张美芳、张松道主编：《文献遗产保护技术管理理论与实践》，吉林文史出版社 2009 年版，第 8 页。
[2] 张莹：《谈谈重要历史档案的仿真复制》，《民国档案》1998 年第 2 期。
[3] 张晶、王涛：《数字技术在档案仿真复制中的应用》，《北京档案》2005 年第 7 期。

采用专门拍摄设备，经过专业的拍摄手段将经过科学整理、有序排列的少数民族档案文献遗产拍摄到感光胶片上，通过感光胶片存储少数民族档案文献遗产信息并提供利用。

少数民族档案文献遗产的数字化被认为是替代少数民族档案文献遗产本体原件利用、保护实体原件的重要方法[①]，是利用数字化设备，采取拍照、扫描等技术方法将纸质、声像、实物等少数档案文献遗产外观、内容等转化为数字信息，从而进行集中保管、保护并开发利用的过程。

从技术发展和演进的脉络看，无损数字化保护是少数民族档案文献遗产保护的趋势。

数字化在档案馆、图书馆和博物馆以及其他文化事业机构都有应用，各个行业也逐渐形成了自身的标准。例如，档案行业的《纸质档案数字化规范》（DA/T 31—2017）。同时，各个行业实践也催生了自主开发、外包、众包等模式。尽管存在一定差异，但是各个行业关于档案文献遗产数字化的流程基本一致，可以概括为开展数字化保护规划、选取数字化保护对象、采用数字化标准规范、数字化加工参数设置、进行数字化加工处理和强化数字化成果管理。

鉴于少数民族档案文献遗产保护涉及档案行业、图书馆行业、博物馆行业、民委（或民宗局）古籍办等多个行业，少数民族档案文献遗产数字化一方面仍然可以按照各档案文献遗产所属的行业的相关标准进行数字化，另一方面也可以按照基于区域或省域的档案文献遗产保护中心的要求进行实施。

需要强调的是，目前各个行业大多采取的是接触式扫描方式。这种扫描方式所产生的光、热会直接影响到少数民族档案文献遗产的制成材料，尤其是纸质、字迹材料，进而大大缩短少数民族档案文献遗产的寿命。这与保护目的背道而驰。因此，数字化过程必须考虑到少数民族档案文献遗产的脆弱性，强调无损数字化，即采取非接触式、数字照相技术等方法，避免扫描过程对少数民族档案文献遗产产生伤害。当然，针对那些尚不具备非接触式扫描条件的机构，采取传统的接触式扫描时也

---

① 周耀林：《法国档案文件数字化实践》，《北京档案》2002年第4期。

需要尽量减少光辐射对少数民族档案文献遗产的损害。

七 "双态"结合是少数民族档案文献遗产保护的常态

正如笔者在原生性保护、再生性保护中所言,前者是基础、前提,后者是重要的补充。两者的有机结合和合理运用,形成了少数民族档案文献遗产本体原生性保护与无损数字化保护的"双态"结合。

"双态"结合构成了少数民族档案文献遗产保护的完整的策略体系,克服了以往单一的技术性保护的不足。在这一模式下,原生性保护与无损数字化保护紧密联系、相互促进,既不影响少数民族档案文献遗产的永续利用,又有效地保护了少数民族档案文献遗产本体原件。

八 保护数据库建设是少数民族档案文献遗产保护的重点

少数民族档案文献遗产管理机构通过数字化积累了大量的少数民族档案文献遗产数字资源,建库管理成为一种重要技术方法。然而,我们调查发现,已初步建成的数据库侧重于对少数民族档案文献遗产本体的描述,而缺乏对于档案文献遗产保护工作的描述,由此导致了数据库建设重检索利用、轻保护管理的现象。同时,少数民族档案文献遗产保护是一项非常专业化的工作,往往缺乏与开发利用进行有效衔接,造成了少数民族档案文献遗产本体保护、数字化保护与开发利用之间孤立建设和彼此分割的状态。

笔者本着保护为"体"、开发为"用"的基本目标,基于"保护"属性的元数据的融会贯通,在少数民族档案文献遗产本体及其保护工作的实体元素集合中嵌入了"保护"元数据,由此有效地衔接了原本处于孤立建设和彼此分割的档案文献遗产本体保护、数字化保护,实现了少数民族档案文献遗产的原生性保护—无损数字化保护—保护数据库建设—保护管理与开发利用的一体化。

九 活化保护是少数民族档案文献遗产保护的目标

档案文献遗产保护的最终目标是延长其寿命并为社会各行业服务[①]。

---

① 周耀林、戴旸、林明等编著:《档案文献遗产保护》,武汉大学出版社2012年版,第1页。

少数民族形成了档案、古籍、经书、唐卡、舆图、拓片等历史底蕴丰厚的档案文献遗产和丰富多样的文化形态，是少数民族重要的文化资源，亦是建设中华文化共同体的重要文化资源。然而，这些少数民族档案文献遗产因为保护缺乏导致利用困难，已经难以满足当前的多元化开发、全景式呈现、跨媒体叙事、全球化传播的现实需求。

少数民族档案文献遗产"活化"保护是以损毁的、固化的、静态的少数民族档案文献遗产为"体"，以融入文化发展、彰显人文精神、可持续性的少数民族档案文献遗产为"用"，有效平衡少数民族档案文献遗产保护与利用之间的矛盾，使得损毁的、固化的、静态的少数民族档案文献遗产在现代语境中获得新生，实现其文化价值、社会价值、经济价值，并经由"活化"再生的循环发展模式反哺少数民族档案文献遗产的保护与传承。

十　保障体系建设是少数民族档案文献遗产区域大保护实现的关键

少数民族档案文献遗产保护存在着人财物的困难，导致了保护技术的研发与应用不及时、保护管理的效率不高以及可持续发展难以为继。笔者基于可持续发展的理念，建立了实现少数民族档案文献遗产区域大保护的政策保障、经费保障、机制保障、标准保障、技术保障、人才保障，实现了宏观和微观、客观和主观、体制机制和制度标准、保护技术和保护管理各个层面的辩证统一。

（一）政策保障

政策为少数民族档案文献遗产区域大保护的实现提供了根本遵循和宏观指导，需要从国家政策、地方政策两个层面进行系统供给。国家层面的宏观引领性政策，还应注意遭受损毁少数民族档案文献遗产与普通少数民族档案文献遗产之间的关系，既要做到重点保护、分级保护，也要覆盖全面，严禁少数民族档案文献遗产盗卖、倒卖等行为。地方层面则需要更多地关注保护经费投入、组织管理、标准建设、技术创新、人才队伍建设等具体操作层面的事宜。

（二）经费保障

经费保障是少数民族档案文献遗产区域大保护实现的必备条件。经费来源包括国家专项、地方投入、社会捐赠、民间资金、主动创收等，重点需要考虑针对少数民族档案文献遗产保护与抢救的区域和省域保护中心的运行管理以及日常保护工作的支出。

（三）机制保障

机制保障是少数民族档案文献遗产区域大保护实现的动力点，旨在协调与区域大保护相关的各要素间的关系。尤其是在建立区域保护中心后，资源整合机制、联动合作机制、共建共享机制的建立显得非常必要。

（四）标准保障

标准保障是少数民族档案文献遗产区域大保护实现的保证，统一规范区域大保护的实现。不同行业尽管涉及档案文献遗产保护的相关标准不尽相同，但基于区域大保护理论以及区域保护中心建设、管理和运行的需要，有必要建立统一的标准体系。

（五）技术保障

技术保障为少数民族档案文献遗产区域大保护的实现提供工具和方法。依靠区域保护中心，少数民族档案文献遗产预防性保护技术、治理性技术、修复技术、可持续利用技术、数据库技术等都能够得以实施。

（六）人才保障

人才保障是少数民族档案文献遗产区域大保护实现的落脚点，区域大保护的各种措施、路径、方法最终都需要人才来落实。尤其是，在区域、省域保护中心以及大型的档案馆、图书馆、博物馆等文化事业机构，需要引进和培育专业化的工匠型人才，并通过学习、培训等培养专业技能型人才。

总之，以少数民族档案文献遗产区域大保护理论为引领，整合行业化、部门化、机构化的少数民族档案文献遗产保护措施，保护技术和保护管理"双管齐下"，原生性保护和再生性保护"双态结合"，能够有效推动少数民族档案文献遗产保护工作。对于少数民族而言，这是对少数民族文化的科学保护和有效传承。对于整个国家和中华民族而言，这是对少数民族文化的真切感知和自觉保护。因此，加强少数民族档案文献遗产保护会产生深远的社会影响，真正实现2006年我国首届"文化遗产日"所倡导的，"传承文化是每一个人的事。只有我们每个人都关心和爱惜前人给我们留下的这些财富，我们民族的精神和独特的审美、独特的气质、独特的传统，才能传承下去"①。

第二节 政策建议

围绕本书研究成果在实践中的应用，笔者建议如下：

一 统一思想认识，建立行业协同机制

少数民族档案文献遗产涉及档案行业、图书馆行业、博物馆行业、民委（或民宗局）古籍办以及大量的收藏机构和个人。当前，少数民族档案文献遗产长时间未得到应有的关注，且处在各自为政的管理状态中，各个机构的少数民族档案文献遗产保护工作任务重、困难多，再加之分散在个人手中，存在盗卖、倒卖的现象，加重了少数民族档案文献遗产保护的难度。如何从习近平总书记的文化遗产保护精神出发，从少数民族档案文献遗产保护现状及需求出发，建立行业协同机制，是需要认真考虑的问题。

《"十四五"全国档案事业发展规划》提出，"加强部门协同、区域协同、行业协同，鼓励、引导、规范社会力量参与档案事务"②。这为建立行业协同机制提供了政策保障。为此，需要在国家档案局的统一部署下，依托"国家重点档案保护与抢救工程""国家重点档案保护与开发工程""中华古籍保护计划"等档案文献遗产保护工程，从部门、区域、行业出发，加强政府力量和社会力量的投入，适当向民族地区倾斜，尤其是向少数民族档案文献遗产保护工作倾斜。

档案行业、图书馆行业、博物馆行业、民委（或民宗局）古籍办等需要建立行业协同机制，以国家档案局牵头，以文化和旅游部、国家文

---

① 李士杰：《冯骥才：中国民族文化的"保护神"》，《中国民族》2011年第4期。
② 中华人民共和国国家档案局：《中办国办印发〈"十四五"全国档案事业发展规划〉》，[2020-08-27]，http://www.saac.gov.cn/daj/toutiao/202106/ecca2de5bce44a0eb55c890762868683.shtml。

物局、国家民委等为主要协同机构，以国家档案局科技信息司、文化和旅游部公共服务司、国家文物局博物馆与社会文物司等为专业主管，其他行业管理部门、行业协会和专门保护机构参与，成立类似部级协同委员会的组织，形成专业合力，自上而下，专门研究少数民族档案文献遗产保护问题，并在系统研究后出台相关政策。

二 做好顶层规划，形成统一管理体系

《"十四五"全国档案事业发展规划》提出，"完善档案主管部门与行业主管部门协同配合的专业档案管理体制"[①]。这种新的档案管理体制的完善是档案工作守正创新的必然选择。

因此，在统一思想认识后，少数民族档案文献遗产保护工作需要以国家档案局为主导，或以国家档案局、文化和旅游部、国家文物局、国家民委等联合成立的类似部级协同委员会的组织为主导，做好顶层设计工作。

顶层设计的重要方面包括：区域和省域保护中心的选择与试点，国家层面的制度供给，覆盖少数民族档案文献遗产收藏和管理机构的统一架构及其相关的技术标准、管理标准、开发利用标准，统筹区域和省域保护中心的经费、规划专业人员的培训、建立相关的保障机制等。此外，顶层设计还需要考虑到跨区域的保护工作交流、人才交流和调配机制，可与专门的档案文献遗产研究机构、高等学校档案保护专业的合作，针对少数民族档案文献遗产走私等政策盲点制定专门政策等。

三 推行试点先行，示范建设区域保护中心

少数民族档案文献遗产保护需求单靠各个机构自身的力量难以解决，一哄而上地建立专门的专业化保护机构也不现实，因此，需要遵循《"十四五"全国档案事业发展规划》提出的"提高档案治理能力和水平"[②]的

---

① 中华人民共和国国家档案局：《中办国办印发〈"十四五"全国档案事业发展规划〉》，[2020-08-27]，https://www.saac.gov.cn/daj/toutiao/202106/ecca2de5bce44a0eb55c890762868683.shtml。

② 中华人民共和国国家档案局：《中办国办印发〈"十四五"全国档案事业发展规划〉》，[2020-08-27]，https://www.saac.gov.cn/daj/toutiao/202106/ecca2de5bce44a0eb55c890762868683.shtml。

要求，在国家层面的统筹安排下推行试点工作。这既是统一思想认识、建立协同机制的重要方式，也是加强顶层设计、取得试点示范经验并为后期推广应用做好准备的重要步骤和环节。

区域或省域保护中心的选择可以考虑在"4+N"中选取4家，既可从地域分布、保护需求、已有保护基础、便捷程度等着眼，设立西南、东南、东北、西北四个区域保护中心，也可以依托国家档案局已经遴选的6个"区域性国家重点档案保护中心"，以4家省级"区域性国家重点档案保护中心"（辽宁省档案馆、广东省档案馆、云南省档案馆、新疆维吾尔自治区档案馆）为依托，成立区域性的少数民族档案文献遗产保护中心。

国家档案局《区域性国家重点档案保护中心建设与管理办法》将"区域性国家重点档案保护中心"定位为抢救保护、技术研究、人才培养三个主要方面[1]，这是建立区域和省域保护中心试点需要重点参考的职能定位。此外，可以借鉴美国东北文献保护中心的档案文献遗产保护项目众筹、捐款、人才培养[2]以及美国中西部艺术保护中心的保护技术培训、保护咨询、保护服务[3]等机构的经验，考虑"资金、选址、人员、仪器设备、配套设施、工具用品、服务需求、领导力等因素"[4]，建立适合我国的管理制度，探索少数民族档案文献遗产保护技术研发与应用，建立少数民族档案文献遗产集中保护、动态保护、活态保护机制，完善少数民族档案文献遗产数据库等，将少数民族档案文献遗产保护工作落到实处。

四 创新技术研发，加强技术推广应用

保护少数民族档案文献遗产，技术是核心。"有档案就有档案的保

---

[1] 中华人民共和国国家档案局：《国家档案局关于印发〈区域性国家重点档案保护中心建设与管理办法〉的通知》，[2020-08-27]，https://www.saac.gov.cn/daj/gfxwj/201910/cc2a6fe2e75c443f8e6d6c55d8f53d5b.shtml。

[2] NEDCC, "History of the Northeast Document Conservation Center", [2020-08-15], https://www.nedcc.org/about9-/history/overview.

[3] 周耀林、赵跃、段先娥：《我国区域档案保护中心建设探索：基于美国经验的考察》，《档案管理》2016年第3期。

[4] Ogden S., "A Regional Perspective on Preservation: The NEDCC Experience", *Libraries & Culture*, Vol. 27, No. 1, 1992, p. 49.

护技术"①，表明了我国档案文献遗产保护技术源远流长。在历史发展过程中，少数民族档案文献遗产载体经历了由自然载体向人工载体的变化过程，加之记录材料类型多变、结构复杂，致使少数民族档案文献遗产损毁的原因多样，加强保护技术的研发与应用是必然之举。

针对不同的少数民族档案文献遗产损毁类型，需要在科学评估的基础上，厘清损毁类型，分析国内外已有的案例与经验，制定合适的保护方法。这个过程既涉及已有技术的遴选与应用，也需要开发新的保护技术。

已有技术的遴选与应用层面，国家档案局每年一度的成果推介会、核心期刊对于成熟保护技术产品的介绍与推荐，文化和旅游部主办的古籍修复技术等高技能人才培训班以及保护、修复专业人员的国内外交流，都产生了广泛的影响，为已有技术的遴选和应用奠定了良好的基础。新的保护技术的研发依赖于政策的支持、机构的建立和专业人才，往往是大型的文化事业机构建立实验室开展研发工作，小型文化事业机构具备这种新技术研发能力的不多，这在一定程度上难以满足未来档案文献遗产保护事业的发展需求。

目前来看，这些推介、培训和交流还存在局限，新保护技术的研发也存在难度，对于民族地区而言尤其如此。因此，培训专业人才，加强对已有技术的了解和应用，并积极研发新技术，是抢救和保护少数民族档案文献遗产的重要途径。

五 弘扬"工匠精神"，培养保护专业人才

"工匠精神"可以理解为工匠艺人在专业技术上精益求精、在职业素养上脚踏实地的一种理想精神追求②，主要包括精益求精的追求、持之以恒的态度、敬业诚信的品质、轻利重质的信念和勇于创新的思维五个方面③。做好少数民族档案文献遗产保护工作，人才是关键。因此，弘扬"工匠精神"，以保护传统民族文化为己任，以独具匠心的创新发

---

① 郭莉珠、冯乐耘、李鸿健编著：《档案保护与复制技术学（上册）》，档案出版社1987年版，第4页。
② 张迪：《中国的工匠精神及其历史演变》，《思想教育研究》2016年第10期。
③ 周耀林：《湖北非物质文化遗产保护现状调查》，长江出版社传媒、湖北人民出版社2017年版，第222页。

展为动力,以不遗余力改进技艺为理想,才能做好少数民族档案文献遗产保护工作。

目前,少数民族档案文献遗产保护人才严重不足,因此,有必要通过引进、培训等方式,扩大少数民族档案文献遗产保护工作群体。尤其是通过人才的传帮带,推动保护专业人才的快速成长。

第一历史档案馆、第二历史档案馆、中央档案馆、国家图书馆以及省级档案馆、图书馆、博物馆和私人机构,已经会集了档案保护、古籍保护、文物保护等领域的专家、"工匠",他们是带动档案文献遗产保护发展的领航人。国家档案局在2018年评选了档案保管保护领域16名全国档案专家、4名全国档案领军人才,2022年启动了全国档案专家评审工作,在原有的档案保管保护领域基础之上,新增了青年专家、档案修复类专家申请评审类型[①],为档案文献遗产保护人才的发展、为少数民族档案文献遗产保护工作的推动增添了力量。

---

① 中华人民共和国国家档案局:《国家档案局组织开展国家级档案专家、全国档案工匠型人才、全国青年档案业务骨干选拔工作》,[2020-08-27],https://www.saac.gov.cn/daj/rsdltdt/202206/41dd7b45b90d44ed900423fe3e116f58.shtml。

附　　录

附录1　少数民族档案文献遗产保护状况调查问卷

邀请函

尊敬的_____：

您好！我们非常高兴邀请您参与问卷调查！此次调查是我们承担的国家社会科学基金重大项目《边疆民族地区濒危少数民族档案文献遗产保护及数据库建设》的内容之一，目的是了解少数民族档案文献遗产保护相关情况。我们承诺，您在调查中填写的所有内容不会被用作商业用途，更不会泄露您的任何隐私。整个问卷中涉及的题目均没有对错之分，请根据您的实际情况填写，无须署名。谢谢您的合作！

课题组

2020年9月

导语（填表说明）

1. 请在符合您情况的项目序号旁打"√"（可多选），或在"____"处填上适当的内容。

2. 调查中出现的相关概念问题可参考以下界定：

少数民族档案文献遗产：是指各少数民族以及相关组织、机构和个人在社会实践活动中直接形成的，借助各种载体材料支撑的，记载和反映少数民族历史文化和社会发展的，具有历史、文化、艺术、科学、技术或社会价值的各种记录的总和。

第一部分：馆藏少数民族档案文献遗产基本情况

1. 贵单位类型是：

A. 档案馆　　　B. 博物馆　　　C. 图书馆　　　D. 文化馆

E. 民族研究所　F. 高等学校　　G. 古籍办　　　H. 其他：_____

2. 贵单位馆藏总量约为：_____

少数民族档案文献遗产总量约为：_____

少数民族全宗数量：_____个。若无独立全宗，少数民族档案主要分布在哪些全宗：_____

不同民族档案文献遗产数量大概是：_____

处于损毁状态的少数民族档案文献遗产名称及数量大概有：_____

3. 贵单位馆藏少数民族档案文献遗产的类型有哪些？

A. 少数民族文字档案　　　B. 记录少数民族活动的汉文档案

C. 照片档案　　　　　　　D. 实物档案

E. 口述历史档案　　　　　F. 录音录像档案

G. 专题数据库　　　　　　H. 其他：_____

4. 贵单位馆藏少数民族档案文献遗产的载体有哪些？

A. 甲骨类　　B. 金属类（青铜器、金器、银器、铁器等）

C. 石刻类　　D. 竹木类（竹简、木刻、木刻板）

E. 贝叶类　　F. 陶土类　　G. 纺织物类　　H. 纸质类

I. 磁带　　　J. 胶卷　　　K. 光盘　　　　L. 存储卡

M. 其他：_____

5. 贵单位馆藏档案文献遗产涵盖的少数民族有哪些？

A. 彝族　　　B. 白族　　　C. 哈尼族　　D. 壮族

E. 傣族　　　F. 苗族　　　G. 傈僳族　　H. 回族

I. 拉祜族　　J. 佤族　　　K. 纳西族　　L. 瑶族

M. 藏族　　　N. 景颇族　　O. 布依族　　P. 普米族

Q. 怒族　　　R. 阿昌族　　S. 德昂族　　T. 基诺族

U. 水族　　　V. 蒙古族　　W. 布朗族　　X. 独龙族

Y. 满族　　　　　Z. 其他：_____

6. 贵单位馆藏少数民族档案文献遗产的形成年代范围主要是？

A. 唐代及之前　B. 宋元　　　　C. 明清　　　　D. 民国

E. 新中国成立后

7. 贵单位馆藏少数民族档案文献遗产来源有哪些？

A. 依法接收　　B. 征集与捐赠　C. 追索　　　　D. 赎买

E. 征购　　　　F. 其他：_____

第二部分：少数民族档案文献遗产保管设施设备

1. 贵单位档案保管基础设施建设包括哪些？

A. 消防设施　　　　B. 温湿度控制设施　　C. 防盗设施

D. 照明设施　　　　E. 消毒设施　　　　　F. 安全监控设施

G. 变配电设施　　　　　　　　　　　　　H. 网络基础设施

I. 其他：_____

2. 贵单位是否有下列档案文献信息化建设用房？

A. 服务器机房　　　　　B. 计算机房

C. 电子档案接收室　　　D. 电子文件采集室

E. 数字化用房　　　　　F. 非线性编辑室

G. 其他：_____

3. 贵单位是否建设了少数民族档案文献遗产专门库房？

A. 有独立或专门库房（a. 纸质档案库　b. 音像档案库　c. 实物档案库　d. 图书资料库　e. 特藏库　f. 其他：_____）

B. 无独立库房，存放在综合档案库房

C. 无库房，存放在办公室等场所

D. 其他：_____

4. 贵单位少数民族档案文献遗产库房或工作区内配备了以下哪些设备？

A. 空调　　　　B. 去湿机　　　C. 加湿机　　　D. 防火报警器

E. 灭火器　　　F. 防盗报警器　G. 闭路电视监控设备

H. 消毒灭菌设备　I. 照明设备　　J. 空气净化设备

K. 其他：_____

5. 贵单位少数民族档案文献遗产的保存装具主要有哪些？

A. 密闭金属箱　　　　　B. 密闭木箱　　　　　C. 普通金属柜

D. 普通木柜　　　　　　E. 金属密集架　　　　F. 智能密集架

G. 五节柜　　　　　　　H. 资料架

I. 实物档案存放及陈列架　　J. 地图（字画）柜

K. 恒温恒湿柜　　　　　L. 防磁柜

M. 光盘柜　　　　　　　N. 其他：_____

6. 贵单位少数民族档案文献遗产的包装材料主要有哪些？

A. 普通卷皮　　　　　　B. 普通卷夹　　　　　C. 普通卷盒

D. 无酸卷皮　　　　　　E. 无酸卷夹　　　　　F. 无酸卷盒

G. 其他：_____

第三部分：少数民族档案文献遗产保存情况

1. 贵单位馆藏少数民族档案文献遗产的整体保存情况怎样？

A. 严重受损____%　　　　B. 受损较重____%

C. 受损情况一般____%　　D. 受损情况较轻____%

E. 保存良好____%

2. 贵单位馆藏少数民族档案文献遗产的受损情况主要有哪些？

A. 纸张酸化　　B. 纸张老化　　C. 霉蚀　　D. 虫蛀

E. 粘连　　　　F. 残缺　　　　G. 撕裂　　H. 污染

I. 絮化　　　　J. 字迹扩散　　K. 字迹褪色

L. 其他：_____

3. 贵单位馆藏少数民族档案文献遗产受损的主要原因有哪些？（可按重要程度进行排序）

A. 材料老化　　　　　　　　B. 保管条件不适宜

C. 保护操作不规范　　　　　D. 自然灾害

E. 人为破坏　　　　　　　　F. 其他：_____

4. 贵单位馆藏少数民族档案文献遗产保护是否依据一定的破损分级标准？

A. 否

B. 是，具体标准：_____

5. 贵单位是否建立了少数民族档案文献遗产的特藏室？

　　A. 否

　　B. 是，入选特藏室的具体标准：_____

6. 请提供贵单位或您了解的少数民族档案文献遗产破损情况的案例（如果有文字稿件，请提供课题组参考——课题组会按照要求注明来源）。

第四部分：少数民族档案文献遗产保护技术

1. 贵单位主要采取哪些少数民族档案文献遗产预防性保护技术手段？

　　A. 防潮（水）　　B. 防高温　　C. 防光　　D. 防尘

　　E. 防虫　　　　　F. 防鼠　　　G. 防霉

　　H. 防有害气体　　I. 防盗　　　J. 防火　　K. 防震

　　L. 防磁　　　　　M. 其他：_____

2. 贵单位主要采取哪些少数民族档案文献遗产再生性保护技术手段？

　　A. 仿真复制　　B. 复印　　C. 影印　　D. 缩微摄影

　　E. 拓印　　　　F. 数字化　G. 其他：_____

3. 贵单位是否采用了动态监测技术手段？（是/否）

　　※如是，请问贵单位已经对哪些因素实施了监测？_____

　　是否具备一定的监测设备？（是/否）　具体的监测指标和频度是：

　　※如否，请问贵单位若实施动态监测，将会考虑以下哪些监测因素？

　　A. 档案载体　　　B. 内容价值　　C. 数字化　　D. 外部环境

　　E. 内部环境　　　F. 保护管理　　G. 活化利用

　　H. 安防消防系统　I. 应急措施　　J. 其他：_____

4. 贵单位主要采取哪些少数民族档案文献遗产治理性保护技术？

　　A. 灭菌　　B. 杀虫　　C. 去酸　　D. 脱水

　　E. 清洁　　F. 去污　　G. 其他：_____

5. 贵单位主要采取哪些少数民族档案文献遗产修复技术？

　　A. 除锈　　B. 修补　　C. 加固　　D. 揭"砖"

E. 修裱　　　　F. 装帧　　　　G. 字迹恢复

H. 模拟声像档案文献修复　　　I. 数字修复

J. 其他：_____

6. 贵单位在治理和修复之前是否会进行对象的破损评估？

　　A. 是，遵循国家或行业的标准进行评估和分级

　　B. 是，根据自身的经验评估，没有分级

　　C. 否

7. 贵单位少数民族档案文献遗产保护与修复工作的困难与障碍有哪些？

　　A. 由于载体、文字、颜料等的特殊性，保护与修复工作无法使用普适性方法，但又无针对少数民族档案文献遗产的保护技术方法

　　B. 档案保护与修复配套资金不足，基础设施与设备落后

　　C. 缺少精通少数民族档案文献保护的专业技术人才

　　D. 缺少针对少数民族档案文献遗产的专业教育与培训

　　E. 缺少适用于少数民族档案文献保护与修复的原材料，如缺少原档案文献使用的纸张、颜料

　　F. 其他：_____

8. 贵单位馆藏少数民族档案文献遗产数字化工作开始于_____年，已完成数字化的数量为_____卷（件），约占全部馆藏档案文献遗产的比例为_____。

　　A. 90%以上　　　　　　　　B. 61%—90%

　　C. 30%—60%　　　　　　　D. 30%以下

9. 贵单位馆藏少数民族档案文献遗产数字化的对象包括哪些？

　　A. 纸质原件　　B. 照片原件　　C. 音像档案文献原件

　　D. 缩微胶片　　E. 实物　　　　F. 拓片

　　G. 其他：_____

10. 贵单位馆藏少数民族档案文献遗产数字化扫描主要选用哪种色彩模式？

　　A. 彩色　　　　　　　　　　B. 灰度

　　C. 黑白　　　　　　　　　　D. 其他：_____

11. 贵单位馆藏少数民族档案文献遗产数字化扫描主要选用的分辨率是多少？

A. 100dpi　　　B. 200dpi　　　C. 300dpi　　　D. 600dpi

E. 其他：_____

12. 贵单位馆藏少数民族档案文献遗产数字化存储的格式有哪些？

A. XML　　　　B. RTF　　　　C. TXT　　　　D. DOC

E. PDF　　　　F. CAJ　　　　G. CEB　　　　H. TIFF

I. JPEG　　　　J. JPEG2000　　K. PSD　　　　L. GIF

M. PNG　　　　N. DjVu　　　　O. 其他：_____

第五部分：少数民族档案文献遗产数据库建设情况

1. 贵单位是否建设了少数民族档案文献遗产数据库？（若无，请跳到第六部分）

A. 是　　　　　　　　　　B. 否

2. 贵单位少数民族档案文献遗产数据库采取何种途径建设？

A. 外包　　　　　　　　　B. 合作开发数据库

C. 自主研发数据库　　　　D. 其他：_____

3. 贵单位使用的少数民族档案文献遗产数据库使用了哪种数据库开发软件？

A. Oracle　　　B. SQL Server　　C. DB2　　　D. Access

E. 其他：_____

4. 贵单位使用的少数民族档案文献遗产数据库是何种结构类型？

A. 层次型数据库　　　　　B. 网络型数据库

C. 关系型数据库　　　　　D. 其他：_____

5. 贵单位使用的少数民族档案文献遗产数据库的资源收录深度为？

A. 目录数据库　　　　　　B. 文摘数据库

C. 全文数据库

6. 贵单位使用的少数民族档案文献遗产数据库为何种资源类型数据库？

A. 文献数据库　　　　　　B. 图片数据库

C. 多媒体数据库　　　　　D. 数值型数据库

E. 其他：_____

7. 贵单位的少数民族档案文献遗产数据库采用了何种著录标准和规范？

A. 《都柏林核心元数据》（Dublin Core，DC）

B. 《编码档案著录标准》（Encoded Archival Description，EAD）

C. 《电子文件归档与管理规范》（GB/T 18894—2016）

D. 《纸质档案数字化规范》（DA/T 31—2017）

E. 《中国档案机读目录格式》（GB/T 20163—2006）

F. 《版式电子文件长期保存格式需求》（DA/T 47—2009）

G. 《档案著录规则》（DA/T 18—1999）[①]

H. 《文书类电子文件元数据方案》（DA/T 46—2009）

I. 《照片类电子档案元数据方案》（DA/T 54—2014）

J. 《录音录像类电子档案元数据方案》（DA/T 63—2017）

K. 其他通用元数据方案：_____

L. 其他自建元数据方案：_____

8. 贵单位使用的少数民族档案文献遗产数据库内主要包含下列哪些字段？

A. 少数民族档案文献遗产固有外部特征，如民族、年代：_____

B. 少数民族档案文献遗产固有内部特征，如主题：_____

C. 少数民族档案文献遗产来源信息，如采集方式、来源机构：_____

D. 少数民族档案文献遗产保护历史信息，如遭遇过的自然灾害、已有保护措施：_____

E. 少数民族档案文献遗产当前保护管理信息，如现存机构、库房条件、破损等级：_____

F. 其他信息：_____

9. 贵单位在少数民族档案文献遗产数据库著录过程中是否对少数民族语言进行了汉语对照著录？

A. 所有少数民族语言著录字段均进行了汉语对照著录，包括：_____

[①] 本书出版时，该标准已更新为《档案著录规则》（GB/T 18—2022）。

B. 部分作为检索入口的少数民族语言著录字段进行了汉语对照翻译，如标题：_____

C. 未对少数民族语言进行汉语对照著录

10. 贵单位使用的少数民族档案文献遗产数据库具有以下哪些功能模块？

A. 数据库具有自动恢复模块

B. 数据库具有安全监测模块

C. 数据库具有访问控制模块

D. 其他：_____

11. 贵单位使用的少数民族档案文献遗产数据库资源开放等级为？

A. 公开（社会公众可访问）

B. 机构内部访问

C. 机构内管理人员访问（如档案管理员）

12. 贵单位使用的少数民族档案文献遗产数据库主要采用了以下哪些安全技术？

A. 防火墙技术　　　　　　B. VPN 技术

C. 漏洞检测技术　　　　　D. 入侵检测技术

E. 审计与监控技术　　　　F. 数据加密技术

G. 访问控制技术　　　　　H. 病毒防护技术

I. 数据恢复技术　　　　　J. 数据备份与容灾技术

K. 数字档案长期保存技术　L. 数字签名技术

M. 信息隐藏技术　　　　　N. 无

O. 其他：_____

13. 贵单位主要采用哪些措施备份少数民族档案文献遗产数据？

A. 离线备份　　B. 在线备份　　C. 本地备份

D. 异地备份　　E. 异质备份　　F. 其他：_____

G. 无备份

第六部分：少数民族档案文献遗产信息开发与服务

1. 贵单位少数民族档案文献遗产编研开发的主要形式有哪些？

A. 整理编目　　B. 专题汇编　　C. 编研出版　　D. 影印出版

E. 数字出版　　　　F. 在线资源建设　G. 数据库开发

H. 其他：_____

2. 贵单位在少数民族档案文献信息遗产开发与服务工作中遇到的问题有哪些？

A. 专门标准规范缺乏

B. 建设资金投入不足

C. 数字化与数字化基础设施落后

D. 数字化版权归属不明确

E. 信息法规建设不完善

F. 专业人才缺乏、公共服务能力不足

G. 相关资源整合困难

H. 保管机构与公众均存在对少数民族档案文献遗产内容，如少数民族文字、语言、表达体例、民俗等方面的认知障碍

I. 公众及用户需求不明朗

J. 缺少与相关单位的合作机制

K. 缺乏激励机制，开发动力不足

L. 公众没有主动利用档案文献遗产获取知识的意识

M. 少数民族档案文献遗产与公众现实生活关联少，难以吸引社会关注度

N. 其他：_____

3. 贵单位开展了哪些少数民族档案文献遗产利用服务？

A. 到馆查档服务

B. 远程查档服务

C. 在线目录检索

D. 在线全文利用服务

E. 线上线下展览等文化宣传服务

F. 党史教育、学术讲座等文化教育活动

G. 开展学术研究并组织学术研讨会

H. 档案编研

I. 纪录片、有声书等视听创作

J. 文创产品开发

K. 建立纪念馆或固定展厅

L. 组织相关民俗与纪念活动

M. 文化旅游

N. 其他：_____

第七部分：少数民族档案文献遗产保护组织与制度

1. 贵单位是否有从事少数民族档案文献遗产保护的专门部门？

   A. 是，设立了独立的少数民族档案文献遗产保护部门（部门名称_____）和人员（人员数量____人）

   B. 否，但安排了人员兼职负责少数民族档案文献遗产安全保护工作

   C. 否，也没有人员兼职负责少数民族档案文献遗产保护工作

2. 贵单位从事少数民族档案文献遗产保护人员的学历层次？

   A. 高中及以下　　B. 专科　　　　C. 本科　　　D. 硕士

   E. 博士　　　　＊请填写相应人数

3. 贵单位从事少数民族档案文献遗产保护人员的专业背景？

   A. 档案学　　　B. 图书馆学　　C. 历史学　　　D. 考古学

   E. 博物馆学　　F. 计算机科学　G. 生物学　　　H. 化学

   I. 其他：_____

4. 贵单位有没有针对少数民族档案文献遗产保护的培训？

   A. 没有

   B. 有，进馆培训，如：_____

   C. 有，不定期开展内部或参与外部培训，如：_____

   D. 有，定期开展内部或参与外部培训，如：_____

5. 贵单位近五年投入到少数民族档案文献遗产保护工作的资金金额为_____万元，经费来源有哪些？

   A. 国家专项经费，金额：_____，具体来源：_____

   B. 地方财政配套资金，金额：_____

   C. 事业单位经费预算，金额：_____

   D. 社会资金，金额：_____，具体来源：_____

   E. 机构自身创收，金额：_____，具体的创收方式：_____

F. 其他，金额：_____，具体来源：_____

6. 贵单位每年投入到少数民族档案文献遗产保护的资金金额为_____万元，具体投入到哪些方面？

   A. 资源建设（购买、复印等）

   B. 馆库建设

   C. 设施设备用品购置与维护

   D. 修复

   E. 数字化

   F. 编研开发

   G. 服务器与系统维护

   H. 其他：_____

7. 贵单位少数民族档案文献遗产保护制度有哪些？

   _____

8. 贵单位是否制订了少数民族档案文献遗产保护的工作计划？

   A. 有，制订了长期计划，如：_____

   B. 有，制订了中期计划，如：_____

   C. 有，制订了短期计划，如：_____

   D. 没有，未制订工作计划

附录2 少数民族档案文献遗产保护状况访谈大纲

受访者：　　　　工作单位：　　　　职务（职称）：

访谈时间：　　　访谈地点：

1. 贵单位馆藏少数民族档案文献遗产的基本情况（数量、种类、材质、年代、民族、地区、来源等）？各地市州保存和散存于民间的少数民族档案文献遗产数量和分布情况？处于损毁状态的少数民族档案文献遗产有哪些？

2. 贵单位馆藏少数民族档案文献遗产本体保存状况？每年完成的藏

品修复量有多少？有多少是需要修复还未修复的？不能及时修复的原因有哪些？

3. 贵单位是否有专门的少数民族档案文献遗产保护部门、团队或人员？开展了针对少数民族档案文献遗产保护的哪些工作（技术、环境、管理、组织等）？您认为还缺乏哪些方面来保障少数民族档案文献遗产保护工作的开展？

4. 少数民族档案文献遗产具有分散存储的特点，贵单位是否有相关的举措来应对资源分散的问题？有哪些保障措施？

5. 贵单位针对馆藏的破损少数民族档案文献遗产，是否采取了一些专门的针对性保护措施？

6. 贵单位是否存在已实施保护的少数民族档案文献遗产重新返损（修复后的档案再次破损）的情况？如果有，您是如何发现的？又是如何应对的？如果没有，您认为这种情况会存在吗？

7. 贵单位所在地特殊的自然环境特征对少数民族档案文献遗产长期保存有哪些影响？是否需要特殊的档案装具？对库房环境控制和有害生物防治有无特殊需求？

8. 贵单位在开展少数民族档案文献遗产保护过程中是否有做分级处理？采用的分级标准有哪些（破损情况/价值程度/利用需求……）？

9. 贵单位用于少数民族档案文献遗产保护工作的经费情况（数量、来源、具体用途、分配情况等）？能否保障实际工作需要？有没有相关的专项资金支持？

10. 贵单位馆藏少数民族档案文献遗产的数字化情况？（总体进展、经费使用、技术情况等，如扫描、图像处理、数据挂接、格式转换、刻盘和移交等）

11. 贵单位少数民族档案文献遗产数据库建设情况，有无专门的保护数据库及其建设的必要性？

12. 贵单位在少数民族档案文献遗产保管、修复、数字化过程中面临的困难主要有哪些？相对于普通的文书档案，这些困难有何特殊性？

13. 贵单位少数民族档案文献遗产保护现有哪些机制（资源整合、项目合作、联动共建与开发等）？有没有专门针对少数民族档案文献遗产的工作机制？若有，这些机制的实施效果如何？存在哪些问题？有无应对措施？

14. 贵单位在少数民族档案文献遗产保护中，对于合作、协调、管理的机制方面，贵单位或您个人有什么建议或想法？

15. "十四五"期间，贵单位对少数民族档案文献遗产保护、活化、开发、传播与服务创新有何规划？

16. 贵单位与其他机构、组织、个人开展有关少数民族档案文献遗产保护、活化、开发、传播的合作时，是如何形成合作机制的？是否成立牵头或协调部门？与上级部门、平级部门之间的协调与沟通渠道有哪些？协调解决了哪些方面的问题？

17. 社会公众是否有参与贵单位少数民族档案文献遗产保护、活化、开发、传播工作？参与方式有哪些？社会公众的参与产生了哪些积极影响？

参考文献

一 经典文献

《马克思恩格斯选集》第 1 卷，人民出版社 1995 年版。

国家档案局综合处：《党和国家领导人论档案》，档案出版社 1988 年版。

二 中文专著

白红平：《非法流失文物追索中的法律冲突及中国的选择》，北京法律出版社 2014 年版。

陈子丹：《民族档案学专题研究》，云南大学出版社 2013 年版。

单霁翔：《文化遗产·思行文丛·演讲卷（二）》，天津大学出版社 2012 年版。

冯惠玲、张辑哲主编：《档案学概论（第二版）》，中国人民大学出版社 2006 年版。

郭莉珠主编，张美芳、张建华副主编：《档案保护技术学教程》，中国人民大学出版社 2000 年版。

胡莹：《东巴古籍文献遗产整合性保护研究》，社会科学文献出版社 2022 年版。

华林：《少数民族历史档案管理学》，中国文史出版社 2019 年版。

华林：《西部散存民族档案文献遗产集中保护问题研究》，中国社会科学出版社 2017 年版。

华林：《西南少数民族历史档案管理学》，民族出版社 2001 年版。

金波主编，周耀林副主编：《档案保护技术学》，高等教育出版社 2000 年版。

李国文：《云南少数民族古籍文献调查与研究》，民族出版社 2010 年版。

林明、周旖、张靖等编：《文献保护与修复》，中山大学出版社 2012 年版。

刘家真主编：《文献遗产保护》，高等教育出版社2005年版。

刘强：《档案保护环境学》，中国社会科学出版社2019年版。

彭远明：《中国档案文献遗产研究》，军事科学出版社2014年版。

陶建强、陶伟成、陶仁和主编：《历史文献修复保护理论与实践》，广东人民出版社2015年版。

田晓岫：《中华民族发展史》，华夏出版社2001年版。

仝艳锋：《民族档案文献遗产保护研究：以云南为例》，山东大学出版社2013年版。

西藏自治区布达拉宫管理处编著：《布达拉宫藏品保护与研究：古籍文献研究》，四川大学出版社2021年版。

徐拥军：《档案记忆观的理论与实践》，中国人民大学出版社2017年版。

顾军、苑利：《文化遗产报告：世界文化遗产保护运动的理论与实践》，社会科学文献出版社2005年版。

张美芳、唐跃进主编：《档案保护概论》，中国人民大学出版社2013年版。

张美芳、张松道主编：《文献遗产保护技术管理理论与实践》，吉林文史出版社2009年版。

张鑫昌、张昌山主编：《文献学与历史研究》，中国社会科学出版社2015年版。

赵德美：《云南少数民族历史档案数字化建设》，社会科学文献出版社2014年版。

赵淑梅：《数字时代档案保护技术变革与理论创新研究》，武汉大学出版社2021年版。

赵淑梅、侯希文编著：《档案物理管理与保护》，辽宁大学出版社2012年版。

赵跃等：《档案文献遗产精准保护模式研究》，中国社会科学出版社2022年版。

赵云、许礼林：《中国世界文化遗产监测》，中国建筑工业出版社2017年版。

郑慧、朱兰兰：《中国少数民族档案文献珍品研究》，中国出版集团、世界图书出版公司2013年版。

周耀林：《档案文献遗产保护理论与实践》，武汉大学出版社2008年版。

周耀林：《可移动文化遗产保护策略》，北京图书馆出版社2006年版。

周耀林、戴旸、林明等编著：《档案文献遗产保护》，武汉大学出版社2012年版。

周耀林、李姗姗等：《可移动文化遗产保护体系研究》，武汉大学出版社2017年版。

三　中文译著

［德］赫尔曼·哈肯：《协同学：大自然构成的奥秘》，凌复华译，上海译文出版社2001年版。

［美］安妮·伯迪克、约翰娜·德鲁克、彼得·伦恩费尔德、托德·普雷斯纳、杰弗里·施纳普：《数字人文改变知识创新与分享的游戏规则》，马林青、韩若画译，中国人民大学出版社2018年版。

［美］詹姆斯 N·罗西瑙主编：《没有政府的治理》，张胜军、刘小林等译，江西人民出版社2001年版。

［西］萨尔瓦多·穆尼奥斯·比尼亚斯：《当代保护理论》，张鹏、张怡欣、吴霄婧译，同济大学出版社2012年版。

［印］雅·帕·凯思帕利亚：《档案材料的保护和修复》，黄坤坊译，档案出版社1985年版。

四　中文期刊

蔡迎春：《特色资源建设中的数字人文应用进展研究——基于国内数字人文相关项目及实践案例》，《图书馆建设》2018年第7期。

柴昊、赵跃：《保护民国档案文献遗产的多重维度》，《人民论坛》2019年第31期。

常大伟：《我国少数民族档案文献遗产保护政策量化研究：基于128份政策文本的内容分析》，《档案学研究》2020年第3期。

陈力：《数字人文视域下的古籍数字化与古典知识库建设问题》，《中国图书馆学报》2022年第2期。

董晓莉、李春明：《以数字资源管护为手段促进古籍的再生性保护》，《图书馆理论与实践》2017年第12期。

冯惠玲：《档案记忆观、资源观与"中国记忆"数字资源建设》，《档案学通讯》2012年第3期。

冯惠玲：《数字记忆：文化记忆的数字宫殿》，《中国图书馆学报》2020年第3期。

福岛幸宏、原田隆史、李颖：《图书馆珍贵资料的开放数据化建设：以京都府图书馆藏明治时期以来旅游指南的数字化项目为例》，《图书馆杂志》2020年第4期。

付华：《科技驱动发展：档案科技助推档案管理现代化》，《档案学通讯》2018年第6期。

顾雷：《古籍出版与古籍保护关系刍议》，《大学图书馆学报》2020年第2期。

锅艳玲、陈红：《我国档案众包质量控制探析》，《档案学通讯》2019年第3期。

韩南南、张馨元、张伟：《新疆濒危少数民族古籍保护研究》，《山西档案》2016年第2期。

胡莹：《档案学视野下的东巴古籍文献遗产保护研究》，《档案学通讯》2015年第2期。

胡莹、刘为、朱天梅：《面向用户的少数民族档案开发利用实践探索》，《档案学通讯》2017年第2期。

华林、陈燕、刘凌慧子：《藏族记忆构建视域下藏族档案数字资源跨业界整合研究》，《西藏民族大学学报》（哲学社会科学版）2021年第2期。

华林、刘为、杜昕：《贵州黔南州国家综合档案馆水书档案文献遗产集中保护案例研究》，《档案学通讯》2015年第2期。

华林、邱志鹏、杜其蓁：《民族记忆传承视域下藏族档案文献遗产资源体系构建研究：以西藏自治区档案馆为例》，《民族学刊》2020年第2期。

华林、宋梦青、王柳：《云南省档案局（馆）少数民族档案资源建设"云南模式"案例研究》，《档案学研究》2018年第1期。

黄丽华：《档案保护技术标准体系构建与发展研究》，《档案学研究》2018年第6期。

黄永林、李媛媛：《文化强国战略背景下的中国文化遗产保护与利用》，

《理论月刊》2022 年第 3 期。

计思诚：《藏文古籍修复探析：以纳格拉山洞藏经修复为例》，《图书馆理论与实践》2018 年第 11 期。

金波、杨鹏：《"数智"赋能档案治理现代化：话语转向、范式变革与路径构筑》，《档案学研究》2022 年第 2 期。

金佳丽、薛霏、黄晨：《学术数字图书馆二十年：从数字化合作到数字知识服务联盟》，《中国图书馆学报》2022 年第 2 期。

冷爽：《我国少数民族运动特色数据库的战略规划研究》，《图书馆学研究》2017 年第 9 期。

李海涛、甄慧琳：《档案数字化外包项目管理现状问题及对策研究：以广州市调研为例》，《档案学研究》2019 年第 6 期。

李梦瑶、胡建：《藏文文献数据库建设现状综述》，《数字技术与应用》2020 年第 4 期。

李姗姗、邱智燕：《基于 CiteSpace 的我国少数民族档案文献遗产保护研究述评与展望》，《档案学研究》2020 年第 1 期。

李巍、黄英、郭春玲：《基于"中华古籍保护计划"的古籍传承性保护利用》，《图书馆》2021 年第 10 期。

李雯：《略论云南少数民族历史档案数字化建设活态研究》，《档案学研究》2018 年第 6 期。

李玉虎、周亚军、贾智慧、刘姣姣：《感光影像档案修复与保护关键技术研究》，《中国档案》2018 年第 4 期。

李忠峪：《云南少数民族纸质历史档案形成材料耐久性研究》，《档案学通讯》2019 年第 6 期。

梁文静、汪全莉、秦顺：《加拿大国家遗产数字化战略研究及启示》，《图书馆理论与实践》2020 年第 2 期。

林凇：《植入、融合与统一：文化遗产活化中的价值选择》，《华中科技大学学报》（社会科学版）2017 年第 2 期。

刘萍：《高校图书馆古籍保护育人功能实现路径》，《图书馆工作与研究》2023 年第 9 期。

刘为、张若娴、张馨元、杜晰：《傣族档案文献遗产传承保护研究》，

《档案学研究》2016年第3期。

龙家庆、王玉珏、李子林、许佳欣：《数字人文对我国档案领域的影响：挑战、机遇与对策》，《档案学研究》2020年第1期。

骆晓红：《文物数字采集与展示的基本流程探讨：基于良渚博物院文物数字化的建设实践》，《自然与文化遗产研究》2020年第3期。

倪代川、金波：《论数字档案资源数据化发展》，《档案学研究》2021年第5期。

聂曼影：《档案保护技术的起因、内容、要求及发展趋势》，《档案学研究》2016年第2期。

聂勇浩、郑俭：《档案部门数字化外包意愿分析：资源依赖与交易费用的视角》，《档案学通讯》2020年第2期。

牛力、黄赖华、贾君枝、刘雨欣：《本体驱动的档案文献遗产元数据设计与应用研究：以苏州丝绸档案为例》，《信息资源管理学报》2023年第5期。

祁天娇：《美国数字档案资源长期保存战略的分析与启示》，《档案学研究》2019年第1期。

钱毅、马林青：《基于三态视角的档案描述标准特征及演进脉络分析》，《档案学通讯》2021年第5期。

饶圆：《我国少数民族民间档案保护主体研究》，《档案学通讯》2017年第4期。

闪兰靖：《共同体记忆：民族文化遗产中的中华文化认同价值叙事》，《文化遗产》2023年第5期。

宋雪雁、于梦文、王阮：《价值共创视角下数字时代档案文献编纂模式研究：基于用户主导的逻辑》，《档案学研究》2019年第6期。

王沛：《"中华古籍保护计划"少数民族古籍保护情况综述》，《古籍保护研究》2021年第1期。

王水乔：《中华古籍保护计划视域下云南古籍保护体系的建构》，《图书馆杂志》2020年第3期。

王永光：《安徽省图书馆民国文献收藏与缩微再生性保护工作述略》，《数字与缩微影像》2021年第2期。

王玉珏、施玥馨：《联合国教科文组织文献遗产保护政策体系研究》，《图书馆建设》2022年第2期。

吴爱云、赵宇波、黄东霞：《吉林省古籍资源保护调研》，《图书馆学研究》2021年第11期。

徐芳、金小璞：《基于关联数据的文化遗产数字化保护研究综述》，《国家图书馆学刊》2020年第4期。

徐拥军、郭若涵：《联合国教科文组织文献遗产政策及启示：基于"三步执行战略"方法论框架》，《图书情报工作》2022年第6期。

阎琳：《古籍与民国文献格式转换的原生性保护机制》，《大学图书馆学报》2019年第4期。

杨茜茜：《文化战略视角下的文献遗产保护与活化策略》，《图书馆论坛》2020年第8期。

曾蕾、王晓光、范炜：《图档博领域的智慧数据及其在数字人文研究中的角色》，《中国图书馆学报》2018年第1期。

翟佳琪：《"让更多文物和文化遗产活起来"：学习习近平关于文物和文化遗产工作的重要论述》，《党的文献》2023年第3期。

张斌、李星玥、杨千：《档案学视域下的数字记忆研究：历史脉络、研究取向与发展进路》，《档案学研究》2023年第1期。

张迪：《中国的工匠精神及其历史演变》，《思想教育研究》2016年第10期。

张玉敏、吴婷：《鼓浪屿世界文化遗产监测预警体系建设与实践》，《中国文化遗产》2018年第1期。

张玉祥：《西北边疆地区濒危少数民族古籍保护研究》，《图书馆工作与研究》2016年第8期。

赵淑梅：《系统思维下档案保护理论与实践发展新视野》，《档案学研究》2015年第1期。

赵彦昌：《世界记忆工程与中国地方档案事业发展》，《档案与建设》2017年第1期。

周耀林：《档案保护论纲》，《求索》2018年第5期。

周耀林、柴昊、戴旸：《我国档案文献遗产保护研究框架述论》，《郑州大学学报》（哲学社会科学版）2020年第3期。

周耀林、姬荣伟:《文献遗产精准保护:研究缘起、基本思路与框架构建》,《图书馆论坛》2020年第6期。

周耀林、刘晗:《数字记忆建构:缘起、理论与方法》,《山东社会科学》2020年第8期。

周耀林、刘晗、陈晋雯、张伟:《民族记忆视域下少数民族档案文献遗产保护现状与推进策略:基于云贵地区的调查》,《档案学研究》2020年第5期。

周耀林、孙晶琼、费丁俊:《嵌入保护属性的少数民族档案文献遗产数据库概念模型研究》,《档案学通讯》2019年第5期。

周耀林、吴化:《大数据时代的信息文化研究:从信息、技术和人的角度解析》,《现代情报》2019年第8期。

周耀林、吴化:《数字人文视野下少数民族档案文献遗产数字化保护研究》,《档案学研究》2022年第5期。

周耀林、赵跃:《档案安全体系理论框架的构建研究》,《档案学研究》2016年第4期。

周耀林、赵跃、段先娥:《我国区域档案保护中心建设探索:基于美国经验的考察》,《档案管理》2016年第3期。

周耀林、周协英:《"世界记忆项目"的发展与前瞻:基于国际咨询委员会会议的视角》,《图书馆杂志》2021年第2期。

周余姣、田晨、武文杰、曾晓、任雪:《古籍传承性保护的理论探索》,《图书馆杂志》2020年第12期。

五 外文专著

Banks P. N. E., Pilette R. E., *Preservation: Issues and Planning*, Chicago: American Library Association, 2000.

Bevir M., *The SAGE Handbook of Governance*, London: SAGE Publications Ltd, 2011.

Emerson K., Nabatchi T., *Collaborative Governance Regimes*, Washington, D. C.: Georgetown University Press, 2015.

Harvey R., Mahard M. R., *The Preservation Management Handbook: A 21st-*

century *Guide for Libraries, Archives and Museums*, Lanham: Rowman & Littlefield, 2020.

Jeff H., *Crowdsourcing: Why the Power of the Crowd is Driving the Future of Business*, New York: Crown Business, 2009.

Lusch R. F., Vargo S. L, *Service Dominant Logic: Premises, Perspectives, Possibilities*, Cambridge, UK: Cambridge University Press, 2014.

Mnjama N., *Preserving Endangered Archives Through Open Access: The Role of the Endangered Archive Programme in Africa*, Hershey, PA: IGI Global, 2021.

Parrinello S., De Marco R., *Digital Strategies for Endangered Cultural Heritage: Forthcoming Interspecies. Handbook of Research on Strategies and Creative Interdisciplinarity for the Digitization and Safeguard of Endangered Heritage*, Pavia: Pavia University Press, 2023.

六 外文期刊

Bonacini E., "Heritage Communities, Participation and Co-Creation of Cultural Values: The #iziTRAVELS icilia Project", *Museum International*, Vol. 70, No. 1-2, 2018.

Fitri I., Ahmad Y., Ratna R., "Local Community Participation in Establishing the Criteria for Heritage Significance Assessment of the Cultural Heritage in Medan", *Kapata Arkeologi*, Vol. 15, No. 1, 2019.

Hall S., "The Australian Register: UNESCO Memory of the World Program", *Archives and Manuscripts*, Vol. 44, 2016.

Kaminyoge G., Chami M. F., "Preservation of Archival Heritage in Zanzibar Island National Archives, Tanzania", *Journal of the South African Society of Archivists*, Vol. 51, 2018.

Kiraz M., "Protection Problems of Rare Books in Archives and Libraries and Basic Recommendations", *Art-Sanat*, No. 9, 2018.

Lowe C. V., "Partnering Preservation with Sustainability", *The American Archivist*, Vol. 83, No. 1, 2020.

Motsi A., "Preservation of Endangered Archives: A Case of Timbuktu Manuscripts", *Journal of the South African Society of Archivists*, Vol. 50, 2017.

Pinheiro A. C., Sequeira S. O., Macedo M. F., "Fungi in Archives, Libraries, and Museums: A Review on Paper Conservation and Human Health", *Critical Reviews in Microbiology*, Vol. 45, No. 5-6, 2019.

Tang M., Xie S., He M., Liu X., "Character Recognition in Endangered Archives: Shui Manuscripts Dataset, Detection and Application Realization", *Applied Sciences*, Vol. 12, No. 11, 2022.

Theodorakopoulos C., Colbourne J., "The Development of Northumbria University Collections, Materials and Conservation Research Archive", *Jouunal of ths Institute of Conservation*, Vol. 39, No. 2, 2016.

Thieberger N., Harris A., "When Your Data is My Grandparents Singing. Digitisation and Access for Cultural Records, the Pacific and Regional Archive for Digital Sources in Endangered Cultures (PARADISEC)", *Data Science Journal*, Vol. 21, No. 9, 2022.

Torvinen H., Haukipuro L., "New Roles for End-users in Innovative Public Procurement: Case Study on User Engaging Property Procurement", *Public Management Review*, Vol. 20, No. 10, 2018.

后　　记

本书是国家社会科学基金重大项目"边疆民族地区濒危少数民族档案文献遗产保护及数据库建设"（项目编号：17ZDA294）的最终成果。

少数民族档案文献遗产承载着少数民族的共同记忆，是我国档案文献遗产家族和国家记忆遗产不可或缺的重要组成部分，以其价值的珍贵性、内容的丰富性与资源的不可再生性受到了全社会的共同关注，但受历史、文化、环境等多种因素的综合影响，其老化、损毁、流失和消亡现象较为严重。面对这一困境，本书以少数民族档案文献遗产保护为主题，以现状调查为基础，以普适性的档案文献遗产保护基本理论和方法为指导，以推动少数民族档案文献遗产本体保护、数字化保护、保护数据库建设、保护管理与开发利用为着眼点，提出了少数民族档案文献遗产区域大保护理论的建构框架，并从集中保护、精准保护、动态保护、数字化保护、活化保护五个层面构建了少数民族档案文献遗产保护框架体系及其实现途径。

本书由武汉大学信息管理学院、武汉大学信息资源研究中心周耀林等撰著。周耀林制定了本书的总体写作框架，并对各章内容写作提出了建议。各章写作分工如下：序言、第九章、后记由周耀林执笔；第一章由周耀林、刘晗执笔；第二章由赵跃执笔；第三章由周耀林、刘婧执笔；第四章由周耀林、白云执笔；第五章由李沐妍执笔；第六章由周耀林、孙晶琼、吴化、孙静、赵君航执笔；第七章由白云、杨文睿、黄玉婧、姬荣伟执笔；第八章由周耀林、刘婧、杨文睿执笔。陈晋雯、张兆阳、张丽华、管茜、王彬璇、刘佳敏、杨煜参与了调研、资料搜集与整理工作。

项目研究过程中，国家档案局科技信息化司、文化和旅游部公共服务司、国家文物局博物馆与社会文物司、国家图书馆古籍馆，以及各省、自治区的档案局（馆）、古籍办、文化和旅游厅为项目调研工作提供了支持和协调。笔者对云南省档案馆、云南省图书馆、云南省博物馆、云南民族大学博物馆、云南省古籍办、贵州民族大学图书馆、广西壮族自治区档案馆、广西壮族自治区图书馆、西藏自治区档案馆、新疆维吾尔自治区图书馆、新疆维吾尔自治区民委古籍办、甘肃省档案馆、西北民族大学西北民族博物馆、内蒙古自治区档案馆、内蒙古自治区图书馆、内蒙古大学图书馆、福建省档案馆、辽宁省档案馆、辽宁省图书馆、吉林省档案馆、东北师范大学图书馆、黑龙江省档案馆、黑龙江省图书馆23家单位进行了实地调研和访谈，受到各单位的热情接待。调研得到了中国档案学会档案保护技术委员会主任李玉虎教授和同行，以及业界精英、学界翘楚的大力支持。在开题报告会上，中国社会科学院学部委员黄长著研究员、中国人民大学冯惠玲教授、原中国科学技术信息研究所所长贺德方研究员、北京大学李广建教授、南京大学孙建军教授、中山大学曹树金教授、南开大学柯平教授、上海大学金波教授、华中师范大学夏立新教授、安徽大学李财富教授、上海师范大学吕元智教授，以及武汉大学马费成教授、胡昌平教授、陈传夫教授、方卿教授、李纲教授等提供了指导。结题会议上，国家档案局中央档案馆原副局馆长付华编审、中国人民大学张斌教授、上海大学金波教授、安徽大学李财富教授、云南大学华林教授提出了十分中肯的意见和建议。项目申报及研究过程中，笔者参考了大量国内外研究成果和网站资料，并得到了中央档案馆黄丽华主任、中国人民大学张美芳教授、国家图书馆陈红彦研究馆员、辽宁大学赵淑梅教授、原广西民族大学麻新纯教授、贵州民族大学龚剑副馆长的大力支持。在此，笔者对相关调研机构领导和同仁、被引文献作者、各位专家谨致忱谢！

特别感谢我的授业恩师冯乐耘教授、李鸿健教授、郭莉珠教授。前有恩师提灯引路，我才得以长期专注于档案文献遗产保护教研工作，虽有些许收获，但与恩师们的期许相比，仍应知不足而奋进，望远山而力行。国家档案局中央档案馆原副局馆长付华博士专门为本书作序，让我备受鼓舞。落其实者思其树，本书付梓之际，感念我的恩师！致敬档案文献保护前辈！

  近年来，我国少数民族档案文献遗产保护得到了较多的关注，本书旨在抛砖引玉，希望更多的专家学者加入这一研究行列。由于笔者学术水平有限，文中难免有错误和不妥之处，敬请各位读者批评指正。

周耀林
2023 年冬于武汉大学珞珈山